KB106373

신자본주의의 미래

신자본주의의 미래

발행일	2021년 8월 4일

지은이	김선창		
펴낸이	손형국		
펴낸곳	(주)북랩		
편집인	선일영	편집	정두철, 윤성아, 배진용, 김현아, 박준
디자인	이현수, 한수희, 김윤주, 허지혜	제작	박기성, 황동현, 구성우, 권태련
마케팅	김회란, 박진관		
출판등록	2004. 12. 1(제2012-000051호)		
주소	서울특별시 금천구 가산디지털 1로 168, 우림라이온스밸리 B동 B113~114호, C동 B101호		
홈페이지	www.book.co.kr		
전화번호	(02)2026-5777	팩스	(02)2026-5747

ISBN	979-11-6539-878-1 03300 (종이책)	979-11-6539-879-8 05300 (전자책)

잘못된 책은 구입한 곳에서 교환해드립니다.
이 책은 저작권법에 따라 보호받는 저작물이므로 무단 전재와 복제를 금합니다.

(주)북랩 성공출판의 파트너

북랩 홈페이지와 패밀리 사이트에서 다양한 출판 솔루션을 만나 보세요!

홈페이지 book.co.kr   •   **블로그** blog.naver.com/essaybook   •   **출판문의** book@book.co.kr

작가 연락처 문의 ▸ ask.book.co.kr

작가 연락처는 개인정보이므로 북랩에서 알려드릴 수 없습니다.

욕망의 기관차에 올라탄 한국인

신자본주의의 미래

김선창 지음

북랩 book Lab

1. 한민족, 한국인

2. 욕망의 지배자와 욕망을 생산하는 피지배자

3. 자본주의 혁명

8. 이상향 사회

9. 스마트주의 혁명

1

한민족, 한국인

1. 한민족의 시작

한 은퇴한 명예교수는 국내 신문의 사설에서 한민족의 대한민국은 단기간에 근대화를 이루어 민주화와 경제성장의 양대 기적을 이룬 유일한 국가라고 하며 이 위대한 민족의 기적을 공고히 하기 위해 현재 벌어지고 있는 국내외 정세에 대응하는 슬기로운 지혜가 무엇보다 중요하다고 했다. 오늘날 대한민국이 차지하고 있는 반쪽의 한반도는 내륙과의 연결이 차단되어 섬과 같이 고립되어 있는 땅이다. 지금 한국은 민족분단의 아픔이라고 할수 있는 북한과 국경을 공유하고 있고, 서해 건너에는 옛 소련을 능가하는 경제력을 일으키며 다시 강력한 전 세계의 맹주로 부상하여 기존의 세계적 패권국 미국과 새로운 갈등을 초래하고 있는 중국이 있다. 그리고 남해와 동해 건너에는 적이기도 했고 이웃이기도 했으며, 2차 세계대전에서 초 강대국인 미국과 맞서 싸웠던 3위의 경제대국 일본이 있다. 이외에도 북한을 넘어 사회주의 종주국 러시아, 중국의 이웃 사회주의 베트남, 미얀마 등의 국가들이 있어, 세계가 근대사회를 지나면서 민주주의와 사회주의라는 이념의 양자택일의 기로에서 한국, 일본, 대만을 제외하고는 사회주의를 택한 국가들이 오늘날 동북아시아에서 지정학적으로 한국과 인접한 이웃국가들이다. 미래에 주변국들의 통치체제가 어떻게 변할지는 모르지만 현재는 일본을 제외하고는 사회주의 국가들에 둘러싸여 있고, 한반도의 반을 유지하며 민주주의를 지키기 위해 대륙에 붙은 유일한 국가로서 외로운 투쟁을 하고 있는 현재의 한국인들이다. 일본은 한국에서 가장 가까운 민주주의 나라이지만 어째서인지 삼국시대 이후부터 한국인에게는 이웃나라로서 믿음이 안 가는 나라로 인식되어왔다. 이웃과 사이좋게 지내는 것이 한 나라의 안전과 평화유지를 위해 무엇보다 중요한 덕목인데, 그렇지 못하기에 이는 한국인들에게는 매우 슬픈 현실이다.

한민족이 여기에 오기까지 수없이 많은 외세와의 갈등과 전쟁을 겪었으며 한 국가의 존폐 위기를 극복하는 인고의 역사를 거치며 주권국을 유지하고 있다. 지금 한국인은 일부 역사학자들이 말하듯 큰 전쟁이 없는 평화 상태가 상당히 길게 유지되고 있다고도 하는 시대에 살고 있다. 조선의 개항으로 서양의 문물을 받아들여 근대화를 이루었으며, 해방 후 산업화에 온 국민이 힘을 모아 투신했던, 80년이 채 안 되는 평화의 시대에 살고 있는 한국인들은 지금 급변하는 세계 속에서 국가의 후퇴와 전진의 기로에 서서 한반도의 미래를 고민하고 있다. 이렇듯 깊어지는 고민 속에 아직도 선거나 무슨 일만 났다 하면 보수와 진보로 나뉘고, 우파와 좌파로 갈라지고 있다. 그리고 일본 얘기만 나오면 친일이니 반일로 나뉘어 대립한다. 조선의 전통적 유교사상, 일제강점기, 민주와 사회주의의 사상적 이데올로기 등 한국인들에게 내재되어 있는 전통들과 그것들의 잔재가 아직도 이 시대를 이끌고 있는 핵심 세력인 기성세대 한국인의 정신세계에 남아 있다. 이것들이 이 사회를 복잡하게 만들고 그 속에서 서로 간에 얽히고설켜 모든 세대의 한국인들을 갈등하게 하고 소모적으로 만든다.

한편으로는 이 시대의 한국인들은 역사 이래 거의 유일하게 빈곤으로부터 벗어난 물질적 풍요의 시대에 살고 있으면서도 더 많은 행복감과 만족감의 욕구를 충족하기 위해 '나는 나를 위해 살아야 해, 나는 그들과 다르고 싶어, 나는 혼자 있을 때 더 편안해'를 자신들의 신조로 삼고 있으며, 끝없이 변심을 하는 인간보다 진정성을 보여주고 충성스러운 반려견이나 반려식물을 키우고, 마음의 평화를 위해 우리는 무엇을 잃고 무엇을 얻었는지, 그리고 무엇을 위해 사는지에 대한 질문을 끊임없이 스스로에게 던지며 삶의 행복 추구를 위해 부단히 노력하고 있다.

2021년 현재 102세의 연세대 철학과 김형섭 전 교수는 행복은 공동체 의식이지, 단독자인 나만을 위한 것이 행복이 아니라고 말하며, "이기주의자는 자신만을 위해 삽니다. 그래서 인격을 못 가집니다. 인격이 뭔가요. 그건 인간관계에서 나오는 선한 가치입니다"라고 했다. 그는 돈이나 권력, 명예에 대해 "솔직히 거기서는 행복을 찾기 어렵습니다. 왜 그럴까요? 거기에는 만족이 없습니다. 돈과 권력, 명예욕은 기본적으로 소유욕입니다. 그건 가지면 가질수록 더 목이 마릅니다"라고 말한다. 그래서 행복하려면 반드시 필요한 조건이 만족하는 삶을 사는 것이라고 한다. 이렇게 한 세기를 넘어 깨

달은 삶의 지혜를 우리에게 들려주고 있다.[1]

행복한 삶의 조건은 인류의 등장과 함께 끊임없이 변화해왔다. 그렇지만 인간이 역사를 기록하기 전부터 변하지 않는 행복의 조건은 사실 복잡하지 않고 매우 간단한 것이다. 마음에 맞는 사람들이 모여서 함께 자연과 조화하면서, 외부의 위협으로부터 보호받고, 일하고, 먹고, 자고, 입고, 아이들을 키우고, 슬픔과 즐거움을 공유하는 공동체적 삶을 하는 것이 다일 수 있다. 이 간단한 삶을 위해 인간은 할 수 있는 모든 것들을 다하며, 그들이 만들어 놓은 복잡한 세상을 헤쳐와 현재에 이르렀고 미래로 나아간다. 우리는 어떻게 여기까지 왔는가? 앞으로 어디로 가야 하나? 스스로에게 물으며 현재 나의 존재감을 깨닫기 위해 끊임없이 과거와 미래를 두리번거리고 있다.

머나먼 아프리카의 대륙으로부터 유래되었다는 인류는 생존을 위해 기후 변화로 척박해진 사바나를 벗어나 다른 대륙으로 널리 퍼지면서 그중 한 무리가 중동과 동북아시아의 내륙을 가로질러 시베리아의 바이칼호 주변에 정착하였다고 한다. 이 무리들이 죽음을 무릅쓴 험난한 여정을 거쳐 최초로 그곳에 도착하였을 때는 원래부터 살고 있던 종족들이 그들을 침입자로 보고 자신들을 보호하기 위해 저항을 했을 것이고, 그러다가 더 이상 피를 흘리지 않기 위해 화친을 맺고 서로 동화되면서 새로운 종족을 이루었을 것이다. 이 새로운 종족들 중의 한 무리가 한민족의 조상인 시베리아족이라고 한다. 시베리아족은 다시 중국의 장성과 만주 일대로 이동하고 원족인 몽고족과 혼혈 종족을 이루기도 하지만 세월이 흐르면서 더 나은 환경을 찾아 남쪽으로 이동한다. 그리고 그곳에서 또 침입자로서 토착민족들의 저항을 받지만 그들보다 우월한 무기와 숙련된 전쟁 경험을 바탕으로 토착민족을 정복하고 그들과 평화를 맺으며 서로 동화된다. 그리고 정복자와 토착민족은 더 큰 부족으로 거듭나 주변의 부족들과 전쟁을 치르며, 연맹을 통해 세력을 키우고 부족 국가를 세운다. 바로 이 부족연맹들의 맹주가 세운 나라가 '고요한 아침 햇살의 나라' 고조선이다. 종족의 대이동을 끝내고 정착하여 새로운 나라를 세운 이들은 부족의 단합을 도모하기 위해 축제도 하고, 그들과 늘 함께하는 자연의 것들과 생사고락을 함께하며 그것들도 정령이 있다고 믿고, 의지하고 숭배하는 토속적 신앙이 생긴다. 그리고 자신들을 보호하고 치유하기 위해 의식을 통해 정령들과 교감하고 노래도 부르고 춤도 추면서 슬픔과 기쁨을 나누기도 하고, 다음 해의 풍년을 기원하고, 그러면서 달 밝은 밤에 무수한 별들과 함께 토끼가 방아 찧는 모양이 어른거리는 둥근 달을 보며 우리는 누구인가 하는 상념에도 빠진다. 그리고는 어느 순간 깨달음을 얻어 스스로가 어떤 민족인가 하는 것을 나타내기 위해 조상으로부터 전해지는 이야기를 신화로 만들어 다른 부족들과 구별되는 단일 공동체적 특별함인 정체성(identity of community)을 스스로에게 부여한다. 이렇게 해서 한민족은 5천여 년 전부터 토끼 모양의 땅 한반도에서 새로운 역사를 시작하였다. 또한 한민족이 역사를 시작한다는 것은 그들의 삶을 문명화하고 그것을 기록하는 것이었다.

2. 아프리카 사바나로부터
   대이동을 시작하면서

　오늘날 지구에 살고 있는 인류의 기원에 대한 가장 지배적인 고고학적 견해는 아프리카의 사바나 지역에 거주하던 종(오스트랄로피테쿠스)의 친척 중 하나가 두개골이 커지면서 새롭게 진화를 시작했다는 견해이다. 지능이 높아진 이 새로운 인류가 서식하던 아프리카의 사바나 지역은 위도상 북반구과 남반구 사이 대략 0~20도 내외에 퍼져 있었고, 건기와 우기가 있었으며, 열대우림 주변에 주로 나타나는 지역이었다. 이 지역 환경의 모습은 키가 큰 풀들로 이루어진 초원 속에서 드문드문 관목들이 분포하였던 드넓은 평야에 사방으로 확 트인 독특한 식생 경관을 보이는 지역이며, 현재 아프리카 사바나 지역에 있는 탄자니아, 케냐, 짐바브웨 일대의 대평원은 세렝게티 국립공원을 비롯한 각종 야생동물들의 서식처이기도 하다. 이곳에 살았던 종들은 사바나 지역에서 정기적으로 장기간에 걸쳐 나타나는 가뭄이라는 극한 환경으로부터 아주 오랜 기간 동안 자연과의 투쟁을 통한 진화를 거치며 다른 종들을 정복하고 살아남았던 우수한 종들이라고 할 수 있다. 이곳에서 서로 혹은 다른 종들과 경쟁을 통해 진화하면서 두개골이 커지고 지능이 높아진 오스트랄로피테쿠스로부터 분화된 새로운 종은 또 다른 기회를 찾아 이동하여 아프리카의 사바나 지역에서 벗어나 다른 대륙 곳곳으로 퍼져나가며, 아시아 지역의 호모 에렉투스와 유럽지역의 호모 네안데르탈렌시스 등 20여 종을 포함하는 호모종(homo species)으로 지구상에 새롭게 출현하게 된다.

　200만 년 전부터 이들의 뇌의 용량이 커지기 시작했다고 하는데 이때는 사바나 지역에 비가 오지 않아 사막화가 진행되어 자연환경이 척박해지기 시작한 시점과 맞물리며, 직립보행을 하게 되는 호모 에렉투스가 나타나게 된 것이다. 직립보행을 하며 주먹도끼나 돌칼 등, 도구라 할 수 있는 여러 가지 기능을 가진 석기들과 불을 사용했던 호모 에렉투스 중 일부가 다른 지역으로 이동하여, 아시아 대륙에 있는 인도네시아 자바원인, 중국 베이징원인, 유럽 대륙에 있는 독일의 하이델베르그원인 등 지구의 넓은 지역에 걸쳐서 생존하기에 이른다. 대륙 이동설에 따르면 에렉투스의 이동 당시 대륙의 지리적 자연환경은 현재의 모습과 달랐을 것이라고 한다. 이 호모 에렉투스는 다시 진화를 해 3종으로 갈라져 호모 네안데르탈렌시스, 호모 사피엔스, 그리고 나머지 또 하나는 최근 2010년 새롭게 발굴된 종인 데니소바인이다. 이 데니소바인은 현재 고고학계로부터 아직 정식으로 종의 학명을 갖지 못한 상태이기도 하다.

연대기로 볼 때 약 10만 년 전에 살았던 데니소바인(Denisovan)은 시베리아의 알타이 산맥(Altai mountains)에 있는 데니소바 동굴(Denisova cave)에서 처음 발견된 고대인류로 어금니와 새끼손가락 마디뼈에서 DNA를 추출하여 분석한 결과, 형질적으로 데니소바인은 현생 인류인 호모 사피엔스보다 네안데르탈인에 가깝고, 약 50만 년 전 두 종인 네안데르탈인과 호모 사피엔스가 혼혈하여 데니소바인으로 분화한 것으로 추정되고 있어, 이 종이 독립적인 고대 인류 계통으로 확인되고 있다. 또한 티벳의 샤허(Xiahe) 지역 바이시야 카르스트 동굴(Baishya karst cave)에서 발견된 턱뼈 조각의 단백질 서열을 분석한 결과, 이 동굴에서 약 16만 년 전에 살았던 것으로 추정되는 종이 데니소바인으로 확인되었으며, 이들은 알타이 산맥, 티벳 고원, 인도차이나 반도 등에까지 분포했던 것으로 보고 있다.

호주, 파푸아뉴기니 등에서 현재 생존하고 있는 멜라네시아 원주민 유전자의 약 4~6%가 데니소바인에서 유래하였고, 현생 인류인 호모 사피엔스가 유라시아로 이동하면서 네안데르탈인과 혼혈을 하고, 그리고 인도와 인도차이나 반도를 통해 이동한 호모 사피엔스의 한 계통이 다시 데니소바인과 혼혈을 이루었을 것으로 추측하고 있다. 동굴에서 발견된 뼈 중 일부가 데니소바인과 네안데르탈인의 1세대 혼혈로 밝혀짐에 따라 인류의 이동과 진화과정에서 다양한 혼혈이 이루어졌다는 것이 확인되고 있다. 호모 사피엔스와 같이 호모 에렉투스로부터 분화되어 호모 사피엔스와 사촌간이라고 할 수 있는 호모 네안데르탈렌시스(네안데르탈인)는 도구를 사용하고 동굴에서 집단거주를 하면서 간단한 언어도 구사했을 것으로 추정하고 있고,

30만 년 전경에 호모 사피엔스와 생존 경쟁에서 밀려나 지구상에서 사라지게 된다. 네안데르탈인이 남겨놓은 유적들을 조사한 바에 의하면 이들의 문화 발전 속도는 느렸던 것으로 추측되며 지능이 호모 사피엔스보다 떨어지는 것으로 알려져 있다.[2]

한편 현생 인류에 대한 또 다른 가설은 호모 사피엔스(크로마뇽인)가 5만 년에서 1만 년 전 사이에 아시아에서 호모 에렉투스와 유럽에서 호모 네안데르탈레시스를 멸종시키며 전 대륙으로 이주했다고 하는 견해이다. 라틴어로 '지혜가 있는 사람'이란 뜻으로 스웨덴 식물학자 린네(Carl von Linne, 1707~1778)가 최초로 분류하였던 호모 사피엔스(Homo sapiens)는 약 15만~25만 년 전 홍적세의 마지막 뷔름빙하기(Wurm Glacial Stage)에 아프리카의 사바나 지역에서 새로 출현한다. 호모 사피엔스의 출현과 함께 이 사바나 지역에서 더욱 더 생존의 경쟁이 심해지자, 이곳에 살던 종들은 두 번에 걸쳐서 사바나 지역에서 다른 대륙으로 대규모 이동을 했던 것으로 여겨지는데 한 번은 호모 에렉투스가 이동한 것이고, 다른 한 번은 호모 사피엔스가 사막화로 인한 기후변화에 따라 점점 척박해지는 사바나 지역에서 일부 무리는 정글로 들어가고 또 다른 무리가 생존을 위한 탈출을 감행하여 메마른 사막과 거친 중동지역을 지나는 기나긴 여행을 통해 유럽 대륙과 아시아 대륙으로의 대이동을 하게 된다.

호모 사피엔스에 앞서 네안데르탈인이 이미 살고 있었던 유럽지역에 이주한, 작지만 지능이 뛰어나고 더 똑똑했던 호모 사피엔스는 조상이 같은 친척지간이며 그들보다 신체적으로 컸던 네안데르탈인을 유럽지역에서 몰아냈다. 결국에는 호모 사피엔스에게 살 곳을 빼앗긴 네안데르탈인은 갈 곳을 잃게 되고 3만 년 전 멸종하여 지구상에서 사라지게 된다. 이후 호모 사피엔스는 4만~5만 년 전부터 지구상에 널리 분포하며 오직 하나의 독특하고 유일한 종으로서 진화하고, 자연환경에 적응하며 생존을 위해 자연과 투쟁하면서 한층 더 강해져 후기 구석기시대 문화를 발달시키게 된다. 초기 호모 사피엔스의 화석은 처음 프랑스 남부 도르노뉴(Dordonge)에서 발견된 '크로마뇽인(Cro-Magnon man)'이 있으며, 중국 베이징의 저우커텐에서 발견된 '사딘둥인'이 있다. 그리고 일본의 오키나와현 미나토가와에서 발견된

1~2만 년 전 후기 구석기시대에 살았던 '미나토가인'이 있다.

　현재까지 발견된 화석적 기록에 의하면 200만 년 전경부터 인류 조상인 유인원의 뇌 용량이 커지기 시작하는데 이후 지속적으로 뇌의 용량이 커지며 침팬지의 그것보다 4배 커져 그 크기(1,350cc)가 완성된 것은 약 10만 년 전경이었다. 인류의 독특한 능력인 언어활용은 10만 년 전에서 4만 년 전 사이에 이루어진 것이며, 이 시기에 호모 사피엔스의 창조력은 급격한 발전을 한다. 이는 인류가 다른 종보다 훨씬 뛰어난 능력을 갖게 되어 언어사용 능력과 사유 능력 등을 바탕으로 슬기로운 종으로 거듭나게 되는 전환기이다. 이를 인류 최초 혁명인 '인지혁명'이라고 보기도 한다. 유발 하라리에 따르면 인지혁명은 7만 년 전부터 3만 년 전 사이에 출현한 새로운 사고방식과 의사소통 방식을 말하는데 현재 많은 학자들이 믿는 이론은 우연히 일어난 유전자 돌연변이가 사피엔스 뇌의 내부 신경계를 바꾸었고, 이로 인해 전에 없던 생각을 하고 새로운 유형의 언어를 통해 의사소통을 할 수 있게 되었다고 한다. 그러면서 창작하는 언어와 역사가 시작되었으며, 네안데르탈인이나 다른 인류종들을 이기고 호모 사피엔스만이 살아남을 수 있었던 건, 인지의 힘이 있었기 때문이며, 이를 인지혁명이라 부를 만한 역사적인 사건이라고 했다. 한편 인류의 뇌 용량이 커지는 진화과정에서 두개골의 형태에 있어 침팬지처럼 튀어나온 주둥이가 들어가면서 현생의 인류와 같은 모양으로 변화하며 오늘날 인류의 얼굴 형태가 되었다는 것이다. 입으로만 먹는 대부분의 포유동물들은 주둥이가 나와 있는데, 손을 사용하여 먹는 침팬지의 주둥이는 다른 종에 비해 덜 나와 있고, 더욱이 덜 뜯어먹고, 도구도 함께 사용하여 먹는 인류는 그 때문에 주둥이가 더 들어간 것이 아닐까 하는 추측을 하기도 한다. 개과인 불독의 주둥이도 엄청 들어간 것을 보고 반론을 제기한다면 그에 대한 확실한 대답은 아직 밝혀진 게 없다고 한다.[3]

3. 농업혁명으로 시작되는
   인류의 새로운 문명

　구석기시대의 빙하기가 끝나고 기후가 따뜻해짐에 따라 동식물의 생활환경이 바뀌면서 신석기시대에 접어든 인류생활은 환경에 대한 새로운 적응 양상을 나타냈다. 지구에서 얼음이 녹고 온화한 기후 지역에서 농사를 시작했던 것은 인류의 역사에서 매우 획기적인 사건이었다. 이 시대부터 인류는 빗살무늬 토기를 사용하고, 동물이나 유인원과도 비슷했다고 할 수 있던 채집과 수렵으로부터 벗어나 농사를 지어 식량을 생산하고 이를 저장해, 채집과 수렵 없이도 여러 달 생계를 이어갈 수 있었고, 앞으로 있을 자연재해나 전쟁과 같은 인간이 만든 재앙에 대비할 수 있었다. 그리고 농사를 짓게 되면서 채집과 수렵에 따른 잦은 이동을 하지 않아도 되어, 한곳에 머물며 정착하는 생활을 하게 되었다. 이 정착생활과 농경사회를 이루기 시작한 것은 인류에게 커다란 전환점이었고, 이는 인류가 새로운 세계로 들어서는 변화의 물결에 올라타는 것이었다. 농경생활을 하게 된 인간들은 대개 움집을 지어 모여 살았고, 이 움집은 땅을 파서 구덩이를 만든 다음 그 위에 지붕을 덮은 반지하 형태의 집으로 바닥의 모양은 원형이나 정사각형이 대부분이었다. 이들은 농사를 지어 거두어들인 곡식과 강에서 잡은 물고기를 산 채로 혹은 소금에 절여 토기에 저장했다. 움집 한가운데에는 화덕이 있어 필요할 때 화덕을 이용하여 음식을 만들거나 집을 따뜻하게 하는 데 사용했다. 또한 햇빛을 많이 받을 수 있도록 출입문을 남쪽으로 내어 이때부터 북반구의 인류는 남향집을 선호하게 된다. 집의 크기는 한 가족 단위로 적당한 4~5명이 거주할 수 있는 크기로 지어, 함께 모여 사는 가족이란 개념이 생기게 되고 다시 이 가족 단위가 모여 부족이란 개념을 만들며 공동체 사회를 이루어 서로 협동하여 농사를 짓고 외부로부터의 위협에 대처하며 살게 되었다.

　농사를 지으면서 정주하기 시작하자 인류는 농사를 잘하기 위해 하늘,

땅, 해와 달을 관찰하고 시간의 개념을 깨닫게 되었으며, 날씨와 같은 자연의 이치를 더 잘 알려고 하여 생각도 더 많이 하게 되고, 농사를 효율적으로 짓기 위해 동물들을 가축화하여 동력으로 이용하고 도구도 만들면서 더욱 바빠지게 된다. 채집과 수렵사회로부터 농경사회로 전환하는 농업혁명기에는 농사도구의 사용이 곡물 수확에 커다란 역할을 했는데, 이 농사도구로는 돌괭이, 돌삽, 돌낫 등과 나무로 만든 농기구가 주로 사용되었다. 그리고 여전히 채집과 수렵을 병행하여 다양한 음식을 섭취하기 위해 물고기와 짐승을 잡아먹었고, 짐승 사냥보다는 수월했던 물고기잡이를 위해 바닷가나 강가에 모여 살았다. 논에 물을 대어 쌀을 생산하는 벼농사와 같이 보다 많은 노동과 관리를 요구하는 농사는 아직 하지 않았고 밀, 콩, 수수 등 밭농사 위주의 농사를 주로 하였다.

한편 인류의 농경생활을 위한 자연환경이 다른 지역들과 비교해 특히 유리했던 지역이 있었는데, 이 지역은 다양한 종류의 곡물들이 자생하는 비옥한 땅인 지중해 연안에 접해 있던 중동의 몇몇 지역으로, 약 1만 년 전부터 야생식물을 작물화하여 재배하고, 야생동물을 길들여 사육을 하기 시작했다. 그리고 인류는 동물들을 자신들의 의지에 따라 지배하고 조작하기 시작한다. 인류생활에 있어서 농경과 목축은 다른 약한 부족으로부터 빼앗는 약탈경제를 생산경제로 바꾸는 계기가 되었고, 생산경제를 위해 인간은 동물의 힘을 이용하여 쟁기를 사용하는 집약농경시대에 이르게 되어 비로소 농업생산력이 높아졌으며, 식량의 잉여생산이 가능하게 되었다. 이와 같이 농업에 의한 생산기술의 발전을 이루게 되는 전환점에 대해 고든 차일드(V.G. Childe)같은 고고학자는 신석기시대의 혁명(neolithic revolution)이라고 말하고 있기도 한데, 그 이유는 이 시대의 문화가 그때까지 전혀 없었던 새로운 생활 방식으로 들어가는 전환의 계기를 마련해 주었기 때문이었다.

이 인류 생활의 급격한 변화를 역사학자들은 '농업혁명(agricultural revolution)'이라고 부르고 있다. 이 문명의 전환점은 기원전 1만 년경에 농사를 짓기 시작하는 시기였고, 이때부터 인류는 280만 년간 유지해왔던 수렵채집인의 삶의 방식에서 벗어나 새로운 문명을 시작한다. 이는 곧 인류문명의 뿌리이며, 더 나아가 인류의 문명 그 자체의 엄청난 변화를 의미하는 혁명이었다. 유발 하라리는 그의 저서 『사피엔스』에서 "농업혁명이야말로 인류 역사상 최대의 사기극"이라고 한다. 그 이유는 농업혁명의 결과 식량생산량이 증가함에 따라 인구가 급격히 늘어나면서, 개별인간의 삶의 질은 오히려 하락했기 때문이라고 하며, 연구결과에 따르면 인류가 농사를 짓기 시작하면서 평균적인 노동 시간은 길어졌고, 치아건강은 악화되고, 기근과 전염병에 취약해지고, 평균 신장 역시 줄어들었다는 견해를 밝히며, 농업혁명으로 인하여 인류가 늘어난 노동을 통해서 더 행복한 삶을 사는 것이 아니라 오히려 노동의 사슬 속에 갇히게 되었다고 했다. 그리고 사피엔스가 자연과의 긴밀한 공생을 내던지고 탐욕과 소회를 향해 달려간 일대의 전환점이었다는 것이다. 이 길이 인류를 어느 방향으로 이끌었던 간에, 인류가 다시 돌아갈 길은 없었다는 것이다.[4] 이웃 부족으로부터 약탈을 통해 이렇게 빼앗은 잉여식량은 정치, 예술, 철학, 전쟁의 원동력이 되었고, 정복자들은 왕궁과 성채, 기념물과 사원을 지었다. 또한 농업을 통한 잉여생산이 소수의 지식층을 먹여 살렸다고 하며, 인류의 역사란 다른 모든 사람이 땅을 갈고 물을 운반하는 동안 극소수의 지식층들이 해온 무엇이라고 했다.[5]

오늘날 지구상의 인류집단 중 농업을 뿌리로 하지 않는 집단은 소수의 원시적 수렵 민족들 정도에 불과하며, 태양과 지력 이외의 별다른 자원을 요구하지 않는 농업은 언젠가 지구의 자원이 고갈되어 인공의 이기들이 작동하지 않게 되었을 때 장기적으로 인류의 생존을 지탱해줄 수 있는 유일한 희망이라고 하며 지속가능한 인류의 필수불가결한 것으로 받아들여지고 있다.[6]

유발 하라리가 본 인류

그는 저서 『사피엔스』에서 인간은 다른 동물에 비해 생명유지에 필요한 많은 시스템이 덜 발달된 미숙한 상태로 태어나므로 인간의 아이는 자생능력이 없어 여러 해 동안 어른들이 부양하고 가르쳐주어야 한다고 말한다. 우리가 아이를 교육시켜 기독교인이나 불교도로 만들 수 있고 자본주의자나 사회주의자로도, 그리고 호전적 인물이나 평화를 사랑하는 인물로도 만들 수 있는 것은 이 때문이라고 했다.[7] 인류가 모여 살기 시작하면서 유전자에 저장되지 않은 사람들의 생활양식, 도덕, 윤리 등을 새로 학습해야 했고, 사람은 진화의 속도보다 사회집단을 이루는 속도가 훨씬 빨라서 배움의 수고를 거쳐야 하지만 동물들은 자기가 해야 할 일을 배우지 않아도 본능에 따라 유전자에 행동양식이 태어날 때부터 저장되어 있어 그것을 따르기만 하면 된다고 설명하면서, 인간의 언어, 농업생산, 욕망, 제국, 돈에 대한 그의 생각을 전한다.

언어

인간의 언어가 진화한 것은 소문을 이야기하고 수다를 떨기 위해서라는 것이다. 사피엔스는 무엇보다 사회적 동물이고 그래서 인간의 사회적 협력은 우리의 생존과 번식에 핵심적 역할을 한다. 인간은 생존을 위해 사자와 들소를 사냥하는 것에만 만족하지 못하고, 누가 누구를 미워하는지, 누가 누구와 잠자리를 같이하는지, 누가 정직하고 누가 속이는지를 아는 것에 더 관심을 보인다고 했다. 그는 이를 뒷담화(gossip) 이론이라 부르며, 오늘날에도 인간이 벌이는 의사소통의 대다수가 남의 이야기라는 것이다. 이것은 매우 자연스러운 현상으로 우리 언어의 진정한 특성은 전혀 존재하지 않는 것에 대한 상상의 정보를 전달하는 능력에 있으며, 이러한 허구 덕분에 우리는 단순한 상상을 넘어 집단적으로 상상할 수 있게 되었다고 한다.

사람들에게 평범한 지퍼가 어떻게 작동하는지에 대해 물어보면, 대부분의 사람들은 항상 사용하고 있기 때문에 지퍼에 대해 잘 알고 있다고 대답한다. 그리고 지퍼가 작동하는 것과 관련한 가능한 모든 세부원리에 대해 물어보면 그들은 모르겠다고 한다. 스티븐 슬로만(Steven Sloman)과 필립 펀바크(Philip Fernbach)는 이를 지식환상(knowledge illusion)이라고 함축적으로 정의했다. 이것은 비록 우리는 개개의 것들에 대해 거의 알지 못하지만, 우리는 많이 알고 있다고 생각하는데, 왜냐하면 우리가 다른 사람들의 지식을 자기 것이라고 생각하기 때문이라는 것이다. 이는 지식환상이 우리들에게 모든 지식을 다 이해해야 하는 노력 없이도 지식을 접하도록 해주기 때문이라고 하며, 이들은 이런 것을 그룹사고(group thinking)에 의존하고 있다고 말한다.[8]

이는 우리가 낯선 사람들과 협력할 수 있게 해주었으며 이를 통해 사회적 형태의 급속한 혁신을 이룰 수 있게 했다. 인류가 농업혁명 이전에 가졌던 인지혁명에 뒤이어 뒷담화, 지식환상 덕분에 사피엔스는 더 크고 안정된 무리를 형성할 수 있었고, 이것은 언어가 인간의 상상력으로 표출된 환상을 담을 수 있었기 때문에 사피엔스는 지구를 제패하고, 유일무이의 존재가 되어 지구상에 인류문명을 꽃피워나가기 시작했다는 것이다.

농업

인간이 시작한 농업의 어두운 면을 보았던 유발 하라리는 수렵채집인들이 농업혁명 훨씬 이전부터 자연의 비밀을 알고 있었다고 하며, 사냥하는 동물과 채집하는 식물을 잘 알고 있어야 생존할 수 있었기 때문이라고 했다. 수렵채집인들은 농부들보다 더 활기차고 다양한 방식으로 생애를 보냈고 자연과 함께하며 단련된 체력으로 인하여 기아와 질병에 강했다고 했다.[9] 그러나 농업을 통해 길들여진 인간의 핵심 능력은 더욱 많은 사람들을 더 많은 병과 빈곤에 시달리게 하고 더욱 열악한 환경에서 살게 만드는 능력이라는 것이다.[10] 그는 불행하게도 이와 같은 열악한 환경에서 생존할 수 있는 인간의 진화적 관점은 모든 것을 생존과 번식이라는 기준으로 판단할 뿐, 동물 가축화를 통해 발생하는 동물 개체들의 고통이나 행복은 아랑곳하지 않기 때문에 가축이 된 닭이나 소, 돼지는 유전 조작적 성공의 사례일지는 모르겠지만, 그들 역사상 가장 비참하게 된 것이 동물들이라고 주장한다.

욕망

하라리는 피라미드를 인간이 욕망하도록 만든 신화적 존재라고 보았다.[11] 신화와 허구는 사람들을 거의 출생 직후부터 길들여 특정한 방식으로 생각하고, 특정한 기준에 맞게 처신하며, 특정한 것을 원하고, 특정한 규칙을 준수하도록 기름으로써 수백만 명이 효과적으로 협력할 수 있게 해주는 인공적 본능을 창조하는 네트워크가 바로 문화라고 말한다.[12] 인간이 만든 모든 질서는 내적 모순을 지니는데, 문화는 이런 모순을 중재하려고 끊임없이 노력하며, 이런 과정이 변화에 불을 지핀다고 했다.[13] 그는 변하는 인간의 욕망에 대해, "즐거운 감정들은 얼마 지나지 않아 금방 사라지고, 아니면 불쾌한 것으로 변한다. 이와 같은 생화학체계에 따른 욕망의 감정을 채우고, 배고픔의 고통을 피하기 위해 인간은 먹거리를 얻고, 즐거운 미각과 행복한 성생활을 위해 투쟁한다"며 "끊임없이 변하는 인간의 욕망이 문화로 표출된다"고 했다.[14]

제국

우리는 약자가 이기는 것을 보고 싶어 하지만 역사에 정의란 없다고 하면서, 과거에 존재했던 문화의 대부분은 늦든 이르든 어떤 무자비한 제국의 군대에 희생되었고, 제국은 이들 문화를 망각 속에 밀어넣었다며 인간의 욕망 추구의 한 단면인 제국주의론을 피력했다. 제국도 결국에는 무너지지만, 대체로 지속적인 유산을 남기는데, 21세기를 사는 거의 모든 사람은 어디가 되었든 제국의 후예이므로,[15] 제국의 유산을 모두 거부한다는 것은 인류문화의 대부분을 거부하는 것이다. 아직 남아 있는 인류의 문화적 성취 중 상당한 몫은 제국이 피정복민을 착취한 덕분에 생겨날 수 있었고, 로마의 제국주의가 제공한 이익과 번영 덕분에 키케로와 세네카, 성 아우구스티누스는 사색과 집필을 할 여유를 누릴 수 있었으며, 타지마할은 무굴제국이 인도의 백성을 착취해서 축적한 부가 없었다면 건설될 수 없었을 것이라고 했다. 합스부르크제국은 슬라브어, 헝가리어, 루마니아어를 사용하는 지역을 지배하면서 얻은 이익으로 하이든에게 월급을 주고 모차르트에게 작곡을 의뢰하였다.[16] 그래서 인류의 모든 문화는 적어도 부분적으로 제국과 제국 주의 문명의 유산이라는 사실을 부인할 수 없을 것이라고 했다.[17] 이것은 우리가 더 이전에 존재했던 진정한 문화를 재건하고 지키려는 희망으로 잔인한 제국의 유산을 모조리 거부하더라도 그때 우리가 지키는 것은 그보다 오래되고 덜 야만적인 제국의 유산에 불과할 것이라고 하며, 지울 수 없는 과거의 불편한 진실의 역사를 말한다.[18]

돈

인류의 역사를 바꾼 것 중의 하나인 돈에 대해서, 그는 돈이 서로 모르는 사람들로 하여금 보편적인 신뢰를 쌓게 해주는 것은 사실이지만 그런 신뢰는 인간이나 공동체, 혹은 신성한 가치가 아니라 돈 그 자체 그리고 돈을 뒷받침하는 비인간적 시스템에 투자된다고 한다. 인간의 경제사는 서로를 유혹하는 미묘한 춤들과 같아서, 사람들은 이방인과의 수월한 협력을 위해서 돈에 의존하지만 그것이 인간적 가치와 친밀한 관계를 손상시킬까 봐 두려워하고, 한편으로 그토록 오랜 세월 동안 돈과 상업의 이동을 막아온 공동체라는 댐을 파괴하면서, 다른 한편으로는 사회와 종교와 환경이 시장의 노예가 되지 않도록 막아줄 댐을 건설한다고 하며, 돈에 대한 인간의 애증 관계를 비판적 시각으로 이해했다.[19]

역사학자이며 진보주의자인 유발 하라리(Yuval Noah Harari, 1976~)는 1976년 이스라엘의 하이파에서 이스라엘의 이웃 나라 레바논계 유대인 부모 사이에서 태어났으며, 폴란드계 출신 유대인 할머니를 두었다. 1993년부터 예루살렘 히브르 대학교에서 중세역사와 전쟁 및 군 문화를 전공했다. 2002년 영국의 옥스퍼드 대학교에서 중세 전쟁사로 박사학위를 받은 후, 그의 조국 이스라엘의 예루살렘 대학에서 역사학과 교수로 재직하며, 2010년대 중반에 자신의 역사적 통찰을 담은 저서『사피엔스』를 출간했는데 이 책이 베스트셀러가 되면서 대중들이 그의 역사관에 관심을 보이기도 했다.

하라리는 그의 책에서 호모 사피엔스가 어떻게 현재에 도달했는지 궁금해하며, "역사가 전개되면서 사람들이 정말 행복해졌는가?" 같은 질문을 던졌다. 그에 따르면 가까운 미래에 인공지능의 발전이 가속적으로 진행될 경우, 인간보다 더 일처리를 잘하는 소규모 초인류(superhuman) 지식층 집단, 즉 의식을 갖고 있지 않은 인공지능 알고리즘 시스템이 새로운 계층으로 떠올라 호모 사피엔스의 정체성과 위치를 위협할 수 있다고 경고하고 있다. 이러한 위협은 현재 당연히 생각되는 민주주의, 인권, 자유시장 같은 이념과 제도들이 순식간에 낡은 것이 되어버려 후대엔 이것과 전혀 다른 이념과 제도가 필요해질 것이라고 예견한다. 이처럼 과학기술의 발전에 따른 사회적, 정치적 변화가 미래에 인류의 중심적인 과제가 될 것이라고 한다. 이런 측면에서 산업혁명 이후 또 다른 과학기술 혁신의 전환점인 '기술적 특이점'에 대해서도 관심을 보이고 있다. 동성연애자인 유발 하라리는 2002년 자신의 반려자인 이지크 야하브를 트위터 계정을 통해 처음 만난 후 함께 살고 있으며, 현재 야하브는 그의 매니저 역할을 겸하고 있다고 한다. 하라리의 모국인 이스라엘에서는 당시 법적으로 동성결혼이 아직 허용되지 않아 그들은 동성결혼이 합법인 캐나다 토론토에서 결혼하였고 지금은 예루살렘 근처 작은 마을에서 살고 있다고 한다. 전해지는 이야기로 하라리는 옥스포드에서 중세전쟁사를 연구하던 무렵인 2000년에 유명 명상가 코엔카(Satya Narayan Goenka)가 지도하는 '위빠사나 10일 코스' 명상을 시작했는데, 이것이 자신의 삶을 변화시켰다고 종종 말하고 있기도 하다. 친구의 권유로 시작하게 되어, 처음에는 새로운 시대풍의 미신이라고 생각해서 거절했으나 친구가 무려 1년이나 설득하는 바람에 속는 셈치고 시작했다가 아예 이에 매료되고 말았다고 한다. 그는 하루를 시작할 때 명상 1시간, 하루가 끝날 때 명상 1시간으로, 하루 2시간의 명상을 한다고 한다. 그는 명상으로부터 내면의 평화, 통찰력 등을 얻고 이는 그의 저술활동을 돕는다고 했다. 『사피엔스』 등의 저서에서도 보이듯이, 호모 사피엔스의 농업혁명 이후 동물의 가축화를 부정적으로 보며 인류가 저지른 최악의 범죄 중 하나로 '농업혁명'과 '농업의 산업화'를 꼽았는데, 인류 빈민계층에 대한 복지 문제, 그리고 동물 복지에 반하는 현대의 비동물적 축산 생산방식이 "우리 시대의 가장 시급한 윤리적 문제"라고 역설하고 있다. "낙농업이란 자식과 어미 간의 유대를 파괴시켜 놓은 행위"라는 자신의 철학이 자신을 채식주의자가 되게 만들었다고도 하면서, 한편 그는 유명세로 인한 매우 바쁜 삶을 살고 있지만, 반려자인 매니저가 있어서 스마트폰도 없이 산다고 전해진다.[20]

4. 한국인의 조상,
   아프리카로부터 한반도에 정착

　현재 우리가 살고 있는 지구에는 서로 다른 언어를 가진 인종들이 살고 있다. 이들을 피부의 색깔, 두개골의 형태, 머리칼의 색깔 등의 신체적 특징에 따라 분류하면 굉장히 많은 서로 다른 인종들이 있지만, 세 가지 대표적인 인종인 아시아 몽고종(Mongoloid), 유럽 코카서스종(Cocasoid), 아프리카 니그로종(Negroid)으로 분류할 수 있다. 이 가운데 우리 민족은 몽고종에 속하고, 주로 동북아시아에 살고 있는 종으로 피부 색깔이 황색이어서 '황인종'이라고도 불린다. 수십만 년 전 아프리카의 사바나 지역에서 동북아시아의 시베리아 지역으로 이동한 호모 사피엔스가 그곳에 정착하여 살았고 그 갈래가 진화하여 몽고종이 된다. 이 몽고종은 후기 구석기시대였던 제4빙하기에 혹독한 기후에 놓여 있었던 시베리아 지역에서 살아남은 영향으로, 추운 기후에 적응하면서 진화하여 형질적 특징으로 얼굴에 광대뼈가 나오게 되고, 눈꺼풀이 겹친 쌍꺼풀이 없고, 눈썹의 길이가 짧은, 다른 두 대표 종들과는 아주 다른 얼굴의 형상을 갖게 된다.

　호모 사피엔스는 아프리카에서 유럽으로, 그리고 더 북극에 가까운 곳에서 매우 오랫동안 정착하며 하얀 분홍색의 스칸디나비아인으로 변하고, 그 중간의 중동지역에서는 진한 갈색에 이목구비가 뚜렷한 중동인으로, 동북아시아와 중동의 중간 지역에서는 옅은 검은색의 황인종과 얼굴의 형상이 비슷한 동남아시아인, 비슷한 피부색에 이목구비가 뚜렷한 인도파키스탄인으로 서로 다른 지역의 위도와 기후에 따른 자연적 환경에 적응하며, 서로 먼 거리에 따라 확실히 구별되는 독특한 피부색과 얼굴형태가 생겨나게 된 것이다. 이러한 자연적 적응과정을 통해 각각 다른 문명과 다른 문화를 만들게 되고 그에 따라 다른 삶의 방식으로 살아가게 된다. 그리고 인종에 따른 신체적 차별화가 이루어지며 다양한 방식으로 상호교류도 하지만, 각 인종의 생존과 결부되면서 인종적 편견이 뒤따르고 전쟁, 학살로도 이어진다.

아프리카로부터 이주해서 전 대륙으로 퍼진 호모 사피엔스에서 분화하여, 시베리아를 터전으로 살았던 몽고종은 다시 옛시베리아족(Paleo-Siberians)과 새시베리아족(Neo-Siberians) 또는 옛몽고족(Paleo-Mongoloid)과 새몽고족(Neo-Mongoliad)이라 불리기도 하는 두 그룹으로 나누어진다. 옛시베리아족이나 새시베리아족은 같은 형질적 특징을 가지고 있지만 살았던 지역의 자연환경에 적응하며 변화하는 과정에서 신체적, 문화적 차이가 생겼고, 두 그룹 사이에 언어 차이가 나타나게 된다. 그리고 오늘날 시베리아에 살고 있는 옛시베리아족 중에서 한 갈래가 아시아 대륙과 일본 열도 및 아메리카 대륙이 연결되었던 지구의 마지막 빙하기 때 이동하여 아메리카 인디언의 조상이 되고, 다른 한 갈래는 사할린과 북해도로 이동하여 아이누(Ainu)족의 조상이 되었다고 알려지고 있다.

한편 시베리아에 살고 있는 다른 한 무리인 새시베리아족은 그들이 사용한 언어를 바탕으로 구분할 때 터키족, 몽고족(Mongolian), 퉁구스족(Tungus), 사모예드족(Samoyeds), 위구르족(Uigurian), 핀족(Finns) 등으로 구분되는데, 이 중에서 터키족, 몽고족의 언어에는 문법구조, 음운법칙, 공통조어 등에서 서로 깊은 관련이 있다. 이 언어족을 알타이어족(Altaic Language Family)이라 하고 있다. 우리 한국어도 알타이어족에 속한다. 반면 사모예드족, 위구르족, 핀족은 다른 하나의 어족으로 구분하여 우랄어족(Ural Language Family)이라 하고 있다.

한국어의 기원인 알타이어족은 예니세이(Yenisei)강 상류지방을 이루는 알타이산 기슭인 삼림과 초원지대로부터 발생하였고 주민들은 주로 목축을 하고 부업으로 농사를 지었다. 알타이 산지에는 구리와 주석이 널리 분포되어 청동기문화를 발달시키게 되고, 안드로노보(Andronobo), 카라수크(Karasuk), 타가르(Tagar) 등의 다양한 문화들을 발전시켰다. 이러한 문화들은 동유럽으로부터 전파된 것으로, 문화의 전파와 함께 원주민인 몽고족과 혼혈이 일어나 북방 아시아 몽고족 계통에서 유럽인의 형질요소가 발견되기도 한다.

시베리아 지역에서 정주하던 몽고종은 제4빙하기 후기에 그 지역의 기온이 상승하여 빙하가 녹으면서 몽고종의 한 갈래인 옛시베리아족이 시베리아의 동쪽과 남쪽으로 이동하기 시작하는데, 그 시기는 후기 구석기 및 신석기시대로 이들에 의해서 후기 구석기와 신석기 문화가 전파된다. 그리고 신석기 문화는 몽고, 만주, 한반도를 포함하여 동쪽으로 사할린, 북해도를 거쳐 아메리카 대륙까지 전파되었다. 그 예로 신석기시대의 직선이나 점으로 장식된 반계란형 토기가 시베리아, 만주, 한반도, 북아메리카, 일본열도 북부에서 발견되었다. 이들 지역의 신석기 문화는 아직 수렵과 어로의 채집 단계에 있어 농경문화가 시작되지 않은 것으로 알려지고 있다. 한편 만주나 한반도의 신석기 유적에서 아직까지 인골이 발견된 것이 거의 없기 때문에 토기로만 추측할 뿐 DNA 분석을 통한 특성을 알지 못하고 있다.

옛시베리아족의 이동에 뒤이어, 알타이 산지와 바이칼호수의 남쪽 지대에서 유목생활을 하는 기마 민족인 알타이족이 넓게 펼쳐진 초원지대를 따라 서쪽으로는 카스피해, 남쪽으로는 중앙아시아와 몽고를 거쳐 중국의 장성지대까지, 그리고 남동쪽으로는 흑룡강 유역에서 만주 북부까지 이동하였다. 그 결과 터키족은 중앙아시아와 중국 북쪽에, 몽고족은 외몽고를 거쳐 중국의 장성지대와 만주 북부에, 퉁구스족은 흑룡강 유역에 각각 분포하게 되었다. 한민족도 중국 장성지대의 동북부와 만주 서남부에 이르러 정착하면서 하나의 민족단위를 형성하기 시작하였다. 오늘날 알타이족은 터키족, 몽고족, 퉁구스족을 가리키고, 반면 한민족은 시베리아로부터 남하하는 과정에서 일찍 알타이족에서 갈라져나왔기 때문에 한민족의 언어의 원류는 알타이어족에 속하지만 종족으로서는 알타이족에 포함시키지 않고 있다.

알타이족에 의해서 중국 북부에 전파된 시베리아의 청동기문화는 내몽고 지방과 만주 요령 지방에서 꽃피었고, 요령 지방의 문화는 한민족이 발전시킨 것으로 알려지고 있다. 발견된 유물에 의해 확인된 바에 따르면 요령 지방 청동기문화의 특징을 나타내는 비파형 단검이나 기하문경 등은 한민족의 조상들이 하나의 문화권을 형성하며 독특한 청동기문화를 발달시킨 것으로 밝혀지고 있다. 주나라 초기부터 중국 문헌에 나타나는 중국 동북부의 숙신, 조선, 한, 예, 맥, 동이 등이 우리 민족을 가리킨다는 것이다. 이 가운데 '숙신'과 '조선'은 중국 고대음으로 같은 것이고, '한'은 '크다', 또는 '높은이' 등의 뜻을 가진 알타이다. 한민족이 정착하였던 요령 지방은 북으로는 산림과 초원지대를 이루고, 남으로는 난하, 대릉하, 요하의 하류지역에 농경에 적합한 평야지대가 펼쳐져 있어 한민족은 이곳에서 농경을 주로 하고 목축을 부업으로 하며 농경문화를 발전시키게 된다. 이후 다시 요령 지방에 살았던 한민족의 한 갈래가 남하하여 한반도에 정착하면서 원래부터 살고 있던 옛시베리아족을 정복하고 그들을 한민족에 동화시켰다는 사실이 고고학적 유물과 신화, 언어 등의 자료들에 의해 밝혀지고 있다. 한반도의 새로운 정복자로서 한민족은 여러 읍락국가를 형성하기 시작하고 후에 읍락국가의 연맹체가 성립되면서 고조선이 연맹의 맹주국이 된다. 단군신화에서 전하는 고조선의 건국연대는 기원전 2000년대로 추정하고 있고, 맹주국 고조선을 중심으로 정치적, 사회적 공동체가 형성되었으며, 여러 집단의 언어와 문화가 통일되어 하나의 민족공동체 단위가 성립되기에 이른다.

고조선은 초기의 위치에 대해 실증적 기록이 없어 명확하지 않지만 대체로 요서에서 요동에 이르는 현 중국 라오닝성 일대의 지린성, 그리고 평안도 일대로 추정되고 있으며 멸망 시에는 평양을 중심으로 황해도까지 일부 영토가 남진하여 있었다. 고조선의 국호는 원래 조선이었는데 이성계가 세운 조선과 구분하기 위해 고조선이라 부르게 되었다. 이 조선이라는 이름은 삼국유사에 실린 단군신화에서 고조선의 도읍이었던 아사달의 '아사'가 아침이란 뜻이 있고, '달'은 고구려로 땅이라는 뜻으로 '아침의 땅', 혹은 '해가 뜨는 땅'이라는 데서 '조선'이라는 이름이 비롯됐다고 전해진다. 고조선의 건국시기는 고려 삼국유사와 제왕운기(1287)에 쓰인 기록에 따르면 기원전 2300년경으로 단지 추정할 뿐이고 멸망은 기원전 108년경이라고 보고 있다.[21]

이와 같이 한민족의 종의 기원은 수백만 년 전부터 아프리카의 사바나 지역에서 유인원 중의 한 갈래인 큰 뇌의 종이 진화하여 호모 에렉투스로, 그리고 그로부터 분화한 더 높은 지능을 가진 호모 사피엔스로, 그런 후 자연환경의 변화에 따른 가뭄, 기근, 그리고 종들 간의 경쟁으로 척박해진 아프리카 사바나로부터 대탈출을 감행하고 대이동을 통해 각 대륙으로 퍼지면서 일부는 네안데르탈레시스, 데니소바인과 혼혈하고 나머지 일부가 동북아시아의 시베리아 지역에 정착한 후 다시 몽고종에서 새시베리아인으로 분화하게 된 것이다. 그리고 알타이족으로부터 갈라져 중국 장성지대의 동북부와 만주 서남부에 이르러 정착하면서 한민족을 이루어 살다가, 마지막으로 한반도로 이동하여 정복자로서 원주민인 옛시베리아족과 동화 및 혼혈하여 마침내 한반도에 한민족 단일 공동체 국가를 세운 것이다.

5. 한반도의 한민족

현재까지 발견된 유적이나 단추, 단검, 문경, 토기 등의 유물들을 근거로 할 때 아직 구석기의 문화적 성격이나 그곳에 살았던 원주민의 인종적 특질 등은 충분히 밝혀지지 않고 있지만 한반도의 신석기와 청동기문화부터는 한민족의 문화적, 인종적 특질을 분명히 알 수 있고, 한민족의 신석기, 청동기문화는 만주, 몽고, 시베리아 남부지방의 것들과 관련이 있을 것이라고 추측되고 있다. 이를 근거로 한민족의 특징들을 보면, 체질적으로 한민족은 몽고종에 속했고 한반도에 정착하면서 원래부터 살고 있던 원주민과 혼혈하며 단일민족으로 발전한다. 현재 한국인의 평균 두개골 용량은 남자 1,475cc, 여자 1,339cc의 대형두로서 다른 민족들과 비교하여 세계 상위에 속한다. 두개골의 형은 단두형으로, 이 유형이 나타나는 곳은 투르키스탄(Turkistan)을 중심으로 하는 중앙아시아 일대, 스위스의 알프스 지방, 그리고 한반도 지역이다. 이웃인 중국은 중도형에 속하여 한민족의 두개골형과 구분된다. 한국인의 신장은 세계 인종 중에서 중상위권에 속하며 해가 갈수록 지속적으로 커지고 있다.

인류가 사용했던 언어는 수백만 년의 진화과정을 거치며 엄청나게 많이 소멸되었는데, 오늘날에는 대략 7,000개 정도로 알려지고 있다. 한국어는 7,000개의 언어들 중 20위 안에 드는 큰 언어이며 동아시아에서는 중국어, 일본어에 이어 3대 문명어로 받아들여지고 있기도 하다. 한국어에 대해서는 아직 많은 연구가 이루어지지 않아, 퉁구스어, 몽고어, 터키어 등 알타이어족과 친족관계에 있는 것으로 추정되고 있고 일본어와 유사성을 보여주지만 차이가 상당히 크며, 언어학적으로 중국어와는 비슷한 점을 찾을 수 없는 고립된 언어로부터 시작되었다. 현재까지 알려진 것을 근거로 해서 역사를 거슬러 올라갔을 때 부족국가였던 부여, 고구려, 옥저, 예 등의 언어가 서로 유사하고, 남쪽 삼한의 언어가 가까웠다는 것을 알 수 있어, 오늘날 한국어의 최고단계는 이 두 개의 언어군이라 할 수 있다. 이후 북쪽 갈래는 고구려의 언어로 되었고, 남쪽 갈래는 백제와 신라의 언어로 이어진다. 고구려, 백제, 신라 언어의 비교학적 측면에서 자료들을 분석한 것에 의하면 서로 상당한 차이도 있으나 공통점도 많은 것으로 밝혀지고 있다. 신라의 통일을 계기로 지역의 방언들이 서로 더욱 단일어에 가까워지고 현재의 한국어의 모습으로 굳게 자리 잡은 것은 고려의 건국에서 비롯되었다. 이때 개성지방의 방언이 현재 남한의 표준어인 서울말처럼 고려의 중앙어로 등장하게 되었다. 그 결과 고려시대 개성의 중앙어가 조선시대 한양의 중앙어로 발전하고 그로부터 현재의 한국어로 되면서 지방적인 삼국시대의 언어적 요소가 아직 일부 남아 있기는 하지만 현대의 미디어 매체 발전으로 인해 지역적 소통이 원활해져 서서히 지방색을 띤 언어들이 사라져가며 서울 표준어에 전국의 언어가 통합되어가고 있다.

한국인의 사상과 종교적 의식에 있어서 샤머니즘적 신앙의식이 상당히 뿌리 깊이 박혀 있어 현재에도 일상생활에서 샤머니즘적 관행을 따르는 경향이 있다. 그리고 한국인의 샤머니즘이 중국에서 전래된 음양오행설이나 불교, 도교의 요소들에 영향을 받으면서 다양하게 변화되었고 전통사회를 벗어나 서양의 종교를 받아들이는 과정에서 신흥종교에도 영향을 미치고 있다. 그래서 아직까지도 현재 서양의 선교인들은 한국에 종교를 포교하기 위해서는 한국인 안에 뿌리 깊이 내재되어 있는 샤머니즘을 이해하여야 한다고 한다.

단군신화는 한국의 기원을 이야기할 때 맨 먼저 꺼내는 화두로, 한민족의 생활문화를 이해함에 있어 관습과 풍속 및 신화들을 들 수 있다. 관습과 풍속은 같은 사고방식이나 관념체계를 육체를 통하여 표현한 것이고, 신화는 언어를 통하여 표현한 것이라고 할 수 있다. 관습과 풍속은 전승되어서 관례화된 생활양식 및 행동양식이라 할 수 있고, 제례나 의식과 같은 격식화된 생활양식 및 행동양식, 그리고 일정한 윤리체계인 일상의 생활양식을 포함한다.

이렇게 전승되어 관례화된 샤머니즘적 관습과 풍속의 예인 마을굿은 오늘날에도 동해안 일대와 영남, 호남 일부, 그리고 경기도 일부에서 시행하고 있으며, 이 마을굿은 촌락공동체가 주기적으로 치르는 계절적 통과의례이기도 하다. 별신굿, 도당굿, 서낭제, 당굿, 동제 등 여러 이름으로 불리고 있는 마을굿은 마을의 골막이, 곧 수호신이 한 해에 한 번 혹은 3년 내지 5년에 한 번씩 마을에 내릴 때마다 사람들이 그 신령을 모시고 마을의 풍요와 주민의 건강을 기원하는 것을 목적으로 하고 있다. 이들 마을굿 가운데 일부에서는 서낭나무 혹은 당나무라 일컬어지는 신성수 아래서 신내림을 받는다. 사람이 잡고 있는 서낭대의 떨림으로 표현된 신내림을 받은 마을 사람들은 제주 또는 당주를 중심으로 하여 신령을 모시고 마을굿을 올리게 된다. 이와 같은 성스러운 나무 아래서 신내림을 받아 치르는 마을굿의 현장은 단군신화에서 환웅이 신단수 아래로 내려오는 장면과 신단수를 둘러싸고 베풀어지는 신시를 연상시킨다. 반면 하늘에서 내려와 숲속의 거룩한 나무에 섬겨지는 마을굿의 신령은 신라 경주 김씨의 시조 탄생 설화인 '김알지의 신화'를 상고시대에 치러진 굿을 언어로 묘사한 것으로부터 유래된 것이다. 고려 문종 때 편찬된 삼국유사 기이편에 있는 「가락국기」의 수로 맞이 부분은 신화와 굿의 복합에 대하여 말해주는 구체적인 예로 하늘에 있는 신령 공수를 받들어 공수가 일러주는 대로 춤추고 노래하면서 신맞이한 절차가 가락국기의 수로맞이 부분이다. 고구려 동맹이나 수신굿 또는 삼한의 소도굿과 함께 「가락국기」의 신맞이가 오늘날의 별신굿이나 도당굿의 선례이다. 별신굿에 내포되어 있는 신화적 발상법은 자연과 인간 사이의 공시화라 할 수 있고, 자연이 지닌 시간적 기복에 인간들이 자신의 삶의 기복을 맞추어서 자연과 인간 사이에 동일한 풍요의 원리 및 재생의 원리가 존립하게 하는 것이 바로 공시다. 이것은 인간이 자연적 계절의 변화에 맞추어 살아가는 적응 이상의 것으로, 계절의 변화를 있게 하는 자연의 원리와 그 힘에 인간이 직접 참여하여, 그것을 인간의 몫으로 확보함으로써 비로소 이루어진다고 믿는 것이다. 그리고 자연의 힘이 신령의 내림과 함께 인간에게 주어지는 현장이 곧 별신굿판이고, 자연의 힘과 신령과 인간의 일체화가 그 굿판에서 이루어지는 것이다. 정월보름에 벌어지는 이 굿판은 작게는 어둠, 무거움, 닫힘, 부정 등으로부터 밝음, 가벼움, 열림, 맑음 등을 불러일으키고, 크게는 죽음으로부터 새로운 생명을 불러들이는 것이다. 별신굿의 '난장판'은 제의적 광란이라고도 할 수 있는데 이런 난장판은 한국인의

34

집단적인 신명판이고 신바람판이다. 단순한 춤과 노래가 있어서가 아니며, 난장판에서의 신명은 매우 다원적인 것으로 단순하게 즐기는 흥겨움보다 더 심층적이고 중요하다. 신바람의 요소는 전통의 양반과 상민 사이의 갈등을 상민의 처지에서 발산함으로써 신바람을 불러일으키는 것이었다. 이러한 정해진 달력을 따라 베풀어진 별신굿판은 전통적인 농경사회가 지켜오면서 관례화되었던 한국인의 삶의 리듬이자, 제례와 의식 속에 나타난 관습과 풍속이었다.[22]

한국인의 사회의식에 아직도 상당히 남아 있는 유교는 삼국시대에 전래되었고 조선시대에 들어서 사회질서를 유지하는 윤리로 발전하며 국가의 정치철학으로서 양반계급의 정신적 지주가 되었다. 조선에서 유교를 지키는 삶은 예를 존중하고 상위자와 하위자 간에 권위적 통제와 절대적 복종의 관계를 요구하는 삶이었다. 또한 중앙집권적인 관료신분사회에서 부귀영화를 누릴 수 있는 신분은 양반에 국한되어 있었던 사회를 500년 가까이 거치며 한국인은 관직에 오르려는 신분지향적 의식과 관존민비의 관념이 남아 있고, 유교적 소양을 중심으로 하였던 과거제도로 인한 학문존중 의식이 남아 있어 오늘날까지도 한국인은 강한 교육열을 보이고 있다. 국가 윤리였던 유교에서 가장 중요시되었던 관념 중의 하나는 '효'였다. 이 효의 가치는 조상들의 관직과 공덕을 족보에 밝히고 제사를 통한 조상숭배를 강조하였으며, 다른 한편으로는 가계를 계승하고 가문의 위세를 떨치려고 하는 의식이 양반신분은 말할 나위도 없고 일반백성에게도 적지 않은 영향을 미쳤다. 이러한 유교적 가족중심주의는 오늘날까지도 한국인의 생활의식에 많이 남아 있다.

역사적으로 한민족이 시베리아로부터 남하하여 국가를 이룬 이후 끊임없는 외세의 침탈을 당했었기 때문에 그 침탈의 중심에서 고통받은 백성들의 서민문화에는 한과 슬픔의 문화가 남아 있게 되었다. 신분계급사회 속에서 불평등한 대우 또한 참아내야 했던 한국인이었기에 한을 품을 만한 일들이 많았지만, 어려운 여건 속에서 한국인들은 이러한 슬픔과 한을 해학을 통해 푸는 서민적 삶의 모습이 조선시대 서민들의 여러 가지 문화 및 예술에 남아 한국인의 서정적이고 낭만적인 해학적 풍류를 보여주고 있다. 미술이론가 조인수에 따르면 조선시대에 가장 그림을 잘 그렸다고 하는 김홍도(1745~1806)는 나라에서 으뜸가는 화가로 실력을 뽐냈지만, 동시에 천하가 알아주는 멋들어진 풍류객이었다고 한다. 그는 꽃이 피고 달이 밝은 밤이면 거문고나 젓대를 연주했고, 어쩌다 그림을 팔아 큰돈이 생겨도 살림은 거들떠도 안 보고 술 몇 말 사오게 하여 친구들과 술자리를 벌이며 예술가로서의 풍류를 즐겼다. 정교하고 엄숙한 임금의 초상화를 그리기도 했지만, 한편으로는 백성들의 일상생활을 그려내어 보는 이로 하여금 턱이 빠지게 웃도록 만들었다. 예나 지금이나 열심히 일하는 것 못지 않게 잘 노는 것이 중요하지만, 우아하면서 멋스럽게 노는 일은 아무나 할 수 있는 일이 아니어서, 권력이 있다거나 부유하다고 해서 쉽게 풍류를 즐길 수 있는 것이 아니었다. 그래서 작은 일에 생각이 얽매이지 않아 자유분방하면서도, 뜻이 맞는 사람들과 더불어 즐기려는 풍성한 마음씨가 필요한 것이 조선의 풍류였다. 그래서 풍류가 담겨 있는 조선의 옛 그림을 감상할 때 자연스럽게 입가에 미소가 번지는 것은 이미 자신이 그림 속의 해학을 통해 즐거움이 하나가 되었다는 것을 느끼게 한다고 했다.

조선시대에 정해진 한국인의 생활터전은 삼면이 바다로 둘러싸인 반도이며, 대륙에 접한 북쪽 경계는 백두산 정상에 있는 백록담을 원류로 흘러내리는 두 개의 강인 압록강과 두만강으로 분명히 갈라져 있기 때문에 민족의 동일성과 문화적 고유성을 유지하기에 비교적 유리한 지리적 환경조건을 가지고 있었다. 그래서 한반도에 형성된 한민족의 의식은 오랜 역사를 통하여 중국으로부터 정치적, 문화적 영향을 강하게 받았지만 한민족으로써의 의식을 잃지 않고 유지해오며, 조선왕조의 말기부터는 한국인들은 근대화의 초기에 문명개화운동, 애국계몽운동을 비롯하여 지역사회 개발운동을 전개했고, 중국의 쇠퇴와 함께 중국의 영향력으로부터 벗어나 일본과 서양의 영향을 받게 된다. 그리고 일본의 식민지통치를 거치며 나라 잃은 설움과 고통을 극복하고 한민족의 자주의식을 한층 더 공고히 하게 되었다. 한국인들의 세계관에 있어서 중국과 일본에 대한 의식은 남다르다. 오랜 역사를 통해 이웃나라인 중국에 있어서 더 특별한데, 조선시대의 양반신분들 사이에서는 중국에 대한 사대주의적 관념이 있었다는 것을 부정할 수는 없지만 사실 지정학적으로 조선은 독립을 유지하기 위해 대국인 중국에 대해 외교적 전략을 구사해야 했다. 거의 대부분의 새로운 문물이 대륙의 중심이자 국경을 맞대고 있던 중국을 통해 조선에 들어왔기 때문에 조선의 지식층은 당시 중국의 문화적 선도성을 은연중에 동경했을 것이다. 태조 이성계가 위화도 회군을 하며 피를 흘리지 않고 고려를 멸망시키고, 조선 건국 후 600여 년이 지난 현재까지도 이러한 대중국관계는 정치, 외교 및 국방, 그리고 경제적인 면에서 지대한 영향을 미치고 있다.

한편 유럽의 산업혁명 이후 전 세계에 퍼진 제국주의에 의해 격변하는 근대사회의 소용돌이 속에서 급격히 국력을 신장시킨 일본의 통치하에 식민지 교육경험을 통해 일본과 유럽의 근대적 문화를 받아들인 많은 한국의 지식인들은 일본문화의 근대성을 접할 수 있었고, 이러한 유럽과 일본의 근대성의 영향은 다방면에서 한국 지식층과 학계가 이루었던 한국 근대문화의 저변에 깔려 있기도 하다. 오늘날 중국이 다시 강국으로 부상하여 일본의 영향력은 근대시대보다는 덜하지만, 아시아 최초로 근대화를 통해 경제력을 이룬 일본의 국제적 위상은 아직까지도 유럽과 북아메리카인들에게는 그들과 견줄 수 있는 경제적, 문화적으로 가장 수준 높은 국가로 인정되고 있다. 현재까지도 일본은 선진 7개국(G7)에 포함되어 있는 아시아 유일의 국가이고, 한반도가 남북으로 분단 상태에 있는 시점에서 북한에 의해 대륙으로의 연결이 차단된 섬과 같이 고립된 한국으로서는 일본이 가장 가까운 나라이기도 해서 동북아시아 제2 인구대국, 세계 제3위의 경제력을 가진 일본은 지정학적, 경제적 측면에서 한국의 국익을 위해 매우 중요한 국가이다.

해방과 함께 남북으로 분단되고 대한민국을 건국하며 한국인은 6·25 전쟁의 처참한 체험을 통하여 공산주의로 이념화된 북한과의 전쟁으로 동족상잔의 비극을 목격하여 반공적인 감정을 강하게 띠게 되기도 한다. 이와 같은 국민적 반공 정서와 때를 맞추어 일어난 5·16 군사정변 후에는 공산주의 북한과 대적하며 반공정신이 정치화되기도 했지만 군사정권하에서도 경제부흥을 일으키며 미래의 희망을 잃지 않고 온 국민이 단합하여 국민재

건운동, 새마을운동, 그리고 제5공화국에서의 의식개혁운동 등을 통해 국가발전의 기틀을 마련했다. 또한 광복 후 일관되게 과학과 기술의 발전, 생활의 합리화, 허례허식의 배제, 민주주의 신장과 인권존중, 국가안보, 경제적 번영, 시민의식의 확립 등을 이룩하며 한국인이 당면한 문제들을 슬기롭게 해결하고, 보다 행복한 내일의 복지사회를 이룩하기 위해 부단한 노력을 하고 있는 민족이다.

그러나 한편에서는 경제적 발전이 진행되고 물질적으로 풍요해짐에 따라 한국인이 지나치게 물질주의, 황금만능주의로 흐르고 있다는 우려의 소리가 높아지고 있다. 삶의 진실한 의미를 인식하지 못하는 인간 자체를 수단시함으로써 실존을 상실하고 있는 또 다른 현실에 놓여 있다. 이와 같은 한국사회의 현실을 극복하기 위해, 유럽이 과거에 겪었던 산업화의 경험에 주목할 필요가 있다. 유럽은 산업과 과학기술을 발달시키면서 일찍부터 기계적 물질문명이 지배하고 있는 근대산업사회에서 인간이 위기에 처하여 있다는 것을 자신들의 사회에 경고하였고, 거기서 벗어나기 위해 다양한 활동을 전개하였다. 그리고 유럽이 근대에서 현대로 옮아가며 동양 문명 쪽으로도 시야를 넓혀 전통적인 동양철학들의 재평가를 통해 동양인의 의식형태에서 구원을 얻고자 인도의 불교, 힌두교, 중국의 도교 등의 사상에 주의를 기울이고 있다. 한국인은 유럽이 앞서 했던 이 산업화의 경험을 거울로 삼는 지혜를 발휘할 필요가 있다. 한편 한국이 세계화를 통해 문호를 외지인에게 개방하면서 현재 한국인은 점차 외국 혐오와 외국 선호 성향이 혼합된 복합적이고 혼돈적인 의식으로부터 벗어나 우리 본래의 의식을 냉정하게 밝히고 다각도로 검토하여 스스로 자각하고 있다. 또한 그간 알게 모르게 축적된 서구적 관념에 대해서도 비판적 자세를 취하여 세계화에 따라 끊임없이 흘러들어오고 있는 서구문화에 대해 취사선택함으로써 편향된 서구적 세계관에 대한 의식개혁이 한국인들 사이에서 진행되고 있다. 따라서 지금 한국사회는 미래를 개척해 나가는 새로운 정신적 체계를 창조해 나가려는 기운이 한국사회 저변에 확대되고 있는 미래지향적인 사회의 모습이다.[23]

한국인은 지리적 특성상 고조선 때부터 왜구의 침략까지 포함해 3,000번

이상 외적의 침략에 시달려야 했다고 전해지고 있는데, 고구려시대부터 고려 초중기까지는 지배층과 국민이 단합해서 싸웠다고 한다. 그러나 몽골의 침략 후부터는 지도층이 정권유지를 위해 도피를 일삼아 민중들은 지배계급으로부터 배신감을 느끼고 그들에 대한 불신과 냉소주의로 일관하여 지배층을 따르기보다는 이웃과 이웃이 손잡고 자신들의 마을을 지켜내려고 하는 마을 공동체 의식이 민중들 속에 강하게 자리 잡게 되었다고 한다. 이러한 공동체 의식의 실례로 마을의 정례행사였던 조선시대의 계, 두레, 품앗이 같은 협동활동이나 마을굿판 같은 것도 공동체의 단합에 커다란 일조를 했으며, 한국인들의 강한 공동체주의적인 성향은 조선시대 다산풍조, 남아선호사상, 제사문화, 혈연과 지연이 중시되는 농경사회풍조의 영향이라고 할 수 있다. 한국인들에게 내재된 의식 속에 강한 공동체적 저항의식이 형성되어 있는 것에 대하여, 교양만화로 잘 알려진 이원복 교수는 한국인들에게 종종 나타나고 있는 극단의 저항적 사고방식이 20세기를 거치며 더욱 심화되었다고 보고 있다. 이와 같은 한국인의 저항의식은 1905년 을사조약을 비롯해 1910년 한일합방으로 인한 일제의 강점기, 1945년 8·15 해방 후의 좌우익 대립, 1950년 6·25 전쟁, 그리고 1961년 4·19 혁명, 5·16 군사정변 후의 권위주의적 독재정권 등 비극으로 가득 찬 역사들을 연속적으로 겪으며 그 굴곡진 역사에 의해 형성된 공동체 의식이다.

조선 말기 이후 일제강점기 내내 한반도의 농가비율은 꾸준히 80% 내외를 유지하였으나 해방 이후 이촌향도 현상이 심화되면서 1960년 56.9%, 1970년 44.7%, 1980년 28.4%로 대폭 감소하는 등 도시로의 대규모 인구이동이 이루어졌으며, 이 이촌향도는 아직도 계속되고 있다. 이는 현재까지 한국을 이끌어온 기성세대는 유소년기를 농촌사회에서 보내고 청년기 이후에 대부분 도시로 나간 사람들이라는 사실을 통계적으로 보여주고 있다. 유년기 동안 확립된 농촌의 사고와 행동양식이 직장문화와 인간관계 등에도 나타나고, 전체적인 사회분위기로까지 계속되며 이들 사이의 공유부분이 더욱 커질수록 관계가 돈독해지지만 이 공유부분을 거부하면 불이익을 당하기도 한다. 반면 지금의 10대에서 30대에 속하는 젊은 세대들은 이전의 기성세대에 비해서 집단주의나 공동체주의 문화가 희석된 모습을 볼 수 있고, 힘든 일이나 문제가 닥치면 개인이 혼자 해결하고 헤쳐나아가야 한다는 사고방식을 갖고 있다. 따라서 일이 뜻대로 해결되지 않을 때 주변인들에게 도움을 구하기보다는 홀로 비관하는 경우가 있어 극단적인 선택을 하게 되면서, 한국인들의 최근 자살률은 OECD 국가 중 동유럽의 우크라이나와 함께 최고로 높은 현실에 놓여 있기도 하다. 하지만 전반적으로 기성세대와 장년계층의 집단주의적 상부상조의 사고방식이 아직도 그들 속에 강하게 자리 잡고 있는 한국인의 공동체 문화는 국가에 대한 주인의식과 결합하여 국가적 사건에 대처하는 데에 있어서 엄청난 결집력을 보여주고 있다. 실례로 과거 쥐잡기 운동, 종이절약 운동, 새마을운동, 월드컵 응원문화, 금모으기, 태극기집회, 촛불집회, 코로나19 방역 등으로 표출되며 단기간에 단결력을 보여 강력한 시민의식을 기반으로 하는 공동체주의 문화를 보여준다. 또한 이러한 공동체주의적 동질문화는 유행에 매우 민감하게 반응하기도 하여 한번 유행을 타면 무섭게 확산하는 현상이 나타나는 것을 볼 때, 한국인은 남이 하는 것을 함께 함으로써 행복감과 동질감을 느끼는 민족으로도 유명하다. 과거 한때 스포츠 의류상표 노스페이스가 국가 브랜드처럼 여겨지고, 구찌, 루이비통 백, 사넬 화장품이 여성들의 선망의 대상이 되기도 했으며, 여성의 성형과 남성의 가발문화가 보편화되었고, 그리고 등산문화가 급속하게 퍼지면서 국민의 제1 여가활동으로 자리 잡기도 하였다.

한국인의 공동체 문화는 독특한 집단성을 나타나기도 한다. 대학교의 같은 학번에서도 상대편이 동갑이면 동질감을 크게 느끼고 상대가 연상이면 형·누나 혹은 언니·오빠라고 부른다. 서구권에서는 물론이고, 한국 이상으로 집단적인 중동권, 심지어 이웃 국가인 중국, 일본에서도 볼 수 없는 상당히 특이한 동질감을 표현하는 한국인은 어떻게 보면 정이 많은 민족이라고 할 수 있다. 반면 한국인의 집단주의는 그 집단이 폐쇄적이고 배타적으로 변하기도 하여 집단을 대표하는 정당끼리의 권력투쟁을 위한 정치적 갈등과 지역, 세대, 성별 등의 갈등을 만들어 집단이기주의에 빠져들기도 해서 사회적으로 부정적인 측면을 보여주기도 한다.

2015년 통계에 따르면 한국 인구의 56.1%는 종교가 없는 무종교인으로 이들이 인구 전체에 차지하는 비율이 가장 높은 나라 중 하나이다. 종교인 중 가장 많은 19.7%가 개신교를 믿고 15.5%가 불교, 7.9%가 천주교를 믿고 있다. 현재 독일의 경우 카톨릭과 개신교 신자의 비율이 55%가 넘지만 주기적으로 종교활동을 하는 인구는 8천 9백만 인구의 4%(350만) 정도이고, 스페인, 프랑스, 덴마크, 영국에서는 신자 중 대략 5%만이 매주 종교활동을 하고 있다. 북유럽 노르웨이의 경우 평균적으로 1년에 1회만 예배를 드리는 것과 비교하여 한국의 종교인들은 80% 가량이 매주 종교활동을 하는 전통적인 방식의 참여종교를 하는 나라이다. 한편 한국의 무종교인 중 많은 사람들이 조상을 생각하며 제사를 지내는데, 뿌리 깊은 유교적 생활철학을 공유하며 살고 있어 유교가 종교와 비슷하게 한국인의 의식 속에 자리 잡고 있기 때문이다.

　서로 다른 신에 대한 신앙적 믿음 때문에 종교분쟁을 하는 다른 국가들에 비해 한국에서 종교분쟁이 거의 발생하지 않는 이유는 전통적으로 한민족에게 큰 영향을 준 유교와 불교 때문이라고 보기도 한다. 유일신을 믿는 종교인들은 다른 종교에 대해 배타적이기 때문에 종교분쟁의 원인이 되지만, 한반도에 전래된 유교와 불교에는 원래 신이라는 개념 자체가 존재하지 않고, 종교적 성격보다는 삶의 철학에 대한 깨달음과 가르침이 주는 지혜나 혹은 학문으로서의 측면이 강하였으며, 또한 옛 우리말에는 종교라는 단어조차 없었기 때문에 종교적 분쟁에 대하여 심각하게 받아들이지 않고 있으며, 타종교에 대해서도 매우 포용적인 국민들이라고 할 수 있다. 한편 성경에 나타나는 이교도라는 개념은 불교나 유교에는 존재하지 않으며, 구약성서에 이교도에 대한 전쟁과 탄압적인 내용이 실려 있는 것과는 달리, 고대시대 샤머니즘 이후부터 한국인의 의식 속에 뿌리 깊게 배어 있는 불교사상의 가르침에는 포용적 선행을 한다. 살생을 금하여 땅바닥에 기어다니는 개미의 생명마저도 귀중하게 여기고 채식을 하는 등 살아 있는 생명을 존중하는 의식이 한국인에게 내재되어 있어 타종교에 대한 배척과 종교적 탄압의 모습에는 민감한 반응을 보이기도 한다.

　고려시대 이후 한민족은 한반도를 넘어서는 동북아시아 지역을 침략하거나 점령한 적이 없었고, 그와 반대로 일본이나 청나라로부터 임진왜란이나 병자호란을 겪으며 외세로부터 주로 침략을 당하는 입장에 있었던 한국인들은 호전적이지 않고 평화를 사랑하는 민족이라고 스스로 생각하고 있고, 과거 조선에 체류했던 외국인들로부터는 조용하고 순박한 민족이라고 불리기도 했다. 그러나 주변국들이 보기에 한민족은 역사적으로 여러 번의 대규모의 침략으로부터 살아남았던 민족이어서 그냥 놔두면 혹시 과거 '후금'처럼 패권국으로 성장하여 주변 국가들을 위협할 수 있는 가능성이 있었기 때문에, 이 가능성을 없애기 위해 항상 한민족을 견제했었다고 한다. 역사적으로 먼 옛날의 한민족은 힘찬 기백과 함께 상당히 호전적인 민족이었다. 한국의 고대사를 살펴보면 고구려 초기 광개토왕은 북방의 만주지역을 침략하여 세력을 확대하고, 점령지에서 수탈을 통해 경제를 유지하였으며, 발해 역시 전쟁을 통해 넓은 영토를 차지했었다. 삼국시대의 고구려, 백제, 신라는 거의 한 세기도 쉬지 않고 계속 전쟁을 일으키며 서로의 영토를 확장하려고 했다. 특히 백제는 나당 연합국에 대항하기 위해 당시 돈독한 관계를 유지했던 일본까지 동원하여 나라를 지키려고 온 힘을 기울였지만 전쟁에 패하여 많은 백제인들이 일본으로 이주하였다고 전해진다. 또한 후삼국시대 신라의 해적집단이었던 '신라구'는 쓰시마섬을 비롯한 남해와 서해의 해안지역에서 약탈을 일삼았으며, 강성했을 때는 일본 본토 후쿠오카, 구마모토 지역까지 유린했다고 한다.[24]

신라구

해적 신라구는 통일신라 후기 9세기부터 후삼국시대 무렵인 10세기 초엽까지 존재했던 당시 한반도 근해의 대표적인 해적으로, 경상도를 주무대로 한 옛 신라가 아닌, 후삼국 신라지역의 해안을 근거지로 해서 일본 및 주변지역을 약탈한 신라계 해적 집단이었다. 일부 백제계와 고구려계는 물론 중국인도 포함되어 있었다고 전해진다. 일본 사서의 몇 가지 기록에 의하면 신라와 '신라 해적'을 구분하지 않았고, 신라라는 나라가 일본을 호시탐탐 노리고 계속 쳐들어온다고 기록해 놓은 것이 있는 것으로 보아 정규 해군과 해적이란 구분이 확실하지 않고 모호했던, 전근대적인 형태의 해군 집단으로 보기도 한다. 통일신라 말기 중앙정부의 정권다툼으로 지방 통제력이 약화된 사이 지방세력들이 호족으로 자립하여 독자적인 집단행동을 함에 따라 치안마저도 불안해지면서, 엎친 데 덮친 격으로 기근까지 겹쳐 백성들이 생활고에 시달리게 되자 굶주린 백성들은 생업을 포기하고 해적 신라구에 투신하게 되었다고 한다. 이렇게 집단화된 신라구는 한반도 및 일본 해안가까지 약탈을 하다가, 9세기 전반부터 신라의 장보고가 당나라, 신라, 일본 등을 오가며 해상로를 개척하였으며 주변 해안에서 날뛰던 해적인 신라구들을 때려잡고 해상을 안정시키기에 이르기도 한다. 그러나 장보고가 숙청된 9세기 후반부터 그 숫자가 다시 늘어나기 시작하여 활발한 해적 활동을 하기에 이르고, 후삼국 초기에는 한반도 남단 해안지역에서 신라구의 세력은 절정에 달하게 된다. 역사적으로 한반도는 일본열도에서 오랫동안 활개친 왜구들에게 빈번한 약탈을 당했지만, 이 시대에는 반대로 신라구에 의해 일본열도가 많은 피해를 보았다는 기록이 있다. 일본의 사서에 쓰인 기록에 따르면 한때 신라구들 때문에 큐슈지역에 사람이 못 살 정도여서, 일본 조정에서는 신라인에 대한 입국 금지령을 내리기도 했으며, 일본의 일부 지방에서는 신라구와 대항하기 위해 징병제를 실시하기도 했다는 기록이 남아 있다.

왜구나 신라구가 흥성하여 해외원정까지 나가게 되었던 시기는 이미 자국의 중앙정부가 통제력을 잃어 내전이 벌어졌던 일본의 남북조시대와 전국시대였으며, 통일신라 말기로부터 후삼국으로 전환되는 시기였다는 점에서 한반도와 일본열도의 정세가 매우 혼란하여 해적 문제를 통제할 수 없는 상태였다는 것을 알 수 있다. 신라구의 규모가 커지면서 일본 깊숙한 지역까지 약탈했던 시기는 진성여왕의 통치시절로, 그때는 지방 통제력이 이미 무너져내려 신라의 내륙지방에서는 세금 걷는 길이 막힐 정도였다고 한다. 『능백묵서와 해동제국기』에 따르면 718년과 720년 신라가 서일본 변방을 두 차례 공격했다는 기록들이 있다. 그런데 이 당시에는 사무역이 발달하고 일본의 서부에 체류하였던 신라인이 많았다고 전해지는 것으로 볼 때 당시 약탈과 무역의 경계가 모호했고 혼란했던 시대였음을 추정할 수 있다. 과거 일본의 일부 국수주의 세력들은 원나라의 일본원정과 함께 후삼국 신라(신라구)도 일본을 침략해서 학살, 강간, 방화 등을 저질렀다고 들먹이기도 했다.

『일본후기』에 쓰인 811년 8월 일본 '다자이후'에서 조정에 올린 공문에 의하면 "신라인들이 자신들이 살던 지방의 곡식을 운반하던 도중 바다에서 해적을 만나 다른 신라인들은 모두 죽고 김파형, 김승제, 김소파 세 사람만 겨우 살아 일본 땅에 표착한 이들을 신라로 돌려보내주었다"는 기록이 있다. 811년 12월 7일에는 "20여 척이 나타나 횃불로 서로 연락하는데 그 모양을 보아 해적선이었다. 전투가 일어나자 먼저 표착한 신라인 5명을 죽이고, 5명은 도망갔으나, 4명은 붙잡았다. 쓰시마에서 신라 쪽을 바라보니 매일 밤 여러 곳에서 불빛이 빛나 일본 조정은 신라에서 쳐들어올까 우려해 쓰시마에 통역과 군을 파견하고 인접한 나카토, 이즈모 등 요충지에 군사를 배치해 경계하도록 했다"는 기록이 있다. 894년 9월에 대규모 신라구가 침입했는데, 그 규모가 10여 척의 전투선에 2,500명의 병력이며, 당나라 사람도 포함되어 있었다는 기록이 있어, 병력규모 면에서 후삼국시대 고구려나 백제의 정규 수군 규모와도 견줄 만한 것으로, 후삼국시대 초기 해상 대호족의 후원을 받은 세력이었을 것이라고 추측되기도 했다.

신라구가 흥성할 때는 1,000여 명의 집단적 규모로 한반도에 근접했던 큐슈로 쳐들어가기도 했고, 쓰시마섬, 이키섬, 교토, 제주도도 주요 약탈의 대상이었다고 한다. 신라구가 날뛰었던 시기는 워낙 혼란스러운 시기여서, 한국의 역사기록에는 견훤과 왕건이 당대에 활동했던 한반도 주변 서해와 남해의 해적을 소탕했었다는 간략한 기록만 남아 있는 반면, 일본의 사서들에는 비교적 자세한 기록이 남아 있다고 한다. 이러한 두 나라의 역사적 기록에 대한 차이는 자기 민족중심적 사관에 따른 것으로 보이는데, 왜구에 대한 기록은 일본의 사서에 있는 기록보다 중국과 한국의 사서에 훨씬 자세하게 기록되어 있는 것으로 볼 때 피해를 준 편보다는 입은 편이 해적에 대한 피해를 더 중요하게 다루었던 역사관을 보여주고 있다.[25]

이렇게 한민족은 두 단면을 가지고 있다. 방어적이고 평화를 사랑하며 조용하고 순박한 내면세계를 가지고 있기도 하고, 호전적이고 기개가 넘치며 진취적인 내면세계의 정신을 품고 있기도 하다. 이렇듯 이중적 특징을 가진 민족이라는 것을 알 수 있다. 그래서 역사의 흐름 속에서 시대와 상황에 따라 방어적으로 평화를 수호하기 위해 나라를 지키기도 하지만, 나라의 부국강병을 위해 호전적이고 진취적인 기상을 발휘하기도 하여, 한민족은 이 두 개의 '조용하고 순박한 내면'과 '호전적이고 진취적인 내면'을 상황에 따라 선택적으로 지혜롭게 활용하며 위기와 기회에 대처하는 '슬기로운 민족'이라고 할 수 있다.

2

욕망의 지배자와
욕망을 생산하는
피지배자

1. 농경사회로 들어서면서 출현하기 시작하는 계급과 권력

 집약농경을 시작하면서 인간은 한 지역에 정착하여 농업촌락을 이루게 되고, 사회의 규모도 커지게 되어 집단을 통치하기 위한 제도와 법이 생겨나게 된다. 반면 주로 농사를 짓기 어려운 산악 지대 혹은 건조지대나 반건조지대에서는 목축이 행하여졌고 농경사회에 비해 생산력이 낮고 규모가작아 농경민에 의존하면서 농경지역과 교역관계를 맺고 생활에 필요한 것들을 보충하였다. 그리고 가축들이 목초를 먹어야 했기에 계절적으로 이동생활을 하는 유목민사회를 구성하였던 유목민들은 지도력과 기동력이 매우강할 뿐 아니라 척박한 환경에서 생존하기 위해 자치와 단결이 강조되고 자연에 대한 강한 믿음도 생기면서, 제도와 법으로 지배되는 농업사회와 다른사회적 특징도 가지게 되었다.[1]

 농업사회에서 농경에 따른 식량생산의 증가로 인구가 증가함에 따라 집단을 유지하기 위한 통치제도와 법체계가 복잡해지게 되고, 씨족 집단이 커지자 혈연을 바탕으로 한 몇 개의 씨족이 모여서 부족사회를 이루게 되었다. 부족 내의 씨족은 핏줄이 같은 친척이며 혼인은 다른 씨족과만 가능했다. 부족 이외의 혼인을 통하여 씨족을 구분하였고 부족사회의 구성원들은평등했다. 그래서 구성원들 사이에 경제력의 차이가 나지 않았고 부자가 없으니 아직 지배권력이 출현하지 않았던, 겨우 먹고사는 정도의 단순한 농경사회였다. 그러나 인구의 증가로 인해 부족사회가 커지고 농기구의 발달과가축사육으로 농경과 목축의 규모가 더욱 커지자, 더 많은 식량생산이 이루어지면서 부족 중 일부에서 부의 축적이 가능하게 되어, 가진 자와 못 가진 자의 차이에 따라 서로를 비교하게 되었고, 그러면서 인간 욕망의 범위가 확대되기 시작한다. 그리고 농업생산에 관련된 노동의 분업화와 교역이발생하면서 지배자와 피지배자의 신분적 계급의 분화도 나타나게 되었다. 한편 사람들은 농업에 연관된 노동 이외에도 교역에 관련된 노동인 상업에도 종사하게 되며, 많은 사람들이 편리하게 오고가며 활발한 교역이 이루어지는 교통의 요충지에 모여 살게 되고, 그곳을 도시라고 부르게 된다. 인류가 도시생활을 시작하게 된 것이다. 그리고 그곳에 인류의 욕망이 표출된 문화를 담는다.

자연에 의존해 농사를 잘 지으려면 햇빛과 물이 풍족해야 했기 때문에 자연의 변화에 민감해졌고 그리하여 태양, 비, 산, 강 등의 자연의 것들에 정령이 있다는 샤머니즘 신앙이 생기게 되면서 자연의 한 부분인 인간도 영혼이 있다고 믿는 자연숭배사상도 나타난다. 시간이 흐르면서 부족을 중심으로 다양한 신을 믿는 종교를 발전시키면서 지배자의 권력과 종교가 정치화된다. 그리고 특유한 문화와 지역적인 특징을 가지고 정치적으로 독립된 지역 중심의 부족사회로 성장, 발전했으며 다시 여러 부족들의 세력과 지배, 복종 관계에 의해서 부족연맹체를 이루고, 더 나아가 고대국가를 형성하게 되었다.

고대국가는 집약적인 농업을 더욱 발전시키기 위해 많은 인력을 동원하여 대규모의 수리와 관개사업을 전개하면서 인간의 노동력을 조작하는 노동권력형 전제군주 정치가 발달하기 시작하게 되면서 통치권력과 사후세계에 대한 인간의 욕망 역시 발현되기 시작한다. 이것은 인간의 상상력을 자극하여 수많은 백성과 노예들의 노동력을 투입한 거대한 구조물이자 지배자의 무덤인 지구라트나 피라미드와 같이 권력 숭배를 위한 인공물을 구축하여 자신들만의 독특한 고대문명을 만들게 된다. 세월이 흐르며 노동력을 지배하는 권력자들은 통치강화의 일환으로 사제의 도움을 받아 신권정치술을 구사하며 더욱더 강력해진 권력을 휘두르고, 사제는 권력강화를 도운 대가로 종교권력을 갖게 되었다. 정치권력과 종교권력은 더 많은 신전을 짓고 그들의 권력을 공고히 하며 제국을 건설하지만 두 권력의 부패로 제국은 멸망하고, 신에 더욱 더 의존하며 신분계급이 세분화된 봉건사회가 출현하면서 종교권력이 유럽 대륙을 지배하는 새로운 시대에 접어들게 되었다.

2. 십자군원정,
기독교 성지수호를 위한 신성한 전쟁

　막강해진 종교권력의 지배하에 놓였던 유럽인들은 1096년부터 1291년까지 200여 년 동안 모두 10차례에 걸쳐 이스라엘에 있는 예루살렘 기독교 성지 수호를 위해 해외원정을 통한 종교전쟁을 벌였는데, 장기간에 걸쳐 이 원정전쟁을 일으킨 근저에 깔린 이유는 따로 있었다. 서유럽은 100년 이상 인구가 급속도로 증가하였지만 농업생산의 증가는 인구증가를 따르지 못했고, 1094년 심한 흉년으로 농촌의 기근은 말할 수 없이 심각했다. 이를 해결하기 위한 방편의 하나로 지배자들은 인구를 획기적으로 감소시키는 방법이 전쟁임을 알고 있었지만, 서유럽은 이미 봉건영주들 간의 다툼 때문에 끊임없는 지역 간의 소모전으로 전쟁에 대한 피로감과 피해가 누적되어 있었다. 이러한 당시의 상황에서 교황 그레고리 7세는 차라리 해외에 나가 싸우라는 호전적 분위기를 조성하면서 공공연히 유럽의 기독교 국가들을 부추겼다. 그리고 얼마 지나지 않아 우르바노 2세가 교황으로 등극하면서 예루살렘 기독교 박해를 빌미 삼아 교회의 세력확대가 필요하다는 정치적인 결정을 하게 되고, 결국 고무되어 가는 기독교 성지탈환 전쟁을 일으키자고 제안한다. 한편 그 배후에는 봉건영주들의 원정으로 공백이 된 영주들의 영지를 기독교 사제들이 관리해주고 이익을 챙기려는 숨은 의도가 깔려 있었고, 영주들 역시 전쟁에서 살아 돌아오지 못하거나 원정에 따른 권력의 부재로 인한 왕권 찬탈의 음모로부터 상속권자나 왕위 계승자들을 교회가 보호해주는 영지 위탁관리를 필요로 했다. 반면 농부들은 흉년으로 굶주리고 있었던 가족을 먹여 살리기 위해 군인이 되었고, 도시국가인 베네치아와 제노바 상인들은 비잔틴제국의 붕괴나 십자군원정을 돈벌이의 기회로 삼았다.

　유대교, 기독교, 이슬람교도들에게 공통의 성지가 있는 이스라엘의 예루살렘은 이교도들 간에 성지순례를 하면서 충돌이 벌어지기 쉬운 곳이었다. 1071년 셀주크제국의 터키군이 동로마제국의 비잔틴 군대와의 전쟁에서 승리한 뒤 이 일대에 대격변의 시기가 찾아온다. 결과적으로 동로마제국의 기존 핵심지역인 아나톨리아의 대부분을 잃게 된다. 그리고 점령군으로서 이슬람제국 셀주크는 점령지인 예루살렘의 기독교인들과 유대인들을 탄압하기에 이르고, 동로마제국과의 기존 합의를 묵살하고 기독교인들의 성지순례를 금지시킨다. 그리하여 동로마제국 황제 알렉시오스 1세는 성지회복을 위해 교황 우르바노 2세에게 지원을 요청하지만, 교황을 지지하는 군대가 신성로마제국 군대와 격돌하고 있어서 지원을 미루고 있다가, 드디어 1095년 클레르몽 동의회를 통해 성지탈환을 위한 십자군 파병을 결의한다. 교황과 참여국들은 이 회의에서 "기독교 왕국의 치욕을 떨치고 일어나 이슬람교도 세력을 영원히 멸망시키자. 성전에서 천벌이라는 함성을 사용하자. 성전에서 생명을 잃은 자는 천국을 얻고 죄를 용서받을 것이다"라는 구호를 원정에서 외칠 것을 다짐한다. 수많은 사람들이 교황청에서 주는 죄를 사면해주는 것인 '대사'를 획득할 목적으로 성지 탈환에 참여하게 된다. 이렇게 각 기독교 국가들의 호응은 대단하여 서유럽에서 내란을 겪고 있는 신성로마제국(독일)을 제외한 대부분의 국가들이 원정군에 가담한다.

마침내 1097년 봄에 3만 병력의 십자군 전사들은 마르마라해협과 흑해를 연결하는 보스포루스해협을 건넌다. 이 원정에서 물자 보급 문제로 어려움을 겪기도 했지만 종교정신의 힘으로 터키의 아나톨리아를 가로질러, 각 세력들 간의 불신으로 분열되어 있는 사라센인들의 투르트 군대를 격파하고, 안티오크, 예루살렘 등의 도시를 함락시키게 되어 1차 십자군원정을 성공적으로 이끈다. 이후 십자군은 성지를 지키기 위해 성을 구축하고 서유럽과 같은 군사귀족에 의한 봉건체제를 실시하게 된다. 이에 맞서 이슬람 세력들 사이에서 살라딘과 같은 강력한 지도자가 나타나, 1차 십자군 전쟁에서의 패배를 거울삼아, 이집트와 시리아를 통일하면서 조직적인 군사력을 키우고, 기독교와의 성전을 준비하는 강력한 지하드 조직을 양성한다. 그리고 빼앗겼던 성지탈환을 위해 전쟁에 나서서, 십자군의 약점인 서유럽식 긴 창과 무거운 갑옷으로 중무장한 느린 기동력을 간파하고, 이에 맞서 가벼운 무장과 말을 이용한 빠른 기동력으로 십자군을 섬멸하여 성지를 되찾는다.

몇 번의 작은 원정들을 거친 후, 이번에는 성지 재탈환을 위해 명예심에 불탄 북유럽 바이킹족 수장 노르웨이 국왕 시그르드 1세가 1107년부터 장거리 원정을 시도한다. 시그르드 1세는 직접 60척의 배에 5,000명의 병력을 태우고 노르웨이에서 출발하여 이베리아 반도를 거쳐 시칠리아로 향한다. 항해 중 해적들의 습격을 격퇴하고 주변의 이슬람 소국들을 점령하여 보물과 군수물자 보충을 위해 약탈을 자행한다. 시칠리아에 도착해 국왕 루지에로 2세의 환대를 받은 뒤 마침내 예루살렘에 도착하여 사전에 계획한 대로 예루살렘 국왕 보두앵 1세와 합세하고 시돈을 공격하여 점령한다. 그에 대한 보답으로 성 십자가의 파편을 받는 등 많은 선물과 보물을 원정의 사례로 받는다. 이후 육로로 귀환을 정하고 동로마제국으로 가서 황제 알렉시오스 1세와 면회를 했는데 이때 많은 부하들이 황제의 친위대로 복무하기를 원하여 그들을 용병으로 남기고, 노르웨이 국왕은 육로를 통해 덴마크에서 국왕 일스의 도움으로 배를 빌려 6년간의 원정을 마치고 귀환한다. 이렇게 기독교 성지 수호를 핑계 삼아 국가의 이익을 충족하고 이들 국가 왕들의 명예와 모험심을 만족시키기 위해 소규모의 십자군원정들이 종종 대원정들 사이에서 이루어졌다.

3차 십자군을 이끌다 터키에서 익사한 프리디리히 1세의 아들인 하인리히 6세는 1011년 신성로마제국의 황제로 즉위하고, 이전 원정에서 객사한 부친의 명예회복을 위해 3년 후에 시칠리아 왕국을 정복한다. 그리고 교황에게 남부 이탈리아 점령을 인정받기 위해 십자군을 일으킬 계획을 세우지만 1197년 8월 시칠리아의 메시나에서 사냥을 하던 중 감기에 걸려 성전을 치르기도 전에 사망한다. 그리하여 십자군은 신성로마제국 마인츠 대주교의 인솔하에 시돈을 점령한 데 이어 베이루트에 입성한다. 다음해 십자군은 비블로스를 점령하여 예루살렘제국과 트리폴리제국 간의 육상 통로를 확보한다. 이에 고무된 십자군은 시리아의 다마스커스로 진격하여 술탄 알 아딜을 위협하고 알 아딜은 점령당한 영토를 인정하며 십자군과 평화조약을 체결한다.

1244년 예루살렘은 이집트 아이유브왕조의 살라딘 2세가 이끄는 군대와 호라즘 용병들로 맺어진 동맹군에게 점령을 당한다. 이에 자극받은 프랑스의 왕 루이 9세는 성전 기사단을 이끈 7차 십자군을 일으킨다. 하지만 출정전 교황 인노첸시오 4세는 신성로마제국 프리드리히 2세와 대립 중이어서 연기를 요청하지만, 이를 무시하고 루이 9세는 꿈에서 신의 계시를 받았다며 원정을 강행한다. 1248년 3만 6천의 십자군은 키프로스 섬에 도착해 겨울을 보내면서 동쪽의 이란과 당시 오스트리아와 헝가리 지역을 점령 중에 있던 몽골에 사절을 보내 합동전쟁을 논의하기도 하지만 진전을 못 본다. 그러나 다음 해 몽골과의 연합을 포기하고 출병하여 나일강 하구의 항구도시 다미에타를 점령하기에 이른다. 이에 이집트의 술탄 알 살리흐는 투병 중임에도 불구하고 민심을 달래기 위해 다미에타 방어 실패의 책임을 물어 장교 50명을 처형하고 전쟁으로 인한 권력 약화를 피하기 위해 십자군에게 전갈을 보내 예루살렘과 다미에타의 교환을 제안하지만 루이 9세에게 거절당한다. 루이 9세는 나일강의 범람기간이 끝나자마자 1249년 11월 20일 카이로로 진군한다. 카이로에서 2일 뒤 술탄 알 살리흐가 끝내 병사하고 말지만, 왕국 수호를 결의한 술탄의 친위대는 루이 9세의 동생 로베르 백작이 이끄는 기습공격을 격파하고, 백작은 이 전투에서 전사한다. 이 기습공격의 실패로 동생까지 잃고 북방의 투란샤군에 의해 보급로가 끊기게 되어, 루이 9세는 고립되어 있던 중 주둔지역에 전염병까지 돌아 퇴각을 시도한다. 다음 해 4월 다미에타에 도달하기 전에 이집트 아이유브군대와 교전에서 결국 패해 루이 9세는 항복하고 포로가 된다. 포로가 된 루이 9세는 발을 쇠사슬에 묶인 채 카이로의 만수라로 옮겨진 뒤 4년 동안 유폐되었다가 배상금을 지불하고 석방되어 프랑스로 돌아온다.

13세기는 몽골제국의 시대였다. 이슬람 호라즘왕조부터 아바스왕조를 연이어 물리치며 유럽으로 몰려오는 몽골제국은 유럽 세력에게 큰 기대를 안겨주었다. 카톨릭교 안티오키아 공국은 1260년 몽골군이 쳐들어왔을 때 몽골군에 가담하여 이슬람세력의 팽창을 막으려고 하였으나 술탄 바이바르스군이 몽골군을 격파하여 뜻을 이루지 못한다. 이어서 1268년 바이바르스는 몽골군 편에 섰던 터키 아나톨리아 지역의 대도시 안티오키아를 함락하고 대학살과 함께 도시를 폐허로 만든다. 이에 루이 9세는 과거 이집트원정에서 당했던 굴욕을 만회하기 위해 1270년 십자군을 결성하고 아들 필리프

3세와 함께 동생 시칠리아왕 샤를의 제안을 받아들여 북아프리카 튀니지를 공격한다. 그러나 이번에는 식수부족과 전염병이 다시 돌아 루이 9세는 성과 없이 이 전쟁에서 병사한다. 카톨릭 교회는 승천한 루이 9세의 2번에 걸친 십자군 성전을 기리기 위해 성인으로 추대하여, 그는 이후 성왕으로 칭송받는다.

이렇게 십자군원정은 9차에 걸치며 200여 년 동안 지속되었지만 기독교의 성지인 예루살렘 탈환에 결국 실패하고, 그로 인해 교황의 권위가 추락하면서 신앙의 약화로 이어지며 유럽 카톨릭 교회의 몰락을 가져온다. 그리고 이 원정 전쟁의 과정에서 카톨릭을 믿지 않았던 유대인들은 카톨릭 신앙을 빙자한 종교적 광기로 이성을 잃은 민중과 원정군 병사들에 의해 유럽의 각지에서 처참한 학살을 당한다. 이러한 유대인의 학살은 독일 마인츠, 쾰른, 잉글랜드 요크, 런던, 이탈리아, 프랑스에서 12, 13세기 초까지 빈번히 일어났고 심지어 유대인들 스스로 학살을 피해 집단자살을 하는 경우도 많았다고 한다.

십자군 전쟁 후 그 여파로 기사와 영지를 기반으로 하는 봉건체제의 장원경제가 붕괴되고 연합된 세력들에 의한 중앙집권적인 근대국가의 기초가 다져진다. 십자군원정은 동서양문물이 서로 전해지는 계기가 되었고 동방으로 향하는 무역로가 새롭게 개척되어 도시경제와 화폐경제가 발달하게 되었으며, 그때까지 화폐의 거래가 보편적이지 않았던 서유럽이 동로마제국과 이슬람권에서 성행하던 화폐 거래를 체험하여 서유럽의 자본주의와 시민계급의 성장으로 이어나갈 수 있었다고 보고 있기도 하다. 서유럽과 중동지역의 무역로가 뚫리면서 지중해무역을 하는 이탈리아의 도시국가들이 경제적으로 반사이익을 보게 되는 반면, 십자군 전쟁 이전 이슬람제국으로 인해 지중해 무역이 가로막혀 흑해와 발트해 부근에 대체 무역로의 성행으로 번성했던 러시아 공국들이 쇠퇴하고, 이탈리아 상인들이 새로운 무역로를 개척하여 상권을 장악하게 됨으로써 이탈리아의 르네상스를 일으키는 계기가 만들어진다. 그 결과 키에프공국 등 러시아 공국들은 경제적으로 피폐하게 되고 마침내 몽골의 침공으로 대부분의 러시아 공국들이 멸망하거나 칸국의 조공국으로 전락하였으며, 십자군원정으로 인한 혼란의 중간에 있었던 동로마제국 역시 몰락의 길을 걷게 된다. 그리고 서유럽의 국가들은 십자군원정 실패로 예루살렘과 콘스탄티노플을 경유한 실크로드를 확보하지 못해 향료 수입의 어려움을 겪었다. 그 결과 서유럽인들은 실크로드를 대체하는 길을 찾기 위한 도전적인 모험을 감행하고 아프리카 대륙의 끝 희망봉을 통과하여 동양으로 가는 대항해시대를 개막하게 된다.[2]

3. 신분을 나누는 계급사회,
   지배자와 피지배자 사이

 봉건사회에 들어서면서 인간성이 인간의 존재방식에 따라 다양하게 나타난다. 계급사회에 있어서는 각각의 계급의 입장으로부터 일정한 공통된 견해가 있고, 또 거기에는 지배계급의 견해가 전면에 드러나게 되면서 인간성에 있어서도 계층화가 형성된다. 계급별로 규정된 역할에 의해 분화된 인간성이 계급에 따라 서로 다르게 이해되는 것이다.

 노예제 및 봉건사회에서 인간성의 이해는 감각적인 방면 및 물질과 관련된 측면은 경시되고, 이성적 내지 정신적 측면이 강하게 부각된다. 거기에서 인간을 '예지인'으로 규정하는 견해, 즉 관조적 태도를 가지고 생활하는 것을 찬양하는 입장을 보이며 노동에 의한 생산적 생활을 경시하는 태도를 인간의 인간다운 자세 및 인간성의 발휘로 보게 된다.

조선의 양반과 계급사회

 조선시대의 계급적 신분제도는 고려 후기부터 조선 초기까지 이루어진 사회적, 경제적 변화와 성리학적 신분을 기반으로 형성되었다. 조선왕조가 개국하자마자 직면한 신분 재편성 문제는 지배신분의 이원화와 신분의 확대로 해결의 방향이 잡힌다. 이는 지배층인 양반의 배타적, 신분적 우위를 확보하고, 중인 신분의 창출과 고정화로 국역을 부담할 양인층을 확대하는 것이었으며, 그리고 노비신분의 확정을 시급히 실행하고자 했던 것이다. 고려 후기 지배층이 비대해졌기 때문에 조선의 집권 사대부들은 자신들의 이익을 확보하기 위하여 비대해진 지배층을 축소해야만 했다. 그래서 고려로부터 이어져온 문무양반의 관직을 받은 바 있는 자들만 상급지배신분으로 인정하였고, 하급 향리층을 비롯한 중앙관청의 서리와 기술관, 군교, 역리들은 하급 지배신분으로 격하시키고, 양반과는 현격히 다른 신분지위로 하락시켜 신분상승의 기회가 거의 없게 만들었다. 중인들의 역할도 성리학적 관점에 의하여 비하되었고 권력과는 거리가 있는 실무행정, 기술, 업무, 보조 등으로 제한하였다. 한편 양반들은 천인의 피가 섞였거나 첩에게 난 소생들을 서얼로 과감하게 도태시켰다. 나라의 정책 결정 및 경제적 부와 사회적 위세는 상급 지배신분인 양반만이 가질 수 있는 특권이었고, 그들은 나라의 공권을 강화하기 위해 양인을 늘리는 정책을 펼쳤다.

양반신분은 생산에 전혀 종사하지 않고, 오직 예비관리 내지는 유학자의 소양과 자질을 기르는 계층이었지만 왕을 정점으로 하는 중앙집권적 관료체제였기 때문에 지배층 충원제도인 과거시험에 합격하지 못하여 관료로 등용되지 못하면 지배층에서 탈락되었다. 그러나 '음서'라는 제도를 두어 2, 3품 이상 양반 고급관료의 자제들에게는 간단한 시험을 거치게 하여 등용시킴으로써, 양반 탈락으로부터 대부분 구제하는 양반의 특권을 보장하였다. 향리, 범죄자, 서얼 등은 과거를 볼 수 없었고, 양인들은 과거를 볼 수는 있었지만 권력과 족벌의 배경이 있는 양반들과 공정한 경쟁을 할 수 없었다. 한편 양반의 자제가 과거에 합격해도 권세가 있는 고위직으로 올라가기 위해서는 신분배경이 필요하였다. 당시 모든 양반과 양인 성년 남자는 관료가 아니면 군역을 치러야 했는데 농사를 짓거나 노동을 해서 먹고사는 양인에게 군역은 큰 부담이었다. 반면 양반에게는 특전이 주어져 관리 이외에도 성균관, 향교, 사학의 유생 등이 군역을 면제받는 면역에 포함되어 양반의 대부분은 군역을 면제받을 수 있었다. 그리고 성종 이후에는 양반은 아예 군역을 치르지 않는 특권신분을 획득하기에 이른다.

양반은 경제적으로 나라에만 의존하지 않고 특권신분의 권력을 이용하여 많은 토지를 소유하며 부를 축적했다. 동일한 양반신분이라도 지위가 높은 계층으로 구성된 문벌인지, 토지가 많은 지벌인지에 따라 국가적인 지위인 국반과 지방적인 지위인 향반으로 구분되었다. 양반들은 그들의 관계 진출, 학연, 혼인, 가풍 등의 전통과 지위를 유지하고 강화시키기 위해 노력하였고, 이에 성공하여 업적을 이룬 양반들의 후손만이 정통 양반이 될 수 있는 기회가 주어졌다. 양반들은 대대로 살아온 땅을 소유하고 동족부락을 형성하며, 그곳과 주변 부락의 양반과 혼인하고 교제를 통해 양반의 전통을 유지하였다. 조선에 성리학이 자리를 잡자 양반의 조건으로 성리학적 소양과 그 성취도가 중요시되면서, 경상도의 이황, 충청도의 송시열, 김장생, 윤증 등의 자손들이 최고의 혼인상대로 선택될 만큼 사회적 위세가 대단했다. 문집, 족보, 비석, 서원 등도 주요한 양반의 과시대상으로 여겨졌으며, 재산의 규모보다도 그 재산을 어떻게 사용하는가 하는 양반의 도덕성이 사회적으로 더 중요하게 받아들여져서, 재산이 엄청나게 많다 하여도 손님접대를 소홀히 하거나 굶주린 마을의 양인들을 돕지 않으면 동족부락에서 양반으로서 존경을 받지 못했다.

이와 같은 조선의 양반제도에 의한 가문의 전통은 아직도 한국의 현대사회에 잔존하고 있어 사람을 평가하는 데 많은 영향을 미치고 있는 현실을 한 일간신문에 난 논설을 통해 알 수 있다. 2021년 1월 12일자 「중앙일보」 논설란에 실린 기사의 내용은 다음과 같다. "현직 검찰총장 대권주자 거론에 파평 윤씨 후손들 갑론을박 한창, '흔들리는 나라 바로 잡아주길', '끝까지 꼿꼿한 선비로 남아주길', 윤석열 검찰총장 부친 고향은 충남 논산으로 16세기 이후 윤씨들이 뿌리내려, 송시열과 대립한 윤증이 9대 종조부로 임금이 내린 벼슬도 마다한 가문 전통", "내년에 있을 대선정국으로 다가가고 있는 현재, 윤석열 현상은 두 가지 측면에서 매우 이례적이다. 첫째, 현직 검찰총장이 대권 주자 여론조사에서 1, 2위로 거론되는 것은 전례가 없다. 둘째, 살아 있는 권력 앞에서 고개 빳빳하게 치켜들고 '나는 사람에게 충성하지 않는다'고 외치는 현직 검사도 윤석열이 처음이다."

윤씨 가문의 족보에 기록된 것을 보면 당시 윤석열 전 검찰총장의 조상은 고려 태조 왕건을 도운 개국공신 윤신달로 시작하여, 윤신달의 5대손이었으며 동북9성을 쌓아 여진족을 평정한 윤관은 파평 윤씨 중시조이다. 윤석열의 직계조상은 공자와 유가적 전통을 갖고 있던 충청도 논산에 뿌리내린 윤씨의 21대 후손 윤돈이고, 그는 1538년 처의 고향 충청도 노성면에 정착하면서 새로운 윤씨 가문의 기틀을 마련한다. 이로부터 100여 년 후에 노성의 파평 윤씨는 연산의 광산 김씨, 회덕의 은진 송씨와 함께 호서삼대족으로 성장하였다. 윤여갑 충남 국학역사 문화연구원은 "논산에 윤돈의 아들 윤창세는 임진왜란 때 의병장으로 왜군과 싸웠고, 그의 3남 윤전은 병자호란 와중에 순국했다. 많은 조상이 나라를 구하기 위해 몸을 던졌으니 요즈음으로 치면 노블레스 오블리주 정신을 실천한 셈이다"라고 했다. 숙종 때 노론 송시열의 위세에 굴하지 않고 꼿꼿하게 바른말을 했던 윤증도 윤석열의 조상이다. 그의 조상들은 고향에 사립대학 성격의 종학당을 세워 인재를 키우기도 하며 충청지방의 문벌로 성장했다. 훗날 9대 종조부 윤돈의 손자 문정공 윤황은 현재의 감사원장 격인 사간원 대사간을 지냈고, 청나라와의 화친에 반대하여 유배당했다고 한다. 윤황의 손자 윤문거는 효종, 현종에 걸쳐 두 왕이 그에게 오늘날의 검찰총장 격인 사헌부 대사헌 직책을 열 번이나 내렸으나 고사했다고 전해진다. 바로 이 선비로서의 곧은 기개가 있던 윤문거 가문의 직계후손이 윤석열이다. 그는 1991년 9전 10기의 인고로 사법고시에 합격하여 검사의 길을 걷게 되고, 이후 박근혜 정부에서 국정원 대선 개입사건 특별수사팀장으로 수사를 지휘하다 좌천당하기도 하고, 문재인 정부에서 청와대의 울산시장 선거개입 의혹을 수사하다 집권의 세력들로부터 정치적 견제도 당하지만, 검찰에서 꿋꿋이 살아남아 문재인 정부에서 검찰총장까지 오르게 된다. 그리고 대선정국 1년여 남긴 시점에서 당시 추미애 법무장관에 의해 직무정지를 당하지만 법원에 의해 무효 처리되며, 검찰총장 직무를 유지하고 있던 중 세간에 윤석열 충청 대망론 등의 여론몰이까지 일어, 당시 차기 대통령 후보군의 한 명으로 정계와 대중들의 입에 오르내리게 되었다.[3] 이렇듯 과거 조선시대의 양반제도에 따른 신분계급과 가문의 전통이 오늘날 평등하고 수평적인 사회에서 살고 있는 한국인들 안에도 뿌리 깊은 유교적 문화의 관습으로 남아 있어, 사회의 여러 면에서 사람을 평가하는 데 영향을 미치고 있음을 알 수 있다.

양반 아래 계층인 중간 신분으로서의 향리들은 이전 지방호족의 실력과 실무행정 담당자의 권세로 비록 양반만은 못했지만 양인과 노비 등 일반 주민에게는 여전히 강한 존재였다. 향리는 직역의 세습, 신분내혼제, 관청 근접지역 내 거주 등의 특권을 가졌고 이해타산적이며 깔끔한 사고방식 등의 면에서 다른 신분과 확실히 구별되었다. 그러나 양반보다 근무일수가 더욱 많았고, 실질적 권한이 없었으며, 직무에 대한 보상인 봉록도 형편없었다. 그리고 승진의 기회 역시 좁았다. 그리하여 15세기 후반부터는 중앙관서에서 기술을 담당하는 의관, 역관, 산관, 음양관 등도 점차 양반과는 다른 신분으로 계층화가 진행되었고, 17세기에 이르러 소수명문 기술관 가문을 형성하며 중인 신분으로 잡과를 거의 독점하기까지 이르게 되었다.

중인 밑에 있었던 양인은 평민, 상인으로 불린 신분으로 삼국시대 이후 중국의 신분제도에서 그 말이 유래되었다. 조선 신분계급의 골격으로 대부분을 차지하고 있었던 양인은 노비와 함께 사회 재생산을 담당했던 피지배계급으로 농민, 수공업자, 상인 등이었다. 양인은 조세와 공물 외에도 나라에서 요구하는 궁궐 및 성곽축조나 수해복구 등을 하는 노동인 신역의 의무가 있었다. 선조 41년 왕의 명을 받고 임진왜란으로 소실되었던 종묘를 중건하기 위해 1월 추운 겨울에 시작하여, 다음 해 광해군이 즉위한 뒤 5월에 겨우 완성하였다고 하니 양인들의 신역이 얼마나 고된 노동이었는지 알 수 있다. 무예와 학문이 없는 양인은 군대에 복무하여 나라를 지키는 의무인 군역에서 양반처럼 특혜를 받을 수 없었고 신분계급의 상승기회도 갖지 못했다.[4]

노비는 양인보다 더 아래 신분으로 인격을 가진 존재가 아니라 물적 재산처럼 취급되어 매매, 상속, 저당, 증여를 할 수 있었던 최하층 신분이었고, 소유지에 따른 공노비와 사노비로 구분되어 직업과 예속도에 따라 사회적 지위에 차이가 있었다. 공노비는 나라의 기관에 존속되어 각종 잡역이나 수공업품 제조에 종사하거나 신체적 노동을 하였으며, 사노비는 개인의 소유로 강한 예속을 받았고, 주로 가사노동이나 농사일을 도맡아서 했다. 사노비는 양인도 소유할 수 있게 허락되었고, 심지어 드문 경우이기는 했지만 노비도 노비를 소유할 수 있었다. 양반인 노비소유주는 관가의 허락을 받아 노비를 죽일 수도 있었지만 반대로 노비가 양반을 구타하면 참수형을 피하기 어려웠다. 노비에 대한 국가의 통제력이 느슨해질 때면 양반 소유주들은 양인과 노비의 혼인을 금지했던 법까지 어겨가며 양인과 여자 노비인 계집종의 혼인을 적극적으로 장려하여 노비가 재산의 증식수단이 되었다. 따라서 노비 중에는 아버지가 다른 경우가 많았으며, 그리하여 성도덕도 문란했다. 이와 같은 노비의 법적·현실적 위치로 인하여 '노비는 동물처럼 어미만 알고 아비는 모른다'는 사회적 인식이 조선시대에 널리 펴져 있었고, 비천하기 짝이 없는 것으로 받아들여지며 천대를 면하기 어려웠다. 양인 중에서도 빈곤층은 살아남기 위하여 스스로 노비가 되는 일도 많았지만, 양반은 계집종의 남편이나 머슴, 품팔이가 되는 한이 있어도 노비는 되지 않으려고 했고, 양반의 경우 노비로 전락하는 것은 양반으로서 가문의 조상과 자손에게 커다란 죄를 짓는 것이었기 때문에 당장 굶어 죽는 한이 있더라도 노비가 될 수는 없었다.

조선 후기 개항기를 거치며 서양의 문물이 들어오고 상업활동이 증가함에 따라 신분변화가 급격히 일어나게 된다. 양반이 더욱 증가했고, 양인과 노비가 감소하였다. 이러한 현상은 양인이 양반화하고 노비가 양인화했다는 것이며 조선 양반사회의 계층적 뼈대를 이루는 신분제도의 구조개혁을 단행하지 않을 수 없는 상황에 이르게 된 것이다. 그 결과 실학자와 개화세력이 나타나기 시작하고 동학농민혁명(1894~1895)도 터질 수 있었다. 또한 근대지향의 진보적인 갑오개혁(1894~1896)이 일어나는 계기가 되었다. 갑오개혁 중에 나타난 신분개혁의 내용을 보면 봉건적 양반 신분제를 근본적으로 부정하는 제도적 개혁으로, 즉시 실현은 안 되었지만 문벌귀천 및 노비제도의 철폐, 과부재혼 등 근대 신분질서를 형성하는 제도적 기반을 만들었다. 갑오개혁 이후에는 관직, 혈통, 토지소유에 뿌리를 두고 있었던 조선의 신분 개념 역시 점진적으로 변하여 상업을 기반으로 직업과 경제적 소유관계가 새로운 시민계급을 형성하는 데 가장 중요한 요인으로 등장하게 된다.[5]

동학농민혁명

옛날부터 전라도는 현 정읍시인 '고부'를 중심으로 하는 곡창지대였는데, 이 풍부한 곡물의 생산 때문에 전라도 백성들은 끊임없이 이 지역에 부임하는 탐관오리들에게 수탈을 당했다. 당시 고부 군수 조병갑은 만석보라는 대형 저수지를 축조하여 농민들에게 사용료를 부과하고, 자기 아버지의 공덕비를 세우기 위해 농민들로부터 조세와 잡세를 걷었으며, 강압적으로 노역을 부담하여 백성들을 괴롭혔다. 또한 무고한 자에게 죄를 묻고 재산 강탈을 자행하여 백성들로부터 원망의 대상이 되었다. 마침내 탐관오리들의 수탈이 극에 달하자, 참다 못한 고부군 사람들은 전창혁을 필두로 하여 고부군수에게 탄원서를 냈다가 군수에 의해 묵살당하고, 군수에 저항했다는 괘씸죄를 물어 이들을 대표했던 전창혁이 곤장을 맞고 장독이 올라 세상을 떠난다.

이에 분통한 전창혁의 아들 전봉준이 다시 나서며 이번에는 아예 그 규모를 키워 아버지를 죽게 만든 군수 조병갑을 처형하는 것을 시작으로 전주성을 점령하고 한양으로 상경한다는 농민봉기계획을 세우게 된다. 그리고 얼마 후 드디어 이 계획을 실행에 옮겨, 1894년 1월 11일 밤 전봉준은 고부군의 농민들을 이끌고 고부성내의 관아를 습격하여 창고에 있던 곡식과 재물을 마을 사람들에게 나누어주고 무기고와 무기창에서 조총과 탄약 및 무기들을 탈취하지만, 참수하려고 했던 조병갑이 도주해버려 아버지의 원수를 갚으려고 했던 뜻을 이루지 못하고 만다. 그러나 이 사건이 농민봉기의 신호탄이 되어 그간 조정에서 파견한 관리들에 의해 고초를 겪었던 백성들의 분노가 폭발하기에 이른다. 이 고부군 민란을 수습하기 위해 조정에서는 신임 군수 박원명을 보내 마을 사람들을 달래서 사태가 일단락되는 듯했으나, 조정에서 사태를 심각하게 여겨 추가로 이용태를 파견한다. 이 민란 사태를 중재하라는 명을 받고 내려온 이용태는 하라는 중재는 안 하고 동학교도들의 재산을 몰수하고 살해하는 만행을 저지르며, 민란을 수습하기는커녕 사태를 악화시켜 백성들을 더욱 분노하게 만들고, 이에 전봉준은 형님으로 모시던 김개남과 봉기에 호의적이던 손화중을 포섭하여 대규모 민란을 다시 일으키게 되었는데, 이것이 1차 동학농민혁명이다. 전봉준이 이끄는 농민군은 전라 감영군을 무찌르고, 강한 화력으로 무장한 조정에서 보낸 경군을 유인하여 장성 황룡촌에서 기습공격으로 경군을 대패시켜 그들로부터 신식 무기도 탈취한다. 이 전투로 사기가 충천한 전봉준의 농민군은 한성으로 가는 주요 관문이자 왕조 전주 이씨들의 본거지인 전주성에 피한 방울 흘리지 않고 입성한다. 이와 때를 같이하여 농민봉기는 전라도 나주와 남원, 황해도 황주와 해주, 경상도 금성과 김해 등에서도 일어난다. 진주성이 함락됐다는 소식이 조정에 전해지자 고종은 당황하여 직접 청나라의 파병을 요청할 것을 대신들에게 제시한다. 이에 김병시는 톈진협정(1885)에 의거해 일본군이 진입할 빌미를 줄 수 있다고 경고하였으나, 민씨 일족의 실권자였던 민영준이 고종의 의견을 밀며 대신들을 회유하고, 청나라의 원세계와 비밀리에 접촉을 한다. 그리하여 1894년 5월 5일 아산만에 청군이 상륙하게 되고, 예상했던 대로 일본군은 톈진협정을 명분으로 전주성에 가까운 청군이 주둔한 아산만에 상륙하지 않고 전격적으로 제물포에 들이닥치며, 농민군 진압에는 관심도 없었고 한성 장악에만 집중하는 저의를 드러낸다.

한편 농민군은 청군과 일본군이 아산만과 제물포에 진주했다는 소식을 듣고 봉기가 장기전으로 갈 것 같은 분위기를 감지하게 되었다. 모내기철이 다가옴에 따라 생계를 위해 농사도 지어야 했다. 그리고 무엇보다 외세의 개입으로 인한 나라의 수치를 우려하여 조정에서 보낸 홍계훈의 화약제의를 받아들이고 전주성에서 해산하며 조정은 자발적으로 농민의 민생을 위해 개혁을 할 것과 전라도 53개 군에 농민 자치기구인 집강소를 세울 것을 약속하며 농민생활의 안정에 들어가게 된다. 민란 사태가 안정되자 조정은 청군과 일본군에게 철군을 요구했으나 일본은 애당초 계획했던 대로 조선에 계속 주둔하고 영향력을 뻗칠 기회만 노리며, 청군 이홍장에게 조선의 내정간섭을 통한 조선의 개혁을 제의하지만, 이홍장은 "조선의 개혁은 조선 사람들의 내정이니 이래라저래라할 권리는 없다"고 거부한다. 그러나 일본은 계획대로 무력으로 경복궁을 점령하고 고종에게 청과 맺은 모든 조약 파기 및 청군의 철수를 강요하기에 이르고, 급기야는 유럽 국가들과의 대립과 아편전쟁 등으로 국력이 약해진 청을 조선에서 몰아내기 위해 청일전쟁을 일으키며 대륙진출을 위한 제국주의의 야욕을 드러낸다. 이 청일전쟁의 와중에 조선의 김홍집 내각은 국군기무처를 설치하고 1차 갑오개혁을 진행하기도 한다. 청일전쟁(1894~1895)에서 전세가 일본으로 기울어 전쟁의 승기를 잡자, 일본은 더욱 조선의 내정간섭에 깊숙이 개입하기에 이르러, 이에 분노한 동학군은 일본을 몰아내기 위해 2차 동학농민봉기를 일으키게 된다. 이번 봉기에서는 북의 최시형, 남의 전봉준 그리고 경기도의 손병희 등이 합세하여 충청도 논산에서 만나 한성 탈환을 위해 북상을 시도한다. 이후 공주에서 벌어진 우금치 전투에서 조선과 일본 연합군에 의해 동학군은 대패를 하고, 11월 27일 최후의 전투인 태인에서 화력이 월등히 강한 신식무기와 일본군의 전술능력으로 전봉준의 주력군이 패배한다. 이후 전봉준이 호형호제하던 김개남은 붙잡혀 전주로 호송되어 참수당하고, 도피한 전봉준은 다시 동학군을 일으켜 재차 봉기를 하려고 했으나, 1894년 11월 내부자의 밀고로 순창에서 관군에 의해 체포된다. 이후 일본군은 정치적으로 전봉준을 이용하기 위해 포섭을 시도했으나 전봉준은 이를 거부하여 교수형에 처해졌다. 결국 아버지의 죽음에 대한 복수도, 백성과 나라를 위한 농민혁명의 뜻도 이루지 못한다.

이 동학혁명 중에 있었던 끈끈한 인간애와 하늘의 뜻인 듯한 인연의 이야기가 전해진다. 황해도의 동학봉기에서 해주성을 공략했던 동학군 지도자 김창수가 바로 김구 선생이 다른 이름으로 활약했던 것이었다. 당시 황해도 민병대의 수장으로 동학군을 토벌한 사람은 안태운이었다. 그는 잡혀온 김창수(김구)가 아까운 인물이라고 생각하여 도움을 주고, 친분을 쌓게 된다. 그리고 훗날 이때 살아남은 김구 선생은 일제치하에서 독립운동을 하며 안중근 선생을 만나게 되었으며, 이 안중근 선생이 김구 선생을 도운 안태훈의 장남이었다.[6]

신으로부터 벗어난 인간

유럽에서는 중세 봉건제 사회로 들어서면서 인간성에 대한 이해에 있어 정신적인 측면에 중점이 두어진다는 점은 마찬가지였지만, 지적인 것이고 이성적인 것으로부터 변하여 신에 대한 도리로 하늘의 뜻에 충실한 신앙심의 깊이에 의해 인간 본연의 존재 방식이 인식되게 된다. 그리고 인간성이라는 것은 신의 뜻이나 하늘의 뜻에 기초하여 생기고 발휘되는 것이고, 거기에 인간의 진실된 가치가 있다는 것으로 바뀐다. 그러나 근대에 이르면서 신에 종속되는 것이 인간의 본성이라고 파악하는 방식에 대하여 의문을 품게 되고, 농업생산의 증가에 따른 활발한 교역으로 자본주의가 발전하게 됨에 따라 인간을 독립적인 그 자체로 이해하게 된다. 그로 인하여 사람들 사이에서 인간성을 새롭게 인식하고자 하는 현상이 인간 중심사고에 바탕을 둔 르네상스 사회의 인문주의(휴머니즘 humanism) 속에서 나타나기 시작한다. 그렇지만 이 인간성을 다르게 인식하고자 했던 인문주의에 나타난 인간성은 신으로부터 독립하지만, 아직 정신적인 교양에 머물러 있었다.

르네상스를 거치며 성장한 자본가 계급은 인간성을 신으로부터 독립적인 존재라고 인식하는 인간중심의 사고에만 머물러 있지 않고, 무엇을 만들고, 생산하는 공작인으로 불리우는 인간형을 만들어낸다. 그리고 자본가 계급은 이것으로부터 인간 본연의 모습을 찾는 입장을 취하게 된다. 자본가 계급이 이해하는 인간은 더 이상 관조적이거나 신앙 속에 매몰되어 있는 것이 아니라 실천적인 인간인 것이었다. 한편으로 자본가 계급에 의해 새롭게 인식된 인간형에서는 정신적이며 사고적인 것과 물질적이며 감성적이고, 행동적인 것이 함께 보여지고, 동시에 이것들의 통합이 이루어지면서 본연의 인간적 모습이 나타나는 인간성이 발견되지만, 이러한 인간성의 실현이 허락되는 것은 지배계급인 자본가 계급뿐이었다. 생산적 노동을 하지 않았던 지배계급이 공작인으로서 물질적, 감상적, 행동적 활동을 하는 것은 생산적 노동과는 관계없는 지적 욕구 혹은 오락, 취미 등이었다. 그러나 공작인으로서의 지배계급은 18세기 노동자 계급이 노동을 한 대가로 더 많은 시간적 여유를 갖게 되면서, 이들은 그로 인해 남아도는 시간에 오락과 취미로서의 활동을 넘어 학문과 예술 및 과학기술에 더 많은 관심을 갖게 되고, 인간의 지적 발전을 가속화시키게 된다. 이는 결과적으로 18세기 후반에 들어서서 영국을 시작으로 하여 서유럽의 급속한 산업화로 이어진 산업혁명이 일어나는 계기가 된다.

한편 19세기 유럽에서 철학, 예술, 과학기술 및 산업혁명과 같은 역사적 발전을 거치며 이루어진 인간성의 이해를 이어받아, 노동계급의 인간성을 견지하기 시작한 노동자 계급은 자본주의 사회 아래서는 인간다움을 제거당하고, 생산수단의 일부분으로 조립되는 것에 불과하다는 것을 인식하기 시작한다. 그러면서 노동자 계급도 인간이기 때문에 그 노동의 과정 속에서 훈련되고 단련되어, 인간적 유대 속에서 자기 자신을 해방하고, 인간적으로 취급받는 새로운 사회를 수립하고자 하는 세력계층으로 성장한다. 노동자 계급을 해방하는 것은 실로 인간 전체를 계급적 억압과 착취로부터 해방하는 것인데, 이 계급이 지향하고 실현하는 사회에서 비로소 인간은 지배계급의 인간관에 의해 제한된 인간성에서 벗어나, 인류 전체가 동등하게 향유하는 인간성을 획득하는 것이었다. 이 새로운 인간성이라는 것은 감성과 이성, 물질과 정신을 양분하거나 감성적인 활동을 인간이 수행하는 노동에서 떼어 놓은 것으로서가 아니라, 인간 자체의 전인적 인간성을 전면적으로 받아들임으로써 모든 면에서의 인간 능력을 발휘하고 촉진시키는 것을 의미하고 있는 것이다. 이러한 노동자 계급의 인간성에 관한 의의와 그것에 의해 실현되는 인간성을 과학적 개념으로 탐구하고 이론화한 것이 다름아닌 마르크스주의이다.[7]

마르크스주의와 신좌익(Maxism & New Left)

19세기 중후반 칼 마르크스(Karl Heinrich Marx, 1818~1883)와 프리드리히 엥겔스(Friedrich Angels, 1820~1895)에 의해 기초가 다져졌던 마르크스주의(Marxism)는 그들의 사상으로부터 출발한 자본주의에 대한 분석과 이론을 세운 방법론들이었으며, 다수의 정치이론과 사회운동에 커다란 영향을 미쳤다. 자본론(das Kapital)을 중심으로 하여 자본주의 사회의 내부구조와 노동에 대해 분석하는 철학적이고 사회과학적인 이론에 기초를 두고 있으며, 과학적 사회주의 이론인 노동자 계급을 주체로 한 사회주의 혁명과 그 사회 건설에 관한 이론적 주장이었다. 마르크스주의가 다른 사상 및 학설과 구별되는 근본적인 특징은 과학성, 계급성, 혁명성에 중심을 두는 데 있었다. 과거 사회주의자들이었던 생시몽, 푸리에, 오언 등은 인류 해방의 이상을 내세워 자본주의적 사회체제를 비판하기는 했지만, 사회변혁을 위한 현실의 조건과 주체를 이론적으로 분명히 밝히지는 못했다.

이에 반해 마르크스와 엥겔스는 독일의 고전철학과 영국의 고전경제학에 대한 비판적 접근을 통하여, 종래의 공상적 사회주의를 과학성을 갖춘 것으로 진화시키며 과학적 사회주의로서 마르크스주의 이론을 완성한다. 마르크스주의의 특징은 단순히 자본주의적인 사회체제 및 부르주아적 사상과 학설을 비판한다는 점에 있는 것이 아니라, 인류의 과학적인 유산과 민주주의적, 휴머니즘적 전통을 계승하고 그것을 전면적으로 발전시키고자 한다는 데 있었다. 이후 20세기에 들어서며 마르크스주의는 유럽으로부터 전 세계에 널리 퍼져 사회주의 운동 및 민족주의 운동의 지도적인 이론으로 가장 중요한 역할을 하면서 동유럽과 중국, 동남아시아, 남아메리카 신생국들에 커다란 영향력을 행사하기에 이른다.

마르크스와 엥겔스 사후에는 과학성보다는 계급성, 당파성, 정치성이 강화되고 이론적 발전에 있어서도 분업적인 경향이 생겨나게 되었다. 이후 러시아의 레닌에 의해 제국주의와 프롤레타리아 혁명의 시대에 레닌주의를 확립하고, 1917년 러시아 혁명을 실현하여 사회주의 건설을 추진한다. 그러나 스탈린에 의한 비민주주의적 독재 및 그 비판에 따른 비스탈린화가 일어나게 되었고, 모택동의 문화대혁명과 함께 신좌익이 새롭게 등장하며, 마르크스주의에 기반했던 소련 및 동구의 사회주의 정치체제가 몰락하기에 이른다. 반면 중국, 베트남, 미얀마, 남아메리카 등에서는 민중을 통한 사회주의 혁명을 기반으로 매우 다양한 형태의 사회주의 체제들이 만들어진다. 이 국가들에서는 사상적 대립으로 정치적 혼란도 겪고, 권위주의와 인권탄압 등의 부작용을 동반하면서도 오늘날까지 이어지고 있다.

마르크스주의에서는 경제활동을 인간사회의 물질적 필요를 충족하기 위해 요구되는 것으로 받아들이면서, 기업과 같은 경제적 기관(economic institutions)이나 생산양식의 형태는 사회적 관계, 정치 및 법체계, 도덕 및 이상을 포함하는 사회현상에 직접적으로 영향을 끼친다고 보았다. 기술력이라고 보는 생산력(Forces of production)이 향상되면서 현존하는 사회적 기관(social institutions)들은 관료적이고 비효율적으로 변하여 진보를 억압하게 되고, 기업의 이윤추구와 경제적 계층화를 초래하여, 이러한 비효율성과 양극화로 인하여 발생한 사회적 모순으로 계급투쟁의 형태가 나타난다는 이론적 주장을 폈다. 이와 같은 마르크스주의의 이론적 예견은, 자본주의를 보는 낙관적인 면에서는 현대에 자본주의를 기반으로 하는 경제 시스템에서 기술력의 발전에 따라 급속하게 진행되고 있는 생산성의 향상으로 전반적인 물질적 풍요는 이루지만, 반대로 비관적인 면에서는 소수계층인 경제적 지배계급에 부가 집중되면서 빈부의 차이가 커지고 있는 사회적 현상으로 나타나게 된다. 그리고 기술력으로 가속화하고 있는 자동화와 지능화에 따른 생산성의 효율을 가져오게 됨에 따라 보편적인 직업이 줄어들면서, 이러한 직업으로 생산을 담당하는 노동계층과 생산을 경제적으로 소유한 지배계층 간의 계층적 갈등을 야기시켜 사회적 불안이 심화되었다.

마르크스주의 이론에 따르면 두 계급 사이의 소유와 유용이라는 계층적 갈등에 의한 사회불안은 사회혁명을 일으키게 되고, 주식회사와 같은 생산수단의 협동 소유에 바탕을 둔 사회경제적 시스템인 기여에 기초한 분배 및 사용을 위해 조직된 시스템은 붕괴되어 결국에는 국가 자체도 사라지게 된다고 보았다. 그리고 붕괴된 사회로부터 "능력에 따른 개인에서, 필요에 따른 개인으로(From each according to his ability, to each according to his needs)"의 원칙과, 공동체와 같은 공동소유의 시스템 위에 세워진 새로운 인간사회가 이루어지게 될 것이라고 예측했다. 이러한 공동소유를 통한 이상적 인간사회 실현에 대한 유토피아적 시도는 역사적으로 볼 때 공상적 문학부문에서 다루어지기도 하였고, 실질적 현실사회에서도 다양한 방법으로 실험되었는데, 20세기에 들어서며 공동체 생활을 지향하는 여러 가지 사회운동으로 발전하며 구체적으로 실현되고 있다. 21세기 초반인 현재까지도 이러한 공유를 통한 공동체들이 변화하고 있는 자본주의체제하의 세계 여러 나라에서 실험적으로 구현되며 발전하고 있다.[8]

한편 마르크스주의에서 벗어나 다른 길을 걸으며 발전된 신좌익(New left) 운동은 노동자 계급의 역사적 역할을 의심하고, 혁명운동에 있어서 민주중앙집권적 조직이나 규율을 부정하며 개인의 직접적인 행동을 강조하였다. 제2차 세계대전 이후 이성을 중시하던 모더니즘(modernism)에 대한 근본적인 비판이 서유럽을 중심으로 나타나면서, 독일의 프랑크푸르트학파는 20세기에 자본주의가 예상 밖으로 급격하게 발전한 것에 대해 마르크스주의로는 설명할 수 없다는 것을 깨닫게 되고, 자본주의 및 소련과 동유럽의 사회주의에 대해 모두 비판적인 견해를 보이며, 또 다른 사회발전 과정의 가능성에 대한 글들을 발표한다. 이들은 마르크스주의의 전통적인 계급투쟁 이론 및 혁명노선을 포기하고 문화 담론 위주의 해석을 내놓는다. 그리고 다른 한편에서는 레닌주의가 근대적 폭력의 일종이라는 비판을 하면서 새로운 운동을 일으키기 시작한다. 이 학파의 사상은 1968년 5월 프랑스 정부의 실정과 권위주의 및 관료주의가 팽배했던 기존 사회의 모순에 대항한 저항운동으로 가두시위와 총 파업을 일으켰던 프랑스의 68 혁명, 그리고 일본의 대학가를 강타한 학생운동의 사상적 배경이 된다.

4·19 혁명

프랑스와 일본의 학생이 주축이 되어 권위주의와 사회체제의 모순에 저항하여 혁명적 시위를 벌였던 60년대 말보다 몇 년 앞선 시기에 한국에서도 1960년 4월 19일 4·19 혁명이 일어난다. 1948년 대한민국정부 수립 이후 미국의 민주주의를 받아들이긴 하였지만, 민주적 가치와 실행에 대한 국민의 신뢰와 정부의 참된 민주주의 실현의 경험 부족으로 당시 이승만 정부의 행동은 더욱 비민주적으로 되어 갔고, 1949년 6월 26일 오전 육군 소위 안두희가 재야에서 민족통일운동을 전개하던 김구의 거처 경교장을 찾아가 45구경 권총으로 김구를 시해하는 사건이 터진다. 그는 현장에서 잡혀 경호원들에 의해 헌병사령부로 연행되었으며, 이어 이루어진 신문에서 안두희는 김구가 남북협상에 응함으로써 정치와 사회를 혼란에 빠뜨렸기 때문에 그를 살해했다고 진술하였다. 당시 이승만 정부는 김구 암살사건을 안두희의 단독 범행에 의한 것이라고 발표하였다. 이후 6·25 전쟁이 일어나자, 이승만 정부는 복역 중인 안두희를 형집행정지처분으로 석방하고 군에 복귀시켰으나, 1960년 4·19 직후 치러진 국회의 김구 암살사건 진상에 대한 문제제기를 하자 그를 소령으로 예편시켜 사건 무마를 시도한다.

김구(1876~1949)는 황해도 해주 출신으로 본관은 안동 김씨이다. 약 300년 전 인조 때 조정에서 삼정승을 모두 지낸 김자겸의 후손이며, 김순영의 7대 독자이고 모친은 곽낙원이다. 원래 이름은 김창암이었지만, 동학에 입교하면서 김창수로 바꾸었고, 그리고 1912년 김구로 개명한다. 어린 시절 부친의 열성으로 집안에 서당까지 마련해주어 좋은 교육환경에서 과거시험에 열중하였고, 17세에 조선왕조 최후의 과거에 응시하였지만 뜻을 이루지 못했다. 과거에 고배를 마신 김구는 조선 말에 벼슬자리를 사고 파는 부조리가 만연하는 것에 분노를 참지 못해 18세에 동학에 입도하였고, 황해도 도유사로 뽑혀 제2대 교주 최시형을 만나게 되면서 동학 활동에 더욱 매진한다. 19세에는 팔봉접주가 되어 동학군의 선봉장으로 해주성을 공략하였으나 동학군이 관군과 일본군에 의해 진압되면서 이 사건으로 도피하던 중, 1895년 무렵 신천 안태훈의 집에 은거하며 그의 아들 안중근과 친분을 맺게 된다. 그는 조선에 대한 일본의 내정간섭이 한층 더 심해지자 항일투쟁에 가담하기 위해 압록강을 건너 김이언의 의병부대에 몸을 담아 활동하는 동안 을미사변이 터져 이에 충격을 받고 귀향하여 1896년 2월 안악 치하포에서 명성황후 시해사건에 가담 후 조선에서 스파이 활동을 한 일본군 중위 쓰치타 조스케를 맨손으로 처단하는 21세의 의혈청년으로 국모의 원한을 푸는 거사를 결행하게 된다. 이 거사로 같은 해 5월 은신 중 체포되어 해주 감옥에 수감되었고, 1897년 사형이 확정되어 죽음을 기다리던 중 사형 직전에 형집행정지령이 내려져 목숨은 건지게 되었지만 이내 석방되지 않자 이듬해 봄 탈옥을 감행하여 성공한다. 이후 수사망을 피해 삼남 일대를 떠돌다가 공주의 마곡사에 입산하여 불도를 닦아 승려로 변신하면서 원종이란 법명을 받는다. 이후 서울 봉원사를 거쳐 평양 근교 대보산 영청암의 주지가 되었으나 구국에 대한 일념을 버릴 수 없었던 김구는 몇 달 만에 속세로 돌아와 황해도 장연에서 봉양학교를 설립하여 계몽과 교화사업을 전개하게 되었다. 이어서 1906년 해서교육회 총감으로 학교설립을 추진하여 이듬해 안악에서 양산학교를 세워 계속해서 국민 계몽운동을 추진한다. 전하는 이야기에 따르면, 20대 후반에 기독교에 입교하여 한동안 진남포 예수교회 에버트 청년회 총무로 일하기도 했다고 한다.

1909년에는 비밀단체 신민회의 회원으로 구국운동에 가담하고, 그해 가을 동학혁명 당시 인연이 닿았던 안중근의 이토 히로부미 암살계획 거사에 연루되어, 해주 감옥에 또 다시 투옥되었다가 석방되었지만 그 뒤 연이어서 1911년 데라우치 총독 암살을 모의했다는 혐의를 받고 안중근의 사촌 동생 안명근 사건의 관련자로 체포되어 17년형을 선고받는다. 3년 후인 1914년 감형으로 출옥하여 한때 김홍량의 동산평 농장관리인으로 농촌부흥운동에 주력하기도 했지만, 이내 다시 1919년 3·1 운동이 일어나 한반도에 일제로부터의 독립의 열기가 뜨거워지자 상해로 망명하여 독립운동을 위해 설립된 대한민국 임시정부 초대 경무국장을 시작으로 국무총리대리를 거쳐 국무령에 취임하게 된다. 1930년 들어서 이동녕, 이시영 등과 한국독립당을 창당하기에 이르고, 1932년에는 1·8 이봉창 의거와 4·29 윤봉길 의거를 주도하여 독립운동가로서 세상에 크게 알려지게 되었다. 1945년 임시정부 국무위원들과 함께 귀국하여 신탁통치반대운동에 적극 앞장섰으며, 대한독립협의회와 민주의원, 민족통일본부를 이승만, 김규식과 함께 이끈다. 조국 해방의 기쁨이 채 몇 달 가기도 전에 1945년 12월 28일 모스크바 3상회의에 의해 한반도가 38선을 경계로 남북으로 갈라지게 되면서, 김구는 분단된 조국의 통일을 성토하면서, 1948년 2월 10일 '3천만 동포에게 읍고함'이란 성명서를 통해 '마음속의 38선을 무너뜨리고 자주독립의 통일정부를 세우자'고 강력히 국민들에게 호소하였다.

김구는 대한민국 임시정부 후반기를 이끌었던 대한민국 독립운동 지도자로서 항일 운동을 통해 세계에 그의 존재감을 알렸다. 반공정신이 투철했던 그는 광복 후 독립운동의 해외 근거지였던 중국 상해로부터 귀국하여 좌익 공산주의자 여운형, 김규식, 박헌형, 김일성 등과 대립하였고, 우익의 주도권을 놓고 이승만과 경쟁관계에 있었다. 임시정부시절 김구는 김립과 같이 자금 부정 의혹이 있었던 공산주의자들을 암살하기도 하였고, 좌익 공산주의 운동가들을 견제하는 데 몰두하기도 했다. 김구는 소련을 추종해 공산당 활동을 하는 사람들을 친일파나 다름없는 기회주의자들이라 보아, 광복 후에는 이승만과 함께 철저하게 반공주의자로 활동하였다. 그렇지만 이승만과 달리 그는 우리 민족이 외세에 의존하지 않고 자주적으로 독립한 후 남북통일정부를 수립해야 한다고 믿고 미국과 소련이 주도하였던 신탁통치반대운동을 강력하게 벌였던 민족주의자였다. 그러나 그의 구국을 위한 염원은 암살로 인하여 이루어지지 못하고 말았다. 일본으로부터의 독립과 조국의 통일을 이루기 위해 평생을 투쟁했던 김구의 암살범 안두희는 훗날 벌어진 진상규명을 위한 증언에서 암살의 배후조정세력으로 당시 포병사령관 장은산과 고위 정치 브로커 김지웅을 지명하였고, 정계요인들과 연관되었음을 암시하였다. 그리고 범행 1주 전 이승만을 만났다고 진술하기에 이르지만, 반 김구세력들의 조직적인 은폐로 암살의 진상은 밝혀지지 않았다. 그 후 암살범 안두희는 몇 차례에 걸쳐 시민들로부터 폭행을 당하기도 했고, 결국 1996년 10월 23일 시민 버스 운전기사 박기서에게 피살되어 자신에게 주어진 명에 죽지 못하고 세상에서 사라진다.[9]

1950년대 후반에 들어서면서 이승만의 개인적 인기는 사라져갔고, 그의 권력은 오로지 경찰의 강제력에 의해 유지되고 있었다. 그리고 광복 후 남북 분단, 반탁운동, 구국운동가들의 암살, 6·25 전쟁 등의 커다란 내환으로 인해 벌어진 혼란한 정국 속에서 이승만 정부의 정권연장을 위한 대규모 부정선거까지 자행됨에 따라 시민들은 정권의 독재와 부패를 규탄하고, 자유롭고 공정한 선거를 요구하는 대규모 시위를 일으키게 되었고, 그리고 선거한 달 전에 민주당 대통령 후보 조병옥이 발병하여 치료차 도미하여 치료를 받던 중 심장마비를 일으켜 사망함으로써 희망을 가졌던 많은 국민들이 실의에 빠지게 된다. 결국 이승만 정부에서 1960년 3월에 있었던 대통령 선거에 대대적으로 국가 공무원이 동원되었고, 내무부와 전국 지역의 경찰서들이 실질적인 선거 본부가 되어 투표총계를 조작하고 날조하는 부정선거가 자행된다. 정부주도의 부정선거가 만천하에 드러나자 국회에서 야당인 민주당이 "선거가 불법적인 것이고 무효"라고 주장하게 되면서, 이에 동조하여 분노한 시민들의 반정부 시위가 전국 대도시에서 일어나기 시작했다. 4월 초 항구도시인 마산의 시민들은 경찰의 진압과정에서 눈에 최루탄을 맞아 만신창이가 된 채로 마산 해변가에 버려진 당시 16세의 마산상고 학생 김주열 군의 시신을 발견하게 되고, 이에 격앙된 시민과 학생들이 거리로 쏟아져 나와 시위를 벌이던 중 진압 경찰에 의해 시위대가 총을 맞는 사태가 벌어진다. 이 사태에 대해 이승만은 4월 15일, 이 사건은 "공산주의자들에 의해 고무되어 조정된 것"이라는 담화내용을 발표한다. 4월 18일 이에 격노한 학생들은 서울에서 대규모 시위를 벌였고, 이들 시위대 중 고려대학교 학생들이 경찰의 비호를 받은 반공청년단의 폭력배들로부터 습격을 받게된다. 결국 4월 19일 이주열 군의 죽음과 고려대 학생 폭력진압 사태로 격분한 약 3만 명의 대학생과 고등학생들이 서울 거리로 쏟아져 나와 그 가운데 수천 명이 경무대로 향한다. 그리고 마침내 대치 중이던 시위 진압경찰은 시위 학생들에게 발포를 시작하면서 시위 사태가 폭동으로 변한다. 이에 주요 도시의 학생들이 시위에 가담을 하게 되면서 시위가 전국적으로 확산된다. 이 학생시위에 대한 폭력적 진압과정에서 서울에서만 130명이 죽고, 1,000여 명 이상의 부상자가 발생했다. 마침내 이승만 정부는 부산, 광주, 인천, 목포 등을 포함한 전국 주요 도시에 계엄령을 선포하기에 이르고 정권유지에 총력을 기울이지만, 혁명에 가담한 국민들의 강력한 사퇴 요구로 결국 이승만 대통령의 사퇴와 집권 자유당 정권의 해체가 이루어진다. 그러나 부실한 민주당의 권력 승계 준비 부족과 부패한 정부 및 군부, 그리고 부정축재한 기업들에 대한 총체적인 처리가 미흡하게 되면서 정치적·사회적 개혁을 이루지 못하고, 단기간의 과도기적 혼란기를 거치다가 결국 다음 해 1961년 5월 16일 군사정변을 맞게 된다.

한편 프랑스에서 68 혁명에 동조했던 일부 프랑스 지식인들의 내면적 감정 속에는 과거 그들의 식민지였던 인도차이나의 주도권을 초 강대국인 미국에 빼앗긴 상황을 불편해했다. 이는 제2차 세계대전에서 독일에게 전 국토를 점령당했던 굴욕감과 자주적 해방이 아닌 미국을 비롯한 연합국의 승전으로 독립을 얻은 것에 대한 좌절감으로부터 벗어나기 위한 방편으로, 미국의 베트남 전쟁을 반대하는 운동을 지지했다. 그러나 프랑스는 과거 베트남을 식민지로 지배했고, 베트남이 프랑스 식민지배로부터 해방된 것은 베트남이 10년간의 대 프랑스 독립 투쟁을 통하여 자주적으로 이룬 것이었으므로, 프랑스의 지식인들이 베트남 전쟁을 반대한 것은 과거에 있었던 베트남 식민지배에 대한 과거사의 잘못을 인정하지 않고 베트남 반전운동을 한 것이었으므로 이들의 운동은 평화주의적 발로라기보다는 다분히 미국에 대한 심리적인 굴욕감에 대한 반응이 베트남 반전운동으로 표출되었던 것으로 받아들여지고 있다. 이것은 프랑스가 과거에 추구했던 제국주의에 대한 비판자들에 의해 프랑스 지식인들의 이중성이 드러난 것이라는 비판을 받기도 했다.[10]

1960년대에 들어서며 서구 세계에서 나타난 새로운 신좌익은 구조주의, 사회비판이론, 해체주의와 포스트 구조주의에 기반을 둔 포스트모더니즘에 영향을 받아, 기존 사회에서 팽배했던 권위주의에 대한 비판을 하며 새로운 좌파적 흐름으로 일기 시작한 좌파적 조류였다. 당시 미국의 신좌파는 60년대 대학생들 사이의 정치운동으로 나타났는데, 신좌파라는 표현은 미국의 사회학자 찰스 라이트 밀즈(C. Wright Mills, 1916~1962)가 쓴 '신좌파에게 보내는 편지(Letter to the New Left)'라는 글에서 처음으로 쓰여진다. 이 글에서 밀즈는 노동운동과 파업에 집중하던 구좌파에서 벗어나, 사회적 소외, 무질서, 권위주의 등 보다 개인화된 현대사회의 문제점들에 중심을 두는 새로운 이념의 필요성을 제기한다. 이들은 자신들을 "반체제"라고 부르며 베트남 반전 시위 운동에 참여하고 레닌과 스탈린은 더 이상 세계적 프롤레타리아 혁명의 중심이 아니라고 주장하였으며, 후에 이들 신좌파들은 미국의 민주당에 일부 가입하여 정치에 영향력을 미친다. 이 새롭게 출현한 미국의 젊은 신좌파들은 2009년 미국에서 촉발된 금융위기 때에 월 스트리트를 점령하여 타락한 자본주의에 반기를 들며 대규모 가두시위를 벌였고, 2020년에는 범죄현장 체포과정에서 경찰력에 의해 무참히 살해되었던 흑인들에 대한 인종차별적인 행위를 규탄하며, "흑인들의 목숨도 중요하다(Black Lives Matter)"라는 구호 아래 미국 주요 도시들에서 대규모 시위를 벌였다. 그리고 폭력적 진압을 자행한 기존 경찰력을 약화시키기 위해 경찰의 예산 삭감을 요구하여, 그 예산으로 흑인들의 강압적 검거보다 그들을 위한 복지 예산으로 사용할 것을 강력하게 요청한다. 한편 신좌익들은 같은 해에 있었던 미국 대통령 선거에서 진보적인 민주당을 지원한다. 그로 인해 자메이카 공화국 출신 아버지와 인도 출신 어머니의 혼혈인 최초의 흑인 여성 부통령을 러닝메이트로 한 오바마 정부 시절의 부통령 출신 조 바이든 민주당 대통령 후보가 선거에서 승리하고, 당이 다수석을 확보하게 된다.

신좌익 이론가인 사회철학자 헤르베르트 마르쿠제(1898~1979)는 현대사회를 모든 반대세력이 뭉뚱그려져버리는 유연한 구조의 관리사회라고 파악하고, 현재로서는 노동자 계급이나 노동자들에 의해 지지를 받는 정치정당들도 그 뭉뚱그려진 정치환경 가운데에 함께 편입되어 관리사회 속에 체제화되어버렸다고 주장한다. 이러한 반대세력들이 희석되어버린 관리사회에 대한 혁명적 반란은 그 사회로부터 소외되어 아웃사이더가 된 비특권자들인 학생, 실업자, 소수민족 등 차별받는 자에 의해 수행되는 것이 옳다고 주장한다. 이렇게 프랑스 68 혁명(5월 혁명)의 이념적 근거를 제공한 마르쿠제는 "억압이 없는 현실원칙이 관철되는 이상사회의 현실을 확신하였고, 두려움 없는 최고의 평등한 자유를 얻기 위한 투쟁의 의미로의 위대한 거부"를 역설했다.

오늘날에는 과거의 좌익 혹은 좌파와 달리, 신좌익은 녹색 정치, 다문화주의, 동물권, 여성주의, 성소수자 운동, 성문화 해방, 마약 합법화, 교육 평준화, 엘리트 문화의 평준화, 환경운동, 기타 소외계층에 대한 인권신장 운동 등을 하는 다양한 성향을 보이며 그들의 영향력을 더욱 넓혀가고 있다.[11]

이러한 사회현상은 고대의 지배계층과 피지배계층에서, 근대의 자본소유 계층과 노동자 계층으로, 그리고 현대에 들어서며 새롭게 지식계층, 학생계층, 소수자 계층 등의 다양한 계층이 추가되면서, 인간성을 다양한 계층적 활동에 따라 이해하게 되고 이러한 계층적 활동에 따른 인간성의 발현에 대한 욕망들은 오늘날 새롭고 다채로운 정치, 사회, 문화적 운동들을 추구하게 된다.

4. 종착역 없이 내달리는
욕망의 기관차에 올라탄 우리는 누구인가?

우리는 두 가지, 동양과 서양이란 복합적이고 이중적인 관점에서 우리 자신을 이해하고 있는지도 모른다. 인간은 지구상 생물의 발전에 있어 최고의 단계에 있다고 하지만 인간은 불완전하고 미완성의 존재로 역사를 통해 자신을 완성시켜나가는 지구의 다른 종들과 구별되는 종이다.

지구상에 다른 생명체와 함께 존재하는 우리 인간에 대해서, 우리 스스로를 다양한 관점에서 이해해야 한다. 인간 중심적 사고에서 인간과 동물이라는 서양의 이원론적 세계관을 펴는 관념론자들의 주장에 의하면 인간은 스스로 자신의 사고, 감정, 의지 그리고 자연과 사회가 가지고 있는 법칙에 대한 지식을 토대로 행동하고, 동물은 본능과 환경에 반응하여 행동한다고 규정한다. 이러한 관점은 인간만의 독특한 심리적 작용을 강조하여 인간의 본성을 규정하고, 이성, 의지력 그리고 자신들보다 우월한 신을 믿는 신앙에 의존하며 인간의 본질을 발견하려고 한다는 것이다.

그러나 봉건사회를 뒤로 하고 근대에 접어들면서 다른 관점으로 인간을 이해하기 시작한다. 이것은 인간이 도구를 사용하여 자연에 작용하고 변화시키며 자신을 적응시키는 과정에서 자신의 본질을 발견한다고 보는 것이다. 그래서 인간은 의식이나 정신생활을 하는 동시에 자신의 생존을 위해 도구를 만들어 다양한 노동활동을 하고 공동체인 사회적 집단 속에서 발전하는 것일 뿐이며, 결코 완전하지 못하고 독립적으로 생존도 하지 못하는 불완전한 존재라고 하는 것이다. 그러므로 인간은 '자신이 타고난 본성'과 더불어 사회의 일정한 조직에 의해 규정되는 구체적인 모습으로의 '인위적인 인간적 본성'을 갖게 되고, 이 두 개의 복합적 존재로 인해 인간은 쉴 새 없이 갈등을 한다. 역사적 흐름의 물결을 타고 있는 사회발전단계가 만들어내는 조직 속에서, 이 두 개의 내면세계를 기반으로 하는 인간은 변화하는 역사로부터 만들어지고, 역사를 통해 자신들이 완성시켜왔던 지식을 받아들이면서, 그 사회가 이루어온 문화를 기초로 자신들을 발전시킨다고 할 수 있다. 이런 면에서 인간은 역사, 문화, 조직, 규정 등 사회적 체계로부터 만들어진다고 하는 것이다.

과거 집단적 농업사회에서 파생되었던 계급사회에서 직업 이동의 부자유와 신분계급에 따른 분업으로 인해 인간은 육체적, 정신적으로도 그 능력을 자유롭게 발전시키지 못했다. 종래 역사의 지식과 문화의 소산으로부터 무엇을 취하는 데나, 어떠한 인간으로 형성되고자 하는 데 크게 제한을 받았다. 지배계급은 자기의 이익을 위해 대대로 내려오는 유산을 선택하여 받아들이고, 피지배계급은 계급에 따라 종속되어 단지 생산 및 지배계급을 위해 계급을 유지하는 도구로 전락하게 된다. 이에 피지배계급은 계급사회의 모순성을 인식하게 되면서 그들이 각자 가지고 있는 재능과 특성을 살리고 과거로부터 전해지는 긍정적인 문화적 재산을 섭취하기에 이른다. 그리고 인간다운 존재로서 살아가기 위해 계급사회라는 생산방식을 극복함으로써 자신들의 개성을 자유롭게 발전시켜 변화를 통해 인간의 전면적 발전을 도모하게 된다.[12]

칸트는 "나는 무엇을 알 수 있는가? 나는 무엇을 해야 하는가? 나는 무엇을 희망해도 좋은가? 인간이란 무엇인가?"와 같은 물음을 하며 인간의 존재를 이해하려고 했다. 그는 '인간은 이성이다'라고 하며, '이성은 인간 속에 있는 상위능력으로서 지성과 감성을 통제하에 두고 감성의 시간과 공간을 직관 형식으로 하는 현상 수용과, 순수 지성 개념의 발동에 의한 협동의 수해를 통해 인과적 인식을 산출하는 능력이다'라고 했다. 이성은 자기비판의 능력을 지니기 때문에 신, 내세, 의지의 자유에 대해서는 그 제한을 넘어서는 권한과 능력을 스스로 인정하고, 도덕법칙의 정립자가 된다. 인간은 이성의 확장으로서 판단력을 지니며, 판단력은 자연의 궁극목적에 관해 '인격으로서의 인간의 완성에 있다'고 판단한다. 칸트는 그럼으로써 인간은 '신비의 단체(Corpus mysticum)'의 일원이 된다고 하였다.

칸트(Immanuel Kant, 1724~1804)의 인간학은 인류학일 뿐만 아니라 신학을 의식하고 있으며 철저히 사실만을 기술하는 것만이 아닌 인간이 미완성의 존재라는 것을 탐구한다. 실천적 성격이 강한 칸트의 인간학은 올바른 지성(기능, 자기사고의 성립), 훈련된 판단(현명, 타인의 입장에서의 사고 성립), 근본적 이성(예지, 자기 자신과 언제나 동조적인 사고의 성립)인 일종의 인생단계설을 말하고 있는데, 이 근본적 이성으로서의 인간 예지의 실천이 참된 자유와 구제의 길이라고 한다. 하지만 인간은 개체로서는 궁극목표에 도달할 수 없으며 역사를 통해서만 그 완성이 약속된다고 했다.[13]

게르하르트(Paul Gerhardt, 1607~1676)의 지적처럼 인간에게서 이성은 내부와 외부의 이원적 구별 자체를 용해시켜버리는 것이기도 하기 때문에 자신의 행위와 분리될 수 없고, 그 행위자로서의 내적 주체인 '이성, 영혼, 정신, 생각하는 나'라는 것의 분리도 있을 수 없다.[14]

스위스의 동물학자 포르트만(Adolf Portman, 1897~1982)은 그의 저서 『어디까지가 동물인가』에서 인간은 다른 동물에 비해 비교적 미완성의 존재로 태어나며 신체조건이 자연환경에 완벽하게 적응할 수 있도록 전문화된 동물과 다르게 인간은 비전문화되어 있어 자연에 적응하기 위해 양육되어야 한다고 하며, 생물학적 입장의 인간론을 전개했다. 한편 인간은 환경을 대상화하여 그것을 변화시키며 새로운 세계를 무한히 열어 가는 세계개방성의 존재라고 했다. 다시 말하면 동물의 생은 닫혀 있지만 인간의 삶은 항상 열려 있다는 것이다. 그러므로 인간은 가소성만 가지고 자신이 속해 있는 사회 안에서 문화를 습득하며 스스로를 이룩해 가는 존재라고 했다.

독일의 철학자 프리드리히 니체(Friedrich Wilhelm Niezsche, 1844~1900)의 인간관은 인간과 다른 존재자들을 본질적 차이에 의하여 구분하는 사유방식에 대한 극복이자, 고대 그리스의 철학자 플라톤(Platon, 기원전 428~348)의 영혼과 육체의 이분법에 대한 비판으로 이해될 수 있다. 니체는 신체개념을 통해 인간의 존재적 특징을 다음과 같이 말하고 있다.

"인간은 다른 존재자와 본질적 차이를 갖지 않는다. 인간 역시 다른 존재자들과 마찬가지로 '힘에 의지'를 본질로 하는 존재인 것이다. 그리고 인간은 이성과 육체로 이원적 구분이 되어 있지만, 이성이 육체보다 중시될 수 있는 존재가 아니다. 한편 인간은 이성적 능력과 육체적 능력 그리고 '욕망'하는 부분이 통일체를 형성하고 있는 존재이고, 통일체로서의 인간에게서 욕구부분인 힘의 상승과 강화를 꾀하는 부분은 선이성적인 것이며, 이 선이성적인 것이 인간의 다른 활동을 규제하는 규제원리가 된다. 인간의 '선이성'은 다른 부분들과 유기적 관계를 형성하며, 그 관계를 분리하는 것은 불가능하므로, 신체로서의 인간은 언제나 힘의 상승과 강화를 꾀하기에 고정될 수 있는 존재가 아니다. 존재의 전 영역에서 수행되고 있는 힘 상승의 노력과 그것으로 인한 자기극복의 역학이 인간에게서도 진행되고 있으므로, 인간은 되어가는 존재이고, 생성되고 있는 완전하지 않은 존재인 것이다."[15]

　니체가 말한 육체와 이성과 함께 인간 속에 있는 '욕망'이라는 개념은 서양에서 시대를 거치며 변화하는 사회환경에 따라 다양하게 인식되고 탐구되어왔다. 이런 인간의 욕망을 이해하려고 했던 서양 사상가들의 담론들에서 몇 가지 흐름을 읽을 수 있다.

　욕망을 결핍으로 파악하는 흐름에 있어, 고대 그리스의 철학자 플라톤은 욕망이란 "자신에게 결여되어 있는 대상에 대한 사랑"이라고 정의한다. 플라톤은 이성(Logos)이 욕망을 제어하고 지배해야 하며, 제어하고 지배할 수 있다고 보았다. 플라톤의 이성 중심적 금욕주의가 서양 철학사를 2천여 년 동안 지배하며, 플라톤의 이러한 견해는 서양 철학의 주요한 흐름을 이루었다. 경험론자인 영국의 계몽주의 철학자 존 로크(John Loke, 1632~1704), 프랑스의 합리론자인 르네 데카르트(Rene Decartes, 1596~1650)도 이 견해를 따랐으며, 독일의 헤겔(Georg Wilhelm Friedrich, 1770~1831)도 욕망을 결핍으로 이해했다. 20세기에 들어서서는 라캉과 사르트르(Jean Paul Sartre, 1905~1980)도 이 견해를 이어받았는데, 사르트르에 따르면 인간의 욕망은 채울 수 없는 불가능한 욕망이기 때문에 인간은 의식적 존재이면서도 결핍된 무언가를 끊임없이 원하는 사물적 존재이기를 욕망한다고 했다.

　서양 철학사에서 욕망과 욕구는 엄밀하게 구분되지 않은 채 대체로 혼용되어왔지만, 헤겔(Georg Wilhelm Friedrich Hegel, 1770~1831)은 욕망과 욕구를 자기 의식의 차원에서 확실하게 구분하였다. 욕구는 타재의 정념, 자기 자신에 대한 부정의 정념 또는 결핍의 정념에 불과하지만, 욕망은 대상의 타재를 지양하고 대상을 주체와 합일시키는 활동이라고 했다. 이를 쉽게 설명하면, 욕구는 자기 의식적 주체인 인간이 바라는 대상이 그에게 결핍되어 있을 때 느끼는 정념이므로, 그와 이 대상이 분열되어 있을 때 그가 느끼는 정념에 불과하다. 하지만 욕망은 그가 바라는 대상의 결핍을 느끼고 이 대상이라는 다른 존재(타재)를 자기화해서 이 대상과 하나가 되려고 하는 활동의 정념이다. 그래서 욕망은 그와 이 대상의 분열을 뛰어넘으려고 한다. 그렇다면 욕망과 욕구는 다 같이 결핍에 관련되는 개념이지만 욕망이 욕구보다 더 높은 개념일 것이라고 했다.

라캉(Jacques Lacan, 1901~1981)은 욕망을 생리적 욕구로부터 구분하고 환자 상담을 통해 얻어진 결과를 토대로 언어적 차원에서 파악하여, 인간의 욕망은 무의식의 말을 통해 나타난다고 주장하였으며, '인간은 말하는 것이 아니라 말해진다는 것'이다. 그는 오이디푸스 단계인 어린아이의 마음은 구멍이 뻥 뚫린 단계로 보며, 이 텅 빈 구멍은 욕망의 어떤 대상으로도 채워지지 않는 결핍이자 끊임없이 욕망을 생산하는 대상의 원인이어서 이 대상이 욕망의 실질적 존재(실재)라고 했다. 그리하여 인간은 욕망의 실재에 도달하지 못하고 욕망의 대상만이 끊임없이 치환되며, 인간은 권력, 부, 사회적 지위, 명예 등을 끊임없이 추구해 이 결핍을 채운다 해도 또 다른 대상을 원하게 되어 욕망의 실재에 이를 수 없다고 했다. 라캉은 이것을 욕망의 환유적 성격이라고 규정하면서, 그렇기 때문에 '인간은 욕망의 종착역 없이 내달리는 기관차'와 같다고 했다.

동양의 유교와 불교도 금욕주의로 볼 수도 있지만 플라톤의 금욕주의와는 달리 이성 중심적이지 않으며, 유교에서 리(理)로서 욕망을 절제한다는 사상은 이성과 같은 지적 능력이라기보다는 인간이 하늘로부터 성품을 받아 천지와 통하는 영적 능력을 지향하는 포괄적 지성이라고 보았다. 또한 불교에서도 지적 통찰이 요구되긴 하지만 참선과 같은 수행을 통하여 욕망을 누르고 없애려고 했다.

동양에서 욕망을 결핍으로 해석하는 흐름이 명시적으로 잘 드러나지 않지만, 중국 춘추전국시대의 순자는 사람의 본성이 이기심에 있기 때문에 환경에 의해서 점점 약해지게 된다며, "보기 흉하면 아름다워지기를 바라며, 가난하면 부유해지기를 바라며, 천하면 귀해지기를 바라는데, 진실로 자기에게 없는 것을 반드시 밖에서 구한다"고 주장함으로써 욕망을 결핍으로 해석했다. 그는 맹자의 성선론을 비판하며 성(性)을 추악하다고 하는 성악(性惡)설을 말하고 본성으로부터 선(善)이 아닌, 후천적인 교육과 학문으로부터의 선(善)이 유학의 본질이라고 주장했다. 그의 이론은 자연세계에서는 인간의 본성으로 살아도 상관없지만, 문명세계에서는 인간의 본성대로 살아서는 안 되는데, 인간이 낙후된 환경 속에서 인위적 윤리를 얻지 못하고 혐오스러운 본성에 따라 사는 바람에 춘추전국시대 같은 난세가 왔다고 했다. 반면 순자의 성악설 사상과는 달리 현대에 와서는 '남을 도우려는 선한 공감 능력'은 타고난 것으로 밝혀지며 우리가 남을 돕는 것은 본능이라는 것이다. 뇌과학에서는 공감의 능력을 담당하는 뉴런 다발이 발견되어 모든 사람에게 선한 본성이 존재한다는 사실이 밝혀지게 되었고, 그래서 선한 본성은 타고난다는 것이다. 한편 진화론적으로 생존에 이기심을 가진 사람이 살아남을 수 있는 가능성이 더 많고, 이런 생존 본능과 이기심도 역시 인간이 타고난다는 것이다.

성리학에서도 좋은 음식, 대궐 같은 집, 아름다운 남녀 등이 욕망의 주요한 대상으로 경계되기 때문에 이것들의 결핍이 욕망을 불러일으킨다고 보았다. 조선시대 사상가 율곡 이이(1536~1584)는 인간성을 다른 관점에서 이해하려고 했다. 성리학의 기질지성 측면에서 본 인간은, 타고난 도덕적 가능성이라는 점에서 사실상 동물과 다를 것이 없는 존재라고 했다. 맹자가 인간과 동물의 차이를 도덕적 실천 능력에서 찾으면서 이를 성선(性善)설로 확보하려 한 것과 달리, 이이는 인간에게 성선 위에 기질이 있으며, 기질이야말로 현실적인 인간의 본성이라는 점을 강조함으로써 인간의 욕구를 이해하려고 했고, 인간성에서 나타나는 이 물욕적 욕구를 경계했다. 그는 그의 저서 『성학집요』에서 "사람의 한 마음에는 만 가지 이치가 전부 갖추어져 있으니, 요·순의 인(仁)과 탕·무의 의(義)와 공·맹의 도(道)는 다 본성에 고유한 것이다. 그러나 앞에서는 '기품'에 구애되고 뒤에서는 '물욕'에 함몰되므로, 밝은 것은 어두워지고 바른 것은 사악해져서, 어리석은 보통 사람이 되니, 실상은 새나 짐승과 다를 것이 없다"고 했다. 그래서 조선시대에는 인간이 인간으로서 욕구를 참지 못하고, 도리를 지키지 못할 때 동물에 비유하며 "짐승 같은 놈"이라고 표현했다. 이 인간이 동물로 비하된 표현은 현재에도 종종 사용되고 있다.[16]

불교의 12연기에 나오는 욕망인 갈애는 갈증이 심한 사람이 우물가에서 느끼는 욕망에 비유되기 때문에 불교도 역시 욕망을 결핍으로 파악했다고 볼 수 있다. 불교의 경전에는 욕망을 종종 타오르는 불꽃에 비유하는데 시인 티 에스 엘리엇(T. S. Eliot)이 쓴 「황무지」에서는 석가모니가 욕망의 타오르는 불꽃을 꺼서 괴로움으로부터 벗어날 것을 권한다는 이야기도 나온다. 불교철학에서는 욕망을 지칭하는 말들이 많으며, 그 가운데 갈애, 탐욕, 의욕, 애욕 등의 대표적인 단어들이 있다. 갈애는 12연기의 사슬의 하나로 결핍상태의 욕망이다. 갈애는 결핍을 의미하지만 결코 채워질 수 없는 결핍이다. 탐욕은 삼독인 탐욕, 노여움, 어리석음의 으뜸으로 무엇이든 내 것으로 만들려는 욕망의 집착이다. 애욕은 좁게는 성적 쾌락을 추구하는 욕망으로, 넓게는 모든 욕망의 출발점이다. 갈애, 탐욕, 애욕은 불교에서 가장 경계하는 욕망들이다.

석가가 보리수 아래에서 선정에 들어가 깨우친 뒤 처음으로 사람들에게 가르친 설법인 12연기는 무명(無明)-행(行)-식(識)-명색(名色)-육입(六入)-애(觸)-수(受)-갈애(渴愛)-취(取)-유(有)-노사(老死)로 이루어진 윤회의 사슬이다. 이 12연기를 바탕으로 하는 사상의 요체는 "이것이 있기 때문에 저것이 있고 이것이 발생하기 때문에 저것이 발생한다. 이것이 없기 때문에 저것이 없고 이것이 소멸하기 때문에 저것이 소멸한다"는 인과적 '돌고 돌음'의 윤회적 사상을 의미하는 것이다. 중생은 이 윤회의 쳇바퀴를 벗어날 수 없으며, 중생이 12연기를 돌이켜 무명으로의 제거로부터 출발하여 그 나머지 11개를 인과적으로 소멸시켜 나가면서 오직 해탈만이 윤회의 사슬에서 벗어날 수 있기 때문에 모든 중생이 해탈을 통해 석가의 경지에 오를 수는 있다. 그렇지만 그 경지에 도달하는 것은 참으로 어려워, 거의 모든 중생이 해탈을 시도하지만 결국 윤회의 사슬을 벗어나지 못하고 계속 그 사슬 속에서 갇혀 돌고 돌게 되기 때문에 석가의 해탈의 경지가 더 중생들에게 심오하고 경외롭게 받들어진다는 것이다.

불교의 법화경에는 불난 집의 비유가 나온다. 옛날 마을에 큰 부자가 살고 있었고, 그의 집은 대궐과 같이 크고 재산과 식솔들이 엄청나게 많았다. 그런데 그 집은 매우 컸지만 낡고 썩은 데다 대문이 하나뿐이었다. 어느 날이 집에 큰 불이 났다. 부자는 무사히 빠져나왔지만 그의 아이들은 노는 데 정신 팔려 나올 생각을 못 하고 있었다. 부자는 아들에게 연신 고함을 질렀다. 그러나 아이들은 죽는 줄도 모르고 아랑곳없이 뛰어놀기만 했다. 그러자 그는 아이들에게 양이 끄는 수레, 사슴이 끄는 수레가 대문 밖에 있으니 가져가 놀라고 외치자 그제야 아이들은 불타는 집으로부터 빠져나왔다. 이 불난 집의 비유에서 욕망은 불로, 이 세상은 불타는 집으로, 수레는 탐욕으로, 탐욕에 빠진 중생은 불 난 줄도 모르고 뛰노는 철없는 아이로 비유된다. 이 비유에서 세상은 썩어 문드러지고 더럽고 험악하고 고통스런 곳이다. 그럼에도 불구하고 중생은 탐욕에 눈이 어두워 세상의 재물과 쾌락을 추구하느라 고통을 두려워하지도 않았고 걱정도 두려워하지 않는다. 이는 끊임없는 인간의 채워지지 않는 욕망으로 가득 찬 이 세상이 얼마나 위험한지를 경고하는 석가의 가르침이다.

욕망을 생산적 활동성으로 파악하는 흐름은, 네덜란드의 유태인 철학자 스피노자(Baruch Spinoza, 1632~1677)로부터 유래되었다. 스피노자는 욕망이 인간의 본질이라고 보았다. 더구나 그는 욕망과 대상의 관계도 역전시키는 주장을 했다. 욕망을 결핍으로 파악하는 흐름에서는 결핍된 욕망 대상을 유발시키기 때문에 욕망 대상이 중요하지만, 그 반대로 욕망이 대상을 만들어낸다면 욕망이 중요하다고 했다. 스피노자는 이성을 따르지 않을 때 인간은 자신의 본성이 아니라 외부의 사물에 영향을 받은 정서인 분노와 집착, 그리고 탐욕에 사로잡혀 수동적으로 살게 된다고 했다. 이것은 오늘날 사람들이 상업주의에 의해 유혹되어 소비욕구를 자극받고, 조작되며 수동적인 삶을 살게 되는 것과 같은 것이다. 그래서 그는 이성에 의해 실체인 세상의 질서를 이해하고 그 이해에서 자연스럽게 얻어지는 판단에 따라 사는 것이 윤리적인 삶이고, 행복한 삶이라고 하였다. 그는 인간의 보존 본능 혹은 자기 파괴를 부정하는 본능이 드러날 때 그것을 욕망이라고 했다. 이 본성에 반하여, 자기 자신의 역량을 깎아내리고 파괴하는 것에 대해 인간은 슬픔을 느끼며, 이와 반대로 이 본성과 합치하는 것에 대해서 인간은 기쁨을 느낀다고 하였다.

플라톤의 결핍된 욕망에 맞서서 스피노자는 『에티카(Ethica)』에서 "어떤 대상이 좋기 때문에 그것을 욕망하는 것이 아니라 우리가 그것을 욕망하기에 때문에 그것이 좋다"고 했다. 이것은 욕망이 원하는 무엇을 만들어낸다는 생산적 활동으로 본 것이다. 한때 암스테르담의 유태인 공동체로부터 유대교의 가르침을 전파하는 랍비로서 자질이 뛰어난 젊은이라고 인정을 받기도 했던 스피노자는 훗날 그의 저서 『에티카』에서 나타난 본질적인 사상이 신을 부정하고 유대교를 비판했다는 이유로 26세 때 유대교로부터 파문을 당한다. 그 후부터 그는 하숙집에서 살면서 친구의 도움과 광학 기구에 쓰이는 렌즈를 갈아내는 일로 생계를 이으며 소박한 생활 속에서, 평생 책을 읽고 철학을 연구하며 살다가 폐결핵에 걸려 44세의 젊은 나이로 생을 마감한다.[17]

플라톤의 중심적 금욕주의에 반대하는 서양의 철학자들 중에 니체, 바타유, 들뢰즈 등은 이성보다는 광기나 욕망을 강조했으며 금욕주의는 노예의 길이라고 비판했다. 독일의 철학자 니체도 욕망이나 의지가 가치나 형식을 부여하는 힘이라고 보았다. 그리하여 니체는 권력에의 강한 의지 개념은 생산적이고 창조적이고 능동적이라고 이해했다. 들뢰즈 역시 플라톤의 욕망과 충족, 결핍과 획득의 이원론에 반대하여 욕망을 생산적이고 창조적인 활동성으로서 강조했으며, 욕망의 주체화와 인격화를 거부하고, 인간이 욕망하는 주체라는 용어 대신에, 인간이 욕망을 생산하기 때문에 '욕망이라는 기계'라고 했다.

욕망을 금기를 위반하려는 정념으로 파악하는 흐름에서는, 바타유(Georges Bataillie, 1897~1962)도 역시 일상생활에서 흔히 볼 수 있는 금기에 착안해 욕망을 이해했다. 법, 도덕, 관습과 같은 금기는 한편으로는 우리의 생활 질서를 보호하지만 다른 한편으로는 우리로 하여금 금기를 어기도록 유혹하고 부추긴다. 어떤 일을 하지 말라고 하면 그 일이 더 하고 싶은 게 인간의 자연스러운 심리다. 그래서 금기는 신비의 불가침 영역을 만들어 우리가 그 영역에 들어오는 것을 막으면서도 그 영역에 들어오도록 우리에게 손짓한다. 바타유는 이런 욕망을 선사시대까지 거슬러 올라가 다루었으며, 에로티즘을 통해 동굴벽화를 해석함으로써 인류의 원초적 욕망을 이해하려고 했다.

욕망을 모방적 경쟁에 근거하는 정념으로 파악하는 흐름에 있어, 자라르는 일상생활에서 자주 볼 수 있는 시기와 질투 또는 부러움과 선망에 착안하여 욕망을 보려고 했다. 그에 따르면 욕망이란 욕망의 주체와 욕망 대상 사이의 2자 관계에서 나오는 게 아니라 욕망 주체와 이 주체가 본받고 싶어 하는 모델, 그리고 욕망 대상의 삼각관계에서 나온다고 했다. 이를테면, 내가 본받고 싶어 하는 남이 어떤 욕망 대상을 가지고 있다면 나도 그 대상을 갖고 싶어 그 대상을 가지려고 하지만 그도 그 대상을 빼앗기지 않으려고 한다. 이때 나와 그는 그 대상을 차지하기 위해서 서로 모방적으로 경쟁하게 되는데 이 경쟁이 격화될수록 그 대상에 대한 욕망은 더 커진다고 했다. 자라르는 이러한 욕망이 일상생활에 적용될 뿐만 아니라 정치, 경제, 문화 등의 사회의 모든 분야에 적용된다고 보았다.[18]

5. 욕망과 자본주의

　욕망을 현실적인 것을 생산하는 혁명적인 힘으로 보는 흐름에서, 들뢰즈 (Gilles Deleuze, 1925~1995)는 욕망과 욕구를 구분하여 욕망을 리비도와 같은 순수한 에너지로 보았지만, 욕구는 욕망으로부터 파생되어 사회적으로 조작된 결핍으로 간주하였다. 그는 좌파적인 정신분석학자 가타리를 만나 그와 함께 『안티 오이디푸스』, 『천 개의 고원』을 출간하여 욕망의 정치학을 만들어냈다. 들뢰즈는 욕망의 결핍이나 획득과 연결시키는 서양의 전통철학과, 욕망을 언어적 차원에서 무의식적 재현으로 이해하려는 라캉의 정신분석학을 동시에 거부했다. 그에 따르면 욕망(desire)이란 어떠한 부정과 금지도 무시하고 자유롭게 떠돌아다니는 리비도(libido)처럼 순수한 에너지다. 그렇기 때문에 욕망은 도저히 채울 수 없는 뻥 뚫린 구멍이나, 목마름, 또는 부러움 등의 결핍이 아니다. 욕망은 뒤죽박죽되어 이리저리 흘러 다니면서 끊임없이 한계를 무너뜨리고 현실적인 것을 생산한다. 그래서 욕망은 사회적으로 생산될 수도, 조작될 수도 있다.

　이에 반해 욕구(besion)는 현실적인 것을 생산하는 게 아니라 환상을 생산하며 결핍과 연결된다. 욕망과의 관계를 볼 때 욕구는 욕망으로부터 파생하며, 욕망이 생산하는 현실계 속의 역생산물일 뿐이다. 그러므로 욕구는 결핍과 같이 사회적으로 조작되며 지배계급에 의해 시장경제에서 환상적으로 만들어진다. 이와 같이 그는 욕구로부터 욕망을 구분하여 욕망을 사회와 동급인 것으로 끌어올렸다. 그는 욕망을 사회를 위협하는 혁명적인 힘으로 간주했다. 이때의 욕망은 침실이나 대중매체, 혹은 가족극장의 드라마에서 나오기 때문에 위협적인 게 아니라, 더 넓은 세상을 꿈꾸며 기존 질서를 무너뜨릴 수 있는 흐름을 장악하고 있기 때문에 위험하기도 하고 혁명적이기도 하다고 했다.

푸코나 데리다처럼, 주체라는 개념을 달갑지 않게 여겼던 들뢰즈는 욕망에서 주체를 박탈하며, 욕망은 고정된 주체가 결핍되어 있는 기계로 보았다. 그리고 욕망의 대상도 욕망과 접속된 기계라고 했다. 심지어 인간도 자본주의 사회도 욕망의 기계이고, 이 기계들은 서로 접속하고 있지만 수목형처럼 위계구조를 이루지는 않고, 리좀(땅 밑 줄기)처럼 연결되고 접속한다. 욕망의 수목형에는 뿌리가 중심이 되어 줄기와 가지의 주변으로 욕망이 흘러가는 반면, 욕망의 리좀형에는 뿌리와 줄기가 구분되지 않기 때문에 어떤 지점이라든가, 혹은 다른 지점과 연결되고 마치 잡초가 퍼져나가듯이, 중심과 주변의 대립이 해체되어 욕망이 흘러 다닌다. 이는 지구적 자본주의의 욕망의 흐름과 유사한 것이라고 했다.

들뢰즈는 자본주의를 변혁하려는 이성적 기획을 포기하고, 자본주의를 인간 스스로 조작할 수 없는 분열적 욕망을 추구하는 유목적 기계로 간주하여, 욕망을 자본주의를 변혁하는 힘으로 삼았다. 그에 따르면 자본주의는 탈영토화와 재영토화라는 이중의 운동을 항상 수반하는 한편, 자본주의는 이윤을 창출하고 극대화하기 위해 끊임없이 새로운 욕망의 영토(시장)를 개척하고 확대함으로써 전통적 사회관계를 무너뜨리고, 욕망의 흐름을 분열적으로 극한까지 밀고 나간다(탈영토화). 다른 한편으로는, 이런 탈영토화가 자본주의 자체를 위험에 빠뜨릴 수 있기 때문에 자본주의의 욕망으로 가득 찬 사회를 대중매체, 관료조직, 경찰기구 등을 동원하여 욕망의 분열적 흐름을 조절하여 욕망을 자본주의의 공리계 안으로 끌어들인다(재영토화). 욕망은 본질적으로 착취와 예속의 위계구조를 위협하고, 사회의 모든 부분을 뒤흔들어 놓기 때문에 혁명적이다. 그래서 이성이 아닌 욕망만이 자본주의적이고 오이디푸스적인 욕망조절의 한계를 무너뜨리고, 자본주의의 공리계를 넘어 탈주의 선을 제공할 수 있다고 주장했다.

프랑스의 문학 평론가 지라르(Rene Girard, 1923~2015)는 욕망을 욕구로부터 구분하여 욕구를 본능적이고 자연적인 차원에 두었지만 욕망은 인간적인 차원에 두었다. 그는 욕망을 욕구(Appetit)로부터 구분했는데, 욕구는 식욕과 성욕 같은 동물적 본능에 불과하지만 욕망은 인간적 차원에 있다고 했다. 그렇다면 욕망은 무엇일까? 그는 욕망을 한 인간이 선망하는 모델(중개자)을 모방하려고 할 때는 이 모델이 지니고 있지만, 그렇지 않을 때는 그에게 결핍되어 있는 대상을 차지하려는 정념이라고 보았다. 이런 관점에서 볼 때 인간의 욕망이란 그 자신의 본성에서 자율적으로 우러나오는 것도 아니며, 특히 욕망이 주체적으로 만들어진다는 생각은 낭만적 환상에 불과하다고 했다. 그리고 더 나아가 욕망은 인간 주체와 욕망 대상 사이의 관계에서 생기는 것도 아니어서, 욕망이 모방적 경쟁에서 나온다고 생각했다. 그는 일례로 돈키호테의 욕망을 들었다. 돈키호테는 세르반테스의 동명소설에 등장하는 우스꽝스럽고 황당한 인물이다. 돈키호테는 전설적인 기사인 아마디스를 흠모하고 선망하여 그의 행적을 모방하려고 했다. 이 경우에 돈키호테의 욕망의 대상은 정의를 위해 용감하게 싸우는 일이다. 이 욕망은 아마디스라는 모델이자 중개자를 통해서 촉발된다. 그러나 아마디스는 이 세상에 없는 사람이기 때문에 돈키호테는 현실적으로 그와 경쟁할 수 없고 마음속으로만 경쟁할 수 있다. 이와 같이 돈키호테의 욕망은 주체, 모델 그리고 욕망 대상 사이의 관계에서 형성된다고 볼 수 있다. 이런 예는 소설에서는 물론 일상생활에서도 얼마든지 찾아볼 수 있다. 이를 일반화한다면, 욕망은 욕망의 주체와 대상의 관계가 아니라 주체-모델-대상의 삼각관계를 이룬다. 따라서 욕망은 타인과의 관계에서 타인을 매개로 하여 형성되고 타인의 욕망에서 나오기 때문에 사회적이라고 했다.

자라르는 모방적 욕망을 좋은 방향으로 돌리라고 하였는데, 인간의 욕망은 모방적 경쟁에서 나오기 때문에 인간들은 갈등과 불화에 빠지기 쉽다고 했다. 돈키호테는 아마디스와 현실적으로 경쟁할 수 없기 때문에 갈등도 일어나지 않는다. 그러나 현실적으로 모델이 주체 가까이 있다면 주체는 모델이 욕망하는 대상을 차지하려 하고, 모델도 이 대상을 빼앗기지 않으려고 애쓰기 때문에 서로 욕망이 경쟁적으로 상승하여 갈등이 일어나고 마침내는 폭력으로 치달을 수 있다. 갈등과 폭력은 쉽게 전염되기 때문에 보복의 악순환은 참극으로 귀결될 수 있다. 이런 악순환은 극단적으로 공동체를 파괴할 수 있어, 욕망의 모방적 갈등으로 인한 인간의 파괴적 행위는 권력투쟁과 전쟁의 참혹함으로 비화된다. 그렇기 때문에 악순환의 고리를 끊고 모방적 욕망을 좋은 쪽으로 돌릴 필요가 있다고 지라르는 주장했다. 이는 지구적 자본주의에서 벌이는 무한경쟁과 욕망의 관계로 인간이 어떻게 하느냐에 따라 욕망이 실현되는 세상을 만들 수도 있고 욕망으로 파괴되어 고통받는 세상을 만들 수도 있다.[19]

3

자본주의 혁명

1. 인간사회의 현실을 이해하는 세계관

　세계관은 전통이나 교육, 혹은 유행에 의해서도 영향을 받지만, 기본적으로는 생활에 기초를 두고 있다. 인간은 세계 속에서 생활하고 있기 때문에, 주위 세계의 사물이나 타인과 교류를 하면서, 그들에게 영향을 받거나 역으로 그들에게 영향을 주면서 살아간다. 이 과정에서 사람은 성공하거나 좌절하며, 또한 세상을 잘 알거나 모르게 된다. 그런 경우 그의 인생이나 세계가 장밋빛으로 보이거나 회색으로 보일 수 있다. 이와 같이 세상을 이해하는 견해들은 낙천관이나 염세관 등으로 나타나며, 이에 따라 세계를 보는 태도가 생겨나기도 한다. 그리고 세계를 보는 태도 속에서 '될 대로 돼라'는 숙명관이 생겨나는 경우도 있고, 세계가 더 나아질 것이라는 미래를 믿고 자기의 향상을 도모하려는 진보관도 생긴다. 이와 같은 태도를 기초로 한 생활의 경험적 축적을 바탕으로, 인간은 세계의 여러 문제에 대하여 통일적인 해답과 견해를 형성하게 되는데, 이렇게 얻어지는 세계에 대한 일정한 견해가 그의 '세계관'으로 나타난다. 이 세계관은 세계에 있어서 자신의 의미를 표현하고, 삶의 방식과 밀접하게 결합되어 있으며, 철학에만 한정되지 않고 종교, 예술, 일상생활에까지 확산된다.

　세계관은 역사적으로 형성된 것으로 개인에게 있어서도 발전의 과정을 거친다. 이는 사회 속에서 상호 대립하고 투쟁하며, 결합이나, 융합, 선택이 행하여져 성장과 쇠퇴를 하기도 하고, 고정적이지 않다. 이처럼 세계관 자체도 역사를 가진다. 풍토, 민족성, 생활상태, 문화, 역사, 국가형태 등에 의해 지배되는 세계관은 시대나 장소에 따라 다양하게 나타나고, 영속성이 있는 것이 지배적이며, 사고방식과 삶의 방식의 전통을 형성한다. 이러한 특징을 갖는 세계관은 두 가지 유형으로 구분할 수 있다.[1]

유기체론적 세계관

세계 전체를 살아 있는 것으로 보는 세계관으로, 세계 및 그 내부에 존재하고 있는 사물은 탄생과 성장 과정이 있고, 무정형의 혼돈에서 유정형의 질서로 형성되어 분화발전을 이룬다. 따라서 세계를 목적론인 것, 역사적인 것으로 보는 세계관이고, 보편적으로 세계의 많은 지역 및 시대에서 나타나는 세계관이다. 그 근저에는 진보적인 시각이 있어서 자연, 인생, 교육, 사업, 정치 등 모든 것이 발전적으로 보이며, 가치나 행동 기준도 이 관점에서 볼 수 있다. 이 세계관에서 선하다고 보는 것은, 이 내적 목적과 자기의 목적을 일치시키고, 그것을 향해서 전진하는 것이다. 이러한 세계관은 유럽에서 고대로부터 존재하였던 아리스토텔레스주의 전통이다. 18, 19세기에 걸쳐서 유럽의 산업혁명으로 일어난 기계론적 사고를 비판적으로 보았던 이마뉴엘 칸트는 근대과학에 기초한 기계론적 세계관의 불충분성을 지적하면서 고대의 유기체적 자연관을 부활시킨다. 이어서 윌리엄 모리스 (1834~1896)의 유기체적 디자인(organic design) 등에 의해 유기체적 세계관에 기반을 둔 사상이 일부 나타나기도 한다. 생물이나 기술은 물론 국가나 언어도 이와 같은 세계관을 바탕으로 취급되었고, 쇠퇴나 죽음, 형태나 체제의 교체 및 혁명사상도 이에 포함된다. 아시아에서도 고대 중국의 유력한 세계관이었으며, 산업혁명 이전에는 농업사회의 지배적인 세계관이었지만 오늘날 인류의 생존적 차원에서 산업화로 파괴되고 있는 자연환경 보존과 산업화로 야기된 기후변화에 대한 관심이 높아지며 다시 새롭게 재평가되고 있기도 하다.

기계론적 세계관

기계시대를 모델로 하는 이 세계관은 데카르트에 의해 정식화되고, 근대 과학 및 공업사회의 발달과 함께 세계로 확산되었다. 여기에서 고려되고 있는 세계상은 물리적 요소들로 구성되며, 일정한 운동을 영원히 계속하는 등질적인 물질세계로 보아, 모든 것은 양으로 환원되고, 힘은 밖에서 주어지며, 모든 것이 법칙에 지배되고 있는 세계이다. 모든 만물은 시계처럼 움직이고, 정확하고 정밀하게 구성되는 것 이상이며, 인간도 이러한 관점에서 취급되기 때문에 구성부품의 하나이고, 인체와 기계의 상위는 존재하지 않는다고 보는 세계관이다.[2]

　세계를 유기체적인 관점으로 보는 것에서 벗어나, 기계론적 관점에서 보게 되는 사회적 변화의 전환점은 1455년 구텐베르크의 금속활자의 사용에 힘입은 것이었다. 16세기에 들어서 영국에서 본격적으로 성경 이외의 도서라는 것들이 나돌기 시작하게 된다. 기원전 3000년경 "기하학에는 왕도가 없다"라는 말을 남겼던 그리스인 유클리드가 쓴 기하학은 20세기 이전까지 서구에서 성경 다음으로 많이 인쇄된 서적이었고, 그 영향력은 절대적이었다. 당시 사람들은 성경뿐 아니라 수많은 고대의 서적도 출간하기 시작했었는데 이것은 이전 세기였던 13세기의 그리스어 서적들의 번역에 힘입은 것이었다. 1453년 오스만제국에 의해 동로마제국의 콘스탄티노플이 함락되면서, 이슬람교도들을 피해 기독교도들은 수많은 고대의 필사본을 유럽의 서쪽으로 전파시키게 된다. 그리고 이들이 금속활자본을 사용하여 대량으로 번역 출판한, 알려지지 않았던 고대의 지혜와 지식들이 유럽에 널리 알려진다. 한편 많은 세월 동안 수도원에 잠들어 있던 오래 묵은 필사본 역시 그 가치가 발굴되고 출판되면서 유럽의 지식인들은 이를 연구하고 고대인들의 지혜를 세상에 전하여 학자적인 명예를 얻게 되었다. 이때부터 유럽에서 신비주의와 연금술의 시대가 열리고, 르네상스 시대에 들어서며 수많은 신비주의 서적이 사람들 사이에 퍼져나갔으며, 아리스토텔레스와 플라톤 등의 저술 같은 고대 그리스의 필사본의 경우 이슬람인들이 물러간 후 그리스를 중심으로 남아있던 것들의 번역도 진행되었다. 1400년대 르네상스의 중심 도시 중 하나였던 이탈리아의 플로렌스는 상업, 기술, 예술이 서로 얽히면서 부흥했다. 1447년 당시 그곳은 레오나르도 다빈치, 보디첼리, 미켈란젤로, 브루넬리스키 등이 활동했던 인구 4만 정도의 도시였고, 그들과 함께 84명의 목공예가, 83명의 비단직조인, 30명의 화가, 44명의 금·보석세공업자 등으로 도시는 과학과 예술로 성황을 이루었다. 1472년에 쓰여진, 플로렌스 모습을 그리고 있는 베네디토 데이의 수필에 의하면 도시는 자유를 즐겼고, 부유하고 우아하게 차려입은 사람들이 많았으며, 투명하고 깨끗한

강물, 그리스어와 회계를 가르치는 대학, 많은 예술의 거장들이 있었고, 여러 나라에서 투자한 은행들과 상업가들의 활동이 매우 활발하였다고 기술되어 있다. 또한 도시의 많은 예술인들은 건축가들이었고, 도시의 섬유산업은 자본가, 섬유 디자이너, 화학자들이 서로 연합하여 성업 중에 있었으며, 당시 세계에서 가장 높은 필립포 브르넬리스키가 설계한 돔(dome)으로 장대하고 아름다운 도시를 이루고 있었다. 이와 같은 상업적 성공과 예술, 건축을 통해 이탈리아 최고의 문예도시로 거듭났던 플로렌스 융성의 배후에는 그 도시의 은행자본과 권력을 장악한 메디치 가문이 있었다.[3]

이러한 상업, 기술, 해부학, 예술의 발전으로 찬란한 부흥기를 이루었던 르네상스 시대와 맞물리면서 진행되었던 인쇄술의 발달은 중동과 그리스·로마시대의 고대 서적들과 새로운 지식들을 대량으로 서유럽 세계에 전파시키게 되었고, 당시 플로렌스와 같이 상업과 문예 부흥기를 맞았던 네덜란드의 도시 암스테르담에서 활동했던 데카르트에 의해서 인류사에 본격적으로 기계론적 세계관이 출현한다. 그는 논리적, 수학적 필연성을 존재론적 필연성에 대입하여 자연세계의 확실한 인식 가능성을 제시한다. 그것은 우리에게 잘 알려진 '인식하는 나'에서 출발한다. 하지만 데카르트가 이성의 올바른 사용과 진리탐구를 주장한 『방법서설(1636)』까지만 해도 자연의 묘사에 대한 기계론적 관점은 있었지만, 수학적 표현을 사용하여 묘사하는 작업까지는 아직 시도되지 않았다. 동시대 천문학자 요하니스 케플러(1571~1630)의 행성운행의 법칙에 대한 논문이 나왔을 당시, 케플러도 행성운행에 대한 수학적 표현을 사용한 묘사를 하되 그 운동에 대한 물리적 배경은 알지 못하고 있었다고 한다.

케플러는 1571년 12월 27일 신성로마제국 바일 데어 슈타트에서 용병이었던 부친 하인리히 케플러와 선술집 딸이었던 모친 사이에서 미숙아로 태어났으며, 집안도 가난해서 체격도 작고 병약하였고 근시까지 있었다. 그러던 그는 1577년 대혜성을 목격하고는 이후 천문학에 관심을 두면서, 수학에서 뛰어난 재능을 발휘하여 1589년 튀빙겐 대학교 신학부에 입학한다. 대학에서 신학보다는 미하엘 메스트린 밑에서 천문학에 더 몰두하고 당시 학계와 종교계에서 커다란 논란을 일으켰던 지동설을 믿게 되었으며, 졸업 후 그라츠에서 교편을 잡는다. 그 뒤 케플러는『우주구조의 신비』라는 저서에서 니콜라우스 코페르니쿠스와 같이 지동설을 옹호하는 글을 발표하고, 유럽의 학계에 관심을 끌기 위해 인쇄본을 천문학자들에게 배포한다. 이 글을 받아본 갈릴레오 갈릴레이는 "지동설은 논리적으로 아직 증명할 수 없다"는 편지를 케플러에게 보낸다. 갈릴레이가 보낸 의견에 실망하지만, 케플러는 그라츠에서 수학교수직과 병행하여 장래 예측과 부합하는 점성력을 개선하는 일을 한다. 운 좋게도 그가 예측한 터키 침공과 추운 겨울이 점성력에 표시된 날과 맞아떨어지면서 이름이 나기 시작하였고, 이 소문이 황제 루돌프 2세의 귀에 들어가 황실의 수학자가 되었다. 황제의 보호 아래 안정적인 연구를 할 수 있게 된 케플러는 논란을 피하게 위해 지구 궤도 대신 화성의 궤도를 8년에 걸쳐 계산한다. 이 계산으로 화성의 공전 속도가 일정하지 않고 태양에 접근할 때 더 빨라지고, 멀리 있을 때 느려진다는 사실을 발견하고 이를 케플러의 제2법칙이라고 명명한다. 이 발견을 통해 원형궤도에서 맞아떨어지지 않았던 계산이 타원궤도에서는 맞아떨어진다는 것을 증명하여 기존의 원형궤도론을 뒤엎는 대발견을 했던 것이다. 그리고 1609년 이 법칙을 실은『신천문학』을 출간하기에 이른다. 이후 갈릴레이가 망원경을 이용해 새로운 발견을 했다는 소식을 들은 케플러는 갈릴레이의 광학 망원경을 연구하여 오늘날까지도 천체망원경으로 널리 사용되는 접안렌즈가 볼록렌즈인 케플러식 굴절망원경을 발명한다. 이 망원경은 갈릴레이식 망원경보다 훨씬 넓은 영역을 볼 수 있었다. 1618년 케플러는 '행성의 공전 주기의 제곱은 행성 궤도의 긴 반지름의 세제곱에 비례한다'는 제3의 법칙을『우주의 조화』라는 이름으로 발표했는데 이에 대한 증명은 나중에 아이작 뉴턴이 하게 된다. 또한 기하학에서 '케플러의 추측'은 수학적으로 증명되지 못하다가 1998년 미국의 수학자 토머스 헤일즈가 컴퓨터를 이용하여 증명해 낸다. 질량을 가진 모든 것은 서로 끌어당긴다는 케플러의 전제를 붙여 뉴턴의 역학이 되었고, 이후 자연이라는 실재에 대한 수학적인 해석이 뉴턴의 저서『프린키피아(Principia)』에 나타나게 되었다.

정치사회영역에서는 영국의 철학자 토마스 홉스(Thomas Hobbes, 1588~1679)가 유클리드 기하학의 방식을 근거로『리바이어던』을 저술하여

'양도할 수 있는 주권'이라는 개념을 세우게 되었는데, 이것은 이후 사회변화를 만든 원인이 된다. 홉스는 기하학이 증명 가능한 것은 우리가 추론에 사용하는 선이나 도형이 우리 자신에 의해 그려지고 묘사된 것이기 때문이라고 했다. 또한 시민 철학은 우리가 공화국을 우리 스스로 만들었기 때문에 증명 가능하다고 했고, 우리가 점·선·면 등을 규약하였기 때문에 기하학적 추론은 확실한 진리에 도달할 수 있으며, 우리가 국가를 사회계약에 의해 만들었기 때문에 시민 철학적 추론도 확실한 진리에 도달할 수 있다고 했다. 반면 인간이 만들지 않은 영역에 대해서 우리는 개연적 지식에 도달할 수 있을 뿐이라고 보았다.

홉스는 1588년 4월 5일 영국의 월트셔 주 웨스트포트라는 작은 마을에서 목사의 아들로 태어났다. 목사였던 홉스의 부친은 이웃 교회 목사와 난투극을 벌인 후 가출하여 홉스는 그 후로 아버지를 평생 못 보게 된다. 다행히도 장갑 장사로 부자가 된 삼촌의 도움으로 4세 때부터 교육을 받아 훗날 옥스퍼드에서 수학하지만 학과과정에 몰두하지 못하고 들판에 나가 시간만 때우며, 갈까마귀나 사냥하고 지도 가게에 들려 아메리카 신대륙 발견에 관심을 보이며 공상에 잠기는 나날을 보낸다. 그러나 홉스는 그의 타고난 총명함으로 학과 수업에는 게을리했지만 1608년 졸업과 동시에 매우 부유한 귀족인 윌리암 카벤디쉬의 아들의 가정교사가 된다. 이런 인연으로 카벤디쉬 가문과 홉스의 관계는 그가 죽을 때까지 계속되었다. 당시 영국에서는 신사 대접을 받기 위해서는 유럽여행이 필수여서, 가정교사인 홉스는 1610년 카베디쉬의 아들 윌리암을 데리고 유럽여행을 떠난다. 그리고 여행 중 옥스퍼드에서 배운 스콜라 철학과 논리학이 시대에 뒤떨어진 학문이라는 것을 경험한다. 5년간의 유럽여행을 마치고 1615년 영국에 귀환한 홉스는 상당한 시간 희곡에 심취하면서 고대의 역사연구를 병행하다가 투키디데스(Thukydides, 기원전 460?)로부터 감명을 받아 후에 『펠로포네소스 전쟁사』 영역본을 출판한다. 1618년 즈음에는 프란시스 베이컨의 비서로도 일하면서 그의 철학을 접하게 된다. 과학철학과 인식론에 있어서 홉스는 철저한 합리주의자였고 베이컨은 경험주의자였지만 홉스는 이 기간에 베이컨으로부터 많은 영향을 받게 된다. 1634년 홉스는 디본셔 백작의 가정교사로 세 번째 유럽여행에 올라 메르센느의 과학 서클에 참여하고 그곳에서 가상디

(Pierre Gassendi)와 르네 데카르트가 주장하는 비물질적인 영혼의 존재에 반하는 철저한 유물론적 입장을 취한다. 그 후 영국의 의회정치의 혼란기에 위협을 느낀 홉스는 1637년 프랑스로 망명하고 그 기간 중『인간의 본성 (Humane Nature)』을 출판한다. 그리고 1641년 11월 1일『시민론(De Cive)』을 저술하여 디본서 백작에게 헌정한다. 이『시민론』은 난해하여 대중들이 이해하기가 어렵다고 느낀 홉스는 1651년 5월에 해설판이라 할 수 있는『리바이던(Leviathan)』을 출판하는데 이는 기독교 성서에서 나오는 신화적 이름을 따온 철학계의 불후의 대작 중 하나이다.

이 저작의 특성은 자연, 인간, 정치, 종교에 대한 포괄적인 이론을 담았다는 것이고, 기독교와 국가 공동체 간의 정당한 관계와 정당치 못한 관계를 규명하는 작업이었다. 서양의 문학사에서는『리바이던』이라는 의미는 세익스피어에선 힘과 속도, 밀턴에서는 광대함으로 나타나는 상징적 표현이기도 한데, 홉스는 리바이던이란 '시민의 생명을 지상의 폭력적인 죽음으로부터 보호하는 국가 통치권자로서의 정부'를 표현하고 있다고 했다. 홉스는 이 저작에서 인간은 그들의 본성에서 오는 교만으로 인하여 서로 협력하여 질서 있는 사회생활을 영위하는 것이 불가능한 피조물이기 때문에 그들의 순조로운 사회를 위해서는 인간들의 온갖 자만과 교만을 압도하는 거대한 힘을 가진 리바이던을 창조주 하나님이 불러내어야 한다고 서술했다. 리바이던은 전체가 4부로 나뉘어져, 1부 '인간에 관하여', 2부 '국가, 정치공동체에 관하여', 3부 '기독교 국가에 관하여', 4부 '어둠의 왕국에 관하여'로 구성되어 있다. 인간이 주제가 되고 있는 1부는 인간의 인식과 감정의 능력의 상태에 대한 자연주의적이고 기계론적인 설명을 하고 있는데, 인간은 운동 중에 있는 미세한 물체들로 구성된 존재이며 따라서 운동이 인간의 모든 것을 설명한다고 했다.

인간의 감각 역시 운동의 필연적인 결과이며, 그 원인은 움직임이 있는 외부의 물체로부터 시작하여 감각기관에 가하는 압력이다. 그리고 신경조직을 거쳐 뇌에 도달하고 사유와 감정의 본거지인 심장에 이르는 운동작용을 발생시킨다는 것이다. 사실 인간의 모든 행동은 욕망의 실재여부에 달렸으며, 욕망이란 것도 너무나 미세하여 측정할 수 없는 물체들의 운동이나 다름없고, 의지는 한 동물이 행동하기 직전에 갖는 욕망의 최종 형태로 정의

된다. 그래서 인간이나 짐승 모두 의지를 가지고 있지만, 인간의 경우 그의 행동의 외부대상에 의해 직접적으로 강요되지 않는 한 자유로운 존재라고 할 수 있다고 했다. 3부 '기독교 국가에 관하여'에서 여러 장에 걸쳐 성서의 구성에 대한 예리한 분석을 통해 구약성서의 대부분은 그 안에 기술되고 있는 사건들보다 훨씬 후에 우리에게 알려지지 않은 필자들에 의해 집필되었다는 것을 입증하며, 모세의 5경은 모세가 그 전체를 쓰지 않았다는 것을 논증한다. 한편 기독교 국가의 예언자들은 백성을 속일 수도 있을 뿐 아니라 그들 스스로도 속을 수 있다고 하였고, 하나님의 왕국은 모세로부터 사울에 이른 기간 동안 존재했고, 현재로선 존재하지 않으며, 장래에 예수의 재림으로 다시 하나님의 왕국이 임하게 된다고 하며, 그동안 하나님은 자연법을 통해 백성들이 그들의 통치자에 복종해야 할 것을 명하고 있다는 것이다. 홉스는 글의 말미에 이 통치권자의 자질로서 '국민을 보호할 수 있는 압도적인 힘이요, 국민의 동의'라고 하며 글을 마친다.

근대에는 자연과학의 대두로 전통철학과 종교의 권위가 뿌리채 흔들리면서 다른 한편으로 인간은 우주와 사회 안에서 자신의 위치와 역할에 대한 미궁에 빠지게 된다. 홉스는 그의 『리바이던』에서 전통세계의 와해 현상을 과학적 방법으로 분석하여 최초의 자연과 인간의 질서를 드러내고, 이 자연 질서 속에서 인류가 살아남기 위해 필수적인 근대국가의 설계도를 제시한다. 인류가 계급투쟁에서 해방된 사회에 살게 되었을 때 누가 또는 무엇이 인류를 영원한 죽음의 공포에서 보호 내지 해방시켜줄 것인가의 문제가 마르크스에서는 예견되지 않았고, 베이컨의 과학이라는 새로운 지식은 엄청난 힘을 의식하게 하였지만 삶과 죽음에 대한 공포가 인간의 마음을 가장 강력하게 지배하는 정념(passion)으로서 자리 잡게 된다. 반면 홉스는 근대과학이 가져온 지식을 물체와 힘의 기계론적 결정론이라고 명명하며 과학지식은 본질적으로 인간의 정념과는 무관한 객관적인 지식임에 반하여 삶과 죽음의 공포는 전적으로 주관적이고 개인적인 감정이며, 살아 있는 개인의 느낌이라고 주장했다. 이는 만인이 만인의 전쟁으로 정의된 자연상태에서 태어난 근대인이 자기의 생명을 상존하는 비명횡사의 위험으로부터 보호하기 위해서 국민 모두의 자유를 확보해주는 자유국가 정치공동체가 필연적이라고 주장한다. 이 정치공동체의 통치권자는 국가가 우발적인 죽음으로부터 국민을 보호할 수 있도록 이끌고, 평화 속에서 개인들의 죽음에 대한 미신적 공포로부터 해방시키며, 자유롭게 자신의 욕망충족 운동에 전념할 수 있는 과학과 지식을 기반으로 한 기계론적 세계관이 실현되어 산업과 경제활동이 번창함으로써 궁극적으로는 시민사회가 대두하게 되는 국가론을 피력하는 것이었다.[4]

이 대저작을 마친 홉스는 1673년 85세가 되는 해에 신체 마비증세로 글을 쓸 수 없게 되자 자신의 제자에게 대필하게 하여 호머의 『일리아드』와 『오딧세이』 영역본을 출판한다. 그 후 1675년 런던을 떠나 카벤디쉬 가문의 영지인 채트워스에서 91세의 나이로 세상을 떠난다.

'아는 것은 힘'이라고 말한 프란시스 베이컨(1561~1626)에 의해 촉발된 실험과학은 정량적인 수단으로 실험 결과를 표현하게 하였다. 정량적인 방법으로 계측, 표현한 것은 당시 기계론적인 세계관에서 '인간이 만든 언어'라는 의미를 가진다. 이들 17세기 사람들이 대립구도로 놓은 것은 자연이고, 그래서 고대의 서적을 탐구하였고, 뉴턴도 기계론적 세계관을 탐구하며 연금술에 심취해 있었다. 당시 지식층에 있었던 사람들은 세계를 작동하는 기계처럼, 사물의 비물질적 면만을 바라본다는 의미보다는 인간에 의해 구성된 어떤 기계적인 모델이 실제에 부과되어 그 모델과 일치하는 것만을 과학적 진리로 인식하게 되었다. 뉴턴이 전제로 삼았던 것도 '움직이는 것은 계속 움직인다'와 같은 고대 그리스 시절의 공간관이었다.

17세기 데카르트(1596~1650)는 동물기계론을 제창하여, 동물체를 태엽을 감은 기계와 같이 생각하였고, 동물은 혼이 없는 자동기계에 불과하며, 그 작동은 자연법칙에 따른 물체의 기계적 운동으로 환원된다고 하였다. 18세기 이를 한층 발전시킨 『인간 기계론』은 프랑스 계몽시대의 유물론자 라 메트리에(Julien Offroy de La Mettrier, 1709~1751)의 저서로 데카르트의 동물기계론을 인간에게 적용한 학설이었다. 라 메트리에가 주장한 내용은 '정신작용의 근원인 감각이란 뇌에 미치는 의식의 여러 가지 물질적인 기능'이라는 '인간 기계론'으로, 그는 저서에서 모든 지식은 뇌의 기능에 의한 상상력의 산물이며, 데카르트와 달리 인간의 '혼'은 '공허한 언어'에 불과하다고 주장했다. 이는 생명원리를 배제한 견해로 생명현상과 물리현상 간에 구별을 두지 않았다. 또한 그는 물질의 고유의 운동능력을 인정한 뉴턴(Issac Newton)이나 로크(John Locke)의 영향으로 신의 존재를 부정하며 신에 대한 믿음을 과학으로부터 분리하고자 한다. 이러한 견해는 『백과전서』의 발행자이며, 기계론적 유물론을 폈던 디드로(Denis Diderot, 1713~1784)의 '인간은 물질과 운동을 연결시켜 사고하고, 자연에 있어 다양한 과정을 자연의 영원한 형태 변화와 관련시켜서 의식의 본성은 물질의 발전 위에서 생겨난다'는 논리와 유사했다. 그리고 돌벡(Paul Henri Dietrich d'holbach, 1723~1789)이 '우주는 물질의 운동에 불과하고, 그것은 자연법칙의 원인과 결과에 기인한다'는 무신론을 주장한 그의 저서 『자연의 체계(System of Nature)』에 이르러 본격적으로 전개된다.[5]

현대에 들어서며 들뢰즈(Gilles Deleuze, 1925~1995)와 가타리(Felix Guattari)의 '욕망하는 기계'와 같은 발상에서 그 달라진 형태가 나타나게 된다. 들뢰즈와 가타리는 우리 주변의 모든 것을 기계로 보는데, 이는 기계로 파악된 체제, 제도, 사물을 가리킨다. 인간도 이것들을 원하는 '욕망하는 기계'로 규정하며, 인간을 '욕망하는 기계'로 비유한 이유는 인간 속에서 일어나는 욕망의 작용은 인간의 신체에 생명현상과 물리현상의 동시적 작용인 기계적 흐름으로 이해하고, 이러한 욕망의 흐름이 단절될 수도 있다고 했다. 그래서 이들은 현대에 만연되고 있는 인간의 정신적 질환은 이 욕망하는 기계 흐름의 막힘으로 인해 발생한다고 주장한다.[6]

이와 같은 기계론적 세계관은 18세기 후반 시작된 산업혁명과 함께 널리 유럽에서 퍼지게 되었고, 19세기 과학기술의 발전에 따른 물리학적 기계론으로 그 절정에 이르렀으나 산업혁명과 동반하여 발생한 다양한 사회문제와 전 지구적 환경문제를 겪으며 한동안 쇠퇴하기도 한다. 그러나 단기간의 쇠퇴기를 거친 이후 다시 전 세계적으로 산업화는 더욱 가속화되었고, 그 결과 20세기에 들어와 발전된 기계론적 사고로 다시 부활하고 있으며, 컴퓨터를 모델로 해서 강화되고 있고, 최근에는 사이버네틱스(cybernetics)와 같이 생명현상을 자동제어기계로 보는 견해인 새로운 형태의 기계론적 세계관으로 발전되고 있다. 이와 같이 기계는 물론, 자연, 사람, 정치, 경제 등 모든 것을 이 견지에서 보는 기계론적 세계관은 21세기에 들어서면서 정보통신과 인공지능 및 로봇 기술, 생명공학의 급격한 발전로 더욱 더 지배적인 세계관으로 자리 잡고 있다.[7]

칸트가 본 기계론적 세계관과 유기체적 세계관

동양이든 서양이든 고대인들은 자연을 살아 있는 생명체로 보았다. 살아 있다는 것은 자기 안의 자발적인 운동의 원리에 따라 스스로 움직인다는 것이다. 또한 고대의 세계관에서 자연은 수직 위계질서를 이루고 있으며 자연의 사물은 항상 상위의 목적을 향해 움직인다고 간주되었다. 그런데 17세기 과학혁명이 일어나면서 유기체적 자연관은 약화되고 그 대신 기계론적 자연관이 전면에 등장하게 되었다. 수학을 통해 해석한 자연, 순수 물질로 구성된 자연, 그리고 타성적이어서 외부의 강제력에 의해서만 움직이는 자연은 기계적 법칙에 따른다는 인간의 혁명적 세계관이 탄생한 것이다.

프로이센 왕국의 근대철학의 중심 인물이었으며, 기계론적 세계관을 비판했던 칸트(Immanuel Kant, 1724~1804)는 평생 자기가 태어난 쾨니히스베르크(현 러시아의 칼리닌그라드)에서 살았다고 전해지는데, 그는 자신이 살고 있는 마을의 반경 150㎞ 밖으로는 나간 적이 없이 고요한 삶을 통해 철학적 사상에 집중하는 인생을 추구했다. 마구 기술자의 아들로 태어나 어린 시절 양부모를 잃은 후에는 마을 유지의 가정교사로 들어가 생계를 꾸리며 틈틈이 논문을 발표해 시간강사가 되면서 철학에 몰두해 인간의 사고를 파헤쳤다. 그는 매일 3시 30분이 되면 산책을 해서 사람들이 칸트를 보면서 시계를 맞추었다는 이야기가 전해지며, 산책을 거른 적은 루소의 저서 『에밀』을 읽던 때와, 프랑스 혁명을 보도한 신문을 읽던 때, 단 두 번밖에 없었다는 일화가 있다. 그의 저서 『순수이성비판』에서는 17, 18세기에 걸쳐 활동하던 모든 영국과 유럽의 철학자들을 2개의 학파로 양립시키고 그들이 대립하던 본질적인 문제를 파악한 후 자기의 해석방식으로 풀어내면서, 인식론, 윤리론, 미학론을 펴내게 된다. 칸트의 이와 같은 작업은 이전까지의 주관적이고 고답적인 수준에 머물러 있었던 철학을 객관적인 학문으로 완성시키는 것이었다.

칸트는 『판단력 비판 2부』에서 근대과학에 기초한 기계론적 세계관의 불충분성을 지적한다. 그리고 그 불충분성을 매우기 위해 고대의 유기체적 자연관을 부활시킨다. 과학적 탐구를 위한 가설적 전제로 유기체적 자연관의 필요성을 역설하고 과학적 발견을 위한 지도 이념으로 목적론적 원리의 유효성을 입증하고자 했다. 자연과학이 뒷받침하는 기계론적 자연관을 부정하지 않으면서 자연을 살아 있는 유기체로 나타낼 수밖에 없다는 것을 밝히는 것이었다. 그래서 그의 세계관은 기계론의 시대를 통하면서 훨씬 더 세련된 형태로 진화한 유기체론이다. 살아 있다는 것은 많은 것을 의미한다. 먼저 그것은 자기 안에 내재하는 원인에 의해 스스로 움직일 수 있다는 것을 말한다. 나아가 전체를 이루는 부분들이 상호 호혜적으로 관계한다는 것을 뜻한다. 그리고 살아 있다는 것은 번식의 능력이 있다는 것을 의미한다. 자기 자신을 재생산하는 것이 가능할 뿐만 아니라 자신을 치료하고 개선하는 능력이 있다는 것을 말하는 것이다. 자연이 기계법칙에 따르는 순수물질의 세계라면, 거기에서는 어떠한 의미도 길어올릴 수 없다. 자연이 살아 있는 유기체로 어떤 목적을 추구하고 있다고 생각할 수 있을 때만 우리는 거기서 개체들이 존립하는 의미를 찾을 수 있다. 게다가 인간이 사는 세계는 자연과 다른 자유의 세계, 윤리의 세계이다. 이런 윤리의 세계와 자연의 세계가 합치하고 병행할 때만 우리 인간의 윤리적 질서는 객관적인 근거를 확보할 수 있기 때문이라고 했다.

12세에 삼각형의 내각의 합이 180도라는 것을 발견한 프랑스의 수학자이자 철학자 파스칼(Blaise Pascal, 1623~1662)은 18세가 되면서 세무감독관이었던 아버지가 일일이 수작업으로 수많은 양의 세금을 계산하느라 고생하는 것을 보고, 톱니바퀴를 이용한 최초의 기계식 계산기를 만들어주었고, 당시 널리 퍼져 있었던 기계론적 세계관에 관심을 두고 수학과 과학에 심취한다. 그렇지만 1654년 말경부터 그는 신학에 몰두하게 되었고, 그 후부터 기독교의 믿음에 정면으로 도전하는 내용의 글을 발표하였는데, 이 글들은 당시 카톨릭 교회로부터 삭제하라는 명령을 받기도 하여 파스칼은 종교적 갈등을 겪기도 한다. 그는 그때그때 기억나는 사건들과 연관된 생각들을 기독교적 신앙을 바탕으로 삼아 수필을 썼다. 이 수필들을 모은 그의 저서 『팡세』에서, 파스칼은 근대 자연과학이 그리는 우주를 바라보며 말하기를, "이 무한한 공간의 영원한 침묵이 나를 두렵게 한다"고 하며, 인간이 이해하지 못하는 장대한 우주에 도전하는 기계적 세계관의 어두운 면을 우려했다. 또한 "인간은 자연 가운데 가장 약한 하나의 갈대에 불과하다. 하지만 그것은 생각하는 갈대이다"라는 말과 "클레오파트라의 코가 조금만 낮았더라면 지구의 모든 것이 변했을 것이다"라는 인간의 나약함과 지성 그리고 오만함의 두 가지 세속적인 속성을 경계하는 유명한 말들을 남기며, 남들보다 짧은 인생을 살았다. 그는 말년에 치통과 두통에 시달렸지만 고통을 인내하며 연구를 계속하다가, 1662년 8월 19일 누이의 집에서 경련 발작으로 39세의 젊은 나이에 세상을 떠난다. 파스칼은 비록 길지 않은 삶을 살았지만 기계론적 사고에서 벗어나 자연의 경이에 숙연해지며 그 속에 있는 인간이 간과하고 있는 유기체적 세계를 이해려고 노력했다.

고대인의 지혜는 대부분 자연에서 왔다. 내가 어떻게 살아야 되고 무엇을 해야 하는지에 대한 답을 자연에서 찾았다. 자연은 인간에게 끊임없는 경탄의 대상이자 모방의 대상이었다. 그런데 근대과학과 더불어 등장한 기계론적 법칙에 따르는 자연에서는 모든 목적과 의미가 사라져버렸다. 이 자연은 인간에 대해 어떠한 가르침도 주지 못하는, 따라서 영원한 침묵 속에 빠져든 것처럼 보이는 타성적 물질에 불과하게 되었다. 칸트가 『판단력 비판 2부』에서 의도하는 것은 유기체론적 세계관을 통해 근대과학에 의해 자연에서 실종된 의미를 구하는 것이다. 이는 무의미의 침묵에 빠진 자연을 인간과 대화할 수 있는 상대자로, 나아가 인생의 방향과 목적을 가르쳐주는 지혜의 원천으로 되살리는 것이었다.[8]

하이데거는 현대의 시대정신은 '고향상실(Heimatlosigkeit)'이라고 하며, "맹목적인 기술과 유물론적 이데올로기에 절망한 인간이 자신의 존재가 편안하게 거주할 터를 얻지 못한다. 그래서 인간이 진정으로 거주할 수 있는 터는 자연이며 이 자연은 소박하고 그 속에 모두 약동하는 생명을 품는다. 그리고 그 정적이면서도 끊임없이 변화하는 자연의 흐름에 주목할 때 인간은 '존재의 울림'을 들을 수 있다"고 하여 자연과 공생하지 못하는 현대인의 상실감을 말했다.

2. 기계론적 세계관의 발현, 산업혁명

문명의 전환점을 일컫는 '산업혁명'이란 말은 역사학자 아놀드 토인비 (Anold Joseph Toynbee, 1889~1975)가 「18세기 영국의 산업혁명에 대한 강의 (Lecture on the Industrial Revolution of the Eighteenth Century in England)」라는 글에 사용하면서 대중화되었으며, 인류 역사에서 근대(Modern Age)의 시작이 되는 사건이다. 이는 18세기 영국에서 시작된 전반적인 사회·경제적 변화와 기술의 혁신으로 크게 변한 인류문명을 일컬으며, 유럽과 북미, 그리고 19세기경에는 아시아까지 확산되었다. 한편 프레드리히 엥겔스에 의한 시대구분으로서 산업혁명은 1780~1840년대에 진행된 제조업, 공업의 기계화와 공장화를 지칭하는 데 최초로 사용되었다. 산업혁명은 르네상스 이래 유럽의 전반적인 근대적 발전을 배경으로 경제적, 사회적 조건이 서서히 누적되며 어떤 임계점을 기점으로 경제·사회적 변화가 급속도로 일어난 현상이다.

백여 년에 걸쳐 18세기 후반에서 19세기 전반의 기간 동안 소비재와 경공업을 중심으로 일어난 변화는 1차 산업혁명으로 부르고, 19세기 중후반에 전기화학 등 중공업이 시작된 것은 2차 산업혁명으로 보기도 한다. 3, 4차 산업혁명은 산업혁명의 연장으로 보는 시각도 존재하고, 한국에서 최근 화두에 오르내리는 4차 산업혁명이라는 말도 영미권에서는 특별히 구분하지 않고 있다. 3차 산업혁명이라는 말 역시 제레미 리프킨이 사용하기는 했지만, 같은 맥락에서 산업혁명 안에 포함하여 혁명으로 이해되기보다는 지속되는 산업의 발전의 과정으로 보고 있기도 하다. 많은 역사가들이 현대의 많은 문제들은 전부 이 산업혁명을 계기로 시작되었다는 점에 동의하고 있으며, 현대인들이 생각할 수 있는 사회제도의 거의 모든 것이 산업혁명 시기에 생겨났다고 할 수 있다. 양적인 면에서도 엄청난 변화를 가져다주었던 이 산업혁명 이후, 과거 15세기와 현재 21세기를 비교하면 지구상의 인구는 5억에서 70억으로 늘었고, 전 세계 총생산량은 2,500억 달러에서 60조 달러로 불어났다.

새로운 농업기술

신석기시대에 일어났던 농업혁명 이후 7만여 년의 세월이 흐르고, 16세기부터 벨기에의 플랑드르 지방에서 중세시대의 농경법인 삼포제를 대체하는 4윤작법이 개발되었다. 밭을 3등분해서 3년마다 한 번씩 밭을 묵히는 삼포제와 달리 4등분해서 보리, 클로버, 밀, 순무 순으로 심는 농법으로, 클로버와 순무가 지력을 회복시키는 작용을 하였고, 동시에 사료로도 사용되어, 밭 중 일부를 사용할 수 없는 삼포제에 비해 훨씬 효율적이었다. 이 농법은 18세기 초 찰스 타운센드 자작이 노퍽 지방에서 강력하게 권장하기 시작하여 영국에 보급되면서 혁명적으로 농업발전을 이루고, 후에 영국의 급속한 도시화로 늘어나는 식량 수요를 감당할 수 있게 한다. 영국은 18세기에 이미 농업경진대회가 활성화되어 있어서 전국 각지의 농업인들이 경쟁적으로 우량품종을 내놓아 그 경쟁의 결과로 1700년에는 평균 무게 170킬로그램이던 식육용 황소가 1786년에는 386킬로그램으로 2배 이상 증가했다. 우리가 지금까지도 부르고 있는 유명 품종 가축의 이름 중 상당수가 이때 개량되어 이름 붙여진 것이다. 영국이 가진 막대한 해외시장 덕에 해외에서 다양한 품종의 가축을 수입해올 수 있었기 때문에 더욱 다양한 형질을 가진 가축들을 본토 영국에서 실험할 수 있게 되었다. 이렇게 급격한 농업생산력의 증가는 1700년 브리튼 섬의 인구 550만이 1800년 900만으로 증가하는 데 기여하였고, 1830년 곡물생산량은 당시 인구의 2배가 소비할 분량에 해당했다. 결국 곡물생산이 급격히 늘어 곡물가가 떨어지자 손해를 볼 수 없었던 지주들이 수급조절 차원에서 18세기 중반 장기간 숙성을 거친 브랜디 (brandy)에 비해 값이 저렴했던 진(gin)이라 불리는 술을 생산하는 데 곡물을 투입하는 바람에 대중들이 진을 마시기 시작하면서 영국에는 알코올 중독자가 급증했다고도 한다.

16세기 유럽의 벨기에에서 4윤작법을 활용하여 농업생산을 증가시킨 것에 반해, 한반도에서는 12세기경인 고려 초부터 농작물이 2년 3작식인 윤작법으로 재배되어왔으며, 채소류로는 오이, 가지, 순무, 파, 박 등이 많이 가꾸어져 생식 외에 조리, 김치 등 가공식품으로 애용되었다고 이규보의 『가포육영』에 기록되어 있다. 성종 때는 나무 심는 것을 권장하여 각 도·주·현에 명을 내려 토양이 농경지로서 적당하지 않을 때 뽕나무, 밤나무, 옻나무, 닥나무 등을 심도록 장려하였고, 인종 때에 이르러 이러한 나무들을 다른 과일들과 함께 심도록 권장하였다. 이렇게 심은 나무들은 잠업·칠기·제지의 원료로서 당시의 견직류·종이류, 기타 공예품 제조의 융성을 가져왔으며, 이러한 사람과 가축의 노동력에 의한 전통적인 농업방식은 조선의 개항기 전인 19세기 말까지 계속되었다.

대항해시대 중반인 17세기 무렵부터 영국은 북아메리카 진출과 동인도회사 설립을 통한 인도, 동남아, 청나라 등 아시아와 동방무역 활성화를 통해 경제발전을 착실히 이루고 있었다. 18세기가 되면서 북아메리카, 아시아, 오세아니아 및 태평양의 식민지 개척과 제국의 운영도 안정권에 들면서, 영국이 당시 정책적으로 추진하고 있던 산업은 대량생산, 대량소비의 특성을 갖춘, 노동집약적이고 무역에도 적합한 모직산업이었다. 그러나 인도에서 수출하는 저렴한 면직물이 영국에서 선풍적인 인기를 끌면서, 얼마간 모직산업 보호를 위해 면직물 수입금지령을 내리기도 했으나, 그 수요를 억제할 수가 없어 영국 자체에서 면직물 산업을 일으키기 시작한다. 그리고 1757년 인도에서 있었던 식민지 확대를 위한 플라시 전투의 승리로 동인도회사가 인도 뱅골 지방을 장악함으로써 영국에 대량의 원면 공급이 가능하게 되자, 영국은 증기기관을 비롯한 기계발달을 통해 대규모의 면직산업을 발전시킨다.

영국에서 산업혁명 기간 있었던 면직물 산업과 비교하여, 한반도에 일었던 면직물 산업을 보면, 고려시대 수공업에 의해 생산되었던 의류는 그 원료가 주로 삼·모시 등과 명주실이었으므로 삼·모시·뽕나무의 재배가 활발하였다. 특히, 모시 제품은 품질이 좋아 외국에까지 그 이름을 떨쳤고, 비단 직조기술도 중국의 영향을 받아 상당히 발달하였다. 그 뒤 고려 말기에 문익점이 중국에서 얻어왔다는 목화씨가 전국에 퍼지면서 수공업적인 방직

법과 함께 목화 재배방법의 발달이 빠르게 이루어졌다. 조선시대에 들어오면서 목화 실을 뽑는 물레가 중국으로부터 들어와 실의 생산량이 늘어나 더욱 무명의 보급이 활발해진다. 목화 재배에 필요한 노동력이나 수확량, 그리고 실 만들기의 편리성 등이 베나 명주를 능가하였고, 빛깔과 견고성도 월등하여 우수한 경제작물로 기반이 굳어졌다. 백색 무명은 보급도 빨랐지만 정부의 징수대상이 되기도 하였으며, 화폐인 통화로도 쓰이게 되고, 또 가장 중요한 무역품으로 등장하게 되었다. 당시 무명의 생산이 없었던 일본에 면포가 무역품으로 수출되기 시작한 것은 태종 때이며 중종 때에는 무명의 수출이 절정에 달하였다. 따라서 무명생산 증대를 위한 목화 재배의 장려는 역대 왕의 큰 관심사가 되었고, 국외 무역의 증가를 가져오는 주요 해외 수출품으로 각광을 받기 시작하였다.

고려의 농업증산과 경지의 확대는 농기구의 발달을 이룩하였고, 따라서 가축을 사용한 축력 사용을 더욱 필요로 하게 되었다. 그래서 소와 말의 증식이 요구되었으며, 한편으로는 전용, 역용, 승용, 수렵용, 무역용 등의 목적으로 특히 목마의 중요성이 강조되었다. 고려시대에 힘썼던 목마사업은 조선시대에 와서 계승, 조직화되었다. 159개소의 각 목장에 각기 100필 이상의 암말과 50필 이상의 수말을 책임지고 확보하게 하였으며 전국 공목장에서 약 2만 4천필 이상의 말을 유지하였다. 이와 같이 방대한 목마사업은 엄격한 관리와 상벌로 강행되어 일반 국민에게 육식금지, 승마금지, 매매금지 등의 금법과 아울러 마량조달 등 심한 부담을 부과하기에 이르렀다. 아울러 60여 종이나 되는 말의 품종별 관리와 보호, 품종개량, 말의 양성, 마초 생산에 큰 힘을 기울였다. 이때까지도 조선에 증기기관 같은 기계적 동력의 사용은 아직 없었지만 가축력의 사용으로 가축화 산업이 농업증산과 함께 더욱 번창하였다.[9]

영국은 이미 산업화를 이룰 만한 큰 경제적 능력을 보유하고 있었다. 이 새로운 산업화에 사업가들은 물론 대중들마저도 투자수익을 얻기 위해 참여하면서 안정적인 투자를 꾸준히 이어갈 수 있었다. 이에 탄력을 받은 영국의 산업화는 빠르게 성장할 수 있었으며, 그 성장의 수요도 감당할 수 있을 만큼의 경제규모 역시 커지게 되었다. 정치적으로도 이미 영국은 청교도 혁명(Puritan Revolution, 1642~1651)이라고도 불리웠던 잉글랜드 내전인 일련의 대사건을 이미 겪었고, 이후 마침내 명예혁명(1688)으로 국내적인 혼란의 마침표를 찍으며 안정되어 있었다. 이에 반해 유럽 본토는 18세기 말경 프랑스 혁명이라는 이름의, 산업화가 아닌 시민의 권리 획득이라는 다른 의미의 혁명의 한복판에 있었을 때, 영국은 산업화를 급속히 이루며 유럽의 경제 주도권을 장악하기 시작하였다.

청교도혁명

이 혁명은 영국의 왕 찰스 1세를 중심으로 한 왕당파가 청교도가 장악하고 있던 의회파와 맞서 3차례에 걸쳐 1642년부터 9년간 벌였던 내전이다. 의회파의 승리로 끝나 찰스 1세는 처형당하고, 아들 찰스 2세는 추방당하게 되었으며, 의회파의 올리버 크롬웰 경을 수장으로 하는 잉글랜드 연방을 세우게 되었다.

찰스 1세는 왕권 수호 차원에서 1628년 강력한 군대를 육성할 필요가 있다고 깨달아 더 많은 세금을 거두어들이려고 하였지만, 의회가 이를 반대하자 의회를 해산해버리고, 의원들을 체포하라고 명령을 내린다. 위기에 빠진 의회는 왕의 폭정에 반대하여 군대를 모아 왕의 군대와 대항하게 되면서, 마침내 1642년 여름 잉글랜드 내전이 시작된다. 내전이 벌어지면서 의회도 각 의원들의 실익에 따라 왕권강화를 지지하는 왕의 측근들인 귀족 중심의 왕당파와 국가 권력 공유를 원하는 시민 중심의 의회파로 분열되면서 의회파와 왕당파 간의 싸움으로 발전하게 된다. 내전 초기 찰스 1세는 외국용병을 바탕으로 강한 군대를 조직하여 내전에 임한 반면 의회파의 군대는 대부분 지방의 호족들의 군대가 모인 집단이었다. 그러나 예상과 달리 최초의 엣지힐 전투에서 왕의 군대가 예상 밖의 졸전을 치르면서 승패를 가리지 못한 채 내전은 정체된다. 그리고 2년이 흐른 후 1644년 미스턴 무어 전투에서 혜성처럼 나타난 올리버 크롬웰이 다음 해에 군대를 엄격한 규율과 훈련을 통해 새롭게 조직하면서 전세가 의회파 쪽으로 기울기 시작하였다. 청교도가 주축이 된 새로운 군대는 종교적 열정으로 가득 차 있었고, 전투에서 늘 성경을 들고 다니며 틈만 나면 군가로 찬송가를 부르며 왕당파 군대가 사탄의 군대라는 신앙적 믿음으로 의회파 군대의 사기는 하늘을 찌를 듯 고취되고 있었다. 이런 높은 사기에 힘입어 여러 차례 치러진 전투에서 의회파 군대가 계속 승리하자 급진파의 수장인 크롬웰도 의회에서 권력의 주도권을 잡게 되었다. 결국 네이비즈 전투에서 참패한 찰스 1세는 스코틀랜드로 피신하지만 스코틀랜드는 찰스 1세를 의회파가 제공한 40만 파운드의 대가를 받고 크롬웰에게 넘기게 된다. 믿었던 스코틀랜드로부터 배신당한 찰스 1세는 결국 감옥에 갇히고 만다. 찰스 1세는 수감 중 외부와 계속 연락을 취하며 왕권탈환의 기회를 엿보고 있었고, 의회파가 급진 개혁에 따른 부작용으로 둘로 갈리는 충돌이 생기자, 기다렸다는 듯이 왕당파는 2차 내전을 일으키지만, 1년 만에 프레스턴 전투에서 의회파군에 패하고 만다. 크롬웰은 의회의 계속되는 저항의 중심인물인 찰스 1세의 처형을 건의하지만 의원들이 후환이 두려워 왕의 처형을 승인하지 않자, 그는 1648년 의회에 기습적으로 군대를 투입하여 200여 명의 의원을 감옥에 가두고 50여 명으로 의회를 급조하여 찰스 1세의 처형을 통과시킨다. 그리하여 결국 청교도가 장악한 의회파의 수장 크롬웰에 의해서 찰스 1세는 처형당한다. 아버지 찰스 1세가 죽자, 아들 찰스 2세는 프랑스에 망명하여 루이 14세에게 의탁한다. 이후 찰스 2세의 왕권복귀를 계획하고, 이번에는 아버지 찰스 1세를 배신했던 스코틀랜드의 지원을 받게 되면서, 다시 한번 더 왕당파가 내전을 일으켰으나 역시 실패로 돌아가 왕정이 무너지고 공화정의 잉글랜드가 들어서게 되어, 크롬웰이 전격적으로 권력을 장악한다. 크롬웰은 상업을 보호하기 위해 잉글랜드에서 제작된 배로만 무역을 허락해 해운업, 조선업이 크게 발전하였으며, 이로 인해 훗날 영국의 대항해시대와 산업혁명의 기틀이 마련된다. 한편 정권을 장악한 의회파는 국민에게 청교도 정신을 강요하여 연극, 축구 같은 오락성 활동을 금지하였고, 더욱이 카톨릭의 전통행사인 성탄절을 기념하는 것조차 금지했다. 이러한 청교도적 금욕주의 정책은 음식문화에도 영향을 미쳐 영국음식의 질적 저하를 가져왔다는 이야기도 전해진다.

명예혁명

피를 흘리지 않고 혁명을 이루었다고 하여 명예로운 혁명(Glorious revolution)으로 불리는 이 혁명의 발단은 다음과 같다. 영국의 국민들로부터 지탄을 받던 잉글랜드 공화국의 실질적 통치자이자 청교도 의회파의 수장이었던 정치가 올리버 크롬웰(1599~1658) 경이 사망하자 국민들의 강렬한 열망에 의해 왕정복고가 이루어지고, 이후 제임스 2세가 즉위했는데, 그는 독실한 카톨릭교도로서 스페인 등과 같은 나라들과 적극적으로 수교한 반면, 청교도가 주도했던 의회와의 사이는 악화일로에 있었다. 그러던 중 제임스 2세가 뒤늦게 왕위를 이을 왕자를 보게 되었고, 의회는 주도권을 다시 쥐고자 했던 계획대로 정국이 돌아가지 않자, 의회는 맏딸 메리 공주와 남편인 네덜란드의 통치자 윌리암 공에게 잉글랜드의 왕위를 양도한다는 명목으로 그를 런던으로 초청한다. 청교도 국가인 네덜란드도 청교도가 장악한 의회의 요청을 받아들여 잉글랜드에 상륙한다. 사태가 의회 쪽으로 기울자 잉글랜드의 군대 역시 의회 쪽에 가담하면서 제임스 2세는 위협을 느끼고 프랑스로 망명하게 되었고, 아무런 저항 없이 런던에 입성한 메리 공주와 윌리암 공은 공동 국왕 자리에 오르게 된다. 이후 제임스 2세가 왕위 탈환을 위해 프랑스와 스페인을 끌어들이는 바람에 윌리암 공이 이끄는 네덜란드와 9년 전쟁을 치르기도 했지만 당시의 명예혁명 자체는 큰 유혈사태가 없이 마무리될 수 있었다. 이 사건을 계기로 영국에서 다수에 의한 의회정치 체제가 회복되어 최초로 시민사회가 성립되는 데 크게 기여했고, 궁극적으로 산업혁명과 함께 세계 최초로 영국에서 시민사회로 이행되는 바탕이 마련된 사건이었다. 이 사건은 왕에 맞서 사회 지배층이었던 귀족과 시민계급인 부유층의 이권을 보장하였고, 혁명의 결과로 권리장전(Bill of Right, 1689)이 통과되어 시민계급 개인의 권리가 중심이 되는 사회로 전환될 수 있었다. 또한 법과 규칙으로 규정된 개인의 권리에 따라 개인의 경제적 활동의 자유가 보장되면서 산업혁명이 일어나는 데 커다란 파급효과를 미쳤고, 미국의 독립혁명과 훗날 여성 참정권 운동에도 영향을 미치게 되었다.

프랑스 혁명

영국이 산업혁명을 진행하는 동안, 17, 18세기에 걸쳐 유럽에서 일어난 여러 시민혁명들 중에서 가장 의의가 큰 혁명이다. 프랑스는 이 혁명을 통해 연이어 부각되는 왕들과 귀족들의 사치, 그리고 권력유지에만 급급했던 왕들의 통치력 부족에 따라 발생했던 전제왕정의 체제적 모순을 뿌리 뽑았고, 국외적으로는 나폴레옹 전쟁 이후 벌어진 프랑스 혁명의 영향력이 주변 국가들에 미치면서 19세기 이후 유럽 국가들의 시민 혁명에 기폭제가 되었다. 장자크 루소, 볼테르, 몽테스키외 등 계몽주의자들의 사상은 프랑스 혁명의 사상적 바탕이 되었고, 특히 루소의 인민주권론은 왕권신수설을 옹호하던 전제왕권에 반대하는 지식인들의 사상에 변화를 일으키게 했다. 루소는 홉스의 주장인 "왕이란 존재는 하느님께서 정해준 직업이 아니며, 한 사회와 국가가 안정적으로 운영되고 번영하기 위해 백성들이 계약하듯 옹립해준 자리"라는 말에 동의하는 저술이었던 『사회계약론』을 통해 전제적 왕권의 해체와 시민계급에 의한 평등적 권력 배분을 주장한다.

장자크 루소(Jean Jacques Rousseau, 1712~1778)가 시도한 개인의 자율성과 정치적 권위의 균형은 현대에서도 큰 의미를 갖는다. 그는 개개인의 자기사랑이 순기능을 할 수 있는 사회적 조건이 확보되었을 때 일반의지를 찾는 과정은 비민주적 심의로 귀결되기보다는 개인과 공동체의 조화를 창출할 수 있다고 했다. 루소는 1712년 6월 28일 칼빈(Jean Calvin)의 개혁 신앙이 지배하던 스위스 제네바에서 태어났다. 그의 아버지는 15명의 형제를 둔 가난한 가정에서 태어나 시계제조업자가 되었고, 어머니는 재능이 많은 목사의 딸이었다. 그러나 불행하게도 어머니는 루소가 태어난 뒤 열흘 만에 출산 후유증으로 세상을 떠나고, 아버지는 자식들의 교육에 관심을 기울이지 않았으며, 아버지의 일자리가 콘스탄티노플에 있어 가족과 함께 살지 못했다. 이렇게 루소는 어려운 어린 시절을 보냈으며, 이렇다 할 교육을 받을 기회조차 없이 외삼촌 베르나르의 보살핌을 받았다. 이후 그는 재판소 서기 밑에서 필사 견습공을 했고, 조각가 뒤코뱅의 집에 들어가 도제 일을 하는 등 여러 견습과정을 전전했다. 그러던 중 제네바를 떠나 리옹에 정착한 아버지의 재혼 소식을 듣고 아버지로부터 버림받았다는 충격에 루소의 방황은 계속되었다. 1728년 들어 어느 날 봄나들이로 성을 벗어났다가 통금에 걸려 성문이 닫히게 되어 귀가하지 못하자, 이참에 그는 고향을 떠나기로 마음을 굳힌다. 루소는 이 불행했던 시절을 훗날 그의 저서 『에밀』에 남긴다. 그 후 카톨릭 사제가 되려고 이탈리아 토리노에 머물기도 하였고, 북부 이탈리아와 프랑스 여러 지역을 떠돌았다. 이러한 그의 모험 중 생계를 위해 여러 귀족들을 섬기게 되었으며, 평소 동경해왔던 상류계층의 삶을 경험한다. 그러나 귀족들의 실체가 가식적 교양과 허영으로 차 있다고 생각하며 생활을 이어가던 중 알게 된 한 신부가 개신교도들을 도와주는 마음씨 좋은 귀족 부인이 있다고 소개장을 써준다. 이를 계기로 루소는 당시 남편과 별거 중이었던 프랑스와즈 바랑(Francoise-Louise de Warens) 부인의 집사가 되었고, 루소가 21세 되던 해에 둘 사이는 연인관계로 발전하여 26세가 될 때까지 계속되었다. 그들이 처음 만났을 때 바랑 남작 부인은 29살이었고, 루소는 16살이었다. 루소에게는 어머니와 같았던 바랑 부인과 시간이 흐르며 갖게 된 육체적 관계는 그에게 근친상간과 같은 충격을 주었다고 그의 저서 『고백론』에서 밝히기도 하지만, 10년 동안 계속된 그녀의 사랑과 아낌없는 후원을 받아 정신적, 경제적 안정과 함께 음악교육과 학문에 몰두할 수 있게 되었다. 바랑 부인의 후원과 연인관계의 경험으로 인해 루소는 한층 성숙하게 되었고, 1740년부터는 가정교사로 일하면서 철학자들과 교분을 가졌으며, 음악 악보 필경사로서의 재능 역시 인정받는다. 1742년에 들어서며 바랑 부인에게 새로운 애인이 생기게 된다. 그녀는 루소에 대한 애정이 식자 그에게 떠날 것을 요구하여, 충격을 받은 루소는 젊은 날의 사랑으로 인한 괴로움을 머금고 또 다시 정처 없는 방황을 계속하다가 파리에 정착하면서 방랑생활에 종지부를 찍는다. 파리에 머물며 홀로 살게 된 루소는 그의 생활을 도왔던 젊은 세탁부 테레즈 라바쇠르에게 연정을 느껴 관계를 맺으며 동거 중, 그들이 낳던 5명의 아이들을 부양할 형편이 못 되어 모두를 고아원에 보내고 만다. 그 후 루소는 여유가 생기자 고아원에 입양된 자식들을 찾았지만 그들에 대한 기록이 없어 할 수 없이 자식들과 상봉하는 것을 포기하게 되었다고 한다.

당시 파리에서는 관행적으로 사생들을 고아원에 맡기는 일이 비일비재했다. 1759년경 파리에서 고아원에 맡겨지는 어린아이들이 신생아의 삼 분의 일이었을 정도였다고 한다. 이러한 루소의 과거는 당시 어머니들이 육아 필독서로 삼았던 그의 저서『에밀』에서 그가 주장한 도덕과 관행 타파와는 대조적인 것이었다고 세간에 알려지고 있으며, 루소는 자녀를 버린 잘못에 대한 죄책감을『에밀』에 일부 남기기도 했다. 그는『에밀』에서 "인간을 사회적 존재로 만드는 것은 그 약함이다. 우리의 마음에 인간애를 갖게 하는 것은 우리 모두가 공유하는 바로 그 비참함이다. 그처럼 우리 자신의 나약함으로부터 우리의 덧없는 행복은 생겨난다"고 하며 우리의 자화상과 나약함 속에서 나타난 인간의 지성에 대해 썼다. 그리고 "한 포기의 풀이 싱싱하게 자라려면 따스한 햇빛이 필요하듯이 한 인간이 건전하게 성장하려면 칭찬이라는 햇살이 필요하다"라는 유명한 말을 남긴다.

루소는 이러한 자신의 저작『에밀』과『고백론』을 통해 자신의 모순에 대해 폭로하는 것을 주저하지 않았으며 작가와 사상가로서 스스로의 죄책감과 모순을 과감하게 드러내는 자기성찰의 태도를 보였다. 이것이 오늘날 루소가 여전히 중요한 사상가로 받아들여지고 있는 까닭이라 할 수 있다.[10]

루소는 파리에서 친구들과 귀부인의 도움을 받아 생활하였고, 그 중 한 귀부인의 추천으로 1743년부터 1년간 베네치아 프랑스 대사비서로 일하며 이탈리아 음악을 경험하기도 한다. 이 경험을 통해 루소는 음악에 더욱 더 조예가 깊어지게 되었고, 1752년에 그는 그가 작사·작곡한 오페라 '마을의 점장이', 개신교 찬송가, 동요 등을 발표하고『음악사전』도 펴내며 음악가로서의 명성을 얻게 된다. 음악가로 생활이 안정된 루소는 그간 겪었던 파란만장한 경험을 토대로 인문주의자의 면모를 갖춘 지식인으로 성장하게 된다. 이후 디드로와 친분을 맺고 그가 편집인으로 참여했던『백과전서』집필에 참여할 기회를 얻으며 프랑스를 대표하는 계몽주의 사상가의 반열에 오르는 계기를 마련하였다. 1774년 즈음에는 불신앙으로 수감된 디드로를 면회하러 가던 중 '학예의 부흥은 도덕의 순화에 기여했는가?'라는 디종 아카데미 주최 현상공모 광고를 보고, 루소는 '학문과 예술의 발전은 일반적 기대와 달리 오히려 인간의 도덕성을 타락시켰다'는 글로 최고상을 타게 되었고, 이어서『학문예술론(1750)』,『인간 불평등의 기원론(1755)』,『백과전서』에 기록된 정치경제론으로 유럽 지성인들의 주목을 받는다. 1761년 루소는 서

간체 소설 『신 엘로이즈』를 발표하면서 엄청난 성공을 거두었는데, 이 소설은 18세기 유럽에서 가장 많이 팔린 소설이 되었고, 고전주의에서 낭만주의 사조로 옮겨가는 결정적인 계기를 만들었다.

그는 『학문예술론』에서 르네상스 이후 학문과 예술은 시민의 도덕성을 타락시켰고, 예절을 통해 본성과는 다른 나쁜 습관을 가르쳤으며, 결과적으로 시민의 자유를 빼앗아 인민을 탄압하는 도구로 전락했다고 비판했다. 이는 그가 르네상스 문명의 비판을 시작으로 시민적 덕성과 자유를 결합하는 광대한 사상적 여정의 발을 내딛게 된다. 루소는 인간의 본성으로서 자기사랑에 대한 강한 신뢰를 보이며, 자기편애와 자기사랑은 그것들의 본질과 효과에 있어서 매우 다른 두 가지 열정이라고 한다. 따라서 자기사랑은 자연적 감정으로서 모든 동물이 자기보존에 주의를 기울이게 하며, 이성으로 인도되고, 동정을 통해 변경되어 인간미와 덕성을 만들어내 평화롭고 호혜적인 관계를 창출한다고 했다. 반면 자기편애는 사회상태에서 생겨나 경쟁과 배제를 일으키는 정치사회에서 직면하는 부조리라고 보았다. 이는 사회적 부조리의 극복을 위한 내적 기반으로서 자기사랑을 회복하기 위해서, 루소는 자연상태로 돌아가는 것이 아니라 새로운 형태의 교육을 통해 자기사랑이 가능한 사회적 조건을 수립하려고 노력했다. 만약 개개인이 자기사랑 순기능을 할 수 있는 사회적 조건이 확보되었을 때, 일반의지를 찾는 과정은 다수의 폭력이나 비민주적 심의로 귀결되기보다 개인과 공동체의 조화를 창출할 수 있는 정치적, 도덕적 숙의로 전환될 수 있다고 주장했다. 루소의 『인간 불평등 기원론』과 『사회계약론』에 나타난 민권사상은 프랑스 혁명의 사상적 지주가 되었으며, 마르크스 혁명론에 커다란 영향을 미쳤고, 감정에 호소하는 방식으로 신의 존재를 설명하는 글은 훗날 개신교 신학에까지 영향을 미치게 된다. 이러한 혁신적인 사상이 담긴 루소의 『사회계약론』과 『에밀』은 결국 카톨릭과 개신교 모두에게 반감을 사게 되면서 프랑스 정부로부터 판매금지를 당하고, 루소에게는 체포영장이 떨어지게 된다. 이로 인해 루소는 프로이센 왕국으로 피신하여 프리드리히 대왕의 보호를 받게 된다. 이때 루소와 사상적으로 대립하던 계몽주의자 볼테르는 루소에게 도피처를 제공해주겠다는 제안을 하지만, 루소는 과거 있었던 볼테르와의 갈등관계로 그의 호의를 무시해버리기도 했다고 한다. 프로이센 왕국에서

3년간의 망명생활 중 현지 목사와 불화를 일으켜 주민들에게 위협받는 지경에 이르자, 그는 영국으로 건너가 평소에 알고 지내던 데이비드 흄에게 자신을 의탁한다. 그러나 루소는 피해망상중에 시달리면서 더 이상 흄과 같이 생활을 할 수 없게 되어, 1767년 영국을 떠나 프랑스에 귀국하여 도피생활을 하며 가난하게 지내다가, 1년 후 마침내 만난 지 20년 만에 그의 곁을 지켜주었던 세탁부 테레즈와 정식 결혼을 한다. 이 시절 루소는 유명한 『고백론』을 저술하여 그간 인생의 여정을 통해 느꼈던 죄책감과 회한을 담는다. 그리고 1778년 66세의 나이에 『고독한 산책자의 몽상』을 미완성으로 남긴 채 에름농빌에서 아침식사 중 쓰러졌고, "이제 더 이상 커피 잔을 들 수 없구나"라는 유언을 남기며 정오쯤에 세상을 떠났다.[11]

당시 프랑스는 이미 산업혁명을 시작하여 비약적인 경제성장을 이루고 있었던 영국과 달리, 낭트칙령의 폐지로 종교의 자유를 위해 산업을 이끌어왔던 수많은 개신교 위그노들이 프랑스를 떠나게 하였다. 프랑스의 부르봉 왕조의 첫 국왕 앙리 4세는 1598년 카톨릭과 개신교 사이의 내전이었던 위그노 전쟁을 끝내고, 종교의 자유를 인정하는 낭트칙령을 선포한다. 이 칙령으로 칼빈주의 개신교도들인 위그노 세력들에게 종교적 자유는 물론 은행업, 무기 소유권, 요새 건설의 권리가 부여된다. 그러나 90년 가까이 지난 1685년에 루이 14세가 절대왕정에 대한 카톨릭 교황의 지지를 얻기 위해 낭트칙령을 폐지함에 따라 1688년까지 20여만 명이 넘는 위그노들이 네덜란드, 프로이센, 영국, 북아메리카 식민지로 이주한다. 특히 수학자, 과학자, 상공업자들이 주로 이주를 했으며 이때 많은 시계기술자들이 스위스로 이주하여 스위스 시계산업의 발전을 가져왔다고 한다.

루이 14세가 왕위에 오르며 부족한 예산을 메우기 위해 빚을 내었는데 원금만 20억 리브르 가까이 되는 막대한 부채를 지고 세상을 떠나게 되자, 증손인 루이 15세에게 나라의 부채가 넘겨진다. 루이 15세 역시 빚을 내어 부족한 예산을 충당하고, 그 돈으로 연회와 사냥 등의 향락에 빠져 국사를 등한시하였고, 귀족들 역시 왕의 사치행각에 가담하면서 나라의 빚에 이자가 더해져 엄청나게 증가하게 되었다. 다른 한편에서는 도시 수공업자들이 길드를 조직하여 폐쇄적이고 독점적인 조직을 형성한다. 그리하여 기술 발전을 저해하고, 이에 따라 소외된 수공업 노동자 계층이 형성되며 도시 수공업자들 사이에 계층적 분화가 일어나 산업기술의 발전이 정체된다. 또한 1785년에 들어서며 극심한 가뭄과 우박으로 농작물의 수확에 커다란 타격을 받았고, 2년 뒤 큰 홍수가 겹치고, 다음 해에는 혹한이 몰아치게 된다. 연달아 일어난 혹독한 자연재해로 고통을 겪고 있던 농민들은 징세청부업자들로부터 계속되는 가혹한 수탈을 겪었고, 밀밭 주인이 암묵적으로 허용한 이삭줍기로 얻은 밀 곡물마저도 세금으로 빼앗긴다. 프랑스의 유명 화가 장 프랑수아 밀레의 '이삭 줍는 여인들'은 바로 이 수탈로 고통받았던 농민들의 이삭줍기 장면을 그림에 표현한 것이라고 한다.

당시 프랑스의 심각한 농민 수탈 문제는 왕실이 부유층 귀족들에게서 빚을 내고 그 대가로 귀족들에게 농민들로부터 세금을 대신 거둘 수 있도록 징세권한을 주었던 것에 있었다. 그러니 대부분의 귀족들은 최대한 많은 세금을 거두어들여 왕에게 빌려준 원금 이상의 폭리를 취하였고, 이와 같은 수탈로 농민들은 가난으로 내몰리게 되었다. 한때 왕실의 재정문제를 해결하고자 마리 앙투와네트의 천거에 의해 재무총감이 된 드칼론은 면세특권을 누리던 귀족들도 세금을 내도록 하는 평등과세를 실행에 옮기려고 했지만, 결국 귀족들의 강력한 반대로 법제화되지 못한다. 그러던 중 영국의 북아메리카 식민지에서 독립운동이 일어나고, 루이지애나를 위시한 남부의 일부 지역을 지배하고 있던 프랑스가 영국을 견제하기 위해 이 전쟁을 지원하면서 20여억 리브라의 군비를 지출하며, 프랑스 재정은 파탄상태에 이르게 된다. 이때 영국의 귀족 인구는 0.1%였던 데 반하여, 인구의 3%에 달하는 프랑스의 귀족들은 국토의 40% 이상의 토지를 소유하면서도 면세특권으로 납세를 거부하였고, 루이 14세 이후부터 지속된 전쟁과 방만한 재정운영으로 프랑스는 국가적 부도위기로 치닫고 있었다. 이렇게 계속된 왕의 실정과 귀족들의 수탈에 국민들의 불만은 쌓여만 갔고, 마침내 시민계급으로 성장하던 부르주아 세력과 평민들의 분노가 폭발하면서 처절한 유혈사태를 빚는 비극적인 혁명으로 이어지게 된다. 만약 귀족들과 교회 성직자들이 자신들의 특권 일부를 포기하고 양보를 통한 공생의 의지를 보였다면 영국의 명예혁명과 같은 무혈혁명을 이룰 수도 있었지만 그렇지 못해 유혈사태를 막을 수 없었다.

1789년 5월 귀족들에게 세금을 걷기 위해 특권계층이었던 제1신분과 제2신분, 그리고 시민계급인 제3신분으로 구성된 삼부회의가 소집되지만, 시민계급이 의원 수에 대한 1인 1표를 주장하자 특권층의 반대로 회의는 결렬된다. 다음 달 6월, 제3신분인 시민계급은 독자적으로 의회소집을 하여 세력을 결집하고 귀족들의 방해를 물리치면서 베르사유 궁전의 테니스코트에서 새로운 헌법이 제정될 때까지 해산하지 않을 것을 선언하게 된다. 7월 9일 일부 제1신분과 제2신분이 가세하면서 국민제헌의회라는 이름으로 국왕의 공인을 받아 헌법제정을 위한 준비를 하기에 이른다. 이 새로운 시민계급의 성장을 우려한 루이 16세는 국경에 배치되어 있던 군대를 파리로 진입시키고 귀족들의 세금납부를 제안했던 네케르 재무총감을 파면한다. 이에 파리 시민들은 분노로 들끓었고, 군대의 파리 진입으로 정국이 혼란상태에 빠지게 되면서 시민들은 1789년 7월 14일 바스티유 감옥을 습격하는 사건을 일으켜 결국 프랑스는 혁명의 소용돌이 속으로 빠져들게 된다. 이 습격 소식이 전해지자 전국에서 농민들도 함께 들고 일어나 영주, 귀족들을 살해하고 토지대장이 불타는 사태가 벌어진다. 전국적으로 벌어진 시민계급과 농민들의 봉기로 루이 16세의 왕권은 무너지고 권력이 국민의회로 넘어오게 되면서 민심을 수습하기 위해 8월 4일 귀족들의 핵심적 권력유지 체제였던 봉건제가 마침내 폐지된다. 8월 26일에는 시에예스와 라파예트 의원이 주동이 된 '인간과 시민의 권리선언'이 국민의회에서 가결되며 천부인권, 인간의 자유와 평등, 주권재민, 사상과 표현의 자유, 사유재산의 자유 등이 선언에 포함되어 훗날 현대 민주주의의 형성에 빼놓을 수 없을 만큼 커다란 영향을 미치게 되었다.

권력을 잡게 된 국민의회는 파탄된 국가재정을 회복하기 위해 카톨릭 교회의 재산을 몰수하는 것에 대한 성직자들의 동의를 얻었지만, 정부에 충성할 것마저 강요받았던 성직자들로부터 반발을 사게 되어 결국 반발하는 일부 성직자들을 단두대에서 처형하게 된다. 성직자 참수 사태로 정국에 대한 불안감이 팽배해지자, 신변에 위험을 느낀 루이 16세 일가는 국외탈출을 시도하여 동쪽의 국경지대로 향하지만 바렌에서 시민혁명군에게 체포된다. 국민의회는 파리 시민들의 왕정폐지 주장이 힘을 얻자, 1791년 입헌군주제와 일정 이상의 직접세를 내는 성인 남자들에게 참정권 허용 등의 내용을 담은 프랑스 최초의 헌법을 공포한다. 또한 혁명으로 외국에 도피했던 망명 귀족들이 외국정부와 결탁하여 틈만 나면 프랑스를 혼란스럽게 할 것에 대한 우려로, 2개월 안에 이들이 귀국할 것을 명시한 법안을 통과시켰는데 이 법안 통과 당시 의회는 양쪽에서 마주 보게 좌우로 자리가 배치되어 있었고, 이 좌석 배치 모습에 따라 최초로 '우익, 좌익'이란 말이 생겨났다고 한다.

한편 프랑스 혁명의 열기는 절대왕정의 절정에 이르렀던 프로이센 왕정에 불안감을 심어주어, 프로이센 왕국은 이웃 오스트리아와 연합군을 구성하여 프랑스를 침공함으로써 프랑스 국민군은 한때 왕당파들의 이적 행위 등 국내 정세불안이 더해져 수세에 몰리기도 했지만, 발미전투에서 승리해 국민의회는 위기를 벗어난다. 잠시 숨을 돌린 집권 국민의회는 1792년 새로이 이름을 바꾸어 국민공회를 수립하고 왕정을 폐지함으로써 제1공화정을 선언하게 된다. 국민공회는 우파로 시민계급을, 좌파로 중소시민과 농민계층을 대표하게 된다. 새 공화정이 수립되자 감옥에 있는 루이 16세의 처리문제가 의회에서 대두되자, 좌파는 "국왕이 무죄라면, 혁명이 유죄"라는 구호를 내걸며 표결에서 간신히 과반의 지지를 얻어, 국고 낭비와 국가에 대한 음모 등의 죄목으로 왕의 처형을 가결한다. 결국 시민들의 지지를 받은 국민공회에 의해 프랑스 마지막 군주 루이 16세가 단두대의 이슬로 사라진다.

이후 좌파는 토지개혁을 통해 왕족과 귀족들로부터 토지를 몰수하였지만, 애초 계획했던 토지 무상 분배는 실행에 옮기지 못하고, 유상 분배로 돌아 국가의 재정에 충당하기 위해 자본 능력이 있는 구 귀족계급과 신흥부자들인 부르주아계급에게 유상으로 분배하게 되어 결국 대다수인 농민에게는 아무런 혜택을 주지 못하게 된다. 그런 후 왕의 처형과 토지개혁에 반발한 반혁명파와 잔존한 왕당파의 항거로 정국은 계속 혼란에 빠져 있었던 상황에서, 1795년 군에서 세력을 키운 27세의 나폴레옹이 나타나 이러한 반혁명파가 일으킨 반란을 진압한다. 나폴레옹은 국민의 지지를 받고 군에서 세력을 확장하여 군의 실권자에 오르며, 영국을 견제하고 정부의 권력 장악을 공고히 하기 위해 이집트원정을 떠난다. 그러나 나폴레옹이 이집트원정에서 성과를 못 올리게 되자, 정부의 명령을 어기고 본국으로 회군하여 의회파 시에에스와 연합하여 쿠데타를 성공시키며, 프랑스에는 3명의 통령이 이끄는 통령정부가 수립되고, 제1통령으로 나폴레옹이 등극하게 되면서 마침내 프랑스 혁명은 종결되었다.[12]

17, 18세기를 통하여 영국이 청교도혁명과 명예혁명을 거치며 안정된 정치를 유지하고 산업화에 박차를 가하면서 18세기 후반 증기기관의 발명으로 면직물 산업을 발전시키는 동안, 프랑스는 왕권에 의한 전제정치 체제를 무너뜨리고 시민계급과 노동자 계급의 자유와 평등의 권리에 기반한 다수결 원칙의 민주주의 사회 건설의 기초를 다졌던 것이다.

유럽에서는 산업혁명에 앞서 봉건장원제가 몰락하고 소작제도가 성행하면서 지주 및 소작제도 계약을 근간으로 하는 지주들이 새로운 유력계층으로 출현하였다. 농업이 경제의 근간이었던 시대였기 때문에 분업과 직업구성률의 변화가 아직 크지 않음에 따라, 지주의 권력은 아주 막강한 것이었다. 또한 이들 중 청교도들은 대체로 유럽에서 관료, 정치인, 학자 등 사회적으로 공인된 지위를 얻을 수 없어 상업에 종사하였기 때문에 부유한 중산층 계급으로 발전해 있었다. 이런 농촌의 대지주들은 경제력을 통해 높은 교육 수준을 가지고 일부 지역에선 커다란 영향력을 발휘하며 대지주들의 경제적 이익과 직접적으로 연관이 있는 상법들을 결정할 수 있는 참정권을 가지고 있었다. 그리고 이들 지주들은 중상주의를 거치면서 대규모 투자를 가능하게 한 상품작물과 양모무역을 통해 막대한 경제적 수익을 올렸고 1688년에는 명예혁명 이후 의회의 권한이 왕권보다 강력한 입헌군주정 시대에 들어서면서 이들의 영향력은 더욱 커지게 되었다.

장원제 시대의 영국에는 농민들이 공동으로 쓰는 들이나 숲을 모든 사람이 이용할 수 있는 공유토지로 두었는데, 인클로저 운동(16~17세기)이 시작되자 이들 땅은 각각 다른 소유주에게 분할되었다. 이 운동은 서로 간의 경계가 모호했던 사유지에 양이나 가축이 도망가지 못하게, 혹은 자신의 소유권을 명확히 하기 위해 울타리를 쳐서 자신의 영역을 확인하고 그 사유지를 자신들의 소유 토지로 만드는 것이었다. 울타리가 쳐지지 않고 분할된 공유지는 모직을 만들기 위해 목축지로 전용되고 있었지만, 대부분 농경지로 개간되는 경우가 많아 경작지가 늘어나자 식량생산량이 증가하여 늘어난 인구를 효과적으로 부양할 수 있었다. 이후 시장원리에 따라 부농과 빈농으로 나뉘었고 많은 수의 영세농민이 이 부농과의 시장경쟁에서 밀려나 농작물 경작을 포기하고 부농에게 고용되거나 농촌의 상업이나 수공업에 종사하는 등의 과정을 거치며 계층분화 현상이 일어났고, 이는 농촌지역의 직업분화를 촉진시켰다. 이 인클로저 운동은 토지의 사유재산권이 제도적으로 보장되게 하였는데 이는 후에 영국령 북아메리카 13개 식민지에서 토지를 소유한 자유민 위주의 경제를 형성하게 하는 밑거름이 되었다.

비슷한 시기에 조선에서는 대동법(1608년)이 실시됨에 따라 상업적 거래가 일어났던 시전에서 전개된 강제적 부가등가교환 활동이 서서히 쇠퇴하기 시작한다. 또 관가로부터 미리 넉넉한 대동세의 공적 가격을 받고 물자를 조달하여 제공하는 어용적인 계공인이 등장하기도 하였지만, 관가와 이루어지는 상업은 스스로 내부적인 봉건적 한계를 뛰어넘을 수가 없었다. 반면에 백성들이 주도하는 등가적 교환이 뚜렷하게 보장되기 시작하면서 백성들이 주도하는 사영 상업은 17세기 후기부터 국내외적으로 활기를 띠기 시작한다. 일반백성이 주체가 된 상업이 향시를 중심으로 전개되기 시작하며, 강력한 억상정책으로 16세기 말까지 폐쇄상태에 놓여있던 전국 각 지방 읍성 근처의 장터는 17세기 후기부터 활기를 되찾는다. 그 이유는 공물수납이 폐지됨에 따라서 종래의 나라에 바치는 공물용 특산물이나 부업적 수공업품은 물론, 각 지역의 수공업 제품이나 특산물과 농수산물이 상품화되어 각 고을의 장에 나타났기 때문이었다. 그것들은 5일 간격으로 공급자인 동시에 스스로 수요자가 된 일반장꾼에 의해서 서로 거래되기도 했고, 지역내의 거간 또는 중소상인들에게 매매되었다. 소금, 김, 건어 등의 해산물과 지역 외 특산물은 주로 보부상에 의해 공급되었고, 무엇보다 가격이 시장원리에 의하여 형성되기 시작하였으므로 공급자와 수요자 쌍방에게 이익을 남겨주었다. 그리하여 장날에는 더 많은 장꾼들이 이익이 남는 상거래를 위해 장터에 모여들어 조선에서 상업활동이 더욱 더 활발하게 전개되면서, 상업의 발전과 농산물 생산 증대를 위한 농업기술의 발전도 함께 이루어졌다.[13]

조선 세종 때인 1441년 음력 4월 29일자 세종실록에 의하면, 훗날 문종이 되는 왕세자 이향이 비가 오는 양을 측정하는 정확한 방법을 연구하고 있었고, 이를 위해 그릇에 빗물을 받아 그 양을 재는 방식을 시험하고 있었다. 이 연구 결과가 그해 8월 호조에 의해 보고되고, 이후 그릇의 규격 등에 관한 몇 가지 수정을 거쳐 이듬해 1442년 5월 8일 측우기를 이용한 전국적인 우량관측 및 보고 제도가 확정되었다. 금속제 원통형 그릇에 빗물을 받아 표준화된 눈금의 자로 그 깊이를 측정하는 측우기를 중앙의 천문 관서인 서운관과 팔도의 감영에 나누어주고 관원과 팔도 감사 및 각 고을의 수령들은 비가 오면 비 오고 갠 시간과 주척으로 푼 단위까지 측정한 빗물의 수심을 기록하여 조정에 보고하고, 필요 시 참고하기 위해 그 기록을 남겨두도록 규정하였다. 이때부터 20세기 초 일제의 통감부에 의해 근대적인 기상관측이 시작될 때까지 측우기가 조선의 공식적인 우량 관측기구로 사용되었다. 한편 농잠서를 번역하고 흉년의 대용조리방법을 널리 알리기 위해 『구황벽곡방』을 간행하였으며, 『농사직설』을 반포하여 농업기술 향상을 도모하였다. 이후 수리 방천, 저수 등의 계획이 만들어졌고, 마목장, 양잠, 축산을 장려하고 농기구제조를 하는 권농사업이 매우 활발해졌다. 연산군 때는 실정으로 농정이 문란해지고 그 영향으로 중종 때 각도에 버려진 아이가 많아 거두어 기르기를 명하기까지 하였다고 한다. 그리하여 흉농 대책으로 의항제, 진휼청 같은 저곡제도와 진대제가 생겨났다. 비료로는 화학적으로 만들어진 인공비료가 아직 나오기 전이어서 자연비료인 두엄, 외양간 주언, 인분, 우마분, 잠사, 녹비 등이 사용되었으며, 질고 물이 찬 땅에는 객토를 하였다.[14]

조선의 도자기 산업

송·원·명대 초반까지 중국 수준의 도자기 기술을 구현할 수 있는 나라는 중국을 제외하고는 한국이 유일했다. 그래서 세계 도자기 역사에서 중국과 함께 한국을 빼놓을 수 없다. 16세기 후반 포르투갈과 네덜란드 주도로 열린 동아시아 도자기 시장에 뛰어든 중국, 일본과 달리, 끝까지 세계시장에 참가하지 않았던 한국의 도자기는 인삼, 종이와 함께 당시 세계적으로 경쟁력이 있던 특산물이었다. 중국에서는 청자가 귀하게 여겨졌는데, 원나라가 세계를 제패하면서 유행의 변화가 온다. 원나라는 당시 유럽도 인정한 세계제국으로 원 황제의 통행증만 있으면 콘스탄티노플에서 베이징까지 안전하게 교역할 수 있었던 시대였다. 중국과 마주 보는 황해 연안의 상업도시에는 외국 상인 출신들을 어렵지 않게 볼 수 있을 정도였다고 한다. 전통적으로 우유와 양모를 귀하게 여기는 원나라의 몽고족은 백색을 좋아했고, 원의 수도가 북방에 있는 관계로 북방식 백자가 선호되었고, 이때 중국에서는 하얗게 구워지는 백토와 기포를 줄여 소성 시 투명하게 되는 유약이 나옴으로써 백자기술이 완성된다. 그리고 원 황제가 황실의 그릇은 청자가 아닌 백자로 하라는 명을 내리게 되어 유행은 백자로 기울게 된다. 아랍인이나 페르시아인 상류층들은 중세 유럽의 귀족들과 마찬가지로 은그릇을 주로 사용하였지만, 이슬람이 지배하면서 무하마드가 무슬림 사이에서 지배계급의 은그릇 사용이 나무그릇을 사용하는 백성들과의 계급불화를 조장한다고 하여 은그릇의 사용을 금지시킨다. 이때 중국과 무역을 하는 이슬람 상인들이 은그릇의 대체품으로 초기의 미완성품이라고 볼 수 있는, 푸르스름한 빛이 남아 있었던 백자를 들여오게 되었다. 그 후 원나라 시대에 흙속의 철분을 완전히 제거하면서 하얀 색의 백자를 생산하게 된 것이다. 유럽의 나라들도 새로운 백자를 보자 그들도 백자를 수입하기 시작하였으며, 백색은 그릇에 담긴 음식들의 색을 보다 선명하게 나타나게 하여 문화적 차이를 막론하고 당시 크게 유행을 했던 것으로 보고 있다. 13세기 이후 터키의 이즈닉 지방에서 도자를 만들기도 했지만 중국의 도자기만큼 아름답지 못하여 그들이 잘하는 세공기술을 바탕으로 구리그릇 위에 에나멜을 칠하고 유약을 발라 굽는 방식의 범랑 그릇 제품을 만들었다고 하는데, 이 제품은 오늘날에도 페르시아어로 '미너커리'라 부르는 이스파한 지역의 특산물로 생산되고 있다고 한다.

원나라 시절 고려의 북방식 가마기법이 본격적으로 소개되어 기술이 크게 진보하였지만, 14세기에 들어서며 남해안에 왜구들이 자주 출몰해 나라가 혼란하고 고령토가 귀해져 분청사기 형태를 한 청자만 생산되었다. 그러다 15세기 조선시대에 도자기를 전문적으로 만드는 사옹원이 만들어지고 왕자들로 하여금 직접 관리하게 하면서 완성된 흰빛의 백자가 완성된다. 백자 개발을 위해 왕실이 발벗고 나서서 전국으로부터 백자의 재료인 토청을 구하는데 노력했다고도 전해진다. 이후 조선의 도자기 기술은 18세기까지 점진적으로 발전하여 18세기 절정을 이루다가 18세기부터 양반사대부들의 취향이 놋그릇으로 바뀌어 백자의 생산이 급격히 줄어들었다.

통일신라 이전까지 한국의 도자기 기술은 그다지 발달하지 못했다. 그러나 통일신라 중기에 중국이 755년 안사의 난을 시작으로 혼란기가 이어지면서 중국의 도공들이 통일신라로 이주해와 도자기 기술이 전래된다. 이후 청자의 초기형태가 생산되었고 일부 백자와 흑유자도 생산되었다. 고려 중기인 11세기에 들어서며 중국의 청자와 비교해도 손색이 없을 만큼 뛰어난 청자와 독특한 고려자기를 제작할 수 있게 되었다. 아직도 많은 사람들이 고려청자 기술이 조선백자보다 앞선 것이라고 알고 있지만 사실은 백자의 원료인 백토(고령토)가 청자의 태토보다 불순물이 없는 고운 흙이어야 했고, 흰색을 내기 위해 더 많은 주의를 기울여야 했다. 그 이유는, 청자는 1,100도 이상 유지하면 되었지만 백자는 1,400도 이상의 온도를 유지해야 했기 때문이었다. 청자는 옥색 이외의 색이 없는 반면 백자는 붉은 색을 띤 것이 최고의 명품으로 여겨져 이 붉은 색을 내기 위해 심혈을 기울여 백자를 제작했다고 한다. 또한 조선사회의 유교적 이념에 따른 청빈을 강조하여 백자가 더 양반지배계급에게 선호되었다.

일본은 헤이안시대 이후부터 중국의 유약기술을 바탕으로 독자적으로 도기를 만들었지만 도자기 수준의 그릇은 임진왜란 때 납치해간 조선의 장인들이 일본에서 자기를 만들면서 전파한 기술을 바탕으로 만들어졌다. 에도 막부가 들어선 후 조선통신사 등이 포로교환을 할 때도 도자기 장인만은 돌려보내지 않으려고 무진 애를 썼고, 다이묘들은 귀중한 도자기를 만드는 조선의 도공들을 온갖 방법을 동원하여 자기들 휘하에 두려고 하고 대접도 잘해주어 도공 스스로 조선에 귀환하지 않으려고 했다는 것이 1617년 조선통신사로 갔던 이경직의 기록에 나타나 있기도 하다. 에도 막부는 조선 도공들이 만든 도자기를 특별히 '이도다완'이라고 이름을 붙였고 도공의 이름도 도자기에 새겨 품질을 관리할 정도였다고 한다. 일본 사무라이 지배층에 다도가 유행하자 차를 마시는 것이 최고급 문화로 자리 잡게 되었고,

초기에는 중국의 다완이 유행하다가 16세기부터 일본 왕실의 차 스승 센리큐가 불교사상에 입각한 '외비 사비'라는 극히 소박한 미를 유행시키면서 이도다완 같은 막사발이 엄청난 가격에 거래되었다고 한다. 한때 부산 왜관에 도자기 굽는 시설을 만들어 '부산요'라고 이름 지어 일본으로 수입해갔다고도 하는데 백여 년 정도 운영되다가 일본의 자기 기술이 조선을 능가하게 되면서 1717년 폐쇄되었다. 명나라가 멸망하자 도자기 종주국 중국의 도공들도 일본으로 건너가, 일본에 중국의 도자기 기술이 전파되어 일본의 기술은 한층 더 발전하면서 당시 일본을 드나들던 네덜란드 상인들은 청나라가 무역 봉쇄를 하자 도자기 수입처를 일본으로 돌려 현지 네덜란드인들의 기호에 맞는 도자기 제품을 일본에서 개발해 제작하여 본국으로 수입해갔다고 한다. 이때 뜨거운 찻잔에 익숙하지 않았던 유럽인들을 위해 신라시대 이후 사라졌던 손잡이가 달린 찻잔이 제작되었다.

유럽의 도자기 역사는 17세기까지만 해도 중국의 도자기를 모방하는 수준에 머물렀다. 그러나 18세기 중반에 들면서 연금술과 산업혁명을 통해 화학을 발달시키면서, 고령토가 귀했던 유럽은 동물의 뼛가루를 사용한 본차이나(bone china)도자기 기술을 개발하고 동양에는 없던 색채기법 및 금채를 칠하는 방식으로 동아시아와 유럽의 도자기 품질이 뒤바뀌게 되었다. 이후 유럽의 도자기는 화려하고 섬세한 문양이 가미되어 귀족들에게 커다란 인기를 끌면서 중국의 도자기는 유럽의 상류층에게 더 이상 귀중품으로 대접을 받지 못하고 서민용으로 전락한다. 다만 네덜란드 상인 등과 함께 현지 기호에 맞는 제품을 생산했던 일본 도자기만이 이국적인 분위기의 도자기를 찾는 유럽인들에게 유행하였다. 이렇게 일찍부터 유럽과 활발히 무역을 했던 일본인들은 유럽이 산업혁명으로 이룬 각종 기술을 받아들여 산업의 근대화를 이루고, 훗날 조선을 포함한 동아시아의 여러 나라들을 식민화하였으며, 이후 2차 세계대전에서 패망했지만 나라를 다시 일으켜 한때 세계 제2위의 경제대국으로 성장한다.

조선의 도공들은 점토, 반죽, 성형, 그림, 굽기 등의 모든 과정을 사기 장인과 소수의 조수들이 한 반면 중국이나 일본에서는 일찍 분업화가 이루어져 명나라 때는 수출용 도자기를 굽는 가마에서 75가지 공법으로 분업화하였는데, 이 세분화된 분업화는 생산성을 높였던 것은 물론 기술의 유출을 막기 위한 목적도 있었다고 한다. 한편 유럽에서는 당시 예술 분야에서 널리 사용했던 동판화 기법을 활용해 도자기에 무늬를 새기는 것까지 성공하여 일반인들에게도 팔 수 있는 저가의 도자기가 대량생산된다.[15]

유럽에선 같은 품질의 도자기를 대량생산하여 비슷한 무늬를 넣은 도자기를 대규모로 상업화했던 데 반해, 조선에서는 서로 다른 제품의 막사발을 수작업으로 대량으로 만들어 일반백성에게 공급하였다. 이와 같이 조선의 막사발은 수작업으로 빚어져 같은 모양의 자기가 하나도 없었으며, 특히 그것들 중 모양이 특이한 것들은 '이도다완'이라 불리며 임진왜란 이후 일본에서 막부시대 고위층 사무라이 계급에서 귀하게 대접받게 된다. 당시 일본의 차 스승들은 이도다완에 담긴 차를 보고 "마치 숲속의 옹달샘 같구나"하면서 극찬을 하였다고 전해진다.

자연적 배경으로 영국에는 노천 탄광이 많았다. 산업이 발달하면서 배를 만들고 연료로 쓰이던 목재가 부족해짐에 따라, 상대적으로 적은 노력으로 쉽게 석탄채굴이 가능했던 석탄자원 환경은 산업혁명에 강력한 추진제가 되었다. 석탄은 채굴에 필요한 에너지 투입량이 높고, 영국은 지리적 특성상 갱도에 물이 고이는 경우가 많아 그 물을 퍼내기 위해 증기기관이 발명되었다. 증기기관 제작이 늘어나자 철의 수요가 늘어 기술자들은 석탄의 불순물제거 기술을 발전시킨 코크스를 만들게 되어 제철 산업에 돌파구를 만들어주었다. 게다가 섬나라라는 이점과 더불어 운하 붐이 일어나 영국 어디에서나 바다에 접근하기 쉬웠다는 점도 산업화 붐에 크게 작용했다. 산업화 이전의 세계에서는 무엇이든 물리적 노동력, 풍력, 또는 수력에 의존했다. 그러나 풍력, 수력은 필요한 장소로 이동할 수 없고, 사막이나 밀림, 혹은 산악지역은 적정규모의 인구가 뒷받침되지 못하여 문명의 발전에 제약을 받는 반면 영국은 지리적, 인구적 조건을 모두 갖출 수 있어 산업혁명이 가능했다. 이와 같이 영국의 산업혁명을 가능하게 했던 몇 가지 요인들을 들 수 있다.

증기와 석탄

18세기에 증기는 주요 동력수단으로서 노동력, 풍력, 수력을 대체하기 시작했다. 1698년 토마스 세이버리가 도입했는데 이 기술을 이용하여 탄광에서 펌프로 물을 뽑아내면서 더 깊이 탄광을 파고들어갈 수 있었다. 많은 석탄이 생산되어 가격이 낮아지고 안정적으로 공급되면서 증기기관이 더 유용하게 사용되었으며, 제임스 와트(1736~1819)에 의해 냉각기의 일종인 콘덴서가 발명되어 더욱 강력한 힘을 발휘하는 동력을 만들 수 있었다. 이후 증기기관은 효율적으로 크기가 작아지고 철강 선박, 철도 기관차에 적용되면서 교통수단의 발달을 가져와 화물 운송 및 원양항해를 획기적으로 개선하게 되었다. 그리고 철도의 건설에 따른 이동의 효율성에 힘입어 운하건설이 촉진되면서 영국 경제건설의 강력한 원동력이 되기에 이른다.

화학물질

황산(1746)과 탄산나트륨(1791)을 대량생산하는 방법이 발견되어 유리, 염료, 치약, 세제, 의약품, 비료에 이르기까지 전천후로 쓰이게 된다. 특히 비료 덕분에 농작물의 생산량이 증가하고, 1820년대에 발명된 저렴하고 강력한 시멘트는 건축물 축조에 파격적인 변화를 가져왔다. 고층빌딩, 교각은 물론 대대적인 교통량을 감당할 수 있는 도로, 도시 규모의 하수 시설 등을 보다 견고하게 건설하였고, 과거보다 오랜 기간 사용할 수 있게 되었다. 대량생산된 화학비료 사용으로 식량공급이 증가함에 따라 식량문제가 해결되었으며, 시멘트를 활용한 새로운 건축기법이 등장하면서 도시의 규모는 폭발적으로 커졌다. 그리하여 1825년 무렵 런던은 세계 최대 도시로 부상하게 되었다.

교체부품

유럽에서는 1700년대까지만 해도 소총이나 시계와 같은 정교한 제품의 부품들은 모두 고도로 숙련된 전문가들이 만들었다. 이 당시 대부분의 청교도 시계 숙련공들이 카톨릭의 종교박해를 피해 스위스로 이주했기에 기계제작 숙련공이 부족해졌다. 그러나 19세기 초에 숙련공 부족 문제를 해결하기 위해 선반에서부터 평삭판, 제분기에 이르기까지 공작기계들이 발명되고 제작되면서 정밀공법이 모든 산업에 응용되는 기술 혁신 덕분에 고숙련 노동력의 수요가 감소하여 1800년대 초 무렵에는 최초로 조립공장이 출현했다. 부품만 있으면 고도의 숙련 없이 약간의 교육을 받은 노동자 및 심지어 어린 아이들까지 생산라인에 투입되어 누구나 제조를 할 수 있게 되었고, 그 결과 생산량, 품질, 노동자의 생산성이 모두 몇 배로 폭증하였다. 기술적 차원에서 산업혁명은 가능한 모든 것을 새롭게 만드는 혁신이었다. 철과 강철이라는 소재의 활용, 석탄과 증기기관 같은 동력원의 사용, 방적기 같은 기계의 발명, 공장제라는 노동 분업체계의 발전, 증기기관차나 증기선과 같은 운송 및 통신 수단의 발전 등 다양한 변화를 동반하며 급속히 진행되었다.

대체로 산업혁명은 과학의 급속한 발전을 원동력으로 이루어졌다고 알려져 있으나, 일부에서는 과학기술은 산업혁명의 도화선은 아니었다고 한다. 초기의 산업혁명에 기여한 기술들은 전부 숙련된 기술자들의 작품이었다. 19세기 중후반 전기, 광학, 화학산업이 등장하기 전까지 대부분의 기술 진보는 숙련공이었던 발명가들의 시행착오와 경험의 산물이었으며, 당시 영국은 교육이나 과학에 있어 프랑스보다 다소 뒤져 있었다. 프랑스는 파리 대학을 대표로 중세부터 이어진 학문의 전통이 존재했고, 프랑스 혁명 시대에도 나폴레옹이 파리에 이공과 대학을 설립하고 아카데미를 운영하는 등 체계적인 학문 발전과 절차가 있었으나, 영국에서는 대학이라곤 옥스퍼드와 케임브리지 둘뿐이었고, 유럽에서 처주지도 않았던 대학이어서, 제대로 된 과학을 교육받기 원했던 영국인들은 이웃 나라 프랑스나 스코틀랜드에 가서 교육을 받았다고 한다. 증기기관을 설명하는 열역학은 프랑스인 카르노에 의해 시작되었으며 근대 경제학의 시작인 아담 스미스는 스코틀랜드 출신이었다. 어떻게 보면 근대과학의 의의는 산업혁명의 기술 혁신 과정에서 나타난 발명품과 공학기술을 이론적으로 설명하고 완성시킨 것에 있었으며, 학자들의 과학기술은 논문을 벗어나서 산업, 민간 분야에 널리 상용화되기 시작하면서 그 과학적 의의를 가졌다고 볼 수 있다.

면 방직공업

영국 산업을 변화시킨 첫 걸음은 면직물 공업에서 시작되었다. 1773년 존 케이가 나는 셔틀(Flying shuttle)을 발명하게 된다. 베틀의 셔틀은 스프링을 이용해 자동화해서 한꺼번에 짤 수 있는 면포의 너비가 2배가량 늘어나고 속도 또한 훨씬 빨라지게 되었다. 이전까지 양모, 실, 모직물을 전부 수출했던 영국은 늘어나는 생산재료 수요를 충당하기 위해 오히려 양모와 실을 수입해서 모직물로 재가공한 다음 다시 수출하는 것으로 바뀌게 되었다. 모직물 생산량의 증대로 실이 부족해지자, 방적업자 겸 목수였던 제임스 하그리브(James Hargreaves, 1720~1778)가 1764년, 한번에 8개의 실을 짤 수 있는 제니 방적기를 발명하게 된다. 그리고 리차드 아크라이트는 1768년에 동력으로 수차를 이용하는 수력 방적기를 발명하고 1769년 특허를 받지만, 토머스 와이즈는 아크라이트가 자신의 발명품을 표절했다고 소송하여 승소함으로써 아크라이트의 특허가 무효가 되어 기계를 공짜로 사용할 수 있게 되자 전국 각지에 수많은 방직 공장이 설립되게 되었다. 이어서 사뮤엘 크롬프턴은 이 둘을 합친 뮬 방적기를 만들어내어 이 셋이 산업혁명의 출발기에 면직물 공업의 혁신을 일으키는 계기가 되었다. 한편 방적산업이 급격히 성장하자 이번엔 직조 능력이 방적산업을 따라가지 못해 실이 남아돌기 시작하면서, 1785년에 이르러 에드먼드 카트라이트가 동력으로 천을 짜는 방적기인 역직기(power loom)를 발명하여 동력원으로 수력 또는 증기기관에 연결함으로써 직조 능력이 방적 능력을 따라잡는다. 그리고 이를 계기로 방직산업은 자동화의 길에 완전히 들어서서 폭발적으로 성장하기 시작한다. 이때 근대적인 공장이 처음 나오게 되며, 공장은 증기기관을 적용하게 되고, 그로 인해 물의 수요가 많아지자 강 주변에 공장이 들어서게 되었다.

한편 영국의 면직물 공장에 대량의 목화를 공급하던 미국 남부에서는 큰 골칫덩어리였던 목화와 실을 분리하는 작업이 남아 있었는데, 1793년 엘리 휘트니가 목화와 실을 빨리 분리시켜줄 수 있는 조면기를 발명했으며 이 기계는 2마력의 수력으로 5,000파운드의 솜을 처리해 1,000명분의 일을 대신하게 되었다. 그러나 불행하게도 휘트니는 특허를 출원해 놓고 소송에 휘말려 이익을 올리지 못하다가, 1798년 소총 제조업으로 업종을 전환하며, 소총산업에서 부품 호환식 생산법을 발명함으로써 전화위복하게 되고, 타 대륙 무역통상을 요구하는 위협에 사용되었던 무기산업에 또 다른 혁신의 기초를 마련하게 되었다.

초기의 증기기관들은 1마력의 힘을 내는 데에 석탄이 2킬로그램가량 필요했지만, 1765년 스코틀랜드의 기술자 제임스 와트가 증기기관을 개선하여 1마력에 석탄 600그램 정도로 효율을 크게 개선해 강가나 석탄 산지가 먼 곳에서도 가동시킬 수 있었다. 그리고 와트는 1774년 매튜 볼턴이라는 운명의 동반자를 만나게 된다. 사업가였던 그는 증기기관의 힘을 한눈에 알아봤고, 당시 와트가 증기기관에 대해서 특허를 출원만 하고 사업화하기에는 재정적으로 어려운 상황에 놓여 있어 슬슬 관심이 없어지던 차에, 그는 와트에게 동업자 제안을 하면서 개량을 종용하고 '볼턴 & 와트'라는 기업을 설립한다. 이후 사업이 궤도에 오르게 되면서 증기기관은 전 세계적으로 주목을 받게 된다. 이 발명은 인류의 역사를 바꾸고 고통받는 노예들을 해방시킬 위대한 발명이라고 당시의 사람들에게 받아들여질 만큼 산업발전에 커다란 영향을 미쳤다. 산업혁명기에는 위대한 발명을 하고서도 특허권 기간이 끝날 때까지 사람들이 사용하지 않거나 불법적으로 복제해가는 경우들 때문에 불우하게 산 발명가들이 부지기수였지만, 사업수완이 있었던 동업자 볼턴을 만나는 행운으로 성공한 발명가가 된 와트는 에딘버러 왕립학회의 회원, 프랑스 국립 아카데미의 외국인 회원으로 생전에 영광을 누렸다. 증기기관을 발명한 공학자 제임스 와트(James Watt, 1736~1819)는 그의 공로로 영국인들에게는 산업혁명의 대부로 칭송받았고, 영국은 그의 업적을 기리기 위해 영국 50파운드 지폐에 매튜 볼턴과 함께 그의 초상화가 인쇄되어 있는 화폐를 발행했다. 발명가 와트는 1736년 1월 19일 스코틀랜드 그리녹에서 태어난다. 아버지는 조선공이었고 장로회 신도였으며, 그가 열여덟 살이 되던 해에 어머니가 사망하여 아버지 밑에서 자란다. 1755년에는 고향에 있는 그리녹 문법학교를 졸업한 뒤 런던으로 가 기계공학을 배우고, 1957년 글라스고 대학교에 들어간다. 1764년 사촌인 마거렛 밀러와 사랑에 빠져 그녀와 결혼하였고, 한때는 발명에만 몰두하지 못하고 생계를 위해 운하 측량 기사로도 활동했다고 한다. 100년 전인 20세기 초까지도 영국에서는 사촌과 결혼하는 경우가 흔했으며, 특히 비슷한 귀족신분에서 많이 이루어졌고, 사회적으로도 사촌 간의 혼인이 관습적으로 받아들여졌다. 와트는 1769년에 회사를 설립한 후 지인인 존 로벅의 도움으로 증기기관에 대한 특허권을 냈지만 존 로벅의 자금 사정이 악화되면서 매튜 볼턴이 특허권을 인수하고 1775년 볼턴 & 와트의 공동 창업자가 된다. 와트가 발명한 원심력을 이용한 회전 조속기는 원시적인 형태의 자동제어 장치의 시초로 현대에 이르기까지 널리 쓰였다. 흔히 "몇 와트" 할 때의 '와트(Watt)'가 그의 이름에서 유래된 것이었는데 영국 과학진흥협회에서 제임스 와트의 업적을 기리기 위해 와트를 일률과 동력 단위로 채택한 것에 의해 이름이 붙여진 것이라고 한다. 이후 1760년 도량형 총회에서 정식단위로 채택되어 오늘날까지 활용되고 있다. 증기기관의 개량은 훗날 자동차 등 많은 기계류들의 시초가 될 만큼 큰 업적이었으며, 와트는 물의 화학 성분까지 증명해내기도 했고, 인쇄용 잉크 및 습식 복사기를 만들어 20세기 초까지 유용하게 쓰였다. 한편 1769년에는 프랑스의 공병장교 니콜라스 조제프 퀴노가 세계 최초의 증기자동차를 개발하기도 하였다. 그 후 미국의 발명가 로버트 풀턴이 와트의 증기기관을 이용해 증기선을 개발하고 이를 채용한 영국의 증기선이 1807년 성공적인 운행을 하게 됨으로써 영국의 운하체계에 지대한 영향을 주었고 운행비를 크게 절감시켰다. 증기선은 해류와 바람에 의존했던 영국의 항해 능력과 전투 기동력을 획기적으로 개선시켰다. 이렇게 만들어진 미국의 증기선이 1871년 조선의 강화도에 투입되어 통상을 요구하며 무력시위를 벌였던 신미양요 사건을 일으키기도 한다.

1804년 리처드 트레비식은 자신이 만든 증기기관차 페니다렌호의 시운전에 성공하며, 사전에 걸었던 내기도 이겨 수천 파운드를 따기도 했는데, 이 일이 철도의 시발점이 되었다. 증기기관차와 철도의 가능성을 예감한 영국의 기술자들은 트레비식의 증기기관차를 개량하기에 이르고, 조지 스티븐슨은 1825년 요크셔의 석탄광에서부터 스톡턴의 항구를 오가는 43킬로미터짜리 세계 최초의 증기기관차가 달리는 화물철도를 깔게 된다. 그리고 1830년에는 사업가들에 의해 최초의 여객, 화물 겸용 철도인 리버풀-맨체스터 간 철도시대의 개막을 알리게 된다. 철도는 막대한 철의 수요를 창출해서 제철사업 규모를 성장시키는 데 기여하였지만 철도사업 자체의 수익성은 평균적으로 3.7% 정도에 불과해 많은 구간은 적자를 겨우 면하거나 아예 적자인 구간도 있었다. 그럼에도 불구하고 철도사업은 급증한 중산층이 수익성이 있어 보이는 투자처를 찾아서 적극적으로 투자한 덕택으로 충분한 자금조달을 할 수 있게 되어 영국 전역에 철도가 놓이기 시작했다.

제철공업

영국은 15~17세기 이미 해상 강국으로서 이름을 떨치고 있었다. 그러나 배를 만들기 위해 어마어마한 나무를 소모해서 16세기에는 전 브리튼 섬의 산림이 소실될 지경이었다. 덕분에 연료로 쓸 나무도 부족해져 다른 나라에서 나무를 수입해와야 하는 수준에 이르렀다. 이와 비슷한 시기에 조선은 아직 땔감으로 석탄을 사용하지 않았고 나무를 사용했기에 한양이나 규모가 큰 읍성 주변에서는 나무가 점점 귀해져서 민둥산이 많았고 집도 작게 지었으며 방의 온돌도 제한적으로 설치할 정도였다고 한다. 17세기 말 에이브러햄 다비 1세에 의해 역청탄을 코크스로 정련하는 것이 가능해지자 용광로에서 사용하던 연료인 숯을 대신해서 코크스를 사용하기 시작하면서 철의 생산이 증가하게 된다. 그리고 18세기 후반 헨리 코트가 철과 연료가 분리된 용광로를 사용하여 녹은 철을 산소에 노출시켜 탄소를 제거하는 기술인 교련법과 철의 유연성을 높이기 위해 녹은 철을 판 형태로 가공하는 압연법을 개발하여 연철 생산이 급격하게 증가하였다. 1788~1796년 사이에 영국의 철 생산량은 2배 증가하고, 이후 8년 동안 다시 2배 증가한다. 1779년에는 당시 건축가 토마스 프리처드가 콜부룩데일 마을의 세번강에 철교를 건설할 발상을 하고, 29세였던 다비 1세의 손자 에이브러햄 다비 3세에게 길이 37m의 철교를 의뢰하여 세계 최초의 철교를 건설하기도 한다. 이 철교 제작으로 다비의 이름이 영국 전역에 널리 알려지기는 했지만 제작에 지나치게 많은 비용을 썼던 다비 3세는 여생 동안 빚에 시달리며 살았다고 한다.

영국에서 산업이 성장하자 공업과 상업의 중심 도시도 함께 성장하고 도시의 인구가 증가하였다. 인구가 늘어난 도시주거민들은 스스로 식량을 생산하기보다는 구매하거나 공급받는 소비자였기 때문에 식량수출국에서 식량수입국으로 전환되었다. 그런데 식량의 수입대금으로 내야 할 면화 생산이 부진해지자 1800년대에 미국에서 대규모 면화 플랜테이션을 조성하고 그 노동력을 조달하기 위해 유럽으로부터 근거리에 있으며, 로마시대부터 노예시장이 활성화되어 있었고, 북아메리카 남부와 기후가 비슷했던 아프리카에서 사람을 데려와 노예로 부리게 된다. 이로써 아프리카 노예 → 아메리카 플랜테이션 공급 → 영국의 면화 수입 → 영국의 면직물 생산 → 아메리카에 면직물 수출로 이어지는 무역이 완성되었다.

농촌에서 대지주에 의해 농업에서 경쟁력을 잃은 수많은 소지주 농민들은 도시로 상경하여 도시의 노동력 공급이 급속하게 증가하였다. 이로써 새로운 지배계층으로 성장하며 참정권을 가지게 된 부르주아계층들이 노동을 착취하며 노동자들은 열악한 노동 환경에 시달려야 했다. 노동자들은 참정권이 없었고, 『국부론(Wealth of Nation)』을 쓴 아담 스미스와 같은 경제학자들이 지지하는 자유주의적 상업정책기조 때문에 정부와 의회는 자본을 갖고 있는 부르주아의 이익을 대변하기에 급급해 노동자의 권익 보호를 위한 관련법 제정이 미비했다. 어린이들도 만 7세부터 면직산업에 동원되어 학대를 받으며 종종 일하다 죽곤 했다. 물론 전근대 농촌사회에서도 걸어다닐 나이부터 일에 동원되는 것이 다반사였다. 하지만 1810년대에 방직 기계파괴운동이었던 러다이트 운동(Luddite Movement, 1811~1817)으로 열악한 노동조건에 대한 항의가 전국적으로 번져나가기 시작했고, 당시 영국정부에서 이를 탄압했지만 더 이상은 계속된 노동자의 요구를 아예 안 받아들일 수만은 없게 되어 1833년 노동력 착취 규제법이 제정되었다. 그러나 그 이후에도 30~40년에 걸쳐 노동력 착취는 계속되어, 19세기 후반 영국과 유럽의 노동자들은 주당 50~60시간에 이르는 중노동을 해야 근근이 생계를 유지할 수 있었다.[16]

러다이트 운동

러다이트 운동은 1811년에서 1817년 사이에 일어난 기계파괴운동으로, 방직기가 노동자의 일자리를 줄어들게 할 것이라는 우려에서 일어난, 영국 최초의 대규모 노동운동인 반기계화운동이다. 네드 러드(Ned Ludd)라는 어린 소년이 서툰 작업으로 인해 두 대의 직조기를 고장내면서 일어난 일에 대해 직조공들이 그 소년의 이름을 붙이면서 이 운동이 시작되었다고 한다. 직조공들은 비밀결사대를 만들어 도시의 게릴라 부대를 조직하고 공장주들을 위협해 그들의 요구사항을 관철시켰다. 18세기 초까지 영국의 산업은 숙련공들의 협업을 통해 제품을 생산하는 공장제 수공업 시대였다. 그러나 증기기관이 개량되면서 제품 생산과정이 기계화되어 숙련공을 고용하지 않고 소수의 비숙련공만으로 충분히 생산을 감당할 수 있게 된다. 그러면서 저임금에 여성과 미성년자 고용이 폭발적으로 늘어나고 심지어 5~6세의 어린이도 생산에 투입되고 있었다. 공장의 기계화로 제품이 생산되어 수공업자들의 노동에 의해 운영되던 공장들이 문을 닫으면서 숙련공의 일자리가 대거 줄어들었고, 그간 수공업제품을 대부분 담당했던 장인들의 조합인 길드조직도 역시 무너져내렸다. 소수의 자본가가 대규모의 기계화된 공장을 설립하고 소수의 비숙련공 노동자를 고용해서 싼값에 대량의 제품을 생산하는 시대의 흐름을 막기는 역부족이었다. 농촌에서도 늘어나는 인구로 일자리가 없었던 많은 농민들이 생계를 위해 도시로 이주하여 도시에는 잉여의 노동력이 넘쳐나게 되었다. 남아도는 값싼 노동력을 이용한 대량생산을 통해 이익이 증가하면서 제품생산 공장에 투자한 자본가들은 호화로운 생활을 누릴 수 있었고, 이에 반해 노동자들은 하루 15시간 이상 일하며 간혹 작업 중 사고로 다치면 공장에서 쫓겨나 길거리에 나앉게 되어 어쩔 수 없이 노숙자로 전락했다. 또한 나폴레옹이 이끄는 프랑스 군대와의 전쟁

으로 불황이 몰아닥치면서 실업자도 늘어만 가고 있었다.[17]

참정권이 없어 제도개선에 아무런 영향력을 행사할 수 없었던 노동자, 소작농, 도시 노동자 계층은 정부와 의회에서 소외되었고 철저히 자본가들의 이해만이 모든 산업화 정책 결정에 반영되었다. 1799년 영국 의회는 자본가들이 요구한 단결금지법을 제정해서 노동자들의 조합결성, 집단교섭, 파업 등 일체의 집단행동을 금지했다. 사회보장제도는 존재하지도 않았고 종교단체의 소규모 자선활동이 그나마 유일한 빈민 노동자들을 위한 구제활동이었다. 이와 같은 노동자들의 비관적인 미래에 대한 현실 속에서 마침내 "기계로 인해 계속 고통을 받을 바에는 차라리 부숴버리는 게 낫다"를 외치며 비정규직 섬유노동자들 사이에서 반기계운동이 불붙기 시작했다. 심야에 공장에 침투해 망치로 기계를 고장내거나 불태우게 되었고 이것이 러다이트 운동으로 이어져 전국에 확대되었다. 이 운동은 곧 시민들에게 지지를 받게 되어 후원금이 쏟아지고, 시인 바이런 경 같은 지식인들도 노동자들의 요구가 정당하다며 지원을 하게 된다. 정부는 군대를 풀어 시위하는 노동자를 탄압하고, 주동자를 모두 처형하는 강경대응으로 러다이트 운동은 잠잠해진다. 그러나 정부와 자본가들은 더 이상 노동운동으로 인해 발생하는 국가적 혼란을 방치할 수 없음을 인식하고, 노조설립을 허용하고, 단체교섭권을 인정하는 등 정치권과 자본가들의 양보를 받아낸다. 이후 노동자들의 투표권을 보장하는 보통선거가 기초가 된 의회민주주의의 실시를 요구하는 차티스트 운동(1838~1840)을 다시 전개하며, 570만 명의 서명이 담긴 청원을 하원에 제출하고, 런던에서 대규모시위를 벌인다. 그 결과 마침내 1884년 일반 남성에게 참정권이 주어지고, 1918년에는 30세 이상 여성에게, 그리고 1928년에는 21세 이상의 여성에게도 보통선거의 권리가 주어진다. 19세기 말 이 운동으로 결집한 노동자들이 당시 독일로부터 런던에 망명 중이던 칼 마르크스가 주창한 마르크스주의의 영향을 받아 정치세력화하면서 영국 노동당의 효시가 된다.[18]

유럽권의 산업혁명뿐만 아니라, 다른 대륙의 산업화에서도 독재정권, 권위주의 체제하에 있던 국민들은 이런 노동자의 고통과 희생을 거의 예외 없이 겪어야 했다. 소련의 스탈린 개발독재, 일본의 메이지 유신, 한국의 제3

공화국, 중국의 산업화 등의 근대화가 진행될 때 환경이 오염되고, 산업재해가 빈번했었다. 『올리버 트위스트』와 『플란더스의 개』는 산업혁명 당시 유럽의 사회상을 반영한 소설이었고, 허버트 조지 웰스의 『타임머신』의 인물들이 지배층과 하층 노동계급의 후손으로 설정된 것도 사회적 불평등에 기인하였다. 다행히도 19세기 초에 사회주의적 이념이 형성되어 일부 지식인과 정치인, 그리고 소수의 자본가들이 문제의 심각성을 인지하고 복지제도와 사회보장제도들을 도입하면서 노동착취 규제를 시작하였다. 그렇지 않으면 빈부의 극단적 양극화로 인해 노동자의 구매력이 감소하므로 결국 공멸할 것을 우려했기 때문이기도 했다. 대표적으로 12세 이하 아이들의 노동 시간 제한과 같은 규제를 했는데, 당시 시장경제 자유주의자들은 "아이들의 일할 권리와 자유를 빼앗지 말라"는 논리로 반대했었다.

이런 상황은 19세기를 거치며, 대부분 나라에서 발생했던 열악한 노동환경은 구미권에서 점차적으로 개선되었다. 그 이유는 첫째, 출산율이 낮아져 무한한 노동공급이 점차 줄어들기 시작하였다. 둘째, 구미권에서는 다수 국가가 1인 1표의 투표권을 점진적으로 확대하면서 노동자의 권익이 제도화되었으며, 사회민주주의가 나온 독일의 경우 노동자 혁명이 아닌 현실정치로 변화가 가능하다고 생각하게 되었다. 셋째, 산업이 고도화되어 새로운 형태의 직업이 생기고, 그에 맞는 숙련공이 필요해지면서 급여도 상승하기 시작하였다.

영국에서 산업혁명이 일어날 수 있었던 이유는 영국의 막대한 석탄 매장량뿐만 아니라, 당시 배를 타야만 대륙과 연결될 수 있었기 때문에 원양 항해기술이 고도로 발전한 영국은 이를 통해 거대한 제국을 일으켰기 때문이었다. 아메리카, 아프리카, 아시아, 오세아니아에 걸치는 방대한 식민지를 지배하면서 제국으로 성장한 영국은 산업발전으로 남아도는 생산품을 대량으로 제국 관할 식민지에 팔 수 있었다. 그리하여 연쇄적으로 산업발전에 박차를 가할 수 있었다. 산업혁명이 자생적으로 일어난 나라는 영국뿐이었고, 북아메리카나 유럽은 영국의 산업기술을 적극적으로 도입하여 자국에 적용하여 단기간 내에 성과를 이루었는데, 그에 비해 지정학적으로 멀리 떨어져 있던 아시아는 유럽과 같은 산업화를 시도도 하기 전에 유럽 국가들의 식민지로 전락하거나 아니면 산업화를 위한 의지나 사회적 여건이 갖추어져 있지 않아 산업화를 이루지 못했다. 그나마 아시아에서 유일하게 대륙에 붙어 있지 않아 항해를 통해서만 국외무역을 하고 있었던 섬나라 일본만이 영국을 모방하면서 근대화를 주변 국가들보다 앞서 시작하였다. 만일 영국의 직물산업과 철도, 선박 같은 교통수단을 획기적으로 발전시킨 증기기관의 발명과 그로 인한 유럽 과학기술의 발전이 없었다면, 인류는 현재까지도 농업혁명 이후 인구증가로 인한 전염병에 시달리고 인력에 의한 노동을 계속하며 빈곤이 반복되는 생활을 이어갔을지도 모른다고 일부 역사가들은 주장하고 있기도 하다.

중국은 수많은 인구로 인한 거대한 시장을 가지고 있었으며, 송나라 때는 세계무역의 80%가량이 중국에서 일어났었다는 기록이 남아 있는데, 왜 중국에서 산업혁명이 일어나지 않았는지 그 이유 중 한 가지를 살펴보면, 14세기 왕정농서 기록에 의하면 중국에도 이미 축력, 수력으로 돌아가는 방적기가 있었다고 한다. 또 북송 때 이미 3만 5천 톤의 석탄이 사용되었는데 이것은 18세기 산업혁명기의 영국과 비등한 수준이었다. 심지어 아편전쟁 이후 영국산 기계면포가 들어왔는데 중국에서 엄청난 인구에 의해 수작업으로 생산된 '토포'라 불리는 면직물과는 경쟁이 안 되었다. 당시 청나라 시대 농촌은 잉여노동력이 풍부해 농업뿐 아니라 가내수공업도 겸하고 있어서, 여기서 나오는 면포의 양이 어마어마하고 가격이 저렴해 오히려 영국산 기계면포를 압도했다고 한다. 다시 말하면 중국은 인력공급이 너무 많아서 기술적 혁신이 일어날 필요성이 없었던 반면, 영국은 전 세계 곳곳에 만든 식민지를 유지하기 위해 많은 수의 인구가 식민지 관리에 징집되어 노동임금이 유럽의 어떤 나라들보다 높았다. 당시 다른 지역보다 상대적으로 산업이 발달했던 프랑스 북부도 임금이 높았으나 영국의 임금은 그의 2배에 달했고, 이탈리아 밀라노의 4배에 달했다. 영국의 인력난으로 인한 높은 노동임금이 산업화와 혁신을 가져오는 데 촉매제 역할을 했던 것이다. 이는 현재 미국 샌프란시스코 지역에서 컴퓨터 기술과 자본의 뒷받침으로 IT혁명이 일어나고 있는 실리콘밸리의 임금이 높은 것과도 비슷한 현상이다. 이런 현상이 200여 년 전 18세기 산업혁명 기간 동안 영국의 전역에서도 일어났던 것이다.

재산권의 발달

유럽 발전에 있어 개인의 권리 인정과 보호, 주식과 채권 등 금융업의 발달, 자연과학의 학문으로서의 독립과 체계화, 특허권 같은 지적재산권 인정 등이 중요한 요인으로 꼽히고 있다. 유럽에는 이미 봉건영주가 지배했던 중세부터 도시 및 농촌이 자치적으로 재판관을 뽑아 판결을 내릴 수 있는 제도가 마련되어 있었다. 많은 수의 봉건영주들에 의해 지배받던 중세 유럽의 도시들은 그 규모가 크지 않았고, 그 수가 많다 보니 생존하기 위해 경쟁적으로 활발한 교역을 전개했다. 그 결과 발달된 상업도시의 규모는 인구 10만 명을 넘는 경우가 드물었고, 이들 도시들은 규모는 작았지만 상호 간의 교역을 위해 밀접한 관련을 맺고 있었으며 그 수 역시 매우 많았다. 이런 봉건영주들에게 지배받았던 자치 도시들은 상업적 이유로 설립되어서 상권쟁탈을 위해 영주들 간에 전쟁도 하고, 영주들 자식 사이에서는 로미오와 줄리엣의 사랑 같은 비극도 만들었지만, 대부분 상생을 위해 상업적 충돌을 피하기를 원했고, 그래서 제도적으로 충돌을 조정하는 판결을 매우 중요시했다. 그 결과 공중과 회사, 길드 등의 경제적 권익 보호를 위한 제도와 상업과 관련된 조직이 더욱 발전하게 되었다. 르네상스 시대에 이탈리아에서 번성한 메디치 가문이 지배했던 플로렌스나 베네치아같이 활발한 상업활동이 전개되었던 도시들에서 재산권이 보호되는 제도들이 특히 발달하였다. 당시 유명했던 레오나르도 다빈치의 아버지도 사유재산권을 합법화하는 공증인이었으며, 레오나르도 역시 메디치 가문을 위해 여러 예술작품들을 제작하였다.

유럽 상업도시들의 재산권보호 제도와 비교하여, 동아시아에서는 절대권력을 누리는 왕권에 의해 지배받는 통일된 국가 형태가 지배적이었다. 그래서 절대권력과 유교적 세계관에 바탕을 둔 중국의 법제도는 상거래를 통해 발생되는 개인과 개인 간의 충돌을 다루는 사법보다는 죄를 지은 사람을 처벌하는 형법 형태로 발전했다. 수많은 유럽의 상업도시들에서 상업적 거래에 따른 신뢰가 공적으로 보장되는 공증 같은 제도가 일찍부터 발전한 반면, 유교적 사상의 영향으로 상거래를 통한 이익의 추구와 재산축적이 경시되던 사회에서는 지배계급이나 일반백성들에게 큰 관심의 대상이 아니었으며, 검소한 삶을 사는 사람들이 존중받았던 시대적 정서로 중국에서 상업거래의 제도적 필요성은 크지 않았다. 당시 전제적 왕정의 중국에서는 하위 관료 없이 중앙에서 파견한 관리 혼자서 지방 관료들을 거느리며 사법, 행정, 군사를 전부 도맡았기 때문에 중앙관리의 명은 곧 왕의 명과 같아 상업 충돌 같은 사안이 도둑질이 아닌 다음에야 이해관계를 따지는 복잡한 조정보다는 상식적인 수준에서 간단한 명으로 해결되었다. 유교 특유의 상업을 경시하는 문화 때문에 중국 명·청시대에 상인들의 기록을 보면 큰 재산을 가져 관료와 결탁하거나 왕의 권력유지를 위한 재정적 지원을 한 게 아닌 이상 제도적으로 국가로부터 보호받을 필요가 없었다고 쓰여 있다. 간혹 부두 노동자들이 물건을 빼돌리거나 사기를 치고, 태업을 하는 등의 잦은 문제를 일으켜도 왕명을 받아 중앙에서 파견된 관료들은 법제도를 바탕으로 한 대응보다는 중간에서 조정하거나, 혹은 관례적으로 이해관계자들이 알아서 해결하도록 하였고, 그렇지 않으면 부패한 관리들의 묵인으로 상업적 갈등 문제가 무마되곤 했다.

유교를 바탕으로 한 중국의 강력한 중앙집권적 정치문화와 비교하여, 유럽에서 영국은 수많은 전쟁과 주변국들과의 갈등, 연합, 내정간섭 등을 겪으며 절대왕권을 견제하는 권력의 분산화가 이루어지면서 권력을 공유하게 된 의회의 견제로 인해 왕권이 약화된 왕은 권력과 직결되는 세금 징세권을 남발할 수 없었다. 그리고 영국과 같이 해상무역과 상업이 매우 발달했던 네덜란드 공화국에서는 통치자 오라네 공작마저도 간섭할 수 없는 독립적인 은행이 설립될 정도로 상업활동이 중시되고 있어, 권력의 핵심요소로서의 상업자본과 관련제도의 발달은 네덜란드가 유럽의 금융 중심지로 떠오르며 해상무역과 유럽제국주의 팽창을 위한 자본조달의 창구 역할을 하는데 큰 역할을 했다. 당시 활발했던 유럽의 상업활동으로 프랑스, 스페인, 독일에서는 국민으로부터 세금 걷는 일을 왕권과 결탁한 청부업자에게 맡겼다가 배신당하거나 부실한 관리로 왕이 파산하는 경우가 흔한 일이었고, 왕이 간혹 은행으로부터 빌린 돈을 제때 갚지 않아 은행이 망하는 경우도 다반사였다. 그래서 유럽에서 있었던 상업활동의 제도적 보장도, 공정성이 결여된 부패한 사회에서는 그때그때 나라 안팎의 상황에 따라 보호받지 못하는 부작용도 빈번히 발생시켰다. 이는 차후 점진적인 혁신을 통해 발전하게 되었다.

　국가가 공인했던 영국의 특허제도는 산업혁명뿐 아니라 산업 관련 기술을 기록하는 분야에서 일찍이 유럽의 다른 국가들과 격차를 벌리는 데 커다란 공헌을 했다. 전근대에는 혁신이나 발명이 사회 전체의 노력으로 여겨졌고 개인의 성과로는 여겨지지 않아, 혁신과 발명에 대해서 개인의 이윤이 거의 남지 않았기 때문에, 누군가가 혁신을 일으켰다면, 타인보다 앞서기 위해 그 혁신을 비밀로 하는 것이 중요했다. 아니면 도제적으로 소수의 제자들에게만 자신의 비법을 전수하든가 했다. 레벤후크의 현미경, 갈릴레이의 망원경, 브라헤의 천문 관측 자료들 등도 그들이 죽을 때까지 타인에게 공개하지 않아 영원히 사라질 뻔하기도 했다. 이와 비슷하게 고려시대 도자기 장인들은 청자의 기술을 자식에게조차도 물려주기를 꺼려했다고 하는 이야기가 있을 만큼 비법에 대한 강한 집착을 드러냈다고 전해지지만 실증적으로는 조선시대로 넘어오면서 도자기가 대중화되면서 특권층의 전유물이었던 청자에 대한 관심이 줄어들고, 보다 실용적이고 소박한 모습의 백자가 대중적인 인기를 끌게 되었다고 한다. 근세 유럽에서도 그와 비슷하게 기술 중 많은 것들이 그 기술의 개발자가 죽을 때까지 그 비결을 숨기는 바람에 유실되었는데, 영국은 특허제도 덕분에 발명가들이 자신의 이득을 보전할 수 있을 것으로 여겨서 그 비법을 국가가 인증하는 특허제도를 통해 공개했고 그 결과 많은 기술이 보전될 수 있었다. 특히 국가를 통해 공개한 것은 국가가 망하지 않는 한 원본이 보전될 수 있다는 점에서 특정 기술에 대한 상시적인 열람이 가능해 자연적인 전파 이상으로 기술 혁신에 기여하였다.
　유럽의 중세 봉건시대에 강력한 기독교 종교권력과 재산을 보유한 교회에 의해 보호받고 운영되었던 수도원들은 교회로부터 안정적인 지원을 받게 됨으로써 종교교육은 물론 파생적으로 다양한 학문을 연구할 수 있는 여유를 가지고 있었다. 이 수도원 교육 체계가 후에 대학으로 발전하게 되면서 산업혁명과 맞물려 다양한 분야의 학문 발전으로 이어졌고, 이렇게 발전된 학문을 효과적으로 교육할 수 있게 되면서 활용할 인적자원이 많아졌다. 유럽의 대학에서 다루는 분야들을 교육받은 인재들은 대부분 지배계급인 상류층 자제들로 구성되었고, 그들 대부분이 실용적인 교육을 받아 각기 실무적으로 활용하였다. 또한 고급인재로서 지배계급에 의해 관리되었던 사회 각 분야에서 특혜를 받아 활약할 수 있었기 때문에 인재집단이 정예화될 수 있었다.

동아시아의 주변 나라들과 유사했던 중국의 관료제는 과거제를 통해 유교 철학적 소양을 갖춘 인물을 시험으로 선발해 관료로 등용하는 제도였다. 하지만 이 과거제는 중국과 조선에서 여러 병폐들도 가지고 있었다. 실무와 직접적인 관련이 없는 주제로 구성된 시험으로 선발하다 보니 관료의 직무에 대한 기본적인 지식에 기반한 직접적인 업무 대응능력이 부족하여 관료가 된 이후에도 긴 수련기간을 요구하게 되었다. 또한 과거시험에 합격해서 국가의 관리가 되어야만 신분유지 및 상승의 미래가 보장되었기 때문에, 대부분의 인재가 과거에만 매달리게 되어 종종 정부기관에 배치해야 할 인재가 부족하여 인재적체 현상을 일으키기도 했다. 과거제는 공정하게 능력 위주로 인재를 선발하는 것 같지만 실제로는 집권왕조의 의중과 철학적, 정치적 견해가 정권에 부합되는 응시자들이 대부분 선발되었다. 그리고 일부 왕조들의 권력유지를 위해, 인재들이 전부 입신출세의 길이었던 과거에만 매달리게 하여 공부만 하며 조용히 지내게 만듦으로써 나라에 대한 불만이나 갈등이 터져 나오거나 나라가 분열되지 않게 하려는 정치적 의도 역시 깔려 있었다. 한편 철학과 인문을 중요시했던 유교 특유의 상업멸시 및 기술을 가진 장인들을 천시했던 사회적 분위기의 영향으로 다양한 분야의 교육을 등한시했던 것도 인재 부족 현상에 한몫했다. 근대 이전 한 국가의 정치사상과 종교적 성격을 동시에 지닌 유교가 동아시아에서 자리 잡으면서 출세길의 필수과정이었던 과거제도가 보편화되었고 근대에 들어서까지 얼마간 유지되어 앞서 개화기를 거친 일본을 제외한 동아시아 국가들의 산업화를 지연시켰다.

중세 후기에 유럽의 지식인들은 절대적이었던 신으로부터 사상적 독립을 하면서 전반적인 실용학문에 대한 높은 관심을 보이기 시작하고, 이는 동아시아보다 더 많은 행정기록과 문서를 남기는 데 기여했으며 근대에 이미 행정력, 법치주의, 학문 등이 세계문명권 중에서 매우 발달한 수준에 도달했다. 법학을 배운 자가 도시의 공증인이나 변호사로 활동하거나 수학과 기하학을 배운 자가 금속세공, 건축, 전쟁무기 생산에 뛰어드는 것은 흔한 일이었다. 르네상스 시대 이탈리아에서 추앙받았던 발명가이자 예술가였던 레오나르도 다빈치도 그가 남긴 많은 스케치들이 보여주듯이 예술과 병행하여 무기개발과 성능을 개선하는 일에 깊이 관여하여 생계를 유지했다고도 한다. 유럽의 전반적인 교육수준이 높았던 점은 로마자의 난이도가 한자에 비해 쉬웠다는 점도 있었다고 보고 있다. 이는 요하네스 구텐베르크로 인한 인쇄혁명이 가능했던 배경 중에 하나였다. 종이를 일찍부터 사용했던 동아시아에서도 금속활자 자체는 존재했으나 한자는 글자가 다양하고 많아서 근대가 끝날 때까지 금속활자 인쇄가 제대로 활용되지 못하였다. 그때까지도 한중일 모두 상업적 목적의 인쇄에서는 계속 목판인쇄를 사용하고 있었다. 인쇄혁명 바로 직전의 유럽의 서적 수는 10만 권 정도로 추산되는데, 금속활자를 이용한 인쇄기가 발명된 후 150배에 달하는 1,500만 권의 책들이 인쇄되었을 정도로 금속활자는 유럽의 지적 수준을 높이는 데 지대한 영향을 미쳤다. 이러한 지식수준 향상의 한 예로, 유럽 당대의 천문학자들은 지구의 둘레를 계산하는 법을 이미 알고 있어 크리스토퍼 콜럼버스(Christopher Columbus, 1451경~1506)가 세운 무모한 계획을 듣게 되자, 신대륙 탐험의 가부간의 결정을 내려야 했던 스페인 왕실 토론에서 "아시아 대륙에 도착하기도 전에 망망대해에서 말라 죽을 것"이라고 반대했다. 그러나 이후 끈질기게 왕실을 설득하여 콜럼버스는 스페인 이사벨 여왕의 후원을 받아서 계획대로 아시아 대륙에 있는 인도에 도착하기 위해 서쪽으로 항해를 강행하게 된다. 비록 1,000년경에 북유럽 노르만인들에 의해 이미 발견되어 신대륙이 있다는 풍문도 떠돌았지만, 이 무모하고 위험한 도전의 결과 콜럼버스는 풍문을 실제로 증명하며 유럽에 널리 알려져 있지 않았던 새로운 대륙을 인도 대신 발견하게 된다. 당시에 그는 사실 남아메리카 대륙 카리비안 해 근처의 바하마 군도에 도착했지만 죽을 때까지 자신이 인도에 도착했다고 믿었다고 한다. 이러한 우여곡절 끝에 발견된 신대륙은 이후 산업혁명에 결정적인 역할 중에 하나를 했던 아메리카 대륙 식민지 시장을 개척하게 되는 '기회의 땅'이 되었다.[19]

인쇄혁명

요하네스 구텐베르크(Johannes Gensfleisch zur Laden zum Getenberg, 1398경~1468)는 신성 로마제국 마인츠에서 태어났다. 그의 아버지는 귀족 출신으로 조폐국에서 일했으며 어머니 역시 유복한 집안 출신이었기 때문에 경제적인 어려움은 없었다. 1450년경 구텐베르크는 조폐국에서 일했던 경력을 살려 철로 만든 형틀 및 주조기를 쓰는 금속활자기술을 창안하였고, 이 금속활자는 수천 번을 주조해도 모양과 크기가 일치했다. 그는 주철을 사용해 활자 주조기를 만들었고, 납과 주석을 녹여 금속활자를 만들었다. 조판과 활자에 서로 요철로 만들어 꽉 물리게 하는 방식을 썼으므로 수백 장을 찍어도 활자가 밀리는 일 역시 거의 없었다. 여기에 대량생산을 위해 인쇄에 용이하게끔 기존의 포도씨 기름을 짜던 압축기(press)를 활용한다. 현재 신문과 언론을 '프레스(press)'라고 칭하는 것도 구텐베르크의 인쇄기에서 유래된 것이다. 구텐베르크는 1452년부터 3년에 걸쳐 성경 180부를 인쇄한다. 당시 필사본 성경의 값이 시골에 사는 농민의 집보다 비쌌고, 도시의 잘 지어진 연립주택 1채보다 약간 낮은 가격이었다고 하는 것을 보면, 구텐베르크의 인쇄기는 책의 가격을 엄청나게 낮출 수 있어 유럽에서 주목을 받기 시작하였다고 한다. 이로 인해 과거보다 대량으로 인쇄된 출판물에 담긴 지식의 전파가 엄청난 속도로 빨라져 개인의 철학이나 과학연구 관련 서적들이 연쇄적으로 출간되어 지식전파의 촉매제가 되는 혁신을 일으키게 되었다.

이후 활자인쇄술은 급속히 퍼져 1450년부터 1500년까지 50년 동안 3만 종에 이르는 2,000만 부의 책을 인쇄하여, 과거 1,000년 동안 출판된 책보다 더 많은 양의 책이 출판된다. 독일 괴팅겐 대학 도서관에 소장되어 있는 1455년 11월 6일자 첼마스페르 공증문서의 기록 일부에 따르면, 구텐베르크가 인쇄기 발명을 위해 푸스트에게 빌린 돈의 두 배인 원금과 이자를 합한 2,026길더를 갚으라는 판결문이 있다. 그는 이 거액의 돈을 갚을 길이 없었기 때문에 그가 평생을 걸쳐 발명한 인쇄장비를 비롯한 모든 걸 압수 당해야 했고, 인쇄기 발명에 대한 지적재산권을 갖지 못하는 불행을 겪는다. 이 일은 곧 구텐베르크가 푸스트에게 이용당한 것이라는 이야기가 전해지는데, 결국 빚으로 인해 재정적으로 파산한 그는 절망에 빠져 생활에 어려움을 겪다가 비참하게 생을 마감했다고 기록되어 있다. 구텐베르크의 인생은 영국의 제임스 와트가 행운의 동업자를 만나 성공한 것과는 반대 결과의 삶이었다. 구텐베르크의 발명은 안타깝게도 그에게 명예와 지위를 가져다주지는 못했지만, 유럽의 산업혁명 확산에 커다란 기여를 했고, 그 가운데 가장 중요하게 인정되는 것은 인쇄기의 대중화를 통한 문서의 대량 생산과 이를 통한 활자화된 지식전파가 폭발적으로 증가되었다는 데 있었는데, 이것은 지난 1,000년간 인류 역사에 가장 큰 전환점을 가져온 중요한 혁명적 발명으로 받아들여지고 있다.[20]

1517년 10월 31일, 독일 중부에 위치한 베텐베르크성의 교회 문에 95개의 조항으로 구성된 반박문이 붙었다. 이를 붙인 사람이 바로 개신교의 탄생을 가져온 독일 종교개혁자인 마틴 루터(Martin Luther, 1483~1546)였다. 당시 카톨릭 교회는 상당히 부패하고 타락했다. 그 대표적인 사례가 바로 교회의 재정을 충당하기 위해 시행된 면죄부 판매였다. 교회의 부패에 실망한 루터는 95개조의 반박문을 게시하면서 카톨릭 교회의 개혁을 주장했다. 루터의 95개조 반박문은 곧 독일 전역으로 퍼져나가게 되었고, 그 후 이 반박문에 대한 카톨릭의 강력한 반대를 야기시키면서 신변에 위협을 느낀 그는 바르트부르크로 피신했다. 이곳에서 그리스어와 라틴어로 쓰인 신약성경을 번역한다. 루터가 번역한 독일어 성경은 급속하게 대중에게 확산되기 시작하여, 독일에서는 누구나 성경을 읽고 해석할 수 있게 되었다. 그리고 그의 주장은 장 칼빈(Jean Calvin, 1509~1564)을 중심으로 스위스에서 발생한 종교개혁 칼빈주의에도 영향을 미치면서 스코틀랜드의 장로회나 잉글랜드의 청교도 같은 새 종교들이 나타나는 데 중요한 역할을 한다. 이 두 가지 반박문과 신약성경 출판물도 구텐베르크(Johannes Gutenberg)가 발견한 활판 인쇄기 덕분이었다.[21]

1762년 네덜란드에서 출판된 장 자크 루소(Jean Jacques Rousseau)의 『사회계약론(Du Contrat Social)』 역시 활판 인쇄술 덕분에 유럽과 아메리카에 전파되었다. 루소는 자신의 저서에서 사회나 국가는 구성원들 간의 계약을 통해 수립되기 때문에 주권은 인민에게 있다고 주장한다. 이와 같은 급진적인 사상들은 활판 인쇄를 통해 프랑스 전역으로 확산되었고, 결국 신분제도와 재정문제 등 구체제의 모순을 해결하기 위한 혁명이 일어나게 된다.

1776년 1월 10일 미국 필라델피아에서는 북아메리카 역사상 가장 중요한 소책자가 출판되었는데 그 책이 토마스 페인(1737~1809)의 『상식(Common Sense)』이었다. 이 글을 통해 페인이 주장했던 것은 미국의 독립이 지극히 상식적인 진실이라는 것이었다. 이 책은 3개월 만에 10만 부가 팔려나갔고, 그의 글에서 페인은 "모든 인간은 평등하다, 그리고 인간은 자유를 누릴 권리가 있다"고 했다. 당시 사회적 분위기상 조지 워싱턴이나 벤자민 프랭클린도 1770년대 초까지는 독립을 반대했었다고 한다. 그는 영국 노퍽에서 퀘이커교도인 코르셋 제조업자 가정에서 태어나 13세까지 학교에 다녔으나 가난 때문에 상급학교 교육은 못 받고 여러 직업을 전전하면서 정치와 사회제도 모순을 체득한다. 페인은 젊은 시절 서섹스주 세무서에서 근무할 때 간접세 관리들이 공공연히 뇌물을 챙기는 부조리를 보고 '간접세 관리들의 문제'라는 글을 집필하게 되는데 이로 인해 세무당국으로부터 미움을 사게 되고 결국 험난한 공직생활 끝에 해고를 당한다. 두 번의 결혼에 실패하고 세무서를 나와 차린 사업에도 실패하여 실의에 빠져 있던 페인은 벤자민 프랭클린을 만나게 된다. 프랭클린은 페인의 영민함과 패기를 한눈에 알아보고 그에게 "아메리카는 자네와 같은 끓는 피를 가진 젊은이에게는 꿈의 땅이네. 그곳은 자네 같은 개척자적인 두뇌를 요구하고 있으니, 아메리카에서 행운을 찾길 바라네"라는 말을 남기며 페인에게 추천장을 써주었다.

이 벤자민 프랭클린과의 인연으로 페인은 그가 써준 추천장을 들고 미국행 배에 올라 1774년 11월 30일 필라델피아에 도착하여 펜실베니아 매거진에 취직해 기자로 일하게 되었고, 틈날 때마다 익명으로 노예무역과 흑인들의 인권보장에 관한 기사들을 발표한다. 사회정의구현을 인생 철학으로 삼았던 페인은 렉싱턴 전투가 벌어지면서 미국 독립의 당위성을 주장하는 글 『상식(Common Sense)』을 발표한다. 한편 영국의 과세정책에 반대하는 보스턴 차 사건(Boston Tea Party) 이후 영국은 식민지에 경제적, 군사적 보복을 시행했는데, 이 사건의 발단으로 인해 1775년 4월 19일 영국군과 메사추세츠 민병대가 렉싱턴과 콩코드에서 무력충돌을 일으키며 미국의 독립혁명이 시작된다. 하지만 전쟁이 진행되는 중에도 여전히 영국과 상업적 교역으로 부를 장악하고 있던 대다수의 식민지 기득권계층과 지식인들은 그들의 지위를 유지하기 위해 영국과의 평화를 원했다. 그러나 과중한 세금으로 피해를 받던 평민들과 독립의 당위성을 인식한 반대파 지식인들은 식민지 치하의 소극적 안주를 버리고 영국으로부터의 독립을 위해 전쟁을 일으킬 것을 다짐하고 독립을 위한 봉기를 하게 된다. 이 독립전쟁을 통해 새로운 국가를 세우고자 촉구했던 출판물이 바로 토마스 페인의 소책자『상식』이었다.

독립전쟁이 본격적으로 확대되자 페인은 자원해서 너새네이얼 그린 장군의 부관으로 복무하며 집필을 계속해 1775년 12월 19일『미국의 위기』제1호부터 제16호에 이르는 글을 썼다. 이 글을 본 조지 워싱턴은 벨리포지에서 모든 군인들에게 읽을 것을 명하면서, 독립을 이루고자 하는 애국심으로 전쟁에 참가한 군인들은 숙소에서 소리내어 읽게 되었고, 그들의 애국적인 마음을 설레게 하며, 군인들의 사기를 충천하게 하기도 했다. 이렇게 사기 충천한 군대의 활약으로 전쟁의 승기는 식민지 독립군에게 기울었다. 미국 독립운동의 주축이었으며 페인을 격려하고 추천장을 써주었던 벤자민 프랭클린은 독립선언문 초안을 작성하는 데 관여한다. 한편 미국의 독립운동에 사상적 영향을 미친 것은 영국의 계몽주의자 존 로크(John Locke, 1632~1704)의『관용에 대한 에세이(Essay on Toleration, 1679)』,『인간 지성에 대한 시론(An Essay Concerning Human Unsedstanding, 1689)』속에 나타난 이성적 법에 의한 통치, 개인의 자유, 인권을 강조하는 종교적 관용을 역설하는 글들이었다. 자유에 대한 열망을 담은 로크의 글들은 혁명가들에게 도덕적 자부심을 주었으며, 자연관에 입각한 경험주의적 통찰을 담은 통치론과 함께 대량 인쇄된 다른 글들도 북아메리카로 옮겨가 식민지인들에게 읽히면서 자유민주주의의 제도적 초석을 마련하는 데 커다란 영향을 미치게 된다.

전쟁 후 미국 독립운동에 정신적 기여를 했던 페인은 그의 저술마다 수십만 부가 팔렸지만 널리 보급하기 위해 인세 없는 저가의 책으로 출판하였으므로 경제적 보상을 받지 못하고 미국에서 넉넉하지 못한 생활을 한다. 그러던 중 프랑스 혁명이 고조되자, 페인은 영국으로 다시 돌아가 프랑스 혁명에 대한 글인『인권(Right of man)』을 발표하여 인권, 기득권자의 권리제한, 대중교육, 빈민구제, 노인연금, 실업구제를 위한 공공정책을 실시하여야 한다고 주장하였으며, 그 비용은 소득 세금으로 충당해야 한다고 성토한다. 영국 정부는 이 글이 민중을 선동하는 위험한 글이라고 여기어 판매를 금지시키고, 페인에게 반역죄의 명목으로 체포령을 내린다. 그러나 이때 이미 페인은 프랑스 시민계급에 의해 구성된 국민공회의 의원으로 선출되어 프랑스로 가고 있던 중이어서 체포를 면한다. 프랑스 혁명에서 국민공회 의원으로 참여하게 된 페인은 권력을 잃은 루이 16세는 단지 한 명의 인간일 뿐이라고 하며 목숨을 살려주자고 주장하다 집권권력에 위해 투옥되기도 한다. 이후 프랑스 혁명이 궤도에 오른 1802년 9월 프랑스에서의 혁명적 활동을 마치고 미국으로 돌아온다. 미국의 기득권계층은 급진적인 사상을 가진 페인의 귀환을 불편하게 여기게 되는데, 그의 마지막 저술『토지분배의 정의 (Agaris Justice, 1797)』는 특히 그들로부터 달갑지 않은 경계의 대상이 되었다. 결국 페인은 기득권자들로부터 그의 미국 독립운동에 대한 기여는 잊혀지고 이단자 취급을 받으면서 말년에 가난과 외로움 속에서 살다가 1809년 6월 8일 뉴욕시에서 삶을 마감한다. 그의 사망 10년 후 정치기고가 윌리엄 코벳이 페인의 유해를 영국에 가져가 그의 공로에 걸맞은 장례를 치르고자 하였으나, 불행하게도 뜻을 이루지 못해 그의 유골마저 사라지게 되었지만 인쇄된 그의 혁명적인 글들은 지금까지 남아 사람들에게 계속해서 읽히고 있다.[22]

구텐베르크가 인쇄기를 발명한 후 350년이 지나는 동안 인쇄기는 거의 개량되지 않았고, 산업혁명 때까지 계속해서 사용되었다. 그러나 제임스 와트가 증기기관을 발명하면서 영국의 찰스 스탠호프(Chalres Stanhope)가 이 기술을 적용해 1811년 외연기관을 사용한 최초의 철제 인쇄기를 발명하게 된다. 산업혁명을 통해 개발된 인쇄기는 이전보다 비약적으로 인쇄물의 생산량을 증가시켰다. 1814년 런던의 신문「더 타임스(The Times)」는 증기기관으로 구동되는 인쇄기를 사용하여 시간당 100장을 찍어냈다. 1865년부터는 미국의 윌리암 블록이 두루마리 종이를 사용하고 종이 공급의 기계화를 이루면서 시간당 1만 2,000부의 신문을 찍어낼 수 있게 되면서 인쇄속도 증가가 120배에 달하게 되었다.[23]

우리나라에서는 금속활자를 이용해 만든 것이 세계에서 가장 오래된 인쇄본인 '직지'이다. 원래 이름은 '백운상초록불조직지심체요절'로서 고려 말 승려 백운화상이 경전과 법문의 좋은 구절들을 편집한 불교서적이다. 1337년 충청도 청주 흥덕사에서 활자본을 인쇄했는데, 구텐베르크보다 70년 정도 앞선 것이다. 500년이 지난 후 우리나라에 근대식 납활자와 활판인쇄술이 처음으로 상륙한 것은 1881년 12월 10일 부산에서 창간된 「조선신보」를 기점으로 한다. 이는 부산에 거주하고 있던 일본인들이 상인단체인 재부산항상법회의소의 기관지로 발행된 것인데 10일 간격으로 낸 정기 간행물이었다. 우리 민족이 직접 수입한 근대식 납활자와 활판인쇄술의 도입은, 1883년 7월 새로운 문물과 제도에 따라 신문이나 서책들을 출판하기 위해 설립한 근대화 추진기구 통아리문 산하에 최초의 인쇄소 박문국을 설치하였고, 같은 해 10월 1일 「한성순보」를 발간하면서부터이다. 이후 1984년 10월 갑신정변이 일어나 개화파들에 의해 민영목이 살해되고 수구파들에 의해 박문국이 파괴되면서 활자 및 인쇄시설이 모두 불타게 되어 「한성순보」의 발행이 중단되었고 박문국의 근대식 인쇄시설은 개화의 사명을 다하지 못한 채 사라지고 말았다. 그러나 「한성순보」를 개화파들의 정치적 선전도구로 내몰았던 수구파 인사들도 신문의 필요성을 깊이 인식하게 되어 1886년 1월에는 「한성주보」라는 이름으로 16면짜리 책자 형태로 복간하게 된다. 신문의 본문은 국한문을 혼용해 제작했으며, 이것이 우리나라 최초의 신문체이다. 그러나 운영난을 겪고 2년 만에 폐간된다. 이후 고종 33년 1896년에는 「독립신문」이 창간되면서, 우리나라 최초의 한글판 신문이자 독립협회의 기관지 역할을 했다. 이때 민간 인쇄업소는 5개사가 있었으며 인쇄기는 수동식과 족답식이었다. 그리고 1814년 영국에서 증기기관에 의해 신문인쇄가 시작된 이래, 84년 만에 드디어 조선에서도 석유 발동기를 원동력으로 사용하여 짧은 시간에 대량의 신문인쇄를 할 수 있게 되었다.[24]

갑신정변

1884년 김옥균을 중심으로 한 급진 개혁파가 서구식 근대화를 목표로 일으킨 정변이다. 고종의 신변확보와 정적의 숙청을 단행했지만 삼일천하로 끝나고 말았던 개혁이다. 조선 후기에 왕권 체제를 폐지하고 자본주의 및 근대사회로 나가려는 사상을 가진 급진 개화파들이 서구 사회에 관한 문명 서적을 읽고 실학사상과 자본주의에 관한 새로운 지식을 습득함으로써 조선사회의 개혁에 안목을 열기 시작하였다. 평균나이 25세도 안 되었던 이들은 김옥균이 30대였고 심지어 서재필은 19세였다. 이들은 당시 서구문물에 관심을 갖고 있었던 고종에게 접근하여 일본 수신사 및 조사 사찰단에 적극 참여하였다. 1882년 발생한 임오군란은 명성황후 민씨의 외척들에게는 위기였지만 개화파에게는 새로운 기회였다. 임오군란으로 청나라에 간 사신들은 청나라의 지원을 요청하였고 청나라는 조공국 조선에 대한 영향력을 확대하기 위해 군대를 파견하면서 민씨 세력은 청에 의존하게 되었고, 청국 상인의 조선 국내무역을 허용한다. 반면 일본은 조선의 국가재정상태가 어려운 것을 알고 있었으며, 조선에 대한 청나라의 외교적 우위를 견제하기 위해 차관 제공을 약속한다. 이때 개화파를 아꼈던 고종은 김옥균에게 일본으로부터 차관을 받아오게 하여, 계획한 300만 원에 아주 못 미치는 17만 원을 조선의 근대화 자본으로 사용하기 위해 도입하게 된다. 부족한 차관을 보충하기 위해 김옥균은 미국으로 직접 건너가 근대화 투자금 도입을 시도했으나 뜻을 이루지 못하게 되자, 급진 개화파가 추진하려던 근대화 정책은 실패로 돌아가게 된다. 이에 고종은 책임을 물어 김옥균을 모든 공직에서 사퇴시킨다.

1883년 고종은 조선에 들어온 열강들의 세력균형을 꾀하고자 미국제 무기를 구입하고 미국에게 군사고문을 파견해줄 것을 요청하였으나 다시 거절당하자 이 기회를 놓치지 않고 이용해 수구파인 민씨 외척 민영익이 청나라에서 군사고문을 요청하게 된다. 그런데 청나라가 마침 베트남이 프랑스와 벌인 독립전쟁에 군대를 파견하여 전쟁을 치르고 있어 어수선하던 차에, 근대화 차관 실패로 약화된 권력을 다시 장악하기 위해 급진 개혁파는 1884년 12월 4일 우정국 연회가 열릴 즈음 준비한 폭탄으로 혼란을 일으켜 사전에 사주했던 암살자들로 하여금 수구파들을 일시에 제거하려고 시도했으나 폭탄이 터지지 않아 불발로 끝나 어쩔 수 없이 이웃 건물에 불을 지른다. 이 화재의 혼란을 틈타 어수선해진 연회에서 수구파 몇이 암살되고 민영익은 중상을 입게 되었다. 이 순간 사건현장에 있던 홍형식은 정파는 달랐지만 민영익과 평소에 가깝게 알고 지내던 사이여서 죽어가는 민영익을 그냥 보고만 있을 수 없어, 중상으로 출혈이 심해 목숨이 위태롭던 민영익을 미국인 선교사의 집으로 데려가 민영익은 목숨을 건지게 된다. 이 사이 급진 개화파들은 창덕궁으로 입궁하여 고종에게 수구파와 청군이 정변을 일으켰다고 허위보고를 하고 왕을 경운궁으로 피신시킨 후, 일본군 200명과 박영효가 이끄는 군대 및 휘하 별기군 50명으로 궁을 호위토록 하고, 민영목, 민태호를 포함한 수구파 일부를 살해한다. 그리고 다음날 청나라와의 종주관계 폐지, 문벌개혁, 환곡폐지, 호조중심 재정관리, 규장각 폐지를 포함하는 새로운 정강14조와 내각개편안을 발표하고, 우의정에 홍영식, 호조참판에 김옥균을 임명하여 국가재정을 맡긴다. 이에 명성황후가 정변을 눈치 채고 청나라에 원병을 요청하고, 고종에게 창덕궁으로의 환궁을 종용한다. 어쩔 수 없이 고종과 함께 있던 정변세력인 급진 개화파는 창덕궁으로 회궁하여 사태를 진정시키고자 하였으나, 이튿날 명성황후가 요청했던 청군 1,500명이 창덕궁에 진입하자 개화파가 요청한 200여 명의 일본군은 승산이 없다는 것을 알아차려 싸우지도 않고 철수해버린다. 결국 3일 만에 정변은 실패로 돌아가고 김옥균과 박영효는 도피하여 일본군의 보호 아래 제물포를 거쳐 일본으로 망명길에 오른다. 이 사건 당시 일어난 화재로 지석영 선생의 종두학교도 불에 타 천연두의 퇴치도 늦어졌다고 한다. 일본의 도움을 받아 일으킨 갑신정변이 실패로 돌아가면서 개화파들은 반역으로 몰리고 개화를 추진하여야 하는 청년관료들이 조선을 등지고 해외로 떠나게 되었다. 이후 한성에서는 개화라는 말을 하면 반역으로 몰아세우는 분위기로 돌아섰다. 이런 와중에 김홍집을 중심으로 한 온건 개화파들은 향후 10년간 전신, 전등, 육영공원, 광혜원, 「한성주보」 발간 등 몇 가지 근대적 개혁을 추진하기도 했다. 한편 이 정변 이후 청과 일본 간의 다툼이 노골화되고 결국 훗날 청나라의 국력이 약화되자 일본이 대륙진출을 위해 조선을 발판으로 삼아 마침내 청일전쟁을 일으키게 된다.[25]

산업혁명으로 이룬 서구의 군사적 우세로 아시아가 서구 열강들에 의해 침탈을 당하였지만, 유럽과 북미에서 진행된 산업혁명에 따른 계속적인 발명과 기술 혁신은 종전 유럽의 농업적인 사회와는 전혀 다른 산업사회를 출현시키고 경제성장을 가능하게 했다. 이전의 시대보다 비약적으로 발전한 생산력이 서구인들에게 풍요를 가져다주고, 빈곤을 극복할 수 있는 수단과 기반을 마련해주었다. 대다수의 사람들은 인류의 발전이 점진적이고 선형적으로 이루어졌다고 생각할지도 모르지만, 실제로는 전근대적 사회는 발전과 쇠퇴를 반복했기 때문에 인류의 삶을 향상시키는 급격한 경제성장은 이루어지지 않았었다고 볼 수 있다. 심지어 농사의 풍흉만으로도 국가가 커다란 위기에 닥치는 것이 일상적이었다. 1700년경의 영국에서도 평민들에게는 1년에 옷 한 벌 해 입으면 그럭저럭 중산층인 생활수준이 유지되었다고 한다. 하지만 산업혁명 이후 빼곡한 상점마다 물건이 가득 쌓여 소비자를 기다리고, 과잉생산으로 인해 종종 가격조정이 일어났으며, 때로는 저장 시설이 모자라거나 가격유지와 안정을 위해 폐기까지 하게 되었다.

전 세계에 재화의 대량생산을 가능하게 하여 상업활동을 폭발적으로 증가시키고 자본주의의 열풍을 일으킨 산업혁명은 귀족과 평민, 지주와 농민이 아닌 산업자본가와 노동자 계급으로의 전환을 불러일으켰다. 공장의 출현으로 수공업자들이 공장 노동자가 될 수밖에 없었으며, 다른 한편으로는 인구의 도시집중현상이 나타나게 되면서, 집중된 노동자로 구성된 노동계급이 생기게 되었고, 이들의 권리신장을 위한 투쟁 및 사회운동이 발발하였다. 20세기 오스트리아 출신 미국 경제학자 조셉 슘피터(Joseph Schumpeter, 1883~1950)는 '자본주의는 창의적인 파괴(creative destruction)'라고 주장하며, 1880년대까지 그 파괴적 결과로 영국의 산업도시들에서 슬럼, 실업, 기아, 전염병이 뚜렷하게 증가했다고 산업혁명기의 영국사회를 비판했다. 1883년 계몽주의자 윌리엄 모리스(William Morris) 역시 영국은 부자와 가난한 자의 차이가 참을 수 없는 상태에까지 이르렀다고 항의하였다. 고대 노예소유 제도는 중세 영주와 농노 봉건제도에 자리를 내주었고, 그리고 다시 근대 부자와 가난한 자의 계약제도에 의해 갈아치워졌다. 그리고 이것은 사회주의에 자리를 내주게 될 것이라고 했다.[26]

이러한 사회운동은 칼 마르크스의 계급투쟁 사상에 영향을 받아 공동생산 및 소유공유를 기반으로 하는 공산주의가 생기게 되는 등 유럽의 정치체제에도 커다란 변화를 일으켰다. 그리고 이어서 본격적으로 산업혁명을 앞서 이룩한 유럽 국가들은 주도적으로 제국주의를 통한 식민지 쟁탈시대를 열게 된다. 산업혁명으로 서양은 압도적인 기술력과 경제력, 군사력을 가지게 되어 이를 바탕으로 기계화된 군사장비를 갖춘 서양의 군대는 군사력에서 우위를 점하게 되어 더욱 강력해진다. 막강한 군사력을 앞세운 서양은 중세 이후 유지되었던 유라시아의 힘의 균형을 급격히 해체시켰고, 오스만제국의 이슬람세력, 무굴제국의 인도세력, 청나라로 대표되는 중국세력을 연달아 제압하며 세계의 지배자로 떠올라, 서양 중심으로 세계가 돌아가는 서양문명 우위의 시대를 열게 된다. 본래 로마제국 멸망 이후 중세 시기 전까지 서유럽은 중동 문명권에 대체로 수세적이고 문명적으로 수혜자의 입장이었으나, 르네상스와 산업혁명을 거친 뒤에는 모든 문명권을 제압하였음은 물론 아프리카 밀림부터 시베리아의 원시림, 그리고 남태평양의 작은 섬들까지 식민화하고, 심지어 남극과 북극까지 정복하여 전 세계를 서양문명권의 지배하에 놓이게 했으며, 이 서양의 지배는 현재까지도 계속되고 있다.[27]

3. 신으로부터 벗어난 인류, 과학혁명

   15, 16세기 서구에서 일어났던 르네상스 운동은 고대 그리스·로마 문화의 인문학 부활과 함께 과학의 부활도 가능하게 했고, 과학에 대한 새로운 연구와 비판적인 안목도 키워주었다. 그 결과 그리스시대의 과학을 뛰어넘어 새로운 과학의 바탕이 형성되는 과학혁명이 일어난다. 기독교의 신이 절대적 권위로 자리 잡았던 암흑의 시대 중세를 지나 빛의 시대에 살고 있다고 자부하던 인문주의자들의 운동인 르네상스는 종교개혁과 함께 과학혁명의 중요한 배경이 되었다. 이탈리아를 중심으로 문화와 예술의 부흥을 꿈꾸던 르네상스인들은 고대인들이 정점에 도달했던 학문과 예술을 연구하기 위해 비잔틴 세계로부터 유입된 대량의 그리스 철학과 과학 관련 저술들을 찾기 시작한다. 그 과정에서 중세시대에서는 접할 수 없었던 고대 그리스, 헬레니즘, 로마시대의 과학을 발견하게 되고, 또한 그리스 플라톤의 수학적 과학의 전통이 이슬람 세계를 거치며 발전된 신플라톤주의를 알게 된다. 이 신플라톤주의는 자연세계의 현상이 수학으로 표현될 수 있다는 플라톤의 믿음이 이슬람 세계로부터 전해온 마술주의와 만나서 탄생한 사조로 우주의 힘과 그 힘을 조직하는 열쇠를 수학에서 찾았던 것이다. 중세 기독교 세계에서는 우주는 인간의 힘이 미칠 수 없는 신성한 신의 영역으로 이해했지만, 신플라톤주의자들은 우주를 보다 적극적인 대상으로 이해하려고 했다. 이들은 우주 속에는 신비한 힘이 존재하며, 그 힘과 인간의 상호작용을 통해 인간은 자연현상에 영향을 미칠 수 있다고 믿었다. 이는 인간이 수동적 피조물에서 벗어나 자연에 어떤 현상을 일어나게 할 수 있다는 지적 믿음으로, 우주에 대한 적극적 탐구를 자극하게 된다. 코페르니쿠스가 최초로 "태양이 우주의 중심에 있다"는 새로운 우주론인 태양중심설을 제시하였을 때 신플라톤주의에 영향을 받은 당대의 천문학자들은 이 새로운 우주론을 받아들이기 시작하게 된다.

   코페르니쿠스는 왜 행성이 천체상 역행하는가 등의 의문에서 출발하여 지구의 자전과 공전이라는 지동설을 주장하고 기존의 천동설을 부정한다. 지동설 주장은 발표되고 440년이 지난 뒤에야 1992년 로마 카톨릭 교회에서 공식적으로 인정된다. 코페르니쿠스(Mikolaj Koperinik, 1473~1543)는 폴란드의 토루니에서 상인의 아들로 태어났다. 빈 대학을 졸업한 그는 평생 동안 그 지위를 유지했는데 그는 23세 때부터 9년 동안 이탈리아에 유학하여 천문학을 공부한다. 이후 귀국하여 태양을 중심으로 하는 행성운동에 관한 연구를 계속하여 1530년경 지동설이 태양 주위의 행성운동을 합리적으로 설명할 수 있다는 확신을 갖게 되었다. 이후 1543년 지동설은 「천체의 회전에 관하여」라는 제목으로 발표되었지만 불행하게도 출간한 지 몇 시간도 안 되어 출판으로 인한 명예를 누리지 못하고 그는 세상을 떠났다. 지구가 자전하면서 태양의 주위를 회전한다고 하는 지동설은 이미 오랜 옛날부터 기원전 5세기의 필롤라오스, 3세기의 아리스타르코스 등 여러 사람들에 의해 주장되기도 했지만, 2세기 프톨레마이오스가 발표한 천동설을 모든 사람들이 의심하지 않고 받아들였다. 그러나 코페르니쿠스는 왜 외행성인 수성과 금성 그리고 내행성인 화성과 토성이 다른 움직임을 하는가 하는 의심을 하게 되면서 지동설에 도달하게 된다. 당시의 사람들은 밤하늘의 별이나 달이 움직이는 것으로 알던 기존의 생각에 빠져 있어 통념적으로 지구가 움직이는 것이 아니라 지구를 중심으로 태양과 행성이 돈다고 믿었다. 코페르니쿠스의 지동설이 발표된 후에도 이 혁명적인 주장에 대해 대부분의 사람들은 믿지 않았고, 1616년에는 로마 교황에 의해 지동설 저작은 금서목록에 오르게 되지만, 이를 계기로 유럽에 근대과학의 시대가 열리게 되면서, 약 70년 후에는 유명한 갈릴레이 재판을 불러일으키게 된다.[28]

한편 프랑스와 북유럽에서는 부패한 카톨릭 교회에 대항하여, 카톨릭에서 행해졌던 것처럼 사제를 통해 간접적으로 고해성사를 하는 것이 아니라 개개인이 하느님과 직접 교제할 수 있다고 믿는 개신교도들이 생겨나게 되면서 종교개혁 운동을 전개하게 된다. 그리고 당시 지배적이었던 아리스토텔레스 사상의 영향을 받으며, 기독교 신앙을 바탕으로 이성적 사유를 통해 논증하고 이해하려 했던 스콜라 철학의 쇠퇴를 가져오게 한다. 전통적으로 자연에 대한 이론적 탐구인 과학은 생산적 노동을 하지 않아 시간적으로 여유가 있었던 상류 지식계급에 의해 주로 수행되었고, 이에 반하여 장인 기술자들은 사회 하류계급에 속해 있으면서 자신의 작업에 대한 이론이나 방법 면에서 체계적인 방법을 세우기보다는 시행착오에 의한 경험적 작업에 의존했다. 그러나 르네상스 운동의 중심지였던 도시들이 지중해의 활발한 무역에 따라 부흥하고 이에 맞추어 선박, 무기제조, 금속세공, 의학, 그리고 교회 및 병원 건설 등과 같은 기술에 대한 사회적 요구가 급증함에 따라 과학의 체계적인 접근이 필요하다는 것을 인식하기 시작한다. 당시 르네상스 도시 플로렌스와 밀란을 중심으로 활동했던 레오나르도 다빈치는 풍속계, 추와 태엽의 원리를 이용한 시계, 거중기, 펌프, 무기 등의 기계원리를 이용한 것들을 발명하고 해부학에도 관심을 가져 그림으로 표현된 인체의 근육도를 스케치로 노트에 남기기도 하였다. 동성연애자였던 다빈치는 평생을 독신으로 살면서 과학과 예술에 일생을 바쳤다. 그리고 말년에 들어 예술가로서 그 유명한 '예수의 최후의 만찬' 성화와 신비의 미소를 띤 모나리자 초상화를 남긴다. 이 르네상스 시대에는 놀라운 기술들이 등장하기 시작하는데, 예를 들어 세계를 표시하는 지도제작법과 항해도가 등장하였고, 망원경, 총포류를 포함한 무기류도 개발되었다. 특히 15세기 중엽에 독일에서 발명된 구텐베르크의 금속활자 인쇄술은 인쇄혁명을 불러와, 라틴어로부터 각국의 언어로 번역된 성서가 유럽 전역에 출판되며 일반인들이 읽을 수 있게 되어 종교개혁에 불을 당기게 되고, 또 한편으로 각종 과학 서적들이 폭발적으로 인쇄되어 유럽 전역의 지식전파에 엄청난 전기가 마련되며 과학혁명이 촉진되었다.

기독교 등장 이후 가장 중요한 사건으로 16세기부터 시작된 과학혁명은 1543년 코페르니쿠스가 당시 학문과 철학의 중심에 있었던 사상을 뒤흔든 「천체의 회전에 관하여」를 출간하면서 시작되었고, 1967년 뉴턴의 「자연철학의 수학적 원리」로 그 정점을 이루게 된다. 이렇게 약 150년 동안 진행되었던 과학혁명은 천문학에서 시작되어 지구의 운동을 새롭게 설명해주는 이론으로 발전하게 되었다. 과학을 실행하면서 얻어지는 지식인 과학적 접근방법은 영국의 철학자 프란시스 베이컨에 의해 일대의 혁신이 일어나게 되었으며, 근대과학혁명과 함께 기계론적 세계관이 등장함으로써 정통철학으로 받아들여지던 스콜라 중세철학은 위기를 맞게 되었다. 프란시스 베이컨(Francis Bacon, 1561~1626)은 '실험적 방법과 귀납법적 방법'을 제시하며 실험이야말로 네 가지 우상으로부터 인류를 해방시켜 자연에 대한 참다운 지식에 도달할 수 있는 열쇠라고 주장한다. 그는 더운물과 찬물의 온도 변화 및 음식 보존을 위한 냉장 개념을 실험하기도 하면서, 실험을 통해 자료를 수집하고 분류하여 귀납적으로 증명하는 개념을 제시하여 과학적 접근방법의 새로운 길을 제시했다.

그는 어린 시절부터 모든 학문 분야에 관심을 가지고 있었지만, 자신이 케임브리지 대학에서 받은 스콜라 철학과 관련된 학문이 무용지물이라고 판단하여 과학적 방법을 개혁하는 것만이 모든 학문을 개선할 수 있는 길이라고 믿으며 과학의 새로운 방법을 제시하고자 노력했다. 베이컨은 제임스 1세 치하 영국에서 국왕의 최측근으로 활동하며 삶의 대부분은 철학자라기보다는 법률가로서 높은 작위와 지위를 얻어 사회적 명성을 쌓아갔다. 그리고 그는 마침내 국왕의 옥새와 행정관리를 담당하는 옥새상서와 대법관을 겸직했던 자신의 아버지 뒤를 이어 1617년 옥새상서를 거쳐 대법관의 지위에 오른다. 국왕의 측근으로 공직생활을 하던 중 낭비벽이 심했던 베이컨은 뇌물수수 혐의로 탄핵을 받고 모든 공직에서 물러난다. 그 후 런던탑에 수감되고 병이 나 풀려나며 집에서 두문불출하면서 연구와 저술에 전념하였다. 그때 그의 나이 60세가 되던 1621년이었다. 그는 이미 공직생활 중 1605년『학문의 진보』, 1609년『고대의 지혜』를 저술했다. 그는『학문의 진보』에서 "학문은 인간의 정신을 개선시켜주고, 인격을 강하게 해주고, 국가와 시민을 고상하게 해주며, 또한 그것은 인간의 능력, 즐거움, 효용의 원천"이라고 했다. 공직에서 파면당한 후, 그는 학문의 올바른 방법론을 위한 거대한 기획을 하고, 6부로 구성되는 방대한 저술『대개혁(Instauratio Magna)』을 구상하여 집필에 들어간다. 이 기획은 과학의 새로운 방법론을 제시하고 그에 대한 철학적 토대를 제공하고자 하는 것이었다. 그러나 이 대개혁은 1부 '학문의 진보(Augmentis Scientiarum)', 2부 '새로운 기관(Novum Organum)'으로 끝나면서 자연의 해석에 관한 방향만을 제시하고 완성되지 못한 미완성의 저술이 되었다.

1부에서 물리학이 구체적이고 개별적인 사건이나 현상의 원리를 탐구한다면 형이상학은 항상적이고 보편적인 자연법칙을 탐구하는 학문이라고 했다. 베이컨은 "이끼를 떼거나 아직 덜 영근 곡식을 거두려고 덤비지 말고 추수의 때를 기다려라"라고 경고하며 형이상학의 중요성을 강조하였다. 그 이유는 일단 올바른 공리가 발견된 후에는 그 공리는 연구를 전체적으로 이끌어가는 동시에 산발적인 열매를 맺는 것이 아니라 한꺼번에 많은 열매를 맺기 때문이라는 것이다. 그는 아리스토텔레스의 스콜라 철학에 근거한 연역적 방법 및 경험철학을 비판하고 자신의 방법론의 유용성을 설명하기 위해 거미-개미-꿀벌의 비유를 제시한다. "독단적인 추리와 관념적인 교리만을 강조하거나 연역적 사유 방식에만 머물러 있는 사람들은 자기 자신 속에 있는 것을 풀어서 집을 짓는 거미와 같고, 유용한 결론을 제시하지 못하고 관찰과 실험의 결과만을 수집하는 과학자들은 개미와 같다. 그러나 꿀벌은 꽃에서 재료를 모아 자신의 힘으로 변화시키고 소화시켜 유용한 꿀을 생산해내는 것처럼 참된 학문은 이성의 힘에만 의존하지 않고, 박물학처럼 실험 사실만을 수집하여 나열하는 것이 아니라 그것을 변화시키고 소화시켜서 자연을 이해하는 힘을 얻어내는 것이다." 또한 올바른 과학의 방법을 항해사의 나침반에 비유하기도 하였다. 베이컨은 실험과 관찰을 통해서 유용한 지식을 얻기 위해서는 기존의 편견을 제거하고 자연의 원리를 발견하기 위해서 귀납적 방법을 사용해야 한다고 했다.

베이컨이 보기에 당시의 학문은 현학과 권위에 지나치게 얽매여, 학자의 자만과 인간 사고의 함정, 신비주의에 빠져 있었다. 그래서 무엇보다 과거의 학문에 빠져 있는 옳지 않은 전통과의 단절이 중요하다고 여겼다. 이러한 그의 사고로부터 나온 것이 유명한 베이컨의 4가지 우상이 포함된 '마음의 우상'이라고 불리는 인간 사고의 함정에 대한 파괴이다.

첫 번째 우상은 종족의 우상이다.

베이컨은 18세기 경험론자들과 달리 인간은 백지상태(tabula rasa)로 태어난다고 믿지 않았다. 그에 따르면 인간의 마음은 세계에 대한 이미지를 있는 그대로 반영할 수 있는 이상적인 평면이 아니라 왜곡된 거울과 같다. 그래서 왜곡된 거울에 비친 상을 그대로 받아들일 경우 우리는 잘못된 세계 인식을 가질 수밖에 없게 된다. 이렇게 잘못된 개념의 기원이 되는 인간 본성을 종족의 우상이라고 부르고, 이를 제거해야 할 첫 번째 우상이라고 하며, 감정의 과잉이나 의지박약으로 인한 잘못된 판단, 복잡한 것보다 단순함을 좋아하는 본성 때문에 발생하는 모든 오류들이 바로 그러한 우상의 예라고 했다.

두 번째는 동굴의 우상이다.
각 개인의 특수성 때문에 생기는 오류로, 모든 사람은 자신만의 고유한 동굴, 즉 검증되지 않은 주관적 신념이나 선입견을 가지고 있어서 객관적인 진리에 도달하는 데 방해를 받을 수 있는데, 이것이 바로 동굴의 우상이라는 것이다.

세 번째는 시장의 우상이다.
시장에서 벌어지는 것 같은 언어를 구사하여 상품을 사고파는 인간 상호 간의 세속적인 교류나 접촉으로 생기는 그릇된 판단의 우상이다. 우리가 사용하는 언어가 실재를 충실하게 반영하지 못한다는 사실을 깨닫지 못하고 잘못된 단어의 조합으로 생긴 개념에 대응하는 실재가 있다고 생각하여 공론에 빠지는 것을 말한다.

네 번째 우상은 극장의 우상이다.
사람의 판단을 흐리게 하고 당파적으로 만드는 역사적 전통이나 권위에 대한 맹목적인 추종을 가리킨다. "일반적으로 받아들여지고 있는 체계들은 모두 무대 연극에 불과하며 사실과는 관계없이 연극으로 꾸며진 작가의 창작일 뿐"이라는 베이컨의 지적에서 알 수 있듯이, 극장 우상에 빠진 대표적인 예는 종교적 미신이나 신학이 인간의 판단에 미치는 옳지 않은 영향과 같은 것이다.[39]

저서 '새로운 기관'에서 베이컨이 한 첫 번째 작업은 전통이나 선입견, 대중의 믿음을 반성 없이 받아들이는 태도에 대해 비판하는 것이었다. 그는 "선입견조차도 세상 사람들의 동의를 얻기 충분한 힘을 지니고 있다. 사람들이 똑같이 미쳐 있을 경우에도 상호 간에 쉽게 의견 일치를 볼 수 있다"고 비판하고, "대중이 찬성하고 갈채를 보내면, 돌이켜 자기에게 오류나 과실이 없는지를 즉시 살펴보아야 한다"고 경고하고 있는 것이다. 이는 오늘날 대중매체나 소셜미디어에서 벌어지고 있는 거짓 정보, 인신공격, 유혹적 광고 등에도 적용될 수 있다. 그는 과학이 자연에 대한 수동적인 관찰이 아니라고 주장하면서, 우리가 행해야 하는 실험은 자연의 원리를 밝히기 위한 빛을 밝혀주는 실험이어야 하고, 그 원리가 작동하여 생산적인 결과를 낼 수 있는 열매를 맺는 실험이어야 한다고 주장한다.

베이컨은 과학자도 아니었고 후원자도 아니었다. 그럼에도 그가 과학혁명에 기여했다고 하는 것은 그가 제안한 과학의 새로운 방법론 때문이다. 그는 평생 해왔던 공직생활을 뒤로하고, 60대의 삶에서 과학적 접근방법에 대한 중요한 저술을 남겼지만 경제적으로 수입보다 지출이 많은 무절제한 생활로 빚에 시달려야 했다. 또한 아내가 불륜을 저질러 사실상 이혼상태로 지내면서 정신적 고통을 받으며 그의 건강은 날로 악화되었다. 그러던 그는 1626년 3월 진료를 받으러 런던에 갔다가 돌아오는 길에 그의 관심 연구주제였던 열(온도)에 대한 음식물 부패와 보존 연구를 위해 마차를 세워 오두막에서 닭을 구한 후 닭의 몸에 눈을 채워 관찰하는 실험을 한다. 추운 겨울에 행해졌던 이 실험으로 병세가 악화되었고, 결국 폐렴에 걸려 투병하다가 부활절 일요일 아침 세상을 떠났다. 그가 남긴 재산은 7천 파운드, 빚은 2만 2천 파운드였다. 베이컨이 사망한 후, 1627년 그가 말년에 과학적 견해와 철학적 이상을 담아 이상국가에 대해 저술한 『뉴아틀란티스(New Atlantis)』라는 책이 출판된다. 그가 꿈꾸었던 이상사회에는 '솔로몬의 전당'이라는 과학 실험연구소를 그리고 있는데 그 연구소의 목적은 "사물의 원인과 보이지 않는 운동을 밝히는 것이며 또 모든 가능한 일을 성취하기까지 인간제국의 국경을 넓히는 것"이라고 밝혔다.[30]

프랑스의 데카르트(Rene Descartes, 1596~1650)는 가설-연역법이라는 새로운 과학적 접근방법을 발표한다. 프랑스 투렌(Touraine)지방 소도시 라 에(la Haye)에서 고등법원 평정관이었던 아버지를 두었고 그의 어머니는 데카르트를 낳은 후 얼마 안 되어 세상을 떠났다. 어린 시절부터 그는 결핵을 보균해 마르고 약한 아이여서 친구들도 없이 자신을 돌보아주는 간호사와 사팔인 소녀를 친구로 두어, 이 두 친구와 우정을 나누며 평생 가까이 지내면서 인생을 함께했다. 데카르트가 유산을 받았을 때, 꽤 많은 유산의 일부를 자신을 돌보아준 간호사에게 주었다고 한다. 몸이 약했던 그는 8살에나 되어서야 예수회 소속 수도원 기숙학교에 들어갔는데 건강이 안 좋아 수업을 제대로 듣지 못하였지만, 그의 우수한 지적능력을 발견했던 교장은 그에게 특별한 배려를 하여 8년 후 근근이 학교를 마친다. 수업에 참가를 못 하는 동안 데카르트는 사색과 생각을 많이 했고 어느 날 자기 방 침대에 누워 천장에 붙어 있는 날벌레의 위치를 응시하다가 수학적으로 계산할 수 있는 평면 좌표의 개념을 발견하게 되었다고 한다. 20세가 되면서 건강이 조금 나아져 귀족집안의 자제였던 데카르트는 당시 귀족들이 많이 선택했던 대로 군인이 된다. 1617년 장교가 되었고 네덜란드에 파견되어 길거리를 걷다가 벽에 붙어 있던 광고지 글을 보게 되었는데 네덜란드어를 몰랐던 그는 지나가는 행인에게 무슨 내용인지 묻게 된다. 그 행인은 우연히도 홀란트 대학 학장이자 수학자였던 이삭 베크만이었다. 베크만은 벽보의 내용을 번역해 주겠다는 조건으로 자신이 풀지 못했던 기하학 문제를 데카르트에게 주었다. 몇 시간이 지난 후 데카르트는 문제를 풀어 수학자 베크만을 놀라게 하였고 이 인연으로 인해 둘은 친교를 맺는다. 이 만남으로 데카르트는 과학에 일생을 바칠 것을 결심하고, 1692년 군인의 길을 포기하기에 이르면서 5년간 유럽을 여행하며 순수 수학에 몰두하여 함수의 원리를 개발하고, 이후 1626년 파리에 정착한 그는 취미로 광학기구를 만들던 중 당시 파리의 추기경 피에르 드 베륄을 만나게 된다. 이때 추기경은 그의 명석함에 감동받아 그에게 진리탐구에 전념하라고 조언한다. 이런 연유로 그는 다시 네덜란드로 가서 과학탐구로 시간을 보내다가 1633년 갈릴레오 갈릴레이가 교회로부터 단죄를 받아 그의 지동설에 관한 연구저작물이 불태워졌다는 소식을 듣고 충격을 받아 과학을 버리고 철학으로 그의 관심을 바꾼다. 그 후 1664년 스웨덴의 크리스티나 여왕의 간곡한 초청으로 스톡홀름에 이주하여 여왕의 새벽 강의를 무리하게 해주다 몸이 쇠약해져 다음 해 1650년 2월 11일 결국 폐렴으로 병사한다. 100년이 넘게 지난 뒤 1791년 그의 묘지를 이장하던 중 두개골이 소실된 것이 발견되었는데, 그것은 누군가 금전을 목적으로 파묘를 해 그의 두개골을 훔쳐간 것이다. 훗날 이 두개골은 1878년 스웨덴에서 신원이 밝혀지지 않은 자에 의해 경매로 부쳐져 이후 프랑스의 인류학 연구소에 소장되어 있다고 한다. 데카르트 두개골의 이마에는 "이 두개골은 르네 데카르트의 두개골이 맞다"고 새겨져 있다.[31]

데카르트는 "나는 생각한다, 그러므로 존재한다"라는 말이 전해주듯이 명제로부터 체계적인 의심의 방법을 통해서 확실한 지식을 얻고자 했다. 그는 우선 모든 것을 부정한 후에 생각하고 있는 자신의 존재를 절대로 의심할 수 없음을 깨달았다. 데카르트는 그 자신의 존재로부터 자신을 가능하게 만든 신의 존재를 증명하려고 했고, 신의 존재로부터 외부 세계인 우주의 존재를 설명하려고 했다. 그에 따르면 신은 물질을 창조했고 그것을 운동에 부여했으며, 그 운동을 보존해줄 뿐 아니라 그 운동을 유지시켜주었다고 주장했다. 데카르트의 주장은 2,000여 년 동안 지속되어 오던 아리스토텔레스의 자연세계를 대체할 만한 기계적 철학을 제시하게 된다. 기계적 철학에서는 우주공간이 모두 물질과 그 운동으로 이루어져 있으며, 미시적인 물질의 운동에 대한 이해를 통해 거시적인 우주 전체의 운동을 설명할 수 있다고 보았다. 이 데카르트의 세계관은 근대과학의 접근방법에 커다란 영향을 미친다.

데카르트가 주장한 기계적 철학에서 이 세상을 이해하는 열쇠는 바로 물질과 운동이었다. 따라서 무엇보다도 중요한 작업은 세상을 이루는 근본 물질을 찾는 것이었고, 물질들이 따르는 운동이 무엇인지 밝혀내는 것이었다. 그는 입자들이 서로 만나 충돌을 일으키며 일어나는 현상으로부터 7가지의 충돌법칙으로 운동 시 보존되는 양의 개념을 정리하는데, 이 개념이 현재의 운동 보존 법칙에 대한 생각을 처음으로 하게 되는 계기로 이어져 운동 문제에 대한 논의가 본격적으로 시작되게 되었다. 오늘날 현대과학의 양자물리학은 이러한 데카르트의 기계적 철학에 바탕을 두고 있어 인류의 과학사에 그의 영향은 매우 중요한 것이었다.

과학혁명기 동안 과학적 지식을 얻는 방법뿐만 아니라 과학이 실행되는 방식에서도 많은 변화가 일어나며, 1601년 이탈리아에서 페데리코 체시 공작의 후원으로 세계 최초의 과학단체 린체이 아카데미(Acamedia dei Lincei, 1601~1630)가 조직되고, 32명의 회원이 구성되었으며, 그중에는 갈릴레이도 참여했다. 갈릴레이(Galileo Galilei, 1564~1642)는 윌리암 세익스피어가 태어난 해인 1564년 2월 15일에 이탈리아의 피사에서 태어났다. 그의 아버지 빈센치오는 몰락한 귀족 출신으로 수학과 음악 이론에 큰 관심을 보인 궁중 음악사였다. 피사는 그 당시 피렌체의 대공 코시모 메디치가 통치하고 있었고 르네상스가 활짝 꽃피고 있었던 유럽의 지성과 예술의 심장부였다. 갈릴레이 역시 음악성이 뛰어나 현악기 류트를 연주했지만 아버지처럼 음악가의 길을 갈 생각은 없었다. 갈릴레이는 발롬부로사 수도원에 보내져 정규교육을 받게 된다. 종교적이지 않고 자유사상의 기질을 갖고 있었던 음악가 아버지 빈센치오는 아들이 수도원에 푹 빠져 있는 것을 보고는 아들이 훗날 수도사가 되는 것을 원치 않아 눈병 치료로 집에 온 갈릴레이를 다시 수도원으로 돌려보내지 않는다. 빈센치오는 갈릴레이가 본인보다 더 나은 직업에 종사하기 바라는 마음에서 그를 1581년 그의 나이 17세가 되는 해 피사의 의과대학에 입학시킨다. 대학에서 그는 의학 공부보다 논쟁을 즐기며, 모든 우박들은 같은 높이에서 무게에 상관없이 모두 같은 속도로 떨어진다고 교수와 학우들에게 말하곤 했다. 이는 무게가 다른 물체는 다른 속도로 떨어진다는 아리스토텔레스의 이론에 반하는 개념이었다. 1583년 아버지의 소개로 알게 된 궁중 수학자 오스틀리오 리치의 수학 강의를 우연치 않게 듣고는 수학에 완전히 매료되어버린다. 이후 그는 비공식적으로 리치의 강의에 참석해 유클리드 기하학을 공부하기 시작한다. 갈릴레이는 아버지에게 의학에서 수학으로 바꾸어도 좋겠느냐고 하며 아버지를 설득하지만 아버지는 직업으로 성공 가능성이 큰 것은 의학이라고 하며 반대한다. 그렇지만 갈릴레이는 계속 수학을 공부했고, 1585년에는 학위도 없이 피사를 떠나 피렌체에서 생활비 마련을 위해 수학과 자연철학(물리학)을 개인교습하며 생계를 이어갔다. 그러던 중 과학에 큰 관심을 가졌던 귀족 구이도 델 몬테를 만나 그와 친교를 맺은 뒤 3년 후 그의 추천에 힘입어 피사 대학 수학교수로 피사에 돌아오지만 당시 연봉 2천 크라운의 의과대학 교수와는 비교도 안 되는 60크라운의 연봉으로는 생계가 어려워 유력자 자제의 상주 개인교습도 병행해야만 했다. 당시 피사 대학의 동료교수들은 세계의 작동방식을 실제로 탐구하는 일보다 자신의 지위를 치장하는 일에 더 몰두하였고, 옛 이론에 얽매여 있는 고리타분한 아리스토텔레스학파가 주름잡고 있었던 학과에 반체제적이었던 갈릴레이는 재임용조차 힘들어지게 되어 새로운 자리를 찾기 시작하였다. 그 때 아버지는 동생 버지니아의 결혼을 위해 상당 액수의 지참금을 상대 가문에 약속하고 세상을 떠나 이 지참금이 그나마 형제 중에 능력이 있었던 장남 갈릴레이의 부채로 떠넘겨지게 되었다. 그는 자신과 가족문제 해결의 부담을 안고 연봉이 더 높고 명예로운 자리인 파도바 대학의 교수직으로 가기 위한 목표를 세우고, 베네치아 공화국 토스카나 대공을 포함한 그 주변의 부유한 귀족들과 친분을 맺기 위해 사교성을 발휘한다. 그리고 28세에 토스카나 대공의 허락을 받아 1592년 10월 파도바 대학 교수직에 임용되었다. 이후 그 대학에서 그의 인생 중 가장 행복하다고 했던 교수시절을 보낸다.[32]

1609년 갈릴레이는 당시 막 개발되었던 망원경을 개량하여 밤하늘을 관찰하면서 우연히 목성의 위성을 발견하기도 했다. 이 발견은 모든 천체가 지구를 중심으로 회전한다는 기존의 관념을 완전히 뒤바꾸는 것이었다. 이러한 그의 천체탐구를 담은 저서 『시데리우스 눈치우스(Sidereus Nuncius)』를 출판하고 이 책을 피렌체 메디치 가문의 대공 코시모 2세에게 헌정한다. 그리고 목성의 4개 위성을 메디치 가문에 전해오는 상징과 결합시켜 '메디치성'이라 명명하는 등의 기여로 메디치 가문의 수석 수학자이자 철학자라는 새로운 지위에 오르며 그간 겪었던 가난에서 벗어나 사회적 명예와 부를 얻는다. 그러나 그의 지동설 주장은 천동설 지지 보수파 학자들로부터 강한 비판을 받게 되었고, 당시 유럽을 뒤흔들었던 종교개혁과 연결되면서 한때 그와 절친한 사이였던 교황 우르노바 8세는 그를 종교재판에 회부한다. 1633년 열린 재판에서 갈릴레이는 혐의를 인정하고 강압에 못 이겨 지동설을 비난하여 감형을 받지만 재판장을 떠나며 "그래도 지구는 돈다"라는 말을 남긴다. 이 종교재판에서 그는 3년의 금고형과 함께 가택연금을 당하고 몇몇의 유력자들이 제공하는 거처를 전전하다가, 그 후 아르체트리라는 작은 마을로 옮겨 조용히 살면서 연구에 전념하였다. 그는 한동안 피렌체에서 그의 가사를 돌보아주었던 여인과 동거하면서 두 딸과 아들을 두었는데 얼마 되지 않아 그녀와 헤어지면서, 어린 나이였던 딸들은 수녀원에 보내고 그 후 평생 독신으로 살았다. 인생 끝자락에는 노환으로 실명상태로 지내다가 마침 찾아온 제자들과 담소를 나누던 중 쓰러져 세상을 떠났다. 훗날 물리학의 기초를 닦은 천체물리학자인 갈릴레이에 대해 아이작 뉴턴은 "내가 남들보다 멀리 볼 수 있었던 것은 거인의 어깨 위에서 봤기 때문이다"라는 말을 남기며 갈릴레이의 지동설을 증명한다.[33]

1657년에 피렌체에 아카데미아 델 치멘토(Academia del Cimento, 1657~1630)가 출현하였는데 이 단체는 당시 가장 부유했던 메디치 가문의 후원을 받았고 코페르니쿠스도 아카데미아의 일원이었다. 영국에서는 1660년 11월 런던에 있는 그레샴 대학의 한 식당에 모인 10여 명의 과학자들에 의해 시작되고, 2년 뒤 찰스 2세의 재가에 의해 왕립아카데미가 세워지며 과학 이론의 토론과 물리, 수학에 기초한 실험적 지식을 꾀한다. 40여 년이 흐른 1703년에는 아이작 뉴턴이 회장을 역임하기도 한다. 이와 같은 과학협회 활동에 힘입어 18세기에 들어 과학자라는 새로운 전문직업이 생기게 되었다. 프란시스 베이컨의 영향을 받은 왕립학회의 초기 회원들은 농작 기구의 개선이나 농작법에 대한 분야를 주로 연구하며 실험과 농작물 기구들을 제안하였다. 영국의 왕립학회는 자격제한이 없어 연구 주제도 제약을 두지 않았다. 따라서 자유롭게 다양한 과학 활동을 전개할 수 있었지만 과학연구가 개인적이고 산만하였다. 반면 1650년 프랑스 파리에 세워진 몽모르 아카데미를 전신으로 하여 루이 14세의 재상 콜베르에 의해 정식 지원을 받게 되면서 1666년 재편된 프랑스 왕립 과학아카데미는 회원수 16명으로 구성되었고, 여기에 참여한 연구자들은 모두 직업적 과학자들이었다. 왕으로부터 재정적, 제도적 후원을 받아 일정한 급여가 지급되면서 왕이 위탁한 여러 가지 과학적 문제들을 조직적이고 체계적으로 연구할 수 있었다. 하지만 왕으로부터 위탁된 분야에 있어서는 비약적인 발전을 보여주었던 반면, 다양한 분야를 연구할 기회가 상대적으로 제한되었다. 그러나 영국의 왕립학회에서는 프랑스 과학자들같이 집중적이고 체계적인 연구를 할 수는 없었지만 다양한 과학 분야들이 논의되어 훗날 많은 과학자들이 영국 과학계에 이름을 남길 수 있는 계기가 마련된다.

뉴턴(Issac Newton, 1642~1727)은 과학이라는 학문이 생긴 이래 300년 가까이 지난 현재까지 인류 역사상 가장 위대한 지성으로 받아들여지는 인물이다. 1642년 12월 25일 성탄절에 태어났을 때는 아버지는 이미 그에 앞서 떠나 세상에 없었고 어머니마저 그가 3살 되던 해 재혼을 하여, 뉴턴은 외할머니와 목사였던 외삼촌이 돌보아주었다. 유년기 시절 뉴턴은 학업에 두각을 나타내지 않았는데, 외삼촌의 권유로 1660년 18세의 나이로 케임브리지에 입학한다. 이후 망원경을 발명하여 인정을 받고 1699년 이후 신학에 투신해 10년 만에 석좌교수직에 오른다. 여성혐오증이 있었던 뉴턴은 평생 독신으로 지내면서 취미도 없이 연구에만 몰두하여 당시 뉴턴을 도왔던 조수 말에 따르면 "자신의 연구 이외에는 그 어떤 생각도 헛된 것으로 생각했다"고 한다. 사후 그는 찰스 다윈과 같은 영국의 위인들이 잠든 웨스트민스터 성당에 안장되었다. 뉴턴은 흑사병이 런던에 창궐한 1664년부터 2년간 고향으로 돌아가 피난하고 있던 중 사과가 떨어지는 것을 보고 뉴턴역학과 미적분을 통해 만유인력을 수학적 표현으로 정립하게 된다. 뉴턴에게 영감을 주었다는 그의 모친 자택에 심어져 있는 사과나무의 교접목이 한국에 기증되어 한국표준과학연구소에 심어져 있다고 한다. 16세기 천문학자들은 지구가 태양을 중심으로 하여 원 모양으로 돈다는 것을 알고 있었지만 공전주기 계산이 맞지 않아 당시 수학계의 난제였다. 뉴턴은 해답을 알고 있었음에도 불구하고 라이벌 학자들과 다투기를 꺼려해 20년 동안 침묵하다가 1688년 『프린키피아(Principia)』에서 지구의 공전주기가 원이 아닌 타원궤도라고 발표하며 갈릴레오 갈릴레이와 요하네스 케플러를 거친 고전물리학을 집대성한다. 1699년부터 조폐국장 자리도 25년이나 맡았는데 그는 이 조폐국 업무에 열의를 보이며 몰두하여, 임기 중에 동전의 테두리를 깎아 또 다른 동전을 만드는 데 사용하는 것을 방지하기 위해서 동전 테두리를 톱니 모양으로 만들었다. 그의 조폐국장 시절 가장 두드러지는 업적들은 동전 테두리의 톱니와 금본위제였다고 한다. 훗날 영국의 금본위제는 세계금융시장의 표준이 되기도 한다. 뉴턴은 신학과 연금술에 대해서도 많은 연구를 했다. 연구의 양으로 보면 신학에 가장 많은 시간을 할애했다고 하였으며, 신학을 연구하다 천문학에 관심을 가지기 시작하였다는 이야기도 있다. 그리고 한때 주식투자에서 상당히 거금을 잃기도 했다고 하여 한편으로는 보통 사람들처럼 평범한 삶도 살았다.[34]

과학의 역사에서 뉴턴이 행한 위대한 업적은 '뉴턴 종합(Newtonian Synthesis)'이라는 말로 대변된다. 하나는 만유인력이라는 단일한 힘에 근거하여 천상계의 운동과 지상계의 운동이 동일한 운동법칙으로 설명된다는 것이고, 다른 하나는 정확하고 수학적이며 기계적인 방법과 실험적이고 경험적인 방법이 융합될 수 있다는 것을 보여준 것이었다. 이는 근대과학의 중요한 과학적 접근방법으로 정착하게 된다. 뉴턴의 이론은 과학을 넘어 18세기 유럽 사상 전반에 커다란 영향을 미쳤다. 뉴턴의 과학이 가설이나 독단을 사용하지 않고 수학적, 합리적, 경험적, 실험적 방법을 사용하여 성공을 거두었다는 사실은 다른 분야도 그렇게 함으로써 성공을 거둘 수 있다는 믿음을 주는 것이었다. 이로부터 당시 철학자와 사상가, 문인들은 형이상학적이고 독단적인 철학적 논의를 배격하고, 합리적이고 경험적인 면을 강조하는 계몽주의를 펼치게 된다. 계몽주의란 18세기 유럽의 문화와 사고방식에서 나타나는 특징으로 당시의 지식인들은 스스로 '계몽된 사람'이라고 불렀다. 그들 중 계몽철학자 볼테르(Francois Marie Arouet Voltaire, 1694~1778)는 윤리 문제에 관심을 갖고, 현재 비리가 행해진다면 그것은 사회제도의 잘못이지 인간 본성의 탓이 아니라고 믿었다.

볼테르는 1694년 11월 21일 파리에서 태어났고 부친은 공증인이었다. 어린 시절 예수회 학교에 다녔으며 이때 그를 가르친 신부들은 그가 총명한 아이였지만 비상한 악동이라고 평했다. 졸업 후 부친의 권유로 법률을 잠깐 공부하다가 문학에 관심을 두어 여러 살롱을 드나들며 타고난 재치로 많은 사람들을 사로잡았다고 한다. 루이 14세 사후 1717년 왕위를 이어받은 어린 왕을 대신해 섭정을 하던 오를레앙 공을 비판하다 바스티유 감옥에 수감되기도 했다. 이 수감 생활 동안 집필한 희곡으로 볼테르는 출옥 후 성공과 명성을 얻는다. 알려진 그의 이름 '볼테르'는 이 희곡의 필명이고 본명은 '아루에'이다. 문학적 성공과 함께 찾아온 사교계의 명성으로 교만해진 볼테르는 귀족과 말다툼을 하다가, 평민신분이었던 그는 신분적 차별을 받아 다시 바스티유 감옥에 투옥되고, 영국으로 떠나겠다는 조건으로 감옥에서 석방된다. 이 사건으로 볼테르는 프랑스사회의 불평등과 부조리에 눈뜨게 되었다. 당시 영국은 프랑스보다 개방적이어서, 영국에 피신한 그는 사회적, 사상적 자유를 누리고, 뉴턴의 연구에도 관심을 가졌다. 얼마 후 프랑스에 돌아온 그는 1734년 구체제에 던져진 최초의 폭탄이라는 평을 받게 되는

『철학서간』을 발표하여 프랑스 체제를 강력하게 비판한다. 이 저서는 곧 금서가 되고, 체포영장이 발부되자 이를 피해 여성 과학자이자 애인이었던 에밀리 뒤 샤틀레(1706~1749) 후작 부인의 별장인 시레이 성으로 피신하여 그곳에서 유배에 가까운 도피생활을 하기에 이른다.

애인 에밀리 샤틀레 부인은 당대 여자들이 받기 쉽지 않았던 수학, 문학, 과학 교육을 받았으며, 후에 아버지가 재정적으로 충분히 지원해줄 수 없게 되자 과학 서적들을 사들이기 위해 도박을 해 모자라는 재원을 충당하였다고도 한다. 수학자, 물리학자인 페에르 모페르튀, 독일의 수학자 사무엘 쾨히니 등을 만나 친교를 맺고 함께 고등수학을 공부하며 과학에 입문한 최초의 근대 여성 과학자였다. 스물여덟 살 때 볼테르를 처음 알게 된 후 죽을 때까지 특별한 관계를 유지했다. 귀족 출신인 샤틀레 후작과 미천한 가문 출신인 볼테르와의 관계에 대해 귀족사회에서는 부정적으로 보았지만, 그녀는 지적이고 유머 감각이 넘치는 그와 함께 하는 시간을 즐거워하여 사람들의 뒷담화에 개의치 않았다. 볼테르는 샤틀레를 자신의 명성을 이용해 지식인 모임에 들어가게 해주었으며, 후작인 그녀도 역시 왕실과 그가 교분을 쌓을 수 있게 다리를 놓았다. 성에 장기간 머물게 되자, 그녀와 볼테르는 연구실과 주거 공간을 마련하기 위해 2년여의 공사를 거쳐 성을 개조하였다. 파리의 과학아카데미와 견줄 만한 도서관 시설과 런던에서 수입한 최신 과학장비들을 마련하였다. 시레이 성이 훌륭한 과학연구 시설을 갖추게 되자 유럽 최고의 과학자들도 관심을 갖고 이곳을 방문하였으며, 과학적 실험을 통해 운동하는 물체가 갖는 힘에 대한 연구로 시레이 성은 유럽에서 몇 안 되는 진정한 연구소로 인정받는다. 샤틀레 부인과 볼테르는 파리에서 떨어져 있는 시레이 성에 머물며 세간의 시선으로부터 자유로워질 수 있게 되었고, 두 사람은 10년 이상 이곳에서 사랑과 지적 교류를 하며 함께 살았다. 둘이 함께하는 동안 세월이 흐르면서 둘 사이가 시들해졌다. 그녀에게 다른 애인이 생긴 것이다. 새로운 애인과의 관계에서 샤틀레는 중년의 나이에 임신에 따른 출산 중독으로 세상을 떠난다. 애인이자 지적 동반자였던 샤틀레를 잃은 볼테르는 "나는 나의 반쪽을 잃었노라"고 하며 큰 상처를 받게 된다. 이렇게 볼테르는 샤틀레 후작 부인과 여러 해를 함께 지냈지만, 그녀의 남편 클로랑 백작과도 사이가 나쁘지 않았다. 백작과 원만

한 관계를 가질 수 있었던 것은 볼테르가 재정적으로 시레이 성 개조를 도왔고, 당시 프랑스 귀부인들의 연애가 자유로웠던 사회적 분위기도 그녀가 여러 지식인들과 어울리는 것을 용인하였다는 데 있었다. 이 기간 중 볼테르와 샤틀레 부인은 공동으로 뉴턴의 해설서 『뉴턴 철학원론』을 쓰기도 했고, 그녀는 뉴턴의 『프린키피아』의 프랑스어 번역 해설판을 쓰게 된다.[35]

1743년 즈음 파리로 돌아온 볼테르는 루이 15세의 총애를 받고 아카데미 프랑세즈의 회원으로 선출된다. 그러나 그의 갑작스런 출세를 못마땅하게 여기는 사람들에 환멸을 느낀 볼테르는 1750년 프로이센의 프리드리히 2세의 초청을 받고 독일에 간다. 얼마 후 프로이센 왕과도 불편한 관계가 되어 프랑스로 귀국하지 않고 스위스에 자리 잡아 1751년부터 30년 가까이 전 30권으로 간행된 『백과전서』 편찬에 관여한다. 볼테르는 돈의 흐름에도 밝아 영국 체류 중 꽤 많은 재산을 모아 프랑스와 스위스 국경 지역에 여러 채의 집을 마련해두고 "뒤쫓아오는 개들을 피하기 위해, 철학자라면 땅 속에 굴이 2~3개는 되어야 한다"는 말도 남기며, 문제가 터질 때마다 도피할 수 있는 대책도 마련했다. 그는 말년에 시레이 성 이후 그의 두 번째 유배지라고도 볼 수 있었던 스위스 국경 주변 거처로부터 1778년 고향 파리로 돌아와 그간 민중들로부터 지지를 받았던 그의 계몽주의 활동으로 열광적인 환영을 받았으나, 자신이 오랜 세월 동안 제작에 참여했던 『백과전서』가 완성되는 것을 못 보고, 같은 해 5월 30일에 84세의 나이로 파란만장했던 삶을 마친다.

볼테르는 무신론자는 아니었지만 프랑스와 유럽의 여러 국가에서 오랫동안 권력과 밀착하여 갖가지 특권을 누린 기독교에 대해 강력하게 비판했다. 그는 당시의 기독교를 온갖 권위와 인습, 부조리와 미신의 상징으로 보았다. 문학사가 랑송은 볼테르에 대해 "그는 매우 복잡한 성격의 소유자로, 자존심이 세고, 신경질적이고, 원한을 잊지 않고, 타산적이며, 아첨에 능했지만, 친구에게는 의리가 있고, 가난뱅이 문인들에게는 지갑을 털어주고, 올바른 일에는 아낌없이 몸을 바쳤다"고 묘사하며, "그는 일평생 인간의 오류를 고발하기에 전념했다"고 표현했다. 앙드레 지드는 볼테르의 소설 『킹디드』를 세계문학 최고의 걸작 중의 하나라고 평하기도 했다. 볼테르는 그 자신에 대해 "나는 나 자신을 명료하게 표현한다. 나는 깊지 않기 때문에 밑

바닥까지 보이는 작은 개울과 같다"는 말을 남긴다.[36]

드니 디드로, 장 자크 루소(1712~1778)와 함께 대표적인 계몽주의 사상가로 손꼽히는 인물로 평생을 권위, 비관용에 맞서 싸웠다고 한다. 17세기 프랑스에서는 중국에 대한 관심이 꽤 높았는데 볼테르는 중국이 기독교를 믿지 않았음에도 윤리적으로 곧은 사회라고 평가하며 당시의 유럽사회의 부패를 비판했다고 한다. 그는 "관용이란 무엇인가? 인간애의 결과라 할 수 있다. 우리는 불완전한 존재이니 서로의 실수를 용서하는 것. 이것이 첫 번째 자연의 섭리다. 진실은 사랑하되 잘못을 용서하라"는 말을 남겼다.

계몽주의자들이 프랑스에서 일어나고 있는 잘못된 사회현상들을 비난하고 그것을 대체할 새로운 이념을 찾고 있던 때에, 영국으로 피신해 있던 볼테르는 뉴턴의 장례식이 국장으로 치러지는 것에 감격하고 영국이라는 나라를 과학이 받아들여짐으로써 이성이 존경 받는 자유의 상징으로 보게 된다. 프랑스로 돌아온 볼테르는 부패한 프랑스사회를 뉴턴과 같이 이성적이고 합리적인 방법으로 개혁한다면 근본적으로 달라질 수 있을 것이라고 믿고 사회 개혁을 실현하기 위한 수단으로 『백과전서』 편찬에 참여했다. 이것은 뉴턴의 과학이 프랑스사회를 변혁시키는 하나의 이념으로 작용하였다고 알려지고 있다.[37]

4

신자본주의
혁명

1. 제1차 세계대전, 미국 자본주의의 부상

　오스트리아-헝가리제국과 세르비아 왕국의 전쟁으로 촉발되어 1914년에
서 1918년 사이에 세계의 여러 지역에 걸쳐 일어난 전쟁이다. 대전쟁(The
Great War)이라는 단어는 제1차 세계대전을 뜻하는 고유명사이다. 18세기
이후 산업혁명과 과학혁명으로 산업화가 진행되고 있던 유럽에서는 7년 전
쟁, 프랑스 혁명, 나폴레옹 전쟁 등으로 국민들이 빈번히 전쟁의 고통에 시
달리다가 이후부터 100여 년간의 작은 전쟁만이 일어나 평화의 시대도 있
었지만 제국주의를 바탕으로 성장한 국가들 간의 세력 다툼으로 다시 전쟁
을 일으키게 된다. 산업혁명 이후 급속도로 발전하는 문명이 모든 것을 해
결해줄 것으로 낙관하던 유럽의 분위기가 문명의 이기들로 인하여 그간 이
룩한 문명을 파괴하면서 비관적으로 변하였고, 낭만적인 생각으로 전쟁에
참여한 무수한 젊은이들의 목숨을 앗아가며 유럽의 문화는 염세적으로 흐
른다. 이 전쟁으로 인해 러시아, 독일, 오스만, 오스트리아-헝가리제국이 쇠
퇴하고, 왕정이 몰락하기 시작하였으며, 전쟁으로 폐허가 된 제국에게 점령
당했던 나라들의 독립으로 이어져 신생공화국들이 세워진다.

　이 세계대전의 원인은 유럽의 팽창에 있었다. 산업혁명과 과학기술의 발
전으로 유럽의 생산력은 급성장했고 생산에 필요한 자원이 무엇보다 중요했
다. 이를 위해 유럽의 산업국가들은 식민지를 개척하는 과정에서 충돌이 비
일비재했고, 뒤늦게 식민지 쟁탈전에 뛰어들게 되는 신흥 강국인 범게르만
주의 독일제국은 이미 영국과 프랑스 등이 차지한 식민지를 강탈하는 방법
이외에는 대안이 없게 된 것이 제1차 세계대전이 일어나게 된 밑바닥에 깔
린 이유였다. 영국은 독일의 해군증강을 경고하지만, 생존이 걸린 독일은
이를 무시하였으며, 남아프리카에서 네덜란드계 보어인들을 배후에서 조종
하여 보어전쟁을 일으키고, 이어서 모로코에서 프랑스와 대립한다. 이 당시
의 모로코의 도시 카사블랑카는 영화 '카사블랑카'에서 독일인과 프랑스인
들 사이에 있었던 갈등 장면들의 시대적 배경이 되었고, 그 중간에 낀 험프

리 보카드와 잉글리드 버그만 두 사람의 맺어지지 않는 사랑이야기의 무대이기도 하다.

한편 스페인의 지배와, 몽골의 침입으로 다민족을 이루었던 오스트리아-헝가리(오헝)제국의 원족 오스트리아와 헝가리인들은 이 제국의 반도 안 되는 인구였지만 너무 많은 이권을 쥐고 있어, 대다수를 차지했던 다른 민족들에게는 불만이 쌓이게 된다. 국외적으로는 발칸반도의 슬라브족을 선동하여 해외로 해상을 통해 진출하려는 러시아제국과 이를 견제하려는 오헝제국과의 갈등이 심화된다. 그 이전까지는 독일의 오토 폰 비스마르크 재상의 정치술로 러시아, 오헝제국은 삼각관계의 세력의 균형을 이루고 있었다. 그러나 빌헬름 2세가 비스마르크를 강제 은퇴시키고 오헝제국과 동맹을 맺어 러시아제국을 고립시킨다. 이에 러시아는 1894년 프랑스와 러불동맹, 그리고 1907년 영러협상을 연이어 체결하여 독오헝동맹에 대응하게 된다. 이에 독일은 이웃나라이지만 계속된 이권충돌로 앙숙이 된 프랑스를 침탈하고 러시아를 손보려는 계획을 세운다. 이런 복잡한 정치적 상황 속에서 오헝제국은 세르비아 왕국이 합병하려 했던 보스니아를 합병하고 인접국 세르비아 왕국을 위협한다. 이와 같은 세르비아 왕국의 적대감은 사라예보 사건으로 표출된다. 이 사건은 1914년 6월 28일 오헝제국의 황태자 프란츠 페르디난트 대공과 그의 부인 조피 폰 초테크가 세르비아 민족주의 조직에 속한 6명의 청년에 의해 보스니아의 수도 사라예보에서 살해된 사건이다. 이에 오헝제국은 세르비아에 대해 외교적 책임을 물으며 국내진입을 요구하였지만 세르비아는 자국 내 진입을 불허하는 수정안을 제시하며 오헝제국이 요구한 전면적인 수용을 거부한다. 이미 사전에 독일로부터 전쟁에 대비한 지원을 약속받은 오헝제국 역시 수정안을 거부하고, 1914년 7월 28일 독일제국을 등에 업고 세르비아제국에게 전쟁을 선포한다. 때를 기다리고 있던 러시아는 세르비아제국의 자주권을 보호하는 선언을 하면서, 7월 31일 전쟁에 참여할 것을 선포한다. 러시아와의 공동전선에 위협을 느낀 독일은 당시 국내적으로 노동자 사민당이 노동계급을 희생해야 하는 전쟁에 반대하는 반전 분위기가 있었음에도 사민당 지도자들을 설득해 사전에 계획했던 프랑스, 러시아 손보기 계획을 실현시키기 위해 8월 1일 군 총동원령을 내리게 된다. 프러 손보기 실행을 위해 독일은 같은 날 러시아에, 3일에 프랑스에 선전포고를 한다. 독일군은 계획대로 프랑스를 침공하기 위해 경유지인 벨기에에 통과를 요구하지만 중립국 벨기에가 이를 거부하자 독일은 무력으로 벨기에 영토를 짓밟아버린다. 당시 최강국 영국은 대규모 국제전으로 확대가 예상되는 전쟁에 참여를 원치 않았지만, 영국이 보증한 벨기에 중립이 무시되는 것에 더 이상 관망만을 할 수 없게 되어 독일에 맞서 참전을 결정한다. 영국과 동맹을 맺은 일본제국도 8월 말에 영국과 함께 독일령이었던 중국영토 칭다우를 침공한다. 유럽에서의 전쟁은 프랑스 지역의 서부전선과 오헝제국 지역의 동부전선으로 나뉘어 있었다. 서부전선에서는 영국과 프랑스가 독일에 맞섰고, 동부전선에서는 러시아와 오헝제국이 서로 전투를 벌였다. 1차 세계대전의 특이한 전투의 양상은 서부전선에서 나타난다. 독일과 영프군은 치열한 교전으로 서로 대치하며 양측 모두 전선을 돌파하지 못하고 있었다. 이에 독일군이 이미 확보한 점령지역 방어를 위해 참호를 파기 시작하자 영프군도 독일의 전진을 막기 위해 참호를 파기 시작한다. 이런 양측의 참호전선은 북해로부터 스위스 국경까지 이어지면서 기관총, 야포, 철조망에 의존한 방어전술로 인해 양측은 전선의 한 치 앞도 돌파하지 못하며 전투는 장기전으로 돌입하고 인명피해만 늘어나는 계속되는 소모전 전쟁의 양상으로 빠져들었다. 이 영프군과 독일군이 장기간 동안 참호 속에서 벌였던 대치전투가 잘 알려진 제1차 세계대전의 참호전이다. 오헝제국과 독일에 맞서 러시아가 전투를 벌였던 동부전선에 대해 그동안 사태파악만 하고 있던 오스만제국이 독일의 제안으로 전쟁에 참가하게 되자 러시아가 밀리기 시작하고 있던 중, 전쟁 양상을 조용히 지켜보던 이탈리아가 영프연합군에 가담하여 오헝제국에 선전포고를 한다. 1915년 8월에는 독일군의 선전으로 러시아제국령 폴란드의 도시 바르샤바를 점령하기에 이른다. 1916년 서부전선에서의 전투는 더욱 격화되어 베르딩 전투와 솜 전투에서 유럽전쟁 역사상 없었던 200만 명이라는 엄청난 사상자를 내는 참혹한 전쟁의 수렁 속에 빠져들게 되고 장기간 헤어나지 못했다. 이 사이 1916년 2월 마침내 오헝제국은 이 세계대전의 발단이었던 세르비아제국을 점령하지만, 동부전선에서도 오헝제국과 독일 동맹국에 맞선 러시아와 이탈리아 동맹국과의 전투에서도 수백만 명의 사상자를 내며 전쟁에 참가한 국가들은 경제적으로 피폐해져만 갔다. 한편 1917년 3월 영국군은 오스만제국의 도시 바그다드를 점령하고 메소포타미아의 대부분을 차지하게 된다. 같은 해 러시아에서 일어난 민중봉기인 2월 혁명으로 황제 니콜라스 2세가 폐위되면서 독일은 자국에 망명 중이던 레닌을 러시아로 귀국시킨다. 10월 혁명으로 러시아의 전제주의 체제가 무너지고 11월 레닌은 노동자들의 지지를 받지 못하고 있던 전쟁을 멈추기 위해 독일과 관계강화를 모색하면서, 독일은 서부전선에 집중할 수 있었지만 러시아는 그간의 경제적 손실과 정치불안이 누적되어 내전에 휩싸인다. 1918년 4월 독일의 계속된 무제한 잠수함 작전으로 미국의 상선이 피해를 입게 되자 마침내 미국도 독일에 선전포고를 하게 된다. 길어진 전쟁으로 독일의 전쟁물자 수급은 한계에 달하게 되었고, 그와 반대로 미군 90만 명의 참전과 막대한 군수물자 지원으로 연합군은 서부전선에서 독일을 밀어냄으로써 독일은 더 이상 전쟁에서 버티기 힘들었다. 대규모 미군 파견으로 전세가 연합군으로 기울면서 국내에서 반정부운동도 전개되어 독일은 결국 항복하고, 전쟁은 연합군의 승리로 끝나게 되었다. 한편 오헝제국에서도 10월 혁명이 일어나 연합군과 휴전한다. 이 전쟁으로 연합국 사망자 552만 5천 명, 실종 412만 1천 명에 이르렀고, 동맹국 사망자 438만 6천 명, 실종 362만 9천 명이 발생하는 역사상 유례없는 엄청난 희생을 낳는다.

전쟁이 끝나자 1916년 6월 28일 전쟁보상을 위한 베르사유조약이 체결되었고, 미국의 우드로 윌슨의 민족자결주의 제창으로 발트3국, 핀란드, 폴란드가 독립하게 된다. 승전국 프랑스, 영국은 더 넓은 영토와 식민지를 얻게 되고 막대한 배상금을 받았으며, 연합국에 가담한 루마니아 또한 많은 영토를 추가로 획득하게 된다. 이 세계대전 후 참전국들은 막대한 군비지출로 인해 독일의 경우 인플레이션이 350%에 이르는 경제적 고통을 겪게 되었고, 완전 파산상태가 되어 마르크화는 휴지조각으로 전락한다. 다만 전쟁의 파괴로부터 직접적인 피해를 입지 않은 미국만이 전쟁의 호황을 누려 채무국에서 채권국으로 도약하게 되고, 전후 세계경제 회복을 견인한다. 한편 이 전쟁 발발의 계기가 되었던 세르비아제국은 연합국에 가담하게 되어 승전국에 포함되는 행운으로 오스트리아로부터의 위협으로부터 벗어났을 뿐만 아니라 빼앗겼던 영토를 회복하고 유고슬라비아 왕국을 건립한다.

전쟁 전 유럽은 보불전쟁 이후 40년 동안 이어진 평화의 시대였고, 산업혁명으로 인한 호황으로 인한 낙관적인 사회적 분위기가 팽배해 있었다. 이로 인해 유럽의 청년들 사이에서 애국심과 민족주의 열풍이 불었고, 청년들은 전쟁의 참혹함보다는 낭만주의적으로 나폴레옹과 같은 영웅과 그들의 경험담으로 가득 찬 모험으로 전쟁을 인식하고 있었다. 그 결과 청년들의 자원입대가 크게 유행하다시피 하여 전쟁에서 더 많은 사상자를 내게 된 것이다. 1914년까지 전 대륙을 주름잡으며 식민지를 지배했던 유럽은 그때까지 세계문명의 주축이라 스스로 자부심을 가졌다. 그러나 이 전쟁으로 과학기술과 이성으로 가득 찬 유럽의 밝은 미래상이 붕괴하면서 어두운 그림자가 드리운다. 유럽의 전쟁복구를 위해 총력을 기울이는 동안 미국과 일본의 경제는 급속하게 발전하여 미국은 영국을 제치고 제일의 무역국가로 도약하고 미화 달러는 영국의 파운드를 대체하여 세계 통화로 발돋움한다. 그리고 일본은 세계 8위의 경제국가로 성장한다. 한편 이 전쟁 종결의 마무리였던 베르사유조약에서 독일이 더 이상 전쟁을 일으키지 못하게 하기 위해 과도한 전쟁배상금이 독일에 요구되었는데, 이에 대해 영국 측 수석 대표였던 존 메이너드 케인즈는 '독일에 대한 배상금이 과도해 독일이 복수에 나설 것'이라며, 결국 남은 것은 더 큰 전쟁'이라는 예언적 발언을 한다.

이 대전쟁 후 미국 우드로 윌슨이 공포한 민족자결주의에 따른 '민족의 운명은 민족 스스로 결정한다'는 사상이 널리 퍼지면서 한반도에서도 독립운동이 더욱 탄력을 받아 독립에 대한 열망이 고조되었다. 러시아에서 권력을 쥔 레닌은 이 전쟁을 자본주의와 제국주의의 전쟁으로 규정하고, 이에 대한 견제를 위해 여러 나라의 독립운동을 지원하고, 공산주의를 퍼트려 각국의 반체제 혁명을 배후에서 조종하였는데, 훗날 이와 같은 러시아의 공산화 활동의 일환으로 만주에서 일본에 맞서 활동하던 젊은 김일성이 러시아에 포섭되어 공산주의 사상을 접하게 된다.[1]

2. 2차 산업혁명, 독일의 약진

19세기 중후반에서 20세기 초 일어난 두 번째 산업혁명이고, 일반적으로 1865년 이후로 보고 있으며, 2차 산업혁명으로 석유와 전기가 대중화되는 길이 열렸다. 이로 인하여 전기공학, 전자공학, 중화학공업이 크게 발전하였으며, 미국과 독일이 주도해 영국을 경제적으로 추월하게 되는 또 다른 산업혁명으로 알려져 있다. 이 시대에는 전기, 전자, 중공업 분야의 기술 혁신이 진행되었고 소비재를 대량생산하는 구조적 측면의 발전과 식료품 및 음료, 의류 등의 제조기계와 더불어 가공, 운송수단의 혁신, 심지어 오락 분야에서도 영화, 라디오와 축음기가 개발되어 대중의 요구에 부응했을 뿐 아니라 산업이 다양한 분야에 확산되어 고용의 측면에서도 크게 기여했다. 그러나 대량생산에 따른 무차별적 생산확대는 대불황(1873~1896)과 이른바 신제국주의를 낳는다. 또한 전기가 보급되며 발명품 테슬라 코일, 백열전구, 교류전기 등이 있었다. 오늘날 대중화가 시작되고 있는 전기자동차는 이 전동 코일을 발명한 니콜라 테슬라의 덕택이다.

니콜라 테슬라(Nickola Tesla, 1856~1943)는 오스트리아-헝가리제국(현 크로아티아) 스밀리언에서 세르비아인 정교회 사제인 밀 루턴 테슬라의 둘째 아들로 태어났으며 가재도구나 농기구를 직접 발명해서 썼던 어머니를 두었다. 그는 부드러운 언변에 연설도 잘했고, 8개 국어를 구사했던 언어의 천재였다. 188cm의 키에 얼굴도 잘생겼고, 똑똑해서 당시 그라츠 사교계의 스타였다고도 한다. 음악과 시에도 조예가 깊었고 평생 독신으로 86세까지 살았다. 그는 "나는 결혼한 남성이 만든 훌륭한 발명품들은 별로 없다고 생각한다"라는 말을 남길 정도로 연구에 몰두해 결혼을 시간낭비로 여겼다고 한다. 오스트리아 그라츠 종합기술학교에 군 장학금을 받고 입학하여 다니던 중 장학금이 중단되어 체코 프라하 대학으로 옮기지만 졸업하지 않고 부다페스트 국영 전화국 기술자로 잠시 근무하며 교류모터 작동원리를 발견하고는 파리의 콘티넨탈 에디슨 회사에서 최초의 교류유도모터를 제작한다. 이후 1884년 동료의 추천장을 들고 배를 타 뉴욕으로 미국 이민길에 오르게 된다. 미국에 온 그는 에디슨 컴퍼니(현 제너럴 일렉트릭)에서 일했지만 토마스 에디슨과 직류와 교류 문제로 의견을 달리해 사직한다. 자유로워진 그는 투자자를 모아 자기 회사를 설립하여 교류전기 실험에 성공해 업계의 관심을 받게 되어, 웨스팅하우스로부터 더 많은 투자금을 유치하게 된다. 이후 테슬라의 교류전기 시험의 성공이 특허로 이어지면서, 직류 방식 채택을 위해 에디슨이 회사를 동원한 치열한 방해공작에도 불구하고, 변압이 용이하고 장거리 전송에 전기력 손실이 적은 테슬라의 교류전송 방식이 전력망구축에 채택된다. 그리고 시카고 세계 박람회를 밝힐 전기공급과 나이가라 폭포에 세워진 세계 최초의 수력발전소에 교류방식이 적용되었다.

그는 그다지 수익성 있는 발명을 하지 못하여 상업화되지 못한 발명이 많은데, 성격이 녹록치 않았던 에디슨만큼, 그 역시 독선적이고 타협을 모르는 성격을 가지고 있어 동료들과 잦은 충돌을 하였고, 조력자였던 지인 및 친구들과도 원만하게 지내지 못해 친구들도 나중에 그의 곁을 떠났다고 한다. 형광등의 경우 그가 발명에 기여했는데 제품화의 성공은 에디슨이 하여 엄청난 이익을 남겼다. 그의 발명 중 개발비가 없어 사장된 것도 다수였고, 의료에 쓰이는 X선도 그의 발명이었다. 발명에 관하여 그와 자주 충돌했던 에디슨이었지만 한 편지에서 "나는 자네의 발명이 잘 진행되어 뢴트겐의 업적에 이길 만한 것이었으면 하네"라는 글을 남겼고, 1896년 5월호 「일렉트리컬 리뷰」에 "그가 최고의 실험가라는 것을 잊지 말아야 하며 시간만 주면 테슬라는 빈말이 아니라는 것을 입증할 수 있다"고 쓰기도 했다. 1917년에는 미국전기전자학회에서 테슬라에게 '에디슨 상'도 수여했지만 에디슨과 반목이 깊었던 그는 수차례 거절하다 나중에는 수락한다. 그의 독선과 오만에도 불구하고 세간의 추종자들이 '테슬라는 전기시대의 아버지이고, 에디슨은 전자시대의 아버지'라고 하며 그를 따르기도 했다. 말년에 그는 경제적으로 여유가 없어 뉴욕의 월셋방에서 가난한 생활을 하며 쓸쓸하게 지내다가, 1943년 1월 7일 저녁 25개국에서 272여 개의 특허를 획득했던 세기의 발명가로서의 생을 마쳤다.

테슬라는 라디오에 쓰였던 테슬라 코일을 발명했고, 1898년 무선조정기를 시현했으며, 레이다의 초기 단계를 구상하기도 했다. 그는 J. P. 모건의 투자를 받아 실험했던 무선전력송신 기술 상용화를 시도한 최초의 과학자였다. 그러나 J. P. 모건이 투자를 계속하지 않아 실험이 중단되어 테슬라는 막대한 빚더미에 올라앉기도 했는데 만약 이 실험이 성공하였다면 인류의 역사가 달라졌을지도 모른다고 한다. 그는 테슬라 발진기를 만들어 건물이나 땅을 흔들리게 할 수 있는 실험도 하였으며, 전하량이 전자보다 적은 입자가 존재할 것이라고 예언했는데, '쿼크'의 발견으로 그 예언이 실증되었다. 일론 머스크가 세운 혁신적인 전기자동차 회사 '테슬라'는 그의 이름에서 유래된 것이다.[2]

1870년대의 프랑스는 초기 자동차의 원동력으로 내연기관을 적용하려는 시도가 이루어지고 있었지만, 양산까지는 이르지 못했다. 연료로 석탄 대신 석유를 사용하여 혁신을 이룬 것은 독일 고틀리프 다임러이며, 이것이 몇년 후에는 자동차에 적용되었다. 이후 미국의 헨리 포드가 내연기관을 대량생산하며 자동차 대중화 시대가 도래한다. 2주기 석유 내연기관은 영국의 학자 조셉 데이에 의해 발명되었지만, 이 특허를 미국기업이 사용하여 가난한 이들의 다리인 오토바이와 모터보트, 펌프가 만들어졌고, 전력이 보급되기 전에는 작은 공장에서 싸고 믿을 수 있는 원동력으로 많이 이용되었다.

독일제국은 제2차 산업혁명 도중 주요 공업국으로 부상했다. 여기에는 세 가지 요소가 작용했다. 첫째, 독일은 산업화에서 영국의 뒤를 쫓았지만, 공장 등은 영국을 모방함으로써 자본과 노력에 드는 시간을 절약할 수 있었다. 독일이 최신 기술을 사용할 수 있었던 반면, 영국은 비교적 오래된 기술을 계속 사용했기 때문에 과학적인 돌파구가 있어도 그 성과를 자유롭게 사용할 수 없었다. 둘째, 화학 및 기초연구 분야에는 독일에서 영국보다 더 많은 투자가 이루어졌다. 19세기 말 루돌프 디젤에 의한 디젤 엔진의 발명도 산업의 효율화에 크게 공헌하였다. 셋째, 독일은 카르테라는 기업연합의 구조가 효율적으로 집약되어 유동 자산도 효과적으로 사용할 수 있었다. 재정적으로도 1870년 프로이센과 프랑스 사이에 있었던 전쟁의 결과로 독일은 프랑스로부터 배상금을 손에 넣을 수 있었고, 그래서 철도와 같은 시설에 많은 투자를 했기 때문이었다. 또한 독일은 프랑스 영토였던 알사스 로

렌지방의 합병에 따라 그곳에 있었던 많은 공장도 손에 넣으며 산업을 발전시켰다. 한편 이 시기에 화이트칼라 노동자 수가 현저하게 증가하여 노동조합에 참여하는 사람도 늘어나게 되면서 이후 독일에서 활발한 노동운동이 일어난다.[3]

3. 제2차 세계대전,
자본주의와 사회주의 충돌의 서막

제2차 세계대전의 가장 중요한 국제적 영향은 세계의 패권의 중심이 기존의 서유럽에서 새롭게 초 강대국 미국과 소련으로 넘어갔다는 것이다. 강대국 영국은 제1차 세계대전 이후 독일로부터 식민지를 일부 추가했지만 전쟁의 여파로 경제가 예전만 못하게 되어 식민지 관리에도 어려움을 겪게 된다. 그리고 민족자결주의로 각국에 독립운동의 여파가 몰아닥치며 대영제국이라는 영광의 빛이 서서히 꺼져가고 있었다. 이 전쟁에 미국이 참전하기 전까지는 영국이 혼자 대 독일전을 수행하게 되면서, 경제적으로 더 곤란을 겪게 되었으며 인도 식민지가 그나마 영국의 전쟁 수행을 지탱할 수 있게 해주었다. 결국 이 세계대전을 마지막으로 대영제국의 패권을 미국과 소련에게 넘겨주게 된다. 그리고 자본주의 대 공산주의라는 냉전 체제하에 놓이게 되어 전 세계가 이념적으로 갈리게 된다.

제1차 세계대전의 피해 보상을 위한 베르사유 조약은 패전국 독일 바이마르 공화국에 커다란 부담이어서, 독일은 연합국에게 계속 전쟁 보상금 삭감을 요구하며 안으로는 경제를 복구한다. 1921년 무렵에는 최초 배상금의 8분의 1 수준으로 삭감되었고, 1932년 로잔협약으로 배상금 지급 중단이 결정된다. 이때 독일의 경제는 완전히 회복하여 미국과 소련 다음 경제강국으로 도약한다. 이러한 전쟁으로부터의 빠른 복구는 1차대전 당시 전선이 거의 프랑스나 주변국에서 일어났기 때문이기도 해 국내의 피해가 매우 적어, 독일은 그대로 남아 있던 군수공장을 민간용으로 전환시킬 수 있었다. 1924년에는 미국으로부터 대규모의 차관을 들여와 전후 호황을 누리며, 단기간에 전쟁의 피해로부터 벗어날 수 있었다. 하지만 호황은 계속되지 않았고 독일은 정치적으로 흔들리기 시작하였다. 이어서 세계대공황까지 겹치게 되었다. 한편으로 노동자 계층의 권익을 등에 업고 공산주의가 득세하면서, 이에 아돌프 히틀러와 나치당은 공산주의자들로부터 위협을 느낀 보수충에게 지지를 받아 1932년 제1당이 되어 권력을 잡는다. 그리고 1933년 1월 30일 히틀러가 총리에 오르게 된다. 이후 강력한 히틀러의 팽창정책으로 오스트리아와 함께 베르사유 조약으로 독일의 일부 영토를 할애받았던 체코슬로바키아를 차례로 병합하여 유럽에 또다시 전운이 감돈다. 영국과 프랑스는 1차 세계대전의 악몽이 다 가시지 않은 상태에서 다시 전쟁 속으로 빠지는 것을 누구도 원치 않았다. 특히 프랑스는 당시의 참호전에서 겪은 참혹한 광경을 다시는 재현하고 싶지 않았고, 심지어는 독일로부터 위협받고 있었던 체코슬로바키아를 돕기는커녕 독일과 협상하여 체코슬로바키아의 영토 일부를 나누어 갖기까지 하며 독일의 주변국 침략을 관망했다. 영국과 프랑스의 반전 분위기와 세력약화의 기회를 놓치지 않고, 히틀러가 장악한 나치당 독일은 1939년 9월 1일 탱크를 앞세우고 폴란드의 수도 바르샤바로 들이닥친다. 이로써 더 이상 지켜만 볼 수 없었던 폴란드의 동맹국 영국과 프랑스는 독일에 선전포고를 하여 제2차 세계대전이 발발한다. 폴란드는 123년 동안 독일, 오스트리아, 러시아에게 나라가 분할 통치되다가 1차 세계대전의 승리로 독립국가가 되었는데, 이후 패전에서 재기한 독일을 견제하기 위해 소련은 영프폴소 조약을 제안했지만 영프와 폴란드는 이를 거절하고 영프폴만 동맹을 맺었다. 동맹에서 소외된 소련은 폴란드에 가장 가까운 나라였지만 독일과 불가침조약을 맺어버리고 독일의 폴란드 침공을 저지하는 전투에 참여하지 않음으로써 또 다시 폴란드는 독일에게 침공을 당했던 것이다. 독일은 여세를 몰아 아래로는 큰 땅덩어리 프랑스로 진격하기 위해 중립국 벨기에를 또 다시 짓밟고 위로는 네덜란드도 점령해버린다. 그리고 이번 전쟁에서 6주 만에 프랑스는 독일에 의해 완전히 유린당한다.

이때 이탈리아는 연합국의 일원으로 1차대전에 참여하여 오스트리아-헝가리제국을 상대로 전쟁을 벌여 오헝제국이 최종항복 문서에 사인하도록 하는 데 기여했다고 스스로 판단하고 있었으나, 연합국은 이를 인정하지 않아 승전국으로 받을 수 있는 적절한 보상을 받을 수 없게 되었던 것에 내심 불만을 품고 있었다. 결국 이탈리아는 제1차 세계대전 때 적국이었던 독일과 동맹을 맺고 스페인의 독재자 프랑코의 지원요청으로 스페인 내전에 개입한다. 이것을 빌미로 독일과 이탈리아는 전쟁의 주축관계를 맺고, 다음해 일본이 가세하여 3국 방공협정을 성립시키고 파시즘진영의 연대를 강화한다.

아시아에서 일본은 근대화에 박차를 가하며 국력을 키우고 중국이 혼란한 틈을 타 청일전쟁과 러일전쟁에 승리하며 조선을 손에 넣고, 1931년에는 만주사변을 일으켜 만주에 괴뢰정권을 세우면서, 중국본토 공략의 야심을 드러내었다. 6년 후 중일전쟁을 터트려 난징에서 20여만 명의 대학살을 자행한다. 이에 미국과 영국은 더 이상 그냥 두고 볼 수만 없게 되어 일본에 석유 수출을 제한하는 등 전략물자수출 동결조치를 내린다. 이와 같은 강대국의 조치로 석유 없이는 더 이상 대륙침략활동을 할 수 없게 되자 일본은 이미 벌려놓은 전쟁을 물리기에는 너무나 많은 것을 잃게 될 것이라는 판단하에 미국의 진주만을 공격하고, 예기치 못한 공격을 받은 미국은 마침내 아시아 태평양 전쟁에 발을 들여놓게 된다.

독일, 이탈리아, 일본이 계속해서 다른 나라들을 침공하는 동안, 사실 미국은 1937년에 통과된 중립법에 의해 전쟁에 참전하고 있는 어떠한 국가도 미국의 지원을 기대할 수 없을 것이라는 중립주의를 선언했었다. 1939년 전쟁이 발발했을 때 미국 국민들의 여론 역시 전쟁을 원치 않았다. 그런데 하루아침에 프랑스가 독일에 점령당하고 영국이 대량공습을 당하자 고립주의에 의한 반전 국내 여론은 참전으로 선회하여, 1940년 미국 역사상 최초의 3선 대통령으로 당선된 프랭클린 루즈벨트가 막강한 군사력으로 제2차 세계대전을 이끌게 된다. 1941년 12월 7일 하와이 진주만 주둔 태평양 함대기지가 일본에 기습공격을 당하자, 전혀 예상하지 못했던 일본 전투기들의 폭격을 받은 다음 날, 미국은 즉각 일본에게 선전포고를 하고 장거리 B-29 폭격기와 항공모함을 투입해 일본 본토로 향한다. 유럽에서의 전쟁이 더욱 파괴적으로 되면서, 연합군들은 태평양 전선보다 적들의 주력군이 전쟁을 벌이는 유럽에 집중하기로 결정하고 대량의 함포사격과 대규모의 지상군을 앞세워 1944년 6월 6일 노르망디 상륙작전을 감행하고, 8월 25일 파리를 점령군 독일로부터 해방시킨 데 이어 1945년 2월에 독일 본토로 총 진격한다. 5월 7일에는 마침내 독일을 격퇴하고 항복을 받아낸다. 한편 태평양 전선에서는 일본군의 끈질긴 방어로 전쟁이 장기전으로 가게 될 것을 우려한 미국은 8월 6일 히로시마, 9일 나가사키에 원자폭탄을 사용하여, 인류 역사상 처음 있었던 전대미문의 무차별 인명 살상과 도시 대파괴를 실행에 옮긴다.

그리고 9월 2일 원폭피해를 입어 형체가 사라진 두 도시의 처참한 모습을 본 일본으로부터 무조건 항복을 받는다. 이 제2차 세계대전은 2천만의 군인, 4천만의 민간인을 합한 6천만 명이 병마, 학살, 화학무기, 폭격, 기아로 희생당하고, 독일에 의해 6백만 명에 이르는 유태인과 집시 대학살이 자행된 처절한 살육 전쟁이었다.

이 전쟁은 지금까지의 인류의 역사상 가장 큰 인명과 재산피해를 낳은 전쟁이었다. 2차대전과 같은 더 이상의 대규모 전쟁을 피하고자 승전국 미영프소중을 중심으로 1945년 10월 24일 국제연합(United Nations)이 창설되었다. 한편 전후 경제질서 회복을 위해 1944년 체결된 브리튼 우즈 협정으로 달러가 세계의 기축통화로 자리 잡음으로써 미국 중심의 경제체제로 한발 더 전환하게 되었다. 전쟁의 결과 소련군대가 주둔한 동유럽, 외몽고, 북한 등에 공산주의정권이 세워지고, 중국에서도 중국공산당이 내전에서 승리하면서 세계는 미국과 서유럽을 중심으로 한 자본주의 진영과 소련, 동유럽, 중국을 중심으로 한 사회주의 진영으로 재편된다. 이와 함께 패전국의 지배 하에 있던 아프리카와 아시아 식민지국가들이 주권국가로 독립하면서 국제관계가 더욱 복잡해지면서, 전 세계 세력 균형에 커다란 변화가 일어나게 되었다.[4]

4. 3차 산업혁명, 디지털 시대의 도래

　제2차 세계대전을 끝으로 큰 전쟁 없이 미국과 소련이 주도하는 냉전시대를 넘어 유럽과 북미, 아시아에 평화의 시대가 이어지면서 전기, 전자, 컴퓨터, 재생에너지를 중심으로 하는 과학과 기술의 혁신적 발전이 계속되어 새로운 산업혁명의 계기가 마련된다. 제레미 리프킨(1945~)은 2012년 그의 저서에서 인터넷과 재생에너지가 '3차 산업혁명(The Third Industrial Revolution)'을 도래시키는 원동력이 될 것이라고 주장했다. 그는 1차 산업혁명은 인쇄술과 석탄에 기반한 증기기관의 등장으로 시작되었으며, 2차 산업혁명은 전화와 TV, 라디오 등 전기통신기술과 석유를 이용한 내연기관이 발달하면서 가능했고, 현재 상황은 석유기반의 경제와 산업이 한계에 다다랐기 때문에 2차 산업혁명의 종말이 온 시기라고 하였다. 또한 『소유의 종말』, 『공감의 시대』, 『수소경제』, 『엔트로피』 등 여러 저작을 통해 현대문명을 날카롭게 비판하며, 대안적 구상을 제시한다. 그는 커뮤니케이션 기술(인터넷기술)의 발달과 새로운 에너지 체계(재생에너지)의 결합이 수평적 권력을 기반으로 삼는 3차 산업을 이끈다는 주장을 내놓았다. 그리고 재생에너지는 모든 사람이 함께 누릴 수 있는 자원이며, 인터넷은 수많은 사람을 수평적으로 연결하기 때문에 3차 산업혁명은 소유를 중심으로 한 수직적 사회에서 공유를 통한 수평적 권력구조로 재편된다고 했다. 20세기 초 전기공학의 발전은 석유 동력의 내연기관과 조우해 2차 산업혁명을 일으켰고 그 결과 나타난 공장의 전기화는 대량생산 제품의 시대를 열었다. 수천 킬로미터의 전화선, 라디오, 텔레비전이 등장하여 광범위한 커뮤니케이션을 창출했다. 그로부터 수십 년이 지난 현재는 석유의 환경오염으로 지구의 온난화가 가속되고 있다. 이러한 이유로 새로운 형태의 3차 산업혁명이 요구되었고 인터넷 기술과 재생 가능한 에너지의 결합을 요구하였다. 수억 명의 사람들이 자신의 가정과 직장, 공장에서 직접 녹색에너지를 생산하여 지능적인 분산형 전력 네트워크인 인터그리드로 서로 공유함으로써 석유동력시대에 집중되어 있던 권력을 분산시켜 수평적 권력의 시대가 온다는 것이다. 또한 그는 3차 산업혁명의 대표산업으로 사회적 기업을 꼽았으며, 주거형태는 주거지와 미니발전소의 결합(빌딩의 발전소화)으로 나타날 것이라고 했다. 또 협업경제, 분산 자본주의의 경제구조를 그 특징으로 제시했다. 한편 리프킨은 3차 산업혁명은 현재도 진행 중이고, 아직 완성되지 않은 상황으로, 4차 산업혁명이라는 말은 마케팅 용어에 불과하다고 하였다.[5]

『롱테일 경제학』의 저자이자 「Wired」잡지의 전 편집장인 크리스 앤더슨(Chris Anderson)은 콘텐츠 시장을 넘어서는 가상재화의 확대가 제조업 분야에서 현실화되고 제조업의 디지털화와 3D프린팅을 활용한 메이커스페이스(Makerspace)의 출연을 3차 산업혁명이라 보았다. 글로벌로 연결된 네트워크와 어디서나 가능해진 컴퓨팅 파워가 3D프린터나 세계 각지의 공장과 연결되면 거대한 메이커스페이스가 형성되어 어디서나 이 공간에서 도구나 특별한 기술 없이 원하는 물건들의 제조가 가능해진다는 것이다.[6]

3차 산업혁명은 2차 산업혁명으로 만들어진 통신망을 기반으로, 컴퓨터와 인터넷이 발전하면서 무형인 정보의 생산, 처리, 유통을 효율적으로 하는 정보기술(IT, information technology)이라는 기술과 산업을 만들어냈고, 이 정보기술은 지식정보화 및 자동화 생산시스템의 바탕이 되면서, 산업구조도 온라인 경제활동으로 재편되는 등 사회·경제적인 변화를 일으켰다. 특히 정보기술 산업은 세상의 모든 지식과 현상을 디지털화된 데이터로 생성, 저장, 처리될 수 있도록 하였고, 반도체의 발전으로 고속처리가 가능한 컴퓨터가 등장하여 디지털 정보화를 가속시키는 기반이 되었다. 인터넷의 등장은 이렇게 디지털화된 무형의 정보가 실시간으로 국가 간 장벽이 없이 통신·유통될 수 있도록 하여, 세계가 하나로 연결된 글로벌 경영이 가능하도록 했다. 또한 생산, 개발, 판매 조직을 글로벌로 분산하여 생산의 효율화를 극대화하였으며, 플랫폼 중심산업을 강화하였다. 과거에는 막대한 자본과 거대한 기반 시설에 비례해서 부를 축적하는 것이 일반적이었는데 3차 산업혁명 시기에는 새롭고 창의적인 아이디어만으로도 선도기업이 될 수 있는 시대가 되었다. 그리고 다른 한편으로 일부 성공한 플랫폼 기업은 중앙집중적 통제 및 관리로 부의 편중화를 강화하기도 했고, 동일산업의 진입장벽을 더 높이는 등의 부작용도 발생했다.

이러한 환경에서 마이크로소프트, 구글, 아마존, 애플 등의 미국주도의 글로벌 IT기업들이 부상했으며, 컴퓨터와 인터넷 외에도 생명과학, 자동화, 로봇기술 등이 급성장하였다. 특정적 측면에서, 2차 산업혁명 이후 변화된 기술에 근거하여 3차 산업혁명을 '디지털 혁명(Digital Revolution)'이라 부르는 학자도 있고, 엘빈 토플러의 주장을 바탕으로 사회문화적 변화의 관점에서의 정보화 혁명(Information Revolution)이라고도 하며, 스마트팩토리 등 제조업 혁신의 관점에서 자동화 혁명(Automation Revolution)이라고 부르기도 한다.

3차 산업혁명을 디지털, 정보화, 자동화를 바탕으로 시기적 측면에서 볼 때, 디지털 혁명은 1971년 인텔이 발명한 세계 최초의 단일 칩 마이크로프로세서의 기반이 된 IC집적회로에 있고, 정보화 혁명은 인터넷의 시초라고 알려진 아르파넷(ARPANET)의 시작인 1969년이었다. 그리고 자동화 혁명은 최초 자동제어(PLC, programmable logic controller)기술이 등장한 1969년이라고 보고 있다. 그러나 디지털화와 정보화의 중심이 되는 컴퓨터는 훨씬 이전인 1936년에 튜링머신(Turing Machine)이라 불리는 기계식 컴퓨터에 대한 아이디어로부터 제안되었고, 최초의 진공관식 컴퓨터 에니악, 에드박, 에드삭 등이 1940년대 후반에 개발되었으며, 자동화하는 개념은 1940년대 중반에 사용되었고, PLC 등장 이전에도 기계장치에 의한 자동화는 이미 구현되고 있었다.

3차 산업혁명의 중심에 있는 가장 중요한 부분은 컴퓨터이다. 컴퓨터의 두뇌에 해당하는 마이크로프로세서를 포함하는 하드웨어와 컴퓨터의 활용을 가능하게 해주는 소프트웨어, 그리고 컴퓨터끼리 연결해주는 네트워크의 발전이 3차 산업혁명의 변화를 주도해왔다. 컴퓨터의 아버지라고 불리는 영국의 수학자 찰스 배비지(Charles Babbage)는 1836년 디지털 프로그래밍이 가능한 계산기계의 개념(Difference Engine)을 발표하였지만 기술력과 자금력의 문제로 완성되지 못하였다. 배비지가 계산기계를 고안하는 동안 수학에 관심이 있었던 시인 바이론 경(Lord Byron)의 딸인 에이다 러브레이스 자작과 친교를 맺게 되고 러브레이스 자작(Conutess, Ada Lovelace, 1815~1851)은 배비지의 계산기 개념에서 착안하여 범용성의 프로그램 혹은 알고리즘 가능성을 글(Note A, G)로 발표하였는데 이 개념이 100년 후 컴퓨터로 실현되었다고 보고 있기도 하다. 이후 디지털 시대의 가장 중요한 개념인 튜링 머신(Turing machine)을 발표한 영국의 앨런 튜링(Alan Turing, 1912~1954) 등 수많은 과학자들이 계산기계이론을 발전시킨다. 튜링은 한때 케임브리지 대학 박사과정의 해외 프로그램의 일환으로 아인슈타인이 재직했던 프린스턴 대학 고등연구소 수학과에서 교환강의를 듣던 중 튜링의 작업에 관심을 가졌던 존 폰 노이만을 만나고 그로부터 조교 제의를 받지만 영국인으로서 애국심이 충만했던 그는 노이만의 제의를 거절했다. 영국으로 돌아온 튜링은 인간에 의해 프로그래밍된 컴퓨터에 그치지 않고, 인간처럼 모방을 통해 사고할 수 있는 지능형 컴퓨터의 개념을 발표하였고, 그의 사후 이것이 발전을 거듭하여 훗날 인공지능으로 현실화된다. 그러나 그의 열정적 과학자로서의 인생과 달리, 동성애자였던 튜링의 개인적 삶은 행복하지 못했다. 어느 날 맨체스터시 옥스퍼드가 길거리에서 만난 19세의 애인이었던 파트너 친구에 의해 튜링의 집이 털리고, 튜링은 도둑맞은 사실을 경찰에 신고한다. 이 사건 조사과정에서 당시 금지되었던 튜링의 동성애 사실이 밝혀져 구속되게 되었으며, 동성애 범죄 재판과정에서 그는 호르몬 치료형을 구형받아 1년간 호르몬 투약을 하다가 끝내 자살했다. 이후 60년이 흐른 뒤 2013년 성탄절에 영국여왕 엘리자베스 2세는 튜링의 동성연애 형벌을 사면한다.

미국이 2차 세계대전에 참전한 후, 포탄의 궤적 계산에 어려움을 겪고 있던 미 국방부의 존 모클리(John Mauchly)와 프레스퍼 에커드(Presper Eckert)는 프로그래밍 장치를 가질 수 있는 계산기를 제안하고, 정부의 지원을 받아 새로운 계산기인 에니악(ENIAC)을 전쟁이 끝난 1945년 11월에야 완성한다. 이 초창기 전자식 컴퓨터는 17,486개의 진공관을 사용하고, 길이 30.5미터, 높이 2.5미터, 무게 30톤에 달하였지만 과거의 어느 계산기계보다 100배 이상 빠른 것이었다. 또한 십진법을 사용했다는 면을 제외하면, 현대식 컴퓨터의 특성을 모두 갖춘 최초의 전자기식 방식을 활용한 계산기였다. 이에니악 프로그래밍 과정에서 진 제닝스(Jean Jennings, 1924~2011), 베티 스나이더(Betty Snyder, 1917~2001) 등 다수의 최초 여성 프로그래머들이 탄생하였으며, 이들이 에니악 운용에 많은 기여를 했다. 한편 여성 수학자 그레이스 호퍼(Grace Hopper, 1906~1992)는 하버드 대학 마크 원(Mark I) 개발과정에 참여하여 최초로 컴퓨터 사용방법을 체계적으로 설명한 매뉴얼을 만들었으며, 후에 해군에서 프로그래밍 언어 코볼(COBOL)을 개발한 공과로 해군준장(rear admiral)에 올라 79세까지 군에 봉직한 최고령 여군장성의 영광을 누렸다.[7]

비슷한 시기인 1945년 헝가리 출신의 수학자 존 폰 노이만(John von Neumann)은 프로그램을 기억장치에 내장하는 방식의 컴퓨터에 관한 논문을 발표하고 에드박(EDVAC)을 설계하였으나, 에드삭 개발에 컨설턴트로 참여했었던 노이만에게 에드박 개발자 모틀리와 에커드가 특허권 문제를 제기해 개발이 늦어지다가 1949년 에드박의 설계를 발전시킨 에드삭(EDSAC)이라는 최초의 프로그램 내장방식과 이진법을 채택한 디지털 컴퓨터를 완성했다. 에드박에 이르러서야 기존의 명칭인 계산기 대신 컴퓨터라 부르게 되었는데 그것은 기계가 수행할 작업이 계산에만 그치지 않았기 때문이다. 이렇게 개발된 컴퓨터는 대기업이나 특수목적 기관에서 사용되었다. 에드박에 이어 1947년 12월 16일 뉴져지주 머레이 힐 벨연구소에서 트랜지스터가 개발되면서 그때까지 사용되고 있었던 고가의 진공관이 트랜지스터로 대체되었고 소형의 휴대용 라디오가 등장하여 엘비스 프레슬리의 록앤롤(rock & roll) 음악과 맞물리며 청소년들 사이에서 폭발적인 인기를 끌게 된다. 디지털 시대로 향한 혁신적 변화는 과학기술 분야뿐만 아니라 기업문화와 관리 스타일에서도 일어났다. 미국 동부의 전통적인 수직적 조직과는 대조적인 캘리포니아 실리콘밸리 기업문화가 나타났다는 것이다. 이 스타일은 휴렛패커드(HP)사를 그 원류로 보고 있는데, 2차대전 당시 데비드 패커드는 여성 근로자가 대부분이었던 공장에서 유연한 관리 시스템을 적용하여 수직적 조직을 수평적으로 바꾸고 금요일 비어베쉬(Friday beer bashes), 스톡옵션을 도입하여 캘리포니아 캐쥬얼 라이프 스타일 기업문화를 만들었다. 이와 같은 새로운 기업문화는 리차드 노이스, 고든 무어, 앤디 그로브가 창업한 인텔(Intel)사에 의해 새롭게 거듭나며 반도체 기술 개발 혁신에 커다란 기여를 하게 되었다.[8]

이후 트랜지스터가 발전하여 반도체가 개발되면서 컴퓨터의 소형화, 집적화가 이루어져 1970년대 말부터는 개인용 컴퓨터가 탄생하였고 대중화가 빠르게 이어지면서 진정한 디지털혁명의 계기가 마련되었다. 이를 계기로 다른 분야의 디지털화를 가속시켜 음악이 CD 등에 음원화되고, 디지털 카메라, 디지털 통신으로 바뀌었다. 그리고 인터넷 보급이 확산되면서 개개인의 컴퓨터가 서로 연결되기 시작하여 인류의 의사전달체계에 엄청난 변화를 가져오게 되었다.

인터넷이라는 용어는 1973년 TCP/IP를 정립한 빈트 서프(Vint Cerf)와 밥 칸(Bob Khan)이 전 세계의 모든 컴퓨터를 하나의 통신망에 연결하고자 하는 의도로 'International Network'의 약자인 'InterNet'으로 명명한 것에 어원을 두고 있다. 1969년 미국 국방부 고등계획국(ARPA)의 연구용 네트워크를 UCLA와 SRI연구소에 연결하였는데 이를 아르파넷(ARPANET)이라고 하며, 이것이 인터넷망의 시초가 되었다. 80년대 말에 이르러 아르파넷은 국제통신망으로 발전되고, 학계, 정부기관뿐만 아니라 민간부분까지 확대되었으며, 1989년 월드 와이드 웹(WWW)이 등장하고, 90년대 초 인터넷을 보다 쉽게 사용할 수 있는 브라우저 '모자이크(Mosaic)'와 '야후(Yahoo)'가 등장하는 것을 계기로 급격히 확산되었다.

스마트팩토리의 발전에 중심을 두고 있는 자동화혁명은 독일의 인더스트리 4.0(Industrie 4.0)제안을 기준으로 하여 정보통신기술을 제조 분야에 통합하는 것을 지향하는 전략이라 할 수 있다. 독일 인공지능연구소(DFKI)가 2011년 발표한 자료를 근거로 한 인더스트리 4.0에서는 첫 번째 산업혁명을 수력과 증기력에 의한 기계 생산 설비의 도입, 특히 1784년의 최초의 기계식 직기로부터 시작한다고 보고 있고, 두 번째의 산업혁명은 분업을 바탕으로 한 전기 에너지의 대량생산체제였던 1870년 미국 신시내티 도축장의 컨베이어 시스템을 시작점으로 본다. 세 번째의 산업혁명은 전자와 IT산업을 결합시켜 제조에서 진일보한 자동화를 이루는 시점이고, 네 번째 산업혁명을 CPS(Cyber Physical System)에 의한 제조혁신으로 보고 있다.

3차 산업혁명을 이야기하면서 빼놓을 수 없는 인물은 미국의 미래학자 엘빈 토플러(Alvin Toffler)다. 엘빈 토플러는 1980년 그의 저서『제3의 물결

(The Third Wave)』이라는 책을 통해서, 후기 산업사회에서 정보화사회로의 변혁이 일어나며, 이 사회에서는 탈 대량화, 탈 표준화, 탈 집중화한 지식기반 생산이 가속화될 것이라고 예측하며 20세기 후반과 21세기 초반 정보혁명을 예견하였다. 또한 그는 같은 책에서 재생 가능한 에너지, 재택근무, 가족구성의 변화, 생산소비자(pro-summer), 탈 전문화 그리고 탈 중앙화 등 최근의 현대사회를 30~40년 전에 예견하였다.[9]

클라우스 슈밥(Klaus Schwab)은 2015년 12월 「포린 어페어」지에 기고한 글에서, "4차 산업혁명이란 3차 산업혁명인 디지털 혁명의 바탕 위에서 물리학적, 디지털적, 생물학적 영역 사이의 경계가 사라지는 기술적 융합"이라고 설명했다. 마이클 포터(Michael Porter)는 4차 산업혁명에 대해, 2014년 하버드 비즈니스 리뷰를 통해 "지능화, 연결제품(Smart, connected product)이 산업구조와 경쟁의 속성을 변화시키며, 산업 간의 경계를 재편하고, 새로운 산업도 탄생시킨다"는 내용을 발표했다. 그에 따르면 인간의 역사는 연결확대의 역사로서 오랜 기간 동안 다양한 물리적 연결의 폭과 깊이를 더해 오면서 발전해왔고 지금처럼 기술 간, 또는 사물 간의 연결이 가속화되고 심지어 물리세계와 가상세계마저 하나로 연결되는 시대가 4차 산업혁명의 시대다. 그리고 많은 사물이 기계화되고 자동화를 거쳐 스마트화한 지금의 시대는 연결을 바탕으로 다시 빅데이터, 인공지능 등의 기술이 융합하면서 사물끼리 스스로 정보를 주고받으며 주어진 임무를 수행하는, 지능화되고 자율화로 향하는 세상에 살고 있다고 했다.

지금의 시대는 1, 2차 산업혁명 시대의 전통 산업이 3차 산업혁명 시대의 정보기술과 융합하고, 그 위에 새로운 ICT기술이 융합되면서 과거에는 상상할 수 없었던 산업구조와 삶의 방식을 만들어 내는 정보기술융합의 시대이다. 그러므로 4차 산업혁명은 '모든 사물들이 서로 통신하는 초연결성(hyper-connectivity)과 이를 통하여 생성된 방대한 데이터를 초지능성(super-intelligence)으로 분석하여 기존 산업의 영역에서 생산·서비스의 혁신적인 변화를 가져오거나 새로운 분야의 사업을 만들어내는 것'이라고 규정한다.

다른 한편으로는 연결, 지능, 자율, 융합 등의 추상적인 용어를 배제하고

'기업들이 제조업에 새로운 정보통신기술을 적용하여, 생산성과 경쟁력을 획기적으로 향상시키거나, 새로운 산업혁명을 구축해내는 차세대 산업혁명'으로 규정한 제조업 중심의 정의도 있다. 또한 4차 산업의 특징을 맞춤, 분권, 개방으로 보고, 기존의 산업혁명 시대와 달리 생산자가 아닌 소비자 중심으로 소량 또는 개인화 맞춤의 개념과 분산형 데이터 저장기술인 블록체인(Block chain)으로 대표되는 탈 중앙집권화, 오픈소스 운동과 플랫폼으로 대표되는 개방화를 주요 특징으로 규정하기도 한다.

2016년 대한민국을 뜨겁게 달구었던 국정농단 사태는 2017년 3월 박근혜 전 대통령의 탄핵과 함께 조기대선 정국을 만들었고, 당시 문재인을 포함한 대선 후보들은 박근혜 정부의 '창조경제'를 대신할 수 있는 경제 슬로건으로 4차 산업혁명을 들고 나오기도 하였다. 그래서 4차 산업혁명의 광범위한 파급은 대한민국에서는 상당히 정치적인 측면이 강하다는 논평이 있기도 하였다. 2016년 영국의 「인디펜던트」지는 "인공지능, 로봇공학, 생명공학 등의 기술은 전혀 새로운 기술이 아니며, 4차 산업혁명이란 3차 산업혁명의 연장일 뿐 그 용어 자체도 터무니없다"고 했다.

서울대 홍성욱 교수는 한국과학기술한림원 주최 토론회에서 "4차 산업혁명이란 용어는 이미 1940년대부터 꾸준히 등장했고, 미국의 경제학자인 알버트 카와 사회학자 앨머 반스가 각각 1940년과 1948년 이 용어를 썼으며, 월 로스토는 1983년 이미 한국을 비롯한 아시아 국가가 전자공학과 유전공학으로 대표되는 4차 산업혁명의 문턱에 들어섰다"고 밝혔다. 아무튼 지금의 사회는 정보통신기술의 급격한 발전으로 기존에 예상하기 어려웠던 산업이 생겨나고 성장하며 산업적 구조의 변화는 물론 우리의 삶의 방식에 큰 변화가 일어나고 있는 것이 사실이다. 이러한 변화의 수혜를 입은 쪽은 미국을 위시한 서구의 기업들이 중심인 가운데, 아시아의 일본, 한국, 중국 기업들이 상당 수준의 기술 발전을 이루며 아직 앞서 있는 그들과의 기술 격차를 줄이고 있는 상황이다. 특히 인공지능 분야에서 중국의 약진이 가속화되어 미국의 수준에 도달하게 되었다.

1차 산업혁명 시기의 주요한 기술은 제임스 와트의 증기기관 기술, 면직

산업의 다양한 방적기 관련 기술, 철강산업에서의 제련기술, 증기기관차의 철도기술 등이었으며, 석탄에너지의 이용으로 공장화, 산업화, 도시화 등의 경제 변화를 야기했다.

2차 산업혁명 시기의 주요한 기술은 전기, 내연기관, 자동차, 화학, 통신 등의 기술과 석유 에너지 이용의 발전으로, 대량생산체제 및 현대적 경영관리 기법이 도입되었다.

3차 산업혁명 시기에는 반도체 집적회로, 컴퓨터, 인터넷, 자동화 기술의 발전으로 디지털화, 정보화 시대를 열었다.

4차 산업혁명의 핵심요소 기술로는 사물인터넷(Iot), 빅데이터, 클라우드(cloud/SaaS/PaaS/IaaS), 엣지 컴퓨팅, 인공지능/머신러닝/딥러닝(AI/machine learning/deep learning), 블록체인, 5G이동통신, 가상현실/증강현실/혼합현실(AR/VR/MR), 로봇/협동로봇, 3D프린팅 등이 있다. 이들을 이용한 융합기술로는 자율주행 자동차, 스마트팩토리, 스마트시티, 스마트홈, 스마트팜, 핀테크, 프롭테크, 에듀테크 등이 있다. 경제 또는 비즈니스 모델로는 공유경제, 긱경제, 플랫폼 비즈니스 등이 있다. 이외에 인더스트리 4.0, 사이버 물리시스템(CPS), 디지털 트윈(digital twin), 디지털 트랜스포메이션(digital transformation) 등이 있다.[10]

5

한국의 산업화

1. 한국의 농업

농업의 시작은 동식물을 키우고 가꾸어, 식용품, 의료용, 문화용으로 쓰기 시작한 때라고 볼 수 있다. 오로지 수렵과 어로생활을 하던 시대는 50만 년에서 100만 년 전으로 거슬러 올라간다지만 동식물의 사육과 재배로 인류문화 발전에 혁신적 계기를 가져오게 된 것은 1만 년 전 정도로 추측하고 있다. 현재 발상지역을 크게 나누어 구세계와 신세계로 보고, 전자는 중동, 아시아, 아프리카, 유럽으로 세분하고, 후자는 중앙아메리카, 남아메리카로 나누고 있다. 발상연대는 양자가 서로 비슷한 기원전 6000년 전후로 보고 있는 것이다. 중동지역에서 발견된 작물의 흔적은 서기 전으로 소급할 수 있는데, 기원전 7000년으로 소급할 수 있는 밀과 그보다 약간 뒤에 재배한 것으로 보이는 보리가 있다. 아프리카에서 발굴된 것으로는 수수류와 조류, 기장류 등이 있고, 인도네시아에서도 조와 기장이 발견되었다. 중국에서 기원전 4000년대의 것으로 발견된 주곡은 조였다고 한다. 동남아시아의 타이에서 쌀 등 식물유체가 발견되었고, 중국 남부에서도 탄화미가 나오고 있는데, 그것들은 중동지역의 것들과 거의 같은 시기의 것으로 추정되었다. 아메리카대륙에서도 페루 해안지대에서 식물유체가 다량으로 출토되고, 옥수수(기원전 6000년), 스쿼시(기원전 3000년), 라이마빈(기원전 6000년) 등이 있다. 우리나라의 농업문화권을 만주지역으로 연결시켜 보면 별도의 발상지역으로 생각할 수도 있다. 콩, 배추, 복숭아 등을 한반도, 만주, 북중국 일대에서 그 발상을 찾는 설도 있다.

석기시대와 청동기시대의 농업

신석기인들은 이전에 채취대상으로 삼았던 과실류, 근경류, 곡물 등을 재배하기 시작하였다. 그 무렵에 일어난 농업기술상의 변화는 그들이 사용하던 도구를 통하여 추적할 수 있고, 인간이 사용한 최초의 농기구는 굴봉이었으며, 굴봉이 발달하여 더욱 능률적인 괭이나 또는 가래가 나타나고, 그것이 다음에는 쟁기로 발달한다. 보습은 석재, 목재, 금속으로 된 밭을 가는 부분이었다. 중국에서 주나라 때에 청동제 보습을 단 뇌사를 썼다 하는데, 당시의 재배작물은 조, 기장, 밀, 보리, 콩, 쌀 등이고, 철제농구는 전국시대에 나타나기 시작한다. 우리나라에서는 뇌사에 해당하는 따비가 있었다. 지금도 서부, 남부 섬 지방에서 간혹 볼 수 있는 것으로 말굽형, 주걱형 등 여러 종류가 있었으며, 술과 발판 그리고 쇠보습의 세 부분으로 되어 있었다. 이 따비에 관한 기록은 삼국유사 유리왕조에 나오고, 1970년에 대전에서 발견된 청동기에 나온 그림이 귀중한 자료를 제공하고 있다. 이 그림으로 보면 당시 마한시대의 농경이 주로 밭농사였음을 말해주는데, 따비와 괭이가 밭갈이 농구이기 때문이다. 지금 우리가 말하는 잡곡은 밭에서 나는 곡물로서 농경 초기부터 오랫동안 주곡류를 이루었다. 각지에서 출토된 유물들의 기록을 볼 때 피, 기장, 조 같은 알이 작은 곡식이 주곡이었다고 할 수 있다. 작은 알갱이의 곡류를 뒤쫓아 들어왔을 것으로 보이는 맥류는 조와 함께 속맥문화를 오래 누렸다고 보고 있고, 중국의 화북지방이나 한반도에도 이 같은 맥류가 있었다. 삼국사기에는 5, 6세기까지 조나 보리에 관한 기술이 농사기록의 대부분을 차지하고 있었다. 맥류에 이어 벼를 재배하게 된 것도 중국대륙을 통하여 이루어졌다. 벼는 적어도 3천 년 이전인 청동기시대에 이미 우리 땅에 들어왔다고 할 수 있으며 그 경로는 중국 북방지역을 통한 것으로 추정되고 있다.

삼국과 고려시대의 농업

고고학적으로 철기시대의 완숙기인 1~3세기 무렵 청동제는 물러나고 철기가 널리 보급되어 낙동강 하구에서는 철 생산이 활발해져 낙랑과 일본으로 철을 수출하게 되었다. 이 때 한강유역 양평에서 초기의 야철 유적이 나왔고 암사동, 풍납동에서 김해토기가 출토된 것을 볼 때 이 지역에 문화발달과 농경기술의 발전이 있었음을 알 수 있다. 한강유역의 부여일족이 세운 백제는 비교적 넓은 평야와 비옥한 토양을 가지고 있었으며, 수리시설에 알맞은 하천이 많아 농업국가의 면모를 나타나게 된다. 삼국사기에 따르면 다루왕 때 한강 남쪽에서 벼농사를 시작하고, 가루왕 때 큰 비가 10일간이나 내려 한강이 넘쳐 논밭이 훼손되는 등 수해를 입은 전답을 보수하도록 하였으며, 벽골지를 새로 열었다는 기록으로 벼 재배가 중요시되었다는 것을 알 수 있으며 이를 통해 관개와 치수공사가 국가의 사업이었음을 알 수 있다. 신라의 농업은 경작기술뿐만 아니라 농가의 민속들 역시 오늘날까지 전해 내려오는 것이 많다. 오늘날의 명절인 설, 정월대보름, 단오, 칠월칠석, 한가위, 시월고사 등은 그 원천이 신라에서 유래된 것들이다.

신라와 후백제를 병합한 고려는 전제의 개혁과 부세의 조정에 힘을 기울이는 한편 농상을 장려하여 농산증진에 주력하였다. 인구가 증가하고 민생의 궁색이 점차 노출됨에 따라 국고수입대상의 중요성과 아울러 토지의 확대를 절실히 필요로 하기에 이르렀다. 현종, 광종 때는 개간의 특전과 조세와 소작료를 규정함으로써 농지 개척의욕을 북돋워주었고, 그 결과 치전이 적극적으로 산간에 진출하여 멀리서 보기에 마치 사다리와 같은 정도로까지 되었다고 서긍의 『고려도경』에 적고 있다. 성종 때에는 각 주군의 병기를 덜어내어 농기구를 주조하였으며, 『고려도경』에도 고려의 농기구가 송나라의 것들과 대동소이하다고 한 것을 보면 농기구의 대량생산과 개량이 있었음을 짐작할 수 있다. 고려 전성기의 중농정책은 국가재정으로나 국민경제의 수입과 지출의 근원으로 실과 옷감을 화폐의 대신으로 할 만큼 강행되어 지방의 고관도 권농관 겸 징세관 격이었고 지반급제, 녹봉제 및 창제의 확립과 함께 미곡증산에 박차를 가하였다.

『고려사』 식화지에는 큰 창고의 미곡이 묵어서 붉은 곰팡이가 생길 정도로 풍족하였고, 살림이 넉넉한 백성들의 다스림을 보게 되었다는 기록도 있다. 『고려도경』에도 각 창고에 쌓인 쌀이 굉장하여 병란과 홍수와 가뭄에도 항상 대비하고 있었음을 기록하고 있다. 당시 재배곡식은 벼 외에 종래의 보리, 밀, 기장, 수수, 피, 귀리, 콩, 팥, 녹두 등이 있었고, 밭곡식은 고려 초부터 2년 3작식인 윤작법으로 재배되어왔으며, 채소류로는 오이, 가지, 순무, 파, 박 등이 많이 가꾸어져 생식 외에 조리, 김치 등 가공식품으로 애용되었다고 이규보의 『가포육영』에서 말하고 있다.

임목으로는 성종 때 각 도, 주, 현에 영을 내려 토양이 경지로서 적당하지 않을 때 뽕나무, 밤나무, 옻나무, 닥나무 등을 심도록 장려하였고, 인종 때에는 이러한 나무들을 다른 과일들과 함께 권장하였는데, 임목들은 잠업, 칠기, 제지원료로서 당시의 견직류, 종이류, 기타 공예품 제조의 융성을 이룩하기도 하였다.

고려시대 의류는 그 원료가 주로 삼, 모시 등과 명주실이었으므로 삼, 모시, 뽕나무의 재배가 활발하였다. 특히 모시 제품은 외국에까지 이름을 떨쳤고, 비단도 중국의 영향을 받아 상당히 발달하였다. 그 뒤 고려 말기에 문익점이 중국에서 얻어왔다는 목화씨와 물레 등은 조선시대에 들어와 널리 전파되었다.

고려시대의 말 사육은 몽골이 침입하기 시작한 12세기부터 피동적인 상황을 띠게 되었다. 몽골은 농우, 군마와 그 먹이를 다른 군량과 함께 강제 징발하게 하였으며, 또 한편으로는 동북변경 너머 여진족의 위협도 있어 군마의 양육이 촉진되었다. 농우의 징발은 농민들의 분노를 사기도 하였다. 마필의 번식은 북방에서 종마를 얻어 직접 국가에서 관리했으며, 마별초라는 무반도 생겼고 교통과 체신의 구실을 맡은 역마제도 있었다. 목마사업은 제주도, 함경도 그리고 남해의 섬 지방에서 활발하였으며, 더 나아가 몽고말의 마종계획도 세웠다. 이와 같은 고려의 목마사업은 너무나 국가적 통제에 치우친 나머지 말기에 와서는 국내혼란으로 인하여 관리의 해이, 목장의 황폐, 마필의 이산들을 보게 되었다.

조선의 농업

조선 초기 농업정책의 핵심으로 전재의 개혁을 내세우고 새 왕조를 개창한 태조는 토지제도의 개정과 아울러 그에 부수하는 세제를 강화하였으며, 여러 방면의 권농정책과 수리사업에 힘을 기울였다. 태종 때에는 양전을 다시 실시하고 벽골지의 중수를 명하였으며, 농잠서의 번역 및 간행도 있었다. 세종 때는 측우기의 발명, 역서 간행, 『농사직설』의 반포, 『구황벽곡방』

의 간행 등이 있어 농업기술 향상에 공헌이 컸다. 이후 수리, 방천, 저수 등의 계획이 있었고, 마목장 설치, 양잠장려, 축산장려, 농서의 간행, 농기구제조 등 권농사업이 매우 활발하였다.

농기구도 현재 볼 수 있는 재래농구 이외에 지금은 보기 어려운 따비, 끌개, 번지, 제초기 등이 사용되었다. 비료로는 두엄, 외양간주엄, 인분, 우마분, 잠사, 녹비 등이 사용되었으며, 질고 물이 찬 땅에는 객토를 하였다. 각 작물의 품종, 명칭에는 중국명, 일본명에서 유래한 듯한 것이 적지 않음을 보면 외국에서 우량품종을 도입하고 시험하여 이 땅에서 알맞고 좋은 것을 골라 보급시키고 있었다는 것을 알 수 있다. 당시의 과목류에는 능금, 앵두, 대추, 배, 감, 유자, 귤, 석류 등이 있었는데, 이들 가운데 많은 것이 진상품으로 재배가 장려되었다. 감귤로는 유감, 동정귤, 감자, 금귤, 유자 등의 여러 가지 품종이 있었다.

고려 말에 도입된 목화는 그 조사 등 방직법과 함께 관심을 가진 인사들의 연구결과로 재배 기술이 발달하여 조선시대에 들어오면서 무명의 보급이 활발해졌다.

『반계수록』에 따르면 임진왜란 후 중국, 일본과의 통상에 따라 몇몇 외래 작물의 재배가 시작되었다. 아메리카대륙 원산인 고추, 호박, 담배 등의 세 가지 작물이 선조, 광해군 때에 일본 또는 중국에서 도입되어 신속하게 보급됨으로써 전국 방방곡곡에서 재배되었다. 호박은 식량에 보탬이 되는 데다 가꾸기 쉬우며, 고추와 담배는 백성들의 기호에 맞아 그 재배 보급은 놀라울 만큼 빠른 속도의 확산을 가져왔다. 고추는 우리의 식생활에 큰 변화를 가져왔고, 담배는 전업작물로서 경제적인 위치도 확보하였다.

조선 초기와 중기의 농서들을 비교해 보면, 농민들의 생활이 24절기 중심으로 굳어져 온 것을 알 수 있다. 태양의 운행을 정확히 1년의 길이로 정하고, 그것을 24등분하여 24절기로 정하고 농경에 필요한 계절변화를 지표로 하였다. 『농가월령가』의 내용을 절기별로 간단히 보면 다음과 같다.

① 입춘: 섣달에 물을 담가두었던 가을보리를 바깥에 놓아 얼게 한다(봄에 파종할 것), 농기구(쟁기, 삽, 후치, 써레, 번지 등) 갖춘다.

② 우수: 비 온 다음 날에 띠와 솔새를 베어 도롱이를 만들고, 뜰 안팎의 잡초를 태워 재를 만들어 재거름으로 하여 보리밭 봄갈이에 쓴다. 얼음이 풀리면 봄보리를 파종한다.

③ 경칩: 절내에 봄보리를 다 뿌리도록 한다. 콩, 들깨, 수수, 삼을 파종한다. 망전에 과목, 잡목을 심고 홍화와 쪽과 담배를 파종한다.

④ 춘분: 묵은 땅을 쟁기로 갈아 기장, 조, 메밀, 목화 등을 파종한다. 닥나무, 청포를 심고 가을보리밭을 매고 두렁 사이에 콩이나 조를 심는다.

⑤ 청명: 올조, 올기장을 건조한 땅에 심고 올벼를 파종하며 목화씨를 뿌리고 보리밭을 간다.

⑥ 곡우: 목화씨를 뿌리며 참깨를 섞어 심는다. 습한 땅에는 율무를 파종하고, 잠박을 만든다.

⑦ 입하: 중생도를 파종하고 삼밭을 다시 갈고 비가 오지 않으면 천수답에서 건답직파한다.

⑧ 소만: 이 절내에 늦벼를 파종하고 목화밭을 초갈이하며 올조와 이른 콩의 김을 맨다. 올벼의 모내기를 한다.

⑨ 망종: 도리깨를 고치고 조밭을 두벌갈이하며, 들왕의 골을 베어 자리 짤 것을 마련한다. 비온 뒤에 담배모를 모종한다. 중생벼의 모를 낸다.

⑩ 하지: 보리를 급히 거두어들이고 그루갈이로 우선 콩이나 팥을 심되 그 다음에는 기장과 조를, 그리고 그 뒤에는 녹두를 심고 들깨를 모종한다. 늦벼의 모를 내고 목화밭의 김을 맨다.

⑪ 소서: 잡초와 버들가지를 베어 잘게 썰어 외양간에 넣는다. 비 온 뒤에는 돌삼을 베고 목화밭 김을 맨다.

⑫ 대서: 올기장, 올조를 거두어들이고 그루갈이로 메밀을 심는다.

⑬ 입추: 입추 후 4, 5일경에 메밀을 심고 삼밭에 무씨를 뿌리며, 목화밭의 김을 여섯 번째로 맨다. 그루밭에 콩과 조를 파종한다.

⑭ 처서: 올벼를 거두어들이고 잡초와 버들가지를 베어 잘게 썰어 외양간에 넣는다. 목화밭을 일곱 번째 맨다. 참깨를 베어 처마에 매달아 말려 씨를 거둔다.

⑮ 백로: 절초에 배추와 상추를 심고, 산중의 잡초와 참갈가지를 베어 잘

라 쌓아두어 겨울과 봄에 외양간에 넣는다.

⑯ 추분: 가을보리를 파종하는데, 그루갈이 곡식이 수확에 미치지 못하는 경우에는 한로절에 파종해도 좋다. 중생벼를 수확하고 갈풀도 많이 베어둔다.

⑰ 한로: 꿀풀을 베어 마르면 쌓아두어 겨울 동안 소, 말을 기르는 데 쓴다. 잡초와 참갈가지를 베어둔다.

⑱ 상강: 들깨의 이삭이 거뭇해지면 곧 베어 씨를 채취한다. 칡을 베어서 밧줄을 만들고 닥나무잎이 떨어지면 베어 쪄서 껍질을 벗긴다. 껍질을 종이로 만들고 속의 큰 것은 울타리를 만들 수 있고 가는 것은 쌀 수 있다.

⑲ 입동: 추수가 이미 끝났으니 우선 움을 만들고 울타리를 보수하며 창호와 벽을 살펴본다. 갈대와 물억새를 베어 다음해 봄에 쓸 잠박을 만든다. 메주를 디딘다.

⑳ 소설: 볏짚을 도리깨로 두드려 남은 곡식을 회수하고 무논에 갈풀이 무성하면 이달에 반갈이함이 좋다. 억새풀을 베어 날개(이엉)를 만든다. 숯을 굽는다. 비 온 뒤 목화밭을 반갈이한다.

㉑ 대설: 비 온 뒤에 띠와 솔새를 베어 밧줄이나 도롱이를 만드는데 쓴다.

㉒ 동지: 움 또는 토굴을 만들고 멍석을 짜며 날개를 엮는다.

㉓ 소한: 멍석을 만들고 이엉을 짠다.

㉔ 대한: 가을보리를 물에 담가두고 농기구를 간수한다. 섣달의 눈을 항아리에 넣어 얼지 않게 두었다가 봄보리 파종 전에 담갔다 쓰면 밀, 보리가 황증에 걸리지 않는다.

이렇듯 조선 농민들은 봄, 여름, 가을을 농사일로 매우 바쁜 날들을 보냈고 농한기인 추운 겨울에도 이듬해를 준비하며 집안에서 할 수 있는 수공업도 추가로 해 빠듯한 생활을 하며 지냈다. 한편 농민들은 바쁜 농사일 사이사이에 명절을 두어 고된 농사일을 잠시 쉬어가는 여유를 가지며 농경생활로 피로해진 심신의 재충전을 위한 다양한 마을 축제를 즐겼다. 이 명절의 유래는 가일 또는 가절이라 하며 좋은 날을 택하여 여러 가지 행사를 거행한 것이 후에 명절로 되었다. 옛날에는 태음력에 따라 입춘에서 시작하여 일 년을 24절기로 나누어 농사를 짓는 데 활용했다. 『농가월령가』에 따르면 설날은 중국 하나라 우왕 오백 년 동안 사용한 인월인 1월을 설로 삼은 것이 한반도에 계승된 것이고, 추석인 한가위에는 신라의 유리왕 때에 7월 보름부터 왕녀를 대표로 하여 성 안의 여자들이 두 패로 갈라져 삼 삼기를 해서 그 성적으로 보아 진 편에서 음식을 장만하여 가무와 유희를 했다는 삼국사기의 기록이 있다. 명절로는 정월의 설날과 대보름, 이월의 한식, 사월의 초파일, 오월의 단오, 유월의 유두, 칠월의 백중, 팔월의 추석, 십일월의 동지가 있었다.

설날은 새해의 첫날로 마음과 몸을 깨끗이 하고 차례를 지냈으며, 차례 뒤에는 세배와 성묘를 하였고, 한 해의 운수가 첫날인 설과 관계가 있다고 믿어 한 해의 운수를 점치고 태평과 풍년을 기원하기도 하였다. '설'이라는 말의 유래는 여럿 있는데, 일 년 동안 아무 탈 없이 지내게 해 달라는 바람으로 '섧다'가 있고, 해가 지남에 따라 늙어가는 처지를 서글퍼하는 '설다'가 있었으며, 한 해를 새로 새운다는 '서다', 그리고 새로운 시간 주기로 보아 완전하지 않다는 '설다, 낯설다' 등 여러 의미가 있다. 설에 관한 기록으로 삼국사기에는 백제에서 261년에 설맞이 행사를 하였고, 신라에서는 651년 정월 초하룻날에 왕이 대신들로부터 새해축하를 받았다고 전해진다. 그믐 전날, 궁궐에서는 '나희'를 하며, 이때 신하들은 12면에 각각 하나씩 동물의 이름을 새긴 윤목을 3개 던져, 뱀 '사자가 많이 나오면 이기는 놀이를 하며 놀았다. 15세기 말에 저술된 『용재총화』에 의하면 '나희'놀이는 어린이 수십 명을 모아서 초나리를 삼아 붉은 옷과 두건을 씌워 궁중에 들어보내면 관상감에서 북과 피리를 갖추고 방상씨와 함께 새벽에 이르러 쫓아내는 놀이를 하여 잡귀를 쫓는다는 풍속놀이였다. 그믐날 이른 새벽에 처용, 각귀, 수성노인, 닭, 호랑이 등과 같은 '세화'라고 부르는 그림을 대문에 붙여 잡귀를 쫓기도 했다. 그믐날 밤에 자면 눈썹이 희어진다고 하여 밤을 새우는데 이를 '수세'라 불렀고, 『동국세시기』에 의하면 설날 밤에 야광이라는 귀신이 집에 와서 신발을 신어 보고 발에 맞는 것을 신고 가면 그 아이에게 불길한 일이 생긴다고 믿어 아이들은 신을 감추고 일찍 잤다고 한다.

어른들은 설날 아침에 설비음 위에 예복을 차려 입고, 사당이나 대청에서

4대 조상의 신주를 모시고 차례를 지낸 다음 성묘를 하고 돌아왔다. 설 차례로 떡국을 올리고 차례를 지낸 후 음복으로 함께 모여 떡국을 먹었다. 한편 나이가 삼재에 드는 사람들은 3마리의 매를 그린 부적을 문설주에 붙였고, 개인의 신수를 점쳐 보기 위해 오행점을 보거나 윷점을 치고, 토정비결을 보기도 했다. 설 이후 3일이 지나면 어린아이들이 보름날까지 연날리기를 하다가 14일 저녁에 줄을 끊어 날려버리면 그해에 드는 액을 날려버린다고 믿었던 '액막이연'이라 불리는 연날리기를 했다. 설을 지내고 3일째 되는 날에 마을고사, 또는 동제라고 하는 공동제사를 지내고, 집집마다 찾아다니며 농악을 치고, 고사를 지내는 '지신밟기'를 하였는데, 이때 집집마다 조금씩 쌀을 내놓아 마을의 공동자산으로 삼았다. 마을제사와 지신밟기는 새해를 맞아 하였던 마을의 공동생활 풍습이었다. 설 차례상과 세배 손님 접대를 위해 세찬음식으로 떡국, 족편, 전유어, 과정류, 식혜, 수정과, 햇김치 등의 음식을 만들어 정성을 다해 손님맞이를 준비했다. 그리고 설날 전 어른들께 귀한 음식을 보내거나 어른들이 아랫사람들에게 보내는 음식으로 쌀, 술, 담배, 고기류, 꿩, 달걀, 곶감, 김 등이 있었다.

대보름은 새해에 첫 만월이 드는 날로, 일상생활이 달과 관계가 깊었던 옛날에는 이날을 기해서 여러 가지 행사를 가졌다. 아침에는 부럼을 깨물어 마당에 버림으로써 일 년 동안 부스럼이 생기지 않기를 빌었고, 귀밝이술을 마시기도 하였으며, 오곡밥과 말려 두었던 나물들을 무쳐서 먹었다. 그리고 지신밟기를 하여 집안의 제신을 위로하였고, 마을신에게 제사를 올려 마을의 안녕과 농사가 잘되기를 빌었다. 이월의 한식날은 봄이 와 초목을 옮겨 심어도 잘 사는 때이므로 나무를 심거나 조상의 산소에 제초를 하였으며, 더운밥을 먹지 않고 찬밥을 먹었다. 사월의 초파일은 불교의 영향으로 생겨난 명절로 연등의 풍속이 널리 퍼졌다. 오월의 단오는 일 년 중 양기가 가장 왕성한 날로 여겨 여름의 질병과 더위에 대처하기 위하여 쑥과 익모초를 뜯어 약으로 썼다. 이 날은 창포로 머리를 감고 비녀를 삼아 꽂기도 하였고, 단오선이라 하여 부채를 선사하기도 하였으며, 여인네는 그네를 뛰고 남자는 씨름을 즐겼다. 유월의 유두날에는 도시나 농촌을 불문하고 일손을 놓고 산이나 계곡 또는 약수를 찾아 속되지 않고 아담하게 노는 놀이였던 청유를 하였고, 더위를 먹지 않기 위해 밀가루로 국수를 만들어 먹었다. 칠월의 백중날은 절에서는 제를 올려 부처에게 공양을 하였고, 마을에서는 '호미씻'이라 하여 불필요한 농기구를 씻어두고, 농군들에게 술과 밥을 대접하여 농사의 수고를 위로하였다.

추석은 한가위, 중추절, 가윗날이라고도 했는데 '예기'의 조춘일 추석월에서 유래되었다. 삼국사기에 의하면 왕이 신라를 6부로 나누고 왕녀 2인이 각 부를 통솔하여 무리를 만들고, 7월 16일부터 길쌈을 하여 8월 15일 그 성과를 살피고, 진 편이 술과 음식을 내놓아 이긴 편을 축하하는 가무와 놀이를 즐겼다고 한다. 일 년 중 삼대명절의 하나로 곡식이 익어서 수확이 멀지 않아 가장 풍요로운 시기로, 한가위날 아침 일찍 일어나 가장 먼저 하는 것은 차례를 지내는 것이었고, 설과 달리 햅쌀로 밥을 짓고 술을 빚으며 햇곡식으로 송편을 만들어 차례를 지냈다. 차례를 지낸 뒤 음복을 하고, 미리 벌초를 해놓은 조상의 산소에 가서 성묘를 하였다. 그리고 음식을 나누는 것을 '반기'라 하여 집집마다 정성껏 차린 시절음식들은 반기나무접시에 예쁘게 담아 어린이가 분주히 오가며 날랐다. 이날에는 '반보기'라 하여, 시집간 딸이 친정어머니와 중간지점에서 만나 반나절을 함께 회포를 풀고, 가져온 음식을 나눠 먹으며 즐기기도 했다. 차례 상차림은 계절 특식을 올리는 제례여서 제삿밥과 제삿국을 올리지 않고 그 자리에 송편을 올린다. 따라서 추석에는 시접에 숟가락은 담지 않고 젓가락만 담는다. 생선은 동쪽에 고기는 서쪽에(어동육서), 생선은 머리를 동쪽에 꼬리를 서쪽에(동두서미) 놓는다. 왼쪽에 포를, 오른쪽에 생선전을(좌포우해) 놓고, 신위와 송편 및 술잔은 아버지가 서쪽, 어머니가 동쪽이다(고서비동). 적은 잔을 올릴 때마다 바꿔 올리는 제수의 중앙음식이므로 제상의 중앙에 놓는다(적잔중앙). 과실류의 경우 대추는 동쪽에 놓고, 밤은 서쪽에(동조서율) 놓는다. 동쪽으로부터 대추, 감, 사과의 순으로 붉은 과실을 놓고, 서쪽으로부터 밤, 배의 순으로 흰 과실을 놓으며(홍동백서) 중간에 조과를 놓아 색깔의 현란함을 피한다. 추석 음식으로 송편 이외에 토란탕, 닭찜, 화양적, 누름적, 배화채, 배숙 등이 있었다.

추석놀이로 씨름, 활쏘기, 줄다리기를 즐겼으며, 일부 지방에서는 여인네들이 달밤에 느린 가락인 진양조에 맞추어 춤을 추다가 점점 속도를 빨리하여 춤을 추었다. 이때 앞 소리꾼이 노래를 부르면 다른 사람들은 '강강술래'하며 뒷소리를 받는 놀이를 하였다. 한편 남정네들은 대낮에 수수 잎을 따 거북이 등판처럼 엮어 이것을 등에 메고 엉금엉금 기고, 이 거북을 앞세워 우스꽝스런 어릿광대들이 줄줄이 따르며 풍물패가 집집마다 방문하는 '거북놀이'를 했다. 또한 '소놀이'라 하여 두 사람이 멍석을 쓰고, 앞 사람은 방망이를 두 개 들어 뿔로 삼고 두 사람은 새끼줄을 늘어뜨려 꼬리를 삼아 농악대를 앞세우고 이집 저집 찾아다녔으며, 일행을 맞이하는 집에서는 많은 음식을 차려 일행을 대접하여 마당에서 술상을 벌이고 풍물을 치고 춤을 추면서 하루를 즐겼는데, 현재 양주 소놀이굿과 황해도 평산 소놀이굿은 중요무형문화재로 지정되어 있다.

십일월의 동짓날은 24절기 중 22번째 절기로 작은 설, '아세'라고 하며, 해마다 이날이 되면 집집마다 팥죽을 쑤어서 조상 묘에 차례를 지내고 팥죽과 함께 음식을 먹었다. 옛날에는 액막이라 하여 팥죽 속에는 새알심이라 부르는 찹쌀가루로 새알 같은 단자를 만들어 넣어 먹었고, 동지팥죽을 먹어야 진짜 나이를 한 살 더 먹는다는 속설도 있었다고 한다. '동국세시기'에 의하면 관상감에서 새해의 달력을 만들어 나라에 올리고 동문지보라는 어새를 찍어 각 관아에 나누어주었으며, 관아의 내의원에서는 후추, 꿀을 쇠가죽에 섞어 기름이 엉기도록 고아 전약을 만들어 관아에 나누어주었다. 제주도목사는 귤과 유자를 나라에 진상했으며, 명나라와 청나라에 동지를 전후해서 '동지사'라는 사신을 보내 인사하고, 호랑이 가죽, 수달피, 화문석, 종이, 모시, 명주 등을 선물로 보냈다. 동짓날 뱀 '사'자를 써서 부적으로 거꾸로 붙여두면 집안에 악귀가 들어오지 못한다고 하였고, 동짓날 일기가 따스하면 이듬해 전염병이 돌아 사람이 죽게 되지만, 날씨가 춥고 눈이 많이 내리면 풍년이 들 길조로 여기고 있어, 이날의 일기로 이듬해의 연운을 점치는 일도 있었다. 그리고 보리뿌리를 보아 연사를 점치기도 하였는데, 뿌리가 셋이면 풍년이고, 둘이면 평년작, 하나밖에 없으면 흉년이 들어 보릿고개를 맞아 큰 고생을 하게 된다는 속설이 있었다. 전라도 지방에서는 저녁 때 매나 소리개가 날아 지붕 위로 지나가면 흉조로 사람이 죽을 징조로 여기는 곳도 있었고, 동지팥죽을 많이 먹을수록 좋다고 해서 아홉 그릇을 먹고, 나무 아홉 짐을 하였다고 한다. 경상도에서는 동짓날 호랑이가 장가가는 날로 여겨, 몸이 뜨거운 호랑이가 교미하기 좋도록 날씨가 추우면, 그리고 사람이 동짓날 방사를 하면 호랑이처럼 자식 수가 적다고 해서 방사를 삼가는 곳도 있었다. 그리고 아직 탈상을 하지 않은 집에서는 팥죽을 쑤면 귀신이 싫어하기 때문에 녹두죽을 쑤어 빈소를 차리는 일도 있었다. 동지가 든 달에는 밤이 길어 가족들이 한방에 모여 윷놀이, 이야기책 읽기, 주사위를 굴려 관직제도가 쓰여진 종이로 된 종경도를 돌며 하는 내방놀이를 즐겼으며, 흥이 나면 함께 노랫가락도 불렀다.[1]

시월은 상달이라 하여 집집마다 연례에 따라 길일을 가려 햇곡식으로 떡과 술을 빚어 가택신에게 집안의 평안함을 빌며 제사를 지냈다. 특히 무오일을 가장 좋은 날로 여겼으며, 여유 있는 집안에서는 무당을 불러 신사를 성대하게 베풀기도 하였다. 동짓날의 세 번째를 미일로 정했던 연종제는 종묘와 사직에서 대향사를 거행했다. 이날에 참새를 잡아 어린아이에게 먹이면 두창(천연두)에 걸리지 않는다고 하였으며, 이날 온 눈은 약이 된다고 여겼다. 십이월의 그믐날 밤을 대그믐날이라 부르고 제야라 하여, 각 가정에서는 집안에 있는 묵은 것을 쓸어내어 정리하고 나라에서는 이와 비슷한 나례를 했다. 이날 연중의 거래관계를 대 청산하였으며, 밤 11시까지 받지 못한 빚은 정월의 상순까지는 독촉하지 않았다. 그리고 밤에는 집집마다 집 안팎 구석구석에 불을 밝힌 채 밤을 새우며 묵은해가 가고 새해가 오는 것을 지켜보았다.[2]

조선시대 채소류 및 과일류의 재배상황은 허균이 지은 『도문대작』의 관계 부분과 다른 농서들에 기록되어 있는데, 채소류로는 오이, 가지, 마늘을 비롯하여 무, 아욱, 부추, 염교, 미나리, 배추, 갓, 생강, 파 등이 많이 재배되었고, 고려 때 들어온 것으로 보이는 수박과 참외 등도 각기 명산지를 이루며 재배되고 있었다. 과일류로는 강릉에서 돌연변이종인 배를 가져와 키웠는데 크고 단맛이 있으며 육질이 연하였다는 정선의 금색리 배도 있었다. 온양의 조홍시, 지리산의 오시, 남양의 각시 등 감, 황도, 반도, 승도 등의 복숭아, 그리고 당행, 자도, 녹리 같은 자두류가 있었다. 밤, 대추가 각지에서 생산되었음은 물론이었다. 고려 때부터 전통이 있던 감귤류로는 금귤, 감귤, 청귤, 유간, 감자, 유자 등이 제주도를 위주로 하여 서남해안에서도 산출되었다. 이외에 능금이라는 소형 과일이 있고 이보다 대형인 사과는 효종 때 중국에서 들어왔다고 한다. 오늘날 사과라고 하는 것은 구한말에 들어온 서양사과를 가리키는 것이다.

1750년 영조 26년에는 균역법을 베풀어 일반인을 대상으로 납세의 과중한 부담을 덜어주었고, 그 보충은 어염세와 은결(탈세를 목적으로 조세의 부가 대상에서 제외시킨 땅)의 과세로 이루어졌다. 『농가집성』, 『구황촬요』 등 서적의 중간이 있었으며, 옥토가 과하게 재배되어 그것을 금지하기도 하였다. 또한 우역이 창궐하여 사람이 대신 쟁기를 끌게 되므로 소 잡는 것을 금지하기도 하였고, 비 내리는 양을 농사에 활용하기 위해 측우기를 각지에 나누어준 때도 있었다. 헌종 때는 황폐하여 방치된 땅의 경작을 장려하여도 비옥한 전답마저 많이 폐기되었고 감히 개간할 의사도 보이지 않았으며, 어쩌다 맞은 풍년에도 백성들의 고생은 오히려 흉년 때에 못지않았다. 여러 해 체납된 환곡과, 평민이 신역 대신 바치던 무명이나 베인 신포, 그리고 부역에 대한 독촉이 성화와 같아 1년 소작의 곡식이 모조리 상납되는 참경을 빚어내었다.

정조 때에는 강력한 권농정책 아래 농서의 대대적인 간행이 있었고 그 중에서도 북학파의 석학들이 농업 면에 보여준 관심은 괄목할 만했다. 농업에 탁월한 식견을 보여준 학자로 박제가와 박지원이 있었다. 이들은 빈번히 중국 연경을 방문하여 얻은 견문과 경험에 보태어 예리한 식견으로 『북학의』와 『과농초서』를 각기 엮어 내놓았다. 이들 농법들은 탁월하고 혁신적인 내용을 지녔음에도 불구하고 대부분이 농론 자체에 머물렀거나 또는 보급되지 않은 교본으로 대부분 매몰되고 말았다.

자연재해에 따른 흉작과 악정에 시달린 농민에게 대용식품이 될 외래작물의 도입은 이 시기의 식량사정에 큰 보탬이 되었다. 그중에서 고구마, 감자 및 옥수수가 특기할 만한 것들이다. 고구마는 1763년에 통신사 조엄이 대마도에서 씨고구마를 얻어 부산진으로 보낸 것이 그 도입의 시작으로 보고 있다. 그 뒤 1824년 당시 호남순찰사였던 서유구가 『종저보』를 편찬하여 호남지방에도 재배를 장려하였다. 『종저보』를 보면 영남, 호남지역에 알맞은 고구마 경정법을 알아내느라 무던히 노력한 자취가 역력하게 나타나 있다. 고구마는 재배법과 저장법이 까다로워 파급속도가 느렸던 반면 감자는 고구마보다 60년이나 뒤늦게 함경북도를 통하여 도입이 되었으나 불과 10여 년 만에 전국 방방곡곡에 퍼졌다. 옥수수는 1766년에 나온『증보산림경제』에 처음 소개되었는데, 옥수수에는 5품종이 있으며 비옥한 땅에 자라고, 쪄 먹고 죽을 쑤어먹기 좋다고 하여 쌀을 대신하는 대용식으로 농가에서 인기가 있었다. 이 밖에 땅콩은 1778년경에 들어왔고, 두만강을 건너 들어온 완두콩 등이 있었다.

조선 후기 농업의 쇠퇴 속에서도 목화와 인삼 재배 등은 그 기술과 경영이 발전했다. 인삼은 산삼종자를 산곡에 파종하고, 나중에 산에 옮겨 심어 기르는 삼양법에서 출발하여 차차 집약적인 삼밭에서 가꾸는 가삼재배가 이루어졌다. 가삼법이 시작된 것은 정조 말에서 순조 초에 걸친 기간에 개성에까지 그 재배가 북쪽으로 진출하여 결국 개성이 인삼 명산지로 널리 알려지게 되었다.

조선 말기에 각계로 퍼져 있던 일본인들의 눈에는 우리나라의 농법이 심히 낙후된 것으로 보였다. 논농사의 대부분이 단작을 하고 있으며 논갈이도 불완전하고 그 횟수도 적었다. 벼의 품종은 강약이 혼합되어 잡다하였고, 맥류와 두류 역시 재배가 시원치 못하여, 비료부족, 밭갈이의 불충분, 병충해의 방치 등으로 수확량이 일본의 반에 지나지 않았다.

그나마 인삼은 재배법이 정교하여 무엇보다 백삼, 홍삼 제품은 국제시장의 경쟁을 물리쳤는데, 재배지로는 개성을 으뜸으로 용인, 강계, 금산, 충주 등이 유명하였다. 목화는 함경도 및 강원도 일부를 제외하고 전국 각지에 재배되어 수확량이 300만 관 이상이었고, 수출도 거의 1만 관에 이르렀다. 품질도 중국과 인도에 비견할 만큼 양호했다. 담배는 우리나라의 토양과 기후에 잘 맞고 일반민중의 기호대상이 되어 전국도처에 경작되면서 생산량이 454만 관에 도달했고 성천, 곡산, 김화, 용인 등이 명산지로 알려져 있었다.

당시의 축산은 그 대상이 소, 말, 닭, 염소 등이 주품종이었으나 그 가운데 한우는 사역을 목적으로 하는 역축으로 우수하여 외국에까지 알려졌으며, 일본과 러시아로의 수출도 활발하여 수출 두수가 1만 3,000두에 이르렀다. 한우는 거친 먹이도 잘 먹으며 유순하면서도 쟁기갈이, 두엄의 생산, 운반용, 그리고 식용으로 아주 긴하게 쓰여 농가에서 한 지붕 식구처럼 보살폈고, 심지어는 소를 귀하게 여겨 많은 농가에서 소고기는 먹지도 않았다고 한다.

1905년경에 이르러서는 일본인 기업가들이 황주, 진만포, 경인지방, 경상북도 지방, 특히 대구, 구포, 나주 등지에 각종 서양 사과와 배를 대규모로 재배하게 되었고, 그 후 이 지방들은 사과 또는 배의 명산지가 되어 오늘날에 이르고 있다.

1960년대 이후부터 비료생산증가 및 통일벼 등 새로운 품종을 개발하여 식량의 자급자족을 위해 쌀 증산에 전 농가가 매진하였으나, 1980년대 들어와서 인구증가율도 커서 1984년에 4천만을 넘어서게 됨에 따라 전체 식량자급률은 50%를 밑돌고 가축의 사육을 제외하면 73%에 이르고 있었다. 이러한 곡물소비추세의 변화는 식생활의 다양화와 서구화 경향이 가미된 것이 그 원인이었다. 수입밀을 사용한 빵의 보급과 과자류 소비 증가, 그리고 육식 및 동물성 식품 소비의 대폭 증가를 보게 된 것이다. 주곡 소비양상의 변화와 아울러 채소와 과일의 소비는 1970년에 비하여 약 2배로 증가함으로써 국민들의 건강에 대한 관심 역시 크게 변하였다.

1993년 우루과이라운드 협상과 1995년 국제무역기구의 출범으로 국제경쟁력이 취약했던 우리의 농업은 특히 쌀 생산에 큰 위협을 받게 되었다. 쌀 시장 개방 압력이 드세져 벼 재배면적이 해마다 감소하고 있었다. 1996년 식량자급자족도는 쌀 92.3%, 보리 59%, 밀 67%, 두류 9.7%가 되어 총 식량자급자족도는 25.6%로 1980년대의 반에 불과하게 되었다.

21세기를 향한 한국농업의 미래를 생각할 때 무엇보다 먼저 고품질 다수확성 품종육성을 위해 작물, 가축의 재배에 대한 사양기술을 첨단기법으로 향상시키고 생산지반인 경지정리, 배수개선, 농업용수 등의 정비에 힘써야 하며, 지대와 노임의 고가를 고려해 농촌마을의 합리적인 경영체제가 운영될 필요가 있다. 또한 농촌소득원을 증가시키기 위해 농외소득을 늘리고 생산비 절감을 위한 기계화와 관련시설의 확충을 더욱 서둘러야 한다. 그리고 농산물개방에 따라 외국 농산물의 대량유입에 대비하여 유통구조개선을 하고, 새로운 시대에 맞게 농업정보망의 충실화, 영농후계자 양성과 자녀교육, 의료, 노후생계 등의 농촌복지 향상을 적극 추진하여 농촌공동화

를 방지하는 농업대책이 그 어느 때보다 절실히 필요해지고 있다.[3]

사회적 농업

이제 농업은 더 이상 식량생산을 위한 1차 산업이 아니다. 네덜란드, 일본 등 선진 농업국들은 이미 오래 전부터 농업의 사회적 가치에 주목하고 사회적 농업을 주요 산업분야로 육성하고 있다. 이에 우리나라도 2018년부터 본격적으로 한국형 사회적 농업모델 개발에 박차를 가하고 있는데, 사회적 농업의 진정한 가치는 농촌과 도시사람들을 더불어 함께 연결하는 데 있다. 해외의 여러 선진국들은 사회적 농업으로 가까운 미래를 꿈꾸고 있다. 유럽의 농업대국인 네덜란드는 이미 90년대부터 농업과 복지서비스를 결합시켜 '케어팜'이라는 형태의 사회적 농업을 발전시켜왔다. 사회적 돌봄 케어와 농장을 합성한 것으로 치매노인이나 중증장애인 등의 돌봄이 필요한 사람들이 농장에서 일하며 재활 서비스를 받는다. 네덜란드 전국에 이미 천여 개가 넘는 케어팜은 정부와 지자체의 적극적인 지원으로 다양한 사람들에게 서비스를 제공하고 있다. 일본 농촌은 장애인 복지와의 연계로 장애인들의 일자리와 자립을 해결하는 사회적 모델을 만들어냈다. 일본 교토에 위치한 사사야마 시로 농장엔 장애인들이 제철 채소를 생산, 가공, 판매까지 해 돌봄과 고용이라는 두 마리 토끼를 잡았다. 이 두 나라의 사회적 농업은 지속가능한 미래농업의 다양한 시도들이다.

전라북도 임실군의 한 농촌마을에서는 어르신들이 모여 들풀과 야생화를 거두어들이는 작업이 한창이다. 농사를 망치는 주범인 들풀과 야생화를 모아 보존화를 만든다는 어르신들은 모두 '노인 일자리 프로그램'에 참여 중이다. 홀로 지내는 어르신들이 모여 보존화를 만들고, 작은 소품과 작품을 만들어 판매수익을 얻는다. 수익도 수익이지만 어르신들은 이곳에서 시간이 더욱 소중하다고 말하며, 어르신들이 느끼고 얻는 것은 일과 다른 사람들과의 교류를 통해 삶의 활력을 느끼는 것이고, 노동을 통한 어르신들의 건전한 생활은 농촌사회의 크고 작은 문제를 해결한다. 전라남도 영광군 묘량면에서는 트럭 한 대가 온 마을을 누빈다. 구멍가게 하나 없는 이곳에 매주 한 번씩 찾아오는 이 트럭은 만물상이다. 달걀부터 고등어, 꽁치, 세탁세제까지 없는 게 없는 이 트럭은 지역공동체에서 협동조합을 만들어 운영하고 있다. 필요한 물품들을 제공하고 멀리 떨어져 있는 외딴 지역의 노인들을 지역공동체와 연결해준다. 협동조합의 사회적 농업 프로그램은 독거노인의 돌봄부터, 일자리 사업, 치매 예방 프로그램까지 농촌사람들의 크고 작은 문제들을 해결한다. 사회적 농업의 영역은 다양한 방법으로 계속해서 그 영역을 넓혀가고 있다. 대전광역시 한 농장에 청년들이 모였는데, 이들은 미래의 농촌 자원인 따뜻한 상생의 가치를 실현해가는 사회적 농업 인턴십에 참여하는 학생들이다. 농사의 기본부터 사회적 농업의 가치를 실현하는 프로그램들로 학생들이 농촌을 직접 경험하고 보고 느끼며 미래 농촌을 이끌어갈 인재들로 성장하는 것이다. 농업은 앞으로 식량자급률을 높이기 위해 더욱 더 중요시되고 있고, 많은 가능성을 품고 있는 것이 농업이며, 그리고 농촌지역에서 따뜻한 상생의 가치를 실현해가는 사회적 농업은 농촌에 활력을 불어 넣고 농촌사회의 큰 희망으로 나아가고 있다.[4]

미래의 농업

'곡식은 농부의 발소리를 듣고 자란다'라는 말처럼, 과거 농업의 성패는 전적으로 사람의 손길에 달려 있었다. 하지만 기후변화와 농촌인구 감소 등으로 농업의 미래가 불투명해지고 있는 현실에 스마트팜이 그 대안 중의 하나로 떠오르고 있다. 4차 산업혁명의 신기술을 접목해 시간과 공간, 기후의 제약을 극복함으로써 쇠퇴해가고 있는 농업 경쟁력을 높일 수 있다. 현재 우리나라의 곡물자급률은 현저히 낮아서 우리는 세계 5대 식량수입국이다. 2018년 기준으로 식량자급률이 46.7%에 그치고 있고, 곡물자급률은 21.7%에 불과하다. 농협미래연구소에서는 최근 발간한 「코로나19 글로벌 식량위기 우려와 시사점」이라는 보고서를 통해 "우리나라는 식량위기에 취약한 곡물 수입구조를 가지고 있다"고 발표했다. "안보적인 차원에서 식량문제에 접근하지 않으면 큰 위협에 직면할 수 있다"고 경고하고 있다. 얼마 전 코로나19 사태가 장기화되면서 세계 쌀 수출 3위 국가인 베트남은 자국의 식량

안정을 위해 해외 수출물량을 축소하기도 했다. 기후변화, 지구온난화 등 환경문제로 인한 미래의 식량위기는 전 지구적인 현상인 만큼, 유엔 등 국제기구에서도 문제 해결에 적극적으로 나서고 있으며, 앞으로 다가올 식량문제를 우려하는 농업 전문가들은 다음 세대를 위하여 향후 30여 년 동안 식량생산이 70% 증가해야 한다고 강조하고 있는 실정이다. 다가올 식량문제를 해결하기 위해 유럽과 미국, 일본 등 농업 선진국들은 농업에 최신 정보통신기술을 접목해 생산량을 증대시키는 '스마트팜'을 성장시키는 데 주력해왔다. 덕분에 2015년 28억 달러 규모였던 글로벌 스마트팜 시장은 2017년까지 95억 달러 규모를 기록했고, 2022년까지 230억 달러 규모를 나타낼 것으로 예상되고 있다.[5]

우리 정부 역시 2018년 경제정책방향을 통해 스마트팜 전문인력 양성, 청년농부 스마트팜 종합자금 지원 등 관련 인프라 확대를 추진하고 있다. 농림축산식품부는 상주와 김제, 밀양, 고흥에 스마트팜 혁신밸리를 조성하는 계획을 진행하고 있다. 전통적인 농업이 사람의 경험과 노동력에 전적으로 의존했던 것과 달리, 스마트팜은 데이터와 최신 정보통신기술에 기반한다. 습도 센서, 일사량 센서, 풍향과 풍속 센서 등을 통해 온도와 습도, 일사량과 토양의 상태를 측정하고 분석해 최적의 생육환경을 조성해 유지 및 관리하는 것이다. 센서를 통해 다양한 환경데이터를 수집하면, 제어 노드에서는 자동적으로 최적의 수치를 계산해 온도와 습도 등 생육에 필요한 데이터들은 클라우드 서버에 저장되는 동시에 지정된 스마트폰이나 PC로 전송된다. 이를 농부는 원격으로 확인하고 제어하며 최적의 생육조건을 만들어 생산량을 올릴 수 있게 된다. 이 과정에서 디지털혁명의 핵심기술인 인공지능이 적극 활용된다. 방대한 농업 데이터를 바탕으로 스스로 학습하는 기계학습(machine learning) 기술적용과 작물생육을 모니터링하고 식물의 영양 결핍을 탐지하는 컴퓨터 비전 기술, 알고리즘에 기반해 작물 수확량과 식물의 생육 상태를 예측하는 데이터 가공기술은 물론 농지지도화(field mapping), 작물탐색 등을 포함하는 정밀농업, 스마트온실 및 토양관리, 농업로봇 등에 적용되는 데이터 활용 기술도 모두 인공지능에 기반한다. 2015년 설립된 영국의 스타트업 모티브(Mothieve)의 토탈 솔루션이 좋은 예이다. 해당 솔루션은 질병을 예측하고, 수확량을 개선하며 작물에 요구되는 환경을 실시간으로 파악하는 것은 물론, 농작물 수확과 운송 시점도 정확히 알려준다. 향후 이 기술을 활용해 특수작업에 로봇을 투입할 계획이라고 밝혔다. 세계적인 스마트팜 선도기업인 프리바(Priva)는 원예시설의 기후환경 측정과 공정을 제어하는 시스템을 제공해왔다. 조명관리, 온도, 습도, 영양 등의 종합관리에 최첨단 IT 기술을 접목해 세계시장으로 진출하고 있다. 또한 스마트팜을 돕는 팜로봇(farming+robot)이 발달할수록 인간의 노동은 줄어들고 농산물 매출은 증가하여 농업경쟁력을 키워주며 고품질 농작물을 안정적으로 생산한다. 그 결과 농업인에게 여가 시간을 제공하여 청년 농업인의 농촌유입에 큰 역할을 해내고 있다. 미국의 아이언 옥스(Iron Ox)회사는 파종부터 수확까지 로봇으로 완전히 자동화된 세계 최초의 자동 로봇농장을 개발했다. 미국은 최근 팜봇을 활용해 농작물을 재배하고 가축을 관리하는 농업인이 25만 명에 달한다고 한다.

우리나라는 우리 농업 조건과 현실에 맞게 최적화된 기술을 개발해 '한국형 스마트팜'을 성장시키고 있다. 2016년에는 원격모니터링과 제어로 농업 편의성을 향상시킨 1세대 한국형 스마트팜 기술을 상용화해 도입 농가의 편의성과 생산이 30% 증가하는 효과를 얻었다. 2018년에는 '지능형 정밀 생육관리'인 생산성 향상에 초점을 둔 2세대 스마트팜 모델이 개발됐다. 인공지능 기반의 음성지원 플랫폼 '팜보이스'와 재배 전과정에 걸쳐 의사결정을 돕는 '클라우드 플랫폼'을 갖춰, 농사 경험이 적은 젊은 농업인은 물론 ICT에 미숙한 고령 농업인도 쉽게 사용할 수 있을 것으로 기대되고 있다. 앞으로 무인 자동화시스템을 실현하는 3세대 모델(수출형)을 완성할 계획이다. 3세대 모델은 특히 지능형 생육관리모델 등 차별화된 기능 탑재와 안정된 운용능력 확보로 K-스마트팜을 세계로 확산시킬 것으로 예상하고 있다. 무농약 작물을 도심에서 생산하는 도심형 스마트팜은 서울 지하철 5호선 답십리역, 7호선 상도역과 천호역, 2호선 을지로3가역과 충정로역 등에서 운영 중인 '메트로팜'이다. 메트로팜에서는 발광다이오드(LED) 램프를 활용한 인공조명으로 광합성을 돕고, 자동순환 시스템으로 물과 필수 영양분을 자동 공급하는 한편 온도와 습도 역시 일정하게 유지한다. 이를 통해 메트로팜 상도역점에서는 7,043개 화분에서 매일 29.7kg의 무농약 쌈채소를 생산하고 있다. 이러한 사례들은 스마트팜이 단순히 농촌에서의 농업 활성화를 뛰어넘어, 농업 전체의 새로운 비전을 열어줄 수 있을 것으로 기대하고 있다. 농촌인구 감소 및 고령화, 기후변화, 식량위기 등 우리의 생존을 위협하는 문제를 해결하는 한편, K-스마트팜 수출에 힘입어 우리 농업에 새로운 전성기가 열릴 것이다.[6]

정밀농업(Precision Farming)이란 각종 정보통신기술(ICT)을 활용해 비료, 물, 노동력을 투입하여 자원을 최소화하면서 생산량을 최대화하는 생산방식이다. 적절한 수확량과 품질을 유지하면서도 환경적으로 안전한 생산체계를 만들 수 있으며 정보화, 기계화가 가능할 것을 예측하고 있다. 정밀농업기술 중에 하나인 가변비율기술(variable rate technology)은 투입물의 양을 다양하게 적용하는 기술로, 농부로 하여금 특정위치에 적용하는 투입량을 조절하게 한다. 이를 위해서 컴퓨터, 소프트웨어, 조절장치와 광범위 위치 식별 시스템을 기본적으로 필요로 한다. 또한 GPS기반 토양정보 수집장치는 토양에서 확인 가능한 영양분, 산도 등 다양한 정보를 바탕으로 씨뿌리기와 비료의 양을 최적화하는 데 효과적이고, 컴퓨터 응용프로그램을 사용하여 정확한 농사 계획, 논지도, 농작물 정찰 및 수확량 지도를 만들 수 있다. 이는 살충제, 제초제 및 비료와 같은 투입물을 보다 정확하게 적용함으로써 비용을 절감하고 수확량을 높이며 보다 친환경적인 운영을 가능하게 한다. 원거리감지 기술은 토양, 물 그리고 다른 자원들을 감시하고 운영하는 데 아주 유익하고, 이를 위하여 인공위성과 드론이 활용되고 있다. 정밀농업의 진행은 자료수집, 자료해석, 응용으로 구분된다. 자료수집은 인공위성이나 드론을 활용하여 토양의 위치 정보, 작물의 건강 정보, 토양의 상태 정보, 수확량 정보를 수집하는 것이며, 이 자료들의 통합분석을 통해 최적의 작물생육 및 토양준비 조건을 계산하여 처리값에 대한 위치정보를 만든다. 그리고 이를 적용하여 최적의 조건에서 실시간으로 파종 및 살충제 투입을 실행하게 된다.

20세기 초 농업의 기계화에 의해 농부 한 명이 약 26명의 사람들을 부양하는 것이 가능해졌고, 21세기에 들어서며 최근 개발된 유전자 변형방법인 농업생명공학 기술의 발전으로 농부 한 명이 약 155명을 먹일 수 있게 되었다. 하지만 2050년까지 세계 인구는 약 96억에 달할 것으로 예상되며 이 모든 사람을 부양하기 위해서는 식량생산을 현 수준에서 획기적으로 증가시킬 새로운 기술의 발전이 필요하다. 이를 위해 기계화, 자동화, 인공지능화를 통한 스마트팜, 정밀농업, 팜로봇은 현대 농업기술혁명의 핵심 구성요소이고 이의 발전을 통해 미래에 직면하게 될 인류의 식량위기 대처가 가능해질 전망이다.[7]

2. 한국의 수산업

물속에서 생산되는 수산자원을 인류의 생활에 이용하는 수산업은 그 내용에 따라 어업, 수산양식업, 수산제조업 등 크게 3종류로 나누어진다. 그 중 어업은 흔히 수산업과 같은 뜻으로 쓰일 정도로 수산업의 근간을 이루는 대표적인 산업이다. 어업이란 쓸모 있는 수산동식물을 채취하는 산업을 말하며, 원시시대부터 인류의 중요한 생업의 하나였지만 현재에는 비교적 과학화된 방법으로 행해지고 있다. 수산양식업은 쓸모 있는 수산동식물을 인공적으로 번식, 증산, 발육시켜 채취하는 산업이며, 수산제조업은 어업 또는 수산양식업의 생산물을 식료, 약품 및 비료 따위의 목적에 이용하기 위해 가공, 살균, 염장, 냉장 등 간단한 가공처리를 하는 낮은 단계의 제조산업이다. 수산물은 원래 부패, 변질되기 쉬워 적당한 방법으로 이를 가공, 저장하지 않으면 상품으로서의 가치를 상실하게 된다. 이러한 의미에서 수산제조업은 어업, 수산양식업의 연장선에서 수산업의 중요한 구실을 한다. 비록 산업으로서 수산업이 국민총생산에 차지하는 비율은 낮지만 수산업의 산업적 가치는 단순히 국민총생산 비율만으로 과소평가할 수 없다. 우리나라에서 소비하는 동물성 단백질의 약 60%가 수산물에서 공급되고 있으며, 수출되는 수산물은 일반 수출품목에 비해 외화가득률이 높다. 이처럼 국민경제에서 중요한 위치를 차지하고 있는 한국 수산업은 그 좋은 입지조건을 가지고 어족의 종류 및 양적인 면에서 세계적으로 우수한 어장과 자원을 보유하고 있음에도 불구하고 잠재력이 많은 수산업 수출은 물론 국내 소비를 위한 자급자족에 필요한 생산량조차 크게 못 미치는 형편에 처해 있다.

한반도 어업의 역사는 우리 민족이 한반도에 이주한 역사와 그 시기가 거의 같다고 할 수 있다. 신석기시대에 이르러 어로활동이 비교적 활발했었다는 고고학 흔적들도 전국 여러 곳에서 발견되었다. 이는 주로 연안 각지에 산재해 있는 패총을 통하여 알 수 있다. 패총은 당시 사람들이 버린 조개껍

질과 기타 폐품으로 이루어진 유적으로 패류의 종류는 매우 다양하며, 거의 오늘날에도 볼 수 있는 것들인데 그 중 가장 많은 것은 굴과 대합이다. 그리고 도미, 삼치, 대구, 가오리, 졸복 등의 어류와 성게, 따개비, 고래, 바다표범 등의 뼈가 출토되었다. 함경북도 대초도의 청동기 유적에서는 명태, 방어, 상어, 가자미, 은어 등이 발견되었고, 초기 철기시대의 패총에서는 참돔, 다랑어, 대구, 해구 등이 발견되었다. 신석기 말기에 이르러 농경문화가 대륙으로부터 유입되어 식량생산 단계로서의 원시농경이 시작되었다. 그러나 당시 농업혁명으로 증가일로에 있었던 인구로 인하여 농업만으로는 충분한 식량을 공급하지 못했을 것이므로 부족분을 해결하고 다양한 먹을거리를 확보하기 위해 어업은 여전히 주요한 식량생산 부분이었다. 초기 철기시대에는 금속문화의 유입으로 금속제 어구를 제조하여 사용함으로써 어업생산력을 크게 높여갔다.

삼국시대의 어업

삼국사기 고구려본기에는 어량이란 말이 나오는데, 어량이란 하천이나 해안에 발을 설치하여 내왕하는 어류를 포획하는 원시적 정치어구이다. 이러한 어량어업이 삼국 및 통일신라시대에는 제법 성행되었던 것으로 전해진다. 통일신라시대의 중국 의서인 『본초습유』에 의하면 신라인은 허리에 새끼줄을 매고 바닷속에 잠수하여 대엽조라는 해조류를 채취했다는 기록이 있고, 중국 『남해약고』에는 다시마를 채취해 중국에 수출했다는 기록이 있어서, 이를 통해 8세기 초에는 우리나라에서도 잠수어업이 크게 성행하고 있었음을 알 수 있다. 삼국 및 통일신라시대의 어업에서 특기할 만한 것은 불교의 융성이 어업을 금지하는 사태를 빚어낸 일이다. 불교는 372년(소수림왕 2년) 6월 전진의 왕 부견이 보낸 순도에 의해 고구려가 제일 먼저 받아들였으며, 이어서 백제에 전파되고, 백제의 법왕은 599년에 영을 내려 살생을 금함과 동시에 어구를 불태워 어업을 일체 못 하도록 하였다. 신라에서는 529년에 살생을 금지하는 영을 내렸으며, 이러한 조치는 어업생산에 적지 않은 타격을 주었다. 그 결과 삼국시대에는 어업의 적극적인 개발의욕을 감

퇴시키고, 또 한편으로 어민 천시사상을 낳게 하는 요인의 하나가 되기도
했다.

고려시대의 어업

고려시대의 수산업 상황을 전하는 자료로『고려도경』잡속어족에 실려 있
는 내용을 보면 다음과 같다.

① 고려에서는 양과 돼지를 기르는데, 양고기, 돼지고기 등의 축육은 왕
   족이나 귀인이 아니면 먹지 못한다.
② 평민은 수산물을 많이 먹는데, 미꾸라지, 전복, 방, 주모, 하왕, 문합,
   자해, 굴, 거북다리가 있다.
③ 해조, 곤포(다시마)는 귀천이 없이 모두 즐기고 구미를 돋우나, 냄새가
   비리고 맛이 짜 오래 먹을 것은 못 된다.
④ 어부는 썰물이 질 때 배를 섬에 대고 고기를 잡는다.
⑤ 그물 만드는 기술이 유치해서 어망은 소포로 대용하여 고기를 걸러서
   잡음으로 비능률적이다.
⑥ 굴과 합과 같은 패류는 조수가 빠져도 퇴거하지 못하므로 이를 많이
   포획해도 그 자원이 없어지지 않는다.

고려시대에는 어랑어업이 발달하여 각종 어업의 중심적 위치를 점하였
다. 어랑어장은 토지, 염분과 함께 고려 초기 중앙으로부터 공을 세운 지배
계급의 하사대상이 되었고, 그리하여 어부들의 어랑어장 또한 마찬가지로
권문세가의 수탈대상이 되었다. 해면에 설치된 어랑으로 조기, 청어 등을
비롯하여 각종 어류 및 하해류가 많이 어획되었다. 또한 특산물을 생산하
는 천민 촌락 가운데 어랑소와 곽소가 있었다. 어랑소에서는 어류를, 그리
고 곽소에서는 미역을 생산하여 현물지대의 하나인 공세로 공납하고 있었
다. 근 500년에 걸치는 고려시대의 수산업 발달은 너무나도 보잘것없었고
말엽에는 오히려 쇠퇴하였다. 그 주요 원인으로 본격적 수탈의 가혹성을 들

수 있다. 당시 국가의 공세로 징수하는 어획물의 징수와 어랑세, 선세 등의 해세의 징수가 지나치게 가혹했다. 특히, 왕가 및 권문세가의 어랑 사점을 통한 사어세의 폭징은 어업생산활동을 더욱 마비시켰다. 또한 왜구의 빈번한 침입은 고려 말 어업생산에 치명적인 타격을 주었다. 이로 인해 한때 연해지방의 수산업은 쇠퇴하는 정도가 아니라 폐멸의 위기에 직면하기도 하였다.

조선시대의 어업

조선 초기에 간행된 『지리서』에 수록된 어획물의 종류는 어류가 약 50종, 패류, 해조류 및 기타 수산물들이 각각 10여 종으로 나타나 있다. 패류는 굴, 전복이 주로 포획되었고, 해조류는 김, 다시마, 청각 등이고, 기타로 새우가 많았다. 조선 초기 어법의 특징은 담수어 및 소하성 어류가 큰 비중을 차지하고 있었다는 사실이다. 그중 은어는 분포지역이 광범위하여 각지에서 많이 어획되었고, 이외에 열목어, 누치, 쏘가리, 황어, 잉어, 붕어 등의 소하성 어류가 많이 어획되었다. 조선시대에는 각종 수산자원이 오늘날과는 비교가 안 될 정도로 풍부하였다. 당시 가장 많이 어획되었던 어종은 명태였다. 명태 다음으로 조기, 청어, 대구 등이었으며, 멸치도 19세기 전반에는 이미 대량으로 어획되었고, 새우도 이에 못지않게 다획되고 있었다. 양식업으로 거론할 만한 것은 해태양식이었다. 그 기원설 중에 하나인 김여익의 묘비문에 의하면 그는 1640년부터 전라남도 광양의 태인도에 와서 처음으로 김을 양식하기 시작했다고 한다. 19세기에 이르러서 김양식업이 가장 많이 있던 지방은 울산만, 낙동강유역, 하동, 완도, 이자도, 위도 등이었고 그 가운데 가장 성행했던 곳은 광양이었다. 조선시대의 수산제품으로 가장 많이 제조된 제품은 소금을 사용하지 않은 건제품이었고, 염제품은 염업이 발달하지 못하여 소금이 고가였기 때문에 염제품의 제조에 큰 제약을 받았다. 이외에 생선을 토막친 뒤 소금, 조밥, 무, 고춧가루 등을 넣고 버무려 삭힌 음식인 물고기 식해나 젓갈 같은 발효제품으로 가공되었으며, 청어는 훈제품으로도 많이 가공되었다. 멸치는 건조가 불가능할 경우에는 비료로 사용되기도 하였으며, 어유, 어피 및 약재로 사용하기 위한 가공품도 제조되었다. 조선 후기에 이르러서는 화폐경제의 발달로 각종 수산가공품이 전국적 규모로 유통되었다. 명태의 동건품이 대표적이었고 조기가 굴비로, 청어는 관목으로, 멸치는 소건품으로, 새우는 젓갈로 가공되어 널리 유통되었다. 그 결과 주요 어업은 대규모적, 자본재적 경영형태로 발전되어 갔다.

우리나라에 대한 일본의 정치적 영향력이 증가하면서 일본인의 어로는 이와 비례하여 활기를 띄었고, 일본은 우리나라를 병합하기도 전에 이미 우리나라 연해어업의 주도권을 장악하였다. 이후 식민통치 초기부터 본토 어장보다 풍도가 높은 식민지 어장을 개발하는 데 주력하였다. 수탈정책의 하나로 어업개발 정책이 적극적으로 추진되었는데 그로 인하여 어업의 질과 양 면에서 상당한 변화가 있었다. 이 기간 동안 어업 가구수는 1911년에 5만 8천 호였던 것이 1942년에는 14만 1천 호로 약 2.5배 증가하였으며, 어업 인구는 같은 기간 18만 2천 명에서 31만 9천으로 약 2배 가까이 증대되었다. 또한 어선은 『조선총독부통계연보』에 의하면 약 5배 증가한 것으로 나타난다. 1910년대 초에는 총 어획고가 10만 톤 내외에 불과하던 것이 1920년대 말에는 10배가 증가한 100만 톤에 육박하게 되었고, 정어리 어업이 일어나 흥하면서 어획고가 최고 수준에 달했던 1937년에는 210만 톤을 초과하였다. 이는 당시 어획고면에서 일본 다음으로 세계 제2위를 차지한 실적이었다. 이러한 사실은 정어리 어업의 급속한 발달로 당시 어획량이 약 140만 톤을 기록한 것에 힘입은 결과였다. 이 시기의 주된 어업은 정어리 어업이었고, 그 다음으로 명태, 조기, 고등어, 전갱이, 가자미, 도미 등의 어업이 새로이 손꼽히는 어업으로 부상하였다. 일본식 굴양식은 우리나라에서 시도되었으나 기후와 풍토가 달라 별 성과를 거두지 못하였던 반면 김양식업은 급속한 신장세를 보였고, 양식법도 크게 개량되었다. 김양식은 영세 경영에 적합한 양식 종목이었기 때문에 우리나라 사람이 거의 독점하였다. 1918년에서 1942년에 이르는 기간 동안 양식고는 금액으로 따져 260배나 증가했는데, 이는 양식고의 90%를 차지하는 김양식의 발전에 힘입은 결과이었다. 어업 및 양식업에 못지않게 수산제조업도 일제 35년간 눈부시게 발전하였다. 제조고를 금액으로 따져 보면 이 기간 동안 약 30배에서 40배까지 증가하였다. 정어리 어업의 성장을 계기로 제품구성에 큰 변화가 일어났다. 정어리를 원료로 한 비식용 어유, 비료, 어분 등의 생산이 급증한 것이다. 정어리를 원료로 하고 토마토즙이나 고춧가루를 가미하여 만든 통조림인 토마토 사딘(tomato sardine) 및 후추 사딘(pepper sardine) 등도 제조되었는데, 이는 수출품으로 인기가 있어, 이 시기에 정어리 어업 면에서 세계적인 수준이었다.

광복 후

식민지로부터 해방이 되면서 국토분단과 일본인의 송선 퇴거, 선박건조 부진, 그리고 북한의 단전 및 어선의 노후화에 따른 영향으로 수산업이 침체되었다. 그러나 얼마 지나지 않아 대일무역이 개시됨으로써 수산제조업이 증가하여, 수산가공물의 수출이 활기를 띠게 되었다. 당시 수산제조업에서 큰 비중을 차지했던 품목은 명태의 건제품, 통조림, 수산유지 등이었다. 6·25 전쟁 동안의 침체기를 거쳐 1958년 원양 다랑어 어선이 사모아에 처음 출어하는 등 원양어업 진흥에 힘쓰기 시작하였다. 1962년 경제개발 5개년 계획이 착수되면서, 장기정체 상태에 있던 수산업도 일대의 전환기를 맞이하게 되었다. 1966년에는 수산청이 설치되고 한일회담이 타결되어 거액의 일본 차관자금이 수산업 근대화를 위해 투입되었다. 1957년 '지남호'의 참치 인도양 조업을 시작으로 원양어업이 본격화되었던 1960년대 중반기부터는 수산업이 경제성장 속도와 보조를 맞추어 급속하게 발전하기 시작하였다. 1970년대에는 세계 3위 수산강국이 되기도 했다. 수산물 수출고는 1981년에는 10억 달러를 돌파하여 1962년 1,200만 달러에 비하면 무려 80배 이상이나 증가하였지만, 어업 이외 다른 산업의 수출액 역시 급격히 늘어, 총수출액에 차지하는 비율은 1962년의 21.9%에서 1981년에는 5%로 격감하였다. 『수산통계연보』 등에 따르면 해외어장 축소와 수산자원 감소로 원양어업 생산량은 1992년 100만 톤에서 2014에는 45만 톤으로 줄어들었고, 전체 어업생산량에서 원양어업이 차지하는 비중도 같은 해 32%에서 14%로 급감했다. 원양업체의 숫자도 2002년 131개였던 것이 2015년 절반 수준으로 감소했다. 특히 선령이 20년이 넘는 노후어선으로, 생산 효율이 떨어지는 것

은 물론 조업 안전을 위협하는 요인이 되었고, 선원 승선기피의 원인이 되었다.[8]

유엔 식량농업기구(FAO)가 발간한 『세계수산해양현황(SOFIA)』에 따르면, 2013~2015 기준, 한국의 1인당 연간 수산물 소비량은 54.8kg으로 세계 1위이다. 수산 강국으로 알려진 노르웨이는 1인당 53.3kg이고, 일본은 50.2kg, 미국은 23.7kg을 소비했다. 삼면이 바다로 둘러싸인 한국은 다양하고 싱싱한 수산물을 얻기 쉽기 때문에 자연히 해산물 조리법이 일찍부터 발달하였고 수산물이 건강에 좋다는 인식이 오래전부터 한국인에게 뿌리내려 있었던 데에 그 요인이 있다. 현대에 들어서면서 단백질뿐만 아니라 불포화 지방산, 타우린, DHA 등이 두뇌영양공급에 중요한 물질로 알려지면서 수산물의 소비가 더 늘어나고 있다. 또한 양식과 FTA로 수산물 해외교역의 규제문턱이 낮아지면서 저렴한 해외 수산물이 국내에 공급되고 있기 때문이기도 하다. 최근 베트남으로부터 들여오는 수입 새우의 경우 2015년 3만 73톤에서 2018년 5만 2,468톤으로 증가한 것에서도 알 수 있다. 해양수산부 통계에 따르면, 한국은 세계 최대 수산물 소비국이기는 하지만, 2018년 수입량은 6백만 419천 톤이고, 수출은 6십만 23천 톤으로 수입이 10배 이상의 비중을 차지하고 있다.[9]

따라서 국민소득 수준의 향상에 따른 소비구조의 고도화와 다양화로 수산물에 대한 국내수요가 계속 증가할 전망이고, 수산물 수입대체를 위한 수산업의 생산성 향상이 절실한 실정이다. 이를 위해서 몇 가지 극복해야 할 난관들을 보면, 첫째, 연안어장은 매립, 간척사업의 확충으로 어장 면적이 축소되고 있을 뿐만 아니라 해수의 오염으로 어장환경도 날로 악화되고 있다. 둘째, 연안어장 및 근해어장에서 중국의 자원약탈적인 남획이 자행됨으로써 각종 수산자원인 중·고급 어류자원이 현저히 감소하고 있으며, 셋째, 전체 바다의 46%를 차지하는 200해리 내의 원양어업 부분에 대한 국제규제가 강화되고 있다. 이러한 문제 해결을 위해 어장환경을 개선하고 합리적인 자원관리를 실시한다면 국내 수산자원이 회복될 가능성이 있고, 200해리 연근해어장은 우리나라가 영속적이고 배타적으로 관할하게 되므로, 이 수역 내에서의 어업과 수산양식업의 진흥방안을 합리적으로 강구한다

면 그 생산량을 크게 증가시킬 수 있다.[10]

미래의 어업

페루 연안에서 태동한 안데스 문명은 목화(기원전 2500)와 옥수수(기원전 1900) 농사가 시작되기 전부터 이미 번영을 누리고 있었다. 이곳에 인구를 증가시키고 찬란한 사원건축을 이루게 한 원동력 중 하나가 바로 안초비였다. 멸치류의 작은 물고기인 안초비, 정어리 등이 풍성하게 잡힌 덕분에 안데스 문명은 집약적 농경이 출현하기도 전에 문명의 기반을 닦을 수 있었다. 초기 문명의 발상지가 대부분 이 강어귀나 연안 등에 위치한 것도 바로 고기잡이 때문이었다.[11] 농업혁명이 일어나기 전까지 인류는 사냥과 채집을 비롯하여 어업으로 식량을 획득했다. 어업이 문명의 발전에 기여한 또 다른 공로는 공간의 확장을 꼽을 수 있다. 인류는 좀 더 풍요로운 어장을 찾기 위해 선박과 관련된 기술을 발전시켰고, 그로 인해 문명과 문명 간의 교역, 이주, 탐험 등으로 인간의 이동 공간이 더욱 확장될 수 있었다. 인류의 정착으로 이끈 농업이나 축산업과 대비되는 장점이다. 고기잡이의 역사는 최초의 인류가 탄생한 발원지로까지 거슬러 올라간다. 세계에서 가장 오래된 구석기문화 유적인 탄자니아의 올두바이 협곡에서 발견된 메기 뼈는 약 195만 년 전에 이미 인류가 고기잡이를 했다는 증거다. 우리나라에서도 인류의 고기잡이 역사상 가장 이른 것으로 추정되는 유물이 발견되었다. 연세대박물관 발굴단이 강원도 정선군 남면 낙동리에 있는 동굴에서 찾아낸 그물추 14점으로, 판판한 받침돌에 자갈을 올린 뒤 망치로 때려내는 방법으로 제작된 이 그물추는 방사선 탄소연대 측정 결과 2만 9,000년 전의 것으로 판명됐다.

유엔 식량농업기구(FAO)에서 2014년에 발간된 보고서에 의하면, 전 세계적으로 약 1억 1,000만 톤의 해양 야생 동물이 매년 잡힌다. 약 30억 명의 사람들이 동물성 단백질 섭취량의 20%를 바다에서 잡히는 물고기로 충당한다. 하지만 어업의 미래는 그리 밝지 않다. 지구온난화 및 해양 산성화는 차치하더라도, 당장 남획으로 인해 인류가 더는 해산물을 얻지 못하게 될 것이라는 경고가 쏟아져 나오고 있기 때문이다. 자루처럼 생긴 커다란 그물로 바닷속을 긁어대는 트롤리선으로 인해 1950년대 이후 대구, 넙치, 농성어, 참치, 새치, 상어 등 바다 속의 거대 동물들이 90% 가까이 줄어들었다.

인류의 고기잡이 활동이 해양생물에 영향을 미친 시기는 의외로 오래됐다. 2009년 캐나다에서 발표된 해양생물 센서스 보고서에 의하면, 대형 물고기들이 사라지기 시작한 시점은 더 이상 큰 민물고기가 잡히지 않아 어부들이 바다로 향한 중석기시대 때부터였다고 한다. 유엔에 의하면 세계 인구는 2030년까지 80억 명을 넘어서고 2050년에는 98억 명에 이를 전망이다. 어업이 식량 부족의 좋은 대안이긴 한데, FAO에 의하면 2030년에는 전 세계의 물고기가 수요보다 공급이 약 5,000만 톤이나 적을 것으로 예상된다. 현재 전 세계에서 소비되는 해산물 중 약 30%는 규제를 어기거나 남의 바다에 무단으로 침입해 잡아들인 것이다. 장기적으로 해산물의 수요 부족을 해결하고 지속가능한 어업을 지향하는 가장 좋은 방법은 물고기 양식이다. 양식업이 인류 생존과 거대기업들의 미래 전략으로 부상하고 있는 움직임은 곳곳에서 드러나고 있다.[12]

지구 어족자원의 급격한 감소에 따른 해양어류 보호 차원에서 일어난 슬로피시(Slow Fish) 운동은 슬로푸드 운동의 하나로 2003년 출범하여 지속가능한 어업과 책임 있는 소비에 중점을 두고 있다. 남해 죽방멸치가 대표적인 예이고 독살과 원담 등 전통어업의 가치도 새롭게 주목받고 있다. 슬로피시 운동의 모태인 슬로푸드 운동은 1986년 이탈리아 피에몬테 주에 있는 작은 마을 '브라'에서 「고라」라는 식생활문화잡지의 편집자였던 카롤로 페트리니가 이탈리아 풀뿌리문화 부흥운동 조직인 아르치(ARCI)라는 여가문화협회의 한 부분으로 '아르치 고라'라는 음식 모임을 만든 것이 출발점이 되었다. 1980년대 중반 로마의 명소로 알려진 에스파냐 광장에 맥도날드가 문을 열었고, 이 패스트푸드가 이탈리아의 식생활 문화를 망친다는 위기감이 들면서 급기야 전통식 생활 문화를 지키자는 슬로푸드 운동으로 이어지게 되었다. 패스트푸드에 반기를 들고 정성이 담긴 전통음식으로 건강한 먹거리를 되찾자는 취지에서 발생한 슬로푸드 운동은 이후 사람들로 하여금

'미식이란 무엇인가?'라는 질문을 하게 했고, 전통식, 소박한 식재료, 유기농, 건강에 좋은 것에 관심을 갖게 하면서 대중들의 관심을 끌게 되었다. 이 운동은 1989년 파리에서 결성된 국제 슬로푸드 협회 설립대회에서 "사람은 기뻐할 권리가 있다"라는 개념의 슬로푸드 선언을 계기로 국제적인 운동으로 발전하여 현재 전 세계 160개 이상의 국가에서 10만 명이 넘는 후원자들이 참여하고 있다. 2000년 우리나라에 처음 소개된 슬로푸드 운동은 2007년부터 (사)슬로푸드문화원을 중심으로 본격적으로 활동하기 시작하였고, 2014년 5월에 국제슬로푸드 한국협회가 출범하여 슬로푸드운동 저변을 확대하고 있다. 슬로푸드운동은 단순히 좋은 음식인 슬로푸드를 먹자는 운동에 그치는 것이 아니라 근대화 과정 속에 효율성을 강조하면서 생겨난 다양성 감소, 지속가능성 저하에 대응하는 운동이다. 이 운동에서 말하는 슬로푸드란 '좋은', '깨끗한', '공정한' 음식을 말한다. 좋은 음식은 맛과 풍미가 있으며, 신선하고 감각을 자극하여 미각을 만족시키는 음식이다. 깨끗한 음식은 그것의 생산이 생태계와 환경을 해치지 않고, 건강을 위협하지 않도록 생산된 음식이다. 공정한 음식은 먹을거리를 생산한 생산자들의 노고를 인정하고, 그것에 합당한 가격을 지급하는 음식이다. 이러한 슬로푸드 운동은 주로 농업에 관심을 기울여왔으며, 그 이유는 농업이 없이는 먹을거리가 없다고 보기 때문이다. 슬로푸드 운동에서는 공장 수준의 효율성을 강조하는 산업형 농업이 땅을 망가뜨리고, 물을 오염시키고, 종자를 사라지게 하며, 농민의 설 자리를 잃게 해 지역농업의 기반을 붕괴시키고 있다고 판단하고 있다. 이런 이유로 최근 들어 슬로푸드 운동이 현대의 공장식 축산, 공장식 어업으로 인해 지속가능한 농업이 위기에 몰리고 있는 현실에 대응해야 한다고 생각하고 축산과 어업으로 확대되고 있다. 즉, 공장식 축산에 대한 대안으로 자연 축산을 제시하고, 소비자들이 동물성 고기를 적게 먹을 것을 권고하고 있다. 또한 공장식 어업에 대한 대안으로 슬로피시(Slow Fish)를 주창하고 있다.

슬로피시는 지속가능한 어업과 그것을 가능케 하는 소비자들의 책임 있는 수산물 소비를 지향하는 개념이자 국제행사를 일컫는데, 국제행사는 2003년 이탈리아 제노바에서 처음 열린 후 홀수 해마다 열린다. 이 행사는 어업공동체와 수산업 관계자들이 모여 점점 더 고갈되는 해양식량자원에 공동으로 대응하고 바다의 지속가능한 이용을 위한 국제적인 캠페인을 펼치고 있다. 최근 슬로푸드 생물다양성재단의 슬로피시 활동도 주목하면서, 23개 프레시디아(생산자 활동지원 프로젝트)를 시작하여 좋고, 깨끗하고, 공정한 생선이 점점 더 확산되고 있다. 좋은 생선이란 우리의 감각을 만족시키는 신선하고, 맛있는 제철 생선으로 지역의 문화와 연관된 것을 말한다. 깨끗한 생선은 환경과 인간의 건강을 존중하는 방식으로 생산한 것을 말한다. 공정한 생선은 소비자들이 접근할 수 있는 합리적인 가격이고, 소규모 생산자나 작업자들에게 온전한 작업 및 생활방식을 제공하여 소득을 보장해줄 수 있는 가격을 지급하는 생선을 말한다.

최근 식량자원 공급과 관련해서 바다와 갯벌의 중요성에 대한 인식이 점점 높아지고 있다. 하지만 연안 난개발과 갯벌의 오염 그리고 과잉 양식 등의 문제로 어려움을 겪고 있는 것도 사실이다. 이러한 사정을 고려할 때 우리나라에서도 슬로피시에 대한 관심과 정책이 시급하다고 할 수 있다. 지금은 세계적으로 녹색혁명을 넘어 청색혁명(blue revolution)에 주목하고 있고, 청색혁명을 통해 수산물 공급에 대한 기대감이 커지면서, 엄청난 자원의 보고인 바다와 갯벌에 대한 관심이 집중되고 있다.

식량자급률이 47%, 곡물자급률이 23%에 불과한 우리나라의 경우 바다로부터 생산되는 식량에 관심을 기울일 수밖에 없다. 잡는 어업에 비해 기르는 어업이 여러 가지로 효율적일 수 있다. 하지만 지속가능하지 않은 방식에 의한 바다와 갯벌 접근은 식량자급률을 높이기보다는 오히려 문제를 낳을 수 있어, 슬로푸드 운동이 제안하는 슬로피시는 중요한 전체적인 방향을 제시해준다. 그것은 지속 가능한 어업과 소비자들의 책임 있는 수산물 소비다.

우리나라 슬로피시의 대표적인 사례로 전통어업인 죽방렴과 그 어업으로 생산된 품질 좋은 멸치가 주목을 받았다. 남해의 죽방렴은 대나무로 발을 쳐놓고 조석에 의한 밀물과 썰물에 따라 헤엄치다가 걸린 물고기를 잡는 어법으로, 이와 같은 원리의 어법이 서해나 제주도에서도 이루어지고 있다. 서해 갯벌에 있는 '독살'이 그것이다. 돌로 부챗살처럼 살을 만들었다는 의미이다. 제주도에서 행해지고 있는 '원담'은 돌을 둑처럼 나즈막하게 쌓아놓고 밀물 때 바닷물과 함께 휩쓸려 들어온 물고기가 썰물 때 물을 타고 빠져

나가다가 엉기성기 쌓인 돌담 사이로 물은 빠져나가고 고기가 걸리게 하는 돌 그물이다. 경제적인 측면에서 노동생산성을 고려하면 매우 비효율적인 원시형태의 어법임에 틀림없지만, 지속가능 어업의 측면에서 볼 때 원담은 초기 투자비가 많이 들기는 해도 한번 시설해 놓으면 선박 기름값이나 소모품인 그물값이 들지 않아 오히려 장기적으로는 이득일 수 있으므로, 자연 순응적인 생태어업이 경제성도 있음을 보여주는 사례이다. 요즈음 먹을거리 관점에서 보면 이들 어업에 의해 잡힌 물고기는 슬로피시에 해당된다. 지속가능성이 위기인 시대에 슬로피시는 미래의 어업이고 미래의 식량자원이라 할 수 있다. 시스템 키친이 아무리 화려해도 요리의 즐거움이 되살아나지 않고, 손쉽고 빠른 요리인 고칼로리의 기름진 식탁으로 우리 가족의 건강이 위협을 받고 있는 것이 오늘날 우리가 처한 먹을거리의 그늘이다. 국제 슬로푸드 운동 선언문에는 이런 구절이 있다.

"인류의 종이 소멸하는 위협에 처하기 전에 속도로부터 벗어나야 한다. 속도와 효율성에 도취한 흐름에 전염되지 않기 위해서는 느리고 오래가는 기쁨과 즐거움을 적절하게 누려야 한다. 이러한 우리의 방어는 슬로푸드 식탁에서 시작되어야 한다."[13]

국회 농림축산식품해양수산위원회에서 실시한 '2020년 어업인 의견조사' 결과에 따르면 어업인의 78%가 우리나라에서 어업이 차지하는 중요성은 높다고 답했지만 10년 후 한국 어업의 미래에 대해서는 비관적이라는 답변이 46%, 타 산업과 비교해 어업의 발전 가능성은 부정적이라는 답변이 43%로 나타났다.[14]

무인 원격 원양

연어 수출대국인 노르웨이는 폭증하는 수요에 대응하기 위해 연어양식에 힘을 쏟고 있다. 연어양식에 적합한 차가운 바다로 이루어진 노르웨이 해안에는 3,500개의 양식 펜스와 4억 마리의 연어가 살고 있다. 노르웨이 수출품 가운데 연어는 석유와 가스 다음으로 많은 비중을 차지하고 있다. 최근에는 우리 식탁에도 노르웨이 연어가 드물지 않게 오르고 있다. 건강에 좋은 오메가3 지방산이 풍부한 연어의 수요는 점점 증가하고 있다. 그러나 수요를 따라잡기 위해 연어를 양식하는 하는 것도 점차 한계에 도달하고 있다. 연안에서 집단으로 연어를 양식하다 보니 환경문제도 있고 연어가 질병에 걸려 폐사하는 비율도 높아지고 있다. 연어가 밀집해 있는 연어양식장은 연어의 대표적인 기생충인 바다물이(sea lice)에게 매우 이상적인 환경이기 때문에 전체 연어의 15%가 이로 인해 폐사하고 있다. 이에 대한 대안으로 노르웨이 왕립 산하의 Artic Offshore Farming사가 개발 중인 원격 원양 연어양식장은 사람 없이 무인으로 연어를 기를 수 있다. 물론 종종 사람이 가서 관리하고 연어도 수확해야 하지만, 먼바다에 사람이 직접 나가 계속 지킬 순 없기 때문에 원격으로 조정한다. 이 연어양식장의 지름은 79m이고 깊이는 40m인데, 독특한 점은 내부 그물망이 있어 연어는 주로 10m 이상 아래쪽에서 키운다는 점이다. 얕은 바다가 바다물이의 좋은 서식처이기 때문에 깊은 바다에서 양식을 하면 이 바다물이를 피할 수 있다. 현재 연어 양식의 경우 100g까지는 민물 양식장에서 키운 후 바다 양식장으로 옮겨 5kg이 될 때까지 키우지만 머지않아 원격 원양 양식장이 개발되면 1.5kg 이상 크기까지 키운 후 옮겨져 먼바다에서 자라게 된다. 물론 예상되는 가장 큰 문제는 높은 파도와 폭풍, 그리고 지나가는 선박으로부터 안전할 것인지이다. 또 멀리 떨어진 원양 양식장을 유지보수하고 관리하는 작업도 만만치 않다. 하지만 늘어나는 수요와 해양 환경오염에 대비하기 위해 가장 합리적인 대안이다.[15]

스마트양식

세계 최대 곡물업체인 카킬은 노르웨이의 연어 사료 전문기업인 EWOS를 인수했고, 식품 전문업체인 아쿠아 파크는 카킬과 함께 양어장 사료업체인 카리타스에 출자하여 미래의 물고기 양식 사료업을 선점하려 하고 있다. 한편 덴마크의 양식기술 개발업체 빌런드아쿠아컬처(Billund Aquaculture)는 지난 2013년 물 구경도 하기 힘든 중국 관할 몽고 국경 부근 중서부 고비사막에 지하 100m에서 퍼올린 지하수를 이용하여 연간 1,000만 톤의 연어를 생산하는 최첨단 양식장을 만들어 세상을 놀라게 했다. 물고기 양식업이 주목을 받는 또 다른 이유 중 하나는 축산업에 비해 자원 낭비 및 환경파괴가 적기 때문이다. 예를 들면 소고기 1kg을 생산하기 위해서는 물 1만 5,000천 리터와 사료 10kg이 필요하지만, 연어 1kg을 생산하는 데 드는 사료는 1.4kg이면 된다.

친환경 스마트양식을 하기 위해선 IT가 매우 중요하다. 스마트양식이란 수온이나 염분 등의 환경요인을 자동센서로 실시간 계측하고, 어류의 건강상태 및 먹이 활동을 모니터로 관찰하기 위해 스마트폰 등을 사용하여 사료를 자동으로 공급, 관리하는 첨단 양식을 말한다. 또한 물고기가 배출하는 배설물을 미생물이 섭취하게끔 하고, 미생물이 성장하면 다시 물고기가 섭취해 사료배설물의 양을 줄이는 등의 첨단기술도 스마트양식에 해당된다. 현재 우리나라의 양식어업 생산량은 연근해어업 생산량보다 많아 수산물 총생산량의 약 60%에 달한다. 그러나 생산금액으로 따지면 양식어업이 연근해어업의 70%에 불과하다. 양식업이 고가의 어류나 갑각류보다는 저가의 해조류 생산에 치중되어 있기 때문이다. 게다가 양식업을 아직 1차 산업으로 인식하는 시각이 강한 것도 문제라고 한다.[16]

현재 수작업에만 의존하던 하동지역 가두리양식장에 4차 산업혁명의 핵심기술이 집약된 스마트양식시장 시대가 열리고 있다. 하동군은 금남면 대치리 일원 가두리양식장 관리시스템을 구축하고 시범운영에 들어갔다. 먹이 공급장치, 수중드론, 어류선별기 등의 자동제어시스템구축, 수온, 산소, PH등의 USN 기반 센서를 활용한 생장정보, 기술, 시스템 개발, 품종별, 생장단계별 환경정보 통계 및 분석자료 DB 구축 등이 스마트양식을 위해 활용되고 있다. 또한 하동의 마을어업 중심 자율관리 공동체는 자발적으로 양식어업 생산량을 조절하고 바다쓰레기를 수거하는 등 지속가능한 어업을 진행하고 있다.[17]

경남 하동군 금남면 중평항에서 1.5㎞ 가량 떨어진 바다 위에 떠있는 숭어 가두리양식장은 총 0.44ha 규모의 수조 6개에서 26만 마리를 키우고 있다. 이곳에서는 수조마다 설치된 먹이 공급장치, 수중 카메라, 경광등이 보이고 한쪽에 마련된 컨테이너 건물에는 수온, 용존 산소, 염분 등 양식장

정보가 표시된 작은 전광판이 설치되어 있다. 이곳은 국립수산과학원이 개발한 국내최초의 해상 스마트양식장 통합관리 플랫폼을 시범운영하는 양식장이다. 태블릿 PC를 통해 양식장의 실시간 상황을 살펴보는 것은 물론 숭어의 길이가 얼마인지, 얼마나 자라고 무게는 얼마인지 추정하는 것도 가능하다. 가두리 그물이 훼손되는 등 양식장 시설물에 문제가 생기면 수중드론을 투입해 상태를 점검한다. 폐사한 물고기를 찾아내 수집하는 것도 수중드론의 몫이다. 부산에 있는 수산과학원에서도 원격 관리할 수 있다. 앞으로 숭어의 단계별 성장 데이터를 수집한 뒤 기계가 스스로 판단하고 관리하는 지능형 기술을 구현하는 것을 목표로 하고 있다. 금남면에서 향후 건설될 총 1.4ha 규모 스마트양식장에서 숭어 65만 마리를 16개월간 키우게 되면 18억 4,000만 원의 어가소득을 올릴 것으로 추산된다. 전통 양식법을 이용해 거둘 수 있는 소득 5억 원의 3.7배 규모이다. 숭어 생존율이 높아져 매출액이 38% 증가하고 인건비가 44%, 사료가 20% 절감되는 것으로 예상되기 때문이다. 최근 수산물 소비는 증가하는 반면 수산자원 어획량은 줄어들면서 양식수산물비중이 점차 높아지고 있다. 어촌인구가 고령화하고 양식에 따른 환경오염이 심각해지면서 스마트양식의 중요성은 갈수록 커지고 있다. 친환경적이고 안전한 먹거리에 대한 관심이 커지는 것도 스마트양식이 주목받는 이유다. 특히 지능형 기술이 도입되면서 전문가의 도움 없이, 양식업에 경험이 부족한 초보자도 쉽게 진입할 수 있어 양식업 저변 확대가 기대된다.

식물 재배와 어류 양식을 융합한 스마트 양식의 또 다른 형태인 아쿠아포닉스(Aquaponics)가 있다. 어류양식(Auaculture)+수경재배(Hydroponics)의 합성어로 물고기의 분비물을 이용하여 식물(엽채류, 채소류 등)을 키우는 수경재배 방식의 지속가능한 농어업 융복합 산업이다. 어류 양식 과정에서 사육수 내에 발생한 질산염과 각종 유기물질을 식물이 흡수하고 이 과정을 통해 여과된 사육수를 다시 어류 양식에 활용하는 순환여과식 유기식량생산방법이다. 진천 소재 농업회사법인 만나CEA는 2013년 3월 한국과학기술원(KAIST) 졸업생과 재학생 5명이 창업, 현재는 지원 80여 명이 아쿠아포닉스 기반 채소 등 40여 가지 작물을 재배하고 있다.[18]

해수부는 국내 스마트양식장의 보급률을 2017년 2.5%에서 2030년

12.5%로 끌어올릴 계획이다. 문제는 국내 양식어가의 대부분이 가족 중심으로 영세하게 운영돼 스마트양식을 도입하기 쉽지 않다는 점이다. 스마트양식은 초기 비용이 많이 들고 일정 규모 이상의 양식장이어야 시설구축이 용이하다. 이에 해수부는 별도로 소규모 양식어가에 적합한 자동먹이공급 시스템 등을 개발 보급하는 사업을 펼치고 있다. 최근 전 세계적으로 늘어나는 수산물 소비로 노르웨이 등 북유럽을 선두로 한 글로벌 양식장의 스마트화가 빠르게 진행되고 있으므로 국내에서도 연어 등 수입 수산물 소비가 증가하는 추세인 만큼 스마트양식을 통한 가격과 품질 경쟁력 향상이 필요한 현실에 직면해 있다.[19]

3. 한국의 산업

  산업이란 인간이 살아가는 데 유용한 여러 가지 물자나 용역을 만들어내는 체계적인 행위를 뜻한다. 인류가 산업을 시작한 역사는 신석기시대까지 거슬러 올라간다. 신석기 말기에 해당하는 기원전 500년경부터는 우리나라에서도 토기를 구워 쓰게 된다. 아직 물레를 토기를 만드는 도구로 사용했던 것은 아니지만, 토기를 굽는 일은 높은 수준으로까지 발전되었고, 그 일은 상당한 기술을 필요로 하는 것이기 때문에 소수의 토기장만이 해낼 수 있었다. 그에 반해 수렵이나 어로 또는 초기 농업에 정착하고 있던 많은 개인과 집단은 당시의 일상생활에서 가장 유용했던 토기를 소유하고자 하게 되면서, 사람들은 쓰다 남은 잉여물자를 토기장이 만든 토기와 서로 교환하기에 이른다. 서로 필요에 의한 초기 교환이 이루어짐에 따라서 생활과 생산양식은 빠르게 발전하기 시작한다. 높은 열을 이용하여 토기를 전문적으로 굽고 있던 토기장의 기술적 수준이 더욱 체계적으로 높아졌을 뿐만 아니라, 그 당시 사회에서는 일찍이 상상조차 하지 못했던 일들이 전개되기 시작했다. 토기의 발전과 함께 기원전 1000년경부터 구리와 주석의 합금인 청동기(놋쇠)가 등장하고 기원전 600년경부터는 철기시대가 전개되었던 것이다. 이후 청동기나 철기의 생산력이 굳건한 터전을 잡게 된 기원전 400년경부터 우리나라에서도 계급사회의 제1단계인 고대적인 사회가 성립되었으며, 이때부터 고대와 중세를 포괄하는 전근대적 산업, 이행기적 산업, 근대적 산업, 광복 후 산업 등 4단계로 우리나라의 산업화 과정을 구분할 수 있다. 우리나라에서 기본적인 산업인 농업을 바탕으로 한 수공업과 상업은 수천 년 동안 민족문화 발전에 지렛대와 같은 역할을 담당해왔고, 광복 후 본격적으로 우리나라가 산업사회로 진입하면서 산업의 고도화는 괄목할 만한 성장을 이루며 현재까지 지속적으로 진행되고 있다.

전근대적 산업

고조선이 쇠퇴하기 시작했던 기원전 1세기부터 일어났던 전근대 산업사회란 우리 민족이 놋쇠와 쇠그릇을 일반적으로 사용하기 시작한 고조선 말기부터 고구려, 백제, 신라 등에 이르는 고대사회, 그리고 중세사회인 통일신라, 고려 및 조선 전기인 16세기까지를 포괄하는 기간이다. 이처럼 2,000여 년에 걸친 오랜 기간 동안 여러 산업은 나름대로 끊임없는 변천과 발전을 거듭해왔다. 그러나 본질적으로 이 기간 동안의 모든 산업은 개인과 집단의 자가수요를 위한 자급자족적인 행위의 단계를 넘지 못하였다. 보편적으로 사람들은 선천적인 자질과 주어진 여건에 따라 여러 가지 상이한 직업에 종사하려는 본능적인 성향을 지니고 있으므로, 특별한 사회적 제재가 작용하지 않는 한, 사람들은 척박한 토지를 경작하느니 사냥을 하여 산짐승을 잡거나 수공업 또는 장사를 하는 편이 유리하다고 판단하여 수렵이나 수공업 또는 상업에 전념하려는 사람들도 생기게 된다. 이러한 현상은 우리나라 수공업에서도 나타나는데, 이렇게 나타난 수공업은 석가공, 길쌈, 토기, 놋쇠, 쇠, 금, 은 세공 등 제조가공업이었다.

길쌈

우리나라에서 식물이나 동물에서 얻은 원자재를 가공하여 몸에 걸치기 위한 피류을 짜기 시작한 것은 기원전 2000년 전후로 추산되고 있지만, 기록상으로는 기원전 3~1세기에 처음으로 나타난다. 그리고 4~5세기에 이르면서 길쌈과 유사한 방식으로 생산되었음을 알 수 있다. 이 시기의 직물 수공업은 다음 두 가지 특징이 있다. 하나는 선천적으로 솜씨가 뛰어난 부녀자에 의해서 부업의 형태로 이루어졌다는 사실이고, 다른 하나는 자연적 조건이 뽕나무나 삼 또는 목화를 재배하기에 알맞은데다 민족성이 근면하여 필요한 원료를 생산할 수가 있었다는 사실이다. 생산품 중에서 고급품은 관가에 수납되었고, 생산자는 자가수요를 충당한 후 나머지 상품으로 교환했다. 또 그것은 실물화폐로도 사용하였으므로 길쌈의 민족사적 의의는 높이 평가되고 있다. 고려 말기는 목화씨가 들어옴에 따라서 조선 전기 이 래 무명과 솜옷, 솜이불이 일반백성에게 보급되어 의생활에 혁명적인 변혁 이 일어났다. 포근하고 따뜻하며, 우아하고 질긴데다 눈처럼 하얀 빛깔이 민족적인 기호에 꼭 들어맞았기 때문이었다.

놋쇠, 쇠제품

놋쇠와 쇠점 수공업은 이 기간에 높은 수준으로 발달하였다. 기원전 6~5 세기부터 이루어지기 시작하여 통일신라에 꽃을 피웠고, 고려에 승계되었다 가 조선 전기에는 쇠퇴하는 경향을 보인다. 기원전 4~3세기에 이루어진 것 으로 입증된 대전 서구 괴정동 돌무덤과 충청남도 아산군 신창리 돌무덤 유적지에서 많은 놋쇠붙이가 나왔다. 5~6세기 초에 걸쳐 형성된 신라의 금 관총과 천마총에서는 귀금속, 놋쇠붙이, 쇠붙이가 대량으로 출토되었는데 금관총에서는 무려 1,200kg이나 되는 양이 발견되었다. 또한 절간에서 불 상, 범종, 향로 등 불교용구가 발견되기도 했고, 그중 성덕대왕 신종은 높이 3.3m, 입지름 2.2m로 놋쇠 12만 근으로 주조한 것이었다. 이와 같은 신종 을 만든 높은 기술이 어떻게 생겨났는지, 열처리를 필요로 하는 수공업이 어떤 방식으로 이루어졌는지는 분명치 않으나 통일신라에는 유철전이라는 관료조직이 있었고, 고려에는 장야소, 중상서가 있었던 것으로 보아 체계적 으로 놋쇠와 청동제작이 이루어졌던 것을 알 수 있다. 조선시대에는 중앙과 지방에서 전문적으로 관리했다는 실증적 자료가 희박한 것으로 보아 이미 관이 아닌 민간들에 의해 상업적으로 이루어지고 있었다고 추정되고 있다.

질그릇

가야를 포함한 삼국시대의 토기 수공업은 고도로 발달하였다. 금, 은, 귀 금속이나 놋쇠 제품은 원자재가 희소한 것이어서 주로 왕실이나 귀족의 전 유물이었고, 토기는 일반백성이 대량으로 이용하였다. 기원전 10세기경 신석기시대에 이미 물레를 사용하여 모양을 만들고 가마에 쌓아 구웠으며, 온도가 낮은 불에 구운 토기에 잿물을 처리하여 자기그릇을 굽는 기술이 발전되면서, 12세기에 이르러서는 청자의 생산기법이 절정에 달했다. 청자를 굽던 곳 중 가장 규모가 큰 곳은 전라남도 강진군 대구면에 있는 대구자기소인데 우리나라의 가을 하늘처럼 푸르른 비색을 띠고 구워진 조각은 1,000개 중 한두 개에 불과하고 나머지는 회청색 또는 갈색을 띠고 있는 것으로 보아, 비색의 청자는 매우 드물게 나왔다는 것을 알 수 있다. 비색의 청자는 왕실이나 관가에 귀중품으로 강제 수납되었으며, 이 중 상감청자가 가장 가치가 높은 궁중 상납품이었다. 청자생산이 절정을 이루었던 12세기를 기점으로 수납이 더욱 강제되었고 그로 인해 자기소 장인들이 견디다 못해 도자기생산을 포기하기 시작하였다. 고려 말기에 이르러 유교사상에 젖어들고 있던 신흥 사대부들은 청자 장인들을 신분이 천한 노예로 전락시키면서 청자 수납을 더욱 강요하여, 결국 조선 초기에 이르러 모든 자기소가 사라지고 그 기법이 쇠퇴하며 완전히 자취를 감추게 된다. 그리고 대신 자기에 백토기가루를 칠하고 투명한 잿물을 발라 구운, 주로 하얀 빛깔의 분청사기가 많이 생산되었다.

높은 수준의 숙달된 전문적 기술을 요하는 금·은 세공, 놋쇠, 쇠 및 고급 도자기는 주로 귀족적 수요에 응했다. 한 예로 5세기경에 축조된 것으로 추정되는 백제의 왕릉에서 발견된 금동신발은 왕이 제후들에게 한 하사품으로, 섬세하게 세공된 용과 인면조, 연꽃 등의 상징적 문양이 새겨져 있어 사후영생을 기원하는 세련된 공예품이었을 뿐이었고, 그 수가 극히 적어 교환을 통한 상업발달에 별로 기여하지 못했다. 그러나 실용적이고 투박하지만 대량생산된 도자기라든가 올이 굵은 삼베, 명주, 무명 따위는 교환환경을 크게 자극하게 된다. 교환이 증가함에 따라 비정규적인 직접교환이 불편하다는 사실을 깨달은 백성들은 일정한 날짜에 사람이 많이 몰리는 도성에 '경시'를 만들어 필요한 물품을 교환하였고, 큰 마을의 근교나 교통의 요지에 '향시'라는 장을 열었다. 삼국시대에 번창하기 시작했던 경시와 향시는 통일신라시대에 더욱 발전했다. 비교적 무거운 물품을 취급하던 상인을 '등짐장수(부상)'라 하였고 부피가 작은 물품을 보자기에 사들고 다니던 상인을 '봇짐장수(보상)'라 했다. 그러나 조선 전기에는 수공업과 마찬가지로 상업을 업 중에서도 끝에 있는 '말업'이라고 심하게 박대하였기 때문에 '육의전'이라는 한양의 관어용 시장 이외에는 각 고을에 번창하였던 장은 심하게 쇠퇴하였다.

이행기적 산업

근대산업으로 전환하기 전의 과도기 단계인 이행기에 임진왜란, 정유재란의 양난이 끝난 17세기 초기에 들어서며 조선왕조의 재정적 기반은 뿌리부터 흔들렸다. 양난을 겪는 사이에 경제적 기초를 이루었던 일반백성이 많이 죽거나 사방으로 흩어졌고, 토지가 황폐하여 재정수입이 고갈되었다. 이처럼 재정이 고갈될수록 백성에 대한 수탈이 가혹화되는 악순환이 계속되었다. 이러한 극한적 위기를 극복하게 한 여러 가지 요인 중 가장 획기적인 것은 대동법의 실시였다. 대동법은 1608년 광해군 즉위년 경기도에서 실시되기 시작한다. 봉건지배층의 반대에 부딪혀 전국적으로 확대 실시되기까지는 1세기나 걸렸지만, 종래의 무절제했던 공납과 요역이 원칙적으로 폐지되고, 대신 토지 1결에 대해서 대동세로 지역적 여건에 따라 쌀 열두 말 아니면 삼베나 무명 2필 또는 돈 열두 냥을 수납하게 된다. 그 결과 정부로서는 일정액수의 재정수입을 미리 예견할 수 있었으므로, 이른바 양입제출의 원칙에 입각하여 재정상의 세입과 세출을 조정할 수 있게 되었다.

대동법

1608년 광해군 즉위년에 경기도에서 처음 실시된 후 100년 동안에 걸쳐 확대 실시되어, 1894년 고종 31년의 세제개혁 때 지세로 통합되기까지 3세기 동안 존속하였다. 한편 제주도에는 번속으로 여겨진 연유로 해서 대동법이 실시되지 않았다. 대동법은 조선 전기 농민이 호역으로 부담하였던 온갖 세납인 중앙 공물상납, 진상과 지방의 관수, 쇄마인 지방의 공무를 위해 마련된 말 등을 모두 전결세화하여 1결에 쌀 12말씩을 징수하고, 이를 중앙과 지방 각 관서에 배분하여 각 관청으로 하여금 연간 소요품 및 역력을 민간으로부터 구입, 사용하거나 고용, 사역하게 하는 것을 골자로 하였다. 조선왕조에서는 전통적인 수취체제에 따라 전세, 공물, 진상, 잡세, 잡역 등을 두었는데, 여러 가지 폐해와 때를 같이하여 전개된 양반층의 토지점유 확대에 따른 농민층의 몰락은 이들 제도를 더 이상 존속시키기 어려운 실정에 이르게 된다. 그러나 국왕에 대한 예헌의 의미가 컸고, 방납인들의 이권이 개재되어 있어서 쉽사리 개선되지 못하고 있다가 임진왜란 후 국가기틀을 재건하고 민심을 수습하는 일환으로 대동법이 제정되면서 새로운 납세제도가 시행되기 시작했다. 각종 공물, 진상으로부터 마초에 이르는 모든 소요물품을 대동미로 대치시켰을 뿐 아니라, 지방 관아의 온갖 경비까지 대동미에 포함시킨 데서 농민의 편익이 크게 도모된 제도였다. 실시 초기에는 흉작과 지방의 특수성을 고려하지 못하고, 이를 틈탄 지주, 방납인들의 반대운동으로 한동안 중단되었다가 농민의 저항이 날로 확산되고 재정의 핍박이 병자호란으로 인하여 더욱 가중되자 다시 확대 실시하기에 이르렀다.

오늘날 이 법은 봉건체제의 기본적인 모순을 은폐하고 강요된 수취제도로 평가되기도 하지만 한편으로는 중국3대 요·순·주의 이상사회, 즉 대동(大同)사회를 지향하여 제정한 정전제의 한 형태로 이해되기도 한다. 당시 김육의 말에 따르면 "농민은 전세와 대동세를 한 차례 납부하기만 하면 세납의 의무를 다하기 때문에 오로지 농업에만 힘을 쓸 수 있는 민생안전의 조치였고, 또 상업과 수공업을 발달시키고 고용증대도 가져올 수 있는 제도였으며, 국가는 국가대로 재정을 확보하면서 합리적으로 운영할 수 있는 최선의 방법"이었다고 한다. 대동법은 과세상의 진보, 재산과 수익에 비례하는 공평한 조세체계를 채택하는 세제상의 진보 등을 이룩하였을 뿐 아니라 그 징수, 지급을 당시 교역의 기준수단이었던 물품화폐인 쌀, 무명, 베 등을 화폐로 전환시켜 조세의 금납화와 화폐제정으로 전환을 이룩하는 계기를 마련했다고 평가되었다. 그리고 사회경제적인 측면에서 공인, 시인 등에게 조달함으로써 상공업 활동을 크게 촉진시켜 여러 산업의 발달과 함께 전국적인 시장권의 형성과 도시 발달을 이룩하게 하고 나아가 상공인층의 성장과 농촌사회의 분화를 촉진시켜 종래의 신분질서와 사회체제가 이완, 해체되는 데도 일정한 영향을 미친 것으로 이해되고 있다.

대동법의 실시로 전세, 공물상납, 진상, 사역 등의 부담을 덜은 납세자인 일반백성의 입장에서는 이제야 저마다 자질을 발휘하여 힘껏 일하고자 하는 동기가 부여되었다. 그 이유는 이전까지의 잡다하고 과중하였던 인두세적인 현물노동지대인 공물과 요역이 예측가능한 일정액수의 실물화폐형태로 바뀌었기 때문이었다. 직접생산자였던 많은 백성들은 저마다 주어진 여건과 지니고 있는 기량에 따라서 얼마쯤 자유롭게 여러 가지 생산업에 종사할 수 있게 되었다. 이에 따라서 상업, 수공업, 농업 등 여러 가지 산업부문에서는 마침내 전근대 산업사회와는 구분되는 근대시민적인 요소가 싹터 힘차게 자라기 시작하였다.[20]

근대적 산업

(1) 상업부문

대동법 실시 이후 물품화폐 경제체제가 만들어지기 시작하면서, 17세기 중기 이래 상업은 놀랄 만큼 발전한다. 이 시기의 상업은 그 이전과는 다른 현상이 뚜렷하다. 이러한 현상은 상품의 공급자와 수요자 사이의 인적합동 현상이었고, 팔릴 재화와 지불될 대가와의 물적교환 현상이었으며, 재화가 판 사람으로부터 산 사람에게로 건너가는 대신 대가가 산 사람으로부터 판 사람에게로 건너가는 등가적 이전 현상이었다. 대동법이 실시됨에 따라 구시대의 시전에서 전개된 강제적 부가등가교환이 서서히 쇠퇴하기 시작한다. 또 관가로부터 미리 넉넉한 대동세의 공가를 받고 물자를 조달하여 제공하는 어용적인 계공인이 등장하기도 하였지만, 그러한 상업은 스스로 내부적인 봉건적 한계를 뛰어넘을 수가 없었다. 반면에 백성들이 주도하는 등가적 교환이 뚜렷하게 보장되기 시작하면서 백성들이 주도하는 사영 상업은 17세기 후기부터 국내외적으로 활기를 띠기 시작한다. 일반백성이 주체가 된 상업으로 향시를 중심으로 전개되기 시작하며 강력한 억상정책으로 16세기 말까지 폐쇄상태에 놓여있던 전국 각 지방 읍성 근처의 장은 17세기 후반부터 활기를 되찾는다. 공물수납이 폐지됨에 따라서 종래의 공물용 특산물이나 부업적 수공업품은 물론이었고, 각 지역의 수공업제품이나 특산물과 농수산물이 상품화되어 각 고을의 장에 나타나기 시작하였다. 그것들은 5일 간격으로 공급자인 동시에 스스로 수요자가 된 일반장꾼에 의해서 서로 거래되기도 했고, 지역 내의 거간 또는 중소 상인들에게 매매되었으며, 소금 등 해산물이나 지역 외 특산물은 주로 보부상에 의해 공급되었다. 무엇보다 가격이 시장원리에 의하여 형성되기 시작하였으므로 공급자와 수요자 쌍방에게 이익과 기쁨을 안겨주었고, 그러면 그럴수록 장날에는 더 많은 장꾼이 모여들어 장날은 마을의 축제 같은 분위기였다.

17세기 후기 이래 중앙정부의 규제가 있었음에도 불구하고 일반상인이 주체가 된 잠무역을 포함한 사무역은 크게 발전하게 된다. 원자재, 반제품, 완제품 등 외국상품에 대한 수요가 그만큼 증대하였고, 수입한 대가를 충당할 만한 국내산업이 발달하였으며, 엄격한 규제를 받으면서도 높은 교역 이윤 동기에 자극된 주체적이고 적극적인 사무역업자들의 활발한 활동이 있었다. 이러한 국제무역의 주된 대상은 중국과 일본이었다. 중국과의 무역도 관리주체에 따라서 공과 사의 두 갈래로 나누어졌다. 중국나들이를 하는 사신들은 나갈 때 우리나라 토산물 외에 공식적으로 일정한 양의 포삼이라고 하는 인삼이나 은을 가져갈 수 있도록 하였다. 1661년, 현종 2년에는 당상관과 통도사에게 1인당 3,000냥, 당하관에게는 2,000냥에 해당하는 인삼이나 은을 가져갈 수 있도록 허락되었다. 『만기요람』재용편에 의하면, 1802년 순조 2년, 포삼 120근을 한양 또는 개성의 상인에게 맡겨서 매매하게 하고, 근당 200냥의 포세를 징수하여 그중 100냥만 사신에게 등급에 따라 나누어주었다고 하였다. 사무역은 사신들을 따라가는 개성의 송상과 의주의 만상이 주로 도맡았다. 그들은 공무역이 이루어지는 중강개시와 책문개시에 뒤이어 벌어지는 사무역인 중강후시, 책능후시에서 대규모의 사적인 교역행위를 벌였다. 품목에 따라 양국 간의 가격차가 10배에서 20배에 달하는 것이 많았으니, 그로 인해 양국 상인들의 이윤동기는 목숨까지도 바칠 만큼 강하게 자극받았고, 따라서 사적인 교역행위는 활발할 수밖에 없었다. 후시 사무역에서 팔리는 주종품목은 인삼, 쌀, 무명이고 사들인 것은 비단과 모자였으며, 18세기 말기에 이르러서는 거래액이 무려 100만 냥을 넘어섰다.

1609년 광해군 1년, 조선과 일본 간에 체결된 이른바 '기유조약' 이래 양국 간의 공·사무역이 크게 활성화되었다. 통신사와 세견선을 중심으로 한 공무역은 엄격하게 통제되고 있었고, 사무역에 있어서도 왜관 안의 대청무역의 경우 관인들의 엄격한 통제를 받았으므로 일정한 한계를 넘어서지 못했다. 그러나 잠무역에 있어서는 중국의 경우와 마찬가지로 높은 교역이윤이 보장되었다. 이에 잠무역은 관인과 결탁한 대상인들이 도맡았다. 공무역과 사무역을 막론하고 들여온 것은 구리, 쇠, 납쇠가 주종을 이루고, 나간 것은 쌀, 무명, 삼베, 모시, 인삼 등이었다. 이 시기의 국내상업과 국제무역은 크게 두 가지 효과를 가져왔다. 하나는 국내외 교환경제체계의 성격을 근대적인 것으로 바뀌게 하는 효과이고, 다른 하나는 수공업, 상업, 농업 등 다른 산업을 자극하여 결과적으로 경영방법까지 크게 변화시키는 효과를 가져왔다. 이처럼 상업과 직간접으로 관련되면서 수공업, 공업 등 다른 산업에 있어서도 초기자본을 축적할 수 있는 길이 열리기 시작한 것이다.

18세기 말에 이르면 크고 작은 장의 수효가 1,000개가 넘어서기에 이르렀다. 이 중 팔도의 감영, 읍성, 주변에 자리 잡은 여덟 개의 큰 장과 개성장, 안성장, 강경장, 동래장에는 특히 많은 장꾼과 물자가 집산하여 상업자본을 축적한 대상들도 많이 생기게 되었다. 이때부터 생산물을 거두어들이는 계절에 따라서 특정지역에서 특수시장도 번창하기 시작했다. 봄과 가을 약재의 수확기에 열리는 대구의 약령시, 4월과 5월 조기잡이 계절에만 열리는 강경의 파시 등의 특산물장이 열렸다. 19세기 말기에 개성에 50만 냥 이상의 대상이 50인, 함흥에는 100인, 북청에는 30인이 있었다고 한다. 이러한 장꾼이나 중소상인 및 대상인자본의 상업활동은 확실히 봉건적인 것과는 분명히 구분되는 근대적인 요소가 뚜렷이 엿보이는 것이었다.

(2) 수공업부문

도구를 사용하여 원자재를 가공하는 수공업은 이 시기의 다른 산업과는 달리 생산의 구조적 성격이 있어 초기 자본가적 경영방법이 얼마쯤 뚜렷하게 나타났다. 이윤을 추구하는 초기 자본가적인 전주가 판매를 전제로 한 상품을 생산하기 위해 일정한 토지 위에 시설, 장비, 도구 및 원자재를 갖추는 한편, 정해진 품삯을 지불받는 자유 노동자를 고용하고, 그들에게 몇 갈래로 분화된 공정을 분업적으로 담당하게 하여 협업적으로 완제품 또는 반제품을 생산하는 생산방식이 시작되었다. 이러한 초기 자본가적 공장제 수공업이 이 시기에 대두되기 시작했다.

(3) 직물부문

17세기 후기 이래 갑자기 수요가 증가한 무명, 삼베, 모시, 명주 등 각종 직물생산은 각기 주어진 여건에 따라서 특정지역으로 집중되는 현상이 나타난다. 삼베는 경상도 의성 지방에서, 무명은 전라도 광산, 나주 지방에서, 모시는 충청도 한산 지방에서 각각 전문적으로 생산하게 된다. 몇몇 전주들은 목화나 삼 등을 직접생산자에게 빌려주고 원제품의 절반씩을 나누어 가졌는데, 이를 '수넷베'라 불렀으며, 이와 같은 선대제 수공업을 경영하기도 했다. 한편 안동포와 한산모시의 생산에 있어서는 전주들이 스스로 작업장을 차려 놓고, 날품이나 달품을 주고 사람을 데려와 시장에 내보낼 '장내베기'를 짜내었다. 거기서 전적으로 실을 잦는 사람, 베를 날고 매는 사람, 그리고 베를 짜는 사람 등 세 가지 공정으로 분화되어 있는 경우도 있었다.

(4) 놋쇠부문

이 시기에 놋쇠를 다룰 수 있는 기술자인 놋쇠편수가 많았고, 상류층에서 놋쇠그릇을 선호하여 수요가 급증했다. 그리고 놋쇠의 원료가 대량으로 공급될 수 있었다. 원료인 구리와 납쇠의 일부는 임진왜란이 있은 10년 후 국교 재개와 통상을 위해 에도 막부 도쿠가와 이에야스의 끈질긴 요청으로 맺은 '기유조약(1609)' 이래 일본에서 들어왔고, 일부는 갑산에서 개발된 큰 규모의 구리광산에서 공급되기 시작했다. 1678년 숙종 4년부터는 중앙과 지방에서 동전인 상평통보를 제조하는 관영놋쇠점이 있었는데 당시 서울에는 21인의 장인이 종사하는 50개의 동전 작업장이 있었으며, 기술자인 도편수의 지휘감독하에서 전체 인원 1,050인이 일하여 대량의 돈을 제조할 수 있는 대규모 수공업장도 있었다. 17세기 후기부터 사영 놋쇠수공업이 전국 각지에서 크게 번성하여 경기도의 안성, 개성, 충청도의 청주, 전라도의 전주, 남원, 경상도의 봉화, 금산, 고령, 강원도의 강릉, 평안도의 정주, 함경도의 갑산 등이 그 규모를 갖추고 있었다. 놋쇠 수공업은 기술적으로 구분하면, 크게 부질법과 방짜법이 있었다.

부질법은 거푸집에 녹인 놋쇠를 부어 식기, 대접, 보시기, 칠첩반상기, 제기, 불기 등을 짓는 방법으로 청동기시대부터 사용된 오랜 전통의 기술이었으며 대표적인 작업장이 경기도 안성시에 있었다. 19세기 전후에는 4인의 도편수를 포함한 20인 안팎의 일꾼을 고용하는 40에서 50채의 놋쇠점이 있었다. 그릇을 만드는 작업이 분화되어 쇳물을 녹이는 불이편수, 거푸집을 지어붓는 뒤불편수, 거푸집 속에 객토로 무집을 만드는 거푸집편수, 그리고 가질틀에 그릇을 끼워 겉을 매끈하게 깎아내는 가질편수 등 4인은 모두 오랜 경력을 쌓은, 높은 수준으로 숙달된 기술자였다.

방짜법은 놋쇠덩어리를 화덕에서 달구어 망치로 두들겨 만드는 방법으로 식기, 대접, 향로, 화로, 수저, 장신구 등을 만드는 방법으로 특히 많은 힘과 잔공이 드는 대신 값이 부질 놋쇠보다 갑절이나 비쌌다고 한다. 징, 꽹과리, 바라 따위와 같이 충격을 많이 받는 용구를 만들 때는 이 방법만을 썼으며 틀잡기, 그릇잡기, 울음잡기 등으로 분업적인 협업을 하였다. 17세기 후기 농악놀이가 발달함에 따라 전국 각지에서 번창하였다. 19세기에 있어서 가장 대표적인 방짜 놋쇠점은 평안도 정주군청에서 경영된 '납청양대'가 있었다.

(5) 쇠부질부문

17세기 이래 쇠점은 경영주체에 따라 공인과 사영경영으로 구분되며 공인이 경영하는 수철계공인은 나라에서 미리 넉넉한 대동미화를 받고 왕실이나 관아에 쇠붙이를 조달해주는 독점적 상공인이었다. 그들은 서울 수철리를 중심으로 사방 10리 터 안에 무쇠점을 차려놓고 사방 100리 안에 있는 모든 쇠부질을 총괄하는 특권을 가지고 있었다. 사영쇠점은 달내쇠곳 언저리와 토함산, 치술령, 운문산 기슭에 있었으며, 골편수, 불편수, 도래질 편수 및 풀무리꾼, 오리꾼, 허드렛일꾼으로 나뉘어 협업하였고, 고용형태가 판이하였다. 선구적인 쇠부질 초기 자본가인 이의립과 그 후손 등 혈연관계에 있는 사람들이 경영한 쇠부질터가 많았다. 이들 중 19세기 말기에 운문산 기슭 말음의 전주 홍순영이 경영한 무쇠부질점에서는 날품이 아닌 편수와 일꾼에게 미리 약속한 임금을 주었다.

(6) 백자기부문

17세기 후기부터 조선 전기의 분청사기는 자취를 감추는 대신에 전국 각지에서 백자기가 대량생산되었다. 백자기 수공업 역시 관영과 사영으로 구분되어 운영되었다. 관영인 경기도 광주에 있는 사옹원 분원자기에서는 17세기부터 왕실과 관어용 도자기를 만들기 위하여 전국에서 백토와 장작을 공물로 거두고, 사기장을 선상받아서 사옹원 관원이 감독하여 강제적으로 잔공을 많이 들여 백자기를 굽게 하였으며 관경영의 한계가 있어 많은 사기장이 제대로 삯을 받지 못하였다고 한다. 이에 반해 일반백성들의 백자 수요가 급증함에 따라 사영사기전이 전국에 번창하기 시작하고, 역사적으로 도자기업과 연고가 깊은 경기도의 광주, 여주, 양근, 양주, 충청도의 전의, 역기, 온수, 황간, 공주, 남포, 전산, 홍산, 경상도의 경주, 양산, 고령, 전라도의 전주, 부안, 정읍, 나주, 남원, 임실, 담양, 황해도의 서흥, 해주, 강원도의 양구, 운산, 평안도의 정주, 용천, 영변, 함경도의 회령, 경원, 문천 등 전국 각지 고을의 백자기전이 있었다. 이들 중 경상도의 합천, 고령, 밀양과 전라도의 부안, 무안이 더욱 이름이 높았다. 19세기 후기 경상도 합천 가야산 기슭에서 전주 민석로가 흙을 이기고 물레를 돌리는 일에 물레방아를 동력으로 이용하기도 하며, 세련된 민수용 장내기 사기그릇인 눈배기백자를 대량으로 생산하였다. 이들 자기전들은 오늘날까지 승계된 것들이 많으며, 도자기 부문을 제외하고는 일제의 강점기 때에 민족기업 말살 정책으로 다른 수공업들은 승계된 경우를 찾아볼 수 없다.[21]

해방 후 한국의 경제계획

제2차 세계대전 종전과 함께 해방을 맞은 한국은 일본의 식민지로부터 벗어나 남북으로 한반도가 분단되고 식민지로부터 남겨진 군수물자 산업 일부와 원양어업을 기반으로 국가산업을 일으키지만 한국전쟁으로 국토가 폐허가 되면서 재건에 힘을 쏟았으나 정치혼란으로 침체기를 맞는다. 이후 5·16 군사정변으로 군사정권에 의한 국내정치가 안정되면서, 미국과 일본의 해외차관을 바탕으로 1963년부터 고도성장을 개시하여 연평균 9.2%의 경제성장을 했고, 1997년 외환위기가 터지기 이전까지 연평균 9%를 뛰어넘는 급속한 성장을 지속하여, 농업국에서 공업이 고도로 발달한 선진국 대열에 진입하여, 한 세대 만에 라디오 보급사회에서 마이카 사회로 변모하는, 세계경제사를 통틀어 전례를 보기 힘든 대단히 성공적인 성과를 이루게 되었다.

이와 같은 한국경제의 기적에 기초가 된 것은 널리 알려진 경제개발 5개년 계획이었다. 유엔에서 한국경제에 대한 논의가 시작된 것은 한국전쟁 중에 있던 1950년 12월경이었다. 이 경제계획은 중공군의 참전에 따라 연기되어 전쟁이 길어지면서 1951년 7월 10일 한국전쟁 휴전회담이 개시되고, 그해 8월부터 전쟁 상황이 교착에 빠진 뒤부터 중단된다. 1952년 1월 정기국회가 개회되자 허정 국무총리는 국제연합 한국재건단 등과 긴밀히 협조하여 조속한 시일 내에 한국 통일이 실현되지 않는다는 가정 하에 기획부를 통해 5개년 계획을 추진하겠다고 밝혔고 그 핵심 내용은 '비료공장, 토지개량, 식량증산, 섬유, 화학공업부흥, 전기시설복구, 보건후생, 주택건설' 등이었다. 한국전쟁 휴전 협정이 체결되자 1953년 7월 24일 미국 아이젠하워 정부는 긴급 경제원조 2억 달러를 의회에 주문하고, 7월 30일 상원이 동의함으로써 2억 달러가 대외활동본부(FOA)를 통해 한국에 할당되었다. 이승만 정부는 13개 부처의 사용계획에 따른 1953년 10월 종합부흥계획을 만들고 미국에 증액을 요청하여 원조금액이 6억 2,800만 달러로 증액되어 한국경제부흥계획이 만들어진다. 그러나 4·19혁명으로 이승만 정부가 붕괴되면서, 이후 출범한 경제 제일주의를 국가정책으로 삼은 제2공화국 민주당과 장면 내각 주도로 공업화 목표라는 가치 아래, 경제학자, 민간기업인, 미국 경제학자들이 참여하여 한국의 경제계획이 세워진다. 또다시 이 경제정책은 1961년 5월 12일 발표되자마자 5·16 군사정변이 일어나 이후 정권을 잡은 국가재건최고회의가 미국 경제고문단의 의견을 무시하고 대폭 수정을 시도했다가 미국의 원조 중단 위협으로 원안으로 되돌리게 된다. 그리고 2차 계획부터는 보다 전문적인 기법이 도입되고, 제4차 계획인 1977년에서 1981년까지 교육, 사회복지 등의 내용을 포함시키면서 '경제 사회 개발 5개년 계획'으로 명칭을 변경한다.

제1차 5개년 계획(1962년~1966년)

1961년 5·16군사정변으로 집권한 박정희 군사정부의 국가재건최고회의는 그해 7월 두 달 만에 경제기획원을 설립하고 "기아선상에 헤매는 민생고를 해결하고 재건에 전력 집중"하겠다는 집권공약을 달성하기 위해 경제기획원장을 내각의 서열 2위로 격상시키면서 재무부의 반발에도 불구하고 예산편성권까지 갖게 하는 공을 들인다. 이러한 경제기획원의 권한은 박정희 정부가 경제개발을 최우선과제로 추진하였음을 보여준다. 이 계획 실현을 위한 재원확보 차원에서 지하자금을 양성화할 목적으로 화폐개혁을 실시하지만 금융 및 실물경제에 타격을 주게 되어 초기에는 부진을 면치 못하다가, 1964년부터는 국내산업을 금융과 관세로 보호하여 경제를 어느 정도 향상시키게 되었고, 그 후 세계시장에 진출하는 것을 목표로 수출주도형 산업화로 경제정책 노선을 변경하고 동시에 환율을 130원=1달러에서 260원=1달러 환율로 떨어뜨린다. 그리하여 수출 신장세가 빠르게 높아져 정권을 상당히 고무시켰으며, 1964년 수출 1억 달러 달성을 기념해서 11월 30일을 '수출의 날'로 지정하면서, 본격적인 수출 드라이브 정책이 경제계획 전면에 등장한다. 1차 5개년 계획은 발표 당시 연평균 7.1%에서 종료 시 7.9%로 초과 달성되며 제6대 대통령 선거에서 박정희는 재선된다.

수출 주도 산업화로 전환한 1964년부터 4차 계획이 종료되기까지 실시된 경제정책의 중요한 특징을 보면 첫째, 경제성장에 필요한 투자 자금을 정부가 조성하고 전략적으로 배분하였다. 국내의 자본축적이 빈약하였기 때문에 투자 자금의 주요 원천은 외국 차관이었다. 민간기업의 부채를 중앙은행의 보증으로 형편없던 대외 신용도가 높아지자 막대한 외국 차관을 도입할 수 있게 되었다. 둘째, 정부가 자금배분에 있어 사후 실적을 기준으로 삼음으로써 낭비와 비효율을 억제할 수 있었다. 많은 후진국 정부가 연고를 고려한 자금배분으로 부정부패의 폐단을 빚어내었던 반면 한국은 외국에서 수출신용장을 취득한 수출업체와 내수경제에 투자한 기업에 순위를 매겨 많이 할수록 그만큼 금융과 세제혜택을 부여하는 차별적 지원 정책을 엄격히 적용해 부패와 도덕적 해이를 최소화하려 했다. 셋째, 정부는 과학기술의 발전을 강력히 추진하여 1966년 한국과학기술연구원을 설립해 외국에 있는 한국 출신 과학자들을 귀국시켜 막대한 연봉과 좋은 처우조건으로 보상하고, 이들이 포함된 산업실태조사단을 조직해 전국의 공장 및 시설들에 파견하여 국내산업의 여건을 파악하도록 하였다. 이들 과학자들은 석유화학, 제철, 전자공업 등 한국경제를 이끌어갈 기간산업건설에 큰 기여를 하게 된다. 넷째, 한국의 발전 국가체계는 개발계획을 세우고 집행하는 데 특별한 능력을 보였다. 한국의 5개년 계획은 사회주의 국가들의 명령적인 것이 아니었고 개별 정책을 입안하고 집행하는 데 구속력을 갖지 않았으며, 대신 정부가 어디로 가고 있다는 것을 민간에게 알리는 역할을 하고 기업 등 시장의 주체들은 계획에 맞추어 그들의 시장 활동을 펼쳤다. 수출 주도형 공업화로 개편한 이듬해인 1965년부터 월간 경제동향보고와 수출진흥확대회의라는 두 회의가 매월 정기적으로 개최되었다. 1979년까지 146회 열렸고 상공부가 주관한 수출진흥확대회의는 147회나 개최되었다. 이 회의들은 대통령 주재하에 공무원, 기업인과 업계 관련자, 학자들이 참석해 물가와 경상수지 등 거시경제와 국내외 시장의 동향과 수출정책을 다루었다. 후진국가에서는 계획을 실행으로 옮기는 힘든 난제가 있었지만 우수한 능력의 경제관료들과 산업전문가들이 있었던 한국에서는 이 두 회의가 역할을 훌륭하게 수행하였다. 15년이나 매월 두 개의 대규모 경제회의를 개최한 나라는 세계의 다른 어느 나라에서도 없었고 매번 두 회의를 주관한 박정희는 거듭된 회의 과정에서 최고 수준의 경제 전문가로 훈련되어갔다.[22]

제2차 5개년 계획(1967년~1971년)

서독에 광부와 간호사를 파견하고, 1965년 한일수교로 인한 차관자금, 베트남 전쟁 파병을 통한 미국의 차관지원 등으로 한국은 공공 차관, 상업 차관을 본격적으로 들여오며 경제성장에 박차를 가하였다. 5년간 총 22억 달러를 조달하여, 1968년 경인고속도로, 1970년 경부고속도로를 완공하는 등 인프라 확충에 힘썼고 시멘트, 비료 공장 건설을 통한 수입대체를 가속화하였고, 과잉 생산분을 농촌에 투자하는 것을 계기로 1970년 새마을 운동이 시작되었다. 그 결과 국내 총투자율은 16%가 늘어나 목표치에 거의 근접하게 되었고 1960년대 연평균 경제성장률 9.7%에 이르러 불과 10여 년 만에 한국경제의 몸집은 두 배로 불어났으며 1969년에 1인당 GDP에서 북한을 추월하게 된다.

새마을 운동

대한민국 농촌 현대화를 추구하며 실시한 지역사회 개발운동이다. 1970년 4월 당시 박정희 정부는 전국지방장관회의에서 새마을 가꾸기 운동을 거론했다. 같은 해 5, 6월에 구체적인 방안이 마련되어 전개된 농촌계몽운동이며 근면, 자조, 협동을 3대 정신으로 꼽았다.

"한 세대의 생존은 유한하나, 오늘 우리 세대가 땀 흘려 이룩하는 모든 조국과 민족의 생명은 영원한 것. 오늘 우리 세대가 땀 흘려 이룩하는 모든 것이 결코 오늘을 잘 살고자 함이 아니요, 이를 내일의 세대 앞에 물려주어 길이 겨레의 영원한 생명을 생동케 하고자 함이다(박정희 전 대통령)."

"새벽종이 울렸네 새아침이 밝았네 너도나도 일어나 새마을을 가꾸세('새마을 노래' 첫 구절, 작사·작곡 박정희)."

1969년 11월에 농촌근대화촉진법이 발표되고, 이어서 1971년부터 시행되기 시작한다. 1973년부터는 대통령실과 내무부에 관련 조직이 설치되고 새마을 지도자연수원이 신설되었고, 1975년에는 도시와 공장으로 확대되었다. 새마을 운동의 유래에 대해 전해지는 이야기로 알려진 것은 박정희 대통령이 수해복구 현장을 시찰하려고 경부선상에 있는 경상남도 신거역 일대를 지나가던 도중 농민들이 관의 지시 없이 자발적으로 수해복구를 하는 모습을 보고 새마을 운동을 발상했다고 한다. 이 운동의 계획자는 전 건국대학교 부총장이자 농업전문가이며 이스라엘 유대인 전문가로 유명했던 류태영 박사였다. 고학으로 대학교까지 졸업한 류 박사는 앞으로 국가를 위해 무엇을 할 수 있을까 고민하던 중 우연치 않게 덴마크 왕실의 후진국 특례 유학생 제도가 있음을 확인하여 영문으로 자신의 농촌계몽운동의 의지를 피력했다. 그리고 그 뜻이 수용되어 10여 년간 유럽 각국과 이스라엘 등을 다니며 농촌 계몽과 현대화 등을 연구하고, 이스라엘 농업교수를 역임한 후 귀국하여 새마을 운동을 이끌었다고 한다. 새마을 운동은 다음과 같은 단계로 진행되었다. 기반조성단계(1971~1973)로 새마을 운동 의식을 확산, 자조발전단계(1974~1976)로 경제난 해결에 주력, 자립완성단계(1977~1980)로 국력신장, 농어촌의 복지 향상사업, 민주복지완성 단계로 진행되었다.

새마을 운동 계획을 실천에 옮기기 위해 구체적인 활동을 시작할 당시 쌍용양회가 생산하는 시멘트 재고가 쌓여서 회사가 휘청거리게 되자 정부가 이를 구제하기 위해 이 회사 시멘트를 모조리 사들여 창고에 쌓아놓고 있었던 상황이었다. 이것이 마침 추진하고자 했던 새마을 운동 계획과 맞물리면서, 전국에 한 마을당 600포씩을 무상으로 나누어주는 식으로 재고처리를 할 수 있었고, 이 시멘트가 전국의 거의 모든 초가집을 헐고 시멘트집을 짓는 데 사용되었다. 새마을 운동의 내용을 보면, 초가집을 없애고 슬레이트 지붕으로 고치기 및 서양식 현대화 주택 건설, 농기계 등 장비 보급, 기존 흙길을 시멘트나 아스팔트 길로 포장, 도시 및 도로 미화 작업, 새마을 지도자 양성, 각종 관련 교육 시행, 기타 정신교육 등이었다. 특히 배급받은 시멘트를 안 쓰고 방치한 마을은 다음 지원대상에서 제외하는 식으로 경쟁시킨 것과, 자발적인 경쟁을 유도한 것은 경쟁의식을 자극한 뛰어난 기술이었다. 배급받은 시멘트를 활용하는 마을에 한해서는 철근 등 자재를 보내면서 국민적인 반응이 커지게 되었다. 이렇게 호응을 얻기 시작한 새마을 운동은 정부에 의해 전국적으로 확산되며, 결과적으로 가시적인 성과를 낳았다. 새마을의 대표적인 상징물은 새마을기로, 녹색 바탕은 농촌의 녹색혁명을 상징하며 협동과 부, 무한한 가능성을 표시하고, 녹색 잎과 싹은 근면, 자조, 협동의 새마을 정신 및 희망과 소득을 상징하며, 줄기의 밑이 넓은 것은 안정과 번영을 상징한다. 1971년 새마을 운동의 전파와 홍보를 위해서 관공서와 기업체의 국기 게양대마다 태극기와 함께 의무적으로 새마을기가 게양되었다. 최근에는 농촌이나 산촌 위주로 새마을기가 게양된 곳이 있으나 문민정부 출범 이후 공공기관의 의무조항이 사라졌고, 유신정권의 잔재라는 지적이 나오면서 달지 않는 기관이 갈수록 늘고 있지만 아직도 농촌 지자체나 기차역에는 새마을기가 걸려 있는 곳이 적지 않다.

새마을 운동으로 이루어낸 것은 전국적으로 실시된 생활환경 및 국민위생 개선, 농촌 도로 등의 인프라 구축에 있었고, 한국 농촌에서 초가집은 이때 대부분 사라졌다. 현재에도 농촌에서 새마을 운동이라는 문구는 농촌 사람들에게는 상당히 의미 있는 것으로 받아들여지고 있다. 새마을 운동 모자가 농촌을 상징하는 것 중 하나로 오랫동안 자리 잡고 있어서, TV 예능 프로그램에서도 이 새마을 모자를 이장의 상징으로 아직까지 사용하기도 한다. 현재 쇠퇴했던 새마을 운동 사업이 새롭게 다시 전개되고 있으며, 2018년에 들어 사회공동체 운동, 경제공동체 운동, 문화공동체 운동, 환경 공동체 운동을 중심으로 새로운 활로를 모색하고 있다. 이를 통해 가정 새마을 운동, 지역사회 새마을 운동, 지구촌 새마을 운동 등의 분야에서 활동하며 나라의 발전기 마련과 공동체 의식 제고, 지구촌 공동 번영을 목표로 활동하고 있다. 당시 문재인 대통령도 2019년 10월 29일 전국 새마을 지도자대회에 참석해 "세계는 새마을 운동이 이룬 기적 같은 성과에 주목하고 있다"며 과거 새마을 운동이 한국경제발전에 이바지한 점을 높이 평가했다.

새마을 운동은 세계적으로 상당히 높게 평가받고 있는 한국의 정책 중 하나로 한국의 농어촌지역의 빈곤 극복과 복지향상을 이뤄냈다는 점에서 큰 지지를 받고 있고, 경제개발협력기구(OECD)에서도 새마을 운동을 연구하고 있다. 반기문 전 유엔사무총장은 아프리카의 유엔 산하기관에 한국의 새마을 운동을 배울 것을 권고하기도 했었다. 콩고, 케냐, 남아프리카공화국 등이 새마을 운동을 수입해간 주요 국가이며, 다양한 국가에서 새마을 운동을 배우기 위해 연수생 신분으로 한국에서 교육을 받고 있다. 콩고에서는 진흙으로 벽돌을 구워 양옥집을 짓는 사업이 시행되었고 또한 중국의 일부 지역에도 전파되어 '한국신촌운동'이라 불리고 있다. 과거 중국의 덩샤오핑은 중국어로 번역된 새마을 운동 관련 서적을 당 간부들에게 나누어주며 한국의 새마을 운동을 배우라고 지시했을 정도였다. 한국국제협력단의 초청 연수 시 새마을 운동의 발상지인 경상남도 청도군 청도읍 신도리에 있는 기념관, 그리고 농업기술원, 농촌 정보화 마을 등을 견학 코스에 포함하고 있다. 미얀마에서도 부분적인 민주화를 이룬 직후 새마을 운동을 적극 수용하려는 의지를 보이고 새마을 연수원을 방문하기도 하였다. 2013년 6월 18일에는 새마을 운동 관련기록물이 이순신의 난중일기와 함께 세계기록유산에 등재되기도 했다.

반면 새마을 운동을 통해 농촌을 현대화하는 과정에서 전통문화가 급격히 상실되는 문제를 낳았다. 당시 보존해야 할 전통까지 밀어붙이기 식으로 파괴한 경우가 많았다. 특히 무속문화가 가장 큰 피해를 입었는데 각 마을마다 존재하던 서낭당, 마을굿 같은 것은 조직적으로 파괴되었다. 심지어 유네스코 세계무형문화유산으로 등재된 제주 칠머리당 영등굿조차도 미신 타파의 명목으로 굿을 금지하면서 하마터면 전승이 끊길 뻔하였다. 이를 두고 대중적인 사상가 도올 김용옥은 대학생 시절에 "새마을 운동은 문화박멸운동이다"라는 논지의 글을 학교신문에 발표했다가 뼈아픈 곤욕을 치른 적이 있었다고 한다. 그리고 당시 전해지던 여러 고택들과 향교들도 상당수 자취를 감추었다. 그 예로 안타깝게도 새마을 운동으로 사라진 제주 향교 명륜당이 있다.

1972년 시작된 새마을 연극 운동은 유신체제의 대표적인 이데올로기인 새마을 운동 정신을 유포하기 위하여 국가주도로 이루어졌고 학교 및 직장에서 새마을 연극을 공연하기 위한 극단 조직과 전국 경연대회 개최, 지방 순회공연 등을 핵심내용으로 하고 있다. 그래서 이 연극의 명분은 전국민을 대상으로 유신정권의 이데올로기를 학습시켜, 당대 국민을 유신정권이 계획한 이상적인 국민으로 결집시키기 위한 도구로 활용되었다는 비판을 받기도 한다. 그리고 5공화국 이후에는 민간 주도의 새마을 운동으로 바뀌었으나, 1988년 5공화국 청문회에서 사업을 민간에 넘기는 과정에서 많은 부패가 발생하였다는 사실이 밝혀져 문제가 되었고 이후 새마을 운동 사업은 상당히 위축되었다.

새마을 운동이 시행된 지 40년이 지난 현재 한국의 농업이 아직 세계적인 수준에 미치지 못하고 있어 이러한 한계로 인해 장기적인 이농현상이 벌어지고 있다. 이러한 이촌향도 현상에 대한 반론으로 새마을 운동을 통한 농업생산력의 극대화가 이루어졌고, 그 결과로 나타난 공업화 정책으로 전부 수용할 수 없는 농촌의 잉여인력이 농촌을 떠나 더 좋은 일자리를 찾아서 산업분야로 이동했다고 정부차원에서 받아들이고 있었다. 그러나 이촌향도현상은 수도권에 인구집중화를 불러와 그 부작용 중 하나였던 '경기도 광주 대단지 사건'을 촉발시켰다. 이 사건은 1971년 늦여름 경기도 성남시 수정구 및 중원구 일대에서 일어난 대규모 민중 소요사태이자 제3공화국의 대표적인 빈민 탄압사건이었다. 이 사건에서 서울시가 무허가 달동네에 사는 저소득층을 성남시로 밀어내면서 붙인 조건은 '다시는 서울로 되돌아오지 않는다'는 주거자유의 권리를 무시한 처사였다. 대한민국정부 수립 이후 민중이 정치적인 문제가 아닌 경제적 생존의 문제로 공권력에 대해 폭력과 약탈을 동반한 적극적인 저항을 했다는 점에서 대한민국 역사에 기록되어야 할 중요한 사건이었다. 다행인 것은 격렬한 시위로 일어난 방화, 폭력사태를 정부와 서울시가 군과 경찰을 동원한 유혈진압을 택하지 않고 협상으로 폭동을 진정시켰다는 것이다.[23]

광주대단지 사건

이 사건은 1971년 8월 10일에 일어났다. 70년대 초반 서울의 무허가 빈민촌 정리계획의 일환으로 10만이 넘는 빈민층을 경기도 광주군 일대로 이주시키는 계획을 추진하고 있었다. 이주자들에게 가구당 약 60~120㎡ 남짓한 언덕배기에 금만 그어 놓은 땅만이 제공되었으며 간혹 천막 하나 정도 지급해준 게 다였다. 이주지역에는 이주민들의 생계를 뒷받침할 상권이 없었고, 가장 가까운 모란시장은 면소재지로 5일장뿐이어서 이주계획에 잡힌 십만 대인파를 감당하기에는 턱없이 부족하였다. 그 결과 임시방편으로 천막촌이 형성되기 시작했다. 당시 광주대단지에 입주했던 주민은 "산에 나무만 베어놓은 후 도로도 없이 살라고 하는 바람에 장화 없이는 생활이 불가능했다"라고 회고하였다. 이후 6,343가구가 정착했다는 통계가 나오자 이곳 민간인들에 의해 투기 붐이 앞서 일어났고, 성남시에서 이런 이유로 취득세, 재산세를 부과하기에 이르면서 먼저 움직이기 시작한 쪽은 철거민이 아니라 일반 입주자였다. 1971년 7월 17일 대책위원회가 출범했고 이후 투쟁위원회로 바뀐다. 그해 8월 10일 오전 10시에 6만이 넘는 인파가 성남출장소 앞에 집결하여 세금 감면, 분양가 인하, 공장과 상업시설 설치, 취업센터 설치, 구호사업, 취역장 알선 등 정부가 합의했던 약속을 이행해달라고 요구하며 시위를 벌이다가, 사전에 면담요구를 했던 당시 양택식 서울시장이 30분

정도 늦게 도착하는 바람에, 11시에 도착한다고 알고 대기 중이던 주민들의 분위기가 격해지면서 더 이상 기다리지 못하고 마침내 폭발한다. 정부는 이들을 진압하려고 경찰기동대 700여 명을 투입하지만, 이미 분노한 주민들은 관리사무소, 파출소 등지를 방화하고 차량 22대를 불태우며 시위가 폭동으로 격화되었다. 이에 사건을 보고받은 정부는 내무부 차관과 경기도지사를 현장에 파견해 이주민의 요구를 전폭적으로 수용하며, 주민 대표에게 정식 사과를 하고 이주민의 화를 달랬으며, 8월 12일에 서울시장 양택식이 방송 담화로 광주대단지(성남출장소)를 성남시로 승격하고 주민의 요구를 무조건 수용할 것을 약속함으로써 시위에 참여한 시민들이 자진 해산하여, 소요사태는 3일 만에 최종 진정된다. 전태일 분신사건과 더불어 하위계층의 권익 향상에 족적을 남긴 이 사건은 해방 이후 최초의 대규모 도시 빈민 투쟁이었으며, 박정희 정부는 이 사건을 철거민들의 폭동으로만 표현하였고, 그동안 계속 수면 밑으로 은폐시키다가 2012년 이후부터 진상규명과 명예회복이 추진되고 있는 중이다. 2017년 12월 출간된 고건 전 국무총리의 회고록에서 당시 내무부 지역개발 담당관이었던 그는 광주 대단지 사건에 대해 회고하며 "지금의 성남시가 있기까지 철거 이주민의 눈물과 아픔이 있었다는 사실을 알았으면 한다"고 썼다.

오늘날에는 특히 수도권의 인구집중현상과 과밀화에 따른 도시의 주택부족문제, 실업률 증가 및 농촌 고령화, 공동화에 대한 문제가 심각해져 농촌의 황폐화를 방지하고, 수도권 과밀화에서 야기되는 문제를 해결하기 위해 귀농정책을 적극적으로 실시하기에 이르고 있다. 다른 관점에서는 산업사회 문화라는 부분에 있어 전통적인 농촌사회구조는 애초 지속가능한 것이 아니었다고 보고 있다. 칼 마르크스가 이야기했듯이 사회구조의 토대가 상부구조를 정의한다고 한 것을 새겨 볼 때, 계속 이어지는 또 다른 새로운 산업혁명의 물결이 이제 농업 생산방식에까지 몰려오고 있는 현실에서 전통적인 생산방식에 기반한 전통적 사회구조라는 것은 존속이 당연히 불가능하다고 할 수밖에 없고 제도나 문화와 같은 것들도 전환된 생산방식에 따라 재정의될 수밖에 없다. 전통문화의 몰락 역시 이러한 관점에서 바라볼 수밖에 없고, 원래 세계적으로 그 전통문화라고 하는 것이 그 연원을 거슬러 올라가면 200년을 넘는 것이 거의 없으며, 전통문화적 요소라고 인식되는 것들은 대부분이 근대 민족주의의 발흥과 함께 필요에 따라 발명된 것에 지나지 않는 것이라는 반 전통문화의 경향 역시 혁신적인 과학기술 발전에 따라서 급속하게 진행되고 있는 사회변화를 반영하여 나타내고 있는 현실이다.[24]

제3차 5개년 계획(1972년~1976년)

3차 경제계획에서는 포항종합제철소(포스코)를 비롯하여 80년대 이후 대한민국을 견인하는 중화공업 등에 투자를 본격적으로 시작하였는데, 수요와 산업연관효과를 고려하여 6개 핵심부문을 순차적으로 개발하겠다는 것이 골자였다. 1971년 수출규모는 1964년 1억 달러에 비해 10배 늘어나 10억 달러를 돌파했다. 1972년 들어 한국경제의 성장을 견인한 옷, 신발, 가발 등의 수익이 별로 남지 않았던 경공업 수출만으로는 더 이상 고도성장을 지속할 수 없게 되어 성장동력의 전망이 분명치 않았다. 그리고 월남 특수종료 및 1차 오일쇼크, 외채상환 압박, 부실기업 문제로 어려움을 겪게 된다. 저성장으로 인한 불경기 속에서 박정희 정부는 8·3 사채동결조치, 유신선포(1972)와 뒤이은 1974년 국민의 자유와 권리 및 언론을 강압적으로 제한하는 1차 긴급조치를 기점으로 해서 현실적 경제문제들을 무마하려 하였다. 그리고 이 긴급조치는 1979년까지 무려 9차례에 걸쳐 선포되었으며, 베이비붐세대 특수에 따른 저임금 노동력으로 견인된 경공업수출 증가세가 뚜렷이 둔화되고 있어 실물경제의 위기는 계속되었다.

이에 유신헌법 선포 후 경제문제 타개를 위해 박정희는 당시 수석비서관을 불러 대책을 논의하던 중, 그로부터 일본이 중화학공업을 육성한 덕분에 100억 달러 수출을 이루었다는 실례를 듣고 그에게 보고서 작성을 지시한다. 이어서 1973년 6월, 1차 산업 중심의 노동집약형에서 미·일의 차관을 바탕으로 한 제철, 조선, 자동차제조 등 조립가공 중화학공업으로 전환한다. 철강, 비철금속, 기계. 조선, 전자, 화학을 6대 전략업종으로 선정해 이들 분야에 10년간 90억 달러를 투자해 1981년까지 전체 공업비중을 51%로 늘리고 1인당 국민소득 1,000달러, 수출 100억 달러를 달성한다는 목표 아래 중공업 육성정책을 발표하기에 이른다. 주철, 강철, 기계, 조선업, 화학은 산업혁명 이래 선진국이 독점해온 산업들로서 막대한 자본투입과 수많은 기술인력 양성이 필요해 스페인도 진출하지 못하던 분야이고, 마오쩌둥이 무한정 자원과 노동력을 동원하다 실패하여 중국을 파국의 위험에 놓이게 했던 산업이었다. 이렇게 중화학공업 육성은 지나치게 모험적인 투자여서, 자칫하면 대한민국의 재정이 대를 잇는 엄청난 빚더미에 오를 수 있는 위험 천만한 전략이었다. 그러나 박정희 정부는 이것에 과감히 도전하였으며, 1974년 원유가격이 3배 이상 폭등한 2차 오일쇼크가 발생해 물가상승률이 8배로 치솟고 막대한 무역적자가 발생해 국가부도 위기에 처하기도 했으나, 국내 금리를 낮게 설정하여 실질적인 마이너스 금리를 실시함으로써 왕성한 기업설립과 투자를 유도하고 대외적으로는 더 많은 차관을 도입하게 되어, 1977년에는 갚지 못한 차관이 원리금 43억, 이자 22억을 합한 65억 달러가 남은 상황에서 3년간 73억 달러를 새로 들여오며 대외 채무액으로 산업을 육성해 포항, 울산, 부산을 잇는 남동 임해 공업지역의 중화학공업에 집중적으로 투자한다. 그리고 이 중화학 육성정책은 80년대까지 이어졌다. 이렇게 대규모 차관과 낮은 금리를 통해 국가부채 위기를 돌파하자, 연간 수출증가율은 40%를 경신하는 동시에 해외에서 개척한 중동지역에 많은 노동집약적 건설인력을 파견해 오일달러를 벌어들이고, 1970년대 말부터는 서울 강남 개발에 본격적으로 착수하여 성장을 계속할 수 있었다. 그리고 영업세, 물품세, 직물류세, 유흥음식세 등 복잡한 세목들을 하나로 통합한 부가가치세를 신설하였다.

"1차 석유파동의 충격으로 인한 세계적인 경기 후퇴국면은 1975년 여름을 최저점으로 회복 국면에 접어들어 그해 3분기부터 경기가 빠르게 회복되고 수출도 예상 밖의 신장세를 보인다. 농업생산도 풍작을 이뤄 국내 경제활동이 상향추세로 이어지며 한국경제는 다시 고도성장 궤도에 복귀하고 중화학공업 수출 증대, 중동건설 수익 및 국내의 왕성한 투자와 소비의 폭발적 증가가 어우러져 사상 최대의 호황을 맞이하게 된다. 경제기획원은 이에 고무되어 1976년 하반기경제전망 및 대책을 수립해 경제성장률을 대폭 상향조정했다. 그러나 이것은 나의 실수였다. 경제기획원, 재무부, 통화 당국이 합세해 과속 성장에 브레이크를 걸었어야 했는데 유신체제를 합리화하는 논거로 고도성장을 내세우고 있던 당시의 정치적 분위기 속에서 어찌할 수가 없었다. 결과적으로 1976년부터 1978년까지 2년간 경이적인 고속성장이 계속되었다. 이 같은 경기과열로 각종 물자가 부족해지는 현상이 표면화되면서 수요 인플레이션이 일어나고, 부동산 투기가 극성을 부리는 사태에 직면하게 되었다"라고 전 경제기획원장 남덕우는 과거에 있었던 본인 실수를 그의 저서 『경제개발 길목에서』에서 회고하였다.[25]

제4차 경제 사회 개발 5개년 계획(1977년~1981년)

1977년 박정희 정부는 수출 100억 달러 계획을 조기 달성한다. 이는 부진한 경공업에 비해 꾸준히 성장한 중공업의 영향이 컸다. 이 해에 총 수출의 35%를 중화학공업이 차지하였는데, 중화학공업 생산액이 최초로 제조업 총생산액의 과반이 된 해이자 제조업 수출이 40%를 최초로 넘긴 해이기도 했다. 그 결과 1980년 수출상품은 1970년에 전체 수출의 40% 이상 차지하던 부동의 1위 섬유류가 총수출의 28.6%를 차지하고, 이어 2위 11.4%의 전자제품, 3위 10.6%의 철강제품, 5위 3.5%의 선박이 차지하게 되었다. 70년대 중화학공업화가 얼마나 성공했는지 제조업 성장률은 연간 20%에 달하여 1979년 전체 제조업 비중은 54%가 되었고 그해 공산품 수출에서 중화학 제품의 비중은 48%에 달하여 이와 같은 변화는 선진국이 50년에서 100년에 걸쳐 이룬 것에 비교하면 엄청난 성과였다. 70년대 경제성장이 국민 전체에 잘 분배된 증거로 노동 소득배분율이 10년 만에 10% 증가하였고, 가계저축률은 71년 대비 5.5배 증가한 15.8%였으며, 설비투자 증가율은 연평균 23%라는 경이적인 수치를 기록하였다.[26]

그러나 1980년에 들어서 경제개발에 착수한 이후 최대의 경제적 시련을 겪는 동시에 모든 부분에서 계획을 크게 밑도는 결과를 초래함으로써 경제 난국을 맞게 되었다. 당초 계획 성장률 3~5%에서 -5.7%로 크게 떨어졌다. 이러한 원인은 무엇보다 1979년의 제2차 석유파동에서 비롯된다. 또한 세계정세의 전반적인 불황으로 인한 수출수요의 둔화와 국제원자재가격의 계속적인 상승에 따른 해외요인과 이상기후로 인한 농작물의 흉작, 그리고 1979년 10월 26일 박정희 대통령 시해 사건 이후 벌어진 국내정치의 불안 및 사회적 혼란 등 여러 요인이 복합된 결과였다. 이후 계속되는 전두환, 노태우 군 출신 정부가 들어서며 국민들의 적극적인 호응에 힘입어 88년 서울 올림픽을 성공적으로 치렀고 경제계획의 목표를 안정된 경제성장과 사회발전을 통한 국민복지향상에 두었다. 그러면서 경제의 기본방향은 물가안정의 기반 구축, 국제수지의 개선, 생산성 향상, 사회발전, 합리적 제도의 발전 등을 기반으로 무리한 고속경제성장보다는 안정적인 사회구축과 지속적인 경제정책을 추진하게 되었다.

1993년 김영삼 정부가 들어서면서 경제계획의 수정을 통해 국민과 함께 참여하는 경제에 바탕을 둔 신경제계획을 수립하며 중점목표를 사회적 형평 제고와 균형발전, 국제화 및 자율화의 추진과 통일기반 조성에 두었다. 이 계획 기간 중에는 1996년 1인당 GNP가 1만 440달러에 이르게 된다. 그러나 노사분규와 대외적인 개방압력으로 기업도산과 국제수지의 큰 적자를 가져왔다.[27]

이로 인해 외환위기를 겪으며 1997년 12월 3일 한국은 IMF에 20억 달러의 구제금융을 요청하기에 이르게 된다. 김대중 정부로 정권이 바뀌며 IMF를 극복하는 일환으로 외국인 투자 자율화 정책, 대기업집단을 각 기업으로 독립시키는 구조조정을 단행하고, IT 육성정책과 신용카드 정책, 정리해고제를 도입했다. IMF를 겪으면서 한국은 경제지표상 실업률을 제외하고 성장, 물가, 경상수지 등에서 전반적으로 외환위기 이전 수준을 거의 회복한다. 1998년에는 무역수지흑자가 390억 달러로 사상 최대를 기록했다. 이처럼 한국경제는 IMF위기를 겪은 지 2년 만에 고성장, 저물가, 경상수지 흑자라는 세 마리 토끼를 동시에 잡는 능력을 발휘했다. 또한 1997년 구제금융 요청 당시 대한민국 외채 상환을 위해 시민들이 자발적으로 자신이 소유한 금을 기부해 전국 누계 약 350만 명이 참여한 금모으기 운동으로 약 227톤의 금이 모아져 세계적인 화제가 되기도 했다. 그리고 이러한 운동은 한국경제에 대한 긍정적 평가를 이끌어내는 데 일조했다.[28]

2000년대 이후 한국의 경제는 중화학공업의 비중이 줄어들면서 전기자동차, 전자, 반도체, 디지털 콘텐츠, 의료, 헬스케어 산업을 발전시켜 2025년까지 수출 7,000억 달러 시대를 열 수 있는 경제정책으로 운용되고 있다. 이러한 새로운 경제목표는 1977년 수출 100억 달러를 달성한 이래 70배의 수출증가를 가져올 한국경제의 성장잠재력을 예측한 것이다. 이제 한국의 산업은 대기업 주도였던 전기, 전자, 컴퓨터, 인터넷, 재생에너지, 산업 자동화 등의 3차 산업혁명을 넘어, 새로운 기술을 가진 신생기업들이 적극 출현하면서 바이오기술산업, 스마트농업, 스마트헬스케어, 스마트시티, 신재생에너지, IoT센서제어, 로봇, 인공지능, 전자상거래, 모바일결제, 온라인 게임, VR, AR 등 4차 산업혁명을 통한 계속적인 기술 발전을 진행하고 있다. 현재까지 맞춤형 생산, 융합기술의 등장, 공유경제, 기존 사업영역과 시장의 경계 파괴, 기존 가치사슬 파괴 등으로 특징지어지는 4차 산업혁명 역시 선진국이 주도하고 있고, 한국의 제1 수출대상국인 중국 또한 급격한 기술 경쟁력 상승을 통하여 여러 분야에서 한국이 우위에 있던 기술과 비슷한 수준에 올라 있으며, 인공지능, 모바일결제 등에서는 이미 한국을 앞서가고 있다. 이와 같이 국가 간의 치열한 기술경쟁 환경하에 있는 4차 산업혁명은 한국경제의 기술 선진국 정착을 위한 기회이기도 하고 위기일 수도 있다. 그리고 다른 한편으로 4차 산업혁명은 기술 면에서 한국의 대기업도 신생 중소기업과 비슷한 출발점에서 시작한다는 점에서, 과거와 달리 막대한 자본 투자 없이 중소기업이 대기업과 경쟁할 수 있는 기회로 작용할 수 있는 한국경제의 마지막 기회이다. 이 기회를 놓치지 않기 위해 한국의 경제정책은 공정한 경쟁을 통해 상생이 가능한 경제환경을 제공하여 대기업과 중소기업이 균형을 이루며 지속적인 기술 발전을 실현할 수 있는 계기를 마련함으로써 한국경제가 보다 미래지향적이고 지속가능한 경제로 발돋움할 수 있도록 하여야 한다.[29]

6

신문명의 물결

1. 산업사회 문명에 변화를 일으키는 제3의 물결

『제3의 물결』은 미국의 저술가이며 미래학자인 엘빈 토플러가 1980년에 쓴 책이다. 그가 제안한 '제3의 물결' 이론은 앞으로 다가올 현대사회의 커다란 변화를 설명하고자 했으며, 20세기 이후에 다가오는 정보혁명과 정보사회를 예견한 저서로 주목을 받았다. 토플러는 이 책에서 제1의 물결인 농업혁명, 제2의 물결인 산업혁명에 이은 제3의 물결로서 정보기술혁명을 설명하며, 인류가 이룬 문명의 변환점에서 기존문명과 신문명의 충돌로 그의 미래에 대한 예측을 시작하고 있다.

물결의 충돌

인류는 지금 새로운 문명으로 일대 약진을 할 단계에 서서 역사상 최대의 사회변혁과 창조적 구조개편을 맞이하고 있으며, 이는 도래하는 제3의 물결을 의미하는 것으로서 과거 기존의 문화와 문명을 뒤엎었던 제1물결(농업혁명), 제2물결(산업혁명)에 이어 전혀 새로운 생활방식을 수반한 채 자신을 완성시킬 것이라고 예견했다. 제3의 물결의 미래상은 '종말'이나 '절망'이라는 수동성과 소극성을 가진, 미래의 대응방법도 필요 없는 단순한 선택식이 아닌, 밀려오는 파도와 같은 변화로 인해 결국 인간의 생활, 노동, 유희, 사고 방식에 거대한 변혁을 일으키리라는 혁명적 전제를 설명한다. 그리고 그것은 건전하고 바람직한 미래가 가능하다고 보는 것이었다. 제2차 세계대전 이후 제2물결인 산업화 문명 속에서 서서히 스며들기 시작한 제3의 물결은 제2물결과의 충돌로서 산업화의 마지막 잔재를 서로 차지하려는 투쟁이 아닌, 지난날 산업사회를 열렬히 지지하는 제2물결 사람들과 벌이는 투쟁이라고 했다. 이는 식량, 에너지, 군축, 인구, 빈곤, 도시공동체의 붕괴 등 세계의 가장 시급한 당면문제들이 이제는 더 이상 산업질서의 테두리에서는 해결될 수 없음을 인정하는, 수많은 제3물결에 올라탄 사람들과 제2물결 사람들과의 분쟁인 내일을 위한 초투쟁이다. 이러한 사실의 깨달음은 우리가 현재 처해 있는 세계를 이해하는 중요한 열쇠가 된다고 주장했다.

제2물결 문명의 구조

약 300년을 전후하여 경제, 생활, 문화, 가족구조 및 정치의 기반은 토지였고, 뚜렷이 구분된 신분적으로 차별화된 계급이 존재하였던 전제주의, 귀족주의, 자급자족 위주였던 농업혁명의 시대 위로 일어난 산업화의 제2물결이 제국주의적 폭력으로 제1물결을 완전히 붕괴시키고 세계를 지배하게 되었다는 역사적 사실을 말한다. 이러한 산업주의는 단순히 공장 굴뚝이나 조립라인에 그치는 것이 아니라 인간생활의 모든 측면에 영향을 미치고 지난날의 제1물결인 농업혁명의 모든 국면에 공격을 가하는, 역사상 가장 강력하고 일관성 있는 사회제도인 제2물결 문명을 형성하였다. 그러나 이제 균열을 보이고 있는 제2물결 문명의 숨겨진 구조와 공통적 특징을 밝혀 오늘날 충돌하고 있는 변화의 물결들을 이해하고자 했다. 토플러는 제2물결의 문명구조를 기술, 사회, 정보영역으로 크게 나누어 이를 농업문명과 대비하여 설명하고 있다. 첫째, 기술영역은 에너지 체계, 생산체계, 유통체계를 구성요소로 하여 이루어진다. 제1물결 사회는 자연, 짐승, 사람을 기반으로 한 재생가능한 에너지원을 이용한 데 반해 제2물결 사회는 재생 불가능한 화석연료를 에너지원으로 삼았고 인력, 축력에 머물렀던 농업문명에 비해 산업사회는 거대한 전기와 공작기계를 이용하여 대량생산 체계를 갖추었다. 유통에 있어서도 자급자족에서 수공업 주문생산이라는 미미한 유통의 역할이 제2물결에 와서는 집중된 새로운 에너지체계와 대량생산 부분에 못지않게 대량유통 및 대량판매라는 새로운 유통의 단계에 이르게 된다. 둘째, 제2물결의 사회영역은 핵가족, 공장식 학교, 대기업제도를 통해 그 특징을 볼 수 있다. 농업사회에서 있었던 정착생활과 공동작업이 용이한 다세대의 대가족이 붕괴하기 시작하여 이동성이 크고 새로운 기술 영역의 수요에 부응할 수 있는 핵가족이 주요 특징으로 부상하였다. 교육에 있어서도 공장모델에 의거한 대중교육은 산업사회에 맞는 사람을 양성해내었고, 정확성, 복종, 기계적 반복과정을 지닌 공장형 학교제도에서는 제2물결의 사회적 특징을 확연히 알 수 있다. 한편 유한책임이라는 새로운 개념의 도입으로 투자가 급증하고 기업의 수명이 장기화됨으로써 거대한 자본을 축적한 대기업이 존재하게 되었다. 셋째, 정보영역은 과거 권력층에게 한정되어 있어 다만 직접대면 접촉만이 개방되어 있었으나 제2물결의 여파로 재화의 유통을 위해 정보의 대량유통과 이동이 필요하게 되었다. 따라서 우편제, 전화, 전보, 대중매체 등 개인의 메시지와 대량메시지를 제품이나 원료처럼 능률적으로 유통시킬 수 있는 커뮤니케이션 채널, 즉 정교한 정보영역이 생겨나게 되었다.

보이지 않는 쐐기

이 제2물결의 정신을 두 가지 부분으로 갈라놓은 거대한 쐐기가 무엇인가? 산업주의는 하나였던 생산과 소비를 분열시켰고, 그것은 인간의 생활과 제2물결의 정신을 두 개의 적대적 부분으로 갈라놓으며 눈에 보이지 않는 거대한 쐐기로 작용했다. 이것은 여러 면에 있어 중대결과를 낳게 된다. 먼저 경제가 시장화되고 시장의 자기증폭 과정에 따라서 생활수준의 급속한 향상을 가져왔다. 그러나 생산과 소비의 분리로 인하여 정치면에서는 고임금을 원하는 노동자와 고이윤을 추구하는 경영자 간의 계급 갈등이라는 새로운 분열이 조장되고, 문화적 측면에서도 금전 만능주의가 팽배하게 되어 인간관계가 상업적 이기심으로 타락하게 되었다. 또한 인간의 정신 상태에 전제한 행동에 있어서도 실질적, 암묵적 계약관계라는 우정과 충성이 간과된 문명이 등장하였고, 개인의 인격적 측면에서도 한 인간이 충실한 생산자이면서 동시에 쾌락적 소비자라는 이중인격을 형성하게 되었다.

규범화

　표준화, 전문화, 동시화, 집중화, 극대화, 중앙집권화라는 원리들이 제2물결의 행동규범을 형성하게 되고 이러한 원리 6가지는 상호 연관되어 작업단계의 표준화를 주장한 능률전문가, 개혁운동가에 의해 노동자의 생산성 극대화가 추진되었다. 이러한 표준화는 작업뿐 아니라 고용절차, 교과과정, 대중매체의 산업주의 사회를 여러 부품으로 분해시키고 지식도 여러 분야로 분해하였다. 다시 이 분해된 사회의 종합적 통합의 필요성이 생겨나고 이 분해된 제2물결의 체제를 다시 맞추어 사회의 운영을 가능케 함으로써 이제 권력이 가져다주는 것은 생산수단의 소유가 아니라 통합수단의 장악이 된다. 이에 거대 정부는 제2물결 문명 체제 전부를 통합하는 최대의 조정자로서 체제통합의 엔진이라 할 수 있다. 정부는 거대한 가속자로서 강제집행력과 조세권을 가지고 민간기업이 할 수 없는 사회간접시설 건설, 교통, 통신매체운영, 에너지, 첨단기술 개발 등 통합업무를 해낼 수 있었다.

권력체계의 균열

　제2물결 사회를 지배한 통합자, 즉 전문가들은 각 분야에 걸쳐 권력 피라미드를 구성하고 자신의 권력을 수많은 전문적 엘리트들에게 분산함과 동시에 모든 분야에 걸쳐 있는 다재다능한 엘리트에 의해 통합되었다. 그러나 보다 높은 단계에서는 투자의 배분을 담당하는 슈퍼엘리트들에 의한 통합이 이루어졌다. 이에 따라 제2물결 사회에는 비슷한 엘리트 구조가 생겨났고 산업국가들은 통합자의 강력한 위계질서 없이는 그 기능을 발휘할 수 없기에 혁명과 위기에도 권력의 기본구조는 바뀌지 않았다. 그러나 제3물결의 변화에서는 경영참여, 의사결정분산, 노동자와 소비자와 시민에 의한 관리 등 권력체계의 균열을 보이고 있다.

정치의 붕괴

초기 산업사회시대의 기업인, 지식인 혁명가들은 사실상 기계에 매혹당해 있었다. 정치도 마찬가지로 견제와 균형, 체계, 구조, 정부기관 등 수많은 기계적 장치들이 정치에 활용되었다. 실제로 대의정치를 보면 우선 개인이 가진 투표권을 정당이 한데 모아 선거라는 집계기계에 투입하여 정당의 세력과 혼합비율에 따라 표를 섞어 국민의 뜻이라는 산출물을 만들어내어 정부라는 기계를 움직이는 권력유지의 소모품으로 사용한다. 그러나 이 기계적 장치인 정치제도의 핵심이 유권자인 국민인가 하는 것에는 의심을 품게 한다. 이러한 정치기계를 작동시키는 것은 사실 여러 압력단체와 정치브로커들이라 할 수 있다. 따라서 대의 정치 게임에서 국민은 기껏해야 투표를 통해 정부와 그 정책적 조치에 찬반을 표시할 극히 제한적 기회만 가질 수 있을 뿐인데, 압력단체와 정치브로커 등으로 구성된 권력전문가들은 정부의 조치에 영속적으로 영향을 미칠 수 있다. 결과적으로 제2물결에서는 대부분의 제조공장들처럼 대의정치 제도도 국민이 관리하는 것이 아니라 권력전문가들에 의해 조정받는 상부 권력층의 관리로 인하여 국민참여를 왜곡시키는 정치체제를 만들었다.

광란하는 국가

새로운 기술에서 수익을 올리려면 각 지방의 경제는 하나의 국민경제로 통합되어야 했다. 이것은 전국적인 분업과 전국적인 상품 및 자본시장이 있어야 함을 의미하는 것이었으므로, 그렇게 하자면 정치 통합이 이루어져야만 했다. 이에 따라 지방색은 쇠퇴하고 국민의식이 싹트게 되었으며, 우리가 근대국가라고 부르는 것은 제2물결 현상으로서 단일의 통합경제 위치에 있거나 융합되어 단일로 통합된 정치적 권위인 것이었다. 이러한 권위적 정부 아래에서 기업과 정부의 통합 엘리트들은 모두 더욱 큰 확대를 위해 정진하게 되고 그 결과로 미국에서는 수송통신의 제약 극복과 신속성을 위해 철도건설에 집중했고, 산업문명은 세계의 다른 나라들을 기축통화라는 화폐제도로 통합하고 이 제도를 자국의 이익을 위해 통제하지 않으면 존속할 수 없게 하였다.

제국주의적 충동

새로운 제국주의는 산업국가의 기본적인 경제구조에 통합하여 수백만 일반 노동자의 일자리를 마련해주었다. 일자리뿐만 아니라 자원의 수탈, 백인 또는 유럽인이 우월하다는 맹목적인 억설, 인종차별적 태도, 종교적 정당화의 배경에는 하나의 냉엄한 산업주의적 현실이 있었다. 제2물결 문명은 고립해서 존속할 수 없고 외부로부터 값싼 자원이라는 일종의 은밀한 보조금을 필요로 하였기에 이를 위한 통합된 세계시장을 필요로 했다. 따라서 단일의 통합된 세계시장을 창조하려는 노력이 성공할 수 있었다. 그러나 국가 간에도 분업의 원리가 적용되어 국제분업이 이루어지는 과정에서 무역확대의 혜택은 골고루 분배되지 않았고, 그 혜택은 주로 제1물결에서 제2물결을 일으키는 산업국가들에게로 흘렀다. 세계가 통합자와 비통합자로 나누어지게 되었던 것이다. 이는 미국과 소련 두 나라가 제2물결체제의 재편성과 재통합을 주도했기 때문이다. 미국은 제2차 세계대전 후에 세계 최대의 채권국으로 등장했고 최신의 기술과 안정된 정치구조, 대전 후의 공백상태를 빌미로 기회를 맞게 된 것이다. 국제통화기금(IMF)과 세계은행(World Bank), 그리고 관세무역에 관한 일반협정(GATT) 등의 3개 관련기관이 세계무역의 단일 통합구조를 형성했으며, 미국은 사실상 이 체제를 지배하여 국제관계에 있어서 통합자가 되었던 것이다. 한편 미국이 IMF-GATT-WB 구조를 구축할 동안 소련은 경제상호원조협의회(COMECON)를 만들어 동유럽 제국들에게 강압적으로 통합을 강요했다. 소련 역시 자국지배하에 있는 지역들 간에 리더쉽을 장악하여 새로운 세계경제체제 통합을 위한 자국중심의 메커니즘을 구축하게 된다. 결국 제국주의가 가져다준 식민화에 따른 은밀한 보조금이 없었다면 제2물결 문명은 1920년이나 1930년 수준에 머물러 있었을 것이다.

산업현실상

이 현실상은 제2물결 문명과 이 문명의 과학자, 정치가, 철학자, 기업가들이 사용하는 전제들의 포장물이었고, 이러한 현상이 미치는 영향으로 자본주의와 사회주의가 자연의 결실을 분배하는 방법에 관해서 대립할지라도 양쪽 모두 자연을 인간에 의한 개발대상으로 간주하는 신념이다. 또 사회진화론은 자연도태의 법칙이 사회 내에서도 작용하여 가장 부강한 사람은 그만한 자격이 있는 적자일 수밖에 없다고 주장했다. 이러한 사회진화론은 문화적 우월감과 함께 자본주의와 제국주의를 합리화해주었다고 했다. 그리고 시간의 핵심적 신념은 산업주의의 보급이 인간행동과 기계리듬의 동시화에 크게 의존했다는 것이다. 그러나 동시화를 달성하기 위해서는 시간에 관한 사람들의 기본적 가정을 변혁시켜야만 했다. 현실 설명방법에 있어서도 제2물결은 계측가능하고 식별하기 쉬운 외부적 요인들만을 전적으로 강조하는 기계론적 인과론을 중시하여, 제2물결 문명은 이제 기계적인 인과론을 자유자재로 구사하는 힘을 갖게 되고, 종전에 복잡한 것처럼 보였던 것들도 이제는 간단히 설명과 공식으로 환원시킬 수 있다고 생각했다. 그리고 어떤 문제든 기계적 해결책만을 모색함으로써 산업주의의 문화적 얼굴인 산업현실상은 스스로가 이룩한 기계적 산업사회에 적합하도록 만들어졌다고 말한다.

홍수

토플러는 근대적 화폐제도는 중앙은행제도, 증권거래, 세계무역, 관료적 계획자, 계량주의적 정신, 계약윤리, 물질주의적 편견, 편협한 성공관, 엄격한 보상체계 그리고 문화적 중요성을 과소평가하고 있는 강력한 회계 기관 등을 수반했다고 설명한다. 생산자와 소비자 간의 이러한 분리 때문에 표준화, 전문화, 동시화, 중앙집권화를 추진할 수밖에 없게 하는 여러 가지 압력이 나타났고, 이 분열이 가져온 충격파는 현재에도 여전히 남아 있다고 한다. 그래서 제2물결은 단순히 자연과 기술문화를 변경시키는 데 그치지 않고 나아가 인간성을 변화시킴으로써 새로운 사회적 성격을 만들어냈다고 했다. 제2물결 문명의 업적은 여러 측면에서 신체적, 경제적으로 인간의 기본적 생활의 질을 향상시켰다고 할 수 있지만, 산업사회는 지구의 생태계에 거의 회복불능의 피해를 입혔고 제국주의적 문제를 낳았다. 그리고 더욱이 다음 차례의 물결이 시작되면서 제2물결의 힘이 쇠약해지고 자연에 대한 투쟁정신으로 인한 생태계의 파괴, 재생불능 에너지의 한계 등 산업문명의 존속을 불가능케 하는 변화가 계속되어, 체제 내부의 붕괴압력들이 나타나고, 이로 인해 사회 생명유지 장치의 기능 마비, 역할구조의 분해 등이 수렴되어 가장 기초적이고도 취약한 구조물인 인간성의 위기를 조성하고, 서로 충돌함으로써 우리 세대의 본질적 사실인 산업주의가 쇠퇴해가고 있다고 주장하며 다음과 같이 다가올 미래를 예견했다.

새로운 물결

이 새로운 시대의 문턱에서 우리는 제2물결 원리인 화석에너지 기반이 앞으로도 존속할 수 있느냐 하는 의문을 제기한다. 대부분의 과학자들은 화석연료에 대한 이와 같은 의존이 무한정 계속될 수는 없다며 의견을 같이하고 있다. 재생불능의 에너지를 대체하는 새로운 에너지 기반의 특징은 고갈되지 않고 재생가능한 자원에서 생성되며, 넓은 지역에 산재한 다양한 자원이고, 탈중앙집권화된 에너지 생산기술을 결합하게 될 것이다. 또한 소수의 방법과 자원에만 의존하는 대신 매우 다양한 형태를 취하게 될 것이다. 이는 기존 제2물결의 에너지 기반을 가진 세력과의 격렬한 싸움이 예상되지만 결국 제3물결에 의해 밀려날 것이다.

매체의 탈대중화

현재 대중매체의 영향력이 점차 분산되고 약화되는 탈대중매체의 현상이 드러나고 있으며 나아가 인간정신의 탈대중화가 확산되고 있다. 대중매체의 경우 제1물결의 어린이는 변화가 느린 마을에서 성장하면서 공동체 내에서의 조화, 그리고 강력한 복종의 압력이 출생 시부터 어린이에게 작용하여 수락 가능한 이미지와 행동의 범위를 더욱 좁게 만들었다. 이에 반해 제2물결은 개개인이 각자의 현실상을 도출해 내는 수를 크게 늘려서 신문, 잡지, 라디오, TV 등의 대중매체에서 집중적으로 생산되었고, 이 이미지들은 대중의 마음속에 심어져 산업사회의 생산체계가 요구하는 표준화된 행동을 만들어내게 된다. 그러나 제3물결이 밀어닥치면서 대중매체는 그 영향력을 분산시키게 될 것이다. 탈대중매체에 의해 그 집중력이 파괴당하고 있는 것이다. 제2물결 시대에는 '대중정신'이란 것을 만들어냈으나 오늘날에는 동일한 메시지를 수신하는 대중들 대신에 탈대중화한 소규모 집단들이 나타나 대량의 독자적 이미지를 주고받고 있다. 따라서 우리는 단편화된 일시적 이미지인 '순간의 영상 문화' 속에서 살고 있다고 했다. 우리가 획일화되면 될수록 상대방의 행동을 예측하기 위해 서로 알아야 할 필요성은 줄어들게 마련이므로 정보사회에서 우리 주변의 사람들이 보다 개성화, 탈대중화하게 되면 우리는 그들이 우리에 대해 어떻게 행동할지를 예측하기 위해 보다 많은 정보를 필요로 하게 되어, 이는 우리가 살아감에 있어 필수적인 전제가 되는 것이다.

지적 환경

제2물결 기술이 인간의 신체적 힘을 강화해준 것처럼 컴퓨터는 인간의 정신적, 지능적 힘을 강화해주었으며, 다수의 인과관계를 기억하고 서로 관련시킬 수 있기 때문에 전체문화의 인과관계를 심오하게 만들고, 우리 주변의 단속적 자료들로부터 의미 있는 전체상을 종합하도록 도와줄 수 있다. 이러한 지적환경의 변화는 나아가 인간두뇌의 화학적 구성까지도 변화시키게 되어 인간은 지금보다 더 지적인 존재가 될 것이다.

대량생산의 저편

제2물결 제조업의 본질은 수백만 개의 동일하고 표준화된 제품의 장기적 생산에 있었다. 이에 반해 제3물결 제조업의 본질은 부분적 또는 전면적인 주문제품의 단기적 생산에 있다. 컴퓨터에 의한 사무자동화는 사무실 내 역할의 개편을 가져와 이 새로운 체제는 과거의 모든 구식 간부들의 영역, 위계질서, 남녀의 역할분담 그리고 부서 간의 장벽에 도전할 것이다. 새로운 생산체제는 작업단위의 소형화를 촉진하고 생산의 탈중앙집권화 및 탈도시화를 가능케 하며 노동의 실제적 성격을 변화시키는 데 그치지 않고 나아가 수백만의 일자리를 제2물결 사회의 공장이나 사무실로부터 떼어내어 원래의 장소인 가정으로 되돌려보낼 가능성이 있다고 하며, 가치관의 변화 측면에서도 오늘날의 가족 단위를 지향하는 근본적인 태도변화를 가져올 것이라고 보았다.

현실을 보는 사고

1940년대 말 이래로 세계의 빈부격차 해소를 위한 대부분의 노력을 지배해온 한 가지 주요 전략이었던 제2물결 전략은 산업사회가 진화과정의 정점에 있다는 전제를 하면서, 이 사회문제 해결을 위해서는 모든 사회가 서방세계 등에서 일어났던 것과 같은 산업혁명을 반드시 거쳐야 한다는 전제에서 출발하고 있었다. 산업사회의 진보라는 것은 수백만 인구를 농업에서 대량생산의 산업으로 이동시키는 것을 말하고, 그것은 도시화, 표준화 등 모든 제2물결적 요소들을 필요로 했다. 그리고 국가 개발이란 기존의 성공모델을 충실히 모방하는 것을 의미하여, 제2물결 국가들이 성공적인 상태에 서 있는 한, 세계의 다른 나라들이 그들을 모델로 삼는 데 문제가 없었다. 그러나 1960년대 후반에 들면서 산업주의의 전반적인 위기가 폭발하자, 파업, 정전, 파괴, 범죄, 심리적 고통 등이 제2물결 세계의 곳곳에 만연했다. 에너지체계, 가족제도가 흔들리고 가치체계와 도시구조도 무너졌다. 금융체계의 전면적 붕괴 가능성이 경고되었으며, 공해, 에너지, 자원 등이 그 한계에 도달하는 등 제2물결 문명 자체가 격렬한 붕괴의 고통을 겪고 있는 마당에 왜 그 문명을 모방해야 하는가 하고 의문이 들게 되었다고 했다. 그래서 농촌주민을 인구과밀의 도시로 몰아내는 대신 농촌개발을 다시금 강조하고 식량자급을 촉구하고 자원을 직접 인간의 기본적 욕구를 위해 돌릴 것을 촉구하고 있다. 그러나 이러한 제1물결 방식으로의 회귀는 치료가 아니라 응급처치이다. 제1물결 방식 그 자체는 궁극적으로 침체를 가져오는 처방으로서 가난한 모든 나라들에 적용할 수 없는 것이기에 제2물결 전략이나 똑같다고 보았다. 그는 말하기를 우리는 지금까지 기본적으로 제1물결 (농업사회)적인 나라를 개발하기 위해 이런 나라에 어울리지도 않는 제2물결 (산업사회)적 형식들을 강요하면서도 이런 것들을 성공적으로 운영하려면 전통을 모두 분쇄하여 전체 문화를 뒤엎어야 한다는 잘못된 현실을 보아왔다고 했다. 이와 대조적으로 제3물결 문명은 실제로 제1물결 사회와 흡사한 여러 가지 특징들인 탈집중화된 생산, 적정규모의 재생가능한 에너지, 탈도시화, 가내노동 등의 특징을 가지고 있다고 토플러는 주장한다.

지금 제2물결의 기술, 정보, 사회영역이 파괴되고 있으며 그 정신영역도 붕괴되고 있어, 오늘날의 일상생활은 각박하고 경쟁적 긴장으로 가득 차 있다. 더구나 사람들은 정신병자들의 반사회적 행동을 미화하기도 하며 수많은 사람들이 미친 듯이 자기 정체성을 탐색하고 있으며, 자신의 인간성을 되찾아주고 즉흥적인 친밀감이나 황홀감을 제공해주는 들뜬 의식상태로 이끌어줄 그 어떤 마법적인 치료법을 추구하고 있다. 이와 같은 제2물결 사회의 만연된 정신적 동요는 건전한 정서생활의 기조를 이루는 인간에게 필요한 기본적인 욕구 충족을 위태롭게 하고 있다고 하며, 다가오는 제3물결 문명이 해결해주는 실마리를 다음과 같이 제시하였다.

공동체

공동체는 고독감을 없애주며 사람들에게 꼭 필요한 소속감을 심어준다. 그러나 오늘날에는 모든 기술사회에서 공동체를 뒷받침하는 제도가 무너지고 있다. 그 결과 고독감이 만연해가고 있다. 개인들 간의 유대가 끊어져서 지금은 고독이 매우 광범위하게 퍼져 있기 때문에 역설적으로 공통의 경험으로 되어가고 있다. 개인과 조직체 간의 결속 면에서도 오늘날 수많은 사람들이 자기가 속한 제도로부터 단절을 느끼게 된다. 이와 함께 고독감이 만연된 원인으로 사회적 다양성이 증대하여 사회를 탈대중화함으로써 개개인 스스로가 개성화하도록 조장되고 잠재력을 발휘할 수 있는 자기성취를 이루지만 반면 개별화, 개성화로 인해 인간적 접촉은 더욱 어려워지고 말았다. 이와 같은 현실 속에 고독감을 치유할 방안으로서 공동체를 회복시킬 대응책으로 공동체의 출발점인 가정의 축소된 기능을 확대하도록 하는 것이다. 노령자에 대한 부양 책임을 부활시키기 위해 부양가족들에게 세제상 혜택을 주고 청소년 교육을 부모가 직접 맡을 수 있도록 지원하며, 학교 자체도 소속감 조성을 위해 노력할 수 있다.

미래의 퍼스낼리티

사회의 심층적 구조가 변화함에 따라 인간도 변하게 된다. 정신분석학자 에리히 프롬(Erich Fromm, 1900~1980)은 사회적 성격을 대부분의 집단구성원들에게 공통된 성격구조의 부분이라고 규정하고 사회적 성격이 인간을 형성시킨다고 본다. 제3물결 사회의 강력한 변화를 보면, 첫째, 새로운 노동자의 변화이다. 반복, 단편화된 노동에서 벗어남으로써 제3물결 고용주들은 책임을 인정하는 남녀, 자기 일이 다른 사람의 일과 어떻게 연결되어 있는가를 이해하는 남녀, 환경변화에 신속히 적용하는 남녀, 그리고 주위의 사람들과 민감하게 조화해나가는 사람을 필요로 하게 된다. 둘째, 생산소비자의 윤리 등장이다. 생산소비자의 윤리는 원숙성을 요구하며 일부 시간은 노동자로 일하고 일부시간은 생산 소비자로 일하게 되면, 이들은 구체적인 것과 추상적인 것을 병행하면서 두뇌노동과 육체노동의 보완적 즐거움을 누릴 수 있는 위치에 있게 되며, 아울러 남녀의 노동분담으로 남녀의 객관성과 주관성 간에 새로운 균형을 이루게 될 것이다. 셋째, 정보통신의 대중화에 따른 커뮤니케이션 매체의 보급으로 매몰된 개인이 드러나게 된다.

정치무덤

현재 정치적 의사결정이 거의 마비상태에 이르러 정책의 진공상태가 만들어지고 있으며 투표라는 재확인 의식도 그 힘을 잃어가고 있고 정당도 흡인력을 상실해가고 있다. 정치적 환상 면에서 구세주 콤플렉스인, 맨 윗자리에 있는 사람을 바꾸면 우리들이 어떻게 해서든지 구원을 받을 수 있을 것이라는 환상은 리더쉽의 실패를 더욱 실감하게 만든다. 이에 따라 오늘날의 리더쉽에 대한 요구는 오랫동안 잊혀져왔던 암흑세력이 우리 사회에서 새로이 활동을 재개하게끔 한다. 이처럼 리더쉽을 강화해야 한다는 주장은 권위주의적인 능률성의 신화와 과거에 통용된 리더쉽의 형태가 현재나 미래에도 통용될 것이라는 잘못된 전제에서 비롯되었다고 볼 수 있다. 따라서 내일의 지도자들은 현재보다 더 다양한 사회인, 훨씬 더 탈중앙집권적이고 참여적인 사회를 대상으로 해야 할 것이며, 그들은 모든 사람들에게 모든 것을 인정받는 존재가 되고자 하는 과욕을 버려야 할 것이다.

21세기 민주주의

소수세력의 등장으로 오늘날 우리는 산업주의를 넘어 급속히 탈대중화 사회로 나아가고 있기에 제2물결 시대의 정통적인 다수결원리는 뒤처지고, 중요한 것은 다수가 소수가 된다는 것이다. 이는 제3물결 조건 속에서 민주주의를 재구성하려면 다양성의 증가가 사회의 긴장과 대립의 증가를 가져온다는 잘못된 가설을 포기해야 한다. 이들 문제의 해답은 반대의견을 억압하고 소수파를 이기주의라고 비난하는 것이 아니라 다양성을 수용하고 정당화시켜주는 것에 있다. 상상력이 풍부하고, 변화하고 증가해가는 소수파의 급변하는 요구에 민감한 새로운 제도에 그 해답이 있다.

국가의 붕괴

국민의 정부들이 사회의 급속한 탈대중화에 융통성 있게 대응하지 못함으로 인하여 분리주의나 자치운동이 일어나게 되었다고 본다. 현 세력들 중에서 가장 널리 알려지고 있는 강력한 존재는 다국적 기업이라고 불리는 초국가기업이다. 초국가기업은 한 나라에서 조사연구를 하고 다른 나라에서 부품을 만들고, 제3의 나라에서는 이를 조립하며 제4의 나라에서는 생산품을 판매하고, 제5의 나라에서는 그 이익금을 예금하는 등 수십 개국에서 계열회사를 운영한다. 실제로 초국가기업들은 이미 그 규모가 매우 커져 그 자체로서 국민의 정부를 앞질러 행동할 때가 많다. 또한 제3물결은 국가차원을 초월하는 이해관계를 지닌 집단들을 만들어내고 있다. 그래서 앞으로 등장하는 것은 기업이 지배하는 미래도 아니고 세계정부도 아니며 현재 이미 몇몇 첨단 산업에서 나타나고 있는 매트릭스 조직과 유사한, 보다 복잡한 체제가 될 것이라고 예견했다.

토플러는 다가오는 제2물결 세력과 제3물결 세력 간의 초투쟁은 우리의 정치생활을 재편성하고 재정비하고 있다고 주장한다. 그것은 조화되고 계급 없고, 갈등 없고, 이데올로기가 없는 미래사회가 아니라, 가까운 미래에 위기를 고조시키고 사회불안을 심화시키는 경향이 있다고 한다. 이는 산업사회 뒤에 오는 것을 형성시키고 궁극적으로 통제하는 데 누가 더 참여하느냐를 둘러싼 접전으로, 내일의 정치와 새로운 문명형태 자체에 결정적으로 영향을 미칠 것이다. 그러나 초투쟁이 격화될 때 당면하는 것은 이전의 어떤 혁명적 전쟁이 아니다. 제3물결 문명을 위한 새로운 사회구조의 창조는 단 하나의 절정에 이른 대변동에서 초래되는 것이 아니라, 몇십 년에 걸친 여러 장소와 여러 가지 수많은 개혁과 충돌의 결과로 초래된다고 설명하면서 "변화의 책임은 우리에게 있다. 우리들 자신들로부터 시작해야 한다. 새롭고 놀랍고 급진적인 것같이 보이는 사람들에 대해 조급히 마음을 닫아버리는 일이 없도록 우리 스스로를 교육시켜야 한다. 이는 표현의 자유, 즉 비록 이단적이라 할지라도 자신의 사상을 발표할 수 있는 인간의 권리를 위한 투쟁을 의미한다"는 말로 그의 글을 마무리하고 있다.[1]

2. 기술적 특이점, 현생 인류를 넘어서

3대 기술적 특이점(Technological singularity)의 줄임말인 GNR은 유전공학(Genitics), 나노로봇(Nanorobotics), 로봇공학(Robotics)으로 구성되어 있고, 미래학, 기술사학의 개념 중 하나로서 과학기술의 가속적 발전으로 인해 인류 역사에 필연적으로 발생할 높은 변곡점을 의미한다. 이 기본개념은 존 폰 노이만(John von Neumann, 1903~1957)이 제시하였고, 수학자이자 소설가인 버너 빈지(Vernor Vinge, 1944~)가 1983년 잡지 기고문과 1993년의 논문 「다가오는 기술적 특이점」을 통해 최초로 그 개념을 정의하였다. 이후 인공지능 전문가이자 미래학자인 레이 커즈와일(Raymond Ray Kurzweil, 1948~)이 2005년의 저서 『특이점이 온다(The Singularity is Near)』를 통해 이 개념을 더욱 구체화했다. 이런 기술적 특이점이 일반인에게 널리 알려지기는 TCP/IP 프로토콜과 BSD Unix를 만든 유명한 컴퓨터 과학자인 빌 조이(William Nelson Joy, 1954~)가 쓴 「미래에 왜 우리는 필요 없는 존재가 될 것인가」라는 글을 통해서였다. 2000년에 발표된 이 글은 21세기 미래의 모습을 전망한 글로 기술자 사회를 넘어 일반 사회인들에게도 큰 화제를 불러일으켰다. 또한 일본 소프트뱅크 창업자인 손정의도 특이점에 대한 큰 기대를 하고 여러 강연을 통해 그의 견해를 전파하고 있다. 인공지능이 반드시 필수요소는 아니지만, 가장 가능성이 높은 인공지능을 통한 초지능을 기준으로 특이점을 생각하고 있고, 이 특이점을 넘어서는 순간 현생 인류의 힘으로는 따라잡지 못할 것이라고 보고 있으며, 이는 인간이 기술사학적으로 추론 가능한 미래의 한계점이다. 레이 커즈와일은 기술 특이점을 블랙홀의 특이점에 비유했다. 고도로 발전된 기술은 마법과 다르지 않다는 의미로, 특이점 이전까지 인간이 가진 지식과 법칙들이 통하지 않는 세계가 펼쳐진다고 비유한 것이다. 커즈와일의 『특이점이 온다』는 700장에 달하는 책으로 물리학, 화학, 생물학, 공학, 역사학 등의 여러 분야를 넘나들며, 그 안에 기술적 특이점의 복잡한 개념을 담고 있다.

일반적으로 인공지능이 인간의 지능, 정확히는 전인류의 지능을 넘은 시점으로부터 매우 빠른 속도의 학습과 연쇄적 자체개량을 통해 지능 폭발을 일으키게 되고 결과적으로 기술의 항구적인 가속 발전으로 인해 인류 역사에 필연적으로 발생하는 변곡점(초지능이 탄생하는 시점)이 비생물학적 진화 속도를 완벽하게 초월하는 것이며, 무어의 법칙을 깨는 속도의 기술 발전이다. 영국 옥스퍼드 대사전의 정의에 따르면 "인공지능을 비롯한 기술들이 발전해 인류가 되돌릴 수 없는 극적인 변화를 겪게 되는 가설적 순간"으로 정의하고 있다. 현재 딥러닝(deep learning)에 의해서 컴퓨터가 스스로 만든 알고리즘(algorithm)이나 로직(logic)을 인간이 이해하는 것은 최고 전문가 수준에서도 대부분 불가능한 수준이다. 대표적인 예로 알파고가 바둑을 학습하는 딥러닝 알고리즘을 만든 것은 인간이지만, 알파고가 그 딥러닝으로 스스로 만들어낸, 대국을 두는 알고리즘은 인간이 현재 해석할 수 없다. 이는 인공지능 설계과정에 있어서 이론적 지식보다도 경험을 쌓아 얻은 직관과 통찰력이 많이 영향을 주는 이유이기도 하다. 그러므로 인간은 단지 알파고가 보내오는 승률 계산 등의 갖가지 통계만을 전달받을 뿐이다. 현재 이를 조금이라도 극복하기 위해 여러 개발자가 '인간에게 설명하는 인공지능'을 연구하고 있지만, 역설적으로 인공지능은 결코 인공신경망을 통해 만들어진 지능의 정의에 부합하지 않게 되기 때문에 기본적으로 인공지능은 작동원리를 이해할 수 없다는 것이다.

특이점 이론의 핵심개념은 인공지능보다는 수확가속법칙(Law of Accelerating Return)이다. 수확가속법칙은 진화의 기본 원리로서의 인류의 기술 발전 단계에서 갑자기 나타난 것이 아니고, 우주의 탄생부터 물리학, 화학, 생물학을 넘나드는 장대한 발전 과정을 거쳐서 마침내 인류의 기술 발전 단계에 도달하게 된다는 것이다. 이 수확가속의 법칙에 의하면 인공지능을 통해 기술 특이점은 탄생하였으면서도, 그를 훨씬 넘어서는 더 강력한 지능으로서 진화의 원리에 의해 마땅히 출현할 수밖에 없는 존재가 되고, 이 법칙에 따라 인류의 문명은 이전 세대가 가졌던 아이디어와 돌파구를 '재목적화(repurposing)'하면서 발전한다. 각 세대의 기술은 이와 비슷하게, 이전 세대의 발전을 기반으로 발전의 선순환을 창조하여, 그 결과 각각의 새로운 세대의 기술은 다음 세대의 더 나은 기술을 가능하게 만든다는 것이다. 각 세대의 기술은 이전 세대보다 개선되기 때문에 발전 속도는 갈수록 가속된다. 의자를 생산하기 위해 수동공구를 사용하는 방식에서 전동공구를 사용하는 방식으로, 다시 조립라인을 사용하는 방식으로 발전해왔다고 볼 때 생산속도는 단계마다 빨라진다. 각 세대에서 사용된 이러한 공구들이 더 나은 공구를 디자인하고 만드는 데 사용된다고 할 때, 커즈와일은 컴퓨터 반도체 분야가 가속적인 발전을 한 것은 엔지니어들이 가장 빠른 소프트웨어와 컴퓨터를 가지고 더욱 빠른 반도체를 설계했기 때문이라고 말했다.

아서 클라크의 과학 3법칙 중 세 번째, "충분히 발달한 과학기술은 마법과 구분할 수 없다"라고 말했던 것처럼, 기술적 특이점에 도달한 사회에서 인간은 첨단 문물의 원리를 이해하기보다는 마법의 지팡이를 쓰듯 그 효과만을 누리게 될 것이라고 보는 것이다. 이런 모습은 이미 현대의 일반인들이 어떤 버튼을 누르면 기계가 작동한다는 것을 알지만 전자제품들의 정확한 작동원리는 모르는 것과 비슷하다고도 할 수 있다. 기술적 특이점이 지나버리면 일반인은 물론이고 인류 중 가장 똑똑한 전문가들조차도 새로운 발명품이 어떻게 작동하는지 모르게 된다는 것이다. 기술이 무섭게 발전하고 분화됨에 따라 개인이 습득할 수 있는 전문 분야의 폭은 점점 좁아지고 있어 한정된 자신의 전문 분야에 대해서만 전문가가 될 수 있을 뿐이다. 아르키메데스나 레오나르도 다빈치 같은 전근대 학자들은 수많은 분야에 걸쳐 상당한 지식을 보유했지만, 현대에는 인류의 지식이 발전하면서 각 학문 분야의 양과 깊이가 대단히 커져서 여러 분야를 심도 있게 다루는 것이 불가능해지고 있다고 할 수 있다. 이는 인류의 생물학적 사고 능력이 이미 다양한 분야를 일정한 수준 이상으로 학습하는 데는 한계에 달했다고 보고 있는 것이다.

노이만의 동료였던 스타니스와프 울람은 1958년 노이만 사후에 그를 회고하며 쓴 글에서, 노이만이 "기술의 항구적인 가속적 발전으로 인해 인류 역사에는 필연적으로 특이점이 발생할 것이며, 그 후 인간사는 지금까지 해온 것과는 전혀 다른 무언가가 될 것"이라고 예견했다고 썼다.

존 폰 노이만은 헝가리 왕국 부다페스트에서 부유한 유대인 출신 귀족 은행가의 장남으로 태어났다. 부친은 자식들의 교육을 위해 가정교사를 두

276

고 수학, 외국어, 역사를 배울 수 있도록 했으며, 노이만에게는 방 하나를 특별히 그를 위한 도서관으로 꾸며주었다고 한다. 산수, 언어, 암기에 능력을 발휘하였고, 특히 암기 분야에서는 백과사전의 한 장 부분을 모조리 암기하여 주위 사람들을 놀라게 했다는 일화도 있었다고 한다. 8세에 루터회의 최고 학교 짐나지움에 입학하였으며, 수학 중 이곳에서 훗날 노벨 물리학상 수상자 유진 위그너를 친구로 사귄다. 노이만의 수학적 재능을 발견한 그의 선생 라츠 라슬로의 강력한 권유로 부친은 당시 유명했던 수학자 세괴 사르보를 특별 교육자로 노이만에게 붙여주어 고등수학을 접하도록 했다. 22세에는 부다페스트 대학에서 수학전공에 물리학, 화학을 부전공으로 박사학위를 취득하고 스위스 취리히 연방공과대학에서 화학공학 석사학위를 받았다. 1928년 잠시 베를린 대학에서 객원교수 생활을 하다가 20대에 당대 최고의 수학자 중 한 명이 되어 1930년 27세의 나이로 아인슈타인이 소속된 프린스턴 고등연구소 과학자 4명 중 하나로 추대되기에 이른다. 같은 해 마리에트 코베시와 결혼하고 카톨릭 세례를 받았으며 딸 하나를 두었고, 7년 후 2차대전의 소용돌이 직전 클라라 댄과 재혼한다. 프린스턴 고등연구소에서 1943년 원자탄 제조 계획이었던 맨하탄계획에 참여해서 플루토늄과 관련해 반드시 필요한 고폭발성 렌즈를 발명했으며, "큰 폭탄이 지상에 떨어지기 전에 폭발했을 때 더 커질 것"을 예측해, 이 이론이 히로시마, 나가사키 원폭에 활용되었다. 노이만은 원폭 피해를 최대로 하기 위해 도쿄와 교토를 대상으로 삼아 도시를 완전히 말살하는 계획을 제시했지만, 교토에 신혼여행을 갔다 왔던 헨리 스팀슨 국방장관이 문화도시인 교토 파괴에 대해 반대하여, 대신 죽음의 운명은 히로시마, 나가사키로 정해졌다고 한다. 만일 이때 교토가 원폭되었다면 오늘날과는 다른 교토의 모습이 되었을 것이다.

그는 1944년『게임이론과 경제 행동』을 경제학자 오스카 무르겐 슈테른과 공동저작하고, RNA, DNA구조를 최초로 예견했다. 컴퓨터 연구에 뛰어든 이후 이진법의 기본골격을 만들었으며, 병합정렬방법을 1945년 제시한다. 그리고 기상학과 관련해 최초로 컴퓨터를 활용한 일기예보를 시도한 것이 노이만이었다. 그는 간단한 원칙만으로 스스로 진화하는 복잡한 프로그램을 구상했고 이를 '오토마타(automata)'라 불렀다. 말년에 노이만은 인공지능에 관하여 연구한 『컴퓨터와 뇌』에서 그의 컴퓨터 알고리즘은 메모리 계층구조가 필요해질 거라고 예측하기도 했다. 당시 미국의 기준으로 노이만은 뚱뚱한 편이었는데 그의 아내는 노이만이 칼로리를 제외한 모든 것을 세고 다니는 남자였다고 회고했다. 그는 조용한 것보다 무질서한 소음 속에서 일하는 것을 즐겼으며, 정장을 즐겨 입는 신사였고, 사교적이기도 해서 이웃들에게도 인기가 있었다고 한다. 1955년에 방사선이 원인으로 추정되는 췌장암이 골수에 전이되어 고통을 받는 동안 로마 카톨릭을 믿게 되었는데, 그는 "신이 존재할 확률이 아무리 희박하더라도, 신이 실제로 존재할 경우 신의 존재를 부인하는 것이 궁극적으로 큰 손실을 가져다준다"는 기독교 변증론인 '파스칼의 내기'에 영향을 받아서 카톨릭에 귀의하게 되었다고도 한다.[2]

사람이 기술의 발전을 따라잡을 수 없는 시기에 대해, 레이 커즈와일은 2045년 전후로 인공지능이 인류 전체의 지능을 초월하면서 특이점이 도래할 것이라고 주장한다. 그때는 90대가 될 자신도 기술의 효과를 누릴 것이라고 예측하고 있다. 이 시기가 오면 인간이 기술을 발전시키는 것이 아니라, 기술이 기술을 발전시킬 것이라고 했다.

레이 커즈와일의 정의에 따르면 비생물학적 지능의 총합이 생물학적 지능의 총합을 넘어서는 시점이다. 버너 빈지의 정의는 단일한 초지능기계를 통해 특이점이 온다고 봤을 가능성이 높지만, 커즈와일은 기술의 분산화를 강조했다. 그에 의하면 나노공학의 발전에 따라 인류의 뇌 속에도 나노봇을 통해 컴퓨터가 들어서게 될 것이고, 인간의 생물학적 지능과 인공지능은 이를 통해 연결될 것이다. 빈지의 견해와 마찬가지로 초지능은 필연적으로 오긴 하나 이는 단일화한 기계가 아닌 세계 곳곳에 분산되어 있는 클라우딩 컴퓨팅과 비슷한 것이 될 것이고, 이는 트랜스휴머니즘의 요소의 개념이 초지능에 포함된다고 본 것이다.

유명한 기술사학자이자 평론가인 케빈 켈리(Kevin Kelly) 또한 커즈와일의 기술적 특이점과 관련 있는 개념으로 인간과 기계가 네트워크를 통해 연결되며 탄생하는 행성 규모의 유기체인 홀로스(Holos)라는 개념을 주장했다. 그는 "홀로스는 우리가 살아갈 플랫폼이다. 이 새로운 플랫폼의 대규모 유비쿼터스(ubiquitous)적 상호 연결은 처음에는 기존의 자연스러운 확장에 불과한 것처럼 보인다. 그러나 이 모든 특성이 꾸준히 증가함에 따라 우리는 어떤 변곡점인 복잡성의 문턱을 통과한다. 그리고 변화가 불연속적으로 되어 갑자기 새로운 상태에 놓이게 되는 시점이다"라고 했다. 이는 어떤 사실을 집단적으로 이해하는 '하이브 마인드(hive mind)' 개념이 적용된 것이라고 볼 수 있다. 현재는 컴퓨터를 인간이 직접 설계하지만, 인공지능의 수준이 인간급으로 발전되면, 인공지능 스스로 컴퓨터를 설계하는 것이 가능하다는 것이다. 이는 인공지능 자신이 자신보다 뛰어난 지능을 만드는 것이 가능해져 이 사이클이 반복되면 발전 속도는 기하급수적으로 상승할 것이다. 인공지능은 그 구조상 복제 및 확장, 기능 업그레이드가 가능하기 때문에 기술 발전이 빨라져서 결국 기술 그래프는 수직에 가깝게 그려질 것이므로 이 시점이 바로 '특이점'이라고 보는 것이다. 인류사에서 보면 바퀴, 문자, 인쇄술, 증기기관, 컴퓨터, 스마트폰의 발명 전후를 비교해볼 때, 스마트폰의 발명은 수년 만에 인간의 삶을 윤택하고 편리하게 바꾸어놓았다. 특이점이 오면 현생 인류는 야생상태의 멸종위기의 동물처럼 절대다수가 도태되고, 소수만 보존되는 것이 아닌가 하는 의문을 가질 수 있다. 이에 대해 커즈와일은 인류의 미래를 낙관적으로 보고 있으며, 인간이 앞으로 어떻게 하느냐에 따라서 인간의 존엄성 및 인간성이 미래세계에서 유지될 수도 있고, 그렇지 않을 수도 있을 것이라고 주장하고 있다.

유발 하라리는 단순한 인공지능의 인류지배 같은 경쟁적 개념이 아니라 오히려 인간과 기계의 결혼에 대해 이야기한다. 여기서 말하는 결혼은 기계를 인격체로 만들어 동등하게 대하겠다는 의미가 아니라 결합이라는 의미이다. 아직 우리는 인간이 인격을 갖게 해주는 것이 대체 무엇인가에 대해 잘 알지 못하기 때문에 기계를 인격적 존재로 만든다는 개념이 기술적으로 정확하게 정의된 적이 없다고 했다. 커즈와일은 만약 인공지능과 종 차원의 경쟁이 일어나 인간이 처참하게 지거나, 주도권을 잃고 질질 끌려가는 식으로 가축화될 수도 있는, 제어할 수 없는 수준의 재앙이 강림하게 될 위협이 닥치는 것에 대한 대책으로 "로봇공학 분야에서 취할 수 있는 최고의 전략은 미래의 비생물적 지능인 인공지능이 자유, 관용, 지식과 다양성에 대한 존중 등 인간적인 가치들을 최대한 따르게 하는 것이다"라고 했다. 그는 "기술은 영원히 양날의 검으로 남을 것이다. 인류가 다양한 목적으로 사용할 수 있는 막대한 능력일 뿐이다. 유전공학, 나노, 로봇기술은 질병과 가난 같은 인류 고대의 문제들을 극복해주겠지만, 파괴적인 이상에 기여할 수도 있다. 그리고 아직까지 인류의 소중한 가치들이라는 것이 무엇인가에 대해서는 안타깝게도 확실한 합의가 없다'라고 한다.

특이점 옹호자들에 의하면, 이제 인간은 지능과 신체 스펙 등 자신의 생물학적 한계를 기계와 유전공학으로 대신하면서 더욱 더 지식과 문명을 발전시켜 나간다는 것이다. 대표적인 것으로 우주탐사 같은 것인데 인간에 의한 향상 발전 단계는 거의 정점을 이루었다고 보고 그 뒤부터는 기계와 인공지능의 발전에 맡긴다는 말이다. 커즈와일은 인공지능 전문가로 스캐너, 공학문자 인식기, 신서사이저 등을 발명한 사람이기도 한데, 그는 인간의 의식과 기억이 클라우드와 동기화될 것으로 예측한다. 그는 구글과의 만남에서 인공지능 개발에 투자할 생각이 없느냐고 구글에 투자의향을 물었다가, 구글이 필요한 모든 자원이 구글에 있으니 차라리 구글에 들어와 개발하는 게 어떠냐는 제안을 받아들여 현재 구글의 엔지니어링 임원으로 인공지능 및 관련된 여러 가지 기술 개발에 관여하고 있다고 한다. 커즈와일은 인간의 대뇌피질을 나노기계로 업그레이드할 수 있는 수준에 과학이 다다르면, 인간이라는 종에 대한 개념이 완전히 달라질 것이며, 특이점이 불러올 변화들은 생물학 자체를 초월하는 것으로, 이는 생물학적 진화의 마지막 단계가 아닌 생물학적 진화를 통째로 딛고 올라서는 단계라고 주장한다. 어느 시점에서 원래 뇌 기능보다 강화된 뇌의 기능이 더 커진다면, 뇌의 기능을 강화시킨 나를 지금의 나와 같은 사람으로 볼 수 있느냐는 의문도 제기될 수 있지만, 한편으로 기술 발전에 의해 생산 극대화를 의의로 하는 자본주의가 무의미해지게 된다면, 인간 업그레이드 키트라 할 수 있는 것들은 인간이 키트를 통해 인간을 개량하고 시장에서 판매하는 상품으로서의 인간이 될 수도 있는 동시에 기술의 혜택으로 인해 인간의 연장된 삶이 상대적으로 보장된다는 의미일 수도 있다.
기술의 혁신이 일어나는 사회에서 경제적으로 뒤처진 사람들은 혁신에 의한 최고급제품을 사지 못하고 중저가제품을 사야 한다는 점에서 모든 사람이 평등하게 기술 혁신의 혜택을 받을 수 없다. 선진국에서도 일부의 사람들은 그 기술의 혜택에 참여하지 못하며, 후진국의 빈민인 경우 더 심각하다. 지금 당장에도 대다수의 기술은 인류 전체의 공영을 위한다는 자선사업을 목적으로 개발되지 않고 그럴 계획도 아직은 없다. 이렇게 기술의 발전이 빈부격차를 심화시킬 가능성은 이미 경제학계에서 제시되고 있으며, 인공지능 발달로 대체되는 일자리의 양이 선진국보다는 후진국에 더 많다는 것이 이미 현실에서 일어나고 있다. 더욱이 스마트팩토리 같은 인공지능의 발전으로 생겨난 제조업의 변화로, 후진국의 저임금을 좇아 이전되었던 제조업 부문이 선진국으로 회귀하는 현상도 나타나고 있다. 이런 현상을 막기 위해 가난한 자들에게도 특이점 기술을 활용하고 이용할 수 있도록 기술 혁신교육 시스템을 만들고 기술지원을 하는 지구적 차원의 투자를 하여 공생하는 노력이 필요하다. 현재 선진국들은 기술 격차를 줄이고 가난한 자도 유능해지고 부유해질 기회를 제공하며 이를 통해 뛰어난 인재를 많이 양성하여 부를 생산하는 능력을 갖게 될 수 있는 기회가 후진국과 비교해서 상대적으로 많다. 미래에도 이런 능력의 차이가 국가 간의 경쟁력에 결정적으로 작용할 것이다.

현대 인류에게 닥친 갈등 대부분의 원인은 다양한 세력들이 한정된 자원과 이익을 자신만 갖고 다른 이들을 배척하는 공평하지 못한 자원과 이익분배의 격차 때문이다. 인류 역사 속 전쟁의 대부분도 이익관계가 부딪친 결과 이런 문제를 무력으로 해결하려 발생한 것이 많다. 인류의 기아문제에 있어서도 지금 지구에서 생산되는 식량은 지구 전체를 먹여 살리고도 남는 양이다. 그러나 가난으로 인해 식량을 구입하지 못하는 사람들이 있으며, 이들을 돕기 위해 잉여식량을 공짜로 분배하려고 해도 운송, 관리감독, 유통기한 등의 문제로 무상으로 나누어주는 것보다 버리는 것이 경제적이어서 잉여식량을 폐기하기까지 하고 있다. 이는 현재 인류공영을 실현한다는 혁신적 기술이 오히려 양극화를 가속시킬 수도 있는 모순적 상황에 있기도 한 것이다. 그래서 기술적 특이점이 가져올 효과에는 의심하지 않지만 그 효과들이 온전히 예상대로 적용될지는 상당한 의문들이 남아 있다.

시어도어 카진스키는 "진보된 기술 덕분에 엘리트는 대중에 대해 더 강화된 통제권을 갖게 됨에 따라 인간의 노동이 불필요해져 대중은 불필요한 존재가 되며 체제에 떠넘겨진 쓸모없는 짐더미가 되어버릴 수도 있을지 모른다"고 하며, 기술 혁신에 따른 인류의 불행을 경고하고 있다.

반대로, 다행스럽게도 인류에 의해 특이점에 도달한 인공지능이 스스로 연구해서 새로운 경제체제와 사회체제의 패러다임을 내놓는다면, 혹은 인류가 초인공지능의 언어와 의사소통문제, 사회문제, 성차별, 인종차별에 대한 연구로 정말 뛰어난 해결책을 내놓는다면 지구촌의 갈등을 풀고, 인간이 별다른 노력 없이도 서로 갈등을 해소하고 소통할 수 있게 되어, 이해관계에 얽매여 있는 인류의 국경 대통합을 이룰 수도 있다면, 그리고 기술의 혜택으로 인류가 노동으로부터 해방되고 수명 또한 연장되며, 노화를 막는 등 기계와 인공지능이 인간이 생각하지 못했던 새로운 패러다임을 제시하고 계속 발전시켜 선순환의 과정이 반복된다면 인류는 마침내 구원을 받게 될 수도 있다.[3]

갈등이 없는 인간을 인간으로 볼 수 있을까? 그리고 불행이 없었다면 행복이라는 단어가 있었을까? 갈등과 불행을 느끼지 못하는 인간답지 않은 인간으로 거듭나, 갈등과 노동으로부터 완전 해방되어, 더 이상 인간사회가 아닌 먼 미래를 기다리는 것보다는, 앞으로 다가올 가까운 미래에는 다만 전쟁이나 기아, 인간재해 등 피할 수도 있는 불행을 줄여주는, 기계와 인공지능 개발에 인류의 온갖 힘을 합하여 인류의 미래를 보다 나아질 수 있게 하는 것이 한층 인간적인 것일 수도 있다.

3. 인류의 새로운 양극화 문명의 시작,
   4차 산업혁명

   제4차 산업혁명은 인공지능으로 자동화와 연결성이 극대화되는 산업환경의 변화를 의미한다. 이 용어는 세계경제포럼의 창시자 중 하나인 클라우스 슈바브(Klaus Schwab)가 2015년에 포린 어페어의 기고글에서 처음 사용했다. 학자들에 따라 제시하는 핵심어는 조금씩 다르지만, 대체로 기계학습과 인공지능의 발달이 주요 주제로 다루어지고 있다. 4차 산업혁명은 18세기 산업혁명 수준이나 그 이상의 생산 효율 증가가 예견되기 때문에, 과거 기계 한 대가 노동자 수백 명을 대체했듯이 이번에는 프로그램 하나, 혹은 그것이 내장된 컴퓨터 한 대가 수백, 또는 수십만 명의 전문인력을 대체할 수 있게 된다는 것이다. 유토피아와 디스토피아로 양분되는 미래의 예측들 중에서 조금이라도 유토피아에 가까운 미래를 달성하기 위해 여태까지의 산업혁명은 환경오염과 양극화라는 결과를 동시에 이끌어내었다. 이 문제들은 조금만 완화되었을 뿐이지 완전히 해결된 적이 없다. 4차 산업혁명에서 즉각적인 생산성의 향상을 기대할 수 없다는 경제학자들의 회의론도 만만치 않은데, 이들에 따르면 한동안 신기술들이 집중되었던 때로부터 오랜 기간이 지나서야 생산성에 영향을 주며 본격적으로 성장률이 높아지기 시작했다는 것이다. 예를 들면 산업혁명 최고의 기술 중 하나인 증기기관을 이용한 자동차는 19세기 말에 발명되었으나 20세기 중반이 되어서야 기술혁신이 이루어져 누구나 타 볼 수 있게 되었고, 우리 시대 최고의 발명품인 컴퓨터는 2차대전이 끝나고 발명되어 최초의 가정용 컴퓨터 애플Ⅱ가 1977년에 출시되었으나, 본격적으로 90년대가 되어서야 대중화되었다.
   그러나 세월이 흐를수록 신기술의 등장과 그로 인한 혁신에 점점 가속도가 붙고 있기 때문에, 20세기의 발명품에 비해 21세기의 발명품은 대중화에 걸리는 시간이 상대적으로 짧을 가능성이 다분히 많다. 19세기 발명품인 자동차는 무려 반세기 넘게 지나서야 대중화가 이루어진 반면, 20세기 발명품 컴퓨터는 단지 20년 만에 대중화가 이루어졌다. 조지 스티븐슨이 개발한 시속 6.4km의 기차 '블루허시 호'가 1814년에 만들어졌고, 세계 최초의 근대적인 철도인 리버풀-맨체스터 간 철도에 '로켓 호'라 불리는 보다 빠른 속도의 기차가 생긴 시점은 1830년이었다. 이것이 후기 증기기관차들의 전신이었고, 후에 가솔린 자동차와 디젤 자동차, 20세기 중후반에는 전기자동차가 등장하게 됨과 동시에 고속열차가 등장하였다. 그리고 21세기에 등장한 스마트폰은 10년도 안 되는 기간에 전 세계적으로 보급되었고, 아이폰을 출시한 애플은 10년 만에 세계 7대 기업 중 1위에 올랐다. 이와 같이 기술의 혁신이 엄청나게 빨라져 다양한 면에서 신세대와 구세대 간의 세대차이도 더욱 더 벌어지고 있다.

엘빈 토플러가 제3의 물결을 부르짖은 이후 제4의 물결은 2016년 다보스 포럼에서 바이오 산업, 3D 프린팅, 로봇, 인공지능, 스마트폰이 후보군으로 선정되었으며, 신기술이 유발하는 문제점도 있어 낙관적인 시각과 비관적인 시각이 나타나고 있다. 가스레인지나 세탁기 없이도 사람은 도끼로 장작을 패고 방망이로 빨래를 두드리며 살아가는 데는 큰 문제가 없지만, 이미 기계문명에 젖어 있는 바쁜 현대인이 그런 생활을 하기에는 가치관이 변하여 불편하게 될 뿐 행복한 생활을 하는 데 도움이 안 된다. 30년이 지나 1990년대생이 60세의 부모가 되는 2050년에는 그 자녀들이 생각하기에 "도대체 이렇게 불편한 상태로 어떻게 살았을까? 하고 고개를 갸웃거릴 가능성이 높다.

중국에서 인터넷이 처음 소개되었을 때 당시 중국의 보수파는 '정보의 고속도로'가 서양국가의 신식민주의의 음모로 탄생한 것이므로 중국이 여기에 휘말리게 되면 이미 확보한 권력의 주도권마저 잃을 수 있다고 경고했지만, 반대로 개혁파는 국가가 주도해 인터넷 발전 속도를 높이지 않으면 선진국과의 격차가 더욱 멀어져 정보화 세계의 변방으로 밀려날 것이라고 주장했다. 가장 크게 낙관하는 쪽에서는 4차 산업혁명의 자동화가 진정한 공산주의를 이룩해낼 것이라는 예상을 하기도 한다. 모든 재화가 별다른 노동 없이도 넘쳐나기 때문에 모든 재화의 가치가 없어져 화폐경제가 퇴조하고 개인의 물적 욕망이 없어져 경쟁이 없어짐으로써 인간의 기본권이 보장되는 진정한 공유사회가 이루어진다고 보는 것이다.

미래를 비관적으로 본 부정적인 면은 시간이 갈수록 경제적 중하위층들의 입장이 불리해진다는 것이다. 많은 비용을 수반하는 과학기술 연구는 자본주의 사회에서 필연적으로 자본에 종속될 수밖에 없기 때문이다. 결국 별다른 정책적 배려가 없는 한 이러한 발전의 혜택은 자본을 투자해서 지분을 갖고 있는 상류층에게만 주어질 수 있다고 보는 것이다. 자동화가 대부분의 단순 노동까지 대체하면 중하위층을 배려해야 할 당위성은 도덕이나 인권 같은 윤리적인 영역에만 남게 될 것이다. 부의 재분배나 복지정책에 대해 소외된 성난 군중들이 가만히 있지 않을 것이기 때문에 상류층이 가진 것을 일정분 나누어주어 갈등을 예방하는 방법도 있을지도 모르지만, 그러나 군대의 보병이나 경찰관까지도 로봇이 대체하는 날이 온다면, 더 이상 성난 군중들이 강력한 무기로 무장한 로봇 진압병력을 제압하는 상황은 벌어질 수 없게 되어, 결국 공상과학 영화에서 나오는 디스토피아적 세상이 될지도 모른다. 4차 산업혁명으로 가장 절망적인 상황은 인공지능이 인간의 통제로부터 벗어나 인간을 지배하게 된다면 중하위층은 물론 상위층까지 전부 사이좋게 몰락할 수도 있다. 그날은 인류의 종말을 고하게 되는 날일지도 모른다. 전 세계 실업자 수는 2016년 약 2억 명으로 추산되고 있고, 앞으로 더 많은 일자리가 사라질 것이다. 몇몇 학자들에 따르면 전체 일자리의 80~90%가 소멸될 것으로 예상하고 있다. 만약 우리가 현재의 경제구조를 그대로 간직한 채로 이런 극단적인 노동 수요 감소를 맞이한다면, 그 결과는 전례 없는 대공황이 될 것이다.

자본주의 이론의 기초를 놓은 아담 스미스 등의 자유시장 이론은 미국의 트러스트 해체 등 독점을 무너뜨리려 한 시어도어 루스벨트 등의 혁신주의자들이 그토록 경계했던 독점을 기반으로 한다. 이 현상은 이미 우리의 피부로 와닿고 있다. 구글, 아마존, 페이스북, 마이크로소프트, 애플 등 선점 효과가 존재하는 모든 시장에서 이런 현상이 발생하고 있으며 앞으로도 이 현상은 계속될 것이다. 네트워크 효과는 4차 산업혁명의 키워드 중 하나로, 이용자 수가 많아질수록 해당 플랫폼의 효용과 효율이 기하급수적으로 증가한다는 것이다. 예를 들어 페이스북보다 모든 면에서 나은 플랫폼을 개발한다고 해도 페이스북이 엄청나게 많은 이용자를 갖고 있기 때문에 네트워크 효과는 반드시 강한 독점력과 높은 진입장벽을 동반하며 후발주자가 도저히 따라잡을 수 없는 거대한 장벽을 형성한다. 세계 최대의 동영상 제공업체 유튜브는 단 5초만 기다리면 광고를 건너뛸 수가 있는데 네이버는 길고 짜증나는 광고로 악명이 높아서, 사용자 수가 적은 네이버는 5초 광고로는 도저히 이윤을 챙길 수 없기 때문에 이들은 경쟁사보다 더 낮은 이윤으로 운영된다. 이는 더 많은 사람들이 유튜브로 몰리도록 만들고, 다시 광고 시간을 늘리게 되는 악순환의 고리를 벗어나지 못해, 네이버뿐만 아니라 우리나라 모든 동영상 업체들이 같은 길을 걷고 있다.

또한 더 많은 사용자를 확보했다는 것은 고객에 대한 더 많은 정보를 가졌다는 것을 말한다. 많은 정보를 가진 기업은 기계학습(machine learning)을 이용해 모든 사용자들에게 더 정확한 맞춤서비스를 제공할 수 있다. 우리가 유튜브의 모든 동영상, 아마존닷컴의 모든 책을 일일이 살펴보고 결정할 수 없다는 점에서 이것은 엄청난 차이를 만들어내며 독점 기업을 더 굳건하게 만들어준다. 독과점이라는 것은 4차 산업혁명에 기인했다기보다는 자본주의 무한경쟁 체제에서 자본이 집중되는 현상으로 해석될 수 있다. 특히 독과점이 가장 심했던 시절은 1차 세계대전이 발발하던 시절이었던 것을 생각해 본다면 독과점이 4차 산업혁명만의 특이한 현상이라고 볼 수만은 없다. 4차 산업혁명의 거대기업 독과점 현상의 특이한 점은 기업의 관료화에 의한 쇠퇴가 진행되는 것이 아니라 오히려 효과적으로 의사결정의 단순체제를 유지하며, 자동화 설비와 인공지능, 통신기술을 활용한 더 빠른 업무속도를 통해 경쟁기업을 무력화시킨다. 현재 페이스북은 고객센터를 전면적으로 100% 인공지능화했기 때문에 고객센터에 전화를 하더라도 사람이 아니라 인공지능이 그 전화를 받는다.

후발 스타트업들은 거대기업들이 못 찾은 수요를 찾아내도 경쟁이 안 되기 때문에 그들이 개발한 것들을 매각하거나 거대기업에 합병된다. 이렇게 애플, 마이크로소프트, 구글, 아마존닷컴, 페이스북 등의 5개 테크기업들은 지난 30년간 총 770개의 회사를 인수 합병했다고 한다. 불행하게도 이러한 양극화 현상을 해소할 수 있는 대안은 아직 없다. 섣불리 통제를 하면 기존 시장의 교란을 일으켜 경제에 충격을 줄 수 있고, 경쟁적 생태계를 교란시켜 기술 개발 등이 둔화되고 자본이 부동산 시장으로 몰려 문제를 더 악화시킬 수도 있다.

4차 산업혁명에서는 인간이 할 수 있는 거의 모든 일이 기계와 인공지능으로 대체된다는 것이 대부분 전문가들의 의견이다. 특히 인간이 두뇌를 써서 수행하는 일의 대부분이 장기적으로 인공지능으로 대체될 가능성이 높다. 컴퓨터의 유지비는 인간 노동자와 비교할 수 없을 만큼 저렴하기 때문이다. 2015년과 2020년 사이에 714만 개의 일자리가 사라지고 200만 개가 새로 생겨났다. 인공지능으로 강화된 기계 지성이 인간을 완전히 능가하는 시점이 언젠가 올 것이라는 점은 의심할 여지가 없다고 기술 특이점 옹호자들은 예견하고 있다. 컴퓨터는 할 수 없고 인간만이 할 수 있는 일은 이 세상에 존재하지 않기 때문이라고 보는 것이다. 이는 두 가지 방법으로 증명할 수 있다. 첫째, 영국의 수학자 앨런 튜어링은 세상에 존재하는 모든 연산은 'and, or, not' 연산만으로 치환될 수 있음을 보여주었다. 컴퓨터는 'and, or, not을 계산할 수 있고, 따라서 컴퓨터는 모든 연산을 수행할 수 있다. 여기서 연산이라 하는 것은 바둑, 체스, 작문, 번역, 작곡, 소설 쓰기, 영화 만들기, 잡담하기, 판결, 운전, 상담, 과학연구, 그리고 더 나은 인공지능을 만드는 일까지, 우리 두뇌가 수행할 수 있는 모든 작업과 그 이상을 포함한다. 둘째, 우리가 어떤 사람의 뇌를 아주 정밀하게 관측하여, 그 사람의 뇌 세포 하나의 연결을 알아내어 컴퓨터가 똑같이 시뮬레이션한다고 하면, 이 작업은 아주 복잡하고 어렵지만 불가능하지는 않다. 실제로 뉴런의 수가 적은 편모동물이나 작은 곤충에 대해서는 이러한 작업이 실험실에서 여러 차례 성공한 바 있다. 결국 언젠가는 컴퓨터가 인간이 할 수 있는 어떤 작업을 수행하는 데는 근본적인 장벽 같은 것은 존재하지 않는다는 것을 잘 보여준다.

2017년 초에는 온라인 바둑 사이트에서 인간 최고수들을 상대로 60:0의 스코어로 이겼다. 이것은 다시 말해서 어떤 분야라도 구글 같은 거대기업이 막대한 자본과 인력을 투입하면 인류 최고의 생물학적 지능보다 뛰어난 인공지능을 개발하는 것이 가능하다는 것을 뜻한다. 인공지능이 인간의 지성을 완벽하게 대체하는 건 상당히 오래 걸릴 것이지만, 문제는 인공지능이 인간의 지성 수준까지 가지 않아도 인간을 부분적으로 대체하고 일자리의 대부분을 소멸시키는 것은 먼 미래의 일이 아니라는 것이다.

2010년에 농업에 종사하는 미국인은 2%에 지나지 않았고, 20%가 산업에 종사하였고, 78%가 교사, 공무원, 간호원, 계산원, 식당 종업원 등으로 일했다고 했다. 2013년 두 명의 옥스퍼드 대학교 연구원이 인공지능 알고리즘을 이용하여 계산한 내용을 발표한 '고용의 미래'에서 2033년경에는 미국의 직업 중 47%가 소멸 고위험군이고, 99%의 텔레마케터, 97%의 계산원, 83%의 방범요원, 83%의 선원이 일자리를 잃을 것이라고 예측했다. 반면 고고학자의 일자리는 불과 0.7% 줄어들 거라고 했는데, 고고학의 경우 투자 및 경제적 이익추구와 직접적인 관련이 없어서 그렇다고 했다.[4]

많은 경우 인간 노동자가 해당 분야에서 완전히 사라지지는 않겠지만, 파격적인 노동감소가 여러 곳에서 예고된다. 예를 들면, 자율주행 자동차가 인간 운전자 이상의 신뢰성을 얻는 순간, 택시, 버스, 고속버스, 화물차, 운전기사를 포함해 운전을 통해 생계를 유지하는 전 세계 수억 명의 노동자들이 인공지능으로 대체될 것이다. 특히 자율주행자동차가 본격적으로 상용화될 경우, 해킹이나 내부오류, 천재지변 등으로 인한 특수상황이 아닌 이상, 인간 운전자처럼 주의 집중력 저하, 피로누적, 상황오판이 없고 그로 인한 이점으로 교통사고율이 매우 낮아질 것이기 때문에 상용화가 되면 장기간 운전을 요하는 곳에서부터 본격적으로 보급될 가능성이 높다. 실제로 지하철 노선 곳곳에 자동 및 무인운전이 활발히 도입되고 있다. 서울교통공사의 5, 8호선의 경우 차장이 존재하지 않고 운전은 자동모드로 운전하며, 운전자 1인 승무로 운행을 책임지며 출입문 취급, 안내방송, 비상시 조치 등을 하는 직무개념으로 바뀌었다. 철도 분야는 신호시스템, 승강장 통신시스템 등을 대체하는 데 천문학적인 투자가 필요해 당분간 현 시스템으로 운영될 것으로 전망하고 있다.

4차 산업혁명의 핵심기반이 될 공간정보 클라우드는 데이터 경제 시대의 시작과 함께 핵심자원으로 부상했다. 위치를 기반으로 주변 상황을 종합적으로 분석하고, 데이터와 데이터를 연결함으로써 다양한 플랫폼과 서비스를 제공할 수 있기 때문이다. 우버, 에어비앤비 등 글로벌 기업을 비롯해 카카오, 요기요 등 데이터 기반의 플랫폼 기업들이 대부분 공간정보에 기반해 고객과 제품서비스를 연결하고 수익을 창출한다. 다른 모든 분야와 마찬가지로, 공간정보 분야 역시 클라우드 도입을 통해 발전이 가속화될 것으로 기대되고 있다. 분산된 데이터 관리체계를 일원화해 공공과 민간이 필요로 하는 공간정보를 효과적으로 개방하고 공유해 공간정보산업 자체의 발전을 꾀할 것이며, 데이터 가공 절차를 최소화시켜 다른 분야와의 융·복합에 힘을 실어 공간정보의 가치를 더욱 확산시킬 것이기 때문이다. 특히 공간정보 클라우드 플랫폼이 제공하는 공간정보 관련 인프라, 데이터분석기능 등이 쉬워지면, 누구나 최소한의 자본과 기술로 제품과 서비스를 개발할 수 있을 것으로 기대된다. 이런 논의가 고해상도 영상지도와 대축척 정밀지도 등의 확대로 이어진다면, 자율주행, 무인항공기, 스마트시티 등 다양한 분야에서 공간정보 활용 수요가 빠르게 성장할 수 있다. 이렇게 스마트화한 교통수단과 도시는 결국 운전기사, 조종사, 공무원의 일자리를 대체하게 될 것이다.[5]

　의료 분야에서 인공지능 왓슨은 현재 웬만한 전문의보다 더 정확한 진단을 내리며 로봇 수술에 적용되고 있다. 특히 고난도를 요구하고 체력 소모가 비교적 심한 외과 등의 장시간 수술에서는 피로가 누적되어 집중력이 떨어지기 쉬운 의사보다 인공지능 수술 로봇이 압도적으로 유리할 수밖에 없다. 변호사 등 문서 작업을 주로 하는 직종 역시 알고리즘의 발전으로 많은 수가 줄어들고 있고, 앞으로 더 줄어들 것이다. 실제로 2019년 국내에서 '1회 알파고 경진대회'라는 근로계약서 자문 대회가 열렸는데, 인공지능 변호사가 1, 2위를 했고, 인공지능 변호사의 도움을 받은 일반인이 변호사를 이겨 3위를 했다. 이는 인공지능 변호사가 아직 결정 능력은 없지만 자료분석 및 안내와 같은 능력이 인간과는 차원이 다름을 입증한 사례 중 하나가 됐다. 은행 역시 핀테크의 발전으로 인원을 점점 줄여 나가는 추세이며, 더 많은 지점들이 문을 닫고 있다. 현재 우리나라의 시중은행 중 지점을 늘리고 있는 은행은 단 한 곳도 없으며, 그나마 늘어난 인력은 대다수가 프로그래머이다. 당장 인터넷뱅킹 전문은행이 등장하면서 전 세계에서 기존 은행들이 경쟁력을 확보하기 위해 지점을 대거 폐쇄하고 ATM 및 은행 키오스크를 도입하고 있다. 투자 분야에서도 인간보다 인공지능이 훨씬 많은 변수를 고려하고 더 빠르게 답을 찾아내어 투자한다. 또한 최근 로보어드바이저(Robo-Adviser)라고 하여 고객의 설문조사와 데이터를 통해 선호상품, 위험

감수 정도를 계산하여 엄청나게 많은 금융상품을 추천해준다. 골드만삭스는 딥러닝 방식으로 각종 업무를 자동화해서 기존 600명 금융인이 할 일을 딱 2명의 몫으로 줄이고 켄쇼라는 인공지능을 일본 기업으로부터 외주로 도입한 뒤에 인력을 대폭 정리해고했다.

창의적인 영역이라고 생각했던 예술 분야의 작곡, 글쓰기, 회화에서조차도 인공지능이 활용되고 있다. 이미 원하는 분위기의 곡을 입력하면 그에 맞춰 인공지능이 알아서 작곡해주는 인공지능이 나왔으며 간단한 스케치만으로도 디테일한 그림을 뽑아주는 프로그램도 있다. 흔히 인간은 아름다운 곡을 쓰고 기계는 아름답지 않은 곡을 쓸 거라 생각하지만, 실제로는 예술사 속에서 이안니스 크레나스키의 사례처럼 자신의 작곡에 수학이나 물리학의 공식을 접목시키거나 일정한 알고리즘을 따라서 작곡해 온 사례가 굉장히 많았다. 인간이 자연을 보고 감동받는 것처럼, 기계가 만든 무언가가 인간의 감정을 불러일으켜 감동받는 시대가 올 것이다. 한편 제조업 분야에서는 그 인간노동 대체가 더욱 빨라 50만 켤레의 신발을 만드는 데 10명이면 충분한 아디다스 운동화 생산 공장이 완성되었으며 이러한 고도의 자동화로 인한 저렴한 노동력을 찾아 개발도상국을 전전하던 생산시설이 물류비를 아끼기 위해 자국으로 돌아오고 있다. 음식점 역시 2017년 최고의 스타트업 기업으로 각광받는, 로봇이 만드는 '줌 피자', 6초에 하나씩 햄버거를 만드는 '모멘텀 버거'도 있다고 한다. 한정된 지구 안의 자원을 놓고 초지능과 경쟁하게 될 때 초지능(superintelligent) 입장에서 인류 위에 존속하게 하는 것은 합리적인 선택이 아니다. KAIST의 뇌과학자 김대식 교수는 강한 인공지능이 태어나기 전까지만 살고 싶다고까지 말했다.

한편 자동화, 지능화 기술에 의해 줄어드는 일자리의 한 사례로, 기독교의 발상지인 이스라엘의 무신론자들은 평균 7명의 자녀들을 둔 유대정교인들의 삶은 지속가능하지 않다고 비판하면서, 일을 하지 않고 국가로부터의 지원에 의존하는 유대정교인들도 머지않아 일을 해야 한다고 논쟁을 벌이고 있다. 그렇지만 일터로부터 로봇과 인공지능에 의해 인간이 내몰리고 있는 현실에서, 그들의 생활방식이 과거의 잔재라기보다 미래의 모델이 될 수 있다고 한다. 유대정교인들처럼 삶의 의미를 종교와 공동체에서 찾는 것이 줄어들어가는 일거리에 대한 대안이 될 수 있다고 보고 있다. 이들 유대정교인들은 성경을 공부하고 종교의식 행사만을 하며, 돈 버는 일을 하지 않는다. 비록 그들은 가난하고 돈 버는 직업이 없지만 그들이 이룬 강한 공동체적 결합으로 생활의 만족도는 매우 높다고 한다.[6]

1960년대 한국인들은 하루 세끼 밥 먹고 살 수 있는 세상이 오기를 원했다. 물질적으로 그만큼 풍요로워졌으나 이제 기존보다 훨씬 많은 물질을 원하면서 계속 불행해한다. 그래서 인공지능이 지금보다 많은 물질을 제공해준다고 해도 비슷한 원리로 행복도의 궁극적인 향상에는 한계가 있다. 전 세계적으로 90%가 실업자가 되어야 하는 상황이 오더라도, 특정국가의 90%가 실업자가 되어야 한다는 법은 없다. 과거 제국주의 열강들이 그랬던 것처럼 초과 수요를 흡수해줄 충분한 경제적 식민지가 있다면 어떤 국가는 낮은 실업률을 유지할 수 있다. 현재 선진국의 실업률은 호전되고 개도국의 실업률은 증가하고 있다. 구글, 마이크로소프트, 아마존닷컴, 페이스북 같은 기업은 전체 시가총액 20%를 장악하고 있는데 미국인 전체 인구의 1%도 되지 않는다. 케인즈학파로 유명한 영국의 경제학자 케인즈는 1930년에 쓴 「손자세대의 경제학」이라는 글에서 100년 뒤 살림살이가 8배 나아져 노동 시간이 주당 15시간이면 충분할 것이라고 했다. 그러나 현재 살림살이는 8배 나아졌지만 주당 노동 시간은 아직 주 40시간을 넘는다.[7]

7

소유와 공유의 대결

1. 산업혁명을 일으킨 인류의 성장 엔진, 산업자본주의

자본주의의 기원은 16세기경으로 보지만 'capitalism'이라는 말은 이후부터 쓰이기 시작했고, 1854년에는 자본을 가지고 있는 상태라는 뜻으로 처음 등장했다. 유럽의 시민혁명 이전에는 정치적으로 구체제가 강력하게 자리하고 있었고, 시민혁명 이후에야 현대까지 이어오는 자유주의, 보수주의, 사회주의가 출현했다. 경제체제로서의 자본주의는 이들보다 일찍 등장했지만, 자본가의 계급에 의한 자본주의는 시민혁명 이후에 두각을 나타낸 것으로 볼 수 있다. 당시의 정치, 사회, 경제적 시스템에 '자본주의'란 이름을 붙이고, 구체적인 분석과 관찰의 대상으로 삼아 자본주의를 이념적으로 만들었던 이는 칼 마르크스였고, 자본주의의 핵심 근간인 자유시장에 대한 정의와 추구는 아담 스미스가 하였다. 자본주의 중에서도 현대 자본주의를 파악할 때에는 금융자본주의에 초점을 맞춘다. 고도로 발달된 주식을 비롯한 각종 금융제도들이 경제의 중추를 이루는 것은 현대 자본주의의 특징이다. 특히 대다수의 회사가 주식회사인 것은 근대에도 이루어지지 않았고 현대에 와서 이루어진 부분이다. 현대의 주류경제학자들은 자본주의라는 용어를 쓰는 것을 꺼리며 자본주의라는 용어가 쓰일 법한 상황에서는 비판적 맥락이 있는 자본주의보다는 되도록 '시장경제(market economy)'라는 용어를 대신 사용하고, 한국에서도 전경련이나 자유기업인 등의 단체나 보수 정치인들은 시장경제라는 표현을 주로 쓴다. 그레고리 맨큐의 경제학에 나온 표현을 사용하면 자본주의는 '수많은 기업과 가계가 시장에서 상호작용하면서 분산된 의사결정에 의해 자원 배분이 이루어지는 경제체제'라 한다.

자본주의는 흔히 16세기 르네상스 시대 이탈리아에서 발생한 것으로 본다. 이는 페르낭 브로델의 설명이며, 지난 세기 세계사의 거장인 이매뉴얼 월러스턴을 포함한 많은 학자들이 이 사실을 지지한다. 한편 아부제닛 루고드는 이를 13세기까지 거슬러 올라가고, 나아가 이슬람 세계에서 시작되었다고 보기도 한다. 현 세대의 역사학자들은 마사 호웰처럼 "단순히 현대 자본주의의 정신적 근간을 이루는 상업정신과 하나의 근대정치, 경제적 체제로서의 자본주의는 본질적으로 다르며, 후자가 성립하기 위해서는 근대적 의미의 공업생산이 뒷받침되어야 한다"라고 주장하며 오히려 산업혁명이 태동한 18세기 후반으로 자본주의 체제의 기원을 더 늦게 잡는 경우도 있다. 안드레 군더 프랑크의 경우에는 자본주의 시작을 규정하는 것 자체가 의미 없는 일이라고까지 했다.

　상업 자본주의는 자본주의의 초기 형태로 16세기에서 18세기 사이 신대륙의 발견, 신항로의 개척, 중상주의 정책, 적극적 해외 식민지 개척을 통해 발달하게 된다. 당시 유럽은 산업혁명 이후 상공업의 발달과 공장제 산업이 확대되어 대량생산이 이루어지고, 자본이 축적되었으며 이후 적극적으로 산업적인 재화의 생산보다는 재화의 교환과 판매를 통해 이윤을 추구하는 경제체제로 변해간다. 동양과의 무역이 확대되며 향신료, 비단 등 큰 부를 축적할 수 있는 재화가 유럽으로 들어오게 되었고 반대로 유럽은 새로운 원료 산지와 판매 시장을 얻게 되었다.

　1776년 아담 스미스(1723~1790)의 『국부론(An Inquiry into the Nature and Causes of the Wealth of Nations, 1776)』이 출간된 후 정부가 경제활동에 간섭하지 말라는 자유방임주의가 점차 뿌리내리기 시작했고, 같은 시기에 산업혁명이 도래하면서 이 사상을 바탕으로 산업자본주의가 성장했다. 아담 스미스는 영국의 고전 경제학파의 창시자로 자본주의 개념을 정립했다. 스코틀랜드 커스칼디 태생이고 그의 부친은 고향의 세무 관리였다. 스미스의 부친은 그가 세례받기 6개월 전에 세상을 떠나 그는 홀어머니 슬하에서 자란다. 어린 시절 그는 당시 스코틀랜드 해안에서 급증했던 밀무역을 지켜보고 인간의 거짓됨을 깨닫게 되어 훗날 이 경험이 『국부론』을 쓰게 되는 계기가 되었다. 글라스고 대학에서 윤리철학을 전공하고 졸업 후 옥스포드 대학에 장학생으로 입학하지만 대학 생활에 큰 의미를 못 찾아 자퇴하고, 1751년 글라스고 대학 논리학교수로 임명된다. 1764년부터는 가정교사로서 교수 연봉의 2배였던 600파운드의 보수를 받으며, 교수직을 사임하고 친분을 쌓았던 데비드 흄이 소개시켜준 귀족 찰스 타운젠트의 양아들 헨리 스코트를 데리고 가정교사를 하며 2년여에 걸친 유럽여행길에 올랐다. 아담 스미스는 지식 여행을 통해 여러 나라의 행정조직과 볼테르, 벤자민 프랭클린, 프랑스와 케네 등 당대의 지적 사상가들과 접촉하며 이들의 이론을 흡수하고, 귀국 후 저술활동에 전념한다. 1778년경에는 관세청장을 역임하기도 했지만, 이후 대학으로 돌아와 학자로서 살다가 1790년 에딘버러의 자택에서 더 많은 것을 성취하지 못한 것을 아쉬워하며 세상을 떠났다고 한다. 세간에서는 스미스에 대해 "지적으로 모험을 즐기고 사회적으로는 조심스럽게 처신했다"고 평했다.

그는 "우리가 저녁식사를 기대할 수 있는 건 푸줏간 주인, 술 판매점 주인, 빵집 주인의 자비심 덕분이 아니라 그들이 이익을 챙기려는 생각 덕분이다"라는 말을 남겨, 공정한 법 아래에서 자유롭게 자신의 이익을 추구하다 보면 시장의 적절한 가격 형성이 이루어진다고 보았다. 그는 당시의 중앙계획경제에 의한 정치권력이 경제적 지위를 결정하는 데 반해 시장경제는 가난한 사람들, 위정자들, 그리고 범법자들도 부자가 될 수 있다고 주장하였다.

그의 『국부론』은 이론, 역사, 정책에 걸쳐 구체적으로 경제학을 다룬, 10년에 걸쳐 쓴 대저작이다. 그는 부는 금이나 은이 아니라 매년 이루어지는 생산물이라고 규정하였고, 노동의 생산력을 증대시킴으로서 국민의 부인 연생산물을 증대시킬 수 있고, 생산력은 분업에 의하여 증진된다고 하며 분업의 역할을 중시했다. 또한 근대인의 경제행동의 동기는 이기심(self-interest)이라고 하였고, 이기심은 공감을 수반하는 것이므로 경제적 타산으로 행해지고, 그 결과 개인적인 경제행위는 '보이지 않는 손(invisible hand)'에 의하여 이끌려 결국은 공공의 복지를 증진시킨다고 주장하였다. 이러한 자연적 질서에 대한 신념으로 일체의 보호 제도의 폐지와 자유방임적 정책의 채택이 국부증진의 길이라고 믿었다. 따라서 국가는 그 임무를 단순히 국방, 사법, 공공사업에만 국한하는 '야경국가(Minachism)'여야 한다고 역설했다. 그의 시장중심 사상은 시장경제라는 형태의 산업혁명의 기초가 되었고 생산에 동기를 주는 가격은 시장의 보이지 않는 손에 의해 결정된다는 자유시장자본주의의 기초가 되었다. 훗날 개개인의 이익만이 극대화될 경우 사회 전체가 붕괴된다는 존 내쉬(John F. Nash, 1928~2015)의 비협조적 게임의 평형개념이 개발되어 '보이지 않는 손'에 의해 경제가 돌아가지 않는다는 것이 증명되었다. 내쉬가 개발한 게임이론은 체스나 포커처럼 선수들은 상대선수가 어떤 수를 쓸 것인가에 대해 미리 예측하는 전략을 구사하면서 이와 같은 전략적인 상호활동이 경제상황의 많은 경우 적용된다는 이론이다. 이 게임이론은 오늘날 경제문제를 분석하는 주도적인 도구가 되었고, 또한 게임이론의 한 분야로서 구속적인 협력을 배제하는 비협조적 게임이론은 경제연구에 중요한 영향을 미쳤다. 한편 존 내쉬는 영화 '뷰티풀 마인드(Beautiful Mind)'의 주인공 천재 수학자로 그려지기도 했다.

산업혁명 후 기계를 이용해서 질 좋은 상품들이 나오자 수공업자들이 몰락하여 도시 노동자로 전락하게 된다. 기업가들은 정부의 비호를 받은 채 탄력적으로 고용과 해고를 할 수 있는 권한을 가지며 싼값으로 고용한 후 필요에 따라 해고하면서 이윤 창출에 주력했다. 일요일도 없이 하루 16시간이나 일하게 되는 열악한 노동환경에 따라 노동자들 사이에서 노동운동이 싹트기 시작했으며 칼 마르크스 같은 사회주의 사상가들도 출현한다.

독점 자본주의는 소수의 자본이 국가 전체의 산업을 넘어 문화까지 독점하는 것을 말한다. 특히 미국에선 록펠러의 스탠더드 오일, 듀퐁, 메코멕, 벨 컴퍼니, 유에스 스틸 등 제조업 재벌들이 나오기 시작했고, 산업화에 따른 경제성장으로 금융업도 같이 발달해 J. P. 모건, 시티뱅크 같은 금융 독과점 업체들이 나왔다. 연방정부의 자유방임 속에서 일부 주를 제외하고 대다수 주들은 세금을 많이 걷기 위해 독점자본을 허용했다. 그러나 독과점의 피해가 커지자 1890년에 벤자민 해리슨 행정부가 '셔먼 독점금지법'을 제정하고, 시어도어 루스벨트 행정부 때 적극 활용하기도 했으나 오히려 대기업들은 법망을 피해서 시장 독점을 계속했다. 독점 자본주의 시기에 자본주의는 유례없을 정도로 그 실패를 여실히 보여주고 있었다. 독과점, 부정적 외부효과, 공공재 부족 등 시장실패가 기업들로 인해 극대화되었으며 식민지에서는 비인간적인 착취가 이어졌다. 식민지에서 팔아온 것을 잘 분배했으면 적어도 자기 나라 국민은 잘 먹여 살릴 수 있었겠지만 그마저도 잘 분배되지 않아 가계는 점점 수요를 상실하고 그 모순이 쌓여 대공황의 폭풍이 몰아치게 된다. 이후 존 메이너드 케인즈를 필두로 데뷔한 케인즈학파가 뉴딜 정책 등으로 자신들의 이론이 맞음을 어느 정도 입증해냈고 그로부터 사회민주주의가 발흥하게 되었다.

대공황에서 벗어난 미국은 루즈벨트(FDR) 정부의 뉴딜 정책같이 정부가 경제활동에 개입하여 시장을 간섭하고 질서를 바로잡지만 기업들은 온갖 규제 때문에 경제활동을 제대로 하기 어려워 실제 경제발전으로 이어지지 못했고, 이는 1970년 스태그플레이션 사태로 이어졌다. 10년이란 경기침체의 세월이 흐르고, 1981년 로널드 레이건이 미국 대통령으로 취임한 후 구제와 세금을 줄여 경제활동을 자유화하는 '레이거노믹스'를 창안하면서 신자유주의의 뿌리가 마련되었고, 1990년대에 들어 소련 등 공산권의 붕괴로 자본주의의 승리가 기정사실화되면서 인류의 역사는 자본주의에서 끝날 거라는 전망도 있었다. 이를 설파한 학자는 『역사의 종말』의 저자 프란시스 후쿠야먀 등이다. 그러나 기업활동이 또 자유화되면서 기업가들은 끝없는 욕망으로 독점을 한층 더 강화하는가 하면, 글로벌화된 세계시장에서 거침 없는 부를 빨아들인 탓에 빈부격차가 더해져 2000년대의 20:80에서 2010년대에는 1:99로 벌어졌다. 무한한 탐욕 때문에 서민경제가 파탄 나게 되자, 2008년 '대침체(Great Recession)'당시 월스트리트 금융업체들은 파산 신청을 했고, 정부도 국민의 세금으로 제너럴 모터스, AIG, 시티그룹 등에 구제금융을 해줬지만, 정작 금융기관들은 반성 없이 보너스 파티를 벌이게 되면서 2010년 '월가 점령시위'로 번졌다. 이 상황 속에서 대다수 서유럽의 국가들은 자본주의와 사회주의의 경계가 모호할 정도로 자본주의 색깔이 옅어진 면도 있고 사회민주주의로 불리는 체제, 즉 고효율의 조세제도로 뒷받침되는 복지국가가 실현된 상태라 할 수 있다. 한편 구 공산권 해체와 2000년대 이후 세계경제의 위기를 거치며 우파, 좌파의 담론들과 신자유주의, 제3의 길인 중도주의, 대안 우파인 백인 우월주의 등이 사상계와 정치계에 나타나고 있다.

자본주의는 왜 사라지지 않는가? 마르크스가 언급한 생산계급의 이윤율이 자본계급에 비해 계속 저하되는 이유는 근본적으로 인간의 욕망 때문이다. 따라서 자본계급의 이윤추구가 극단적으로 흐르게 되면 노동계급이 반기를 들어 사회주의 혁명이 발생할 것이라는 게 마르크스 이론이다. 그러나 자본주의 사회의 위기가 찾아왔던 1920년 대공황은 국가의 재정지출 확대와 수정자본주의 이론으로 극복할 수 있었으며 전후 인플레이션은 브레튼 우즈 체제를 통해 억제할 수 있었다. 이러한 처방 이외에도 자본주의 사회의 경쟁 체제와 자유주의를 통해 공산진영에 비해 놀라운 기술 혁신이 이루어진 점도 자본주의 진영이 체제 경쟁에서 승리했던 원인이라고 볼 수 있다. 한편 사유재산의 인정과 개개인의 자유가 밀접한 관련이 있기 때문에, 이러한 사유재산을 기반으로 한 자본주의는 쉽게 사라지지 않으리라고 보는 관점이 아직 지배적이다. 또한 자본주의 이전에도 시장경제의 틀은 존재해왔기 때문에 미래에 오늘날과 같은 자본주의는 사라질지 모르지만 시장경제 자체가 사라지기는 어려울 것이라고 보기도 한다.

자본이 축적될수록 자본이 없는 사람과 있는 사람 간의 부의 격차는 커져간다. 대형 유통점이 들어서면 시장 상인들이 일자리를 잃고 자본이 많은 대기업과 그렇지 못한 중소기업 간 임금의 격차는 심해져간다. 이런 현상들은 중국이나 베트남 같은 사회주의 국가에서도 찾아볼 수 있다. 사회주의를 주장하는 사람들은 상대적인 후진국에서 혁명이 일어났기 때문에 이들 국가는 진정한 사회주의가 아니고 국가가 자본가의 역할을 대행하는 국가자본주의 단계라고 말하기도 한다. 자본주의 사회에서 사람들은 소득과 부를 가장 높은 가치로 보고, 높은 소득을 올리는 사람을 훌륭한 사람이라고 본다. 이는 자본주의 사회에서 끊임없이 이윤을 추구하는 논리가 사회 전반을 지배하고 있기 때문으로 볼 수 있다. 대부분의 사람들은 기업에 자기의 노동을 팔아야 하는 입장이기 때문에 기업의 사고방식이 의식적으로나 무의식적으로 사람들의 사고를 지배하게 된다. 기업이 돈을 벌 수 있게 해주는 사람, 돈 잘 벌고 잘 쓰는 사람들이 존중을 받는다. 불과 몇십 년 전에 있었던 대량생산 체제에서는 조직의 부속품처럼 성실한 사람이 환영을 받았지만, 21세기의 달라진 환경에서는 창의적인 사람과 협업을 잘하는 사람들이 환영을 받는데, 이런 움직임조차 기업의 논리로부터 영향을 받는다. 자본주의를 긍정적, 필연적으로 평가하는 사람들은 자본주의를 초역사적인 체제로 여긴다. 프레드릭 제임슨은 "우리는 자본주의라는 체제의 종말보다 세계의 종말을 상상하는 것이 더 쉬운 시대에 살고 있다"고 했다.

4차 산업혁명으로, 특히 인공지능과 로봇의 발전으로 자본주의에서 노동

의 가치가 거의 영(0)에 가까워지고 있고, 노동뿐 아니라 생산성 증가가 영
(0)에 수렴하면서 기업들이 이익을 창출하는 일마저도 점점 어려워지고 있
다. 이렇게 많은 기업들의 수익모델은 점점 악화되어가고 있는 반면, 구글,
아마존 같은 온라인 플랫폼 회사들은 막대한 수익을 거두고 있다. 일자리
를 빼앗긴 노동자들은 소수의 고급전문가 외에는 시장법칙에 따라 인공지
능에 투자할 가치도 없을 정도로 부가가치가 낮은 업종에서만 일자리를 찾
을 수 있는 저임금 노동자로 전락할 수 있다. 이런 양극화는 소비계층의 확
대가 있어야 생산증가를 통해 지속적인 성장을 할 수 있는 자본주의에 위
기로 닥칠 수 있다. 이런 상황에서 한동안은 자본과 지식이 집중된 거대한
온라인 플랫폼을 가진 기업들만 성장을 계속할지 모르지만, 궁극적으로는
전 지구적 성장의 침체기를 맞이하여, 소수에 의해 지배되는 새로운 형태의
봉건주의와 비슷한 사회가 될 수도 있다. 한편 2008년 대침체를 계기로 아
나톨 카레츠키 같은 경제학자들 사이에서 인도적 성격을 지닌 '자본주의
4.0' 시대가 올 거라고 주장하면서, 자본주의 국가들의 정글자본주의 대신
인도적 자본주의로 이행해야 한다는 과제를 떠안기 시작했다고 보고 있다.
특히 미국같이 친기업적이고 능력 중시적인 친자본주의적 국가들은 이러한
딜레마를 안고 있다.[1]

2. 변하고 있는 사회주의

사회주의라는 말은 아주 넓은 의미에서 개인주의와 반대되는 의미로 쓰이는 경우도 있다. 1753년 프랑스 성 베네딕토회 수도원의 레제 마리 데샹(Leger Marie Deschamps)이라는 수도자가 인간에게 본성적으로 사회성이 있음을 가정하는 자연법의 계몽주의 근대 이론가를 지칭하는 의미로 처음 사용했다. 그리고 오늘날과 같은 의미로 사회주의를 사용한 것은 프랑스의 피에르 르루가 그 기원이다. 사회주의는 자본주의의 폐단인 사적 욕망과 이윤 추구를 목적으로 한 생산수단의 개인 소유와, 그 개인 사이의 경쟁이 심해지면서 생기는 부작용으로 인해 발생하는 부의 독점, 인간의 소외, 비인간적 노동환경 및 금권정치 등에 대한 반대급부로 생겨났다. 그래서 사회주의는 생산수단의 사적 소유 반대를 기본적인 골자로 한다. 19세기 전후로 많은 분파가 생성되었으나 대다수의 사회주의는 칼 마르크스의 이론을 바탕으로 생성된 마르크스주의를 그 뿌리로 하고 있다. 마르크스주의는 크게 공산주의적 부류와 사회민주주의적 부류로 나눌 수 있다. 레닌주의를 위시로 한 국가주의적 공산주의는 몰락했지만, 사회주의로부터 변화된 사회민주주의는 현재도 서유럽 및 북유럽 등지에서 유지되고 있으며 이를 통해 사회주의는 큰 명맥을 이어오며, 많은 나라들이 경제적으로 복지, 사회 안전망 등의 사회주의 성과를 선별적으로 채택하고 있다.

플라톤이 쓴 『국가』에서 그가 생각한 이상국가는 크게 생산자, 수호자, 통치자의 세 부류로 구성된다. 수호자계급과 통치자계급은 사유재산을 가지는 것이 금지되며 자녀를 공동으로 양육한다. 그 이유는 상류계급의 사람들에게 가족과 재산이 생기면 이기적으로 변하기 때문이다. 플라톤의 이상국가에서는 민중계급이 사회의 주체가 아니며, 철인왕과 귀족계급이 사회의 주체이다. 성경의 사도행전 2장에는 "믿는 사람은 모두 함께 지내며 그들이 소유한 모든 것을 공동소유로 내어놓고 재산과 물건을 팔아서 모든 사람에게 필요한 만큼 나누어주었다"라는 구절이 있다. 사도행전에 묘사된 서기 1세기경의 기독교 공동체 모습에는 사회주의적인 면이 많이 드러나 있다. 이렇게 서로 물건을 통용하며 살아가는 모습은 제도적인 것이 아니라 자발적이었다는 것을 보여준다. 각자의 소유는 있으나 그것을 자발적으로 나누는 것으로, 성경이 가르치는 가장 이상적인 사회의 모습이라는 것이다. 현재도 많은 수의 그리스도교 수도회가 재산의 공동소유 또는 제한적 소유를 인정하고 있다.

토머스 모어의 저서인 『유토피아』에서 모어는 유토피아란 어디에도 없다는 뜻으로 쓰며, 당시 영국사회의 악폐를 지적한다. 즉, 사회의 현실에 맞지 않는 엄격한 법률, 자신은 아무것도 하지 않고 남의 노동으로 살아가는 다수의 귀족, 전쟁을 좋아하는 군주, 양털 값이 올라가 밭과 땅과 목장까지 넓혀가는 지주 등을 보호하는 사유제도를 비판하고 있다. 이 이상적 국가의 기본은 농업이고 게으른 자는 추방된다. 노동 시간은 6시간이고 여가는 각자의 자유이나, 대부분은 학문이나 음악 등으로 보낸다. 금은 경멸되어 변기나 노예의 족쇄, 전과자의 귀에 다는 귀걸이를 만드는 데 쓰인다. 이혼은 원칙적으로 허가되지 않으며, 모든 것이 공유되고, 법률의 조문은 매우 적으며, 변호사는 추방된다.

사회주의는 19세기 무렵부터 노동운동의 발달사와 함께 발달했으며 노동법과 같은 부분에 상당한 기여를 했다. 사회주의자들은 노동조합 운동 등을 통하여 노동자의 교섭을 강화하고 노동자에게 유리한 규제를 만들고자 노력해왔다. 또한 사회민주주의의 경우에는 북유럽에서 사회민주당이 집권하면서 복지국가의 기틀을 닦았다. 그래서 이런 영향으로 사회민주주의나 민주사회주의 등은 지금도 유럽에 일정한 영향력을 가지고 있다. 현실 사회주의 국가들에 대한 가장 큰 비판은 이상적 사회 건설을 위해 개인의 양보 및 절제를 강제하며, 필요에 따라서는 지나친 개인적 이익의 추구를 막기 위해 개인적인 희생을 강요하는 체제라는 것이다. 이 사회주의 체제에서는 기본적인 생활을 영위하기 위해 필요한 복지제도가 갖추어져 있지만, 소유뿐만 아니라 경영도 국가에 의해 이루어지고, 절대적인 문화수준이 낮아서 기본적인 생활을 영위하는 것에 만족할 뿐 그 이상의 동기 부여가 없는 사회이기 때문에 개인의 근로의지나 기업가 정신이 퇴조할 수 있다. 반면 자본주의 최고 수준의 생산력을 갖춘 사회라면 헌신과 노력에 대해 문화적 욕구를 충족시켜줌으로써 보상해줄 수 있다. 따라서 경쟁 환경에 놓이지 않은 조직은 공기업이나 공공기관들에서 볼 수 있는 비효율과 부패를 방지하기 어렵다. 이러한 문제들을 해결하기 위해 소유권은 국가가 갖고 경영은 기본적으로 국가가 주도하는 경제정책의 기조에 맞추어 각 기업들이 자율적으로 전개하는 시장 사회주의를 채택한 국가들로 중국을 비롯한 베트남, 라오스 등이 있다. 현재 사회주의는 자본주의 체제 내에서도 일부 존속하고 있어 100% 자본주의, 혹은 사회주의는 존재하지 않으며 대부분의 국가들이 혼합경제인 사회민주주의를 받아들이고 있다.

소련이 붕괴되면서 사회주의 경제체제가 쇠락하고 그 해결책으로 자본주의를 일부 혼합하는 수정 사회주의가 여러 사회주의 국가들에서 진전되고 있지만, 자본주의가 초역사적인 체제라고 믿는 신봉자들은 자본주의 체제에는 문제가 없고, 규제완화나 창조적 경제정책 등으로 기업들이 더 돈을 잘 벌 수 있게 도와주면 일자리도 많아지고 경제도 성장할 수 있다고 믿고 있다. 그 결과 현재 자본주의 체제하에서 지속적인 경제성장에 따른 부익부 빈익빈의 양극화가 더 벌어질 수는 있어도, 가난한 사람들과 중산층의 소득도 절대적인 기준으로는 늘어나게 될 것이라는 낙관주의적 GDP성장주의자들의 경제운영체제가 현재까지도 세계경제를 지배해왔다. 그러나 현재 가속화되고 있는 기술 혁신으로 머지않은 미래에는 대부분의 생산을 기계가 담당하게 되고, 인류의 저출산 기조가 급속히 진행되어 인간의 생활에 필요한 모든 물자가 풍부하게 공급된다면, 미래사회에는 공유를 통한 사회주의 체제를 채택할 수 있게 될지도 모른다. 자본주의의 개념 자체가 자원의 희소성을 바탕으로 생산요소를 투입해서 이윤을 내기 위한 것인데 그럴 이유가 사라지기 때문이다. 애초 모든 재화가 시장에서 굳이 거래할 필요가 없을 정도로 남아돈다면 자본주의 경제체제의 전제부터가 시장에 적용되지 않고, 시장은 물품을 사고팔며 이익을 추구하는 곳이 아니라 물품을 제공하는 전시와 공급의 장소로 바뀌게 될 것이다. 그렇게 되면 더 이상 소비자는 제한된 상황에서 합리적 선택을 할 필요도 없고, 시장이 형성되지도 않는다. 자연스럽게 생산과 소비의 영역은 사회주의 체제의 정부 관리에 맡기고 인간은 희소성의 물품에 대한 과시적, 소비적 욕구로부터 해방되어,

그 어느 때보다 훨씬 창조적, 예술적, 학문적인 활동에 몰두하게 되리라는 전망을 하고 있는 것이다. 이것이 현실화되려면 과학기술의 발전이 지속되어야 하고, 전쟁에 의한 파괴 등으로 일어날 수 있는 진보의 후퇴도 없어야 한다. 그렇게 되면 미래사회에는 생존 경쟁을 위한 전쟁을 할 필요가 없어져 진정한 평화의 시대가 도래할 수 있다. 이러한 미래를 위해 인류는 혁신을 계속하여 기술의 특이점을 넘어 자본주의가 사라진 사회에 도달하게 되면, 인간은 전쟁과 기아에서 해방되면서 생존 경쟁의 늪에 빠져 있었던 호모 사피엔스 시대를 접고, 평화로운 새로운 세계 속에서 창조적인 종으로 진화를 계속해나갈 수 있을지도 모른다.

이러한 낙관적인 전망이 실현되는 과정에서, 기술의 발전과 생산력의 증가가 인류를 행복하게 만드는지에 대한 의구심이 나타날 수 있기도 한데, 예를 들어 인공지능의 발달은 인간을 이롭게 해야 하겠지만 현실적으로는 일자리의 감소로 나타나고 있기도 하다. 로봇이 인간을 대체하여 대량실업이 발생하고, 그로 인한 수요 부진에 따른 불황은 양극화를 가져올 것이라고 우려하는 시각이다. 그러나 시장이 존재하지 않는 사회로 가기 위한 탈자본주의 과정의 과도기적 기간에 이미 심화된 양극화를 해소하는 방법으로, 소득분배와 다양한 세금을 통해 기초적인 생활수요를 충족시켜주는 기본소득이 보장되면서 양극화로 인한 폐해가 해소될 수 있고, 그 결과 소득과 무관하게 각 개인 스스로 삶의 의미를 찾을 수 있는 다양한 활동인 예술, 자원봉사 등 공적인 가치에 기여하는 활동을 하면서 지낼 수도 있다. 이러한 예는 과거에도 있었지만 현재 전국민에게 기본소득을 지급하는 정책을 실시하기 위한 움직임은 이미 시작되었다. 비록 부결되기는 했지만 2018년 스위스는 전국민에게 300만 원씩을 기본소득으로 지급하는 것에 대한 국민투표가 있었고, 핀란드는 실제 매월 71만 원의 기본소득 실험을 시작했다.[2]

3. 복지국가로 향하는 이념, 사회민주주의

한국 헌법의 자유민주주의와 사회민주주의 근거조항에는 "대한민국은 자율과 조화를 바탕으로 자유민주적 기본 질서를 더욱 확고히 하여 정치, 경제, 사회, 문화의 모든 영역에 있어서 각 개인의 기회를 균등히 하고"라는 항이 전문에 있고, 또한 119조 2항에 "국가는 적당한 소득분배를 유지하고, 시장자의 지배와 경제력의 남용을 방지하며, 경제의 민주화를 위해 경제에 관한 규제와 조정을 할 수 있다"는 조항이 있다. 23조 2항에는 "재산권의 행사는 공공복리에 적합하도록 해야 한다"는 조항이 있으며, 32조 1항에는 "국가는 사회적, 경제적 방법으로 근로자의 고용의 증진과 적정임금의 보장에 노력하여야 하며"라고 되어 있고, 34조 2항에는 "국가는 사회보장, 사회복지의 증진에 노력할 의무를 진다"라고 되어 있다.

사회민주주의는 에두아르트 베른슈타인이 수정주의적 마르크스주의를 발전시켜 확립한 사회주의 및 민주주의 이념의 한 갈래이며, 자본주의 경제체제를 혁명 등으로 급격하게 무너뜨리지 않고 점진적으로 사회민주주의를 추구한다. 대의 민주주의를 위한 정책과 소득 재분배 정책, 그리고 사회 전반의 이익과 복지정책을 포함한 정치적, 사회적, 경제적 이념으로, 줄여서 '사민주의'라고도 부른다. 혁명적 사회주의의 폭력성을 배격하고 정치적 자유와 평등이 이루어진 민주주의 체제하에서 경제적 평등도 달성하자는 사상이며, 민주적 절차에 따라 자본주의의 문제점을 해결해나가는 사회주의 이념을 말한다.

사민주의는 무자비한 경쟁으로 문제가 발생했던 19세기 중후반의 고전적인 자유방임주의적 자본주의의 문제점을 인식하고, 이를 해결하기 위해 나오기 시작하였다. 독일의 사민주의자들은 격동기였던 바이마르 시기에 독일 공산당이나 나치당에 대항하기 위해 준 군사조직단을 조직하기도 했으며, 그들은 마르크스의 이론을 교조주의적으로 떠받들지 않고 다르게 변한 세상에 맞추어 마르크스주의에 수정을 시도하였다. 마르크스주의에 따르면, 사회주의 사회의 도래는 자본주의가 발전하고 자본이 축적됨에 따라 자본의 수익률은 점점 낮아지고 불황이 발생하며 노동자 계급인 프롤레타리아의 수는 늘어나 혁명이 일어난다는 시나리오다. 만약 이 시나리오대로라면 사회주의가 영국이나 프랑스, 독일 같은 자본주의 국가에서 일어났어야하지만 프랑스, 오스트리아, 독일의 사회주의 혁명은 모두 실패하였다. 이러한 관점에 따르면 러시아는 당시 농업국가였고 봉건주의조차 완전히 벗어나지 않은 상태였기 때문에, 사회주의 혁명은 나중에 자본주의를 통한 산업국가 형성이 선행된 후에 프롤레타리아 혁명에 의해 사회주의를 세우는 것이 순서였지만, 레닌주의나 마오주의를 통한 혁명은 그 바탕이 일종의 수정된 마르크스주의였다. 사회민주주의자들은 선진화된 산업국가에서 혁명이일어나지 않은 것은 제국주의를 통해 제3세계를 착취하기 때문에 자본주의모순의 폭발이 지연되는 것이라는 논리를 폈다. 이와 같은 사회주의와 다른견해를 제시하며 마르크스주의에 대한 수정을 시도한 것이 에두아르트 베른슈타인이 주장한 사회민주주의였다. 1876년 고타강령을 갖고 벌어진 마르크스주의 비판과 점진적 사회개량주의를 들고 나온 베른슈타인의 논쟁이 그 시발점이었다. 1925년 하이델베르크 강령까지만 해도 여전히 독일 사회민주당은 "사유재산에 기반한 자본주의에서 사회적 소유기반을 둔 사회주의로의 전환"을 목표로 제시하고 있었다. 그러나 20세기 중반에 들어서며 1959년 고데스부르크 강령 선언을 공식적으로 발표하며, 혁명적 사회주의와 결별을 고하고, 사회민주주의는 제도권 의회정치 내의 중도적 정당운동으로서 확실히 자리매김을 하게 된다.

민주주의를 강력히 긍정하고 옹호할 뿐 아니라 이 사상의 목표를 최고의형태로서의 민주주의라고까지 강조함으로써 사회민주주의의 민주적 본질을 보여주고, 모든 독재정치를 부정하고, 배격한다. 종래의 사회주의가 생산수단의 공유를 사회개조의 유일하고 절대적인 방법으로 믿어온 것과 달리, "공유 형태 자체를 목적으로 볼 것이 아니고, 사회경제 생활과 복지를 떠받치고 있는 기초산업과 공공사업의 관리 수단으로서, 그리고 비능률적인 산업의 합리화와 사적 독점을 막는 수단으로서 보아야 한다. 사회민주주의적계획은 전 생산수단의 공유화를 예상하지 않으며, 농업, 수공업, 소매업, 중소기업 등 중요한 부분의 사적 소유와 양립한다"라고 선포하며 재산의 공유화를 사회개조의 유일하고 절대적인 방법으로 두지 않았다.

종래의 사회주의가 공산주의의 비판을 미온적이고 철저하지 않게 하였던 것과는 달리, 공산주의를 냉엄하고 정당하게 비판했다. 이는 사회주의를 민주주의의 모든 영역에 확대하고 발전시킴으로써 최고 형태의 민주주의를 실현해나가려는 지속적인 노력을 하고 있으며, 미래는 공산주의의 것도 아니라고 하여 최고 형태의 민주주의를 지향함으로써 새로운 미래상을 제시하고 있다.

사회주의 및 그 대다수 분파가 유럽에서 발생했고, 현재 북유럽 및 독일, 프랑스 등의 국가에서 집권하는 등 유럽은 전 세계에서 좌익 성향 정당들이 큰 세를 얻을 수 있는 지역이기에 사회민주주의 정당이 집권하는 모습을 쉽게 볼 수 있다. 이들 국가에서 유권자가 느끼는 거부감도 한국은 물론 미국이나 일본에서보다 훨씬 적다. 유럽에서 사민주의를 추구하는 정당은 정치세력으로 2차 세계대전 이후 10여 년간의 연속 수권 기간이 있었고, 1880년대부터 따지면 프랑스 50여 년, 독일 40여 년의 수권 기간이 있었다. 북유럽의 스웨덴에서는 40여 년을 장기 집권한 경우도 있다.

1960년대까지 영국을 제외한 사회민주주의는 복지정책을 펴 노동자들의 근로의욕이 증가되고 자연스러운 경제성장이 유도되는 선순환 구조를 추구하며 복지정책을 펼쳤다. 그러나 이러한 정책은 노동시장에 참여할 수 없는 소수를 외면한다는 극좌진영의 비판을 받게 되었고 각국의 사민주의 정당은 이러한 비판을 1960년대 말부터 수용하여 경제성장에만 치중하지 않고 노동시장에 참여할 수 없는 사람들에게도 복지를 넓혔다. 그러나 재정부담 증가로 이번에는 우파 진영의 비판을 받게 되었다. 1990년대부터는 생산수단의 사회화 대신 사유화를 중시하고 복지개혁을 외치는 제3의 길이 인기를 얻게 되었다. 심지어 스웨덴, 핀란드, 노르웨이, 덴마크 등 북유럽 사회민주주의 정당들도 일부 민영화와 감세정책을 추진하게 되었고, 1990년대부터 2000년대 후반까지는 사회민주주의 정당들이 이런 방향으로 대중의 지지를 얻어 집권하였다. 그러나 이후 금융위기와 난민 사태를 전후하여 유럽 사민주의에 위기가 다시 찾아왔다. 독일 노동자들이 전통적 지지 정당인 사회민주당에 등을 돌리는 현상이 일어나게 된 것이다. 북유럽 국가들의 제3의 길 역시 2008년에 미국에서 시작된 세계경제 위기 이후 본질적으로 신자유주의와 크게 다를 바가 없다는 비판을 받게 되었다. 그로 인해 급진적인 좌파당에게 표를 뺏기거나 중도우파 정당의 중도화로 인해 사회민주주의 정당들은 지지를 잃게 된다. 최근 독일 사민당이 당의 정강과 달리 친시장주의 노선으로 갈아타면서 이에 실망한 노동자들이 사민당에 등을 돌리고, 자국 우선주의를 앞세운 극우정당에 눈을 돌리고 있다고 파이낸셜 타임즈는 분석하기도 했다. 과거 치러진 노르트라인 베스크팔렌주 주의회 선거에서 사민당이 앙겔라 메르켈 총리의 기독민주당에 밀려 패배한 것이 노동자의 변심을 방증한다. 사민당이 노동자의 외면을 받는 가장 큰 원인으로는 사민당 출신 게르하르트 슈뢰더 전 총리가 추진했던 노동, 복지개혁이 지목된다. 이러한 친시장주의 개혁의 여파로 고용 안정성이 흔들리고, 복지 혜택이 줄자 노동자들이 사민당에 책임을 전가하며 반감을 갖게 됐다는 것이다. 또 광산, 철강 산업 쇠퇴에 따른 실업률 증가와 독일의 포용적 난민정책에 의한 이민자 급증도 사민당의 지지율 하락에 일조했다는 분석이 나온다. 사회민주주의 정당의 몰락은 독일만이 아니며, 경제성장으로 지지층이 커지는 포르투갈을 제외하면 유럽의 사회민주주의는 늙어가는 황혼기를 맞이했다는 것이 중론이다. 신자유진영에서 인건비 절약을 위해 공장 해외이전과 산업시설의 첨단 자동화를 감행하는 바람에 유럽의 산업구조는 변화해 가지만 사민주의자들은 이에 대한 대응을 제대로 하지 못한 것도 몰락의 원인으로 보고 있다. 현재 북유럽도 새로운 대안의 사회체제를 찾기 위해 고심하고 있다.

현대의 사회민주주의는 여러모로 소수자를 포함해 인권 친화적인 성향을 보이나 50년대까지는 그렇지 않았다. 애초에 19~20세기 초 기준으로 다수였던 노동자를 위한 이념으로 출발했으므로 소수에는 크게 신경 쓰지 않았으며 오히려 1930~1970년대 초 북유럽 국가들은 장애인과 성소수자들에게 강제 불임 수술을 시행하는 등 우생학적인 면모를 공공연히 보여주기까지 했다. 이는 당시 유럽 사회에서 좌우파를 막론하고 우생학적, 사회진화론적 사고관이 팽배해 있었고, '요람에서 무덤까지' 등 초창기 북구형 복지모델 이론을 제창했던 사람들이 "선천적으로 일할 능력이 없는 자는 복지혜택에서 제외되어야 한다"고 주장한 적도 있었기 때문이다. 지적장애인 대상 불임 수술을 폐지한 건 1975년에 와서야 울로프 팔메 전 스웨덴 총리 때였다.[3]

울로프 팔메(Sven Olof Joachim Palme, 1927~1986)는 스웨덴 스톡홀름 출생으로 정치가, 사회주의자이고, 사회민주노동당 출신 26대 스웨덴 총리를 역임했다. 사회민주노동당 당수로 두 번에 걸쳐 총리직을 수행하며 현대 복지국가의 모델로 꼽히는 스웨덴 복지체계를 완성시킨 인물이다. 1927년 스톡홀름에서 부유한 상류층 집안에서 태어났다. 그의 가문인 팔메가(家)는 네덜란드 계통의 가문으로 발렌베리 가문을 필두로 하여 스웨덴 정계, 재계의 유력 가문과 사적으로 깊은 관계를 맺고 있었다. 어머니는 라트비아계로 제정 러시아의 귀족 집안 출신이다. 할아버지 스벤 팔메와 아버지 팔메는 성공적인 사업가로 보험회사를 운영했다. 6세 때 아버지의 사망으로 인해 청년 시절을 아버지 없이 성장했지만 좋은 집안에서 풍족한 유년기를 보냈다. 어린 시절 가풍에 따른 다량의 독서와 가정교사의 훌륭한 교육은 그에게 독일어, 영어 등 다양한 언어 습득을 가능케 했고, 더 나아가 세상에 대한 호기심을 불어넣어 주었다. 팔메는 1945년 징병제인 스웨덴군에서 2년간 복무를 마치고 스톡홀름 대학교에 진학하여 경제학을 전공하였고, 이후 미국으로 건너가 오하이오 주의 케년 대학에서 2년간 수학한다. 미국 유학 경험은 그에게 새로운 생각과 사상의 길을 열어주었다. 당시 풍미했던 사회주의 학생운동권의 영향을 크게 받아 경제적 자유주의인 신자유주의 사상가 프리드리히 하이에크가 쓴 『The Road to serfdom(노예의 길)』을 비판한 논문을 쓰기도 했으며, 미국 노동자조합과 월터 루서에 대해 쓴 논문은 학년 최우수 논문으로 선정되기도 했다. 학부과정을 마치고 그는 미국과 멕시코를 히치하이킹으로 여행한다. 그 여행 동안 본인의 우상이던 제너럴 모터스 소속 노동운동가로 미국 노동자의 대부인 월터 루서를 직접 만나 이야기를 나누기도 했고, 북미 노동자들과 하층계급의 열악한 처우와 인권을 직접 접하며 현실을 마주하게 된다. 자유주의의 화신 같은 미국이라는 나라가 가진 모순과 엄청난 내적 불평등을 목격한 것은 젊은 울로프 팔메의 인생에서 가장 중요한 경험이 되었다. 울로프 팔메는 후일 자신의 사회민주주의적 사상에 가장 큰 영향을 끼친 세 가지를 밝혔는데 첫째로 1947년 사회민주 노동당의 에른스트 비그포르스와 보수당 야를 할마르손, 자유당 얼론 안데르손 간에 벌어진 세금에 대한 논쟁에 참여하게 된 것, 둘째로 1940년대 말 미국에 머물며 인종차별과 사회적 양극화의 불평등을 목격한 것, 마지막으로 1953년 일본, 타이, 인도네시아 등 아시아를 여행하며 전후 아직까지 사라지지 않은 제국주의의 잔재와 식민지 문제를 목격하게 된 것이다.

미국에서 돌아온 팔메는 스웨덴 사회민주노동당에 입당한다. 다양한 교육을 받고 세계를 여행하며 몸으로 체득한 경험은 그에게 강력한 사회민주주의자로서의 신념을 불어넣어주었다. 1963년 당시 사민당의 당수이자 스웨덴 총리였던 타게 에를란데스의 비서가 되면서 본격적으로 정계에 입문하였다. 1955년 사민당 내부조직인 사회민주주의 청년 연대의 요직을 거쳐 다양한 조직에 참여하며 사민당 내부의 입지를 탄탄히 다져갔다. 1957년에는 하원의원에 당선되어 정계의 중심으로 들어가게 된다. 1963년 새로이 구성된 내각에서 무임소 장관으로 입각하였고 당시 경화되던 냉전 속에서 팔메는 스웨덴이 지켜오던 정치, 외교적 중립 노선을 유지하는 것을 표방했고 내부적으로는 특히 학생운동과 사회의 혁신에 많은 관심을 가진 열정적 신진 정치인이었다. 1965년에는 교통, 통신부처의 장관을 맡게 되는데 언론이 국가 권력으로부터의 독립성과 정치적 중립성을 지켜야 한다는 강한 입장을 표출했다. 1967년 교육부 장관으로 임명되면서 팔메의 본격적인 개혁정책이 시작된다. 당시 높은 교육비와 차등교육에 반발하여 시위를 벌였던 강경좌파 학생운동권의 집회 장소에 직접 나가 학생들의 이야기를 들으며 폭력적인 방법은 해결책이 될 수 없다고 설득하는 모습을 보여 국민적인 인기를 얻는다. 그리고 그의 교육부 장관 재임 시 이룬 학자금 대출제도 개선은 고등교육 활성화에 실질적으로 기여했다는 평가를 받게 되었다.

1968년의 총선은 사회민주노동당의 압승으로 끝나게 되었으며, 이어서 1946년부터 24년간 총리로 재임하며 장기 집권해온 팔메의 정치적 멘토 에를란데르 총리는 후임 양성과 사민당의 쇄신을 위해 총리직을 사임한다. 그때까지 사민당 내에서 강한 입지를 구축한 울로프 팔메는 당 대표 선거에서 무난하게 승리하며 에를란데르의 후임으로 총리에 지명되고, 1969년 스웨덴 제26대 총리로 취임하게 된다. 울로프 팔메는 정치 활동으로 혁명적 개혁가라는 별명을 얻었으며, 세계에서 가장 선진적인 복지국가라는 스웨덴의 명성은 전적으로 그의 집권기에 완성되었다고 볼 수 있다. 1971년과 1975년의 점진적인 정치개혁을 통해 왕이 의회제도의 주도권을 쥐고 내각을 소집할 수 있던 제도를 없애고, 비민주적인 귀족 정치체제라고 비판받던 상원의 권한을 최소화하며 제도적으로 완전한 의회민주주의를 확립하게 되었다. 1971년의 노동연금법 개혁, 1974년의 의료보험법 개혁으로 모든 국민이 연봉의 90% 이상 의료보험 보장을 받을 수 있게 되었으며, 1975년 대학 등록금을 전면 무료화하여 스웨덴의 높은 고등교육 비율을 만든 대표적인 제도를 실시하게 되었다. 그는 장애인 인권에도 관심이 많아 1975년에는 전 정권에까지도 이어졌던 지적장애인 대상 불임 수술을 폐지했다.

이후 급진적인 개혁과 높은 세금 인상 등으로 국민들로부터 반감을 사면서, 반정부적인 국내 분위기 속에 팔메는 총리로 재직하고 있던 1986년 2월 28일 저녁, 아내와 단둘이서 스톡홀름 시내 극장에서 영화를 감상하고 지하철을 타러 가던 도중 길에서 괴한의 총탄에 맞아 향년 59세에 세상을 떠난다. 본래 팔메 총리는 격식 차리는 것을 안 좋아해서 국왕 다음 서열자였음에도 불구하고 경호원 없이 다니는 것을 즐겼다고 한다. 그날도 마침 경호원 없이 아내와 외출에 나섰다가 당한 것으로, 이 총리 암살 사건은 현재까지도 아직 범인이 잡히지 않은 미해결사건이다. 그는 국제외교에 있어서도 적극적으로 목소리를 내며, 베트남 전쟁에서 미국의 군사행위를 비난했고, 이란-이라크 전쟁을 중재하는 등 세계평화를 위해 발벗고 나서기도 했으며, 이외에도 핵 확산 방지, 타국 민족독립운동에도 지원하였다. 이렇게 팔메가 이루었던 외교적 업적으로 꽃피운 스웨덴 중재외교가 현재까지도 스웨덴 전통으로 이어져 내려오고 있다.[4]

북유럽 스웨덴, 노르웨이

2019년 세계 행복 보고서(World Happiness Report)에 따르면 핀란드를 선두로 노르웨이, 스웨덴이 상위를 차지하고 있다. 마이크 부스는 '거의 완벽한 사람들'이란 글에서 "그들은 영리하고 진보적이며 동시에 매우 특이하고,

진정 매력이 있는 사람들이어서, 남유럽보다 북유럽 사람에게서 배울 점이 훨씬 많다. 삶의 방식과 우선순위, 돈을 쓰는 방법, 삶과 일의 균형을 이루며 살아가는 모습, 효과적인 교육제도와 서로 돕는 방식, 그리고 최종적으로 행복해지는 방법까지도 그들은 최고로 재미있는 사람들이다'라고 했다. 이것이 영국의 베스트셀러 작가이자 저널리스트가 본 북유럽의 모습이다. 그들은 왜 세계에서 가장 행복한 사람들일까? 복지제도 때문만이 아니다. 그들은 여유로운 삶의 방식을 가지고 있다. 무엇보다 삶을 심각하게 받아들이지 않는다. 그들의 언어에 스트레스 받지 말라고 격려하는 표현이 많다. '긴장 풀어, 별일 아니야, 이제 안심해' 등이다. 그리고 유난히 너그러우며, 실수에 대한 포용적이고 성숙한 태도다. 또 뛰어난 인재보다 성실한 보통 사람을 존중하는 스칸디나비아 지역의 '얀테의 법칙'도 이러한 북유럽 국가들의 민족성에 큰 부분으로 작용하고 있다.

얀테의 법칙은 다음과 같다.

'당신이 특별하다고 생각하지 마라.
당신이 우리보다 똑똑하다고 생각하지 마라.
당신이 뭐든지 잘하고, 우리보다 더 중요하다고 생각하지 마라.
우리를 비웃지 마라.
당신이 우리에게 무언가 가르칠 수 있다고 생각하지 마라.'

이 법칙이 평등사회와 복지 선진국이 되게끔 했다는 긍정적 평가도 있고, 반면 사회적으로 튀지 않기 위해 서로 눈치를 보고 살아 개인의 개성을 상당히 제약한다는 이야기도 있다. 이러한 연유로 과거 스톡홀름의 지하철은 일본 지하철처럼 도서관 수준이었고 지금도 상당히 조용하다고 한다. 그들은 평등을 최우선시한다. 심한 계층 차이가 나면 사회문제가 발생한다며, 모두 공정한 경쟁의 장에 있어야 만족한다. 대학 총장과 스쿨버스 운전기사의 월급에 큰 차이가 없고, 운전기사가 총장을 별로 부러워하지도 않는다. 부와 지위가 있다면 독점하기보다는 사회와 나누려고 한다. 과시적 행동을 싫어하여, '훌륭한 일은 아무도 모르게 조용히 해라'라는 스웨덴 속담도 있다. 이케아 회장에게 "왜 10년 된 중고차를 타느냐"고 했더니, "아직 10년밖에 안 됐느냐?"고 되묻기도 했다고 한다.

"북유럽 사람에게 수입이 얼마냐고 묻지 마라. 술집에서 다른 사람의 술값을 계산하지 마라" 등의 말이 있다. 라곰(Lagom)은 스웨덴에서 가장 중요한 단어이다. '딱 좋다', '알맞다'의 뜻이다. "날씨가 라곰하네", "와인을 라곰하게 마셔라"와 같이 쓰인다. 여기에 스웨덴 정신이 들어 있다. 지나치게 높은 건물도 없고, 지나치게 과시하는 법도 없다. 브론톤 아우렐이 '노스 리얼 스칸디나비아'에서 표현한 스웨덴 사람들의 사고방식이다. 현재까지도 기독교 중심의 국가로 청빈을 강조하고 술을 절제하는 것을 미덕으로 삼는 나라이다. 입센의 '인형의 집' 탓일지는 모르겠지만, 북유럽 사람들에게는 남녀평등이 깊이 뿌리내려져 있고, 살림만 하는, 직업이 주부인 남자도 많다. 노르웨이에서는 여성도 일 년간 군 복무를 하며, 출산 휴가는 남녀 모두 일년 반 정도 쓸 수 있다. 사회적 계층 이동을 돕는 데 중요한 것이 교육인데 대학까지 무상이다.[5]

스웨덴은 2020년 현재 인구 10,380,000명이고, 총생산량(GDP/PPP) 5,638억 달러(39위), 1인당 국민소득(GDP/PPP) 52,470달러, 2018년 출산율은 1.76명이다. 2019년 주요수출품으로 기계 공산품 16%, 자동차 14.9%, 전기장비 8.9%. 화석연료 6.8%, 어류 2.7% 등이다.

소득기준으로는 격차가 가장 낮은 국가에 속하지만, 빈부격차가 세계에서 가장 큰 나라 중의 하나로 상위 10%가 나라 전체 부의 3/4을 보유하고 있다. 이는 부의 많은 부분이 전통 귀족계급끼리만 서로 상속된 것이었기 때문에, 상위 1%가 전체의 25~40%를 차지하고 있어 통계로 보면 부의 편중이 미국과 비슷한 수준이다. 현대사회에 들어서 전체 인구의 0.2%밖에 안되는 스웨덴 귀족들이 정치에도 집중되어, 근대부터 현대에 이르기까지 무려 20%의 기간 동안 총리 자리를 유지했다. 그리고 과거보다 가계부채가 증가하여 중간소득의 1인당 성인의 자산액은 한국보다도 낮다. 사회보장세는 현재 31% 정도이고 그 대신 저소득 노동자가 부담하는 의료보험료는 없다. 시간제 근로의 비중이 높고, 물가에 비교해 임금은 상대적으로 많지 않으며, 최저세율이 30%부터 시작하여 대학졸업자 연봉의 경우 50%~55%인 서민중세 위주의 소득세제도를 실시하고 있어 높은 세금으로 연봉이 줄어들면서, 연봉 분포도를 보면 저소득과 고소득의 사이에 소득 격차는 많지 않다. 의사의 평균 월급은 35,000(4,175$)크로나이고, 맥도날드 아르바이트의 주 40시간 기준 월급은 12,000(1,431$)크로나로 2.9배 정도이다. 부가가치세는 25% 정도 되어 저축을 통한 부의 축적이 쉽지 않다. 이러한 지표가 나타내고 있듯이 상속을 받지 못하면 부자가 되기 어렵다. 2000년에 들어서며 상속세마저 폐지해버렸고, 은행의 이자에 대한 이익에는 80%~90%의 세금이 붙는다. 최근 창업해서 내는 법인세가 60%를 넘는다. 스웨덴인에게 자산빈부격차를 물어보면 부유층은 성분이 다르기 때문에 비교대상에서 제외해야 한다고 말한다. 이케아의 창업주 잉비르 킴프라디는 높은 세율 때문에 스위스 국적을 갖고 있다고 전해진다.

노르웨이는 2020년 현재 인구 5,391,000명이고, 총생산량(GDP/PPP) 3,508억 달러(49위) 1인당 국민소득(GDP/PPP) 64,850달러, 2018년 출산율은 1.56명이다. 2020년 주요수출품으로 화석연료 49.4%, 어류 13%, 기계 공산품 5%, 전기장비 2.9%, 자동차 1.1%이다.

현재 노르웨이는 5개 북유럽 국가 중에서 가장 경제적으로 윤택하고 살기 좋은 국가이다. 70년대 북해유전이 발견되어 석유 수출국으로 올라서 국가재정에 엄청난 보탬이 되고 있으며, 풍부한 석유자원을 보유하고 있음에도 불구하고 석유에 높은 세금을 부과해 복지제도에 활용하고 있다. 양식 연어가 제2 수출품이고 일본과 함께 밍크고래를 즐겨 먹는 어업 강국 중 하나이다. 오슬로의 지하철 요금은 일본보다도 비싼 수준이며 소비자 물가가 매우 비싸다. 음식점은 200(23.6$)크로네부터 시작하고, 맥도날드 빅맥 세트가 100(11.8$)크로네의 높은 가격으로, 서민층 노르웨이인들은 대체로 냉동식품으로 집에서 식사를 해결한다고 한다. 공중화장실도 10크로네의 사용료를 받는다.[6]

한반도에서는 해방 정국에 사회민주주의를 지지하는 사람들이 많았다. 1946년 한 여론조사에 따르면 70%가 온건 사회주의 노선을 지지했다. 그러나 제1공화국부터 강력한 반공정책으로 사회민주주의는 거의 멸망하다시피 했다. 이후 김철의 통일사회당이 1960년대 제도권에 유일한 좌파 정당으로 활동했으나 이 역시 제3공화국 공안 정국 속에 정상적인 활동을 할 수 없었다. 2020년 기준 한국에서 사회민주주의를 추구하는 원내 세력은 정당 강령에 사회민주주의를 명시한 정의당이 있다. 이 정의당의 심상정 의원은 2020년에 행해진 연간 정치모금에서 1위를 차지하기도 했다. 사회민주주의 정책은 많은 장점을 가지고 있으며 한번 궤도에 오르면 안정적으로 작동한다는 장점이 있지만 생각보다 실현되기 위한 조건이 까다롭다. 일단 국가가 보유한 부채가 적어야 지속적으로 사회복지가 유지된다. GDP가 높은 유럽 선진국들은 재정 상태와 정치권과 대중의 인기를 바탕으로 현재까지 강력한 복지국가를 추구하고 있다. 스웨덴의 경우 2010년대 기준 28.9%의 복지예산으로 사용하지만 부채비율은 41.3%로 세계에서 95위다. 세계 1위의 복지예산을 집행하는 덴마크는 29.2%의 복지예산을 사용하지만 부채비율은 46.7%로 76위에 불과하다.

복지국가 실현을 위해 사회적 합의 도출이 한창 진행되고 있는 한국은 과거 잘살기 위해 둘만 낳기 가족계획을 실행한 이후, 국민들이 한번도 경험하지 못한 인구 감소가 예상보다 빠르게 진행되고 있는 인구 절벽의 길에 들어섰으며, 최근에는 인구 지진이라고도 말하는 위기에 처해 있다. 2020년은 역사상 처음 인구(내국인)가 줄어든 해로 기록되었다. 행정안전부가 2021년 1월 3일 발표한 주민등록인구 통계에 따르면, 2020년 한국 인구는 5,182만 9,023명으로 2019년보다 2만 명이 줄었다. 다만 외국인 거주자가 늘고 있기 때문에 총인구(내국인+외국인)는 이보다 늦은 2028년에 정점을 찍을 전망이다. 무엇보다 심각한 것은 현격한 신생아 감소이다. 2020년 신생아는 27만 5,815명에 불과했다. 1997년 처음 40만 명 미만으로 떨어진 뒤 23년 만에 20만 명대로 진입했다. 신생아가 사망자 30만 7,764명보다 적은 현상도 처음 나타났다. 인구전문가 최진호는 "인구절벽이 앞당겨지면 생산인구와 부양비의 전망도 비관적으로 흐를 수밖에 없다"고 했다. 1인 가구의 증가도 출산율을 낮추는 요인이다. 젊은층의 비혼 증가 등으로 2020년 1인 가구가 처음 900만(39.2%)을 돌파했다. 세계에서 가장 낮은 합계출산율(0.92명)은 더욱 낮아질 것으로 보인다. 비혼 출산을 꺼리는 사회구조상 1인 가구의 증가는 곧 출산율 감소로 이어진다. 인구학자들에 따르면 인구절벽이 우리 사회에 미치는 영향은 생산가능인구(15~64세)가 줄어 잠재성장률을 낮춘다는 것이다. 저출산과 고령화가 맞물리면 총부양비가 증가한다. 이는 고령화 사회의 미래 세대들의 사회복지비 부담이 늘어난다는 것이다. 2019년 통계청 장래인구추계에 따르면 2020년 총부양비는 39.8명인데 2040년 79.7명으로 증가한다. 20년 후엔 경제활동을 하는 국민 한 명이 먹여 살려야 할 사람이 2배로 늘어난다는 뜻이다. 인구학자 조영태는 "충격이 본격적으로 와닿는 시점은 생산가능인구가 급격히 감소하는2030년 이후가 될 것"이라고 했다. 노년부양비는 2020년 40명, 2025년 46명으로 완만하게 늘다가 2030년 55명, 2035년 66명, 2040년 80명 등의 증가세로 더욱 가팔라진다. 1995년 평균연령은 31.2세였지만 2020년은 42.8세다. 그는 "과거 30대 초반이면 어른으로 대접받았지만 지금은 40대 중반은 돼야 한다. 해당 연령층에 기대되는 사회적 역할이 달라지면서 사회 진출 시기도 늦어지고 정년도 늘 수밖에 없다. 출생아 급감으로 문 닫는 대학도 속출한다. 현재 430개 대학의 모집정원은 49만 명이다. 2040년에는 2020년에 태어난 아이들이 모두 대학에 입학한다 해도 절반 가까이 미달이다. 대학진학률도 OECD평균(40%) 수준으로 낮아지면 80%가 폐교해야 한다"고 했다. 한국이 현재 추구하고 있는 상생의 복지국가 건설에 대한 고민이 커져가고 있는 것이다.[7]

어떤 나라가 복지국가가 되기 위해서는 재원부담의 측면에서부터 전국가적 합의가 필요하다. 저세금 저복지, 고세금 고복지 중에서 선택하여야 한다. 한국의 경우 이전보다 복지가 선호되어도 세금을 더 내는 것을 감수할 준비는 부족하다는 것이다. 한국에서는 정부에 대한 국민의 신뢰도가 아직 상당히 낮은 편인데 그것이 증세나 정부의 역할 확대에 대한 걸림돌이 되고 있다. 즉, 내가 낸 세금이 잘 쓰일 것이라는 믿음이 없는 상태에서 증세나 그에 기반한 복지확대는 상당히 어려운 일이다. 북유럽식이나 영미권식 사회모델이 현실적으로 한국의 형편에 가능한 것인지에 대해 많은 토론과 국민적 합의를 이루어가는 과정이 필요하다. 총 복지 비율을 청년복지에 더 확대해야 한다고 주장하며 복지를 전세대에 많이 지출하는 개념보다는 미래의 지속적 성장을 위한 저출산 극복과 청년교육 등 취업을 위한 복지확대에 초점을 맞춰 재투자 개념으로 사회 순환을 이루는 구조로 정책을 시행해야 한다는 것이다. 그러나 현재까지 저출산 극복을 위해 정부의 저출산 대책으로 10년간 200조 원을 쏟아부었지만, 2020년 합계출산율이 0.84명으로 한국의 인구가 예상보다 빠르게 감소하고 있어 고령화 사회에 대비한 복지지출의 균형을 이루지 못하게 되어, 저출산 문제에 대한 새로운 접근방법이 더욱 절실해지고 있다.[8]

4. 신자본주의 도입과 한국의 도시화

본래 도시라는 말에는 도읍으로서 정치 또는 행정의 중심지라는 뜻과 함께 시장으로서 경제의 중심지라는 뜻이 내포되어 있다. 조선시대의 도시는 이러한 말뜻에 적합한 것으로, 한성을 비롯하여 공주, 대구, 전주, 평양, 의주 등지는 정치적, 행정적 중심지이자 전국적인 큰 장시의 소재지 또는 상거래의 중심지이기도 하였다. 그러나 유럽과 비교하여 이러한 우리나라 도시는 이 두 가지 성격 중 정치나 행정의 중심지로서의 성격이 우선이고 경제나 상거래의 중심지로서의 성격은 부차적이었다.

영어의 'city', 불어의 'cite'가 모두 고대 로마의 '도시' 또는 '로마의 시민권'이라는 뜻을 가진 'civitas'를 어원으로 하듯, 서구 사회의 도시는 그리스시대의 도시국가 이후 시민 공동체 또는 시민적 경제활동 중심지의 성격을 강하게 띠고 있어, 정치, 행정 중심이었던 조선의 도시와는 차이가 있다. 또한 서구의 도시는 외적에 대한 방어를 중요시하여 그 입지를 선정하거나 둘레에 성채를 쌓기 때문에, ford, furt, burg, pur 등 요새를 뜻하는 어미가 붙는 경우가 많다.

도시가 갖추어야 할 요건으로, 많은 인구와 높은 인구밀도, 농업이 아닌 산업, 도시적 경관, 지역의 중심성을 들 수 있으나, 인구의 문제는 상대적인 것이므로 도리어 정보 매체, 교통, 상공업, 관리 등의 기능적 중심성이 가장 중요하다고 할 수 있다. 도시의 기원에 관하여 현대의 고고학자 차일드(Child, G)는 "사람이 토지에 정착하여 도구를 이용한 농경을 시작한 것을 농업혁명이라고 하는데, 이 농업혁명의 결과로 농산물의 잉여현상이 일어났다. 그리고 이때 네 사람이 다섯 사람분의 식량을 생산하면 농경에서 해방된 사람은 학자, 예술가, 기술자 등 비 농업 전문가가 된다. 이러한 사람들의 수가 늘어나면서 그들은 활동여건이 좋은 중심촌락에 모이게 되고, 여기서 계급과 국가가 생기면서, 그에 따라 도시도 형성되었다. 이러한 변화를 도시혁명이라고 하고, 도시혁명은 5천 년 내지 1만 년 이전에 이루어졌다"고 설명하고 있다. 실제로 티그리스강과 유프라테스강 사이에 형성된 기름진 초승달 지역에 메소포타미아 도시문명이 탄생한 것은 기원전 3500년경으로 알려져 있고, 인더스강의 인더스문명, 황하 유역의 황하문명, 그리고 나일 강변의 이집트문명이 생긴 것도 기원전 3000년 내지 200년 사이의 일이다.

문명사적으로 볼 때 세계의 도시는 신전의 도시로 시작되어 왕권의 도시, 봉건영주와 사원의 도시, 상공인들의 도시로 이어오다가, 산업혁명 이후에는 공업도시, 관리도시로 기능과 구실이 변화해왔다. 오늘날의 도시는 그 규모가 크게 분화되어 인구 1천만 명이 넘는 초대도시가 있는가 하면 5천 명 내외의 작은 도시도 수없이 많다. 또 각각 다른 여건에 따라 양상이 다른 과정을 밟아오기는 하였으나, 현재 전 세계는 선진, 후진의 구별 없이 모두가 급격한 도시화시대, 도시문명의 시대에 들어서 있다.

한반도의 도시발달

한반도에 있어서도 신석기시대에 석기를 도구로 한 농경으로 잉여생산이 생기고, 토기를 구워 생활용구로 쓰게 되면서 집단생활이 가능해져 도시가 생성되기 시작하였다고 할 수 있다. 삼국유사에 기록된 단군신화에 따르면 풍백, 우사, 운사 등 농경에 종사하지 않는 무속적 전문가들로 지배계급이 형성되고, 그들에 의하여 기상관측과 농경감독이 이루어졌으며, 의료와 법질서가 행해진 신전도시가 탄생했음을 보여주고 있다. 소박한 신전을 중심으로 모여 살면서 석기로 농사를 짓던 도시사회도 청동기문화 시대로 내려오면서 차차 규모가 커지고, 예의와 윤리, 질서가 엄격한 계급사회로 옮겨간 것은 '한서', '후한서'의 기록을 통하여 알 수 있다. 한민족은 그 주류가 북에서 남으로 이동하였으므로, 도시형성도 북쪽에서 시작하여 남쪽으로 이동한 것으로 보인다. 따라서 한반도의 도시문명은 대동강 유역의 평양을 중심으로 꽃피었으나, 삼한시대로 내려오면서 한반도 전역으로 확산되었다. 모두 78개라고 전해진 삼한의 작은 나라들은 오늘날 성읍국가로 설명되고 있으나, 그 중 상당수는 도시국가였을 것으로 보고 있다. 즉, 산성 또는 읍성을 쌓고 왕족, 제사장 등의 지배층과 농경에서 해방된 전사, 수공업, 상인들이 독립된 단위로 모여 살았으며, 계급의 분화와 사회적 분업도 상당한 수준에 이르렀을 것으로 추측되고 있다. 그들은 청동, 철 등 금속기나 토기의 제작에도 굴레를 사용하고, 농경에 말과 소를 부렸으며, 조직화된 협업적 노동력을 이용하여 보를 막는 따위의 관개시설을 설치하여 농산물의 잉여생산을 축적해나갔다. 인류는 도구들의 사용과 발달을 통해 농업혁명을 이루고, 그에 따른 잉여농산물은 지혜와 경험을 갖춘 새로운 지식계층을 출현시켰으며, 이어서 그들은 제도, 규범을 만들어 봉건사회로 들어서며 계급사회를 강화시켰다.

삼국사기에 따르면 신라 헌강왕 6년(880년) "경도(경주)의 거리에는 민가가 줄지어 늘어섰고 노래와 악기 소리가 계속되었다. 민가는 기와로만 덮고 풀로 이지 않았으며 밥은 숯으로만 짓고 나무를 때지 않았다"라고 기록되어 있어, 당시 신라의 왕도가 얼마나 웅장하고 화려하였던가를 짐작하게 하며, 왕도 안은 방리제가 시행된 바둑판 모양의 계획도시였음을 알 수 있다. 효소왕 4년(695년)에는 남·서시의 양시를 두었다고 하여 시장이 지도화된 것을 보여주고 있다.

태봉국의 수도 철원에서 개국한 고려는 919년 송악(개성)으로 천도하였다. 송나라의 서긍이 『고려도경』에서 "왕성의 규모가 비록 크기는 하나 지붕은 대개 풀로 이어 비바람을 가릴 정도이고, 부잣집은 기와로 이었으나 겨우 열의 한둘뿐이다"라고 혹평하였지만 왕성 안에 70가구의 절이 있다는 '송사' 고려전의 기록들로 미루어 그다지 초라한 도시는 아니었을 것이라고 여겨지고 있다. 여기에 관아, 불사, 민가가 섞여 매우 조밀하게 살았고, 시가 중심에는 장행랑이라는 상업성점포 이외에 허시라는 노점시장이 매일 개설되어 병 모양의 화폐였던 은병, 곡물, 포목 등으로 물물교환이 이루어졌다.

조선이 한양으로 수도를 옮긴 것은 1394년(태조 3년) 10월이었고, 그해 12월 정도전이 책임자가 되어 한양 천도 조영계획을 시작하였다. 한양은 8도의 중앙부에 위치할 뿐 아니라, 남산, 인왕산, 낙산 등에 둘러싸여 있어 천연의 성곽을 이루고 한강수가 감싸고 흘러, 풍수지리설에서 말하는 장풍득수, 산하금대의 승지이므로 일찍부터 왕도의 후보지로 거론되어왔다. 경복궁과 종묘가 완성된 것은 1395년이었고 수도의 면모를 갖추게 된 것은 1422년이었다. 조선 전기 한양(한성)의 인구는 대체로 11만~12만 정도였을 것으로 추측된다. 도성 안의 토지는 사유를 인정하지 않았고, 주민의 가옥은 한성부가 신청을 받아 공지를 분양, 대여하였다. 그리고 대시, 곡물잡화, 우마시장, 골목 안의 작은 상점들인 여항소시 등이 개설된 것은 1412년이었다. 이렇듯 조선의 수도 한성을 비롯한 도성은 개인사유를 인정하지 않았던 계급적 토지공유제도를 실시하였다.

경국대전의 기준을 보면, 대군, 공주의 토지는 30부(4,225㎡)로 가장 넓고, 서인은 2부(282㎡)로 가장 좁았으며, 계층에 따라 증감되었고, 주택의 규모도 엄격히 규제되었다. 고을은 경계구역이 넓고 인구가 많았으며 교통의 요충에 위치하였으므로, 사람과 물자의 빈번한 교류에 따라 많은 사람이 모여 살았다. 고을의 격이 높아지면서 관의 업무량이 늘어나자 그만큼 관아의 이속, 군졸, 노비 등과 관아에 예속된 장인, 객주, 여각 등 상공인도 늘어나서 자연히 전산업형 도시를 형성하였던 자급자족의 계급적 신분으로 분화된 사회공동체를 유지하며 서로 돕는 상부상조의 생활을 하게 된 것이다. 15~16세기 무렵부터는 각 지방도시마다 장시가 서게 되어 상업의 중심지까지 겸하게 되면서 지방도시의 기능이 더욱 다양해졌다.

조선왕조가 성립된 지 200년이 지나고 임진왜란, 병자호란의 두 큰 병란을 겪고 난 뒤 도시사회에도 변화가 일어나기 시작하였다. 첫째, 공업상의 변화이다. 종래의 관공장 중심의 독점적 수공업에서 독자적 사공장들이 등장하여 경쟁적인 생산활동으로 양질의 제품을 대량으로 생산하기 시작한 것이다. 둘째, 상업상의 변화다. 청나라와의 무역이 더욱 활발해지고 금속화폐의 유통과 장시의 보급 및 보부상의 활동 등이 전국적으로 확대되면서 상업인구가 대폭 증가하고, 관인시전에 대한 사상들의 도전경쟁이 활발해져 상업이 크게 발전하였다. 셋째는 시골사람들이 도시로 몰려든 것이다. 적자와 서자 및 양반과 상인의 신분질서가 문란해지고, 일부 지식층의 의식개혁이 일어나면서, 관리와 양반의 수탈 및 천재지변에 지친 농민들이 상인 또는 수공업장으로 전업하였다. 한성의 경우 국내외 물품의 수급을 독점하여 번영한 육의전 등의 관인상전과, 송파, 누원 등에서 자생하여 활기를 띤 사상, 그리고 용산, 마포 등 한강변에서 활개를 치던 경상 등의 경쟁적 활약이 상공업을 크게 발달시켰다. 임진과 병자의 양난 뒤 4만 명으로 감소되었던 한성의 인구는 17세기 중엽인 1669년에 20만에 육박하여 조선시대 말까지 지속되었다. 조선 후기에는 지방도시에서도 상공업이 크게 발달하여 개성, 의주, 평양, 동래 등지에서는 청나라 또는 일본과의 무역으로 이른바 송상, 만상, 유상, 내상들이 활발한 장사를 하였다. 18세기 중엽에 쓰여진 이중환의 『택리지』에는 평양과 안주는 대청무역으로, 원주는 생선, 소금, 목재의 집산지로, 상주는 수륙교통이 결절하여 상거래가 편리한 곳으로, 그리고 전주는 인구가 많고 물자가 풍부한 곳으로 기록하는 등, 주로 경제적 이유를 들어 이러한 도시를 '대도회'라 하였다.

『호구총수』에 나타난 조선 후기 인구는 한성 18만을 제외하고 개성 2만 7천, 평양 2만 1천, 상주 1만 8천, 전주 1만 6천, 대구 1만 3천, 충주 1만 1천, 의주 1만 8백 등이 되어, 전국 주요 도시들은 1만에서 2만대의 도시들로 성장하게 된다. 도시의 총인구는 57만여 명으로서, 전국 인구 740만 명의 약 7.8%였다.

조선시대 도시사회의 특징은 후기에 이르러 인구증가, 장시의 확충, 상공업의 발달, 그리고 도시집중현상 등으로 도시사회는 점차 행정적 거점에서 경제적 거점으로 전환되었다는 것이다. 그리하여 행정적 기능이 전혀 없는 경제적 도시취락도 생겨나게 되었다. 그렇지만 농본을 강조하고 상공업을 천시하던 사회기풍이 남아 있었고 쇄국정책 등의 제약요인 때문에 상공업을 통한 경제도시로서의 발전에는 한계가 있었다. 규모가 큰 읍성들은 수천 내지 수만 명을 수용할 수 있었는데 성안에는 관아와 관민, 이속, 군졸, 관인시전 및 양반, 지주들이 거주하였고, 성 밖에는 장시가 서고 상인, 장인, 빈농들이 각기 기능별로 모여 살았다. 당시에도 도로, 배수, 청소, 소방, 야간통행금지 등의 도시제도가 나름대로 틀을 잡고 있었다.

그러나 비슷한 연대에 이미 산업화의 길을 걷기 시작한 서구 도시들에 대비되는 조선시대 도시는 인구증가와 상업활동은 활발했지만 서구와 같이 도로에 자동차, 철로에 기차가 다니거나, 공장들로 들어찬 근대적 도시의 모습은 아니었다. 이와 같이 도시의 발달이 늦어진 데는 지정학적으로 태백산맥으로 양분되는 국토의 형상으로 인해, 동서를 연결하는 교통로가 동떨어졌다는 점, 정책적으로 왕조 500년간에 중국을 제외한 타 국가들과는 소극적인 개방정책을 폈다는 점, 사상적으로 은둔적인 유교에 치중한 점, 제도적으로 중앙집권에 치우쳐 지방분권적인 봉건제도가 발달하지 못한 점, 임진왜란, 병자호란의 두 큰 전란을 겪은 점 등을 들 수 있다.

영국이 산업혁명을 시작한 후 100년 가까이 지나 조선은 마침내 서양의 문물을 본격적으로 받아들이기 시작한다. 조선의 개항기는 강화도조약을 계기로 개항한 1876년부터 1910년 국권상실까지의 시기를 가리키는데, 이 시기 조선의 도시사회는 개항장, 개시장을 중심으로 크게 변화했다. 동양 3국 중 제일 먼저 시작한 중국은 아편전쟁(1840) 이후 난징조약으로 각지에 80개의 개항장, 개시장이 있었으며, 상해 등지에는 외국인 전용 거주지역인 조계가 설정되었고, 미국 페리제독이 일본 에도 근처의 우라가에 나타난 이후 막부를 굴복시켜 1854년 미일화친조약을 체결하고 개항한 일본에도 요코하마 등에 외국인 거류지가 설립되었다. 1876년 조선 땅에 처음으로 개항장을 설치하여 등장한 세력은 일본이었고, 뒤를 이어 중국은 1882년, 영국, 미국 등 서구 각국은 1883년과 1884년에 들어오기 시작하였다.

1900년을 전후하여 경인선(1899), 한강철교(1900), 경부선과 마산선(1905), 경의선(1906) 등의 철도가 부설되어 지역 질서에 커다란 변혁을 가져왔다. 1885년 한성-인천, 한성-평양 간의 전신이 개통된 뒤 19세기 말까지 전국의 주요 도시 간 전신망이 거의 연결되었다. 1902년 한성에 가정전화가 가설되어, 이듬해 인천, 평양까지 확대되었다. 1880년 무렵 경복궁에 전등이 가설된 뒤 한성(1900), 인천(1906), 부산(1910)에도 전등이 보급되었다. 한성에 전차가 운행된 것은 1899년의 일이었다. 상수도 시설은 1880년 부산 상수도가 처음이었고 서울에는 1908년 준공되었다.

개항기가 비록 짧기는 하였지만, 이 사이에 기존 질서가 무너지고 새로운 질서로 개편되는 중대한 변혁이 일어났는데 지역질서 내지는 도시질서 또한 예외는 아니었다. 특히 일본인들에 의해 활발히 개발되고 있던 부산, 원산, 목포, 군산, 마산 등의 개항 신흥지들은 현저히 도시화된 반면, 강화, 상주, 광주, 경주, 나주, 원주, 강릉 등의 내륙의 옛 도시들은 상대적으로 쇠퇴의 길을 걷게 되었다. 경부선, 경의선 두 철도의 개통으로 대전, 신안주 등지에 새 도시가 싹트고, 김천, 천안, 개성, 황주 등 일부 전통적 지방도시도 점차 활기를 띠게 되었다. 새로 개항장이 된 부산, 인천, 원산, 마산, 목포, 진남포, 성진 등과, 경부선 연선인 부산, 인천, 수원, 김천, 구포, 삼랑진, 밀양 등, 그리고 일본세력의 침투가 많은 경상남도 지방의 도시화가 현저히 이루어졌다. 그러나 조선의 식민화를 달성하자, 일본은 행정구역을 개편하고 조선의 국토를 반봉건적인 농업생산지로 영구히 머무르게 하여 그들의 식량공급지로 삼으려는 저의를 드러내었다. 일본인이 거주하여 일본화한 곳만 도시인 경성부와 같은 '부'로 정하여 집중 개발하고, 나머지 지역은 단순한 농산물 생산지로 묶어두려고 하였다. 또 회사령을 제정하여 회사설립을 억제하였다. 3·1 운동을 계기로 종전의 무단강압정치에서 이른바 문화정치로 방향을 바꾼 총독부는 회사령을 폐지하고, 관리와 교원의 제복, 착검의 폐지, 태형을 벌금형으로 바꾸는 등의 유화정책을 쓰기 시작하였다. 회사령 철폐와 관세제도 개정 등에 따라 일본 자본의 한반도 진출이 자유로워진 1920년 이후 한반도 땅에도 서서히 공업화의 기운이 일어나 한인노동자의 수가 늘어나는 한편, 3·1 운동 이후 교육, 산업에 대한 자각이 적극화, 진취화하면서 현저한 이농향도현상이 일어나기 시작하였다. 1930년 10월에 실시한 인구조사 결과 도시지역이라고 할 수 있는 부·읍의 인구가 193만 3천 명에 달해 전국 인구 2,105만 8천 명의 9.2%였다.

일제는 대륙침략을 위해 만주사변을 일으키고 만주국이라는 괴뢰정부를 세운 1930년대에 이르러 한반도를 종래의 식량 및 원료공급지, 공산품 판매시장으로부터 대륙침략의 병참기지로 바꾸어갔다. 면제를 개정하여 도청소재지는 청주, 공주, 전주, 광주, 진주, 해주, 춘천, 의주, 함흥 등이었고, 철도가 통과하는 교통요충이 대전, 조치원, 익산, 김천, 회령 등이었다. 철도 연선이면서 상업의 중심지는 수원, 개성, 강경 등이었으며, 포항, 통영은 어항으로 발전한 곳이고, 진해, 나남은 일본의 대규모 군사기지, 영등포는 경성의 관문, 검이포는 대규모 공장지대였다. 당시 노동력 착취가 무제한 가능하다는 점에 착안한 일본 자본의 대거 진출로 방적, 시멘트, 제분, 제지 등 경공업 공장이 여러 도시에 들어서게 되었다. 한편, 청진, 나진, 웅기 등의 항만은 일본 본토에서 만주대륙으로 통하는 최단거리에 있는 이른바 '북선루트' 이론에 따라 1933~1934년 무렵부터 북한 지역 4개도에 중화학 공장을 세우기 시작하였다. 1937년 중일전쟁의 발발로 군수공업 중심의 경제체제로 재편성이 강행되었으며, 군사수공능력의 증강을 위한 교통, 통신, 시설확충 등의 요인이 겹쳐 값싼 노동력이 도시로 집중되면서 급격한 도시화가 진행되었다. 1940년에는 경성 인구가 93만 명, 부산 30만 명에 육박하였다. 일본은 1941년 12월 마침내 미국, 영국 등 연합국을 상대로 태평양전쟁을 일으켰고, 이에 따라 도시와 농촌 가릴 것 없이 모든 생활에 내핍과 복종만이 강요되었다. 따라서 경제부분도 전시체제로 개편되어 식량의 강제공출과 배급제, 각 가정의 금속기물의 공출, 제한 송전 또는 단전, 강제근로동원으로 우리나라 전체는 결핍과 침체의 늪으로 빠져들었다. 1944년 5월의 인구조사에 따르면 도시 규모의 부·읍 인구는 전체 인구인 2,591만의 23.9%에 달했다. 주택공급은 급격한 수요를 따르지 못한데다가 총독부의 주택정책이 일본인 위주였으므로 한국인의 거주사정은 매우 나빠서 주요도시에서까지 '토막집'이라는 불량 가건물이 적지 않은 실정이었다.

광복 후 남한에 거주하던 일본 군인 24만을 포함한 70여만 명의 일본인이 떠난 대신, 일본, 중국 등에 이주해 살던 재외동포 120만 명이 돌아오고, 공산체제를 반대한 북한주민 약 48만 명이 남하하여 당시 서울 인구보다 많은 인구가 주로 도시로 몰려들어 정착하였다. 이와 함께 권력과 부와 자유를 찾아, 또는 교육을 위하여 고향을 떠나 도시로 모여드는 경향이 뚜렷해지고, 좌우익 사상대립에 사회적 불안을 느낀 사람들, 농지개혁으로 생활기반을 잃은 농촌의 지주층들도 도시로 모여들었다. 그리하여 정부 수립 후 처음 실시한 1949년 5월 인구조사에서 전국의 인구는 2,018만 9천 명이었고, 서울시 인구는 144만 6천 명에 달하여, 시·부·읍 인구대비 총인구 비율은 26.7%에 이르렀다.

6·25 전쟁의 3년 동안 99만의 민간인 사상자와 8만 가구의 주택피해, 전국 20개 시청 중 15개 청사가 피해를 입었고, 국내 전체 제조업체의 70%에 달하는 4,673개의 공장이 가동할 수 없는 상태에 빠졌다. 서울, 인천, 천안, 대전, 김천, 춘천, 원주, 포항, 평택, 왜관, 성주, 하동 등 격전지는 도시 전체가 거의 파괴되다시피 하였다. 한때 압록강변까지 전진하였던 국군이 후퇴할 때 200만 명에 가까운 북한 주민이 따라서 월남하여 주로 서울, 부산, 인천, 대구, 대전, 춘천, 원주 등의 도시에 정착하게 되었고, 군대생활을 토대하여 도시생활을 경험한 시골 젊은이들이 제대 후 도시로 몰려들었다. 여기에 광복 후 부쩍 늘어난 고등학교, 대학교 등 상급학교를 찾아 시골 학생이 도시로 몰리고, 이들은 학교 졸업 후 그대로 도시에 눌러살게 되는 일까지 겹쳐 도시화의 현상을 더욱 가속화하였다. 해방과 한국전쟁을 거치며 재외동포와 북한주민 그리고 농촌에서 상경한 젊은이들이 새로운 생활터전과 기회를 찾아 도시로 대이동을 한 것이다.

따라서 1950년대 후반기의 우리나라 도시화는 이른바 '고용기회를 웃도는 인구집중'이었다. 그 결과 원조물자, 구호물자의 판매, 소비를 통한 제3차 산업에의 과잉종사를 일으키는 한편, 서울, 부산, 인천 등지에는 셀 수 없을 만큼 많은 판잣집이 나타나게 되었다. 여기에 지식과 의지만 가지고 도시로 몰려온 젊은이들에게 취업의 기회는 충분하지 못했고, 전 사회에 걸친 부정부패와 퇴폐풍조가 가득 찬 현실에 대한 불만이 쌓일 수밖에 없었고, 이러한 각 도시의 피폐한 상황은 마침내 4·19혁명으로 이어지게 되었다.

이 혁명의 촉발로 군사정권이 들어서고, 제3공화국이 수립되면서 시행된 경제개발 5개년 계획은 1960~1964년 사이에 매년 5.5%를 기록하던 경제성장률이 1965~1969년 5년간 11.7%로 뛰어오르게 하고, 특히 제조업 분야의 성장률은 1960년대 전반기의 9.4%에서 후반기에는 22.6%라는 놀라운 성장을 기록하였다. 이 공업화는 새로운 인구를 더욱 더 도시로 유도하여 1970년 시·읍 인구 1,550만 9천 명, 총인구 3,088만 2천 명으로 마침내 도시인구율이 50% 선을 넘어섰다.

개발도상국의 도시화 과정에서 항상 문제되는 것은 인구가 몇 개의 대도시로 편중되는 현상인데, 우리나라에서도 1961~1970년의 10년간 대도시집중현상이 현저하게 나타났다. 주요 도시의 인구수는 1960~1970년 사이에 서울이 244만 명에서 553만 명으로 두 배 이상 늘어났으며, 부산이 166만 명에서 187만, 대구가 67만 명에서 108만 명으로 늘어났고, 인천, 광주도 50~70%가 증가하였다. 인구집중은 심각한 주택난을 초래하여 서울은 1970년 18만 8천 가구의 무허가 건물이 있었고, 봉천, 구로, 시흥, 상계, 미아 등의 지역에는 대규모의 빈민촌이 형성되기도 하였다.

1970년대의 도시화를 유도한 또 하나의 큰 요인 중의 하나는 고속도로망의 형성이었다. 1969년 7월 경인선, 1970년 경부선이 개통되면서 전국의 일일생활권 시대가 시작되었다. 이어 1973년 호남·남해선, 1977년 영동·동해선, 1977년 구마선이 개통되었다. 이는 국가 경제개발과 지역개발에 엄청난 촉진효과를 거둔 동시에 지방인구의 가속적인 대도시집중과 지역 간의 인구이동을 활발하게 하였다. 전국이 1일 생활권으로 바뀐 것은 20세기 한국이 도달한 위대한 성과였다. 반면 통과지나 경유지의 중소도시들은 인구가 감소되는 결과를 나타내기도 하였다. 한편 1960년대 추진된 울산공업단지가 기대하였던 성과를 거두자 이에 따라 고도의 경제성장에 기여함과 아울러 인구와 산업도시 과밀집중을 막는 방안으로 전국 각지에 많은 공업단지가 조성된 것도 1970년대 도시화의 한 특징이었다. 1969년 구미, 1970년 포항, 1974년 여천, 1977년 반월 등 공업단지가 기공되었다.

1970년대의 도시화에 가장 큰 영향을 미친 경제적 사건은 1972~1973년의 1차 유류파동, 1978~1979년의 2차 유류파동이었다. 이 두 차례의 충격으로 우리나라의 경제는 고도성장에서 저성장으로 전환하였고, 이에 맞추어 도시정책도 종전까지의 개발·확대 일변도에서 개발·보존으로 방향을 바꾸어 내실을 기하는 데 역점을 두었다. 이 시기에도 서울, 부산, 대구 등 거대도시로의 인구집중은 계속되어 서울에는 영동, 잠실지구에 1,000만 평의 대규모 구획정리사업이 추진되었으며, 1974년 8월 서울역-청량리 간 지하철 9.5㎞, 수도권 지하철 98.6㎞가 개통되었다. 여의도, 영동, 잠실지구 내 고층아파트가 숲을 이루고 대도시의 땅값이 폭등하는 사회문제가 일어난 것도 1970년대의 일이었다. 도시인구비율은 1975년 59%, 1980년 69.4%에 이르렀다. 1981년에는 경기도, 제주도의 21개 군을 제외한 7개 도 118개 군의 인구 감소는 336만 2천 명으로 평균 21%의 감소를 나타냄으로써 심각한 인구과소지역과 낙후지역의 문제를 낳았다.

1980년대 들어오면서 한국의 도시화는 또 한번 크게 변화한다. 80년대 중반부터 시작한 한국경제의 고도성장은 이른바 3저 현상인 저환율, 저국제금리, 저석유가격을 가져와 인구의 대도시집중이 더욱 현저하게 나타났다. 이후 1986년 아시안 게임, 1988년 올림픽이 개최되면서 서울과 인접 경기도, 그리고 부산에 대규모 사회간접시설 투자가 전개되었다. 1980년의 주택 500만 호 건설, 1988년 시작된 주택 200만 호 건설로 전국에 아파트가 본격적으로 들어서면서 한국의 주거문화를 바꾸게 된다. 제5공화국 전두환 정권에 의한 주택 500만 호 건설은 실현되지 않았지만 그 부산물로 1980년 12월 택지개발촉진법이 제정되어 서울시내의 개포지구, 고덕지구, 상계지구, 중계지구, 목동지구 등에 대규모 주택단지를 낳게 되었다. 이 5개 지구의 면적 합계는 2천 평방미터가 넘어 세계도시개발사상에 유래가 없는 대규모였다. 주택 200만 호 건설은 1988년부터 1992년까지 5년간 전개되어 서울 근교에 분당, 일산, 중동, 평촌, 산본 등 5개 대규모 신도시가 건설됨으로써 서울을 비롯한 수도권 일대의 모습을 완전히 바꾸어놓았다. 이 과정에서 서울의 인구수는 올림픽이 개최되는 88년에 1천만 명을 넘어섰고, 1992년에는 1,100만 명에 육박하게 되었다. 또 서울, 인천, 경기도를 포함하는 수도권의 인구수는 1990년 1,858만 명으로 총인구 4,287만 명의 43.4%에 달하게 되었고, 1995년에는 수도권 인구수가 마침내 2천만 명을 넘어 44.4%에 도달하게 되었다.

서울을 포함한 수도권의 이와 같은 인구집중은 전 국토의 한 지역인 서울을 중심으로 한 정치 및 경제의 집중을 초래하여 한국전쟁이 끝나고 50년이 채 안 되는 기간 동안 초거대도시권으로 탈바꿈하게 되었다. 이 초거대도시권의 중심인 서울에는 전 국토면적 중 단지 0.6%의 면적밖에 안 되는 공간에 전국 인구수의 24.5%, 국민총생산의 3분의 1 이상, 금융기관 여·수신고의 3분의 2이상, 종합소득세 40% 이상, 법인세의 70% 이상, 의사 수, 자동차 등록대수의 각각 40% 이상이라는 엄청난 집중현상을 초래하게 되었다. 한편 1991년부터 다시 시작된 지방자치의 시행으로 도시재정의 확대, 지역별 개발 정책, 행정구역 통합 등으로 지방 주요도시들이 광역화되고, 특별자치도시가 되면서 지역 이기주의 등으로 모든 도시가 새로운 모습으로 변하게 된다.

이러한 급격한 도시화 과정을 거치며 21세기에 들어선 한국의 도시현상은 서울을 포함한 수도권의 비대화와 부산, 대구, 인천, 광주, 대전, 울산 등 5대 광역시의 인구집중현상으로 나타났고, 속초·강릉·동해·삼척권, 포항·경주·울산권, 마산·창원·진해권, 진주·사천·통영권, 광양·여천·여수·순천권, 나주·목포권, 전주·익산·군산권 등의 5개 광역도시를 중심으로 한 여러 도시군들이 형성되었다. 이러한 도시화 현상에서 특이한 것은 지난날 도시라는 개념은 농촌과 대비되는 것이었지만, 공간적인 면에서 농촌은 광역도시의 외연으로 구분될 뿐 도시와 대칭되는 개념이 아니라 수도권과 비수도권으로 대비되었고, 광역권과 비광역권으로 대비되고 있다. 한편 1996년 3월부터 실시된 시·군 통합정책으로 시가 군을 흡수하게 되면서 시라는 행정구역 안에 읍·면이 공존하게 되어, 행정과 정보, 통신서비스적 측면에서 도시와 농촌의 구별이 모호해지게 되었고, 농촌적 생활양식에도 많은 도시적 생활양식이 보편화되고 있다. 종전에는 분명히 도시적 생활양식과 농촌적 생활양식에 구분이 있었지만, 교통, 통신, 정보매체의 발달로 농촌적 생활양식이라는 것이 점점 도시와 비슷해지고 있다. 한편 공간적으로는 농업과 비농업, 도시와 농촌의 풍경적 차이는 있으되, 문화적으로는 과거와 같은 농촌적 생활에 자리 잡지 않았던 현대적 부엌, 화장실, 자가용 승용차, 휴대전화, 컴퓨터가 널리 보급되면서, 수도권 등의 광역도시권에서나 볼 수 있는 대규모 문화행사나 국제행사와 같은 경험은 못 하지만, 도시의 물질과 정신문화는 지속적으로 농촌에 전파되고 있어 현재 농촌거주자들도 다양한 도시문화를 접할 수 있게 되었다. 그러나 교육, 고용기회, 그리고 대도시에서만 경험할 수 있는 문화적인 것들에 대한 동경 때문에 농촌의 젊은이들이 특히 수도권에 집중적으로 이주하여, 농촌의 인구가 지속적으로 감소하고 고령화되는 악순환이 계속되고 있다. 따라서 21세기 한국의 도시화는 인구의 고령화, 1인 가구의 증가, 출산율 감소에 따른 인구의 절대수 감소, 농업인구 격감 등의 요인과 전 국토의 고속전철망 등으로 지역질서가 크게 바뀌는 현상이 나타나, 수도권의 초거대도시권 및 포항·경주·울산·부산·진주·여수를 포함하는 동남권과 그 외의 지역으로 구분되는 양극화현상이 점점 심화되고 있다. 한편 지구상의 세계도시화현상(ecumenopolis)으로 만들어진 초거대도시권들이 연결되고 있는 글로벌 슈퍼시티(global supercity) 네트워크 현상이 일어나고 국내의 국토 공간적 양극화 현상과 동시에 글로벌 도시들의 통합 현상이 일어나고 있다.

도시환경적인 면에 있어서 조선시대에 있었던 우리나라 도시의 생태적 특징을 보면 도시의 형성과정에는 풍수지리설이 크게 작용했다. 도시의 입지적 선택, 주거지역 선택 등 도시 내부 구조 형성과정에 다른 어떤 나라보다 풍수지리설이 큰 영향을 미쳤다. 한양 도읍지 선택이 그 예로 궁궐의 위치, 성곽, 사대문, 도로, 주택지의 선정이 모두 풍수지리설의 기본원칙 안에서 짜여진 것을 알 수 있다. 한편 도시 내부 구조 형성에 있어서는 자연의 유기적 환경과 종교적 요인보다는 정치, 행정적 요인이 결정적인 영향을 미쳤다는 점이다. 행정기관의 위치가 도시의 중심이 되고, 그 지역을 중심으로 관리들의 주거지역이 형성되고, 그 다음 관리들의 생활필수품 공급을 위한 시장 및 상가, 수공업, 공노예의 주거지역 등이 들어서게 되었다. 이러한 구조는 중국과 일본 등지에서도 그 예가 있어 유교문화권의 특이한 형태라고 볼 수 있다. 그러나 광복 후 전개된 급작스런 서양의 근대적(modernism) 계획도시에 기초를 둔 도시화 과정은 전통적인 우리나라 도시의 생태학적 구조를 거의 찾아볼 수 없게 만들었다. 한편 해방 후 70여 년간 벌어진 우리나라 도시의 급격한 도시화에 따라 도시공동체의 기능분화와 공간적 확장의 변천과정을 볼 때, 한국의 수도권은 국가적 차원에서 대부분의 개발도상국가들이 겪었던 도시화 과정에서 찾아볼 수 있는, 모든 기능이 정치권력을 쥔 정부핵심기능에 종속되어 있는 도시의 종주화현상의 정점에 있는 상태로 보고 있으며, 그동안 이루어진 정부의 정책적 분산화에도 불구하고 국가의 대부분 기능이 현재도 서울을 중심으로 한 수도권에 집중되어 있다. 과거 우리나라 도시는 줄곧 권력집중화와 인구집중화의 단계에 있었으며, 1980년대 초반에도 분산이나 분권화의 경향은 보이지 않고 있었다. 1983년에 산업화에 따라 대구·대전·광주를 성장거점도시로 육성하고 그 밖의 지방중심도시에 공업을 육성함으로써 수도권 인구 및 기능의 집중화를 인위적으로 분산시키려고 하였으나 실질적 정치·교육·문화 등의 지방 분산이 우선되지 않아 수도권 및 광역도시권 인구의 지방 분산은 이루어지지 못하고 있었다. 그러다가 본격적으로 수도이전을 계획하면서 2006년 행정중심복합도시 건설청이 설립됨으로써 충청남도 연기군에 한국 역사상 최대규모로 세종특별자치시라 불리는 신도시가 들어서며 현재까지 여러 정부 관련 부처들이 서울에서 세종시로 이전하였다. 그리고 기타 지방에도 정부기관들이 이전을 추진하여 서울에 집중된 행정기능의 분산화를 통한 수도권과밀화 해소에 노력한 가운데, 세종시는 2020년 현재 353,430명의 인구를 수용하고 있고, 혼인율 1위, 출산율 1위 도시로 성장하였다. 그러나 아직도 권력과 행정의 핵심인 국회와 청와대가 서울에 계속 머무르고 있어, 이러한 정부기관 분산만으로는 수도권 인구의 집중 해소에 큰 효과를 아직 이루지 못하고 있는 실정이다.[9]

과거 유럽의 도시화 과정을 보면 급격한 도시화의 진행과 더불어 인구와 각종 기능들이 도시로 집중하고, 그에 대한 대책이 적절하게 뒤따르지 못함으로써 발생했던 다양한 도시문제가 실제로 인식되기 시작한 것은 근대 자본주의가 전개되면서부터였다. 역사적으로 18세기 말부터 시작한 산업혁명을 거치는 동안 영국을 중심으로 한 유럽 각국에서 도시의 공업화가 확대되어감에 따라 빈부격차, 질병, 불결, 주택부족 등 각종 문제가 발생하였다. 제2차 세계대전 후 생산력의 급증과 인구의 도시집중으로 선진국뿐만 아니라 아시아, 아프리카, 라틴아메리카 등 개발도상국, 후진국에서도 도시문제가 발생하였으므로 전 세계적으로 그 심각성이 가중되었다. 우리나라의 경우 1960~1980년대까지 한국의 대도시인 서울, 부산에서는 주택부족과 무허가불량주택 문제가 가장 심각한 문제였고 다음이 교통문제였다. 제6공화국 정부에 이르러 서울 40만 호, 수도권 90만 호 등 전국에 214만 호의 주택을 건설하여 주택문제가 다소 해결되었으나 21세기에 들어 특히 서울과 수도권에 1~2인 가구가 계속 증가하여 새로이 공급되는 주택에도 불구하고 부동산 가격이 급격히 증가하는 등 다시 주택부족 현상을 보이고 있다.

1970년대 이후부터는 고속경제성장을 이루었던 우리나라 산업화의 이면으로 자동차 배기가스, 산업에 의한 대기오염, 생활·산업오수에 의한 수질오염, 각종 폐기물 증가, 오존층 파괴 등의 생태계파괴의 환경문제가 심화되고 있었다. 1980년대 이후 폭발적으로 증가한 개인승용차와 나홀로 운전자들 때문에 현재의 교통난은 노면혼잡의 원인인 노면교통난과 주차난으로 교통체증이 만연하여 시간적, 경제적으로 매우 비효율적인 심각한 교통문제를 발생시키고 있다. 이는 국토가 협소하여 넓고 긴 도로를 확보하는 데 한계를 지니고 있고, 과밀화된 도시들로 이루어진 한국의 경우 도시는 근원적으로 개인승용차 부적격지역인 숙명을 지니고 있다. 그러므로 교통문제의 해결은 철도, 버스, 전철 등 대중교통수단을 이용하는 일 이외에 다른 대안이 없게 되었다. 이러한 다양한 도시문제와 함께 대도시가 지니는 익명성, 향락성, 무절제, 대중성에다가 음주, 흡연, 마약, 매춘, 빈부격차 등의 요인이 겹쳐 대도시에는 각종 범죄가 만연하고 있다.

1970년대 이후 창원·구미·포항·울산 등의 많은 신생도시는 인위적인 산업화와 그에 부응하는 도시정책에 따른 인공구조물에 의하여 양적으로 성장하고 있음을 보여주고 있는데, 이러한 인위적 환경구성은 자연 질서의 기본원칙에 기초를 두었던 전통거주환경을 변질시켜, 결국 전통과 현대의 도시공동체적 삶의 기본적 통합에 많은 문제점을 낳게 된다. 유럽의 경우 봉건시대부터 존속해왔던 도시들의 자연적 형태를 대부분 유지하며 새로운 인공구조물을 추가하여 전통과 현대가 조화롭게 공존하는 도시를 유지한 반면, 한국의 도시들은 대부분 남아 있던 전통도시의 형태를 보전하지 않고 근대적 도시의 기능에 우선되는 인공적 도시구조로 탈바꿈시킴으로써 과거부터 내려오면서 자연적으로 형성되었던 도시구조와 그로부터 만들어졌던 생활공동체를 해체시켜버렸다. 그나마 다행스러운 것은 아직도 소규모 상점들이 도시중심에서 주변에 이르는 큰길가에 늘어서 있어 도시가로에 활력을 찾아볼 수 있다는 것이고, 재래의 5일장 형식으로 된 지역별 시장형태가 아파트 단지를 중심으로 열리고 있으며, 전통장터인 서울의 동대문시장과 부산의 국제시장 등 대도시에서도 아직까지 활발한 상거래가 일어나고 있는 것이다. 또한 서울의 경우 골동품은 인사동, 서적은 청계천6가, 포목은 동대문시장과 남대문시장, 한약은 종로 2·3가 등에 남아 있다. 한편 도시의 역사가 길지 않은 북미의 상업지역은 주거지역의 중심에 대규모 쇼핑몰의 형태로 집단화되어 있는데, 이 계획을 우리나라에도 도입하여 대형 쇼핑몰들이 도심과 주변 외곽지역에 나타나고 있다. 최근 온라인 쇼핑 형태가 급격히 보편화되면서 이들 대규모 쇼핑몰도 그 미래가 불투명해지고 있다. 1990년대까지는 우리나라의 도시는 주거지역의 분화가 엄격하지 않아서 상하계층이 혼합된 형태를 이루는 경우가 많았다. 그 이유는 우리나라 중산층 주민의 도시집중화 현상이 교육 및 문화적 기회를 찾아 도시에 집중하였던 것에 기인하고 있어, 결과적으로 경제적 지위가 북미 슬럼지역 주민들과 비슷하더라도 북미에서와 같은 슬럼화 현상은 나타나지 않고 있었다. 그래서 우리나라 대도시에 사는 저소득층 주거지역 주민들은 상류계층과 같은 교육·문화적 배경을 갖고 있고, 교육수준도 상대적으로 높으며, 미래지향적이고 성취동기가 강하여 현재의 주거지는 단지 계층이동의 임시거처의 역할을 하고 있기 때문이기도 하였다. 그러나 2000년대 들어 부의 격차가 심화되면서 도시환경이 좋은 지역에 상류층이 모여 사는 경향이 뚜렷해지면서 빈부에 따른 주거지역 분화현상이 점진적으로 진행되고 있다.

과거의 급격한 인구증가와 지속되고 있는 전 분야의 대도시집중으로 주거지역의 과밀화현상이 현재까지도 계속되고 있어서, 주거수요가 꾸준히 증가해 대단위 아파트가 대도시에 계속 건설되고 있다. 이렇게 대도시에 기능이 집중화되어 있어 생활환경이 좋은 지역의 토지 가격이 다른 지역에 비하여 극도로 높아짐에 따라 부동산 가격이 빠르게 오르고 있어 빈부격차에 의한 주거의 양극화가 더욱 벌어지고 있기도 하다. 또한 고밀화된 아파트단지에 속해 있는 대부분의 주거공간에는 충분한 녹지 공간이 부족하고, 정원이 없는 다세대 건물들만이 집중되어 있는 밀집된 주택지역에는 많은 가구가 입주하여 주거환경이 열악해지고 있다. 주거지역의 과밀은 정신건강을 해칠 뿐만 아니라 경쟁적이고 공격적인 인간관계를 유발시켜 근린관계 형성에 부정적인 결과를 낳고 있다는 연구결과가 있으며, 이렇게 밀집된 주택지역은 물리적 근린집단의 공간구별을 불가능하게 만들 뿐만 아니라 이웃 간의 상호작용에 의한 근린집단의 형성도 어렵게 만들고 있다. 아파트지역이 출현하게 된 기본 동기는 도시공간의 가용 토지 한계성이라는 물리적 요인에서 비롯된 것이며, 고밀도 아파트라는 주거형태는 외국에서 수입된 주거형태로서 수천 세대의 주택이 비슷한 구조로 설계되어 있다. 그리하여 아파트 건설업체의 설계가 입주자의 경제적, 사회적 지위를 결정지어 동질적인 사회지역을 만들기 때문에 현재 도시의 계층분화를 촉진시키고 있다. 만일 거대한 아파트 단지가 중류층이거나 하층계급으로 동질화되면 도시의 계층분화를 더욱 심화시켜서 도시공동체의 통합에 문제를 야기할 수 있다.

현재 우리나라의 농촌에는 전반적인 국가차원의 경제성장에 따른 생활환경 향상과 정보통신기술의 혜택으로 도시의 문화가 많은 부분 전파되어 있기는 하지만, 아직까지 도시인들의 사회관계는 농촌주민의 사회관계와는 질적으로 다르다. 도시는 이질적인 개인들이 모여 사는 인구밀도가 높은 곳이라고 볼 수 있고, 도시생활에서 나타나는 개인들의 익명성은 도시인들의 사회관계의 특징을 보여준다. 도시에 사는 사람들은 상호 접촉은 많지만 깊은 관계를 맺는 경우는 드물다. 도시의 개인들은 농촌지역에서 보는 것과 같은 밀접한 개인관계를 아주 소수의 사람하고만 유지할 뿐이어서, 대부분의 관계는 이익과 편의에 의해 맺어진다. 혈연이나 지연에 의하여 연결된 사람들로부터 도시의 개인은 덜 구속받으며, 개인의 합리적인 판단과 계산에 의하여 관계가 이루어진다. 유럽에서는 점진적인 변화에 의하여 도시화가 이루어졌기 때문에 도시의 시민으로서 지역공동체 의식이 매우 중요한 요건이었다. 반면 우리나라 도시민들은 시민으로서의 공동체 의식이 점차 다양한 형태로 조성되고 있기는 하지만, 우리나라 도시민들 중에는 농촌지역에서 태어난 사람들이 아직도 많아서, 농촌 출신 도시인들이 가지는 의식은 현재까지도 전통적인 농촌의 보수적 가치관을 많은 부분 유지하고 있다. 이러한 가치관의 보수성이 급격한 도시화 과정 속에서 도시로 이주한 농촌 출신들이 새로운 환경에 적응하여 살아가는 데 동향의 유대관계로 서로 돕는 유용한 기능을 발휘하기도 하지만, 도시 내의 산업구조의 변화와 생활양식의 변화는 가치관의 변화보다 급격하기 때문에 그만큼 도시 내에서 상실감을 느끼는 계층이 많다.

한편 도시인들은 거주지의 이동 횟수가 잦아서, 이는 직업상의 필요에 의하여 이루어지기도 하고, 또는 도시 내 잦은 사회적, 경제적 이동에 의하기도 한다. 급격한 도시의 팽창으로 확장되어가는 도시영역과 부동산의 가격 유동성이 도시 거주자들 이동의 주요 원인으로 등장하고 있으며, 그 밖에도 자녀교육의 편의를 위하여, 더 나은 교통 요충지를 찾아서 빈번한 이동을 하고 있다. 이렇게 자주 거주지를 바꾸기 때문에 지역에 기반을 둔 지속적 인간관계는 유지되기 힘들다. 이웃관계는 잠시 거치는 사람들 사이의 관계로 설정되며, 특히 인구이동이 심한 아파트 단지 내에서는 인사 없이 지내는 것도 부자연스러운 것으로 받아들여지지 않고 있다. 도시의 상황에서는 2차적 관계가 더 주도적이어서, 물리적 접촉은 다수인들과 하고 있기는 하지만 긴밀한 사회적 접촉은 드물다. 대부분의 사회관계가 일시적이며 표면적인 차원에서밖에 이루어지지 않는 도시인은 이러한 사회관계에서 소외감을 느끼며 자신들이 떠나온 고향에 대한 강한 애착을 보이는 경향이 있다. 도시에서 직장과 가정은 완전히 분리되어 있어서, 직장 내에서 세분된 전문인, 기능인으로서의 구실을 수행하며, 직무를 떠나서는 전혀 다른 유형의 생활을 영위하고 있다. 일과 오락은 농촌지역에서보다 훨씬 더 분리되어 있어, 도시인들에게는 휴식과 오락의 중요성이 그들 생활에 큰 부분을 차지하고 있다. 이러한 도시인의 필요성에 따라 오락기관, 유흥업소가 성황을 이루고 있기도 해서 자칫 향락문화에 빠질 가능성 역시 다분히 많다. 반면 최근 결혼한 젊은 세대들에서는 이전 세대와 다르게 일에만 매달리지 않고 건전한 가족 단위의 휴식을 즐기는 경향도 점차 늘어 건전한 오락과 휴식문화도 나타나고 있다. 도시의 가족은 대부분 핵가족 형태를 띠고 있으며, 이는 도시인의 개인주의적 성향, 거주환경, 직장관계에 의하여 점차 증가하고 있다. 이와 같은 가족 규모의 축소로 인하여 도시인들은 사회적, 공간적으로 빠른 이동이 가능해졌고, 개인과 가족은 각 영역에서 가장 경제적 이득이 되는 곳으로 원하는 때에 신속히 이동할 수 있다. 자신의 이기적 실리추구와 함께 타인에 대한 불신이나 무관심은 도시인의 인간관계에서 자주 나타난다. 주변의 낯선 타인과의 대화가 용이하지 않고, 다양한 개인의 이질성에 민첩하게 적응하기 위하여 고정관념에 따라 대인관계가 이루어진다. 따라서 도시에서는 개인성은 높지만 개인으로서의 평가는 받지 못하고 있다. 개인들은 범주화된 다수로서만 중요성을 지니게 되고, 개인들은 필요한 욕구를 충족시키기 위하여 각자의 관심과 이해관계에 따라 여러 집단과 관계를 맺는다. 이러한 이해집단들은 특수한 목적을 위하여 이루어져 있기 때문에 농촌지역에서 보는 것과 같은 전인적인 관계가 맺어지기는 힘들다.

많은 경우 표면적으로 나타나는 조건에 의하여 구성원들이 형성되기 때문에 집단적 관계형성의 단면을 보여주기도 하는데 이러한 예로 등산, 낚시 등의 동호회집단이나 자선단체, 자원봉사, 정당, 소비자단체 등이 있다. 그 밖에도 친척들 간의 친목을 위한 모임이나, 계, 동창회, 동족집단의 모임 등도 도시지역에 활발하며, 이는 도시인들이 상실한 일차적 사회관계의 회복을 위한 시도라고 볼 수 있다. 그러나 이러한 모임들에서도 도시인들은 개인의 경제적 이익으로부터 완전히 해방되지는 못하기 때문에 자신들의 사회경제적 출세나 이익을 위하여 이러한 모임을 이용하는 경우도 많아 모임에서 각자의 위치를 과시하고 계산하는 도시인의 이기주의가 작용하고 있다.

도시적 이질성으로부터 벗어나 진정한 인격적·개인적 관계를 유지하기란 쉽지 않다. 타인에 대한 평가는 순간적이며 표면적인 기준에 의하여 이루어지기 때문에 도시인들은 농촌지역 사람들보다 외부적 조건에 민감하게 되어 그로 인해 시각적 상품이나 예술이 도시지역에서 발달하게 되며, 다수인에 의해 형성된 도시적 성향이나 문화에 자신을 맞추려는 경향이 강하다. 이는 인구집중 속에서 자신이 소외될 수 있다는 불안감을 해소시키려는 시도로부터 나온 것이다. 따라서 다수인들의 경향은 대중매체에 의하여 형성, 조장, 전파되고 있으며, 도시문화에서 신문, 라디오, 텔레비전, 소셜미디어 등의 대중매체는 매우 중요한 구실을 담당하고 있다. 모든 대중매체의 정보중심이 서울에 집중되어 서울의 문화가 다른 도시지역과 농촌지역에 압도적인 영향력을 끼치고 있으며, 정보통신시설의 발달에 따라 서구문명이 쉴 새 없이 소개되고 있는 곳이 도시이고 그중에도 서울이 단연 그 영향력의 정점에 있다. 우리나라 도시에는 최신시설을 갖춘 주택, 아파트, 슈퍼마켓과 함께 전통적 시장, 가옥, 구멍가게 등이 섞여 있다. 서구적인 이념과 가치관을 지니고 있는 계층이 있는가 하면, 농촌으로부터 아주 최근에 이주한 이주민들은 비교적 전통적 가치관을 견지하고 있다. 대도시의 이러한 문화적 이중성은 개인에게 가치관의 혼란과 갈등을 야기시키고 있다고 볼 수 있다. 현대 도시민은 책임감 있는 사회의식이나 가치관을 지니기보다는 극히 이기주의적이게 될 가능성이 많으며, 특히 새로운 도시적 가치관을 수용할 때 야기될 수 있는 인간 소외감에서부터 도피하려는 시도들이 생겨 도시 내 병리현상의 일부를 만들고 있다.[10]

니체는 인간은 되어가는 존재이고, 생성되고 있는, 완전하지 않은 존재라고 했으며, 아돌프 프르트만은 인간의 삶은 항상 열려 있고, 그러므로 인간은 가소성만 가지고 자신이 속해 있는 사회 안에서 문화를 습득하며 스스로를 이룩해 가는 존재라고 했다. 이렇게 완전하지 않고 가소성을 가진 존재로서의 도시인은 대중매체에 의해 조작되는 도시문화에 민감하게 반응하고 그 문화에 의해 커다란 영향을 받으며 모방적 욕망을 채우고자 하는 도시인으로써 만들어진다고 할 수 있다. 또한 정신분석학자 라캉이 "인간은 욕망의 실재에 도달하지 못하고 욕망의 대상만이 끊임없이 치환되며, 인간은 권력, 부, 사회적 지위, 명예 등을 끊임없이 추구해 이 결핍을 채운다 해도 또 다른 대상을 원하게 되어 욕망의 실재에 이를 수 없다"고 한 것은 권력, 부, 지위, 명예가 집중된 도시에 모여든 사람들은 도시인으로 변하면서 이것들을 끊임없이 추구하게 되지만 대부분의 도시인들은 그것들을 성취하지 못하게 되면서 갈등과 불안에 놓이게 되어 상실과 허탈감에 빠진다는 것이다.

들뢰즈는 자본주의를 인간 스스로 조작할 수 없는 분열적 욕망을 추구하는 유목적 기계로 간주하여, 자본주의가 이윤을 창출하고 극대화하기 위해 끊임없이 새로운 욕망의 영토(시장)를 개척하고 확대함으로써 전통적 사회관계를 무너뜨린다고 비판했다. 이는 아직도 서구 자본주의에 의해 지배받으며 돌아가는 현대의 도시들은 그들의 욕망적 부의 추구를 극대화시키는 장소로서 이 욕망을 제약하는 전통적 가치로 형성되었던 도덕적 사회관계를 파괴시켜 자본주의로 변질된 가치를 갖는 도시인들로 되어가는 것이다. 이렇게 전통 가치가 파괴되고 변질된 가치로 다시 태어난 도시인들에게 대중매체 광고에 의한 소비촉진과 찰나적이며 향락적인 문화전파가 이루어지고, 타인들과의 인격적 교류 역시 드문 도시인들은 대중매체를 통하여 들어오는 정보의 홍수에 무방비 상태로 노출되어 있으며, 대중매체로 소개되는 생활양식은 도시인들에게 알게 모르게 큰 영향을 미치게 되면서, 도시는 대중매체에 의해 조작되는 끝없는 도시적 욕망 추구의 대중사회로 치닫게 된다.[11]

8

이상향 사회

1. 인류가 그리는 이상향의 사회 유토피아

유토피아는 이상향 혹은 공상적으로 그린 이상적 사회로 영국소설가 토마스 모어(Thomas More, 1478~1535)가 그리스어의 없는(ou)과 장소(toppos)라는 두 말을 결합하여 만든 용어로서 원래의 뜻은 '아무 곳에도 없는 장소', '무하유향(無何有鄉)', 'not place', 'nowhere'이다. 또한 이 말은 '좋은(eu)', '장소'라는 뜻을 연상하게 하는 이중적 뜻을 갖는 의미도 있다. 유토피아의 역사는 플라톤(Plato, 기원전 347경)의 『국가론』에 나오는 이상국가로까지 거슬러 올라갈 수 있는데 중세에는 성 아우구스틴(Saint Augustine, 354~430)의 『신국론』에서도 나타난다. 그러나 이상적 사회를 구체적으로 서술한 근대사상의 산물로서는 영국의 정치사상가였던 모어의 저서 『유토피아(1561)』를 그 시작으로 보고 있다. 16세기 유럽이 르네상스를 거치면서 인쇄와 지도제작 기술의 발달로 빠르게 다른 대륙의 문화와 지식의 교류가 이루어져 해양을 통해 인접 대륙을 넘어선 새로운 대륙으로 진출하게 되고, 이러한 교류를 통해 급격한 상업활동이 전개되면서 자본주의가 서서히 유럽에 퍼지기 시작한다. 자본주의의 전파에 따른 유럽의 중상주의적 분위기 속에서, 모어는 초기 자본주의에 기반한 영국의 활발한 상업적 발전단계에서 부의 축적에 따른 부유층의 사치스런 행복에 반하여 비참한 대중생활 사이에서 나타난 모순을 인식하고, 사유재산이 없고 모든 사람이 일하며 가난한 사람도 부자도 없는 공산주의적 사회조직을 바탕으로 하는 이상국가를 그리게 된다. 이러한 모어의 이상국가론이 문학에 계승되어 근대 초기인 16~17세기에 유럽의 사회상을 반영한 유토피아 문학이 연이어 나타나게 되었다.

근대 철학자 베이컨(Francis Bacon, 1561~1626)의 『뉴아틀란티스(New Atlantis, 1627)』에서는 계급제, 신분제, 민족적 차별이 유지되고 있어 모어처럼 신분타파와 평등을 통한 투명한 사회를 그려내고 있지는 않지만 인간의 건강, 행복, 개발, 능력이 과학적 시설에 의해 촉진되는 세계가 그려지고 있어 과학문명에 의한 이상적 미래사회를 꿈꾼다. 유토피아는 중세의 봉건적 지배계급과 피지배계급으로 이루어졌던 사회질서로부터, 기존 유럽의 귀족계급과 산업화 과정 속에서 무르익는 자본주의에 의해 출현하는 중상적 시민계급 및 노동자 계급으로 구성된 근대적 사회로 옮아가는 사회구조의 재편성 시기에 발생했던 근대 자본주의 사회의 모순에 대한 반성과 비판적 시각에 있었으며, 근대 과학기술 문명의 찬란한 미래에 대한 기대라는 두 가지 서로 상반되는 시선 속에서 비현실과 현실의 유토피아 사회를 그리게 되었다.

동아시아의 중국을 중심으로 하는 한자 문화권에서는 도연명(365~427)의 『도화원기』 속에 나타난 '무릉도원'이나, 장자의 『응제왕』에 나오는 '무하유지향'을 유토피아 사회로 그렸던 것을 시초로 보고 있다. 우리나라에서는 허균(1569~1518)의 소설 「홍길동전」에 나오는 율도국이나 설화에 나오는 청학동 등을 유토피아로 간주하고 있으며 일본에서는 안도 쇼에키(1703~1762)가 봉건제도를 폐지하고 일하는 농민의 공산주의적 유토피아를 몽상했다고 한다. 이러한 유교, 불교, 도교적 사상에 영향을 받은 봉건사회 속에서 소유와 공유의 문제를 다루지 않고 사회비판적 성격을 담아내었던 동아시아의 이상향과 유럽의 산업화에 따라 발생했던 구체적 사회상을 담은 근대 자본주의의 모순에서 파생한 유럽의 유토피아 사상은 서로 차별화된다고 할 수 있다.

마르크스(Karl Marx, 1818~1883)는 계급투쟁적 혁명과 공유를 통한 탈자본주의를 이상사회로 보았으며 공상적 사회주의자들의 유토피아에 대한 비과학성을 비판하기도 했다. 한편 만하임(Karl Manheim, 1889~1947)은 '유토피아적 의식이란 주변의 존재와 일치하고 있지 않은 의식'이라고 주장하여 유토피아는 사회비판의 기능을 수행해왔기에 현대에 이르러서도 사회주의 사상 속에서 미래에 대한 이상적 모습으로 기능한다고 보았다. 에른스트 블로흐(Ernst Bloch, 1885~1977)나 마르쿠제(Herbert Marcuse, 1889~1979) 등의 현대 사회주의 사상가들은 유토피아 사상이 가진 현실 파괴력을 적극 수용하고자 하여 유럽의 현실사회비판 운동에 영향을 미치게 된다. 그 후 양극화로 치닫는 자본주의와, 권위주의에 의한 비인권적 사회주의에 대한 비판적 전망에 따른 회의 속에서 미래에 대한 부정적 인식인 디스토피아(distopia)가 발생하기도 하지만, 희망적 사회를 그리는 유토피아 사상은 아직도 사회사상과 문학, 예술 등에 끊임없는 활력을 주는 하나의 요소이다.[1]

에듀아도 갈리아노(1940~2015)는 유토피아에 대해 다음과 같이 말했다.

"유토피아는 지평선 위에 있다. 내가 두 발자국 가까이 가면, 그것은 두 발자국 더 멀어진다. 내가 또다시 열 발자국을 가면 지평선은 열 발자국 멀어진다. 내가 할 수 있는 만큼 걸어도, 나는 그것에 도달할 수 없다. 그렇다면, 유토피아에 대한 요점은 무엇인가? 요점은 계속 그것에 도달하기 위해 걷는 것이다(Utopia is on the horizon. I move two steps closer; it moves two steps further away. I walk another ten steps and the horizon runs ten steps further away. As much as I may walk, I will never reach it. So what the point of utopia? The point is this: to keep walking)."

2. 삶을 공유하는 공동체 사회

공동체란 사람들이 모여 하나의 유기체적 조직을 이루며 목표나 삶을 공유하면서 공존할 수 있는 조직을 일컬으며, 단순한 결속보다는 더 질적으로 강하고 깊은 관계를 형성하는 조직이다. 공동체는 상호 의무감, 정서적 유대, 공동의 이해관계와 공유된 이해력을 바탕으로 한 사회적 관계망을 핵심 내용으로 하고 있으며, 개인과 공동체 사이의 갈등 조정이 중요한 요소로 작용한다. 사회학적으로는 자본주의 사회에 선행하는 역사적 존재의 형태를 뜻하기도 하는데, 전근대사회의 중요한 생산과 생활의 단위로서 최소한의 기본적 생존조건을 보장하는 공동조직이라고 규정할 수 있다. 공동체를 인적 결합을 기초로 하는 것과 자연적 결합을 특질로 하는 것으로 분류하기도 한다. 인적 결합의 경우 한 종족의 혈연을 유대로 하는 씨족공동체나 중세의 수공업 조직인 길드 같은 생산공동체가 있으며, 자연적 결합의 경우 다양한 생산과 교역, 방어 등의 상생을 목적으로 한 유럽의 중세도시나 촌락공동체를 들 수 있다. 초기의 공동체는 자생적으로 형성된 하나의 사회적 관계였지만 시대의 변화에 따라 새로운 공동체의 개념이 다양하게 출현하게 된다. 서구의 근대화 과정에서 전통적 공동체를 해체하면서 새로운 공동체의 개념을 주창한 사람은 칼 마르크스와 존 듀이였다. 마르크스는 자본주의적 근대에 대한 비판과 혁명적 전복을 위한 사회주의 공동체를 내걸며, 포이에르바하(Ludwig Feurbach, 1804~1872)가 세운 '인간의 감성을 해방시켜 인간 본래의 것을 인간에게 되돌려주며 인간을 그 소외로부터 해방시키는 노력의 시도'라는 휴머니즘적 공동체 개념을 제시하였다. 존 듀이(John Dewey, 1859~1952)는 찰스 다윈의 진화론 '고정불변의 목적이 존재하는 것이 아니라 유기체적 환경 간의 끊임없는 생물학적 상호작용만이 존재할 뿐이다'라는 데서 출발한다. 이후 그는 다윈의 견해를 발전시켜 경험중심적, 자연주의적 견해를 가지게 되어, 유기체의 환경에 대한 상호작용을 인간 마음의 계속적 발달이나 사회의 점진적 개혁에 적용하였으며, 이를 통해 "적용이라는 것은 생물학적 적자생존의 논리가 아니라, 자신을 둘러싼 환경에 영향을 받는 동시에 환경에 능동적으로 영향을 가하는 상호맥락에 입각해 있다"고 했다. 듀이는 "인간환경은 서로가 서로에게 영향을 주어 양쪽이 모두 변화하는 교호작용(trans-action)에 있다"고 보았다. 이와 같은 환경과의 상호작용을 바탕으로 하는 공동체 조직은 자본주의 안에서 끊임없는 개혁을 지향해야 한다고 주장했다. 그러나 자본주의와 마르크스주의의 논쟁이 힘을 잃은 20세기 후반 이후 1980년경부터는 자본주의와 공동체주의가 서로 논쟁하면서 공존하는 사회상의 새로운 방향을 모색하고 있다.[2]

공동체는 구성원들이 생존을 유지하기 위해 함께 노력해야 했던 가족이나 촌락에서부터 시작되었고, 가장 원시적 공동체는 가족, 씨족, 지역에 바탕을 둔 공동체라고 할 수 있으며, 초기의 공동체는 규모가 작고 지리적 경계가 뚜렷했다. 전통적인 공동체의 특성으로 폐쇄성, 안정성, 대면적 관계, 전통 및 도덕적 규범체계 등을 들 수 있다. 한국의 전통적인 공동체로는 혈연과 유교적 가치에 바탕을 둔 문중과 지역을 기반으로 하는 촌락이 있고, 협동적 노동 양식인 두레, 상부상조의 규범인 계 등의 공동노동조직을 꼽을 수 있다. 이러한 공동체 및 공동체적 제도들은 서로 중첩되어 전통사회의 질서를 유지했다.

문중은 한국의 독특한 공동체로 17세기 중반 이후에 공고화된 것으로 보고 있는데, 이는 공동의 선조를 가짐으로써 본관과 성을 공유하는 남녀 혈통 전체를 가리키는 것으로 제사, 유교적 위계질서, 상부상조, 교육 등을 담당하는 확대된 가족 공동체이고, 대체적으로 같은 성을 갖는 동성촌을 이루었다.

촌락은 농사를 짓는 수십 가구가 집단적으로 정주한 공동체이다. 자연부락 혹은 마을이라고도 불리는 촌락은 대개 논을 중심으로 농가들이 모여 있는 집촌형태를 하고 있다. 촌락 공동체는 가족에 원형을 둔 지역 집단이며, 생산을 하는 공동조직이고, 포괄적인 상호부조적인 집단이다. 촌락 공동체는 지리적 경계가 분명했으며, 강한 집단의식을 가지고 있었고, 그리고 신분적 위계질서나 관습적 질서를 강요하는 엄격한 유교적 규범이 존재했지만, 협동을 강조하는 다양한 제도와 문화를 발전시켰다.

마을에서 이웃 간에 품앗이와 소거리를 비롯한 공동노동조직을 맺어 서로 도우며 농사일을 한 것은 예로부터 전해 내려오는 풍습이었다. 봉건사회의 농사들은 자급자족적인 생산단위여서 매 농가의 노력과 축력, 농기구에 의해 농사를 지었지만 모든 농가가 그에 필요한 축력과 농기구들을 다 갖춘다는 것은 어려운 일이었다. 그래서 제철에 맞게 농사일을 잘하기 위해서는 이웃과 힘을 합쳤다. 예로부터 전해 내려오는 농사일과 관련된 공동조직은 소거리, 품앗이, 조계, 황두, 두레, 울력 등이 있었는데, 마을 전체의 규모에서 조직된 것은 보계, 황두, 두레, 울력 등이었다.

두레

노동을 같이하는 작업공동체로, 조선 후기 못자리에서 어느 정도 모를 키운 후 논으로 옮겨 심는 이양법 보급이 활발해지면서 발달했다. 이러한 노동방식은 모내기 등 노동력 수요가 정점에 달할 때, 농민들이 함께 일하는 합리적인 노동 활용법으로 공동체적 농민 문화의 물리적 토대가 되었다. 두레는 농사일은 물론 마을의 공통 사안에 대해 협력하는 포괄적 공동체로 발전했는데, 이 과정에서 농악, 농요, 지신밟기 등의 놀이문화와 결합되어 주민들 간의 공동체적 유대를 강화했고, 노동능력 제고, 구성원 간의 상부상조, 협동훈련, 노동의 오락화, 공동체 규범 강화, 촌락의 통합 강화, 지역 농민문화의 창조와 계승 등의 복합적 역할을 수행했다. 하지만 농촌공동체 유지의 핵심적 제도였던 두레는 일제시대의 지주·소작제의 강화와 수탈구조 속에서 생산을 위한 공동의 노력을 할 수 없게 되었고, 협력에 따른 집단화를 와해시키는 방편의 통제적 사회로 전환되면서 사라지게 되었다.

두레는 주로 모내기와 김매기를 집단적으로 하기 위해 맺어졌다. 마을의 건장한 청년으로 조직되었으며 그들은 두레에 참가하는 것을 의무로 여겼다. 두레라는 말은 '두루다'에서 유래되었고, '두루다'라는 뜻은 여러 사람이 모인 상태라는 의미였다. 김매기 전 날을 정해 '호미모임'이라는 모임을 가져 공동건물에 두레가입자들의 호미를 보관하여 각자의 가입의사를 표시했다. 그리고 농기와 농악기 등을 보관하였으며 이곳을 집합장소와 휴식장소로 이용하였다. 두레 역원의 선출은 구두로 하였으며 책임자 격인 좌상의 독단은 허용되지 않았고 전체 두레성원들의 의사에 따라 활동했다. 좌상은 나이가 지긋하고 농사경험이 풍부하고, 사리에 밝고 신망이 있는 사람이 선출되었으며, 작업을 직접 조직하고 진행하는 숫총각은 모범이 될 수 있는 건장한 사람이 선출되었다. 두레꾼들은 일터로 나가고 마을로 들어올 때 줄을 지어 '농자천하지대본'이라고 쓴 농기를 앞세우고 북, 장구, 꽹과리, 새납으로 구성된 농악을 울렸다. 정초에 진행된 줄다리기, 횃불싸움에서 이겼거나 혹은 부역에서 공훈을 세운 두레의 농기는 권위와 위신의 상징이어서 마을에서 사회적으로 존중을 받았다. 두레에는 반드시 농악이 결합되어 사기와 흥취를 돋우어 작업능률이 올라가게 하였으며 휴식을 보장하고 피로를 더는 중요한 기능을 했다. 두레꾼들은 공동노동에서 가장 우수한 사람에게 '두레장원'이라 버드나무 잎사귀로 만든 월계관을 씌우고 황소 위에 태워 풍악을 울리고 개선장군처럼 마을을 행진했다고도 한다. 장유의 '계곡집'에는 농가의 모내기나 김매기가 끝나면 남녀노소가 다 같이 모여서 음식을 나누어 먹으며 즐겼는데 이것이 '호미씻기'라고 기록되어 있다.

울력

강원도 일대에 널리 보급되었던 것으로 이웃집을 짓거나 파종, 김매기, 가을걷이 등 농사일을 하지 못하는 농가가 있을 경우 마을에서 울력을 맺어 집단적으로 도와주었다. 계절과 작업대상에 구애됨이 없이 마을에서 할 일이 제기되었을 때 임의의 시기에 맺어지고 활동하여 두레나 황두와 구별되었다. 마을 청장년들은 의무적으로 참가하는 것을 원칙으로 하였고 낮에는 자기 집의 일을 하고 달밤이나 새벽에 울력 노동에 주로 참가하였다. 도움을 받은 집 주인은 막걸리나 떡을 대접하는 것으로 사례를 했던 것으로 미풍적인 요소가 가장 많은 공동노동조직이었다.

보계

소규모 수리시설인 보를 막고 농토에 물을 대기 위한 계였고, 물은 농사에 직접적인 영향을 주고, 마을의 모든 농가의 이해관계가 직접 연결되어 있어 특별하게 관리했으며, 보통 한 마을에 1~2개 정도 조직되어 있었다. 계원총회에서 선출되는 계장과 재정 및 물관리를 하는 유사를 두어 관리운영에 필요한 규정을 두었다. 보에 저축된 물은 농가들이 자의적으로 이용할수 없었으며 계원들의 공동관리에 의해 이용되었다. 보의 관리운영에서 나오는 문제들을 계원들이 적극 참가하여 문제들을 토의하는 민주적 방법으로 해결하였다. 모내기철이 다가오면 보둑을 보축하고, 장마철과 겨울철에는 물이 제 골로 흐르도록 하였으며, 장마철, 해빙기에 흘러내린 흙을 둑 위로 추어올려야 하는 등 일이 많았다. 왕가뭄이 있을 때는 배수질서를 지키지 않고 물을 훔쳐 쓰는 경우 벌금을 내야 했으며, 일부 지방에서는 벌금으로 연회를 차리고 위반자에게 공개적으로 반성하게 하였는데 이것을 '벌주'라 불렀다. 이는 농민들이 힘을 합쳐 물을 공동으로 이용하는 공동체 조직으로 마을의 친목을 두텁게 하고 서로 돕는 훌륭한 풍습이었다.

황두

청천강 하류지역을 중심으로 한 서북부 일대의 마른 갈이지대 마을들의 공동조직이었다. 안주, 문덕, 숙천, 평원 일대에서 특히 성행했는데, 마른갈이 농사는 물 원천이 없는 곳에서 볍씨를 뿌린 다음 비가 오기 전에 물을 대지 못하므로 김을 제철에 매는 것이 중요해 생긴 공동노동풍습이었다. 김매기는 보통 하지에 시작하였고, 신속하게 김을 매었다. 『천일록』 기록에 따르면 "평안도에서는 넓은 들판에 남녀가 가득 차서 서로 힘을 합쳐 김을 매고 흙이를 부스러뜨리며 함께 농부가를 부르는 것이 보기에 황홀하였다"고 쓰여 있다. 황두 작업이 끝난 다음에는 총회에서 김을 매는 데 기여한 품과 정형에 따라 황두꾼 '장원'을 뽑아 마을의 화합과 화목을 이룩하는 데 기여하기도 했다.

우리 민족은 먼 옛날부터 살아가기 편리한 곳에 마을을 꾸리고 대를 이어오면서 화목하게 살았다. 마을 사람들은 관혼상제를 비롯한 어려운 일들을 서로 도우며 공동생활 풍습을 통하여 서로 돕고 친목을 두텁게 다졌다. 마을에서는 윗사람을 존경하는 전통적 미풍이 있어 경로회를 열어 노인을 위로하였으며, 부양자가 없는 노인들은 마을에서 힘을 모아 부양하는 것을 도덕으로 여겼다. 고아가 생기면 이웃 간에 서로 도와 키웠으며, 식솔이 많고 일손이 적어 생활이 곤란한 사람, 재난을 당하여 가산을 잃어버린 사람들은 마을에서 힘을 모아 도왔던 마을은 지역사회의 공동체적 사회생활단위였다.[3]

일제강점기에는 소작농의 증가, 농민의 궁핍화, 일본식 제도 및 문화의 이식, 농민들의 이동 때문에 전통적인 농촌공동체 제도들이 급격히 쇠퇴했다. 광복 이후 농촌의 공동체는 한국전쟁, 산업화, 도시화 등을 경험하면서 대부분 해체되었고, 특히 1960년대 이후 진행된 대규모 이농에 따른 농촌 인구 감소는 농촌공동체의 인구학적 기반을 무너뜨렸다. 반면 서울을 비롯한 대도시로 유입된 많은 농촌인구는 새로운 환경 속에 이익사회 및 2차적 관계 중심의 도시 생활을 영위했는데, 경쟁적인 도시공간 속에서 과거와 같은 공동체 문화가 만들어지기는 어려웠다.

공동체 개념을 체계화한 독일의 사회학자 퇴니에스(Ferdinand Tonnies, 1855~1936)는 공동체 사회(Gemeinschaft)를 이익사회(Gesellschaft)와 구분했다. 공동체 사회는 구성원들 간 관계가 긴밀하고 결속력이 강하다. 그는 가족, 친족, 농촌부락 등이 공유된 장소와 신념 같은 공동사회의 특성을 온전하게 보여준다고 보았다. 이익사회는 선택의지를 본질로 하고, 일시적으로는 결합하고 있지만 결국은 분리되는 것으로, 주식회사에서 그 전형을 볼 수 있다고 했다. 퇴니에스의 분석은 심리학적인 기초를 가지고 있는데, 두 가지 유형의 의지인 본질의지와 선택의지 간의 대립형태를 띠고 있으며, 그의 의견에 따르면 모든 사회적 실재의 현상은 의지를 표현하는 것으로 이해된다. 이러한 구분은 의지가 사상을 포함하고 있는 사실에 기초하고 것으로 의지는 먼저 사상의 산물이고 또 그 결과라는 의미인 것이다. 그러므로 본질의 의지가 사상을 결정하는 것이고, 이와 대비되는 선택의 의지는 사상에 의해 결정되는 것이다. 본질의 의지는 존재의 심층적인 의지이며 삶의 그 자체의 자발성과 운동을 표현하는 것이다. 그것은 모든 창조와 모든 개인적 창의성의 근원이며 생명처럼 복잡한 심층적 존재에 내재한 것이고, 삶 그 자체가 본질적인 것이다. 과거에 그 기원을 가지면서 스스로 즐거움, 습관, 기억을 명백히 표현하는 동기화되고 요동하는 의지인 것이다. 선택의 의지는 반대로 사상의 인도에 따라서 인공적인 세계를 생산하는 인간의 능력을 표현하는데, 이것은 목표를 관념적으로 구상하고 그것을 실현하는 적절한 수단을 제공한다. 이러한 연유로 선택의 의지는 존재에 외재하는 것과 관계를 구성함으로써 미래에 대처하는 것이다. 이것은 표면적인 의지인데, 왜냐하면 즐거움과 행복감의 범주에 의해 이끌려지지 않기 때문에 더 이상 자발적인 충동으로 기능하지 않고 효율성을 위한 기계를 돌리는 모터처럼 작용한다.

이러한 이 두 가지 의지 간의 심리학적 구분은 인간이 사회집단을 형성하는 두 가지 방식을 조건짓는다. 즉, 본질의지에 의해 공동체 사회를 형성하고, 선택의지에 의해 이익사회를 형성한다. 인간이 관습적으로 함께 집단을 형성하는 두 가지 본질적인 방식이 있지만 실제에 있어서 두 가지 방식은 상호 호혜적으로 하나가 다른 하나를 조건짓거나 하나가 다른 하나에 의해 조건지워지는 식으로 작용하는 사실을 무시하는 것이 아니다. 이러한 호혜적인 관계는 긍정적이고 건설적일 수도 있으며 혹은 부정적이고 파괴적일 수도 있다는 것이다.

공동체 사회는 '개인의 원초적이고 자연적인 상태'에 그 근원을 두고 있다. 왜냐하면 그것은 어머니와 자녀 간, 남성과 여성 간, 형제와 자매 간의 관계와 같이 사회적 삶의 초기 집단의 전원생활에 그 근원이 있기 때문이다. 이 세 가지 관계는 심리적으로 쾌감, 습관, 기억에 기초하여 본질의 의지에 의해 자생적으로 생기는 것이다. 사회적으로 이러한 관계는 공동사회의 세 가지 유형을 결정하는데, 즉 혈연이나 친족 공동사회, 지역 혹은 이웃 공동사회, 우정이나 정신적인 공동사회가 그것이다. 촌락에서 핵심적인 관계는 가정과 들에서의 관계이며 도시에서는 협동조합이나 길드의 숙련공을 결합시키는 관계이다. 퇴니에스는 이것을 때로는 공산주의라고 불렀지만 마르크스주의적 의미가 아니라 다소 원시 공산주의적인 의미에서 사용하였다. 그는 공동사회적 도시경제에 있어서 교환이 이루어지기는 하지만 필수적인 정도에만 한하고 이윤을 통해 부자가 되기 위해서가 아니라 개인의 존엄성을 위해 일한다고 보며 공동사회를 도덕이 구체적으로 살아 있는 장소라고 보고, 공동사회를 형성하는 살아 있는 단위와 동일시되는 윤리적 가치의 추구를 위한 곳으로 보았다.

이익사회는 본질적으로 인위적인데, 왜냐하면 모든 사람은 '모든 다른 사람들을 향한 긴장상태에서' 자신을 위해 살기 때문이다. 의심할 바 없이 인간은 이익사회 내에서 공존하지만, 그들은 자신이 구성한 관계에도 불구하고 본래 서로 유기체적으로 분리된 채로 있다. 사람은 자신의 재산을 타인으로부터 지키고자 하며, 이것은 왜 '적어도 자신이 해준 것과 동일한 봉사를 되돌려받는 경우를 제외하고는 아무도 다른 사람을 위해 어떤 일을 하려고 하지 않는가'에 대한 이유를 설명해준다. 그러므로 사회적 관계는 타산과 계산에 기초하고 있고, 따라서 모든 재화는 교환이나 거래의 과정에서 협상된다. 상품의 가치가 객관적으로 화폐로 표현되면서 동등한 교환과 분배에 도달된다. 이는 순수한 물질의 교환이 어떠한 내재적 가치와 관계없이 화폐와 같이 완전히 비인격적인 것으로 이루어질 때인 것이다. 아담 스미스(Adam Smith)의 말처럼, 사회의 모든 사람은 자기이익(self-interest)을 추구하는 상업인으로 간주되는 것과 같이, 상품의 사회는 추상적인 이성에 의해 지배되고, 이러한 조건에서 추상의 최고의 형태들인 과학, 기술, 기계장치에게 특권이 주어지게 된다. 이에 퇴니에스는 "최고의 과학적 개념은 그 명칭이 더 이상 현실적인 실체를 표상하지 않는 돈과 유사해진다. 즉 그것은 원자로 이루어진 물질이나 에너지의 개념과 같은 것이다"라고 하며 이익사회, 화폐, 과학의 상관관계를 밝히려고 하였다.

경제적 관점에서 보면 이익사회는 상업에 우선순위를 부여하는데 경쟁, 시장, 교역, 신용 등의 물질적 교환에만 한정되지 않고 사상의 영역에까지도 미치게 된다. 노동 자체와 노동에 의한 생산물이 상품이 되며 모든 것이 매매과정으로 환원된다. 따라서 봉건적 토지의 우월성은 산업적 우월성으로 대체되어 독점적 경향을 띠는 거대한 규모의 시장을 위해 전통적 공동체적 관계를 훼손시킨다. 분담에 기초하여 생산적 분업이 시작되면서, 이익사회는 사회계급 간의 분화와 같은 더욱 많은 생산적 분화를 재생산하게 되고 그 사회의 원칙은 더 많은 상품의 매매와 이익추구를 위해 더 이상 공동체적 관계의 합의와 협업이 아닌, 끊임없는 경쟁과 투쟁을 하게 된다.[4]

퇴니에스는 원시 농업공동체와 현대 자본주의를 통해 미래에 사회주의 공동체로 사회가 역사적인 진화를 하는 것을 분석하기 위해 이 두 가지 유형의 사회형태를 사용했다. 그리고 봉건주의에서 산업자본주의로의 이행을 공동사회에서 이익사회로의 이행으로 보았다. 이는 공업화와 함께 합리적 의지에 기초한 이익사회적 관계를 향한 이동이 증가되는 것이다. 이러한 관계는 분절적이고 이질적이며, 도구적, 계약적, 비인간적이고 산만한 관계인 것이다. 친밀한 개인적 접촉은 낯선 사람들 간의 계약으로 대체되고, 전통적인 교환의 호혜적 형태는 계약에 기초한 비인간적인 유대로 대치된다.[5]

이러한 이익사회를 상인적이고 기술관료적인 사회로 간주하고 자본이 소수에 의해 지배되어 다수와의 적대감이 심화되는 양극화를 겪게 되면서, 더 이상 공동체 사회와 호혜적 관계가 아니고 대비적 관계에 놓이게 되었기 때문에 공동사회로의 회귀를 호소하였다. 그리고 자본가와 프롤레타리아 간의 적대감으로부터 발생하는 계급투쟁은 자본주의를 바탕으로 하는 이익사회에 대한 적대감의 최고 형태를 종결시키고자 하는 의지로 표현되어, 공동체적 삶을 특징짓는 유기체적 연대를 회복시키고자 하는 희망을 갖게 하고, 공동체 사회를 형성하는 본질의지에 특유한 생명력을 재각성시켜주는 기대를 갖게 하는 것이라고 하며 계급투쟁적 사회운동의 역할을 강조했다.[6]

힐러리(George A. Hillery, 1921~2017)는 공동체의 세 가지 요소를 지리적 공간, 사회적 상호작용, 공동의 연대로 보았다. 전통적인 공동체는 이 요소들이 그 지역의 사정에 맞추어 다양한 조합을 이루고 있지만, 현대사회에서 도시에서의 공동체는 전통사회에서 수행했던 절대적인 역할을 하지 못한다. 같은 아파트나 동네에 살면서도 서로 잘 알지 못하고 무관심해지는 것이다. 그러나 도시인들에게도 상호작용이나 연대에 기반을 둔 공동체는 여전히 중요하다. 현대에는 정보화와 인터넷의 발달에 따라 시공간이 재구성되면서, 공동체에서 지역의 의미가 변하고 있다. 현대인들은 물리적인 공간과 상관없이 온라인을 통해 상호작용하고, 공동체적 경험을 갖는다고 하며,

신뢰하는 공동체를 인격적 친밀성, 정서적 깊이, 도덕적 헌신, 사회적 응집력, 시간의 연속성 등을 특징으로 하는 모든 형태의 사회관계를 포괄하는 개념으로 보았는데, 보다 넓은 의미로 공동체를 유연하게 바라봐야 할 필요가 있다고 했다. 그래서 대도시에 거주하는 사람들은 공유의 가치, 신념, 목표 등을 기반으로 집합적 감정과 공동의 연대를 형성한다고 보았다.

퍼트남(Robert Putnam, 1941~)은 공동체의 중요한 요소를 사회적 자본으로 보고 이 사회적 자본의 두 가지 유형으로 결속(bonding)과 연대(bridging)를 구분했다. 전자는 유사성을 바탕으로 구성원들을 강하게 결합시키는 성향을 뜻하며, 후자는 외부의 집단과 연결망을 더 많이 확장하는 것을 가리킨다. 이러한 공동체는 결속과 연대를 기반으로 만들어진다고 본 것이다. 결속 사회적 자본은 또래, 같은 인종, 같은 종교와 같은 사회와 과정에서 동일한 특성들 사이 생겨나는 사회적 자본을 말한다. 다인종 사이에서 평화로운 사회를 만들기 위해서는 다른 사회적 자본이 필요하다고 주장한다. 연대 사회적 자본은 다른 축구팀의 팬클럽과 같은 이질적 집단 사이에 생기는 사회적 자본이다. 퍼트남에 의하면 두 사회적 자본은 서로 보완적 관계를 강화한다고 주장한다. 그의 저서 『혼자서 볼링(Bowling alone, 2000)』에서 그가 제시한 사실은 지난 15년간 미국에 볼링을 치는 사람 수는 늘어났지만 볼링 리그 수는 감소했다는 것이다. 퍼트남은 참여문화 감소의 우려를 표시했다. 미국인들은 볼링 경기에서 혼자 게임을 한다는 것이다. 이것은 사회적 네트워크 즉, 함께 식사하고 마시는 것보다, 혼자서 즐기기 때문에 사회적 손실을 가져왔다는 것이다. 시민사회로의 건강한 참여조건인 대중적 특징의 좋은 면들의 감소를 가져온 것을 의미한다.[7]

한국사회에서 좁은 의미의 이념형적 공동체는 계속 감소해왔고 산업화와 정보화가 급속히 진행되면서 전통적인 공동체는 자취를 감추고 있다. 그러나 사회적 존재로서 인간은 공동체적인 경험에 대한 욕구를 가지고 있으며, 그 관계망 없이는 살 수 없다. 따라서 전통적인 공동체와는 다른 방식의 공동체를 만들어내고 있다. 새로운 공동체에서 강조되는 것은 상호작용에 기반을 둔 신뢰, 규범, 연대와 같은 가치들이다. 공동사회와 이익사회의 이분법을 넘어, 공동체적 특성이 실제 얼마나 어떻게 실현되고 있는지에 주목하는 유연한 접근이 필요하다.

　공동체를 경직된 집단 개념으로 보지 않고, 사회적 자본의 증대를 위한 공동체적 지향으로 정의한다면 다양한 움직임을 찾아볼 수 있다. 구자인에 따르면 오늘날 한국에는 3가지 유형의 공동체 운동이 존재한다고 주장한다. 첫째, 지역이 강조되는 공동체 운동으로 도시 주민운동, 지역 시민운동 등이 있다. 이들은 일정한 문화와 역사를 공유하고 있는 지역을 기반으로 주민들이 자발적으로 어떤 목표를 향해 함께하는 운동이다. 이러한 예로 서울 마포 성미산마을이 있다. 둘째, 협동조합 운동으로, 노동자나 농민들이 열악한 상황에서 벗어나기 위해 공동으로 생산하고 공동으로 소비하는 실천운동이다. 그 대표적인 예인 생활협동조합은 도시에 거주하는 소비자들이 유기농산물을 통해 만든 먹거리 공동체이다. 최근에는 그 규모가 커져 한살림, 아이쿱, 두레생협 등의 전체 회원수가 전국적으로 50만 명에 이르고 있다. 이들은 또한 농촌과의 면대면 관계를 강조함으로써 먹거리를 매개로 하는 신뢰 공동체를 지향한다. 셋째, 소공동체운동이 있는데 이는 전통적인 공동체에 가장 근접한 것이다. 야마기시즘에 뿌리를 둔 화성 산안마을은 공동으로 생산한 유기농 계란을 바탕으로 급진적인 공동체를 유지하고 있다. 그 밖에도 충청남도 홍성의 홍동면, 전라남도 장성의 한마음공동체, 전라북도 부안 변산공동체, 전라북도 무주 진도리마을, 경상남도 함양 산내면 실상사 도농공동체 마을 등이 소공동체운동의 예이다. 이들은 대개 자본주의 문명의 대안을 지향한다. 또 도덕적 헌신, 인격적 친밀성, 구성원 간의 신뢰와 응집성 등을 강조한다. 이들 소공동체운동은 농촌 지향성과 폐쇄성을 특징으로 한다.

　인터넷 사회가 도래하면서 공동체의 요소 가운데 가장 쟁점이 되는 것은 어떠한 공간에서 공동체가 이루어지느냐가 되었다. 인터넷에 의해 사람과 사람들 사이가 맺어지기 전에는 실질적 공간인 오프라인에서 공동체가 이루어졌지만, 온라인에 의한 사이버 공동체 혹은 온라인 공동체는 오프라인 공간 지역의 경계를 넘어서고 있다. 거리에 따른 지리적 장애를 극복하며 새로운 공동체를 만들어내는 것이다. 수많은 사이버 공동체들이 블로그, 카페 등의 소셜네트워크상에서 상호작용을 통해 친밀성을 교환하고, 공동체적 유대감을 형성하며, 공동체적 참여를 한다. 사이버 공동체 가운데 상당 수는 오프라인 공동체와 상호작용함으로써, 매우 다른 방식의 공동체의 유형을 만들어내어 다양하고 흥미로운 사회현상을 일으키고 있다. 한편 오프라인의 지역 공간을 넘어서는 온라인 사이버 공동체와는 달리 오히려 지역을 재발견하는 공동체의 부상도 주목할 만하다. 2000년대 중반 이후 진안에서 활발하게 진행되고 있는 마을 만들기는 지자체, 민간단체, 마을 리더, 지역주민 등의 협치를 통해 새로운 지역공동체를 만들어가고 있다. 또한 자연에서의 지속가능한 삶을 지향하는 생태공동체운동 역시 물리적 공간과 지역성을 강조하고, 작은 단위의 지역을 기반으로 한 유기적 네트워크 공동체이다.

현대사회에서 경쟁적인 삶이 치열할수록 사람과 사람 사이의 인간적 교류를 통해 생산, 목적 구현, 치유, 삶의 의미를 찾고자 하는 공동체에 대한 욕구는 더욱 커진다. 따라서 신뢰, 호혜성, 친밀성 등 공동체적 가치를 추구하는 전통방식의 공동체 유형을 넘어서는 새로운 형태의 공동체들도 생겨나고 있어, 현실 공동체의 분화는 앞으로 더욱 가속화될 것이다.[8]

3. 자본주의 모순의 인식으로부터 출발한
   공상적 사회주의

이상사회에 대한 인간의 꿈은 옛날에는 플라톤(기원전 427~347)의 『국가(Politeia)』에도 보이며, 근세 초두 토머스 모어(1478~1535)의 『유토피아(Utopia)』, 톰마소 캄파넬라(Tommaso Campanella, 1568~1639)의 『태양의 나라(The City of Sun)』, 프란시스 베이컨(1561~1626)의 『뉴아틀란티스(New Atlantis)』 등에 나타나고 이들 모두를 넓게 포함하여 공상적 사회주의로 부르기도 한다. 공상적 사회주의는 칼 마르크스(Karl Heinrich Marx, 1818~1883)와 프레드리히 엥겔스(Friedrich Engels, 1829~1895)가 자신들이 주장하는 사회주의를 과학적으로 구축되는 사회주의(Scientific socialism)라고 하고 자신들의 사상과 다르다는 의미의 대비물로 지은 것이다.

공상적 사회주의(Utopian socialism) 또는 이상적 사회주의, 혹은 마르크스에 의해 논리를 갖춘 사회주의인 과학적 사회주의가 등장하기 이전에 존재하던 초기의 사회주의를 일컫는다. 공상적 사회주의의 시초는 영국의 노동운동가인 로버트 오언과 토머스 모어의 사회주의부터 시작되었다고 볼 수 있고, 이는 영국의 정치가였던 토머스 모어의 저서 『유토피아』까지 거슬러 올라간다. 공상적 사회주의자들은 인간을 착취하고 이익을 내기 위한 도구로 여기는 자본주의 사회의 해악에 민감하게 반응하였고 이를 저지할 열의도 매우 강했다. 이 사상은 후대인 마르크스와 같이 현실의 자본주의 모순성을 과학적으로 분석한 것은 아니었지만, 자본주의의 문제점을 인식하고, 이상적 사회구현을 위해 구체적인 공동체를 실험하여 사유재산 제도의 철폐를 주장하였으며, 사회주의 사회의 도래를 예견하였다는 점에서 큰 의의를 갖는다. 한편 계몽주의나 합리주의 사상에 근거하였던 공상적 사회주의는 현실성이 떨어지고 지나치게 이상적이었기 때문에 후대의 사회학자들에게 비판을 받았다고 알려져 있었지만, 프레드리히 엥겔스는 공상적 사회주의자인 오언의 경험적 공동체 사상에 대해 기계와 같이 정교하다고까

지 했다.[9]

　로버트 오언, 앙리 드 생시몽(1760~1825), 샤를 푸리에(1772~1837) 등이 주장하는 공상적 사회주의는 그들이 이상으로 하는 세계를 실현하기 위해 계급성을 배제하였고, 혁명적 계급투쟁이나 정치투쟁을 반대하여 사랑과 협력을 통해 새로운 세계를 창조하려고 시도하였다. 15세기부터 유럽에서 일어났던 자유로운 도시의 성장은 새로운 산업계급의 등장을 가져왔고, 그 후 산업화가 본격적으로 진행되는 기간 동안 활동했던 생시몽이 산업사회라는 용어를 만들면서, 종교와 전통의 몰락 및 과학과 산업에 나타났던 세속주의의 성장을 당대의 도덕적 해체에 기초한 사회적 위기로 보며 당시의 상황을 이해하게 된다. 생시몽은 인류 역사의 발전적 전개를 역설하면서, 귀족계급과 봉건영주에 대항한 시민계급 부르주아의 투쟁으로 점철된 프랑스 역사를 개선하여 그 양자가 협력, 지배하는 계획생산의 새 사회제도로 프랑스를 새롭게 건설해야 된다고 주장하였다. 반면 푸리에는 정념인력의 요구에 부응한 자연적 협동사회를 제창하면서, 무정부적인 근대 산업의 비능률성과 노동의 세분화를 비판하고, 협동성은 매력적인 것인 동시에 높은 생산력을 실현할 수 있으며, 여가를 통해 물질적, 사교적, 지성적 영역에서 화합을 실현할 수 있는 사회를 추구하였다. 이들 화합의 최종적 목적은 우주와 인간의 통일에 두고 있다고 주장하며 다혼제에 의한 사랑의 공동체를 설명하였던 '팔랑주'라 불리는 이상사회를 그렸다.

　한편 불평등의 원인이 사유재산 제도에 있다고 본 로버트 오언은 협동조합 운동을, 생시몽은 산업계급의 사회를, 푸리에는 개혁화된 협동사회를 제창하여 자본주의 개혁을 추구하였다. 이들의 사상을 현실에 적용하는 데 있어 실현성이 떨어지는 이상주의에 치우쳤다는 결점을 가지고 있음에도 불구하고 무산계급을 위한 사회를 주장한 것과 그들이 꿈꾸던 현실을 위한 유토피아의 청사진을 제시하여 자본주의 모순으로 실의에 빠진 노동계층을 각성시켰다는 것에서 오늘날의 사회사상과 사회운동의 원천이 되고 있다. 또한 공상적 사회주의 사상은 현대의 공동체나 사회운동, 예를 들어 오픈 소스 운동이나 테크노 공산주의(Techno-communism) 형성에 영향을 미쳤다. 공상적 사회주의의 '공상적'이라는 명칭에 부정적 인상이 있지만, '과학적'을 지칭하면서 마르크스주의(Marxism)를 표방했던 사회주의 국가들이 점차 붕괴, 좌절해가는 반면 사상가 로버트 오언과 샤를 푸리에는 20세기 이후에 재평가되고 있고, 협동조합 운동의 원류인 로버트 오언의 사상 역시 진화를 거듭하며 순조롭게 발전되어가고 있다.[10]

4. 플라톤의 국가

플라톤(Plato, 기원전 427~347)은 아테네 명문 귀족의 집에서 출생하여 20세에 소크라테스의 제자가 되었으며 그의 가르침으로부터 큰 감화를 받는다. 처음에는 정치가를 희망했지만, 혼란에 빠진 아테네의 민주정치를 위해 "악법도 법이다"라는 말을 남기며 독이 든 물을 마시고 희생된 스승 소크라테스의 사망을 목격한 후 뜻을 바꾸어 철학자로서 일생을 보내게 된다. 스승의 처형 후 아테네로 돌아와 기원전 387년 아테네 서북쪽에 '아카데메이아'라는 학교를 창립한다. 시칠리아의 젊은 군주 디오니시오스 2세(Dionysios II)를 도와서 자기의 정치사상에 부합하는 정치를 실현하고자 시도했지만 실패하고 그 후 347년 사망할 때까지 아카데메이아에서 강의와 저작의 집필에 전념하였다. 그는 그 시대의 정치에 대해 강한 불만과 실망을 느끼면서도, 절망하여 은둔적 태도를 취하지 않고 오히려 진리를 통찰하는 철학적 지성에 의해 건전하고 올바른 정치가 실현될 수 있도록 노력하였다. 플라톤은 이와 같은 그의 정치철학사상을 담은『국가(Politeia)』및『법률(Nomoi)』의 2대 저술을 집필한다.

그의 저서『국가』는 이상적 국가형태를 그려내고자 하였는데 공상적으로 행복이 충만한 사회 상태를 구상한 것이 아니라, 그리스 도시국가의 현실적, 사회적 제조건에 부합하는 이상적 국가의 구조 및 형태가 무엇인지를 구체적으로 서술하고 있다. 그는 국가를 발생시키는 요인은 사람들 사이에 있어서의 사회적 분업이라고 하였다. 즉, 인간의 생명 및 생활을 유지하기 위해 필요한 식품, 의복, 주거, 기타 물자의 공급은 이들 물품을 생산하는 농공업자 및 그 교환을 중개하는 상인의 존재에 의해 가능한 것이며, 바로 이들이 형성하는 사회적 결합이 국가의 원시적 형태라는 것이다. 그는 많은 사람들이 간소한 생활에 만족하지 않고 더 많은 것을 소유하고자 하는 자연적 욕망을 가지고 있기 때문에 다양한 수요에 대응하기 위한 여러 종류의 직업이 요구되었다고 했다. 따라서 인간의 다양한 요구를 충족시키기 위해 국가영토의 확대가 절실히 필요해지면서 전쟁에 종사하는 사람들이 늘어나게 되었다. 그러나 플라톤에 의하면 국가존재의 목적 및 사명은 정의 실현에 있는 것이기 때문에 국가는 정의의 원리에 기초하여 건설되어야 한다고 보았다. 그러므로 최선의 국가란 정의와 덕을 완전히 실현할 수 있는 구조와 내용을 갖춘 국가라고 할 수 있다. 인간의 영혼은 이성, 의지, 감성의 3부분으로 성립되어 있고, 이들이 각각 특유의 기능을 충분히 영위함으로써 이성의 덕으로서의 지혜, 의지의 덕으로서의 용기, 감성의 덕으로서의 절제가 구현될 수 있으며, 그 영혼을 가진 인간이 국가에 복종함으로써 조화와 질서가 이루어질 때 영혼의 정의가 실현된다고 보았다. 한편 개개인들은 그들이 갖고 있는 덕의 종류가 다르며 개개인마다 특징적인 덕에 따라서 그의 지위, 역할이 달라지기 때문에 국가를 형성하는 시민의 제계급이 각각 자기의 본분을 침해하는 일이 없이 자기 특유의 임무를 충분히 수행함으로써 전체적인 통일성이 달성될 때 국가의 정의 역시 실현된다고 했다.

통치를 주관하는 위정자 계급, 국가를 방어하는 수호자 계급, 농업·공업·상업 등에 종사하는 생산자 계급의 3자가 각자의 특유의 직능을 완벽한 방법으로 구현하는 지혜, 용기, 절제의 덕이 발휘됨과 동시에 이성을 대표하는 위정자 계급의 통치에 다른 두 계급이 충실히 복종함으로써 세 계급이 조화 있고 질서 있는 전체를 형성하여 국가전체의 덕인 정의가 실현되는 것이다. 이 세 계급은 일신상의 목적을 위해서 일해서는 안 되고, 진리와 선의 실현을 위해 일해야 한다. 철학자가 군주가 되거나 또는 군주가 철학자의 정신과 힘을 갖는 경우에만 참으로 생명력 있는 국가가 실현될 수 있다는, 이상국가에 관한 플라톤의 구상이다. 그의 이상국가에 있어서 통치자는 탁월한 이성의 힘에 의해 국민의 이익을 인식하고 다른 두 계급을 입법과 집행을 통해 지도하고 통제하는 것이다. 그들은 선의 이데아(idea)의 직관에 근거해서 공정한 방법으로 지배하여야 할 사명감을 갖게 된다. 수호자의 계급은 국민을 수호하고 시민들 사이에 평화와 질서를 유지시킬 수 있는 능력을 가진 자여야 한다. 지배계급의 통치자와 수호자에 부과된 고귀한 사명과 의무에 대응하여, 생산자 계급과는 다른 방법으로 완전히 다른 사회생활을 영위해야 한다. 생산에 종사하는 사람들은 사유재산 제도 및 가족제도하에서 생활하게끔 하고 지배계급은 사유재산 제도 및 가족제도는 부정되고 그 대신 그들은 하나의 대가족을 형성하고 동일한 가옥에 살면서 공동으로 식사를 한다. 그들은 1년간 생활할 수 있는 충분한 급여를 받지만 그 생활은 극히 검소하여야 한다. 각 개인의 선천적인 소질과 능력에 의해 통치자, 수호자, 생산자의 지위가 결정되고 남녀 간에는 본질적인 차이는 존재하지 않기 때문에 남녀는 동등하게 통치자, 수호자가 될 수 있다. 이 상국가의 통치자·수호자 계급은 여자와 아이를 공유해야 한다고 생각한 것은 가족이라는 굴레에서 나타나는 사리사욕으로부터 해방되어 공공정신에 의거해서 행동하여야 한다는 것을 말한다. 이를 위해 유아 때부터 가장 적절한 방법으로 교육하기 위하여 플라톤은 아이가 3살 때부터 시작되는 교육에 대해 세밀히 기술하고 있다.

『국가』에 묘사된 이상국가의 모습은 그 현실의 가능성 여부를 떠나서 인간사회생활의 최고의 이상적 형상을 나타낸 것이다. 이 국가는 바다로부터 상당히 격리된 지역에 건설되고 외부와의 경제적 유통으로부터 차단된 자급 농업국가여야 하며 상업주의와 제국주의의 영향 때문에 국민의 건전한 정신이 손상되어서는 안 된다. 최선의 이상국가에서는 "벗들이 모든 물건을 공유한다"라는 옛말이 실현되고 지배계급전원이 일심동체가 되어 동고동락하는 것이지만, 이와 같은 상태의 실현을 인간에게 기대하는 것은 불가능에 가깝다고 보았다. 그래서 차선의 이상국가에서는 사유재산이 인정되고 토지의 경작도 개별적으로 행하여지지만 경작으로 인한 잉여의 생산물은 국가에 귀속되며, 사유권은 공공을 위해 설정된 권리라고 생각했다.

이 국가의 인구수는 아테네와 스파르타의 중간인 5,040명으로 한정한다. 전국민이 12부족으로 분류되고 이에 따라 각 시민에게 균등한 토지의 소유권이 주어진다. 소유지의 일부분은 중앙의 시가지 부근, 다른 일부는 국경 부근에 위치하고 지질이 좋은 것은 좁고 나쁜 것은 넓게 책정한다. 시민은 토지 가격의 4배에 해당하는 액수까지 소유하는 것이 허용되고 초과하는 것은 국유화되며 시민의 재산은 등록된다. 인구는 일정하게 유지되어야 하고 국민의 정신이 손상되지 않는 범위에서 경우에 따라 식민지 개척이 계획되어야 한다. 시민은 간소한 생활을 영위하고 건전하고 행복한 생활을 보낼 수 있는 사회적 지위에 있게 된다. 시민의 소유지는 농노에 의해 경작되고 상공업은 국내에 거주가 허용되는 외국인들에 의해 영위되며, 그들은 12지역에 나누어 거주한다. 거래는 공개시장에서 행해지고 국가가 감독한다. 금·은 소유는 금지되고 사치품의 수입이나 생활필수품의 수출은 금지된다. 일부일처제의 가족제도가 인정되며 결혼 후 10년간은 여성공무원이 계속 도덕적 및 우생학적 견지에서 부부관계를 감시하고 지도한다. 집정원은 12부로 구분되어 매월 교대로 정부를 주관하고 정기 및 임시회의를 소집하여 사회를 담당한다.

이러한 플라톤의 국가론은 그리스 사회에 뚜렷한 영향을 미치지는 않았지만 로마 이후 사회사상에 상당히 깊은 영향을 주었다. 특히 후세에 나타난 여러 가지 유토피아 사상은 플라톤의 국가 모델에서 영향을 받은 저작들이 매우 많다. 그는 이상적 국가를 다룬 이후 그가 살았던 당시 그리스의 사회 및 문화의 몰락을 방지하기 위해 무엇인가 새로운 형태의 사회체계가 나타나야 된다고 믿고 『국가』를 저술할 때와 다른 태도로 『법률』을 저술했다. 그는 절제의 덕이 국민생활에 있어 중대한 의의를 갖는다고 역설하고, 국민들이 안전한 사회에서 분배, 평화, 우애라는 삶의 목표가 이루어짐으로써 지배계급과 피지배계급의 절대적 분화는 일어나지 않으며, 사회적 정치적 지위의 근본적인 차이는 찾아볼 수 없는 평등한 사회를 그렸다.[11]

5. 토마스 모어의 유토피아

유토피아는 U와 topia의 합성어이다. U는 '없다'는 뜻과 '좋다'는 뜻이 같이 들어 있고 topia는 장소를 의미한다. 유토피아는 이 세상에 없는 곳이지만 좋은 것이라는 이중의 의미가 내포되어 있다. 없다는 뜻에 중점을 두면 유토피아는 이루어질 수 없는 허황된 꿈과 환상을 뜻하며, 좋다는 뜻에 초점을 두면 지금까지 우리가 찾아 헤매던 낙원 또는 실현하고자 애써온 이상사회를 가리킨다. 모어의 유토피아를 현실도피를 위한 지적 유희 또는 사회풍자라고 주장하는 사람도 있고 반대로 미래사회를 위한 청사진으로 보고 있기도 하다. 또한 자본주의를 비판한 공산주의라고 주장하는 사람도 있고 혹은 수도원주의, 사회질서와 조화를 최우선시하는 체제, 미래의 영국을 예견한 제국주의라고 주장하기도 한다. 카톨릭을 믿었던 토마스 모어(Saint Thomas More, 1478~1535)는 잉글랜드 헨리 8세 시대의 법률가이자 정치가였고 스콜라학파의 인문주의자였다. 수도자의 길을 걷다가 세속의 욕구 때문에 10년 연하의 17세 소녀 제인 콜드와 결혼하기 위해 카톨릭교의 수도자를 포기한다. 국왕 헨리 8세는 개인비서로 등용된 모어의 유머스런 성격과 카톨릭의 종교적 성향을 좋아했다. 1517년 독일의 개신교 신부 마틴 루터가 95개조 반박문을 발표하면서 종교개혁을 주장하자 모어는 루터를 극렬하게 비판해 왕에게 기쁨을 안겨주기도 한다.

그의 저술『유토피아』는 2권의 책으로 이루어져 있다. 제1권은 풍자를 통해 당시 유럽사회와 영국사회에 널리 퍼진 부정과 부패를 비판하고 있으며, 제2권은 이에 대한 대안으로 모어가 제안한 이상사회를 그리고 있다. 제1권에 의하면 모든 사회적 병폐는 부자들의 음모에서 비롯된다. 그들이 전개한 엔클로저 운동으로 농촌사회가 몰락하고 다수의 빈민이 출현했고, 정부의 가혹한 처벌은 오히려 잔인한 범죄만을 증가시켰다. 군주와 귀족은 이 사태를 해결할 능력과 대책도 없으면서 전쟁만을 일삼아 사회적 불안을 조성하였다. 이와 같은 사회적 문제들은 개인의 소유의 제한, 매관매직의 금지, 법령의 완화와 같은 미봉책으로 해결될 수 없었다. 이에 대한 해결책은 사회체제의 근본적 개편을 통한 사유제산제를 폐지하고 공유제산제를 도입하는 길뿐이었다. 이로써 평등한 분배가 이루어지고 다수의 이익이 보장되는 정의사회가 실현될 수 있다는 것이다.

이 저서의 특징은 대화형식의 구성이라는 것이다. 제1권은 항해자이며 철학자인 라파엘 히슬로디라는 가공인물과 모어 자신의 대화이고, 제2권은 하슬로디가 직접 보고 온 유토피아 섬에 대한 이야기이다. 하슬로디는 사유제의 폐지 같은 급진적 개혁을 주장하고 모어는 현실 정치 내에서 점진적 개혁을 주장한다. 인간은 누구나 이상적인 면과 현실적인 면을 다 갖고 있는 야누스적 존재라는 전제에서 두 인물이 모두 모어의 일면을 반영한다.

하슬로디가 말하는 유토피아 사회에는 평등의 원칙이 지배한다. 여기에는 지배자도 피지배자도 없다. 공직자는 대부분 선거로 선출되며, 임기는 1년이다. 공동의 창고에는 재화가 충분히 비축되어 있어 필요에 따라 사용한다. 모든 것이 공유이므로 부자와 빈자가 없다. 매일 여섯 시간씩 노동하며 나머지 시간은 여가 생활에 쓰인다. 2년마다 도시인과 농민이 교체되며, 주택도 10년마다 추첨으로 교환한다. 모든 사람이 평등한 교육을 받고 공동 식탁에서 식사를 한다. 거의 모두가 공통된 의복을 입고 공통된 주택에서 산다. 그렇지만 이 사회에는 노예제, 종신군주제, 성직자와 학자 같은 특수층의 노동면제 등의 평등한 원칙에 어긋나는 제도가 있고 혈연적 이기심의 온상인 가족제도가 있다.

모어는 제1권에서 공유제의 문제점을 크게 3가지로 지적하였다. 첫째, 인간의 자발적 의욕과 창의력 저하, 둘째, 의타심과 나태심의 조장, 셋째, 권위의 부재와 무질서 초래 등이다. 제2권에서 인간의 자발적 의욕을 고취하기 위하여 능력에 따라 학자가 되는 길을 열어놓았고, 나태를 막기 위해 의무노동제를 실시하고 있다. 만인이 평등한 사회에서 일어나기 쉬운 권위의 상실과 사회적 유대의 해이를 막기 위해 가족제도를 도입하였다. 화폐경제의 폐지는 인간의 탐욕과 획득 동기를 억제하기 위한 것이며, 노예제는 생산을 위해서가 아니라 범죄자를 처벌하는 수단이고 천한 노동을 시키기 위한 것이다. 모어는 악의 뿌리가 사회제도보다는 인간 본성에 더 깊이 박혀 있다고 생각하였다. 따라서 사회적·경제적 조건의 개선만으로 모든 악이 소멸되리라고 믿지 않았다. 그가 보고 있는 3대 악은 나태, 탐욕, 교만이다. 나태는 노동을 기피하고 사치와 낭비를 유발하고, 탐욕은 빈부격차, 갈등과 분쟁, 강도와 살인의 근원이다. 인간의 마음에서 가장 제거하기 힘든 악은 교만이다. 교만은 인간이 자신을 남과 구별짓기 위해 뽐내려는 욕망에서 비롯된다. 교만은 일종의 허영의 형태로 명예심에 의해서 일어난다. 나태와 탐욕과 교만의 표본은 유럽의 군주와 귀족이라고 했다.

유토피아 사회가 목표로 하는 것은 두 가지이다. 하나는 평등이고, 다른 하나는 쾌락이다. 평등과 쾌락은 수레바퀴의 두 바퀴처럼 긴밀한 관계에 있다. 평등이 없으면 진정한 쾌락도 있을 수 없고 생활이 즐겁지 않으면 평등도 별 의미가 없다. 모어에 의하면 인간은 자연 앞에서 모두 평등하다. 현실적으로 불평등이 존재하는 것은 인간 본성에 내재한 악들이 기존 제도의 온상에서 활발히 성장하고 있기 때문이다. 그러므로 평등은 새로운 제도를 도입하여 인간을 악에서 해방시킬 때 실현된다. 악에서 해방되어 자연적이고 이성적인 존재가 된 인간은 타락 이전의 순수한 자연상태로 되돌아가게 된다. 모어가 목표로 하는 평등은 물질적 조건의 평등인 의식주와 직결된 생산, 소유, 분배, 향유 등에서의 평등이며, 정신적 조건의 평등은 교육, 학문, 여가 등에서의 평등이다. 이처럼 모어의 공유제도인 공산주의가 성공하려면 강력한 정신적, 도덕적 평등이 동반되어야 한다는 것을 시사한다. 그의 시사가 옳다는 것은 20세기 현실 사회주의에서 사유제도를 도입함으로써 진정한 공산을 하지 못하는 문제에서 입증되고 있다.

모어가 말하는 쾌락이란 육체적 욕구와 정신적 욕구가 충족될 때 느끼는 즐거움이다. 참된 쾌락을 추구할 때는 반드시 해야 할 규범과 해서는 안 될 규범이 있다. 적극적 규범에 속하는 쾌락은 자연에 순응하고 이성의 명령에 따르는 쾌락이어야 한다. 이 점에서 참된 쾌락은 참된 평등과 상호적으로 통한다. 소극적 규범은 작은 쾌락을 얻기 위해 큰 쾌락을 상실해서는 안 되고, 쾌락의 추구가 고통과 비애를 초래해서는 안 되며, 자신의 쾌락이 남에게 불편과 해를 끼쳐서는 안 된다는 것이다. '즐거움을 다 같이 나누어 갖고 누리는 것'이라는 쾌락의 공유와 평등이 유토피아에 나타난 모어의 이상이다. 모어는 모든 사람이 각자의 탐욕과 이기심만을 추구한다면 부의 편재와 빈부의 격차는 필연적으로 발생한다고 했다. 그러므로 근대적 생산기술이 도입되지 않은 노동력과 생산에 일정한 한계가 존재하는 사회에서 모든 사람이 어느 정도 자기만족을 얻을 수 있는 최선의 길은 인간의 욕구와 수요를 억제하고 생산과 분배를 통제하는 것에 있었다.

한편 철저한 카톨릭교도였던 그는 그의 저술 『유토피아』에서 종교적 자유나 이상을 서술했지만, 현실사회에서는 대법관으로서 종교재판에 회부된 개신교도들과 종교개혁에 영향을 받은 신학교수들에게 화형 선고를 내리기도 하고, 개신교판 영어성경의 전파도 철저히 가로막았다. 1529년 헨리 8세는 왕비 캐서린과 이혼하기 위해 울지 대법관을 통해 교황에게 탄원하고, 교황에게 이혼 탄원이 받아들여지지 않자, 왕비와의 이혼을 성사시키지 못한 책임을 물어 울지를 파면시키고 모어를 대법관에 앉히게 되는데, 모어마저도 교황권을 부정하는 이혼을 반대하여 1532년 모어를 역시 사퇴시킨다. 그리고 결국 청교도인 토마스 크롬웰이 이끄는 재판에서 그는 개신교도 탄압과 한때 왕의 측근이었다는 이유로 정치적 반역죄로 몰려 참수형을 당하게 된다. 그는 처형장에서 "나는 왕의 좋은 신하이기 전에 하나님의 착한 종으로서 죽는다"는 말을 남긴다. 카톨릭 교회에서는 이러한 모어의 굳건한 신앙심을 기리기 위해 1886년에는 교황 레오 13세에 의해 모어는 복자가 되었고, 1935년에는 교황 비오 11세에 의해 성인으로 시성된다.[12]

6. 프란시스 베이컨의 뉴아틀란티스

　뉴아틀란티스는 프란시스 베이컨(Francis Bacon, 1561~1626) 사후 1627년 출판된, 과학을 통해 실현되는 이상국가에 대한 소설이다. 영국의 철학자 베이컨이 살았던 17세기에는 인간의 조건과 운명에 대한 낙관주의와 미래주의가 충만했었던 르네상스의 시대였다. 중세 봉건시대의 암흑기를 벗어나 문예부흥 운동이 일어났으며, 사회적으로 진취적이고 도전적인 정신이 유럽 대륙에 널리 퍼져 있었다. 이렇게 팽배했던 도전정신은 미지의 세계에 대한 호기심과 맞물려 새로운 대륙을 찾아나섰던 모험의 시대이기도 했다. 이 당시는 1609년 갈릴레오가 지동설을 발표하여 종교계를 놀라게 했고, 1687년에는 뉴턴이 만유인력으로 하늘의 행성들의 움직임에 대한 원리를 밝힌『프린키피아(Principia)』가 발표되어 유럽 과학혁명이 시작되는 태동기였다. 동시에 인간 이성이 스스로 가능성에 눈뜬 시대라고 할 수 있는데, 여기서 데카르트는『방법서설(1637)』을 통해 '나는 생각한다, 고로 존재한다'의 진리추론의 근거를 이성에 의한다고 주장했다. 이러한 인간의 자각과 자연에 대한 새로운 탐구를 추구했던 분위기 속에서 베이컨은 지식을 얻기 위한 방법으로 귀납법을 사용하여 여러 가지 사항을 관찰함으로써 알려지지 않은 사실들을 유추해내었고, 진실을 깨닫기까지 관찰과 실험에 대한 경험을 중요시하는 경험주의를 과학탐구에 적용하였다.

　그는 신이 지배하는 유럽의 중세 봉건사회에서 있었던 대부분의 지식이 종교나 신비주의와 섞여 객관적 이해로부터 멀어져 있거나 실제 생활과 연결되지 않는 쓸모없는 지식만을 만들어왔다고 지적하면서, 경험으로 얻은 지식이야말로 객관적이고 참다운 지식이라고 생각했다. 그래서 자연과학의 중요성을 역설했고 자연에 대한 지식의 축적을 통해 자연을 지배, 통제할 수 있는 능력을 키우고 이를 통해 보다 효율적이고 생산적인 기술이 개발되어 인간의 전반적인 생활수준이 향상되는 것을 진보로 보았다. 베이컨은 이와 같은 진보적인 과학적 사고를 바탕으로 그의 미완성 저서『뉴아틀란티스』에서 과학적 지식과 힘, 진리와 효용을 일치시키는 욕구를 강하게 그리게 된다.

뉴아틀란티스는 남반구 칠레에서 북반구 중국 사이에 있는 상상의 섬으로, 그의 이상국가의 무대이다. 페루를 출발해서 중국과 일본으로 향하던 영국의 항해자들이 섬나라 벤살렘 왕국이라는 곳에 도착하면서 시작된다. 이곳에서는 과학자가 다른 관료나 왕을 능가하는 권위를 갖고 사회적 존경을 받는다. 이 나라는 기독교를 신봉하는 군주국으로 종교 및 가부장적 사회와 함께 인간관계의 예절이 존중되고 그 중심에는 명군인 소라모나가 설립한 과학연구소 '솔로몬의 전당'이 있다. 이 전당에서 사물의 원인과 운동에 대한 지식을 탐구하였으며, 여기서 이루어진 과학적 탐구는 인간제국의 영역을 확대하여 모든 것을 성취하는 이상적 사회를 목표로 했다. 이 과학자가 지배하는 엘리트사회의 이상국가는 자연과학과 인간의 무한한 가능성을 탐구하고 이곳에서 자연과학과 기술을 발전시켜 인간사회를 풍요롭게 만드는 것에 있었다. 그러므로 이 세계는 '배양 덕분에 비옥해진 땅에서 풍성하고 맛있으며 건강에도 좋은 과일이 주렁주렁 열리고, 농부 대신 기계가 일을 해주어 주민들이 마음 편히 쉴 수 있는 유토피아의 세상'이었다.

베이컨은 불행과 비참함은 빈곤에서 유래하며 빈곤은 생산기술의 낙후에서 비롯된다고 확신했다. 노동과 생산의 한계가 있는 모어의 유토피아에서는 욕망의 지수를 낮춤으로써 성취도를 높이기 위해 엄격한 통제와 금욕적 생활 윤리를 요구하기 때문에 생산은 생필품에 한정되고, 일체의 사치와 낭비가 배격된다. 공동의 식사와 공동 노동, 검소한 복장, 금은보석에 대한 경멸 등 마치 수도원의 생활 같은 사회이다. 반면 뉴아틀란티스에서는 새로운 기술 개발에 의한 무제한의 생산이 가능하여, 인간의 욕구 또한 최대한으로 충족될 수 있다는 것이다. 그래서 이곳에서는 무제한의 생산과 소비가 가능하며 막대한 부와 물질적 풍요가 넘친다. 만일 행복이 욕망에 대한 성취도로 측정된다면, 뉴아틀란티스에서는 성취도가 매우 높아 행복지수가 거의 욕망의 지수에 접근한다. 그렇지만 사회제도와 정치기구 면에서는 보수적인 체제를 가지고 있어서, 이 나라는 영국적인 전통적 가부장제를 기초로 하고 있고, 무제한적 생산으로 자본주의가 추구하는 최대 생산, 최대

소비가 가능한 소비사회를 그리고 있다.

이와 같은 베이컨의 과학적 사상이 구현된 이상향 뉴아틀란티스에 자극받아 이탈리아에서는 메디치 가문의 후원으로 갈릴레이의 제자들이 주축이 되어 1657년 실험아카데미가 만들어졌고, 영국에서는 1662년 베이컨의 정신을 이어받아 왕립학회가 설립되어 현미경 발명으로 유명한 로버트 훅(Robert Hooke, 1635~1703)과 아이작 뉴턴, 찰스 다윈, 제임스 와트, 마이클 페러다 등이 회원으로 활동하게 되어 유럽의 산업혁명에 커다란 기여를 한다. 그리고 런던에서 철학학원 창설(1645)을 촉진시켰고, 먼 훗날 스키너(B.F, Skinner, 1904~1990)의 저술인 월든 투(Walden Two, 1948)에 영향을 주게 된다. 토마스 모어가 추구했던 이상사회 유토피아의 목표가 인간의 도덕적 완성에 의한 정의사회의 실현이라면, 뉴아틀란티스에서 베이컨의 목표는 과학에 의한 사회 진보의 실현이다. 모어는 계획경제에 의한 공산제를 꿈꾸었고, 베이컨은 자유경제에 의한 소비자가 넘치는 자본제 사회를 지향했다. 이 두 유토피아의 위대한 실험은 현대 미국과 소련이다. 하지만 이러한 이상사회는 아직 실현되지 못하고 있다. 미국은 풍요의 목표에는 어느 정도 접근했으나 빈부의 격차가 심화되고 있어 이상사회로 가기까지는 아직 거리가 멀다. 소련에서는 일부 사유재산을 인정하는 공동생산 공동소유의 이상적 사회주의가 변질되어가고 있고, 소수가 장악하는 권력유지에 급급해 자유가 억압되고 빈곤으로부터의 해방에 가까이 가지 못하고 있다. 그래서 오늘날 사회주의 체제의 몰락은 유토피아의 종언을 의미한다는 주장이 대두되고 있다. 그러나 사실 자본주의와 사회주의 이상이 실현되지 않고 쇠퇴하거나 좌절되었기 때문에 오히려 그것이 계속 유토피아로 존재할 수 있다는 것이다.[13]

7. 로버트 오언의 뉴 래너크와 뉴 하모니

로버트 오언(Robert Owen, 1771~1858)은 좋은 집안 출신도 아니었고, 높은 학력을 갖춘 엘리트도 아니었다. 그는 열 살 때부터 직조 공장에서 일을 해야 할 만큼 불우한 환경에서 자랐는데, 그의 성실과 능력은 바로 그곳에서 빛을 발하기 시작했다. 그는 공장주가 마련한 도서관에서 자신의 삶을 가꾸어갔는데, 이곳에서 이루어진 독서는 후에 그의 삶을 변화시키는 계기가 되었던 것으로 알려져 있다. 스무 살 무렵 이미 공장의 지배인이 되었던 오언은 더욱 분발하여 얼마 후에는 뉴 래너크(New Lanark) 직조 공장의 공동 경영자에 오르게 된다. 그러나 공장 경영자로서의 관리적 직무에만 만족할 수 없었던 오언은 기존 공장체제의 혁신을 통해 공장 노동자들에게 최선의 환경을 제공해 주기 위한 운동을 시작한다. 그는 뉴 래너크 공장 내에 유치원을 설립하여 어린이들에게 최선의 교육환경을 만들어주었고, 공장이 위치한 지역에서는 다른 곳에 비해 물건을 값싸게 파는 소위 협동조합 운동을 시작했다.[14]

뉴 래너크

이곳은 오언의 사회철학과 아주 밀접한 관계에 있다. 뉴 래너크는 진보적인 교육, 공장 개혁, 인간적인 노동조건, 전원도시 등에 투영되었으며, 뉴 래너크에 배어 있는 그의 사회철학은 19세기뿐 아니라 그 이후 시대까지 사회발달에 깊은 영향을 미쳤다. 오언주의(Owenism)와 유토피아적 이상주의, 인도주의, 협력, 공산사회주의, 산업자본주의, 쾌적한 전원적 공장 환경에 대한 개념, 현대적인 보존 파트너십의 모델이 모두 뉴 래너크에 나타나 있다. 서부 스코틀랜드 린넨실(linen yarn) 상인이자 스코틀랜드 왕립은행 글래스고 대리인으로 유명했던 데이비드 데일(David Dale, 1739~1806)은 뉴 래너크의 잠재된 훌륭한 동력인 수력과 1758년 리처드 아크라이트의 면방직 특허를 활용하여 방적 공장이 건설되었고 수력으로 운영되는 방적 공장은 전례 없이 큰 규모로 실을 방적할 수 있었다. 클라이드 강(River Clyde) 협곡의 지형적 제한성 때문에 이 공장은 다른 스코틀랜드의 면직 공장에서 선호하는 2층이 아닌 3, 4층의 블록 형태로 건설되었다. 노동자 숙소는 그 당시 노동자들이 사용하던 보편적인 숙소에 비해 질적으로 수준이 높았다. 데이비드 데일은 노동자들을 제대로 대우했던 인간적인 고용주로서, 10년 후에는 노동자가 늘어나자 그들 가족들을 위해 뉴 래너크에 학교도 지었다. 학교에는 1796년까지 교사 18명과 학생 510명이 있었다. 1799년 데이비드 데일은 자신의 딸과 결혼한 로버트 오언과 동업자 관계를 맺게 된다. 동업자이자 공장주의 사위가 된 오언은 새로운 회계(Book-keeping)와 공장 훈련을 위한 표준을 도입하여 방적 공장을 엄격하게 관리하였고 1809년경에는 마을을 개조하기 시작하였으며 견습생을 위한 숙소와 노동자들에게 제공할 술을 빚는 주조장을 만들고 공장에 필요한 부품들을 제작하기 위해 기계 공장도 짓게 된다. 오언은 노동자들을 스스로의 행동에 책임을 지는 존재로 대우했다. 그는 노동자들이 상호 신뢰를 깨닫도록 격려하면 생산성이 향상되고 공동체의 의식이 고양될 것이라고 확신하였다. 그리고 노동자들이 교육을 받으면 목표를 더 잘 달성할 것이라고 인식한 끝에 1809년 성격형성학원 설립을 준비하기 시작하여 마침내 1816년 학원을 열게 된다. 오언은 유명인사들과 교류하였고 수준 높은 공공의식을 가지고 있었으므로 사고의 폭이 넓었다. 범죄, 가난, 불행이 없는 오언의 인도주의와 이상주의적 비전은 나폴레옹 전쟁 이후 여러 해 동안 큰 호응을 받았다. 이러한 호응에는 자신의 견해를 알리기 위해 책을 쓰고 사람들에게 널리 여행하라는 권유를 한 것도 기여했다. 이렇게 그의 활동은 주민들의 전폭적인 지지를 받고, 성공에 고무된 오언은 더 많은 활동을 펼치고자 하였다. 그러나 그의 활동은 더 많은 투자 자금을 필요로 했고, 이는 투자자들의 반발을 사게 되어, 1824년에 이르러 오언은 동업자와 교육방법의 문제를 놓고 큰 갈등을 겪은 끝에 그의 열정으로 가득 차 있던 뉴 래너크를 떠난다.

  뉴 래너크(New Lanark, Scotland, 1785, 세계문화유적지)는 스코틀랜드의 빼어난 자연경관 속에 18세기 형성된 조그마한 마을이었던 곳 위에 19세기 영국의 산업화 과정에서 건설된 모범적인 산업공동체의 모델이다. 인상적인 방적 공장 건물과 잘 설계된 널찍한 노동자 숙소, 수려한 조경으로 가꾸어져 있는 교육기관과 학교가 현재까지 남아서 오언의 인도주의 정신을 보여준다. 이곳은 가장 획기적인 산업혁명 요소를 생생하게 보여주는 공장으로 모든 초기 면직 공장과 공장에서 일하는 노동자들의 숙소인 주거지가 공장과 어울려 조화롭게 계획되어 있다. 당시 이곳의 건물과 수력 시스템에는 새로운 산업 시대의 자재와 기술이 최대의 범위까지 확대되어 적용되어 있었다. 이 마을은 오언이 집필한 주간지 「새로운 도덕 세계」의 모델(The New Moral world, 1834~1845)에 대한 유형적 증거였으며, 오언의 뉴 래너크 사례는 영국의 실업가들과 도시계획 설계자들에 영향을 미쳤고 이러한 움직임은 전원도시(Garden City) 창시자인 에버니저 하워드(Ebenezer Howard)의 연구의 토대가 되기도 하였다. 이렇듯 뉴 래너크는 개척자가 실현하고자 했던 공동체의 요구사항과 비전을 충족하기 위해 건축이라는 매개체를 통해 만들어진 훌륭한 마을이었다.[15]

뉴 하모니

오언은 1813년 뉴 래너크의 동업자 지위를 포기하고 공장주인 장인으로부터 독립하여 자기만의 회사를 설립하기에 이른다. 이후 그는 자신의 사회 철학을 바탕으로 이상사회를 구현할 수 있는 계획도시를 꿈꾸기 시작했고, 1817년 그의 이상향 '뉴 하모니(New Harmony, 1825~1828)'를 제안한다.

뉴 하모니 공동체의 주민 숫자는 800~1,000명이고, 1인당 1에이커 정도의 경작지가 필요하며, 800~1,500에이커 사이의 농토를 손으로 경작하도록 한다. 작은 중정정원, 막다른 골목, 좁은 도로 대신 경작지의 중앙에 원형의 대광장을 만들고 그 주위에 주거용 건물을 건축한다. 대광장에는 주민 모두가 함께 식사하는 식당과 교회, 학교 등이 세워진다. 도시의 건설비용은 9만 6천 파운드에 불과해 경제적으로 매우 유리하다. 주민들이 생산한 잉여의 농산물과 수공품들은 노동가격으로 환산되어 자유롭게 교환할 수 있다. 주민들은 납세의 의무와 병역의 의무를 지는 대신 법원과 형무소는 없다.

아이들은 세 살이 될 때까지는 가정에서 양육하나 그 후에는 공동체에서 양육한다. 오언도 플라톤의 『국가』에서처럼 부모의 노동으로 인해 등한시될 수 있었던 보육문제 해결과 가족적 이기주의에서 벗어난 평등한 교육의 질적 향상을 위해 공동체 양육을 중요하게 여겼다고 할 수 있다.

이와 같은 계획을 갖고 오언은 처음에는 소규모의 공동체 사회를 조직했고, 그 성공에 힘입어 전국 각지에 이와 유사한 공동체들이 형성되기 시작하였다. 그러나 법·종교형태의 공동체를 꿈꾸는 사람들과 오언 사이에 갈등이 불거지자 보수적인 상류층 인사들은 그에 대한 지지를 철회했다. 오언은 좌절하지 않고 1825년 그가 계획했던 이상도시를 이룩하기 위해, 신대륙 미국의 인디애나에 1,200여 헥타르의 대지를 구입한 그는 본격적으로 자신이 꿈꾸었던 뉴 하모니 계획에 착수하여, 900명에 이르는 자신의 추종자들과 함께 미국 이민길에 오른다. 그곳에서 오언의 이상도시가 건설되었고 3년 동안 많은 시행착오를 거치는 동안 성공을 거두는 듯했으나, 이상도시의 형태나 종교적 견해 등에 대해 여러 이견이 나오기 시작하면서 구성원들 간의 불화가 증폭되어 오언은 더 이상 공동체 사회의 지도자 역할을 할 수 없었다. 결국 1828년 뉴 하모니에서의 활동을 접은 그는 엄청난 경제적 손실을 입고 영국으로 돌아오고 뉴 하모니는 쇠퇴하여 사라진다. 이후 오언은 자신이 창안해낸 공동체 사업에는 더 관여하지 않았으나 또 다른 일이 그를 기다리고 있었다. 산업혁명으로 급격히 변모해가던 영국의 노동자들은 그에게서 새로운 희망을 기대했고 그는 이에 부응했다. 그는 노동조합 운동에 참여해 전국적인 수준의 노동조합을 결성하고, 큰 성과를 거두었다. 그러나 정부와 사업주, 그리고 이들의 지원을 받는 법원은 그들의 활동에 제재를 가하기 시작했고, 급기야 노동조합 운동은 좌절되고 말았다. 그 후 1858년 88세의 나이로 사망하기 전까지 노동운동을 계속하면서 그의 일생을 바쳤다. 오언이 평생을 바쳤던 노동운동이 오늘날 결실을 맺어, 그가 꿈꾸었던 공동체 운동과 소비자조합 운동은 현대에 오히려 각광을 받고 있고 그의 공동체주의 철학을 되살리고 있다.[16]

오언주의 운동(Owenite Movement)

1820년대 중반부터 1849년대 중엽에 걸쳐 영국에서 유토피아 사회주의자 로버트 오언의 사상적 영향을 받은 사람들이 전개한 운동을 가리킨다. 1829년대 오언의 '뉴 래너크 주에 보내는 보고' 등에서 협동 공동체(Co-operative Community)에 관한 구상을 제시하고, 이상적인 평등사회의 실현을 지향하여 그 실험을 시작한다. 오언이 미국의 뉴 하모니에서 대규모 실험을 하고 있는 사이에 영국에서는 노동자 계급에게 그 사상적 영향이 침투하여 소규모 협동조합을 기초로 한 공동체 건설의 실마리를 찾고자 하는 대중적인 운동이 나타났다. 이 운동은 1832년에 시작되는 전국노동공정 교환소, 1834년의 전국노동조합 대연합 운동으로 전국적인 규모로 확산되며, 더 나아가 국제적인 연대도 모색되었다. 차티스트 운동(토지개혁, 노동자 총파업 등 노동자의 지원을 받은 의회개혁운동, 1830~1850)의 확산과 연동되면서 오언주의 운동은 국제전노동계급협회의 설립(1835)을 계기로 전성기를 맞이한다. 오언주의에 입각한 공동체는 설립에 있어 협동조합 방식 혹은 주식회사 방식으로 자기 자금을 조달하고 그 자금이 상환된 후에는 구성원의 소유가 되어 구성원 자신이 자주적으로 관리하는 것을 지향했다. 오언 자신은 소규모의 협동조합으로 전면적인 사회개혁은 불가능하다고 생각했지만, 협동조합 운동 노동자들이 지지했던 오언주의에서는 소규모 조합을 선행시켜 대규모 공동체로 나아간다는 것을 지향하였고, 1844년 로치데일 선구자협동조합의 성공을 계기로 협동조합 운동이 정착하게 된다. 공리주의자 존스튜어트 밀(James Stuart Mill)이나 사회주의자 마르크스는 거기서 자본주의적 생산조직을 대체하는 새로운 생산조직의 가능성을 발견했는데 이 사상들은 영국의 노동공동체운동에 커다란 영향을 미친다.

사회주의의 시조가 칼 마르크스라면 존 스튜어트 밀(1806~1873)은 근대적 자유주의의 시조로 받아들여지고 있었다. 밀은 런던에서 태어났고, 교수인 당대의 대학자 제임스 밀을 부친으로 두어 일찍부터 조기교육을 받았고, 10세에 이르러 이미 고등수준의 공부를 마친다. 20세에는 과도한 정신적 노동으로 탈이 나기도 하였지만 이후 예술과 시에 취미를 붙이게 되고, 친구가 죽자 평소에 흠모하던 그의 아내와 결혼하면서 정신적으로 회복하게 된다. 그의 저서인 『자유론』과 『여성의 종속』에서 언론과 사상의 자유, 그리고 여성평등, 여성해방의 페미니즘의 가치에 대해 논의하였는데 이는 아내로부터 많은 영향을 받은 것이다. 그는 공리주의적 관점에서 "개인의 권리와 자유를 옹호할 경우 전체의 행복의 극대화를 이룰 수 있다"고 보았다. 또한 언론과 사상의 자유는 최대한 보장되어야 하고, 국가는 타인에게 해를 미치지 않는 한 개인의 삶의 방식에 개입해서는 안 된다고 주장했는데, 이 사상은 대의 민주주의 체제의 사상적 기반으로 루소의 직접 민주주의와 함께 오늘날의 민주주의에 사상적 근거로 활용되었다. 인생의 후반기에는 산업혁명으로 인해 극도로 심화된 계급의 격차와 노동자의 열악한 삶을 보며 노동문제에도 많은 관심을 기울였으며, 부르주아에 의한 금권정치를 혐오하였다. 이와 같은 당시 영국의 사회상을 반영하여 그의 『정치경제학 원론』에는 사회주의를 옹호하는 글을 썼으며 이 저서는 옥스퍼드 대학의 경제학 수업 교과서로 쓰이게 된다. 이후 밀은 부인 테일러가 사망한 1949년 전까지 저술활동을 하고 애처가로서 행복한 생활의 나날을 보냈지만, 그로부터 7년 만에 부인이 결핵으로 세상을 떠나 비탄에 빠진다. 그러나 그는 곧 슬픔을 딛고 일어나 웨스트민스터 지역의원으로 나서 선거공약으로 자신은 의원이 되고자 하는 개인적 욕망이 없으므로 선거비용을 위해 동분서주하지 않을 것이고, 지역구의 특정 이해에 관계하지 않을 것이나, 여성참정권을 강력히 지지한다고 밝혀 뜻밖의 높은 지지와 함께 의원으로 당선되어 정치 활동을 하기도 한다. 그런 후 말년에 밀은 딸인 헬렌의 보살핌을 받고 살다가 1873년 아비뇽에서 "나는 내 일을 다 끝마쳤다"라는 마지막 말을 남기고 부인 테일러의 묘 옆에 안장되었다.[17]

밀의 영향을 받은 오언주의에 입각한 노동자들과 진보적 노동 지식인들은 기독교 문화와 부르주아 문화를 대신하는 노동자 계급의 문화를 자각적으로 추구했고, 의식이나 예술, 예능 분야에서 새로운 형식의 문화 창조에 의욕을 보였다. 또한 노동자 계급의 운동이 외부지원 없이 자립할 수 있음을 협동조합을 통하여 증명하였다. 그러나 경제적 수단으로 사회변혁을 추구하는 그들의 수법에는 사회 전체를 노동운동으로 개혁하는 데 한계가 있었다. 그렇지만 정치운동, 노동조합, 여성해방운동, 협동조합, 불신앙운동 등 19세기 후반의 영국사회의 다양한 영역에 인재를 공급하여 오언주의의 다양한 측면으로 발전할 가능성을 보여주었다.[18]

8. 샤를 푸리에의 팔랑주

　푸리에(Francois Marie Charles Fourier, 1772~1837)는 사회사상가로 프랑스 브장송의 부유한 상인가에서 세 사람의 누이가 있는 외아들로 태어난다. 유년 시절부터 거짓말을 신성시하는 상업을 혐오했지만 9살에 부친이 사망하여 가업을 잇기 위해 도제수업을 받지 않을 수 없었다. 1793년의 프랑스 혁명으로 일어난 리옹 포위에서는 상속재산을 대부분 잃은데다가 고향으로 돌아가는 길에 체포되어 감금된다. 그 이래로 정치혁명에 대해서 뿌리 깊은 불신감을 갖게 되었다. 그 후 고용된 점원이나 행상을 하면서 대혁명 후의 정치적 무질서와 경제적 위기를 극복하여 풍요롭고 평화로운 산업사회를 건설하기 위한 개혁구상에 전념한다. 그리고 1808년, 파멸이 임박한 인류사의 대전환을 예언하는 『4가지 운동의 이론(Theorie des quatre mouvements et des destinees generals)』을 세상에 내놓는다.

　푸리에는 우주에는 물리적, 유기적, 동물적, 사회적 운동이라는 4가지 운동이 있다고 하면서, 그는 사회적 운동으로서 물리적 세계에 일어나는 뉴턴의 만유인력 법칙에 필적하는 '정념인력의 이론'을 발견했다고 선언한다. 그리고 인류를 현재 불행한 시대문명으로부터 행복한 시대문명으로 인도하기 위해 정념인력론에 의거해서 1,620명으로 이루어진 농업공동체, '팔랑주(phalanstere)'의 건설을 제창한다. 기발하고 이색적인 우주론이나 반도덕적인 연애론을 전개했던 이 저작은 오히려 동시대인의 조소를 자아내기도 했지만, 최초의 제자인 뮈몽 등을 비롯한 소수의 열정적인 푸리에의 지지자들은 이후 푸리에주의 운동의 강력한 추종자가 된다. 푸리에 자신은 처녀작의 실패로 좌절하지 않고 누이들에게 신세를 지면서 사색과 집필에 전념하며, 조카들과의 교류에서 착상을 얻었으며, '대개론'에 관한 구상을 다듬었다. '사랑이 넘치는 신세계(Le no uveau monde amouuxre)'가 이 시기에 쓰여지고, 1822년 『가장적·농업적 아소시아시옹(Traite de l'association agricole domestique)』, 1829년에는 『조합적 신세계(Le no uveau mondeindustriel et societaire)』를 출판하지만 많은 독자를 얻지 못했다. 그래도 푸리에는 낙담하지 않고 매일 정오에는 그가 얹혀살고 있는 누이의 집으로 귀가해 팔랑주 건설 자금을 제공해 줄 자본가가 나타나기를 기다렸다고 한다. 만년에 콩시데랑 등이 모여 에콜 소시에테르를 형성한다. 푸리에 자신은 별로 관심을 보이지 않았지만 제자들은 푸리에에 의한 저작이나 초고의 출판, 혹은 기관지 기고를 이용한 적극적인 선전활동을 펼쳐 푸리에 사상은 널리 유럽 전역에 전파되었다. 실제로 프랑스와 미국에서는 비록 오래 지속되지 않았지만 실험적인 팔랑주 건설이 시도되기도 했다. 이러한 푸리에 사상은 19세기 노동운동사에 커다란 영향을 주었을 뿐 아니라 20세기 초두에 초현실주의(surrealism)의 기수 앙드레 브르통의 주목을 받았으며, 나아가 1968년 프랑스 5월 혁명 전후에는 프랑스 지식인들 사이에서 사상적 분위기의 일부를 이루었다.

정념의 해방

푸리에의 독창성은 철저하게 정념해방을 호소하는 정념인력론에 있다. 푸리에는 정념의 관찰과 분석을 출발점으로 하여 정념을 억압하는 이성이나 도덕규범에 의거해 사회질서를 건설하는 것의 불가능성을 호소하는 한편, 자유경쟁적인 시장기구의 매개에 의해 사회조화가 실현된다는 등의 자본주의 경제학자들의 주장을 기만으로 보고 거절하였으며, 반대로 사회적 통일에 필요한 사회적 응집력을 사람들 사이에 작용하는 정념인력에서 찾고자 했다. 팔랑주 구상은 정념해방의 견지에서 문명사회 전반을 비판하는 것이며, 특히 그 비판의 최종 목표는 위선적인 가족제도와 자유방임적 자본주의에 의해 초래되는 무질서하고 비인간적인 산업사회를 향하고 있었다.

가족비판

푸리에는 일부일처제를 비판하는데, 그 이유는 이 작은 집단에 속해 있는 개인들의 고정관념에 그들을 붙들어두고, 더 넓은 사회영역에서의 정념의 해방을 방해하기 때문이라고 보았다. 단혼가정은 사랑의 비상을 방해한다고 하며, 전통 문명에 의해 형성된 그들의 도덕은 부부간의 애정을 찬미하지만, 그 이면에는 정념에 의한 간통이 빈번히 초래되고 있다고 했다. 간통은 역설적으로 인간이 갖고 있는 중혼으로의 피할 수 없는 경향을 보여주고 있는 것이어서, 정념이 불변인 것으로 볼 때, 문제는 어떻게 정념운동에 조화를 가져올 방법을 찾을 것인가 하는 것이다. 또한 혈연을 기초하는 단혼가족은 본래의 가족애를 억압하고, 태생적인 성향에 반하여 가업을 이어야만 하거나, 빈곤으로 생계에 도움 되기 위해 직업을 구해야 하는 아이들은 불행하게 되며, 한편 대를 잇는 가업을 이어야 한다는 의무감에 사로잡혀 좋은 후계자를 얻지 못해 걱정하는 조부와 부친도 역시 불행하다. 이와 같은 가족적 불행을 해결하는 방편으로 팔랑주는 산업 안에서 뛰어난 전문가와 재능이 뛰어난 아이들을 대상으로 양자의 인연을 맺게 한다. 이 산업적 양자제도는 혈연가족의 폐해를 해소할 뿐만 아니라 세대를 잇는 노인과 아이들의 새로운 관계형성의 가능성도 보여주는 것이다.

매력적 산업

현 문명의 무질서하고 인간성 상실의 폐해를 야기하는 산업은 노동권을 보장하기보다는 풍요한 가운데 빈곤을 낳을 뿐이다. 팔랑주에서는 다양한 성격이나 성향을 지닌 사람들이 복잡하고 섬세하게 등급이 매겨진 집단과 계열 속에서 연결되며 각 사람은 자신의 정념, 기호, 능력을 표현할 수 있다. 예컨대 집안일을 싫어하는 사람은 다른 산업부분에서 활약할 것이다. 개개인의 재능에 적절한 장소를 제공하는 노동의 협동화는 커다란 노동의 열의를 불러일으켜 막대한 생산력을 낳는다. 문명에 있어 기피하는 대상이 되어 있는 노동을 쾌락으로 바꾸는 것이 팔랑주 구상의 요체. 푸리에는 이 매력적인 노동의 실현에 복합, 음모, 변덕이라 불리는 정념으로부터 해방이 불가결하다고 생각했다.

우선 복합 정념을 해방하기 위해 팔랑주에서의 작업은 세분화되고, 같은 기호를 가지는 사람들은 복합집단을 형성해 좋아하는 한 부분에 종사한다. 그리고 비슷한 물건을 생산하는 집단은 인접한 곳에 배치되고 거기에서 생산물의 세련을 둘러싼 경쟁이 조직된다. 이리하여 타자를 앞지르고자 하는 음모의 정념으로부터 해방된다. 나아가 변화를 요구하는 욕구인 변덕에 부응하기 위해 사람들을 하나의 작업에 붙들어두거나 하지 않는다. 직무는 한 시간에서 한 시간 반으로 한정되며, 각 사람은 잇따라 다른 작업으로 옮겨감으로써 단순 작업에 따른 지루함과 나태에서 벗어날 수 있다.

이와 같은 유동화한 분업 속에서 노동은 쾌락 자체가 되며, 각 사람의 다양한 기호를 충족시키는 산업적 사치가 실현된다고 말한다. 푸리에가 주창한 유동화된 작업개념은 마르크스와 엥겔스에게 단순 분업의 폐지에 의해 실현되는 공산주의 사회의 이미지를 제공한다. 프랑스의 생시몽은 역사는 신학적으로 종교가 지배하는 시기, 형이상학적으로 봉건제와 신학의 붕괴시기의 단계를 가져왔으며, 과학에 기초한 미래의 사회조직을 실증적 단계라고 했다. 그는 미래사회는 과학적으로 조직되고, 계획적 대공업에 의지한다고 하면서 과학자와 산업가가 사회의 중요한 위치를 차지하고 그 위치를 지원하는 생산가에 속하는 노동자가 있다고 하며 그 사회에서는 각 사람이 가진 능력에 따라 일하는 것이 보장되고, 사람의 사람에 대한 지배는 없어지면서 생산물에 대한 지배와 관리가 수행된다고 주장한다. 이와 같이 생시몽이 한 나라의 전체 수준에서의 효율적인 산업조직을 지향한 데 반해, 푸리에는 가족으로부터 해방된 다양한 성격이나 기호를 지닌 개인들을 산업이라는 새로운 사회영역 속에서 연결함으로써 가족애, 연애, 노동의 존재방식을 근본적으로 변혁하고자 했다. 그의 정념인력의 계산에 의거하면서 어린이, 여성, 노인, 나아가서는 동성애자들도 사회 조화에 있어서 필요한 구성원으로 반영되어 배치하고자 하는 이상적 공동체 구상의 미래적 예견은 오히려 과학이 발달하고 인간의 권익이 보장되어가고 있는 현대에 들어와 그 빛을 발휘하고 있다고 할 수 있다.[19]

9. 이타니 카베의 이카리아

　이타니 카베(Etienne Cabet, 1788~1856)는 프랑스 디종(Dijon)에서 태어났고, 코르시카 검찰청장을 지냈으며 변호사 직업이 본업인 공산주의자였다. 복고왕정하에서 찰스 10세를 몰아내기 위한 비밀결사대에 가입하고 7월 혁명(1830년)에도 참가한다. 이후 공화파로서 활동하면서 1833년「르 파퓔레(le Papula)」지를 창간, 그 이듬해 필화 사건으로 영국의 런던에 5년간의 망명(1834~1839)중 토마스 모어와 로버트 오언, 샤를 푸리에의 저작들을 접하면서 그의 공산주의 사상의 골격이 형성되었다. 귀국 후『이카리아 기행(1840)』을 발표하여 일약 프랑스를 대표하는 공산주의자가 된다. 소설의 주인공인 영국인 귀족 카리스달 경이 보고 들은 가공의 이상적 공산주의 사회 '이카리아'를 그린 공상적 소설 형식을 저술한다. 이카리아에는 상거래도 화폐도 존재하고 있지 않고 또 범죄의 가능성도 없어서 사법이나 경찰조직도 필요 없다. 기계의 사용으로 노동은 경감되고, 여가와 교양이 중시된다. 평화적 유토피아이지만 푸리에의 '팔랑주'처럼 매력적 노동에 의해 노동의 협동화를 도모한다는 발상은 추구하지 않는다. 출판된 이카리아의 성공은 카베의 이상국가 실현을 한발 앞당기는 역할을 하였다.

　1841년에 재간된「르 파퓔레」를 통해 카베의 공산주의 사상은 프랑스 전역으로 보급되어 최대 10만 명 정도의 지지자들이 있었던 것으로 알려지고 있고 공산주의 지지자들은 도시의 숙련 노동자 계층이 중심을 이루고 있었다.

　1846년의 경기침체에 기인한 프랑스의 경제적 어려움과 함께 유럽에 민주화 혁명이 불어 닥치며 프랑스에서 공산주의 사회 건설을 단념한 카베는 1847년 5월「르 파퓔레」에 이카리아 공동체 이주선언을 발표한 이래로 이카리아 공동체가 현실적인 움직임이 되어, 카베는 로버트 오언에게 상담한 뒤 텍사스를 후보지로 선택한다. 이듬해 3월 보통선거 연기를 요구하는 데모에서 카베는 중심적인 역할을 수행했으나 반공주의의 광풍 속에서 4월의 입헌의회 선거에서 낙선하게 된다. 선거의 패배로 잠시 실의에 빠지기도 했지만 다음해 카베는 마침내 이카리아 이주를 선언하고 1848년 2월 3일 미국 뉴올리언즈에 도착한다. 그리고 같은 해 마르크스와 엥겔스는 카베와의 접촉을 시도하여 공산사회 실현을 위한 정치적 연대에 대한 의지를 드러내기도 했다.

이카리아 공동체(commnaute icarienne)

카베가 『이카리아 기행』에서 묘사한 이상적인 공산주의 사회 이카리아에서 유래한 실험적 공동체이다. 카베는 텍사스 레드 강 계곡(현 달라스 근처)에 공동체 건설을 결의하고, 1848년 2월 혁명이 발발하기 이전에 선발대 69명이 프랑스 르아브르 항을 출발했다. 계획했던 텍사스 지역 토지가 100만 에이커였지만, 피터스 토지회사로부터 320에이커만이 제공되었으며, 전염병 콜레라에 의해 20여 명이 사망하고, 3분의 1의 이주 참여자가 다시 프랑스로 돌아가면서 레드 강 계곡에 공동체 건설이 희망적이지 않다는 것이 밝혀진다. 나머지 200여 명 규모로 이주지역을 미 중부에 있는 일리노이주 미시시피 강 유역 노부(Nauvoo)로 변경하고, 그곳에 이상 공동체 이카리아 건설을 시작했다. 대통령제의 민주주의적 공화국 체제를 취한 농업중심의 공동 생활체로 교양과 문화에 중점을 두었다. 계획에 따르면 1855년까지 500명의 주민과 상점, 3개의 학교, 밀 제분소, 위스키 주조장, 영어 및 프랑스어 신문사, 39명의 교향악단, 극장, 병원, 소장문고 4,000권의 도서관을 조성한다는 것이었다. 매주 일요일에 모여 공동체의 윤리와 도덕 및 공동체 조성에서 발생하는 문제들을 토의하였다. 공동체 건설이 순조롭게 진행되자 200마일 떨어진 아이오와주 아데어 카운티에 추가로 공동체를 건설할 계획을 고려하기도 한다.

그러나 1851년 5월 카베가 그의 과거 추종자의 사기혐의 고소로 법적 해결을 위해 프랑스로 갔다가 1852년 7월 10개월 만에 돌아오자 공동체가 변해 있었다. 일부 남성 주민들은 담배와 술에 취해 있었고, 많은 여성들은 사치스러운 의상과 귀금속으로 치장하였으며, 사유토지를 소유하고 있었다. 이런 일련의 변화에 카베는 엄격한 성도덕과 술, 담배, 음식 불만, 오락성 낚시와 사냥 등을 금지하고, 위반자는 추방한다는 48개조의 윤리지침을 제정하여 문제 해결을 꾀하고 공동체의 본래 목표였던 공동체 사회를 구현하려고 했지만, 반대파들의 저항에 부딪치게 되면서 내부적 갈등이 심화되어간다. 그럼에도 불구하고 1855년 봄 주민의 수는 526명에 이르고, 그간 그럭저럭 공동체를 꾸려나갔던 카베는 종신 대통령으로 임기를 바꾸는 법을 개정하면서 주민들은 반발하게 되었고, 주민들은 본국 프랑스 지지자들의 지원이 감소하면서 경제적으로도 고통을 받고 있었다. 이듬해 자급자족에 의존한 식량사정마저 악화되어, 공동체 안에서 공동체 형태와 운영을 둘러싸고 구세대와 신세대 간의 대립이 일어났고, 카베의 독재적인 지배체제에 문제가 발생되면서 이에 대한 항거로 반대파들이 불만을 터트리며 카베에게 등을 돌려, 공동체 참가자들은 1856년에 두 파로 분열된다. 결국 1856년 10월 180명의 지지자들과 카베는 세 그룹으로 나누어 노보로부터 미주리주 세인트루이스로 재이주를 시도하여 이카리아 실현에 다시 도전하지만 그해 8월 마지막 그룹이 도착한 지 며칠 후에 카베는 심장마비로 새로운 공동체 건설이 본격적으로 시작되기 전에 불행하게도 사망하고 만다. 세인트루이스에 정착한 카베파는 변호사 머카디에르에 의해 계승되어 다양한 내부개혁을 시도하며 8년간 유지되다가 1964년 해체되었다. 한편 공동체 분리 후 노보로부터 아이오와주 데모인에서 80마일 떨어진 코닝으로 이주한 최초의 아카리아 공동체는 미국 뉴올리언즈에 도착한 지 50주년이 되는 1898년에 노인만 남은 후 최후의 이카리아 공동체가 정식으로 해산하면서 그 역사는 막을 내리게 되었다. 이 카베가 실현하려고 했던 이상적 공동체 이카리아는 유럽에서 이주하여 건설된 후 46년 동안 유지되었던 미국 역사상 가장 오래된 비종교 공동체였다.[20]

10. 헨리 데이비드 소로우의 월든

프랑스인과 스코틀랜드인의 후손인 헨리 데이비드 소로우(Henry David Thoreau, 1817~1862)는 미국 메사추세츠주 콩코드(Concord)에서 태어나 그곳을 영구 거주지로 정하여 그의 인생의 거의 대부분을 고향 콩코드에서 보냈다. 1837년 하버드 대학 졸업 후 자신의 모교 초등학교에서 학생을 가르쳤으나 체벌에 반대하여 사직을 하고, 초월주의 잡지 「다이알(Dial)」에 참여하여 글을 싣기도 한다. 1838년에는 형 존과 함께 콩코드에 사립 중학교를 설립하지만 2년 만인 1840년 면도칼에 베인 존의 상처가 감염되어 건강이 악화되고, 콩코드 아카데미를 폐교한다. 그리고 형은 감염된 상처로부터 회복하지 못하고 세상을 떠난다. 형의 죽음으로 소로우는 한동안 심한 우울증에 시달리기도 한다. 학교 폐교 바로 전해인 1837년에 있었던 초월주의자 랄프 왈도 에머슨(Ralph Waldo Emerson, 1803~1882)과의 만남은 소로우에게 일생에 가장 중요한 사건이었다. 민주주의 시인이기도 한 에머슨은 19세기 중엽 미국의 지식생활을 고무한 초월주의 운동의 중심 인물이었다. 그는 초월주의에 대해 '이성은 인간 최고의 능력, 즉 지성과 감성의 완전한 발현을 통하여 아름다움과 진실을 이해하는 개인의 타고난 능력'으로 정의하였다.[21]

그들이 만나게 되어 인연을 맺는 과정은 상당히 흥미롭다. 소로우의 여동생 소피아가 에머슨의 처형 루시 브라운과 함께 에머슨의 강연을 들었는데, 강연내용이 오빠가 쓴 글과 같은 주제의 내용이었던 것이다. 이에 소피아가 브라운 부인에게 그 글을 보여주었고 그 글이 에머슨에게 전해진 것이다. 집으로 찾아온 소로우를 보는 순간 에머슨은 소로우가 예사로운 젊은이가 아님을 단박에 알아차렸다. 소로우는 매사 냉담한 듯한 태도를 보였으나, 이 뛰어난 지성인 에머슨 앞에서는 특별히 소로우의 생기가 발랄해졌다. 에머슨은 소로우와의 대화 중 그의 입에서 사회와 종교에 대한 탁월한 견해, 고전에 대한 해박한 지식이 쏟아져나올 때마다 칭찬을 아끼지 않았다. 이렇게 두 사람의 우정은 시작되었고, 약간의 굴곡이 있긴 했지만 소로우가 죽을 때까지 계속되었다. 이 무렵 소로우는 에머슨이 주도하고 있는 초월주의 (Transcendentalism)운동에 매료되었다. 1837년부터 3년간 에머슨의 배려로 그의 집에서 기거하는 동안 콩코드의 초월주의 그룹이 만드는 잡지「다이알」에 시와 산문을 실으면서 문필활동을 시작하게 되었다. 소로우는 대중보다 개인을, 이성보다 감성을, 인간보다는 자연을 중시했는데, 이러한 그의 사상적 성격은 초월주의와 일치하는 것이었다. 이런 그의 면모는 어린 시절부터 형성된 기질이기도 했다. 소로우는 타고난 모험가적 성향이 강한 아이였고, 훗날 그가 안정된 교사의 길을 접고 시인의 길을 택한 것도 일종의 그의 모험심에서 기인한 것이었다. 호숫가에 오두막을 짓고 혼자 여러 해를 생활한 것은 모험의 정점이었다. 그의 위대한 모험은 그에게 안락한 생활을 제공해주지 못했지만 훗날 그의 사상을 더욱 심오하게 만들었다. 그는 한때 에머슨 형의 자녀들을 가르치는 가정교사로 뉴욕시에 이주하여 2년여 동안 작가생활도 잠시 하였으나, 뉴욕시의 생활이 마음에 안 들었고, 체류 중 그가 쓴 책 역시 거의 팔리지 않았다. 다만 소로우에게 있어서 안락한 생활이란 일반적인 것과는 매우 달랐다는 점을 생각할 때 그의 인생이 불행했다고 볼 수 없다.

젊은 시절 에머슨과 함께 길을 걷다가 길 옆에 울타리가 쳐진 것을 보고 소로우는 분개했다. 그는 하나님의 땅은 만인의 소유이므로 울타리 바깥의 비좁은 쪼가리 땅만을 밟을 수는 없다며 울타리를 넘어가려고 했다. 에머슨은 이를 만류하며 사유재산제가 이상적인 것은 아니지만 현재로선 존중해야 한다고 말했다. 이 일은 두 사람의 성격이 어떻게 다른지 말해주는 장면이었다. 소로우의 근본적인 저항은 『월든』에서 가장 잘 나타났다고 볼 수 있다. 소로우의 저항이 잘못된 제도에 대한 반발이기도 하지만 근본적으로는 끊임없이 욕망을 채우려고 하는 인간들의 그릇된 사고방식에 대한 투쟁이었기 때문이다. 문필활동이 생계를 위한 직업이 되지 못했기 때문에 소로우는 측량사 일을 겸해야 했다. 1854년 『월든』을 출간한 이후 소로우는 어떤 책도 출간하지 않고 오직 집필에만 몰두했다. 그는 말년에 초월주의에서 벗어나 실천적 노예제 폐지 운동을 펼치게 된다. 1854년 행한 강연에서 한, 메사추세츠의 노예제에 대한 비판은 비인간적 노예제도에 대한 신랄한 고

발이었다. 그 후 1862년 아직 젊은 나이에 결핵이 찾아오고, 같은 해 5월 6일에 여동생 소피아에게 형이 작고하기 전에 형과 함께 지냈던 여행경험을 쓴 수필인『콩코드의 강에서의 일주일』마지막 장을 읽어 달라고 부탁한다.

> "나슈아 어귀를 지나쳤고, 곧 새먼 부룩도 지나칠 즈음, 우리의 배를 가로막은 것은 바람밖에 없었다. 이때 그는 나직이 중얼거렸다. 이제야 멋진 항해가 시작되는군."

그리고 여동생이 글을 읽는 것을 들으면서 잠시 후 숨을 거두었다. 그는 말년에 병의 고통을 완화시켜주는 마약 진통제도 거부하고 맑은 정신으로 친지들을 틈틈이 만나면서 죽음을 맞았다. 소로우에게는 자유롭게 사는 것이 그의 소중한 가치였고, 그 가치를 지키기 위해 그는 때때로 고립을 자초했고 사회와 싸웠고 글을 썼다. 소로우는 문학적인 혁명가였다. 정치적 혁명가나 종교적 혁명가가 주로 한 방향으로의 전환을 꿈꾼다면, 문학적 혁명가는 한 방향으로 가고 있는 사람들을 자신이 진정으로 원하는 방향으로 가도록 유도한다고 그는 믿고 있었다. 소로우는 그의 저서『시민의 불복종(Civil Disobedience)』에서 다음과 같은 말을 했다. "우리는 먼저 인간이어야 하고, 그 다음에 국민이어야 한다고 나는 생각한다. 법에 대한 존경심보다 먼저 정의에 대한 존경심을 기르는 것이 바람직하다. 내가 떠맡을 권리가 있는 나의 유일한 책무는, 어떤 때이고 간에 내가 옳다고 생각하는 일을 행하는 것이다."[22]

그는 평생 극도로 검소하게 지냈으며 아주 적은 돈으로 독립성을 유지했다. 본질적으로 그는 자신의 삶 자체를 중요한 경력으로 만들었다. 순응주의자가 아닌 혁명주의자였던 그는 항상 자신의 엄격한 원칙에 따라 살려고 노력했는데, 이것이 여러 글 속에 나타난 그의 주제였다. 소로우의 대작인『월든(Walden, or Life in the woods)』은 단순한 세속적인 관심사로 시작해 끝으로 가면 별에 대한 명상으로 진행되도록 구성되어 있다. 여행서적을 좋아하고 또 몇 권을 저술한 바 있는 소로우였지만,『월든』을 통해 역설적으로 그때까지 미국 책들이 접근한 적이 없는 자기발견이라는 내적인 개척분야를 파헤친 반 여행서적을 우리에게 남겼다. 소로우의 금욕적인 생활처럼 매우 소박한 이 작품은 의미 있는 삶이라는 고전적인 이상을 달성하기 위한 지침서나 다름없다. 그의 삶의 철학이 자세하게 표현된 오두막 짓기 과정은 영혼을 진실하게 채우는 것에 대한 구체적인 은유이다. 1852년 일기에서 소로우는 한곳에 뿌리박고 사는 것을 선호하는 데 대해 이렇게 설명하고 있다.

"나는 내 마음이 완전히 흐트러질지 모르기 때문에 여행을 많이 하거나 대중적 명소에 가는 것이 두렵다."

소로우의 은둔과 집중의 방법은 동양의 고립적인 수도적 명상법과 일맥상통하고 있는데 이런 유사성은 우연이 아니다. 소로우는 에머슨과 휘트만처럼 힌두교나 불교철학에서 영향을 받았고, 그가 가장 소중하게 여긴 소유물은 동양의 고전작품 장서로 에머슨과 공유했던 것이었다. 『월든』에서 소로우는 초월주의 이론을 직접 시험해볼 뿐만 아니라 19세기 총체적인 미국의 원초적 자연의 경험인 신대륙의 척박한 변방 개척지에서의 생활을 재현하고 있다. 소로우는 자신이 기여할 수 있는 것은 언어를 통해 자연 그대로의 모습을 그려내는 것이라고 느꼈다. 1851년 어느 날 그의 일기에는 다음과 같은 구절이 있다.

"영미문학은 스펜서, 세익스피어, 밀턴을 포함하여 음유시인으로부터 호반시인에 이르기까지 신선하고 야성의 원초적인 기질을 나타내고 있지 않았다. 그것은 그리스나 로마의 문화를 반영하는 전통으로 길들여지고 문명화된 문학이다. 문학의 황야는 푸른 숲이고, 야성적인 인간은 로빈 후드였다. 시인들 중에는 자연을 진심으로 사랑하는 이들이 많았지만 자연을 그린 것은 많지 않았다. 반면 신대륙 자연의 역사는 우리에게 야성적인 인간을 알려주고 있다. 이를 위해 자연상태의 미국이 필요했던 것이다."

생태학적인 관심, 혼자서 모든 것을 하는 독립성, 노예 폐지론에 대한 윤리적인 기여, 시민 불복종 및 평화적인 저항이라는 정치적 이론 등으로 인해, 오늘날 소로우는 초월주의자들 중에 가장 매력적인 작가로 남아 있다. 그의 생각들은 아직도 신선하며, 그의 예리하고 시적인 스타일과 철저하게 관찰하는 습관은 지금 생각해도 현대적이다. 소로우의 저작 『월든』은 열정적인 아일랜드 민족주의자인 윌리암 버틀러 예이츠에게 영감을 주어 「이니스프리의 호수 섬(The Lake Isle of Innisfree, 1890)」라는 작품을 쓰도록 했다. 이 시는 예이츠가 20대에 고향을 떠나 런던에서 생활하면서 어린 시절의 추억을 되살리며 평화로운 전원으로 돌아가고 싶은 그의 마음을 서정적으로 노래한 망향의 시이다. 그의 시의 한 소절인 "일어나 가리, 이니스프리로 가리, 가지 얽고 진흙 발라 조그만 초가 지어, 아홉 이랑 콩밭 일구어, 꿀벌 치면서 벌들 잉잉 우는 숲에서 나홀로 살리"에는 고향의 옛 정취가 물씬 풍긴다.

『월든(Walden, 1854)』

이 작품은 소로우가 1845년 여름부터 1847년 초가을에 이르기까지 월든의 호숫가에서 지낸 생활을 기록한 글이다. 초월주의(Transcendentalism)라는 1830년대 뉴 잉글랜드 지역을 중심으로 등장한 새로운 지적 흐름을 직접 실천하고 그 결과를 재구성한 글이다. 표면적으로 이 작품은 숲속 생활의 실용적 측면을 다룬 것처럼 보이지만, 자신의 직관과 상상력을 믿고 의지하는 자립적 태도(self-reliance)를 긍정하고, 자연과의 직접적인 교감을 통해 얻게 되는 보편적이고 영원한 삶의 진리를 강조함으로써 결과적으로 모든 생명체를 이어주는 초월적 혼(over-soul)의 흐름에 참여할 수 있음을 주장한다는 점에서 철저하게 초월주의를 표방한 작품이라 할 수 있다. 이를 쉽게 풀이하면 모든 생명체는 영적인 능력이 있고, 초월적 혼이라는 존재는 이들 생명체의 모태이자 모든 생명체를 이어준다는 것이다.

초월주의는 낭만주의와 독일 관념론은 물론 동양사상까지 포용하는 미국의 독자적인 사상이라고 할 수 있다. 소로우는 랄프 에머슨의 『자연』에 깊은 영향을 받은 후, 1840년대 중반 서로 독자적인 길을 걸을 때까지 에머슨의 '영혼의 친구'이자 제자로 초월주의에 헌신적이었다. 소로우는 콩코드에서 10마일 반 정도 떨어진 월든 호숫가에 있는 에머슨 소유 부지에 1845년 3월 말 도끼질을 시작, 28달러가 조금 넘는 돈을 들여 오두막을 짓고 그해 독립기념일부터 2년 2개월 2일 동안 근대문명과 다른 방식의 삶을 실험하게 된다.『숲속의 생활』은 이 실험적 삶이 꼼꼼하게 기록된 결과물로 실천적 초월주의자로서 소로우의 면모가 잘 드러나 있다. 소로우는 왜 이런 모험을 강행했을까 하고 생각해 보면, 그가 보기에 사람들은 집의 노예였고, 재산의 노예였고, 일의 노예였다. 그래서 그는 자연 속의 월든 호숫가에 작은 집을 짓고 농사 지으며 자급자족하면서 여유 있게 살고 싶었다. 이와 같이 인간 스스로의 노력에 의해 노동을 하면서 삶을 살아도 된다는 것을 몸으로 체험하기 위해 그는 집을 짓고 농사를 짓고 물고기를 잡으면서, 초월주의적 삶을 살 생각이었다. 그것이 바로 소로우가 생각하는 자유인의 길이었다. 그의 월든 호숫가 오두막에서의 삶의 기록은 다니엘 디포의 로빈슨 크루소와 비견되는 명작으로 받아들여지고 있다.

월든의 등장인물들은 다음과 같다. 소로우(수필가, 시인, 실천적 초월주의자), 에머슨(수필가, 시인, 관념적 초월주의자), 브론슨 앨콧(교육개혁가, 초월주의자) 그리고 초월주의자들의 실험공동체 브룩 농장에 참여한 철학자 알렉스, 그리고 소로우 오두막에서 일하는 20대 후반의 노동자 캐나다인 벌목꾼이자 소박한 인물인 엘러리 채닝(소로우의 친구이며 초월주의자).

소로우의 생활의 기록이자 자연에 대한 명상을 담은 『숲속의 생활』은 총 18개의 장으로 구성되어 있다. 소로우는 1장 '경제'에서 실제 오두막을 짓는 계획과 얼마나 최소한의 요건으로 의식주를 해결하는가를 자세히 기록하면서, 관습화된 삶을 파기하고 수탉처럼 새벽을 알리는 전령의 역할을 수행할 뜻을 밝힌다. 2장 '살았던 장소와 살았던 목적'에는 소로우가 월든 호숫가로 오기 이전에 살았던 곳에 대한 회상과 숲속 생활을 하는 목적이 드러난다. 3장 '독서'에서 고전문학의 유용성에 대해, 4장 '소리'에서는 은유로 가득한 글의 위험성에 대해 언급하면서 자연의 소리를 들으며 자연과 혼연일체가 될 수 있음을 밝힌다. 5장 '고독'에서 군중 속의 고독과 자연과의 공감을 설명하고, 6장 '문자'에서 캐나다 출신 벌목꾼 알렉스에 대해 언급한다. 7장 '콩밭'에서 직접 콩을 경작한 체험을, 8장 '마을'에서 인두세를 내지 않아 체포된 경험을, 9장 '호수'에서 월든 호수와 근처의 지리적 모습을 묘사하고 호수의 깨끗함을 강조한다.

10장 '베이커 농장'에서는 농부 존 베이커를 소개하고 아메리칸 드림을 비판하며, 11장 '보다 높은 법칙'에서는 정신을 고양하는 명상법을 소개하고, 12장 '이웃 동물들'에서는 친구 엘러리 채닝과의 대화를 소개하고 동물과의 관계를 언급한다. 13장 '난방'에서는 벽난로를 만드는 과정을, 14장 '이전 거주자와 겨울 방문객'에서는 월든 호숫가에 살았던 사람들과 세 명의 방문객을 소개하고, 16장 '겨울 호수'에서는 얼어붙은 월든 호수를 묘사하며, 17장 '봄'에서 잠에서 깨어나는 계절 봄의 환희와 생명을, 18장 '결론'에서는 내적 각성의 중요성을 재차 강조한다.

> "내가 숲으로 간 이유는 인생을 의도적으로 살아보기 위해서였다. 다시 말해서, 삶의 본질을 대면하기 위한 것이었으며, 인생이 가르치는 바를 내가 배울 수 있는지 알아보고자 했던 것이며, 그리하여 마침내 죽음을 맞이했을 때 내가 헛된 삶을 살았구나 하고 깨닫는 일이 없도록 하기 위해서였다."

이 문장은 소로우가 왜 숲속 생활을 했는지 그 목적을 설명한 부분이다. 소로우는 삶의 여러 가지 욕심이나 삶의 찌꺼기에서 벗어나 삶을 최소화함으로써 삶의 진수만을 맛보며 살고자 했다.

> "깨어 있다는 것은 살아 있다는 것이다. 나는 아직까지 완전히 잠에서 깨어난 사람을 만나지 못했다."

소로우에게 아침은 일출의 시간이 아니라 각성의 순간을 의미한다. 대부분의 사람은 새벽을 맞이하지 못하고 잠이 들어 있는데, 이 상태에서 새벽을 맞이해야 살아 있다는 것이 된다. 이 문장은 정신적 각성의 중요함을 강조한다.[23]

"여행은 바보의 낙원"이라는 에머슨의 말처럼, 영혼의 변화가 환경의 변화보다 중요함을 뜻한다. 소로우를 비롯한 초월주의자들은 세계의 곳곳을 돌아다니는 물리적인 여행보다 영혼을 찾는 내면의 여행을 보다 중시했다.

"첫 해 여름이 끝날 무렵의 어느 날 오후, 수선한 구두를 찾으러 마을에 내려갔다가 체포되어 감옥에 수감되었다. 주 상원 의사당 앞에서 마치 소처럼 남자와 여자, 아이들을 사고파는 나라에 세금을 납부하지 않았기 때문이다. 그리고 그런 나라의 권위를 인정하지 않았기 때문이다"라고 그는 수감된 이유를 말했다.

1846년 소로우는 남부의 노예제를 인정하고 멕시코와의 전쟁을 승인한 정부에 대한 항의 표시로 세금 납부를 거부하고 체포된다. 소로우는 참된 삶을 살아가고자 하는 사람을 속박하고 얽어매는 제도화된 사회의 부정적 역할에 불만을 표현한다. 이 경험은 그의 실천적 지식인의 면모가 잘 드러나는 대목이다. 그의 수필 『시민의 불복종(Civil Disobedience)』은 부당한 법에 대해 합법적인 개인이 불복종하는 것이 도덕적으로 필요하다는 수동적 저항이론을 담고 있으며, 이는 20세기에 마하트마 간디의 인도 독립운동 및 마틴 루터 킹의 흑인 운동에 영감을 주었다.[24]

소로우는 토마스 페인, 마하트마 간디와 더불어 뼛속까지 혁명적인 인물이었다. 페인이 근대혁명의 출발인 미국의 독립운동과 프랑스 혁명의 정신적 토대를 지원했다면, 간디는 현대문명에 의존하지 않는 이상적 공동체를 구축하고자 했고 소로우는 일과 명예와 돈과 통념의 노예로부터 벗어나고자 했다. 분업과 시장경제에 기초한 근대적 삶의 양식을 비판하고 삶의 욕구를 제한한 채 자연친화적인 삶을 추구했다는 점에서 소로우는 생태주의자라고도 할 수 있다. 그러나 소로우의 생태주의는 문명사회를 등지고 자연으로 도피하는 것은 결코 아니다. 노예제 폐지를 주장하고 멕시코와의 전쟁을 반대하며 전쟁준비를 위한 세금 징세를 거부하는 소로우의 면모는 그가 생태주의자이자 이상의 실천적 지성이라는 점을 잘 드러낸다.[25]

11. 프레드릭 스키너의 월든 투

　스키너(Burrhus Fredrick Skinner, 1904~1990)는 미국 행동주의 심리학자였다. 뒤늦게 심리학의 세계에 뛰어들어 자신의 뒤처지는 이해도와 지식을 만회하기 위해 그야말로 미친 듯이 심리학을 공부해서 동료들을 따라잡았다고 하는 스키너의 학창 시절 전설이 있다. 오전 6시에 기상하여 아침식사를 할 때까지 공부하고, 식사를 한 후에는 강의실, 실험실, 도서실을 가는 매일의 규칙을 준수하였다고 한다. 저녁을 먹은 뒤에도 공부하였다고 하였는데 이런 빈틈없는 일과로 인하여 하루에 쉬는 시간이 15분도 되지 않았다고 했다.

　스키너의 상자로도 유명하고, 학계에서 흔히 파블로프(Ivan Petrovich Pavlov, 1849~1936)와 비교되어 자주 언급되는 학자이다. 그는 쥐에게 보상을 주면 지렛대를 당기는 방법을 더욱 빨리 알아낸다는 사실을 발견했다. 쥐를 상자 안에 집어넣어서 보상에 따른 각각의 상자에 당기는 횟수를 다르게 하여 행동의 학습이 일어나게 되는 실험을 하였다. 이러한 실험에서 시간과 보상을 중단시켰을 때 반응이 소멸되는 것을 측정하여 쥐의 학습법과 학습 결과를 예측하고 이를 통해 통계학그래프와 막대그래프, 그리고 수학이 동반되는 행동과학을 탄생시켰다.

　스키너는 어떤 행동을 강화하거나 처벌할 때에, 처벌보다 강화가 더 학습 효과가 뛰어나다는 것을 입증하기도 했다. 흔히 "실패에서 배운다"라는 말이 있는데 그는 "실상 인간은 실패할 때보다 성공할 때 더 많은 긍정적인 변화가 일어난다"고 했다. 그의 말년에 이미 학계에서 심리학이 행동주의를 넘어 인지공학, 신경과학, 뇌과학 등의 분야로 폭발적으로 발전해나가던 중에도, 그는 끝까지 그의 행동주의에 집착하여 "심리학은 외현적, 객관적으로 관찰 가능한 행동만을 연구해야 한다"고 계속해서 주장했다. 노학자로서 자신이 확립한 연구 패러다임에 대한 자부심이 학계의 관심전환을 용납하지 못했었다고 전해진다.[26]

스키너는 펜실베니아(Pennsylvania)의 서스퀘해나(Susquehanna)에서 태어났고, 그의 부모는 그에게 옳고 그름에 대한 확실한 감각이 몸에 배도록 엄격한 교육을 하였다. 1926년 작가가 되고 싶어 영어 전공으로 해밀턴 대학교를 졸업하였고, 그 후 왓슨(John Broadus Watson, 1878~1958)의 행동주의에 영감을 받아 심리학 전공으로 하버드 대학원에 진학하였다. 1938년에는 박사학위 논문을 체계화하여 『유기체의 행동(The Behavior of Organism)』을 집필하였다. 행동의 실험분석에 대한 이 독창적인 설명은 심리학에 대한 그의 가장 중요한 공헌이었으며, 새로운 분야인 행동분석의 토대가 되었다. 1534년『Science and Human Behavior』를 출판했는데, 이 책은 개인행동(자기통제와 사고), 사회적 상호작용(공격성), 문화적 실천(교육과 행정)에 대한 분석을 제시하며 그것을 변화시키는 방법을 서술하고 있다. 1948년 헨리 데이비드 소로우의 저서 『월든(Walden)』에 감명받은 스키너는 자신의 행동주의 공학을 모델로 한 이상사회 공동체에 관한 이야기인 『월든 투(Walden Two, 1948)』라는 저서를 출판한다. 은퇴 후에도 그는 여전히 적극적으로 활동하며 자신의 과학을 생물학과 통합하였고, 인지에 관한 모의시험연구를 계속했으며, 이상적인 사회와 자신의 과학이 가진 철학적 함의에 관하여 강연하였다. 그 후 1990년 백혈병으로 세상을 떠나게 되는 스키너는 행동주의 학습이론의 가장 뛰어난 선구자로 심리학계에 널리 알려져 있다.

그는 인간의 행동이 반응행동보다는 조작행동에 의해 더 많이 좌우된다고 보았으며, 조작적 조건형성 및 '스키너의 상자'로 불리는 조작적 조건화 상자 등 그것들과 관련된 다양한 원리와 방법을 제시하였다. 조작적 조건이론은 인간의 행동이 환경에 대한 자극보다 행동의 결과에 따라 변화된다고 보고, 환경을 조작하여 그러한 행동의 반응 비율에 영향을 미칠 수 있도록 한 이론이다. 이와 같은 인간행동에 대한 스키너의 관점은 인간이 자신의 운명을 스스로 결정하는 자유로운 행위자가 아니며, 인간의 행동이 개인의 선택에 의해 지배된다는 가정도 있을 수 없다고 보았다. 즉, 인간은 자신의 행동을 스스로 창출하는 존재가 아니라 환경적 상황에서 행동목록을 습득해온 유기체이며, 개인의 행동은 자신이 속해 있는 객관적 세계에서 겪은 과거의 경험 또는 현재의 경험으로 결정된다는 것이다. 그렇다고 스키너가 선천적이고 유전적인 요인이 행동에 영향을 준다는 사실을 전적으로 부인한 것은 아니다. 하지만 이것들은 조작으로 변형하기 어렵기 때문에 경험적 실증이 불가능한 것을 연구할 필요는 없다고 보고 이들을 거부한다는 것이다. 이에 따라 그의 학문적 관심은 인간행동 중 조작이 가능한 행동에 한정되었다. 스키너의 이론은 행동주의 학습이론의 범위를 상당히 넓혀주었으며, 과학적인 실험연구를 통하여 인간행동 발달과 관련된 구체적이고 명확하면서도 유용한 지식을 제공하였다.

『월든 투』

스키너는 1948년 자신의 행동과학 원리를 모델로 한 이상사회의 생활을 그린 소설 『월든 투(Walden Two)』를 출간한다. 소설의 주요내용은 주인공인 부르스가 동료 철학자 캐슬과 두 명의 제자인 로저스와 스티브, 그리고 그들의 여자 친구인 바바라, 메리와 함께 프레이저가 계획하고 설계한 미국의 교외에 자리한 유토피아 공동체를 며칠 동안 방문하는 내용이다. 그곳은 개인의 사유재산과 자본이 존재하지 않으며, 본인에게 할당된 시간의 노동을 채우면 모든 의식주와 여가 생활을 해결할 수 있는 곳이다. 모든 사람이 같은 시간을 채우고, 같은 위치에 존재하며, 집과 모든 생활환경이 같다. 경쟁과 이기심이 없는 이상사회인 곳이다. 프레이저는 과학적인 효율성에 근거하여 인간의 행동분석으로 개인 스스로가 자발적인 동기를 통해 공동체를 완성시키고 있다고 설명한다. 이로 인해 더 좋은 자리를 위한 투쟁과 대중의 인정을 받으려는 경쟁이 없다고 프레이저는 강조한다. 또한 이곳의 여자들은 주부로서 여러 가지 활동을 하고 전보다 효율적으로 일할 수 있도록 공동양육을 한다. 아이들은 태어나자마자 모든 환경이 통제된 육아실로 보내진다. 그리고 거기서 어른들의 체계적 관리를 통해 단계적으로 스트레스에 대처하는 방법을 배운다. 프레이저의 설계대로 움직이는 공동체에 대해 캐슬은 윤리와 민주주의 사상을 내세우며 프레이저의 철학과 사상에 끊임없이 도전한다. 방문 일정을 마친 그들 중 완벽한 공동체를 지향한 스티브와 바바라는 유토피아에 남기로 결정한다. 그리고 월든 투의 생생한 체험을 잊지 못하는 주인공 부르스 또한 결국 프레이저의 유토피아로 되돌아간다.

유토피아로 돌아가기로 결심한 브루스의 생각은 다음과 같다. "필요한 것은 우리가 알고 있는 과학지식과 상통하는 인간에 대한 새로운 개념 설정인데, 이는 교육의 실제에 관련된 교육철학의 문제와 연결되는 것이다. 이를 성취하기 위해서는 교육 자체에 부과된 기술적 한계를 극복하여 인간공학의 광범위한 영역으로 나아가야 할 것이다."

월든 투에서 아이들은 가정보다 더 좋은 환경에서 집단 양육되며 부모는 아이들에게서 해방될 수 있다. "대체로 우리의 아이들은 성장 속도에 따라 점진적 자료로 자연스럽게 공부할 수 있다. 우리는 그들에게 직접 가르치기 전에 모든 면에서 도움을 주려고 하고, 그것을 통해 아이들에게 사고하고 지식을 얻는 새로운 기술을 제시하면서, 아이들은 스스로 생각하는 방법을 배운다."[27] 그리고 "우리의 행동공학작업은 실망에 대처하게끔 아동을 강화함으로써 그 동기들을 보존시키는 것이고, 장난감들은 아이들의 인내심을 기르도록 고안된 것이다."[28]

월든 투의 사회는 각 분야의 전문가들이 다스리고, 능력에 대한 남녀의 차별 또한 없다. 사람들은 스스로가 계획한 일정에 따라 자유롭게 노동과 여가 시간을 조절할 수 있다. 노동 시간은 점수로 바뀌고 일정 점수를 넘기기만 하면 된다. 이 사회는 철저하게 조작된 사회이다. 아이들은 어려서부터 조작된다. 월든 투라는 사회는 '스키너 박스'라고 볼 수도 있을 정도로 실험에 실험을 거듭한다. 이 이상사회는 인간의 심리로부터 탐구된 과학과 기술을 바탕으로 인간의 행동이 조직되고 진보를 거듭하여 인간의 고질적인 문제들인 멈추지 못하는 권력과 소유욕구 및 그것을 위한 투쟁으로부터 벗어나고자 하는 미래적 공동체를 추구하고 있다.

반면 이와 같은 이상 공동체의 기반이 되었던 그의 심리적 행동분석학 분야에서 이루었던 뛰어난 학문적 업적에도 불구하고, 스키너의 이론은 몇 가지 측면에서 비판을 받고 있다. 첫째, 인간의 행동에 대한 환경의 결정력을 지나치게 강조하여 행동에 영향을 미치는 인간의 내적, 정신적 특성을 간과하였다. 왜냐하면 인간의 발달에 영향을 주는 요인은 매우 다양하기 때문에 환경의 영향으로만 설명할 수 없으며, 인간의 의지, 동기, 욕구, 감정, 갈등, 사고, 자발성, 창조성 등을 함께 고려해야 한다는 것이다. 둘째, 인간을 조작이 가능한 대상으로 보고 있기 때문에 인간의 자유와 존엄성을 배제할 수 있다는 것이다. 또한 동물실험의 결과를 그대로 인간에게 적용했는데, 인본주의 입장에서 보면 지나치게 비인간적이라는 비판이 있다. 셋째, 인간의 모든 행동이 조작을 통해서 변화될 수 있다고 보는 것은 인간을 지나치게 단순화, 객관화, 과학화했다는 것이다. 인간의 행동은 개인차가 있고 연령에 따라 다르게 나타나며 독특한 면들이 있기 때문에, 인간의 행동을 객관화하거나 예측하기는 어렵다. 이러한 이론은 접근법이 단순하여 복잡한 행동 특성을 설명하는 데 한계점을 가지고 있다.

이렇듯 몇몇 비판들을 받고 있지만, 스키너는 지금까지도 인간의 행동과학에 많은 영향을 미치고 있고, 그의 행동분석학은 행동변화, 교육공학, 발달행동분석, 행동약리학, 특수교육지도 등 여러 분야에 아직까지도 응용되고 있다. 다른 한편으로 그는 오늘날 매우 중요한 사회사상가로 평가받고 있는데, 그 이유는 그가 이룩한 학습심리학 분야에서의 연구 성과를 토대로 새로운 인간관 및 사회관을 제시했던 것에 있다.[29]

스키너는 사회가 완전히 인간 스스로가 벌이는 위협과 징벌로부터 해방되었을 때 이상적인 사회라고 했다. 그는 더 나은 인간의 삶을 위해 연구했고, 실제 그 행동 기법을 이용하여 사회에 공헌했다. 이러한 스키너의 행동공학에 기초하여 사회 건설을 제안한 『월든 투』를 읽고 감동한 사람들이 미국 버지니아주에서 '트윈 오크스(Twin Oaks)'라는 공동체를 설립하였는데 이는 현재까지도 농업과 수공업을 근간으로 하는 자급자족, 대안적 지속가능 에너지, 새로운 인간관계, 어린이 교육 등을 실험하면서 50년 이상 유지되고 있는 성공한 공동체로 인정받고 있다.[30]

12. 트윈 오크스 공동체

트윈 오크스 공동체(Twin Oaks community, Virginia, 1967~)는 미국 버지니아주에 속한 루이자 카운티에 속해 있으며, 성인 100여 명, 어린이 17여 명이 450에이커(1.8㎢)에 이르는 땅에 살고 있는 곳이다. 1967년 설립된, 북미에서 현존하는 가장 오래되고 가장 큰 국제적 공동체이다. 공동체의 기본 가치들은 협동, 평등주의, 비폭력, 지속성, 그리고 시설 및 수입공유에 있다.

공동체는 케이트 킨케이드(Kate Kinkade, 1930~2008)를 포함한 농사 경험이 전혀 없는 8명으로 구성된 그룹에 의해 1967년 123에이커(0.5㎢)의 담배 농장에 설립되었다. 공동체의 초기 영감은 행동주의를 서술하고 있는 소설적 유토피아인 프레드릭 스키너(B. Predrick Skinner)의 소설 『월든 투(Walden Two)』였다. 그러나 공동체의 평등 원칙이 선호되며 행동주의자 원칙들은 포기됨으로써 트윈 오크스의 중요한 사상적 기반이었던 스키너의 비전은 얼마 지나지 않아 시들해져가기 시작했으며, 공동체는 구성원의 순환율이 높았고, 수입이 많지 않아 초창기 몇 년 동안 대단히 어려웠다. 킨케이드에 따르면 공동체에 구조적이지만 유연한 노동 시스템을 적용함으로써 통상적으로 나타나는 공동체 구조의 결핍, 나태, 공짜 소비 등의 문제를 피하려고 했다. 초창기 조직구조는 시행착오를 거치며 현실에서 일어나는 문제들을 반영하면서 수정되어갔고, 그 수정된 조직구조가 오늘날까지 유지되고 있다. 스키너의 소설처럼 원래의 노동 크레딧 시스템에 있어서, 각자가 원하는 일을 하고 싶어 하도록 하기 위해 노동에 따른 가중치를 두는 크레딧 시간으로 정하였다. 그러나 공동체의 구성원이 40명을 넘었을 때는 누구나 원하는 일이나 원하지 않는 일들이 점차 없어지면서 일이 마무리되어야만 하는 크레딧 시간 시스템에 왜곡이 발생했다. 이 왜곡문제를 해결하기 위해 오늘날의 수정된 표준 크레딧 시스템은 모든 일이 같은 가치를 갖도록 하여 일의 선호도에 상관없이 마무리될 수 있도록 했다.

공동체에 참여하고 싶은 사람들은 3주간의 방문자 기간을 거쳐야 한다. 공동체 참여에 드는 월세나 생활비용은 없으며, 필수적인 주거, 옷, 음식, 건강보험은 42시간 노동에 대한 보상으로 구성원들에게 제공된다. 공동체의 재원 마련을 위한 노동은 간이 침대인 햄록이나 두부 제조, 씨앗 농장, 북인덱스로부터 발생되고 나머지는 정원, 식품 생산, 조리, 자전거, 빌딩 유지관리, 청소, 아동보육 등이다. 대부분의 트윈 오커들은 한 직무에 국한하지 않고 다양한 직무를 할 수 있다. 구성원들은 트윈 오크스 밖에서 일할 수도 있고 그 외부 수입은 공동체로 들어가며 일부는 휴가시간으로 더해진다. 또한 초과 일에 대한 크레딧 시간 역시 휴가 시간에 더해진다. 텔레비전 시청은 금지되지만, 인터넷은 제공되고, 영화나 녹음된 텔레비전 프로그램은 시청이 가능하다. 공동체는 추수감사절 저녁식사, 춘·추분 파티, 6월 16일 기념일을 주최하여 공동체 축제의 즐거움을 나눈다.

오늘날 트윈 오크스는 지속가능 모델을 추구하고 있어 공동체 구성원들의 평균적인 자원 소비는 미국인 평균보다 매우 낮다. 공유사회인 공동체에 의해 관리되는 공유물은 17대 차량과 의류 라이브러리, 자전거 등이 있으며 주변 이웃들 대비 70%의 휘발유, 80%의 전기, 76%의 천연가스를 소비하는 지속가능한 삶을 살고 있다.[31]

13. 도연명의 도화원기

　도연명은 위진남북조시대 동진 말기 심양 채상 출신인데 유송으로 왕조가 바뀐 뒤에 이름을 잠으로 고쳐 '도잠'이라고도 알려져 있다. 무릉도원을 노래한 『도화원기』라는 불세출의 명작을 남긴 시인 도연명(365~427)은 평생을 가난하게 살다 간 사람이다. 그의 증조부 도간은 대사마의 벼슬을 지낸 동진의 명사였고, 할아버지와 아버지도 태수를 지냈다. 어려서부터 그는 책 읽기를 좋아했고 도교와 불교에도 관심이 많아 관련 서적들을 외고 다닐 정도였다. 군인으로 발을 들여 젊은 시절에 몇 차례 군부의 말단직을 역임하다가 41세에 현령에까지 올랐으나, 쌀 다섯 말 때문에 허리를 굽힐 수 없다며 관직을 버리고 고향 전원으로 돌아가 죽을 때까지 벼슬을 하지 않고 살았다. 관직에 물러나면서 전원에서 산수와 벗하며 자족적인 삶을 영위하려는 뜻을 담은 유명한 「귀래거사」를 썼다. 시골에 은거한 그는 직접 괭이와 삽을 들고 농사를 지었고, 평생 가난과 병에 시달렸지만 권세와 타협하지 않고 꿋꿋하게 살았다. 그는 직접 노동하면서 가난한 농민들과 함께 살았기 때문에 그의 작품세계도 생활에 나오는 순수함 그 자체였다. 따스한 인간미와 담담한 기풍은 당시의 선비들이 즐겨 했던 유희문학과는 질적으로 달랐다. 기교를 부리지 않고 평범한 시풍이었기 때문에 당시에는 멸시에 가까운 평을 받았지만 당나라 이후 육조 최고의 시인으로 평가되기에 이른다. 그의 시풍은 당나라 때 많은 시인들에게 영향을 미쳐 문학사에 큰 업적을 남겼다. 그는 『오류선생전』, 『도화원기』 등과 같은 산문과 『도연명집』을 저술했고, 대중에게 인기가 있었던 괴기소설집 『수신후기』의 작자로도 알려져 있다.

　장강 중류에 위치한 도연명의 고향 시상은 북으로는 명산으로 꼽히는 여산을 등지고 남으로는 파양호를 바라보는 명승지다. 그는 이 아름다운 전원에서 농민들과 더불어 농사를 지으며 시를 통해 자기 삶의 애환과 그들의 생활을 노래했다. 그를 고고한 인품의 소유자로 칭찬하는 까닭도 사람들과 더불어 울고 웃으면서 인간의 삶을 한 점 부끄럼 없는 진솔한 문학적 경지로 승화시켰기 때문이다. 당나라의 유명한 시인 백거이가 도연명의 고향인 시상, 현 장시성 주장의 사마로 부임한 뒤 도연명이 살던 옛집을 찾아 다음 과 같은 시를 남겼다.

"오늘 당신의 옛집을 찾아, 숙연한 마음으로 당신 앞에 섰습니다. 당신의 단지에 담긴 술이 그리운 것도 아니고 줄 떨어진 당신의 거문고가 그리운 것도 아닙니다. 오직, 명예와 이익을 버리고 산과 들에서 자유롭게 스쳐간 당신이 그리울 뿐입니다."[32]

도연명은 관직을 떠나 고향의 전원으로 돌아와 전원생활을 바탕으로 평 범하면서도 뜻이 깊은 시를 지은 전원시의 창시자였다. 그의 전원시 중의 하나였던 『도화원기』는 왕조 교체기의 문란하고 암담한 시대에 살았던 도연 명이, 현실에 대한 실망에서 비롯된 이상 세계에 대한 동경을 형상화하여 그려낸 이상향이다. 노자와 장자가 추구한 '소국과민'의 이상 세계를 바탕으 로 하고 오랜 농촌 생활 가운데에서 얻은 자신의 경험과 느낌을 살려서 그 려낸 『도화원기』는 이후 동양적 유토피아의 전형이 되었다.[33]

『도화원기』

진나라 때 무릉의 한 어부가 복숭아꽃이 아름답게 핀 숲속 물길을 따라 갔다가 진나라의 난리를 피해 온 사람들이 모여 사는 곳을 방문하게 되면 서, 그곳에서 융숭한 대접을 받고 돌아온 무릉도원의 이야기를 담고 있다. 진나라 태원 시대에 무릉이라는 곳에 고기잡이를 업으로 삼는 사람이 있었 다. 하루는 작은 강을 따라 거슬러 올라갔다가 그만 길을 잃어버리고 말았 다. 홀연히 복숭아나무 숲으로 들어서게 되었는데, 숲은 강의 양쪽 기슭 안 쪽으로 수백 걸음에 걸쳐 이어져 있었고 잡목 하나 없었다. 향기로운 풀이 싱싱하고 아름다웠으며, 떨어지는 꽃잎이 어지러이 나부끼고 있었다. 어부 는 무척 기이하게 여겨 다시 앞으로 나아갔고, 숲의 끝까지 가보고자 했다. 숲이 끝나는 곳은 강의 발원지였으며 바로 그곳에 산이 하나 있었다. 산에는 작은 동굴이 있는데 마치 무슨 빛이 새어나오는 것 같았다. 곧 배를 버려 두고 동굴 안으로 들어갔다. 처음에는 무척 좁아서 사람 한 명이 간신히 통과할 수 있을 정도였다.

다시 수십 걸음을 더 나아가니 갑자기 환하게 탁 트이며 시야가 넓어졌다. 땅은 평탄하고 넓었으며, 가옥들은 가지런하게 지어져 있었다. 비옥한 밭, 아름다운 연못, 그리고 뽕나무와 대나무 같은 것들이 있고, 남북과 동서로 난 밭두렁길 같은 것들이 있었다. 밭두렁길은 서로 교차하며 이어져 있었고, 개 짖는 소리와 닭 우는 소리가 들렸다. 그 안에서 사람들이 왔다 갔다하며 씨를 뿌리고 농사를 짓고 있었는데, 남녀가 입고 있는 옷이 모두 외지인이 입는 것과 같았다. 머리가 누렇게 변한 노인과 더벅머리를 한 어린이가 함께 즐겁게 놀고 있는 매우 평화로운 모습이 어부 앞에 펼쳐졌다. 마을 사람 하나가 어부를 보고 깜짝 놀라 어디서 왔는지 물었다. 어부는 상세하게 가르쳐주었다. 그러자 그는 어부를 집으로 초대했고, 술상을 차리고 닭을 잡아 음식을 만들어 대접하였다. 마을에서는 어부가 왔다는 소문을 듣고서, 모두 몰려와 이것저것 물었다. 마을 사람이 말하길 "선대 조상들이 진나라 때 전란을 피해 처자와 고을 사람들을 데리고 세상과 격리된 이곳으로 왔고 다시는 밖으로 나가지 않았습니다. 그래서 마침내 외부 세계와 단절되었습니다"라고 하였다. 그러면서 그들은 어부에게 지금 어느 시대냐고 물었는데, 그들은 위, 진은 물론 한나라가 있었다는 것조차 모르고 있었다. 어부는 하나하나 자세하게 자기가 아는 것을 말해주었고, 마을 사람 모두 감탄하며 놀라워했다.

다른 사람들도 각자 어부를 자기 집에 초대하였고, 모두 술과 음식을 내어서 대접하였다. 며칠간 머물다가 작별을 고하였는데, 마을 사람들 중 누군가 말했다. "외부 사람들에게 이야기하지 마십시오." 어부는 그곳에서 나와 배를 찾았고, 곧 이전에 왔던 길을 따라 곳곳에 표시를 해두었다. 그리고 군에 도착하자 태수를 찾아가 자기가 겪었던 일을 고하였다. 태수는 곧장 사람들을 파견하여 어부가 갔던 길을 따라가 이전에 표시해둔 곳을 찾게 했다. 그러나 끝내 길을 잃어 찾지 못했다고 전해진다.

『도화원기』는 동양적 이상향을 보여주는 문장으로 유명한데 서양적 이상향을 보여주는 토마스 모어의 유토피아와 비교해 볼 때 한 가지 선명한 특징을 지니고 있다. 그것은 모어의 이상향이 '어느 곳에도 없는 곳'이라는 뜻을 지닌 유토피아라는 말에서 나타나듯 실존하지 않는, 조직적이고 통제되어 관리되고 있는 곳임에 비해, 도연명의 이상향은 지금도 중국 어딘가에 있을 것만 같은 아주 소박한 곳이라는 점이다.[34]

14. 장자의 무하유지향

  중국 춘추전국시대 송나라 몽 출신으로 본명은 장주이고 제가백가 중 도가의 대표적인 인물이며 맹자와 비슷한 시대에 살았다고 전해진다. 한때는 칠원성 말단 관직에 있기도 했으나 평생을 가난 속에서 욕심 없이 살았다. 장자는 정치를 멀리하고 세속을 초월한 삶을 강조하였으며, 삶은 '맞다 혹은 아니다' 중의 하나로 정해지는 것이 아닌, 둘로 나누어 단정하지 말고 큰 하나로 보아 상황에 맞게 조절해나가야 한다고 했다. 그러므로 사회생활도 상황에 맞게 굽힐 줄도 알아야 하고, 사람이 변해서 늙어 죽는 것도 당연하게 받아들여야 한다고 말한다. 또한 작은 생각에 머물러서 옳고 그름을 세세하게 따지지 말고 하늘처럼 크게 생각해서 너그럽게 이해해야 한다는 것이 장자의 생활철학이었다. 선악, 미추, 고저, 장단 같은 것들은 독립된 절대 개념이 아니라 빙글빙글 돌며 서로 의존하는 상관개념이다. 장자가 나비의 꿈을 꾸는지, 나비가 장자의 꿈을 꾸는지 명확하지 않고 모호한 실재세계의 모습을 반영한 '호접지몽'의 일화가 있다. 절대진리는 말이나 문자로 나타낼 수 없다는 것이다. 한쪽만을 절대시하여 독선에 빠지지 않고 양쪽을 전체적으로 보기 위해서는 시시비비를 따지는 분별지를 초월해야 하며, 고요 속에 머무는 것과 마음의 비움의 태도가 필요하다고 했다. 나를 잃어버린 상태에서 자연의 순리를 따라 자유롭게 노닐다 보면 그것이 곧 양생이 되고, 처세의 도가 된다고 했다. 독일의 철학자 하이데거는 이분법사고의 해체를 논한 장자의 사상을 긍정적으로 보았다. 삶과 죽음은 본시 자연의 일부분이자 순환의 일부분이니 누군가 우리 곁을 떠나간들 슬퍼할 이유가 없다고도 하며 인간은 자연의 일부이고 자연과 함께 살고 죽어간다는 사실을 인정하면 죽음을 피할 수 없다는 막연한 공포마저 초월할 수 있다는 가능성을 이야기했다.[35]

무하유지향

장자의 소요유, 응제왕, 지북유 등 여러 곳에 나오는 말이다. 있는 것이란 아무것도 없는 곳이란 말로, 이른바 무위자연의 도가 행해질 때 도래하는, 생사가 없고 시비가 없으며, 지식도, 마음도, 하는 것도 없는, 참으로 행복한 곳 또는 마음의 상태를 가리킨다. 소요유와 응제왕 편에서 무하유지향은 광막한 들, 끝없이 넓은 들로 표현되어 있다. 누가 천하를 다스리는 방법을 묻자, 장자는 다음과 같은 말로 무하유지향에 대한 갈망을 표현하였다.

"물러가라 너는 야비한 인간이로구나. 이 얼마나 불쾌한 질문이냐. 난 지금 조물주와 벗이 되려 하고 있다. 싫증이 나면 다시 아득히 높이 나는 새를 타고 이 세계 밖으로 나아가 아무것도 없는 곳에서 노닐며 끝없이 넓은 들판에서 살려 한다. 그런데 너는 어찌 천하를 다스리는 일 따위로 나의 마음을 괴롭히는가."

지북유 편에서는 무하유지향에 들었을 때의 마음 상태를 다음과 같이 말하고 있다.

"이제 시험 삼아 당신과 함께 유위가 없는 무하유의 경지에 소요하고 너와 나의 대립을 떠나 만물과 하나가 되는 도에 대해 말해 보겠네. 그리고 시험 삼아 당신과 함께 무위의 입장에서 담담하고 조용하게, 고요하고 깨끗하게 만물과 조화를 이룬 채 유유자적해 보겠소. 그렇게 하면 우리 마음은 다른 사물로 가지 않을 것이므로 마음이 가서 닿을 바도 알지 못할 것이고, 갔다가 와도 사물에 집착하는 일이 없으므로 그 멈출 곳을 알지 못할 것이오. 그래서 광대무변한 세계에 풀어놓으면 아무리 큰 지혜를 엿보아도 그 끝이 다함을 알지 못할 것이요."

서양에서 말하는 유토피아도 존재하지 않는 몽상의 세계란 의미가 있다. 장자가 말하는 무하유지향도 언어상으로는 어느 곳에도 없는 것이라는 의

미이지만, 우리 의식 저 건너편에 확실히 존재하는, 우리가 도달해야 할 가장 높은 안식처라고 했다.[36]

15. 허균의 홍길동전

허균(1569~1618)은 당대 명문가의 후예로, 조선 최초의 양명학자다. 본관은 양천이고 강릉군 초당리에서 태어났고, 자유분방한 삶과 파격적인 학문을 했던 인물이었다. 그는 굴곡 있는 삶을 살았던 정치인이자, 자기 꿈의 실현을 바라던 사상가였다. 허균은 분명 시대의 이단아였고, 그의 집안은 최고 명가의 하나였다. 이복형 허성은 이조와 병조판서를 역임하였고, 동복형인 허봉은 허균을 가르칠 정도로 학문이 수준급에 달했다. 또한 동복형제로 우리에게 여류문인으로 알려진 허난설헌을 그의 누이로 두었다. 부친 허엽은 동인의 영수였고, 형 허성은 남인을 대표하는 인물이었다. 허균은 평소 참선하고 부처에게 절을 할 정도로 불교에 대해 호의적이어서 여러 명의 승려들과 교류하였으며, 신분적 한계로 인해 불운한 삶을 살고 있던 서자들과도 교류하였다. 요즈음 같으면 지탄을 받을 일이지만, 기생과 정신적인 교감을 할 정도로 당시로서는 파격적인 생활을 하였다. 한번은 그가 아끼던 부안의 기생 계생이 죽자, "신묘한 글귀로 비단을 펼쳐놓은 듯 청아한 노래는 가는 바람 멈추어라. 복숭아 딴 죄로 인간에 귀양 왔고 선약을 훔쳤던 이승을 떠나다니"라며 그녀의 죽음을 애도하는 시를 짓기도 하였다. 계생은 유명한 부안 기생 매창의 다른 이름이다.

여기서 "남녀 간의 정욕은 하늘이 준 것이며, 남녀유별의 윤리는 성인의 가르침이다. 성인은 하늘보다 한 등급 아래다. 성인을 따르느라 하늘을 어길 수는 없다"고 한 허균의 발언을 통해서 그의 생활 태도를 짐작해 볼 수 있다. 이와 같은 허균의 생활태도는 학문에도 그대로 반영되어, "글 쓰는 재주가 매우 뛰어나 수천 마디의 말을 붓만 들면 써 내려갔다. 그러나 허위적인 책을 만들기 좋아하여 산수나 도참설과 도교나 불교의 신기한 행적으로부터 모든 것을 거짓으로 지어냈다"고 광해군일기에서 평가되었다. 그의 행동과 학문은 분명 당시로서는 파격적인 것이 아닐 수 없었다.

허균의 관직 생활은 선조 27년(1594년) 과거급제로부터 시작되었다. 이후

세자시강원설서 등을 거쳐 황해도 도사에 제수되었으나, 얼마 안 있어 파직되었다. 그 이유는 서울의 기생을 데리고 와서 살고, 자기를 시종하는 무리를 거느리고 와서는 거침없는 행동을 하면서 청탁을 일삼았기 때문이었다고 한다. 이밖에도 그는 불교를 숭상한다는 이유로 파직과 복직을 반복하기도 하였다. 허균의 정치적 생애는 광해군 5년(1613년) 이른바 '칠서지옥'으로 전환점을 맞는다. 이 옥사는 허홍인 등 7명의 서자들이 주도한 변란을 처리하는 과정에서 허균이 관여되어 발생한 옥사를 말한다.

　허균은 이들과 친분이 있어 이 옥사로 인해 혹시 모를 불상사를 대비하여 자신을 반대파의 정치적 보복으로부터 보호해줄 든든한 후원군이 필요하게 되었다. 이때 허균이 선택한 인물은 대북세력의 실력자인 이이첨이었다. 허균과 이이첨은 같은 글방 동문이었다. 결국 허균은 이이첨에게 자신을 의탁하게 되었고, 이로 인해 그는 옥사에서 일단 화를 피하는데 그치지 않고 호조참의와 형조판서 등을 지내며 이이첨과 밀착하게 되었다. 그리고 마침내 정치적 무리수를 감행했다. 바로 대북세력의 전면에 나서서 인목대비의 폐비를 주장하고 나섰던 것이다. 그리하여 인목대비는 폐위되어 서궁에 유폐되었지만, 허균은 이 일로 폐비를 반대하는 신료와 정치적 동지였던 영의정 기자헌 등으로부터 배격되었을 뿐만 아니라 기자헌의 아들 기준격으로부터 역모혐의로 고발되기에 이르렀고 끝내는 죽음에 이르게 되었다.

　홍길동전은 최초의 한글 소설로서, 허균의 생애와 사고를 응축해 놓은 결정판으로 우리의 국문학사상 중요한 위치를 점한다. 그의 저서 『성서부부고』에 나오는 '유재론'에서 "하늘이 인재를 태어나게 함은 본래 한 시대의 쓰임을 위한 것이므로 인재를 버리는 것은 하늘을 거역하는 것"이라 하며, 조선에서 서얼이라서 인재를 버리고, 어머니가 개가했다고 해서 인재를 버리는 것을 개탄하였다. 또한 '호민론'에서는 "천하의 두려워할 바는 백성이다"라고 했다.[37]

홍길동전

조선 중기에 허균이 지었다고 전하는 고전소설로 이식의 『택당집』 별집 권15 『산록』에 전한다. 이를 근거로 하여 허균을 홍길동전의 작자로 여겨왔다. 그러나 『택당집』의 기록은 이식의 사후 송시열이 교정, 편찬한 것이어서 그 신빙성이 떨어지며 허균이 처형될 때 죄목이 이 작품을 지었다는 내용이 포함되지 않았다는 점에서 홍길동전의 작자가 허균이 아닐 것이라는 의문도 계속 제기되고 있다. 하지만 『택당집』의 기록을 부정할 수 있는 실증자료가 발견되지 않는 한 허균이 홍길동전을 지었다는 사실 자체를 부정할 수는 없다. 현재 전하는 홍길동전에 17세기 말에 실재했던 인물인 장길산이 언급되는 점 등으로 볼 때, 허균이 지은 홍길동전 그대로의 모습이 아닐 것이라는 점은 확실하다. 연산군 대의 홍길동, 명종 대의 임꺽정, 선조 대의 이몽학, 광해군 대의 칠서 등 국내의 역사적 사실에서 홍길동전의 사건, 인물 형성의 배경을 추출하기도 하였다. 그러나 허균이 지은 홍길동전의 국내적 배경으로 가장 가능성이 큰 것은 실존인물 홍길동의 이야기라고 할 수 있다.

주인공 홍길동은 조선조 세종 때 서울에 사는 홍판서의 시비 춘섬의 소생인 서자이다. 길동은 어려서부터 도술을 익히고 장차 훌륭한 인물이 될 기상을 보였으나, 천생인 탓으로 호부호형하지 못하는 한을 품는다. 가족은 길동의 비범한 재주가 장래에 화근이 될까 두려워하여 자객을 시켜 길동을 없애려고 한다. 길동은 위기를 벗어나자, 집을 나서 방랑의 길을 떠나 도적의 두목이 된다. 길동은 기이한 계책으로 해인사의 보물을 탈취하였으며, 그 뒤로 활빈당이라고 자처하는 기계와 도술로써 팔도 수령들의 불의의 재물을 탈취하여 빈민에게 나누어주었고, 백성들의 재물은 추호도 손대지 않았다. 국왕이 길동을 잡으라는 체포령을 전국에 내렸으나 호풍환후하고 둔갑장신하는 초인간적인 길동의 도술을 당해낼 수 없었다. 조정에서는 홍판서를 시켜 홍길동을 회유하고 그의 형인 인형도 가세하여 병조판서를 제수받지만, 홍길동은 서울에 올라와 임금 앞에 나타나 병조판서를 사양한다. 그 뒤 어머니와 수하를 이끌고 남경으로 가다가 산수가 수려한 율도국을 발견한다. 율도국에 도달한 홍길동과 그의 부하들은 요괴를 퇴치하여 볼모로

잡혀온 미녀를 구하고 율도국왕이 되어 그의 신분평등, 빈곤해방 사상이 실현되는 이상국가를 세운다.

홍길동전은 16세기 후반 이후 빈번해지던 농민봉기와 그것을 주도했던 인간상에 대하여 말로 이어져 계승되던 이야기를 근간으로 하고, 그 현실적 패배와 좌절을 승리로 이끌고자 하는 민중의 꿈을 충족시키기 위해 후반부가 허구적으로 첨가되었다고 추정된다. 홍길동전은 문제의식이 아주 강한 작품으로 당시에 만연했던 양반사회의 모순 문제를 다루면서 지배이념과 지배질서를 공격하고 비판하였다. 이런 점에서 지배이념에 맹종하고 대중적 인기에 영합하는 흥미본위의 상업적 소설과는 본질적인 차이를 보여준다. 당대에 실재했던 사회적인 문제점을 왜곡 없이 있는 그대로 보여준다는 점에서 이 작품은 사실주의적이고 현실주의적인 경향을 지닌다. 또한 적서차별 등의 신분적 불평등을 내포한 중세사회는 마땅히 개혁되어야 한다는 주제의식을 지닌다는 면에서 진보적인 역사의식을 드러내고 있다. 작품의 경향, 사회의식, 역사의식에 있어서 금오신화에서 나타났던 현실주의적 경향, 강렬한 사회비판적 성격, 진보적인 역사의식을 이어받아, 후대 연암의 소설과 판소리계 소설 등의 작품으로 넘겨주는 구실을 했다는 점에서 매우 중요한 소설사적 의의를 갖는다.[38]

16. 화성 산안마을

경기도 화성시 향남읍에는 1984년부터 형성된 산안마을이 있다. 양계를 중심으로 경제활동을 하는 공동체로 함께 공유주택에서 먹고 자고 생활한다. 공동 농장에서 노동해 번 수익은 개인의 소유가 아닌 공동의 소유로 되어 누구나 함께 쓸 수 있는 사회 공동체이다. 시작할 당시에는 6가구가 돈을 모아 땅을 사서 양계장을 짓고 집도 지었다. 이 공동체는 2대, 3대까지 이어지며 근 40년 가까이 지속되고 있다. 이 마을을 이해하려면 야마기시즘(Yamagishism)을 알아야 한다. 1901년 일본 시가현에서 태어난 야마기시 미요조가 주창한 공동체주의 운동이다. 어린 시절 야마기시는 길가에서 자신이 무심코 던진 물건에 머리를 맞은 한 어른이 머리끝까지 화가 치밀어 자기를 죽일 기세로 달려오는 모습에 큰 충격을 받고, '사람은 왜 화가 나는 것일까'란 화두를 품었다고 한다. 탐구하고 또 탐구한 끝에 그가 도달한 화의 원인은 '고정관념'이었다. 인간은 주위들은 지식이나 경험, 문화에 의해 '이래야 한다'거나 '이래서는 안 된다'는 고정관념을 갖게 되는데, 자기만의 그런 기준에 어긋날 때 분노를 참지 못한다는 것이다. 대부분의 인간은 '고정관념'이란 틀에 갇힌, 감옥의 죄수라는 것을 직시한 셈이다. 한때 사회주의 운동을 주도하다 경찰의 수배를 받아 양계장에 숨어들었던 그는 그곳에서 '상생의 세계'를 발견했다고 한다. 농작물들은 인간과 닭에게 먹이를 제공하고, 인간과 닭은 그 먹거리로 건강해지며, 다시 배설물을 거름으로 자연에 돌려줘 순환하여 서로 번영해가는 모습을 본 것이다. 그는 '자신이라는 틀' 속에 갇혀 있지 않고 상생하는 순환농법을 보고는 '나와 모두가 함께 번영한다'는 이상을 제시했다.

그는 어떤 진리나 이데올로기라 하더라도 독선적으로 수용하지 말고 무에서 탐구해 '무고정의 전진'을 하며 나아갈 것을 희망했다. '연찬'이란 말은 '연구해 뚫는다'는 말이다. 이미 정한 결론을 관철하기 위한 회의나 대충 논의하다가 하모니란 이름으로 얼기설기 결론을 맺는 것이 아니라, 끝까지 대

화해 보자는 것이다. 과연 그의 희망대로 고정관념이 없이 열린 자세로 최
상의 것을 실현하는 것이 가능할까? 하지만 국가나 종교주의는 사랑과 자
비, 조화, 행복 같은 이상으로부터 출발하지만 결국은 독선화한 이데올로기
만 남아 갈등과 대결, 폭력의 주체가 된다. 야마기시즘은 이런 한계에서 출
발했다.

　인간은 자연과 조화를 이루며 살 뿐만 아니라 혼자서는 존재할 수 없으
므로, 일체 속의 일원으로서 조화를 이루며 사는 것이 당연하다는 것이 야
마기시즘의 기조다. 이런 사회를 만들어가는 원리를 무소유, 공동사용, 공
동생활로 보고 있다. 1953년 3월 일본 교토 근교에서 발족하여 자연과 인위
의 조화를 기조로 하는 사회활동체 '야마기시회(Yamagishism)'가 발족해 각
지에 퍼져나갔고, 그 최초의 실천으로써 일본 가스가야마에서 일체 생활이
시작되었다. 그리고 3년 후인 1961년 제창자인 야마기시 미요조가 세상을
떠난다. 그 후 공동체는 각 지역으로 퍼져나갔으며, 1995년에 들어 회 명칭
을 '행복회야마기시회'로 변경하였다. 현재는 스위스, 브라질, 독일, 오스트
리아, 미국 등에서도 발족되어, 전 세계 7개국 40여개소에 실현지가 조성되
어 야마기시즘 공동체활동을 하고 있다.

　행복회야마기시회는 회원 각자의 자발적 자유의지에 의해 활동하고 있는
단체이며, 특정개인이나 집단이 전체를 통솔하고 있는 조직이 아니다. 따라
서 자신들의 생각에 맞지 않는다고 하여 타인을 배척하거나 하지 않고, 현
대사회의 질서와 법률에 반하는 생각이나 행동도 없다. 그러나 야마기시즘
은 "정말은 어떤가?"하고 의문을 제기하며, 이제까지의 기존 생각이나 척도
에 고정하지 않고, 진정한 것을 탐구하고 있다. 그렇기 때문에 그 생각이나
지금의 상식관념의 방향과는 다를 수 있는 경우도 생긴다. 그것은 그 생각
이나 그 생각에 기반한 실천사례를 현대사회에 대하여 제공하고, 그것이 정
말로 참된 것이라면 이해를 받고 넓혀질 수 있으리라 기대하며 매일 진정한
활동을 하고 있다. 한편 회의 조직이라고 해도, 같은 목적을 가진 회원들이
자발적으로 활동하는 것이고, 혼자 해도 좋지만, 개별적으로 따로 한다면
효과가 적기 때문에, 제휴하거나 협력하면서 서로의 다른 생각을 기탄없이
연찬을 통한 이야기를 나누고 일치점을 찾아내면서 활동하는 조직이므로
상의하달적인 조직이 아니다. 그렇기에 본부라고는 해도 의사결정기관이 아

니라 회원 간의 의견조정을 위한 보조적인 실무기관이며, 개개의 실천활동을 지원하기 위한 보조적인 역할을 한다.

야마기시즘은 자연과 인위, 즉 천·지·인의 조화를 도모하며 풍부한 물자와 건강과 친애의 정으로 가득 찬, 안정되고 쾌적한 사회를 인류에 가져오는 것이다. "나, 모두와 함께 번영한다"를 회지로 내걸고 자연계의 리(理)에 따르는, 인간과 인간사회의 본연의 모습을 탐구하고 실천하며, 인간사회 본래 모습인 '모든 사람이 행복한 사회'를 실현하고자 하고 있다. 그러기 위해서 이런 사회를 실현하는 일에, 종교나 강압에 의존하지 않고, 모든 사항에 대하여 중지를 모아 검토하고, 언제나 최고, 최선, 최종적인 것을 찾아내어 (연찬방식이라고 함) 그것을 실천한다. 그리하여 마음도 물자도 차고 넘치는 참된 행복사회 실현을 지향하는 사회활동체이다. 이와 같은 사회를 만들어 가는 원리는 무소유, 공용, 공활(共活)이다. 마치 태양과 공기가 누구의 소유물도 아니고, 누구나 그것을 소유하고 있다는 생각을 하지 않는데도 살아 있는 모든 생물들이 태양과 공기로부터의 혜택을 함께 누리며 활용하고 있는 자연계의 모습을 우리들의 삶 속에서 실천하고자 하는 것이다. 그것이 결과적으로 전인(자신을 포함하는 현재 및 장래의 전인류)이 행복한 '진실사회'를 실현하고 있다고 하는 것이 야마기시즘이다.

전쟁의 역사에 종지부를 찍고, 영원한 행복사회를 만들고 싶다는 바램으로 야마기시즘이 태어나 야마기시회가 발족한 것은, 핵전쟁의 위기를 품고 동서냉전이 고조되어가던 시대인 1953년이었다. 1956년 제1회 특별강습연찬회가 교토 광명사에서 개회된 이래 현재까지 약 10만 명이 넘게 참가하였다. 과거 50년의 역사 동안 과학기술은 놀라울 정도로 진보하고, 공업화는 현저히 진행되어 물건의 풍성함과 편리함은 인류가 미처 경험해 보지 못한 상태가 되었다. 하지만 현대사회의 병폐는 지구 전체의 이상을 가져왔고, 종교와 민족 간의 다툼과 전쟁은 그칠 줄 모르고, 사람들의 마음까지 좀먹고 있다. 야마기시즘 운동은 이러한 시대 속에서 반세기에 걸쳐 전인의 행복을 바라고, 항상 새로운 다음 사회를 그리며, 실현지 만들기와 모두가 살기 좋은 지역사회 만들기를 실천하고 있다.

행복사회 만들기 활동으로 거주지 근처 회원들이 모여 각종 연찬회, 아이 기르기, 부모자라기 강좌, 간담회, 강연회, 보육 등이 있고 생산자와 소비자가 함께 번영하는, 서로 살리고 살려지는 '먹거리'를 통한 활동을 한다. 또한 각자가 일체에 녹아들어간 '지갑 하나'의 생활을 하면서 농업, 축산, 임업을 중심으로 한 생산활동을 하고 있다.[39]

우리나라에 이 공동체 실험의 계기가 된 것은 1965년 일본의 가스야마 세계중앙실현에서 열린 연수였는데, 그때 연수받은 6명 중 윤세식과 조한규가 1966년 화성시 고목천에서 야마기시즘을 처음으로 시도했으나 실패했다. 이후 윤세식의 아들 윤성열은 야마기시즘 특별강습연찬회에 참여하면서 깨달은 것이 있었다. 1984년 1월 윤성열은 아버지가 타계한 후 대학도 졸업하지 못한 24세 청년 김병규를 동업자로 하여 두 번째로 실현지 조성을 시작했다. 그러나 이번엔 무소유 일체의 생활을 하기 위한 기술이 없어 부친에 이어 또 다시 실패한다. 그는 실패를 통해 부족한 것이 무엇인지 알게 되고 3가지 목표를 정할 수 있었다. 첫째는 야마기시즘을 실현하려는 사람만 모여야 한다는 것이다. 둘째는 무소유 생활을 할 사람이 아닌 사람은 참여하지 말아야 한다는 것이다. 셋째는 들어오는 사람은 자기가 가진 모든 것을 여기에다 다 털어넣어야 한다는 것이다. 윤성열 씨가 정한 목표는 지금도 마을에 들어오려는 사람들에게 중요한 관문 역할을 하고 있다.

자연계에는 태양, 공기, 흙과 물에 생존하는 모든 동식물의 순환작용이 반복하며 상호공존하고 있다. 야마기시식 양계법은 야마기시즘 원리에 따라 농경과 축산, 자연과 인간이 하나로, 밀접한 관계를 맺는 '동식물 인간 일체'의 순환농법을 지향하는 농법 중 하나다. 계사에서 사육으로 20만 수 이상 키울 공간이지만 산안마을은 5만 수를 적정 사육 개체로 정했다. 햇빛이 잘 드는 천장, 바람이 잘 통하는 계사구조, 닭이 자유롭게 놀 수 있는 공간을 확보하고 있다. 산안마을 사람들은 마을살이의 경제력을 해결해주는 이 닭의 세계에서 조화가 무엇인지 배우고 있었다. 닭을 키우면서, 타인과 한 솥밥 먹고 살면서 서로 행복하게 사는 방법을 깨쳐가고 있었던 것이다. 현재 산안마을 김상보 대표는 "닭의 세계에서는 같이 먹고 알을 적게 낳는다고 나무라는 닭이 없어요. 알 잘 낳는 닭 쫓아가려고 무리하게 먹지도 않아요. 닭의 세계를 가만히 들여다보면 인간이 배울 점이 많아요. 차별은 사람이 관념적으로 지은 거더라고요. 원래 자연에선 그런 게 없다는 걸 알았어

412

요. 단지 조화만 있을 뿐"이라고 했다.

산안마을에서 열고 있는 특별강습연찬회는 일상생활을 떠나서 참가자 전원이 침식을 함께하며, 누구나 같은 처지에서 생각해 보고 무엇이든 가볍게 서로 내놓고 진짜가 무엇인지 깨달아가는 합숙 프로그램이다. 기숙사와 비슷한 공간에서 자고, 공동식사, 공동세탁실 사용 등 늘 함께하기 때문에 불편하거나 힘들지 않아야 마음 편하게 살 수 있는데 그러려면 이론이든 실제든 먼저 편안한 마음을 이해하는 것이 우선되어야 한다고 했다. 이 연찬회는 야마기시즘이 무엇인지 그들과 함께 생활하며 몸으로 체득할 수 있는 프로그램으로, 18세 이상이면 공동체 구성원들의 동의 과정을 거쳐 평생에 한 번의 체험기회를 가질 수 있다. 또한 지속가능한 공동체 생활 체험프로그램인 '어린이 낙원촌'이 만들어져 매년 여름과 겨울방학에 개최되고 있다.

"돈지갑은 하나예요. 누가 벌든 쓰고 싶은 사람이 쓸 수 있을 만큼 의논해가며 자유롭게 사용하고 기록해요. 무소유 공동체이지만 현행법은 무소유를 인정 안 하여 우리 마을을 화성시 제1호로 설립했어요. 많이 벌었다고 많이 쓰거나 적게 벌었다고 적게 쓰거나 하지 않아요. 먹고 자고 아무 부담 없이 살 수 있어야 행복하죠"라고 김상보 대표는 말한다. 한때는 이 마을에 들어와 살겠다는 사람이 많았다. 하지만 추구하는 가치와 농업이 자신과 맞지 않아 떠난 사람들도 있어, 지금은 20여 명의 인원으로 지내고 있다. 김상보 대표의 아들 김한결과 이경묵도 이 마을에서 함께 2대째 살고 있다.

여기서 결혼해 아이도 낳아 키우는 김한결씨는 마을이 달라지는 점을 말해주었다. "일을 마치고 집에 들어가면 느슨해지는 공간이 필요하다고 생각해서 숙소가 완공되면 이전보다 좀 더 사적인 공간이 확보될 수 있다'고 했다.

이경묵은 마을의 장점이 어떻게 발달했는지 말한다. "돈도 분배 안 하고 역할도 필요에 따라 유동적이고 일반 사회처럼 끊어지지 않아 함께 만든 프로젝트가 많다고 생각해요. 구성원의 숫자는 몇 안 되는데 굉장히 많은 활동이 가능하죠. 손이 많이 가는 양계장을 하면서 누군가 일이 있으면 서로 봐주고 다양한 활동을 할 수 있다는 장점이 있지요. 갈등 해결 방식도 최근 성숙해졌어요. 생각과 감정, 표현 등 상대방 기분을 상하지 않게 하려고 애를 쓰고 화가 나도 상대방 이야기를 끝까지 듣고 있으려고 애를 써요.

이런 것들이 좀 더 잘 이루어지고 있어요. 그러면서 지역활동과 환경활동에 더 탄력을 받았지요. 한국이 플라스틱을 많이 쓰는 나라들 중 하나라고 하는데 미래를 생각해서 지난해부터 달걀 포장을 종이 재질로 바꾸어 플라스틱을 최대한 쓰지 않는 방향으로 가고 있어요"라고 말했다.

그는 "마을 주변을 아름답게 가꾸는 일도 열심이지만 제가 가장 크게 드는 마음은 우리 마을처럼 사회를 바꾸고 싶다는 거예요. 이 공동체가 사회의 대안이었으면 좋겠다는 거죠. 실제로 얼마나 영향을 줄 수 있을지 모르지만 우리 마을처럼 사는 것이 사회운동이었으면 좋겠어요"라는 말로 공동체 사회의 이상을 이야기한다.[40]

17. 애즈원 공동체

일본 나고야 주부공항에서 배편으로 한 시간이면 소도시 스즈카에 닿는다. 그곳에선 독특한 실험이 전개되고 있다. 공상소설 속에나 있을 법한 이야기를 현실에서 실현하겠다고 나선 곳은 '애즈원 커뮤니티 스즈카'다. 애즈원(As one)은 비틀즈의 '이매진(Imagine)' 노랫말 가운데 '세계는 하나가 될 거야(The world will live as one)'에서 따온 말이다. 스즈카 컬처스테이션인 문화센터 본부를 중심으로 이들이 사는 4채의 집과 기숙사 그리고 일터인 도시락 가게와 농장 등이 스즈카 곳곳에 흩어져 있고, 이곳에서 이들은 '한 지갑'으로 '돈 없이도 행복하게 사는 커뮤니티'를 모색하고 있다.

애즈원 스즈카 커뮤니티의 모태는 '야마기시'다. 야마기시공동체 가운데서도 한때 3천여 명이 살 만큼 세계 최대 공동체마을의 하나였던 도요사토는 이곳에서 불과 차로 20여 분 거리에 있다. 2000년부터 시작된 애즈원의 주축은 이상사회의 모델로 여겨져온 야마기시 공동체를 이끌던 두뇌집단들이다. 이들이 왜 이미 경제적 기반을 확고히 구축한 야마기시를 탈출해 맨몸으로 맨땅에 험한 고생을 자처한 것일까? 야마기시에서 철학적 이론을 제시하는 간부였다가 2009년 스즈카에 합류한 사카이 가즈키(56)는 "야마기시가 너무 커져 조직이 굳어지면서 변혁이 어려워졌다"고 했다. 그리고 연찬마저 타성에 젖어 '열린 대화'가 되지 못했다는 것이다. 그는 "야마기시에도 처음엔 이상사회를 만들어 보려는 사람들이 모였고, 한 명 한 명은 나쁜 사람이 없고 좋은 사람들이었지만, 인간과 사회에 대한 탐구가 줄면서 계속 변해갈 수 있는 힘이 사라지고 말았다"고 했다. 그것이 노년의 평안한 삶을 모색해야 할 나이에 평생 가꾼 공동체를 뒤로 하고 야마기시를 탈출한 이유라는 것이다. 또 애즈원 사람들이 가장 많이 이탈한 사유는 야마기시의 '제안과 조정' 문제였다. 가령 공동체원들이 외부에 있는 가족을 만나러 여행을 간다거나 무엇을 사겠다고 제안을 하면 조정위원들이 조정을 해서 결정을 하는데, 한 명 한 명의 마음을 배려하기보다는 조직의 논리로 거부하는 경우가 많아 개인들이 상처를 입곤 했다는 것이다.

공동체 밖에서 살아 본 적이 없는 그들의 새로운 도전은 쉽지 않았다. 모토야마 데루코(66)는 "야마기시에서만 살 때는 바깥은 이렇게 네 것, 내 것이 엄격하고 집세가 비싼 줄 몰랐다"고 한다. 이런 과거를 얘기할 만큼 이들에게 이제 여유가 생겼다. 2000년 말 시작한 '어머니 도시락'이 하루 1천여 개의 도시락을 팔아 연간 우리 돈으로 10억 원 정도의 수익을 올리고 있다. 어머니 도시락에선 40~60여 명, 농장에선 8~15명 가량이 일한다.

애즈원은 커뮤니티라고는 하지만 규약이나 제약도, 의무나 책임도 없다. 따라서 정식멤버 규정도 없다. 이곳에 100퍼센트 몸을 담은 사람도 있지만, 시간제로 일하는 이들도 있다. 특정할 수는 없지만 어른 150명 등 200명 가량이 함께한다. 이 가운데 70여 명은 어머니 도시락이나 농장에서 일해도 센터 격인 오피스에 급료 전액이 자동 입금되게 해놓았다. 집세와 신용카드 요금이나 세금은 오피스에서 지급하고, 필요한 돈은 오피스에서 타다 쓴다. 또 농장과 어머니 도시락의 생산품 등을 가져다 놓은 이들의 가게 '조이'에서 식료품 등을 무료로 갖다 먹을 수 있다. 사람마다 욕구가 다르고 쓰임새도 다를 것이다. 그런데 어떻게 자신의 소득을 다 맡기는 게 가능할까 하는 의문도 생길 수 있다. '별로 일 안 하는 사람이 이 돈을 다 써버리면 어떻게 하느냐'는 물음에 사토시 후카타(67)는 "그런 사람은 없는 것 같다"며 "내 것을 다른 사람이 써버리면 어떻게 하지"라는 마음보다는 "함께 잘 써주니 좋다는 마음이 든다"고 말했다. 사유경제에서 이해하기 쉽지 않은 모습이다.

희망을 앗아가는 것도, 희망을 만들어가는 것도 역시 인간이다. 이들은 인간의 마음과 사회를 알지 못하면, 이상이나 진보 등의 구호만으로 이상사회로 나아갈 수 없다는 것을 체험한 바 있다. 따라서 이들이 가장 심혈을 기울이는 것이 '사이엔즈'다. '연찬'이란 말 대신 이들이 쓰는 사이엔즈는 '과학적 본질의 탐구(Scientific investigation of essential nature)'란 영문글자에서 따온 것이다. 인간은 지능을 지닌 존재이므로 이를 최대한 활용해 인간답게 살겠다는 의지가 담긴 말이다. 그래서 이들 사이엔즈 연구소에서 인간과 사회를 연구하고, 사이엔즈 스쿨에서 6박 7일씩 '자기를 알기 위한 코스', '인생을 알기 위한 코스', '내관코스', 그리고 3박 4일씩의 '자기를 보기 위한 코스'를 운영한다. 어머니 도시락이나 농장에서 일하는 사람들도 코스에 참가할 때는 온전히 이곳에만 집중한다. 사이엔즈 연구소의 후쿠다 히로야(31)는 "학교는 주로 지식과 기능을 전수하는 데 그치지만 이곳은 자신과 타인을 더욱 깊게 이해하고 받아들이게 한다"고 말했다. 사이엔즈 프로그램이 열린 곳엔 이런 큰 글귀가 붙여진다.

"지식이나 경험이 있어도 그것을 그렇다 하고 단정하거나 전제로 하여 생각하지 않고 실제는 어떨까 하고 제로에서부터 탐구한다."

이렇게 열려있지 않고서는 고정관념의 쳇바퀴 도는 수준을 벗어나지 못해, 진보니, 변혁이니, 이상이니 하는 것도 역시 구두선에 그칠 수밖에 없다는 것이다.

사이언즈 스쿨에서는 어디를 가나 '제미(세미나란 뜻의 독일어에서 따온 말)'라는 말을 많이 듣게 된다고 한다. 흔히 일본인들은 마음속을 잘 표현하지 않는다고 하는데, 반면 '사랑방 담화'처럼 편하게 마음을 다 표현하는 '제미'에서 마음속 말은 너무 진솔해 놀랄 정도라고 참가자들은 그들의 경험을 이야기한다. 겉만 빙빙 도는 대화로 10년을 사귄 친구보다 '제미'를 함께한 이들이 더욱더 가깝게 느껴지는 이유다. 특히 '제미'가 무르익으면 '조이'에서 챙겨온 맥주와 전통과자들까지 곁들여진다. '제미'를 몇 시간씩 자주 하다 보면 몇 가지 특징이 잡힌다. 자기가 절대선인 듯 상대를 자기 기준에서 재단해 비난하는 극단주의자들의 말투는 찾아볼 수 없다. 뭔가를 들으면 이들은 "정말은 무엇일까요?"라며 되묻곤 했다. 자기의 고정관념을 그대로 내뱉기보다는 '실제'에 대한 탐구심을 보여주는 것이다. 자기 말은 객관적으로 진리가 아니고 자기의 느낌일 뿐이라는 것이다. 듣는 이를 안식으로 이끌어 더 진솔한 속말이 나오게 하는 주문 같은 느낌을 주는 말이라고 한다.[41]

18. 덴마크 스반홀롬 공동체

  스반홀롬(Svanholm)은 1977년 설립되었으며 유기농과 가축, 공동육아, 공동의료, 공동수익과 공동지출을 기반으로 하는 마을 공동체이다. 덴마크의 수도 코펜하겐에서 약 60㎞ 떨어진 스키비 지역에 400만㎡에 이르는 토지를 소유하고 있다. 최초 설립 당시 덴마크에서는 도시의 공해가 심각했기 때문에 사람들이 교외로 나가기를 원하였고 인간 소외의 극복과 깨끗한 환경, 건강한 먹거리를 필요로 하여, 더 나은 삶을 살기 위한 대안으로 공동체운동이 일어나기 시작했다. 처음에 두 명으로 시작하여 1년 동안 참가를 원하는 사람들을 모집해 교육하고 토론하며 공동체 모임을 추진했다. 공동체 창립자이며 운영자인 키어튼은 "그땐 유기농 농장이 없었던 시절이었지만, 우린 유기농으로 농사를 지을 수 있고 유기농 공동체를 운영할 수 있다는 것을 확신했다. 스반홀롬이 처음이었고, 같이 생산하고, 먹고 즐기며 사는 경제공동체를 꿈꿨다. 그래서 큰 농장이 필요했다. 그렇다고 멀면 아이들이 통학하는 데 어려움이 발생하므로 도시와 멀지 않은 거리인 60㎞ 떨어진 곳에 공동체를 정하고, 주변 땅값이 비싸지 않은 스키비 지역에 1978년 입주하며 정착했다"고 한다. 현재의 입주자는 최초보다 줄었고 구성원도 일부 바뀌어 지금은 성인이 80여 명이고 어린이가 50여 명으로 이루어진 70여 가구가 살고 있다. 공동체에는 공동육아를 위한 어린이집과 유치원도 있으며 교사는 스반홀롬에 거주하거나 외부에서 출퇴근한다.

  마을 공동체 구성원은 농장, 식당, 유치원에서 일하는 주민이 반 정도이고, 나머지 외부에서 일하는 주민 중에는 교사가 많고, 교수, 의사, 공무원, 회사원 등이 있다. 입주를 위해서는 공동체 전원이 동의하는 까다로운 심사 과정을 거치고, 입주 전 소유한 모든 자산은 공동체에 귀속되며 나갈 때는 돌려준다. 마을 구성원이 벌어들인 소득은 전부 공동체로 입금되고 정해진 비율에 따라 일정량의 생활비가 지급된다. 구성원이 다양하고 수입도 달라 소득이 많은 구성원은 더 많이 받는다. 보통 성인 한 명당 약 68만 원을 받고, 사정상 일을 하지 못하는 사람은 기본소득으로 약 54만 원을 받으며 고소득자인 경우 136만 원을 받는 경우도 있다. 공동체 안에서 기본적인 생활이 충족되기 때문에 이 생활비는 외부방문이나 여행 등에 사용된다. 공동체 안에서 일하는 주민은 동일한 임금을 받고, 아침과 점심은 각자의 숙소에서 해결하며, 수요일을 제외한 저녁은 함께한다. 주말에는 식당에서 일하는 사람들이 쉬고, 주민들이 순번을 정해 저녁식사를 담당한다. 주당 육식은 두 번이고 나머지는 채식이다. 공동체에서 운영하는 채소가게는 매일 이용 가능하고, 오일, 효소, 치즈 등의 가공식품을 판매하고 일반인들에게도 구매가 개방되어 있다.

농장은 세 구역으로 나뉘어 곡물농사, 채소농사, 소와 염소의 축산으로 이루어져 있으며, 곡물과 채소는 토종 종자를 키우고 있다. 토종을 사용하는 이유는 자체실험으로 검증한 결과 당뇨질환이 있는 사람들에게 토종으로 재배한 채소와 개량종으로 재배한 식사를 제공했을 때 토종 종자를 섭취한 사람이 회복이 빠르다고 한다. 이렇게 주민 건강을 위한 실험이 공동체에서 현재까지 다양하게 진행되고 있다. 최초에는 건물이 한 개밖에 없었지만 지금은 건물 수가 늘었고, 대안적 삶의 에너지 절감을 위해 난방은 목재를 사용하고, 온수는 태양열, 세탁기는 풍력발전으로 얻은 전기를 사용하고, 세탁 건조는 햇빛과 바람에 맡긴다.

다양한 사람들이 모여 사는 공동체여서 민주적 의사결정과정이 매우 중요하여 월 1회 정기모임에서 현안이 토론을 거쳐 결정되고 정기모임은 14일 전에 공고해 안건을 공유한다. 의사결정은 만장일치로 이루어지고, 일상적인 결정은 농장이나 식당 등에서 별도로 결정되기 때문에 공동체 지속과 운영을 위한 많은 대화와 토론이 교환된다. 숙소의 규모는 자녀를 둔 부부는 넓고, 부부만인 경우 좁은 공간에서 생활한다. 현재 60% 이상이 10년 이상 거주하고 있으며, 공동체의 연간 수입은 약 42억 원이고, 지출은 약 39억 원이다. 외부인에게 개방하는 3개월의 체험프로그램도 운영되고 있으며, 최근에는 검진, 예방 등 의료영역으로 공동체를 확장하고 있다.[42]

9

스마트주의
혁명

1. 미래 자본주의의 새로운 시작, 스마트 공동체

1. 미래 자본주의의 새로운 시작,
    스마트 공동체

　인류는 지능을 발달시키면서 지혜로워지고, 말을 사용하여 단순한 의사전달에만 그치지 않고 남에게 관심을 가지며 인지혁명을 이룬다. 이 최초의 지적 혁명을 통해 인류는 한층 더 발전된 말 이상의 언어능력을 구사하여 정보교환을 하고, 서로 협동하는 지혜를 통해 사냥과 채집을 한다. 그리고 음식을 나누어 먹으며, 위협으로부터 보호하고 즐거움과 슬픔을 나누는 혈연으로 맺어진 가족 공동체를 구성하게 된다. 가족이 늘어나면서 같은 피를 나눈 가족으로 이루어진, 보다 큰 규모의 씨족 공동체 사회를 구성하여 수렵과 채집생활을 계속하면서 농업혁명이 일어나기 전까지 수만 년을 살아간다. 그러면서 그들의 생활터전인 자연 속에 정령이 있다고 믿어 자연과 싸우기보다는 자연과 조화하고, 서로 기쁨, 노여움, 사랑, 쾌락을 나누며, 추위와 굶주림도 함께하고, 필요할 때 씨족을 지키기 위해 함께 싸우는 모든 것이 공유된 집단 속에서 협동의 생활을 했다. 사냥이나 낚시의 기술은 할아버지, 아버지와 삼촌, 형제들로부터 배우고, 이웃 씨족과 싸움이 벌어지면 경험 많은 할아버지의 지혜가 돋보인다. 버섯, 나물, 산딸기, 머루, 벌꿀 채집, 옷 만들기는 어머니나 이모, 자매들로부터 배우고, 채집 나간 어머니를 대신하여 할머니와 누나가 어린 동생들을 돌보고, 할머니는 누나들에게 가사생활의 지혜를 전수해준다. 그날 있었던 사냥과 채집으로 마련된 저녁을 모두 함께 나누어 먹으며 움집의 모닥불에 둘러앉아 이야기꽃을 피운다. 움집 가운데 모닥불에서는 나뭇가지 타는 틱톡 소리가 들리고, 어머니의 품에 안겨 젖을 빠는 아기의 웅얼거리는 소리도 들리고, 할머니와 할아버지로부터 전해 내려오는 옛이야기나 지혜의 이야기를 들으며 어린아이들은 할아버지, 할머니의 옆구리에 기대어 살며시 잠이 든다. 수렵과 채집이 시원치 않은 날에는 그저 없는 대로 배고픔도 참고, 추울 때는 서로 부둥켜안고 지내기도 하며, 기쁜 날에는 춤도 추고 노래도 부르면서 지냈다. 아주

머나먼 옛날 있었던 한 가족의 저녁식사 후 장면들이다. 이 장면들이 수만 년 전의 씨족 공동체 사회에서 일어났던 가족의 일상이었다. 한 가족 내에서는 소유를 할 것들도 없고 소유를 위한 경쟁을 할 필요도 없었다. 같은 것을 입고 먹고 나이나 경험에 따른 차이는 있지만 가족 내에서 권위를 앞세운 위아래는 없었고, 생긴 것도 비슷해서 가족 사이에서 서로 차이도 별로 없어 부러울 것도 없고, 하는 것도 별로 다르지 않는 가장 원시적인 욕망만이 내재된 가족끼리 상생하는 단출한 공동체였다. 그러면서 늘 태고의 자연과 함께 살며 그 자연 속 하늘, 땅, 나무, 돌, 산, 강, 동물들에게도 정령이 있다고 믿었다. 그러다가 어느 날 이 정령들과 교감하며 남다른 지혜와 예지능력이 있는 이들이 생기면서 자연현상을 이해하려고 하고 몸과 마음의 아픈 곳을 치유하려고 하면서 서서히 단순했던 공동체 사회가 복잡하게 변하기 시작한다.

늘어난 씨족들이 먹고살기 위해 농사를 시작하면서 이동이 잦은 수렵·채집이 줄어들고, 한곳에 오래 머물며 정주하게 되고, 농사 도구를 발명하면서 농경작물의 생산이 증가되어 가족의 규모도 커진다. 이로 인하여 사회에 커다란 변화를 일으키는 농업혁명이 일어나게 된 것이다. 그 결과 변화된 사회는 농사를 위한 자연과의 투쟁도 늘어나고, 경쟁이 심해진다. 그리고 수탈을 목적으로 한, 잦아지는 외부의 위협으로부터의 보호도 필요해지면서 방어를 위한 힘을 키우기 위해 씨족들이 모여 부족을 이루었고, 다시 부족들이 모여 부족연맹으로 발전하고, 규모가 커진 부족 공동체 사회를 형성한다. 씨족공동체에서는 할아버지나 할머니 같은 연장자의 지혜와 아버지, 삼촌의 강인함에 의존하여 외부의 위협으로부터 씨족을 보호하며 생활하였지만, 커지고 복잡해진 부족 공동체에는 보다 강력한 지도력을 갖춘 지도자가 필요하였고, 이들을 돕는 예지력과 지혜를 가진 조력자를 필요로 하게 되었다. 이 조력자들 사이에는 자연현상을 관찰하여 날씨의 변화를 예측하기도 했고 주술적인 능력과 지혜를 복합적으로 결합한 예지력을 발휘하는 이들이 나타난다. 이런 조력자들 중에서 눈에 보이는 자연 속에 존재하는 정령이 아닌 인간의 눈에 보이지 않는 세상을 지배하는 존재를 상상하면서 그 절대자를 유럽에서는 신이라고 부르게 된다. 반면 아시아에서는 이 세상을 지배하는 절대자인 신의 개념이 아닌, 자연 자체가 세계를 지배하는 자연의 이치라 깨닫고 믿는 것으로 세상을 이해한다. 유럽에서는 그들이 발견한 신을 믿게 하기 위해 의식을 행하고, 그들 스스로를 사제라고 부른다. 이 사제들은 그들이 깨달은 지혜와 신의 계시인 성령을 모아 기록하여 성서를 만들고 이것을 사람들에게 전파한다. 그러면서 사제들은 지도자에게 신에 대한 강한 믿음을 심어주어 지도자가 통치자로 군림하게 하는 권력을 만드는 데 조력한다. 지도자는 통치자가 되고 조력자는 사제가 되어 부족연맹을 이끄는 강력한 지배권력을 사용하기 시작하는 것이다.

지배자로서의 통치자와 사제, 그리고 지혜를 가진 조력자들은 늘어난 부족들의 식량공급을 위한 농업생산을 증가시키기 위해 관개시설을 계획하고 실행에 옮겼고, 외부로부터의 침략과 약탈에 대비해 군대를 조직해야 했으며, 부족연맹 공동체 방어를 위한 성을 쌓기 위해 백성들의 노동력을 동원한다. 한편 부족연맹을 통치하고 유지관리를 위해 세금을 걷으며 공평한 과세를 위해 세금의 기록이 필요하게 되면서 문자가 발명되고 사회질서를 위한 법이 기록되면서 법전이 만들어진다. 이것은 인류가 자신들의 역사를 문자를 사용하여 기록하기 시작한 것이다. 지배자는 사제와 함께 부족연맹을 통치하기 위한 수단으로 부족들의 정신적 단결과 개개인이 일상에서 의존하며 신으로부터 정신적 치유를 도모할 수 있게 하기 위해 신을 믿도록 사람들을 이끌고, 신의 계시와 만남의 장소인 신전을 건설한다. 한편 아시아에서는 부족연맹의 단결과 부족의 안위를 기원하는 의식을 행사할 수 있는 사찰이나 종묘 및 사직단을 조성한다. 이렇게 조직화된 부족사회는 통치자, 사제, 조력자, 군인, 농민, 수공업자로 분화되면서 농업에 의존하여 자급자족하는 신분차별의 봉건사회가 시작된다. 다른 한편으로 복잡하고 분화된 사회 속에 각각의 다른 역할분담은 그 사회를 보다 생산적이고 효율적으로 만들기도 했지만 각 구성원들의 차이에 따른 욕망의 발현 또한 변화시켰다. 이 새로운 욕망은 씨족사회의 단순하고 원시적인 욕망과 비교하여 통치자는 권력, 사제는 신앙, 조력자는 지식, 군인은 무예와 전투, 농민은 생산, 수공업자는 기술에 대한 각각 서로 다른 욕망이 생기게 되었던 것이다. 그리고 이들 욕망들이 교차하며 소유, 집착, 경쟁, 애증, 투쟁, 전쟁 등의 더 복잡한 갈등도 생기게 된다. 통치자와 사제, 조력자들은 권위, 신앙, 지식을 통해 권력을 집중시키고, 전쟁과 약탈을 통해 세력을 확대하고, 다른 문명과 충돌하면서 그들로부터 새로운 문물을 접하고 지식을 얻었으며, 자신들의 문물 역시 타 문명에게 전파하게 된다.

전쟁과 약탈, 문명의 충돌과 흡수 과정의 다른 한편에서는 개개인 간의 교차된 욕망을 만족시키기 위한 것들을 획득하기 위해 더욱 치열한 경쟁을 하면서 농업과 수공업 생산을 더욱 증가시킨다. 그 결과 더 많은 인구증가를 가져와 이들 생활에 필요한 농산물과 상품의 교역이 활발해지게 되어 교역에 적합한 환경을 가진 교통의 결절점이나 항구 같은 지역에서는 농업에 의존하지 않고 상품교역에 집중한 상업활동에 한층 더 집중하게 되면서 자신들의 이익을 추구하는 자본주의가 생겨나고, 이를 위한 인간의 욕망으로 채워지는 도시가 생겨난다. 이 도시에 인간 욕망의 모체인 경제와 지식이라는 두 가지 새로운 권력이 투영되고 집중되며, 이로 인한 부산물로 생성된 철학, 종교, 음악, 문학, 예술 등의 문화가 두 개의 권력에 사상, 지혜, 쾌락을 제공하게 된다. 경제와 지식권력은 인간이 창조한 사회적, 역사적 산물을 두고 인간이 벌이는 권력 다툼이다. 경제권력 다툼이란 결국 모든 인간적 산물들의 소유와 배분을 둘러싼 다툼이고 궁극적으로 인간의 욕망을 둘러싼 다툼이기 때문이다. 경제의 권력은 신용이라는 화폐에 의해 현실화되어 재화를 대신한 부의 축적과 확장을 가능하게 하는 자본주의를 강화시킨다. 한편 지식권력은 자연을 탐구하며 얻어지는 지식을 믿게 되는 과학기술주의를 낳게 하여, 인류가 이 두 개의 권력을 쫓아 끝없이 달리는 욕망의 기관차에 올라타게 되면서, 경제권력과 지식권력을 획득하는 자가 지배자가 되고 나머지는 이를 위해 생산을 하는 피지배자가 된다.

유럽에서 경제권력을 쥔 통치자들에게 지혜를 제공하고, 그 대가로 통치자의 보호를 받았던, 지식권력을 쫓는 조력자들은 인간과 자연의 본질을 탐구하면서 경쟁자인 사제들과의 권력투쟁을 통해 900여 년 동안의 암흑기를 거쳐, 신으로부터 벗어나 인본주의(humanism)를 세우고 그들의 근거지인 도시에서 300여 년 동안의 문예와 과학의 부흥(Renaissance)을 일으킨다. 특히 과학의 부흥을 일으킨 유럽인들은 계속되는 타 문명과의 충돌과 흡수를 통해 새로운 세계에 눈을 뜨게 되고 새로운 세계를 보는 세계관을 갖게 된다. 이것은 이들이 자연계와 우주의 원리를 탐구하면서 그 원리가 운동에 있다는 것을 발견하여 기계론적 세계관을 발전시키는 것이었다. 유럽인들이 움직이는 것들에 지대한 관심을 가지면서 신이 지배하는 자연 속의 원리인 천동설은 과학이 지배하는 자연계의 현상인 지동설로 대치되는 계기가 마련되고 그것을 시작으로 유럽에서는 기계론적 관점(machinism)에서의 자연(space)과 운동(mechanics)에 대한 탐구가 폭발적으로 일어나게 된다. '지구는 둥글고 돈다'는 것을 깨달으면서, 자연계의 운동 원리의 개념을 정립한 유럽인들은 안으로는 증기기관을 시초로 하는 기계운동 발명을 기반으로 산업혁명과 과학혁명을 통해 더욱 강력한 경제와 지식권력의 집중을 이루게 된다. 그리고 이를 바탕으로 밖으로는 대항해를 통해 대륙으로의 진출을 가속화하여 새로운 대륙을 발견하면서 전 세계에 경제권력을 확대하고 전대륙의 지배에 들어가게 된다. 그렇지만 이 두 개의 권력 집중의 뒤안길에는 희생된 생산 노동자들의 빈곤과 고통은 계속되었다.

희생된 노동자를 지켜본 유럽과 아시아 대륙의 반자본주의 지식권력은 변형된 형태의 이념화된 경제권력을 만들어 공동생산, 공동소유를 추구하는 이상적 사회주의를 제시하고 이에 선동된 생산 노동자들은 대대적으로 새로운 권력이 이끄는 혁명에 가담함으로써 새로운 사회를 구현하는 데 앞장서지만 변하지 않는 인간의 권력 욕망에 의해 권력자들의 권위주의에 시달리고 생산 노동자의 인권이 유린된다. 결국 인간이 갈구했던 이상적인 세계는 실현되지 못하고 그 목표를 잃은 채, 사회주의가 변형된 자본주의적 소유를 인정하게 되면서, 불행하게도 반자본주의 지식권력들이 최초의 목표로 했던 평등과 공산, 공유의 공동체를 바탕으로 하는 사회주의 이상의 빛은 꺼져가고 있다. 한편 사회주의 혁명의 물결에 위기의식을 느낀 자본주의 경제권력은 그들이 향유하던 전제적 왕권주의를 포기하기에 이르면서, 참정권이 부여되고 자유와 평등이 보장되는 새로운 시민계층이 출현하게 된다. 이 새롭게 출현한 시민계층은 국민을 대표하면서 경제권력을 선출하고, 선출된 권력이 세금을 걷어 국가를 관리하도록 위임하고, 경제권력에 의탁하는 지식권력이 이들을 조력하도록 하는 자본주의적 민주주의사회로 가는 새로운 길을 연다. 이후 자본과 결탁한 민주사회 속에서 생산 노동자에게도 참정권을 부여하지만, 이 새로운 형태로 탈바꿈한 경제와 지식권력은 변함없이 그들의 권력 확대를 가속화하고, 또 다른 한편에서는 통제적이고 권위주의적 사회주의 경제권력 역시 확대되며, 서로 대립하고 갈등하면서 이 두 개의 사회는 내외부적으로 다양한 문제를 일으키게 되었고 그 후 유증으로 많은 사회문제와 환경문제를 일으키게 된다. 이러한 권력 확대의 과정에서 갈등이 증폭되며, 두 번의 세계대전을 겪게 되어 인류 역사상 전례가 없었던 피지배 생산자들의 엄청난 희생을 치른다.

1차 세계대전 이후로 20세기 초까지 전대륙에 걸쳐 식민지를 지배했던 유럽의 경제권력은 세계문명의 주축으로서의 자부심이 무너지고, 유럽이 과학기술과 이성으로 실현하고자 했던 미래상에는 균열이 가기 시작했다. 유럽이 전쟁복구를 위해 총력을 기울이는 동안 신대륙의 미국은 유럽 대륙의 영국을 제치고 제일의 무역국가로 도약하면서 미화 달러는 기존의 세계 기축통화 영국 파운드를 몰락시키며 새로운 경제권력으로 전면에 등장한다. 이어서 벌어진 2차 세계대전은 지금까지의 인류의 역사상 가장 큰 인명과 재산피해를 초래한 전쟁이었고, 전후 경제질서 회복을 위해 신대륙의 미국 달러가 마침내 세계의 기축통화로 자리 잡음으로써, 전 세계는 미국 중심의 경제권력 체제로 전환하게 되면서 미국식 자본주의가 세계를 지배하기 시작한다. 이 전쟁을 겪으며, 세계는 미국과 서유럽을 중심으로 한 자본주의 경제권력 진영과 소련, 동유럽, 중국을 중심으로 한 사회주의 경제권력 진영으로 재편되면서 두 진영이 경쟁을 하는 시대로 들어선다.

유럽의 산업혁명 이후 계속되는 경제와 지식권력의 전 세계적 확대와 지배가 이루어지면서, 두 번의 전쟁을 초래하는 데에만 그치지 않았다. 이 두 전쟁과 동반하여 전대륙에 유럽의 기계문명(Civilization of Machinism)을 침투시켜 기존의 유기문명(Civilization of Organism)과 자연을 파괴하고 변화시킴으로써 전 지구를 기계화한다. 이 기계화된 지구는 경제권력 조정자의 끊임없는 인간의 욕망에 의해 작동되고 에너지를 사용하여 멈추지 않고 달려야만 하는 욕망의 기관차인 것이다. 하지만 인간의 욕망은 끝이 없고, 지구상의 에너지는 한정되어 있으며, 그렇다고 과거로는 돌아갈 수 없고, 전쟁과 기아와 전염병에 시달렸던 과거로 돌아가고 싶지도 않기 때문에, 인간은 고뇌(dilemma)에 빠지게 되지만, 욕망의 기관차를 멈추지 못하고 계속해서 기계화된 지구를 한층 더 기계화, 지능화시키고, 욕망의 기관차를 가속화시키며, 앞날을 추측만 할 뿐 알 수 없는 미래의 세계로 달리고 있다.

인류는 이 종착역 없이 끊임없이 달려야 하는 욕망의 기관차를 세워 정비하고 개선하여 기계화되고 지능화된 지속가능한 지구환경을 유지할 수 있는 지혜가 있는가? 그렇게 하기 위해서는 이 인간 욕망의 기관차의 심장인 엔진과 같은 경제와 지식권력이 집중된 도시의 현재는 어떤 모습이 되어야 하고, 미래에는 어떤 모습을 하여야 하는가? 그리고 그 도시 밖은 어떤 모습으로 변화할 것인가?

경제권력의 집중은 그들의 터전인 도시에서 권력투쟁을 증폭시켜 투쟁에서 '승리한 자가 모든 것을 차지하게 된다(The winners take all)'는 무한경쟁의 논리에 따라 승리자인 가진 자와 패배자인 못 가진 자의 양극화 현상을 더욱 더 심각하게 만들고 있다. 경제권력의 집중을 위해 생산자로서의 노동자는 정밀한 부품과 같이 훈련되어 필요할 때 조립되고 해체되면서, 기계화, 지능화로 날로 강력해지는 경제권력의 소모품으로 전락하고 있다. 소모부품이 된 노동자는 그 기능을 다하면 지능화된 기계만능주의 사회로부터 소외되어 도시의 빈곤층으로 내몰리게 될 것이다. 한편 현재 도시에서 벌어지고 있는 스마트화는 도시민의 행복한 삶을 위한 것으로, 머지않은 미래에 무인자동차 주행에 따른 줄어든 도로 교통량으로 인해 자동차로 점용되지 않는 도로가 공원화되고, IT 기술의 고도화로 더욱 더 증가된 재택근무로 도시의 과밀화가 해소되어 사무실의 빈 공간이 도시농장으로 변하고, 공원도 늘어나 모든 도시민들이 보다 쾌적한 도시생활을 즐길 수 있을지도 모르지만, 그 기간이 예상보다 짧을 수도 있다. 스마트화로 도시의 기반시설이 네트워크로 연결되고 지능화되면서 관리의 효율화가 이루어지면, 인간의 힘에 의한 노동의 투입을 덜 하게 되면서 도시 기반시설을 유지관리할 수 있게 되어 경제권력을 한층 더 강력하게 만들 수 있다. 네트워크화된 교통기반에 연결된 무인자동차와 전철은 교통의 혼잡을 해결하고 사고를 줄여 도시인들에게 보다 편리한 통근과, 교통사고로부터 안전한 도시환경을 제공하지만 세상 돌아가는 이야기를 들려주며 웃음 짓던 운전기사들의 직업을 소멸시켜, 그들을 소외된 시민의 잊혀진 역사로 만들어버릴 것이다. 도시의 안전과 범죄를 줄이기 위해 설치된 지능화된 감시카메라들은 순찰 도는 경찰관 아저씨의 친절한 길안내를 더 이상 받을 수 없게 만들 것이다. 시청 민원실 귀퉁이에 있는 커피숍에는 결근도 없고 불평도 안 하며, 시급을 올려줄 필요도 없는 스마트 네트워크에 연결된 미래의 공익 로봇 아가씨가 지금의 공익 아가씨를 대신하면서, 상큼한 얼굴로 씽긋 미소 지으며 커피를 건네는 인간 공익 아가씨를 더 이상 볼 수 없게 할 것이다. 경제권력에 의해 조작되고, 통제되는 자동화, 지능화, 네트워크화한 도시의 스마트화는 도시의 더 많은 빈곤 소외계층을 양산할 것이다. 결과적으로 도시 스마트화가 정점에 도달하여 도시관리의 궁극적인 효율화를 이루게 되면서, 노동자들이 불필요해진 생산적 소모품으로 전락하게 되어, 보다 나은 삶을 위한 미래의 도시 스마트화는 도시민의 삶의 질을 향상시키는 것을 넘어서 소외된 노동자를 도태시키고, 경제권력을 극대화시키는 전략으로서 전면에 나서게 될 것이다. 이 도시의 스마트화로 일어날 수 있는 미래상에는 '무 노동자 사회'와 '신 봉건계층 사회'의 두 가지 시나리오가 만들어질 수도 있다.

무 노동자 사회

현재 과학기술뿐만 아닌 거의 대부분의 분야에서 가속적으로 일어나고 있는 정보화, 기계화, 인공지능화하는 기술의 발전으로 지식권력들이 15세기 유럽의 과학혁명과 같은 제2의 르네상스를 맞고 있지만, 머지않아 경제권력은 그들의 조력자인 지식권력의 인공지능화에 박차를 가하여 핵심적인 지식권력을 제외한 나머지의 불필요한 지식권력을 도태시킬 것이다. 이들 지식권력으로부터 낙오되고 도태된 과학자, 기술자, 의사, 변호사, 회계사, 예술인, 언론인들은 도시의 스마트화로 소외된 시민들과 경제권력의 감시를 피해 도시 뒷골목의 한 어두운 곳에서, 산업혁명의 와중에 있었던 것과 같은 '제2의 기계파괴운동'을 생산 노동자들과 함께 모의하게 될지도 모른다. 그리고 마침내 봉기하지만 기계화, 지능화로 막강해진 진압군에 의해 제압되면서, 강력한 경제권력에 대한 생존권 보존을 위한 투쟁을 포기하고, 도시로부터 도태된 이들은 소외된 생산 노동자들과 함께 도시를 떠나 생존을 위해 농촌으로 대이동을 해야 할 것이다.

이 날은 인류가 지혜인으로 불린 사피엔스로 분화된 이후 또 한번의 새로운 인류의 분화를 맞이하는 날이고, 수천 년에 걸친 기술과 과학의 발전을 통해 꿈꾸어왔던 인류가 이룬 스마트화된 경제권력과 지식권력의 핵심부인 공상과학 영화에서 그렸던 기계도시가 마침내 탄생하는 장면을 보게 되는 날이다. 새롭게 분화된 인류가 사는 기계도시는 생산활동의 지능화, 자동화, 기계화로 노동자의 육체노동과 투쟁으로부터 해방된 곳이며, 모든 의식주에 필요한 것들이 자동화로 해결되는 자급자족의 사회이고, 농촌으로부터 완전히 독립된 기계도시이다. 이 기계도시사회는 인류가 겪었던 고민과 걱정 그리고 행복과 불행이 존재했던 사회와는 전혀 다른 차원의 의식세계가 펼쳐지는 사회이다. 새로운 차원의 의식세계는 가속화하여 발전된 경제와 지식권력에 의해 문명화될 것이다. 그리고 먼 훗날 새로운 문명사회의 초고층 스마트주택 창가에 서서 완벽하게 가꾸어진 아름다운 도시의 풍경을 내려다보며 평화로운 삶을 즐기다가, 어느 날 갑자기 옛 인류 시절 느꼈던 고전적 감상의 희로애락을 그리워하게 될지도 모른다.

신 봉건계층 사회

혹은 분화된 신분으로 조직화된 경제권력, 지식권력 그리고 두 개의 권력을 유지시켜주는 노동력으로 계급화된 신 봉건계층 사회 도시로 전환될 수도 있다. 19세기와 20세기 초 영국의 도시는 산업혁명 이후부터 형성된 귀족, 상공인, 생산 노동자로 구성된 사회였다. 그리고 이 시대의 도시인들의 삶은 위층과 아래층으로 구분된 사회였다. 당시 영국 귀족을 포함한 부유층의 저택들은 위층에는 귀족들이 핵심을 이루는 경제권력이 살았고, 아래층은 그 권력에 봉사하는 노동력이 살았다. 이들 노동력은 지배인, 요리사, 운전사, 정원사, 서빙 및 의복 도우미, 청소부 등 위층의 권력을 위해 모든 서비스를 제공했다. 파티나 만찬을 위해 의복 도우미는 머리손질서부터 콜셋을 동여매는 것까지 모든 의복 착용을 도왔으며, 귀부인의 파티준비를 위해 정장을 입고 벗는 데만 3~4시간을 소비할 정도였다. 당시 사회상을 배경으로 한 인기 영국 드라마 중 위층과 아래층(upstair & downstair)에서 벌어졌던 삶의 애환을 그린 것들이 상당히 많다. 이와 같은 옛 영국의 사회상이 몇 세기를 걸치면서 빈부의 양극화가 급속히 발전되어 신분적 사회를 재구축하면서, 새롭게 도래하는 미래의 신 봉건계층 사회는 위층, 중간층, 아래층으로 이루어진 계층적 사회상이다. 위층은 경제권력이 살고, 중간층은 지식권력이 살며, 아래층은 이 두 개의 권력에 봉사하는 노동계층과 제조, 농업, 상업, 에너지 등의 시설로 이루어져 지속가능한 신 봉건계층 도시사회를 유지시켜주는 지원계층이다. 도시 밖의 지원을 받을 필요가 없는 자급자족의 기계화, 자동화, 지능화된 이 도시는 시민계급 존재의 필요성이 없는 삼분화된 사회이며, 경제와 지식계층을 위해 봉사하는 노동계층만을 필요로 하는 사회이다. 위층과 중간층의 경제와 지식권력인들은 언젠가 하늘을 나는 자동차가 실현되는 날, 아래층의 노동계층이 사는 지상에는 아예 내려오지도 않을지도 모른다. 그렇게 되면 지상은 상층부에 존재하는 두 권력의 미래주의적 라이프 스타일과는 매우 다른, 아마도 지금과 같은 희로애락의 삶을 고스란히 담고, 현재와 비슷한 노동계층으로 과밀화되어 있지만, 신분상승의 기회가 전혀 없는, 생계를 위해 이리 뛰고 저리 뛰는 빨리빨리 문화를 유지한 바쁜 모습의 거리일 것이다.

스마트 공동체 사회

그렇지 않으면 앞에서 언급한 두 디스토피아적 시나리오의 대안으로, 경제권력과 지식권력은 그들의 권력을 유지시켜주는 데 기계처럼 이용되었던 노동생산자인 도시민들과 상생하기 위해 지속가능한 '스마트 공동체' 조직을 구성하는 사회를 실현하는 데 앞장서는 것이다. 이 공동체는 경제와 지식권력이 그들의 욕망을 채우기 위해 권력을 집중하고 향유하기보다는 그 권력을 노동생산자와 공유하는 사회이다. 이 두 권력은 공유를 위해 그들의 권력을 내려놓고 의식의 대전환을 통해 그들의 지도력과 능력을 발휘하여, 모든 노동생산자와의 상생을 위해 스마트 공동체를 만드는 작업에 투신하는 것이다. 이 공동체는 초기 수준의 스마트화하는 주택, 공장, 농장, 병원, 노인요양, 공원, 도로, 교통수단, 공연장, 상점, 식당 등을 조성하기 위해 노동생산자를 교육시켜 일자리를 보장함으로써 완전고용 달성을 목표로 하여야 한다. 스마트 공동체가 진전되면서 이 과정에서 얻어지는 잉여의 생산과 기술은 수출 혹은 교환되어 도시 스마트 공동체에 재투자를 위한 재원과 기술 마련에 사용된다. 그리고 이 스마트화의 선순환으로 증가된 잉여의 재원으로 계속해서 새로운 스마트 공동체를 조성한다. 초기의 도시 스마트 공동체 작업에 참여할 수 없는 노동생산자는 스마트화가 진행되고 있는 동안 기존에 남아 있는 전통방식으로 생산되고 있는 농어업 및 수공업 공동체에 참여하여 일할 수 있는 기회를 갖는다. 이 진행형의 전통 수공업과 공존하는 스마트 수공업 공동체는 도시 안에 조성될 수도 있거나 아니면 도시 밖에 위치하여 스마트 농어업 공동체와 함께 조성될 수 있다. 스마트 농어업과 수공업 공동체는 최종적으로 자동화되고 지능화되지만 인간에 의해 조작되고 도움을 받으며, 지속가능한 전통적 생산방식도 병행하여 고용의 기회를 최대화하는 방향으로 발전되어야 한다. 특히 완전고용을 달성하기 위해 비숙련 노동을 제공할 수 있는 보존성 전통공예가 초기 수공업 공동체의 주요 생산방식이 될 수 있다. 현재 전 세계적으로 대부분의 스마트 농어업은 경제권력에 의해 자동화, 지능화가 진행되고 있지만, 미래의 스마트 농어업은 경제권력으로부터 통제 및 조작되어서는 안 되고, 상생을 위해 지도되고 재정적 투자를 받아야 하며, 그리고 상생의 의지를 가진 지식권력으로부터 전격적인 지혜와 기술지원을 받아야 하고, 의식주는 인간의 기본적인 생존을 위해 가장 중요하므로 전 공동체의 식량자급자족을 위해 스마트 농어업 공동체는 조기에 달성되어야 한다. 한편 날로 심각해지고 있는 지구환경변화에 따른 자연재해에 의해 발생되는 위기상황에 대처하기 위해 안정적인 에너지 체계(power intergrid)도 개발되어 공동체들 사이에서 공유되지만, 첨단 에너지원을 빠른 시간 안에 개발하여 각 공동체 스마트화의 핵심인 지속가능한 에너지 독립 역시 필수적으로 각 공동체 내에 조기 구축하여야 한다.

스마트 공동체의 존재의 목적 및 사명은 플라톤이 그리고 있는 소유권이 공공을 위해 설정되고, 소유와 공유의 균형을 이루며, 평등, 우애, 행복 추구를 위한 정의가 실현되는 것이다. 공동체는 정의와 함께 덕을 실현할 수 있는 구조를 갖추어야 하고, 그 속에서 이성의 덕으로서의 지혜, 의지의 덕으로서의 용기, 감성의 덕으로서의 조절을 통해 소유와 공유의 조화와 질서가 이루어질 때 진정한 스마트 공동체가 구현된다. 한편 개개인들은 그들이 갖고 있는 덕의 종류가 다르며 개개인마다 특징적인 덕에 따라서 그의 지위, 역할이 달라지기 때문에 공동체를 형성하는 개개인들은 각각 자기의 본분을 침해하는 일이 없이 자기 특유의 임무를 충분히 수행하고, 각 개인의 역할은 서로 교환이 가능함으로써 공동체의 전체적인 조화와 통일성이 달성된다.

스마트 공동체는 윤리의 세계와 자연의 세계가 합치하고 병행하는 인간의 윤리적 질서가 객관적인 근거를 확보할 때 존재의 의미가 있다고 본, 칸트가 그리는 세련된 유기체적 공동체이다. 우리가 살고 있는 자연이 기계화, 자동화, 인공지능화한 법칙에 따르는 비인간적 세계라면, 거기에서는 어떠한 존재의 의미도 길어올릴 수 없다. 인간이 사는 세계는 자연과 공존하는 자유의 세계, 윤리의 세계여야 하고, 자연과 인간이 살아 있는 유기체로 어떤 목적을 추구하고 있다고 생각할 수 있을 때만 인간은 거기서 개체들이 존립하는 의미를 찾을 수 있다.

스마트 공동체의 평등은 토마스 모어가 이상으로 여기는 물질적 조건의 평등인 의식주와 직결된 생산·소유·분배·향유 등에서의 평등이며, 정신적 조건의 평등은 교육·학문·여가 등에서의 평등이다. 평등한 공동체에서 누리는 쾌락이란 육체적 욕구와 정신적 욕구가 충족될 때 느끼는 즐거움이다. 참된 쾌락은 자연에 순응하고 이성의 명령에 따르는 쾌락이어야 하고, 참된 평등과 상호적으로 통해야 한다. 작은 쾌락을 얻기 위해 큰 쾌락을 상실해서는 안 되고, 쾌락의 추구가 고통과 비애를 초래해서는 안 되며, 자신의 쾌락이 남에게 불편과 해를 끼쳐서는 안 된다. '즐거움을 다 같이 나누어 갖고 누리는 것'이라는 쾌락의 공유와 평등이 공동체의 이상이다.

개개인이 탐욕과 이기심만을 추구한다면 부의 편재와 빈부의 격차는 필연적으로 발생하므로 탐욕과 이기심은 공동체에서 가장 경계되어야 하는 대상이다. 스마트화가 완성된 공동체에서는 에너지 독립화, 자동화, 지능화로 인한 인간의 기본적 생활에 필요한 생산의 효율화를 통해 식량의 자급자족과 생활필수품의 충족이 실현되므로 탐욕과 이기심으로부터 발현되는 물질적 욕구가 대부분 만족되어 재화의 수요조절이 달성되고, 합리적인 생산과 분배의 균형이 이루어지면서 빈부의 양극화가 해소된다. 주 공동체 내의 기본단위는 모든 구성원들이 서로 교류하고 알고 지낼 수 있기에 적합한 150명 내외의 소공동체로 구성되며, 혈연, 지연을 기초로 했던 옛날의 문중을 중심으로 한 대가족의 전통적 마을과 유사한 가족 같은 분위기로 동고 동락하는 마을 형태이지만 신분의 차이가 없는, 무계급의 상부상조하는 마을 공동체이다. 이 공동체들이 이웃 공동체와 서로 연결되어 네트워크화한다. 각 공동체의 스마트화가 진행되는 기간 중에는 과학과 기술지원에 중점을 두는 과도기적 스마트 국가관리 공동체 네트워크에 연결된다.[1]

스마트 마을 공동체는 완전고용이 이루어져 일할 수 있는 모든 사람이 일하고, 기본생활이 충족되고, 빈부의 차이가 해소되어, 인간의 욕구불만에서 나타나는 강력 범죄를 저지를 시간도 없는 사회이다. 혹시 어쩌다 일어나는 경범죄는 합의하여 교화를 통해 자체적으로 해소할 수 있게 되면서, 평소에는 공동체 안에서 개개인으로서 맡은 일에 충실하고, 공동체를 위해 봉사하는 무보수의 자발적 경찰관, 변호사, 판사로 살아가게 되는 시민들이 경범죄를 대상으로 그들의 능력을 활용하게 됨으로써 전문화될 필요도 없는 상식 수준의 공동체 도덕적 규범을 다루는 봉사자들이다. 그 결과 공동체는 범죄로부터 해방되어, 인류 역사 이래 수천 년 동안 쌓이고 쌓인 복잡하고 비효율적인 법조문들이 사라지는 사회이다. 스마트 공동체는 구성원들이 지속가능한 공동체의 유지를 위한 생산활동에 참여하면서, 그 안에서 필요에 따라 공동체 구성원들에게 건강한 정신, 즐거움, 행복감을 제공하기 위한 예술, 종교, 취미와 같은 다양한 문화공동체를 만들 수 있다.

공동체의 스마트화가 진전되는 동안 과도기적 국가관리 공동체의 스마트화가 동반되어 기존의 국내외적으로 복잡하게 상호 연결되어 있는 경제, 국방, 외교, 행정, 법무, 문화, 체육, 환경, 산업, 의료, 국토 등을 비롯한 기존의 관련 체제를 개혁하는 과도기를 거친다. 이어서 국가적 스마트화가 진전되면서, 필요한 분야는 이관되어 스마트 공동체의 자립화가 이루어지고 불필요한 분야는 폐기된다. 더 나아가 전 지구적 공존공생의 합의를 바탕으로 하는 지구적 스마트화가 동반 진전됨으로써, 궁극적으로 스마트화가 전 지구적으로 완성되는 날, 모든 나라의 국경은 사라지고 국가의 개념도 없어져 전쟁과 생존적 투쟁이 없는 오직 선의의 경쟁만이 존재하는 상생의 평화로운 지구로 새롭게 태어나게 된다. 이날이 오면 오직 수만 개의 스마트 공동체들이 국가 대신 공동체기를 펄럭이며 각 공동체의 상징물을 가슴에 달고 입장식을 거행하는 공동체 올림피아드를 열며, 모든 개개인과 공동체의 명예를 걸고 기량을 마음껏 발휘하여 개인과 공동체의 명예와 행복 추구를 위한 전 지구적 축제를 열게 될 것이다. 이 지구적 축제의 날 밤하늘에서 내려다본 지구는 현재 일부 대륙에 치우쳐서 빛나고 있는 도시들의 불빛으로 이루어진 지금 지구의 모습과 다른, 수많은 스마트 공동체들의 반짝이는 불빛으로 가득한 지구의 모습을 볼 수 있게 될 것이다.

초기의 스마트 공동체를 안정적인 궤도에 올려놓기 위해서는 모든 공동체 구성원들의 합의가 필수적인 최소소유와 최대공유가 기반이 되는 도덕적, 윤리적 스마트 유지관리제도가 도입되어야 하고, 이 작업의 성공적 수행을 위해 이를 가로막는 기존의 정치, 경제, 사회체제를 타파하는 의식개혁이 반드시 이루어져, 새로운 세계를 창조하기 위한 스마트 공동체적 세계관의 기틀이 마련된 혁명이어야 한다.

이 스마트 공동체적 세계관은 노동의 고통, 빈곤, 전염병, 전쟁, 자연재해와 투쟁해야만 했던 농업사회의 유기체론적 세계관도 아니고, 산업혁명의 후유증을 남기며 계속되는 빈곤, 전염병, 전쟁, 실업, 자연환경파괴를 초래한 종착역 없이 끊임없이 달리는 욕망의 기관차에 올라탄 인간의 기계론적 세계관도 아니다. 이 새로운 공동체적 세계관은 종교적이지도 않고, 자본주의적이지도 않으며, 사회주의적이지도 않고, 과학, 기술, 기계숭배주의도 아닌 새로운 인간적 스마트주의를 기초로 하고, 평등, 자유, 최소소유, 최대공유를 최고의 가치로 삼는 지속가능한 스마트 세계관이다. 이 '스마트주의(Smarticism)'는 기계화, 자동화, 인공지능화, 나노생명공학 등에 의해 인간의 지혜가 강화되고, 이 강화된 지혜를 통해 자연과 공존하고, 인류의 상생과 공유의 가치를 갖는 인간성에 기초를 둔 믿음이다.

공동체적 세계관의 사상적 힘으로 도시 스마트 공동체, 농어업·수공업 스마트 공동체가 실현된 세계에 들어서면, 인류 역사 이래 끊임없이 계속되어온 빈곤과 실업, 전쟁으로 인해 파괴된 가족이 부활되면서, 사랑과 애정의 기본적인 조건인 안정된 가족 공동체 속에서 성장한 세대들은 사랑의 조건에 커다란 영향을 미쳤던 경제권력과 지식권력으로부터 탈피하여 진정한 사랑을 향유할 수 있다. 그리고 그를 통한 건전한 정신적, 육체적 결합으로 건강한 가족을 재생산하여 인구문제를 고민할 필요 없는 선순환의 가족 공동체 사회를 유지할 수 있으며, 그 결과 가정문제로 먹고사는 변호사와 정신과 의사 등 현재 전문직의 쇠퇴를 가져올 것이다. 스마트 공동체 속에서 이루어지는 진보적이고 지능화된 양육과 교육방식은 공동체를 이어갈 차세대를 기르기 위해 최적화되어 있고, 부모들의 자녀양육에서 부족한 부분을 다양한 방면에서 보완할 수 있다. 스마트 공동체가 완전히 구현된 사회는 부모들을 양육과 교육 부담으로부터 해방시켜 진보를 이루지 못했던 전통적 결혼이라는 굴레로부터 해방되어 다양한 상대와 교류하게 됨으로써 인간의 갈애적 욕망인 성적 사랑의 만족으로 충족된 사랑 공유 공동체 사회가 이루어진다. 스마트주의에 입각한 평화주의는 전쟁의 필요성을 없애 국토방위비를 스마트 공동체에 투자할 수 있으며, 스마트 공동체의 완성으로 도시와 농촌의 균형(equilibrium)을 이루어 전통적 개념의 도시와 농촌의 경계가 사라진다. 더 나아가 도시에 집중된 두 개의 권력인 경제와 지식권력이 해체되면서, 인류가 비로소 이제까지 이 두 개의 권력에 의해 지속되었던 자본주의를 넘어서는 새로운 미래를 위한 스마트 혁명을 이룩하는 것이다.

이 스마트 혁명으로 이룬 스마트 공동체 사회가 달성되면, 인간의 욕망으로 집중된 도시 역시 매력을 잃게 되어 더 이상 사람들을 유혹할 수 없게 되면서 사람들이 도시를 빠져나가게 되고, 경제권력의 상징인 마천루가 스마트 농장으로 변할 것이다. 지식권력의 상징인 상아탑은 교육의 패러다임이 바뀌어 과거의 영광을 뒤로하고 스마트 공동체 유지를 위한 교육장소로 활용되거나 아니면 스마트 농장으로 전환되어 도시의 자급자족률을 높이거나, 혹은 공원으로 변화되어 도시나 주변 환경을 한층 더 쾌적하게 만들 수 있을 것이다. 그리고 궁극적으로는 도시도 농촌과 같은 모습으로 변하여 연례행사인 귀소본능의 귀성전쟁이 사라지고, 스마트주의에 입각한 품앗이, 두레, 계 등의 협업을 통한 노동의 대가로 계절마다 축제를 벌이게 될 것이다. 각 공동체는 전통적 설날, 대보름, 추석, 동짓날 등과 같은 스마트 공동체 고유의 독특한 세시풍속을 때마다 열어 마을 공동체는 축제 분위기로 활기가 넘치고, 마을 마당에서는 씨름, 줄다리기로 기쁨의 함성과 강강술래의 노랫가락이 흐른다. 축제날 마을 골목에는 거북놀이, 소놀이 등의 고함소리가 울리고, 넉넉한 공간의 공동체 주택들의 앞마당에서는 마을에서 빚은 술로 취기가 돌아 춤추며, 시끌벅적 즐거워하는 마을 사람들로 가득 들어찰 것이다. 풍요의 절기에 있는 추석날 오후에 마을 대로에서는 '농천하지대본'이 새겨진 농기를 펄럭이며 태평소, 꽹과리, 장구에서 나오는 농악과 함께 한 해의 풍작을 축하하는 행렬에 이어져, 덩실덩실 몸을 흔들고, 그를 뒤따르는 어른들과 그에 어우러져 흥겨워하는 아이들의 행복으로 가득 찬 얼굴들을 볼 수 있게 될 것이다.

현생 인류는 역사를 시작하면서 농업혁명, 산업혁명, 과학혁명, 디지털혁명의 계속되는 자본주의 혁명을 이룩하면서 잃은 것도 많지만 성취한 것도 많고, 현재 더욱 가속적으로 진보하고 있다. 인류는 이렇게 현재까지 성취한 것들을 지혜롭게 공유하여, 태양계 속에 하나뿐인 지구에서 인류를 포함한 모든 종의 지속가능한 생존을 위해 계속되는 혁명을 해야 한다. 이 지구생존, 인류생존의 새로운 혁명인 스마트 공동체를 이루는 미래사회를 실현하기 위해서는 인간적 스마트주의를 전 세계의 사람들이 공유하여 강력한 혁명주의로 인류를 이끌면서, 상생을 위한 의지와 지혜를 나누어, 민족주의적 생존 전쟁으로 인한 과거와 같은 파괴행위는 절대로 재발되게 해서는 안 된다. 이 스마트주의에 입각한 혁명의 성공으로 스마트 공동체가 완성되는 날이 오면 인간에게 필요한 필수적 조건인 의식주가 해결되면서 생존 전쟁의 위협으로부터 자유로워질 것이다. 스마트 공동체 사회를 이룩하기 위한 스마트주의 혁명은 수천 년 전 인류가 문명의 역사를 시작하며 쌓아왔던 소유적 욕망으로부터 벗어나 공유적 욕망을 새롭게 인식하는 전환점으로써, 자본주의를 새롭게 정의하고 구현하여, 종착역 없이 내달리는 인간의 끊임없는 욕망주의적 소유의 기관차를 스마트주의 공유의 기관차로 갈아타는 것이다. 동시에 그동안 인류가 저지른 지구파괴에 대한 용서를 구함으로써 지구를 재생시키고, 자연과 공존하고자 하는 새로운 혁명적 시도이며, 전쟁, 기아, 환경파괴의 근심, 걱정으로부터 해방된 하나뿐인 지속가능한 지구에서 새로운 미래사회를 이룩하는 인류의 거대한 새 출발인 것이다.

"우리가 세계를 변화시키기를 원하면, 우리는 비현실적이고, 비이성적이며, 불가능한 것들을 행할 필요가 있다. 기억하라. 노예폐지, 여성 참정권, 동성결혼을 주장한 이들은 한때 낙인 찍힌 미치광이였다. 그러나 역사는 그들이 옳았다는 것을 증명하고 있다(러트거 브레만)."[2]

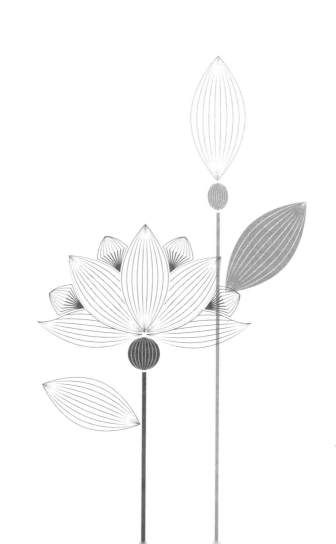

참고문헌 및 참고자료

1장. 한민족, 한국인

1 김형석, 100년 살다보니 알겠다, 백성호 기자, 중앙일보, 2021. 1. 4.

2 분자세포 생물학백과, 한국분자세포생물학회

3 이하일 교수의 생물학 산책, 21세기 다시 쓰는 생명이란 무엇인가, 이하일, 궁리, 2014, 두산백과. 사피엔스, 유발 하라리, 감영사, 2015

4 사피엔스, 유발 하라리, 감영사, 2015, p. 148

5 사피엔스, 유발 하라리, 감영사, 2015, p. 153

6 나무위키

7 Homo Safiens, Yubal Harari, Harper, 2015, p. 10

8 Homo Safiens, Yubal Harari, Harper, 2015, p. 178

9 21 Lessons for the 21 Century, Yubal Harai, Spiegel & Grau, 2018, p. 222

10 Homo Deus, Yubal Harari, Harper, 2017, p. 124

11 Homo Deus, Yubal Harari, Harper, 2017, p. 129

12 Homo Deus, Yubal Harari, Harper, 2017, p. 174

13 Homo Deus, Yubal Harari, Harper, 2017, p. 234

14 Homo Deus, Yubal Harari, Harper, 2017, p. 236

15 Homo Deus, Yubal Harari, Harper, 2017, p. 37

16 사피엔스, 유발 하라리, 감영사, 2015, p. 272

18 사피엔스, 유발 하라리, 감영사, 2015, p. 278

19 사피엔스, 유발 하라리, 감영사, 2015, p. 291

20 사피엔스, 유발 하라리, 감영사, 2015, p. 293

21 나무위키

22 한국민족문화대백과

23 한국 신화와 무속 연구, 김열규, 일조각, 1960. 한국의 향토신앙, 장주근, 을류문화사, 1975. 한국민속대관 4 - 세시풍속, 전승놀이, 고려대학교 민족문화 연구소, 1982. 한국민족문화대백과

24 한국민족문화대백과

25 나무위키

2장. 지배자와 피지배자

1 문화인류학, 한상복 외, 서울대학교출판문화원, 2011

2 나무위키

3 윤가는 나서는 성격 아니다, 윤대망론에 갈린 파평 윤씨, 장세정 논설위원, 중앙일보, 2021. 1. 12.

4 나무위키

5 조선지배층 연구, 이성무, 일조각, 1977. 조선초기 신분제연구, 류승원, 일조각, 1985. 조선 후기 사회신분제의 붕괴, 정석종, 성균관대 동문화연구원, 1972. 한국민족문화대백과

6 나무위키

7 철학사전, 임석진 외, 중원문화, 2009

8 위키백과

9 백범 김구의 생애와 사상, 백범전기편찬위원회, 교문사, 1984. 나무위키. 두산백과

10 68세계를 바꾼 문화혁명, 오제명 외, 길, 2006

11 철학사전, 임석진 외, 중원문화, 2009. 위키백과

12 철학사전, 임석진 외, 중원문화, 2009

13 칸트사전, 사카베 메구이, 도서출판, 2009

14 니체, 차라투스트라는 이렇게 말했다(해제), 백승영, 서울대학교 철학사상 연구소, 2004

15 니체, 차라투스트라는 이렇게 말했다(해제), 백승영, 서울대학교 철학사상 연구소, 2004

16 이이, 율곡전서(해제), 정제원, 서울대학교 철학사상 연구소, 2009

17 나무위키

18 라캉, 들뢰즈, 자라르가 본 욕망, 철학, 욕망을 마주하다, 조홍길, 네이버 블로그, 2016

19 라캉, 들뢰즈, 자라르가 본 욕망, 철학, 욕망을 마주하다, 조홍길, 네이버 블로그, 2016

3장. 자본주의 혁명

1 종교학 대사전, 한국사전연구사, 1998

2 종교학 대사전, 한국사전연구사, 1998

3 Leonrdo Da Vinci, Walter Isaason, Simon & Shuster, 2017, pp. 25~27

4 서울대학교 철학정치연구소

5 위키피디아 두산백과

6 21세기 정치학 사전, 한국사전연구회. 앙티 오이디푸스, 들뢰즈, 가타리, 최명관 역, 민음사, 1987

7 종교학 대사전, 한국사전연구사, 1998

8 기계론에서 유기체론으로, 칸트의 세계관 혁명, 서가명가, 김성환, 2018

9 한국민족문화대백과

10 에밀, 장자크 루소, 김중현 역, 한길사, 2003. 인물세계사, 이상용. 나무위키

11 Rousseaum A free Community of Equals, Joshua Cohen, Oxford Univsersity Press, 2010. 루소의 정치철학, 김용민, 인간사랑, 2004. 정치철학 다시보기, 곽준혁. 네이버 지식백과, 2016. 나무위키

12 나무위키

13 한국민족문화대백과

14 한국민족문화대백과

15 나무위키

16 나무위키

17 나무위키

18 나무위키

19 나무위키

20 나무위키

21 인쇄혁명, 혁명을 인쇄하다, 김서형, 경향신문, 2017. 3. 24.

22 인물세계사, 토마스 페인, 차창룡, 2009. 정치철학 다시보기, 존 로크, 곽준혁, 2016

23 인쇄공학, 안병렬, 세진사, 1999

24 나무위키

25 A Modern Utopia, H. G. Wells, Penguin Book, 2005, p. 17

26 나무위키

27 세계 다이제스트 100, 김희보, 가람기획, 2010

28 베이컨, 신기관, 박은진, 서울대학교 철학연구소, 2006

29 근대경험론의 선구자, 프란시스 베이컨, 생활 속의 철학, 2010

30 나무위키

31 사람이 알아야 할 모든 것 - 과학, 존 그리빈, 강윤재 역, 도서출판 들녘, 2010

32 나무위키

33 나무위키

34 위키피디아 마담 사이언티스트, 데이비드 보더니스, 최세민 역, 생각의 나무, 2006

35 인물세계사, 박중서, 2010

36 2500년 과학사를 움직인 인물들, 초리포터, 창작과 비평, 1999. 과학과 역사적 이해, 송진웅 외, 대구대학교 출판부, 1998. 르네상스 타임 라이프 인간 세계사, 옥스포드 대학교 출판부, 1985

37 2500년 과학사를 움직인 인물들, 초리포터, 창작과 비평, 1999. 과학과 역사적 이해, 송진웅 외, 대구대학교 출판부, 1998. 르네상스 타임 라이프 인간 세계사, 옥스포드 대학교 출판부, 1985

4장. 신자본주의 혁명

1 나무위키

2 과학문명을 1백년 앞당긴 천재과학자, 니콜라 테슬라, 양문, 마가렛 체니, 이경복 역, 1981. 인물세계사, 장석봉

3 위키백과

4 두산백과 위키피디아

5 시사상식사전, 박문각

6 위키피디아

7 The Innovators, Walter Isaacson, Simon & Shuster, 2014, p. 118

8 The Innovators, Walter Isaacson, Simon & Shuster, 2014, pp. 188~189

9 네이버 moons4ir, 2020. 10. 30. 이노베이터, 월터 아이작슨, 오픈 하우스

10 나무위키

5장. 한국의 산업화

1 위대한 문화유산, 한국문화재단

2 한국의 세시풍속, 최상수, 홍인문화사, 1969. 한국의 세시풍속, 김성원, 명문당, 1987. 한국민족문화대백과

3 한국민족문화대백과

4 다큐온, KBS1 TV, 2020. 12. 12.

5 www.staista.com, 2020. 10. 22.

6 LX 공간 정보매거진, 28호, 최주연, 2020. 10. 30.

7 식물학백과, 한국식물학회

8 박보임, 한국해양수산개발원, 2019

9 한국해양과학기술원, 1인당 수산물 소비량 세계1위, 그 이유는, 2020. 3. 5.

10 한국민족문화대백과

11 라틴아메리카사, 강석영, 대한교과서, 1996

12 이성규, 사이언스 타임즈, 2018. 8. 13.

13 생태어업 지키는 슬로피시를 아십니까?, 황선도, Sea Graphic, 2015. 6. 22.

14 어민 절반, 어업 미래 비관적이다, 어민신문, 남수형 기자, 2020. 10. 30.

15 미래 어업의 희망 될까? 노르웨이의 원양 원격조종 바다 농장, 고든. 네이버, 2019. 7. 26.

16 이성규, 사이언스 타임즈, 2018. 8. 13.

17 영남연합뉴스, 2018. 10. 26.

18 미래의 먹거리 생산=아쿠아 포닉스, 괴산 타임즈, 홍영아 기자, 2019. 7. 19.

19 하동 숭어 스마트 양식장, 비즈엔 동아, 주애진 기자, 2019. 6. 14.

20 조선왕조 재정사 연구, 김옥근, 일조각, 1988. 대동법실시의 영향, 최완기, 국사관 노총, 1990. 한국민족문화 대백과

21 한국상업의 역사, 강만길, 세종대왕 기념사업회, 1975. 조선시대 상공업사연구, 강만길, 한길사, 1984. 한국농업경제사, 주봉규, 문운당, 1971. 한국민족문화대백과

22 대한민국 역사, 이영훈, 기파랑, 2013, pp. 331~336. 나무위키

23 나무위키

24 나무위키

25 경제개발의 길목에서, 남덕우, 삼성경제연구소, pp. 170~171

26 나무위키

27 한국민족문화대백과 제1·2·3·4차 경제개발 5개년 계획, 대한민국정부, 1961~1980

28 위키백과

29 중국의 약진과 4차산업 그리고 한국산업의 미래전략, 이근, 서울대학교 비교경제연구센터. ifs POST, 2018. 5. 21. 2021년 수출경제운용 정책, 산업자원부

6장. 신문명의 물결

1 사회 19, 엘빈 토플러/제3의 물결/1980, 다음 블로그. 제3의 물결, 엘빈 토플러, 김진욱 역, 범우사, 2014

2 나무위키

3 나무위키. 특이점이 온다, 레이 커즈와일, 감영사, 2014

4 Homo Deus, Yubal Harari, HarperCollins, 2017, p. 330

5 LX, 공간정보(10월호), 허용, 2020. 10. 22.

6 21 Lessons for the 21 Century, Spiegel & Grau, Yubal Harai, 2018, pp. 42~43

7 나무위키

7장. 소유와 공유의 대결

1 나무위키

2 나무위키

3 나무위키

4 나무위키

5 '더오래', 북유럽, 밥은 먹지만 불만 많은 사회가 삼을 타산지석, 중앙일보, 2020. 12. 9.

6 위키피디아. 나무위키

7 가팔라지는 출산 절벽, 인구감소 원년 당겼다, 윤석만 기자, 중앙일보, 2021. 1. 4.

8 인구절벽, 임성빈, 중앙일보, 2021. 2. 25.

9 나무위키

10 한국민족문화대백과 한국도시론, 한국도시연구소, 박영사, 1998

11 라캉, 들뢰즈, 자라르가 본 욕망, 철학, 욕망을 마주하다, 조홍길, 네이버 블로그, 2016. 두산백과

8장. 이상향 사회

1 문학비평용어사전, 한국문학평론가협회, 세미, 2013

2 문학비평용어사전, 이연의, 국학자료원, 2009. 나무위키

3 조선향토대백과, 평화문제연구소, 2008

4 사회학설사, 고영복, 사회문화연구소, 1994

5 사회학사전, 고영복, 사회문화연구소, 2000

6 사회학설사, 고영복, 사회문화연구소, 1994

7 위키피디아

8 공동체, 한국민족문화대백과, 한국학 중앙 연구원

9 위키피디아

10 공상적 사회주의, 빛과 어둠의 공존, 네이버 시사상식사전, 지식엔진연구소, 박문각

11 사상사 개설, 고영복, 사회문화연구소, 1996

12 유토피아, 토마스 모어, 나종일 역, 박영사, 1979. 서양 고전을 읽는다, 유토피아, 김영한 해설, 네이버. 나무위키

13 근대경험론의 선구자, 프란시스 베이컨, 생활 속의 철학, 2010

14 세상의 모든 지식, 김흥식, 서해문집, 2007

15 뉴 레너크, 유네스코, 유네스코 세계유산

16 세상의 모든 지식, 김흥식, 서해문집, 2007

17 존 스튜어트 밀, 서울대학교철학사상연구소

18 Owenism beyond the New Harmony Experiment, N. Hijikata, 경제학 논집 제 5-6호, 1994. 맑스 사전, 마토바 아키히로 외 5인, 도서출판 b, 2011

19 Charles Fourier, the Visionary and his world, Jonathan Beecher, Berkeley, 1986

20 이카리아 공동체, 막스 사전, 네이버. Les Icariens, Robert P. Sutton, Urbana, 1994. Utopian Communism in France, Christopher H. Johnson, Cornell University Press, Ithaca, 1974. Wikipedia

21 랄프 왈도 에머슨, 미국의 역사와 민주주의, 주한 미국대사관

22 인물 세계사, 최성일 외, 네이버 지식백과. Walden or, Life in the Woods, Henry David Thoreau, Penguin Group, 2010, p. 279

23 Walden or, Life in the Woods, Henry David Thoreau, Penguin Group, 2010, pp. 73~74

24 미국의 문학, 주한미국 대사관 공보과, www.infopedia.usembassy.or.kr

25 낯선 문학 가깝게 보기:영미문학, 강지현 외, 인문과 교양, 2013. 핸리 데이빗 소로우, 숲 속의 생활, 서정시학, 2011

26 나무위키

27 스키너의 월든 투, B. F. 스키너, 이장호 역, 현대문화센터, 2006, p. 180

28 스키너의 월든 투, B. F. 스키너, 이장호 역, 현대문화센터, 2006, p. 191

29 상담학 사전, 김춘경 외, 학지사, 2016

30 스키너의 월든 투, B. F. 스키너, 이장호 역, 현대문화센터, 2006

31 Wikipedia

32 중국인물사전, 한국인문고전연구소

33 중국의 명문장 감상, 김창환, 한국학술정보, 2011

34 쉽게 이해하는 중국문화, 김태만 외, 다락원, 2011

35 나무위키

36 두산백과

37 한국인물사, 이근호 외, 2010

38 한국민족문화대백과

39 Yamagishism.co.kr

40 사유재산을 금지한 이 마을 어떻게 안 망했을까?, 오마이뉴스, 노준희, 2020. 8. 29.

41 아무 명령도 하지 않는 일터에서 일하다, 조현, 한겨레, 2017. 5. 17.

42 전남일보, 김종표, 2018. 11. 21. 덴마크 스키비 지역, 스반홀롬 공동체, 인천일보, 2018. 12. 18.

1 Sapiens, Yubal Harari, Harper, 2015, p. 27

2 Utopia for Realists, Rutger Bregman, Backbay Book, 2017, "If we want to change the world, we need to be unrealistic, unreasonable, and impossible. Remember: those who called for the abolition of slavery, for suffrage for women, and same-sex marriage were also once branded lunatics. However, history proved them right."

▎김선창

서울에서 태어나 홍익대학교 공과대학에서 도시계획학을 공부했고, 육군 포병 ROTC 장교로 군복무 후 미국 마이애미 대학교(Miami University) 건축대학원에서 건축학 석사학위를 받았다.

보스턴의 Machado & Silvetti Associates를 거쳐 국내에서는 서울건축을 시작으로 엄이건축에서 실무를 했으며, 홍익대학교 건축대학 겸임교수를 지냈다. 이후 도미하여 시애틀에서 활동하였고 현재는 서울에서 건축사로 활동하고 있다.